PROCESSO ADMINISTRATIVO

Princípios constitucionais e a Lei nº 9.784/1999
(com especial atenção à LINDB)

EGON BOCKMANN MOREIRA

PROCESSO ADMINISTRATIVO

Princípios constitucionais e a Lei nº 9.784/1999
(com especial atenção à LINDB)

7ª edição revista, ampliada e atualizada

Belo Horizonte

2025

© 2000 Malheiros Editores.
2003 2ª edição
2007 3ª edição
2010 4ª edição
2017 5ª edição
2022 6ª edição Editora Fórum Ltda.
© 2025 7ª edição

É proibida a reprodução total ou parcial desta obra, por qualquer meio eletrônico, inclusive por processos xerográficos, sem autorização expressa do Editor.

Conselho Editorial

Adilson Abreu Dallari
Alécia Paolucci Nogueira Bicalho
Alexandre Coutinho Pagliarini
André Ramos Tavares
Carlos Ayres Britto
Carlos Mário da Silva Velloso
Cármen Lúcia Antunes Rocha
Cesar Augusto Guimarães Pereira
Clovis Beznos
Cristiana Fortini
Dinorá Adelaide Musetti Grotti
Diogo de Figueiredo Moreira Neto (*in memoriam*)
Egon Bockmann Moreira
Emerson Gabardo
Fabrício Motta
Fernando Rossi
Flávio Henrique Unes Pereira

Floriano de Azevedo Marques Neto
Gustavo Justino de Oliveira
Inês Virgínia Prado Soares
Jorge Ulisses Jacoby Fernandes
Juarez Freitas
Luciano Ferraz
Lúcio Delfino
Marcia Carla Pereira Ribeiro
Márcio Cammarosano
Marcos Ehrhardt Jr.
Maria Sylvia Zanella Di Pietro
Ney José de Freitas
Oswaldo Othon de Pontes Saraiva Filho
Paulo Modesto
Romeu Felipe Bacellar Filho
Sérgio Guerra
Walber de Moura Agra

CONHECIMENTO JURÍDICO

Luís Cláudio Rodrigues Ferreira
Presidente e Editor

Coordenação editorial: Leonardo Eustáquio Siqueira Araújo
Revisão: Bárbara Ferreira
Capa e projeto gráfico: Walter Santos
Diagramação: Derval Braga

Rua Paulo Ribeiro Bastos, 211 – Jardim Atlântico – CEP 31710-430
Belo Horizonte – Minas Gerais – Tel.: (31) 2121.4900
www.editoraforum.com.br – editoraforum@editoraforum.com.br

Técnica. Empenho. Zelo. Esses foram alguns dos cuidados aplicados na edição desta obra. No entanto, podem ocorrer erros de impressão, digitação ou mesmo restar alguma dúvida conceitual. Caso se constate algo assim, solicitamos a gentileza de nos comunicar através do *e-mail* editoraforum@editoraforum.com.br para que possamos esclarecer, no que couber. A sua contribuição é muito importante para mantermos a excelência editorial. A Editora Fórum agradece a sua contribuição.

Dados Internacionais de Catalogação na Publicação (CIP) de acordo com ISBD

M838p	Moreira, Egon Bockmann
	Processo administrativo: princípios constitucionais e a Lei nº 9.784/1999 (com especial atenção à LINDB) / Egon Bockmann Moreira. - 7. ed. rev. e atual. --. Belo Horizonte: Fórum, 2025.
	345p. ; 17cm x 24cm.
	ISBN impresso 978-65-5518-871-4
	ISBN digital 978-65-5518-863-9
	1. Processo administrativo. 2. Devido processo legal. 3. Contraditório. 4. Ampla defesa. 5. Direito fundamental processual. 6. LINDB. 7. Decisão coordenada. 8. Negociação processual. 9. Princípio da legalidade. 10. Princípio da proporcionalidade. 11. Agências reguladoras. 12. Tribunal de Contas. I. Título.
	CDD: 342
	CDU: 342

Ficha catalográfica elaborada por Lissandra Ruas Lima – CRB/6 – 2851

Informação bibliográfica deste livro, conforme a NBR 6023:2018 da Associação Brasileira de Normas Técnicas (ABNT):

MOREIRA, Egon Bockmann. *Processo administrativo*: princípios constitucionais e a Lei nº 9.784/1999 (com especial atenção à LINDB). 7. ed. rev. e atual. Belo Horizonte: Fórum, 2025. 345p. ISBN 978-65-5518-871-4.

A Mario, Raquel e Bruno. Meus melhores amigos, desde sempre.
Dedico à Leila, origem e responsável pelo que de bom existe nesta monografia.
Dedico também ao Rodrigo, que sempre ilumina os nossos próximos passos.

SUMÁRIO

NOTA À 7ª EDIÇÃO 11

NOTA À 6ª EDIÇÃO 13

CAPÍTULO I
INTRODUÇÃO 15

CAPÍTULO II
CONDIÇÕES GERAIS ESTIPULATIVAS 21

1	Relação administrativa e exercício de função administrativa	21
1.1	O conceito de relação administrativa	22
1.2	Atividade administrativa e finalidade legal	25
1.3	O conceito de função em Direito Administrativo	27
1.4	Conclusão	29
2	Processo administrativo. Seu regime jurídico	29
2.1	O conceito jurídico de processo	30
2.1.1	Autonomia da relação jurídico-processual	30
2.1.2	Processo e procedimento	33
2.2	Processo administrativo. Por que não "procedimento administrativo"	35
2.2.1	Função administrativa, relação de administração e processo	35
2.2.2	Processo ou procedimento administrativo?	36
2.2.3	Ainda a divergência. A evolução legislativa	37
2.2.4	A doutrina nacional e a defesa do termo "procedimento"	37
2.2.4.1	O pensamento de Carlos Ari Sundfeld	38
2.2.4.2	O pensamento de Lúcia Valle Figueiredo	40
2.2.4.3	O pensamento de Marçal Justen Filho	42
2.2.5	Conclusão. Processo administrativo, não procedimento	48
2.3	Processo administrativo. A falsa confusão com "atos complexos" e "atos coletivos"	49
2.3.1	Processo administrativo e ato administrativo complexo	49
2.3.2	Processo administrativo e ato administrativo coletivo	51
3	Processo administrativo. Instrumento de garantia e efetivação de direitos ...	52
4	As dimensões do processo administrativo: individuais, coletivos e de cidadania	53
5	O Código de Processo Civil/2015 e sua aplicação no processo administrativo ...	58
6	A Nova Lei de Introdução e sua aplicação no processo administrativo	68
7	Conclusões preliminares	71

CAPÍTULO III
O PROCESSO ADMINISTRATIVO NO DIREITO BRASILEIRO – PRINCÍPIOS CONSTITUCIONAIS E A LEI Nº 9.784/1999 73

1	Processo administrativo e princípios constitucionais	73
2	Princípios constitucionais de Direito Administrativo e sua pertinência com o processo administrativo num Estado Democrático de Direito	75
2.1	Direito administrativo e o princípio do Estado Democrático de Direito	75
2.2	Princípio do Estado Democrático de Direito e o processo administrativo	77
2.3	Princípio da legalidade (proporcionalidade, razoabilidade)	81
2.3.1	Princípio da legalidade e a Lei nº 9.784/1999	82
2.3.2	Princípios da proporcionalidade e da razoabilidade	84
2.3.3	O processo administrativo, a Lei nº 9.784/1999 e os princípios da legalidade, proporcionalidade e razoabilidade	87
2.4	Princípio da isonomia	88
2.4.1	Processo administrativo e o princípio da isonomia	90
2.5	Princípio da moralidade (boa-fé e imparcialidade)	93
2.5.1	Princípio da moralidade. Definição e efeitos	95
2.5.2	Princípio da moralidade, anulação, convalidação e a Lei nº 9.784/1999	97
2.5.3	Princípio da moralidade, sua violação e o dever de anulação	100
2.5.4	O processo administrativo, a Lei nº 9.784/1999 e o princípio da moralidade	103
2.5.5	Princípio da moralidade, boa-fé e processo administrativo	103
2.5.6	Princípio da moralidade, imparcialidade e processo administrativo	106
2.6	Princípio da publicidade	110
2.6.1	Princípio da publicidade e sua importância no processo administrativo	111
2.6.2	Princípio da publicidade e a Constituição da República	111
2.6.3	Princípio da publicidade. Noção e limites	119
2.6.4	Princípio da publicidade, a Lei nº 9.784/1999 e o Código de Processo Civil/2015	120
2.7	Princípio da responsabilidade objetiva	121
2.7.1	Limites da responsabilidade objetiva	122
2.7.2	Responsabilidade objetiva como dever administrativo	123
2.7.3	Responsabilidade objetiva e os titulares do dever de indenizar	125
2.7.4	Responsabilidade objetiva. Atos lícitos e ilícitos	127
2.7.5	Responsabilidade objetiva. Atos comissivos e omissivos	128
2.7.6	Responsabilidade objetiva, processo administrativo, a Lei nº 9.784/1999 e o Código de Processo Civil/2015	135
2.8	Princípio da eficiência	138
2.8.1	Evolução histórica do princípio constitucional da eficiência no Direito brasileiro	138
2.8.2	Exame extrajurídico do princípio constitucional da eficiência no Direito brasileiro	140
2.8.3	Regras para a interpretação positiva do princípio constitucional da eficiência	143
2.8.4	Princípios de Direito Comparado	144
2.8.4.1	Direito espanhol e o "princípio da eficácia"	145
2.8.4.2	Direito italiano e o "princípio do bom andamento"	147

2.8.4.3	Direito português e o "princípio da eficiência" (ou "princípio da desburocratização")	149
2.8.5	A doutrina brasileira e o princípio constitucional da eficiência	151
2.8.6	Definição e limites do princípio constitucional da eficiência	154
2.8.7	O princípio da eficiência, o processo administrativo, a Lei nº 9.784/1999 e o Código de Processo Civil/2015	156
2.8.8	Princípio da eficiência e a "decisão coordenada"	167
2.8.9	Princípio da eficiência. Conclusão	169

CAPÍTULO IV
PRINCÍPIOS CONSTITUCIONAIS PROCESSUAIS *STRICTO SENSU* E A LEI Nº 9.784/1999 171

1	Introdução	171
2	Princípio do devido processo legal	174
2.1	Introdução à importância e evolução histórica da cláusula *due process of law* na Inglaterra e nos Estados Unidos da América do Norte	175
2.1.1	Origem e evolução do devido processo legal na Inglaterra	177
2.1.2	Origem do devido processo legal nos Estados Unidos da América do Norte	180
2.1.3	Evolução histórica do devido processo legal substantivo nos Estados Unidos da América do Norte	184
2.1.4	Concepção atual do devido processo legal nos Estados Unidos da América do Norte	188
2.1.5	Conclusão	190
2.2	A cláusula do devido processo legal em outros países	191
2.2.1	O devido processo legal em Portugal	191
2.2.2	O devido processo legal na Itália	193
2.2.3	O devido processo legal na Espanha	194
2.2.4	O devido processo legal na França	195
2.2.5	O devido processo legal na Argentina	197
2.2.6	O devido processo legal no México	199
2.2.7	O devido processo legal no Uruguai	200
2.2.8	O devido processo legal na Alemanha	200
2.3	O Direito Administrativo brasileiro e a cláusula do devido processo legal na visão da doutrina	201
2.3.1	O pensamento de San Tiago Dantas	202
2.3.2	O pensamento de José Frederico Marques	203
2.3.3	O pensamento de Ada Pellegrini Grinover	204
2.3.4	O pensamento de José Celso de Mello Filho	205
2.3.5	O pensamento de J. J. Calmon de Passos	207
2.3.6	O pensamento de Carlos Ari Sundfeld	208
2.3.7	O pensamento de Carlos Roberto de Siqueira Castro	209
2.3.8	O pensamento de Rogério Lauria Tucci e José Rogério Cruz e Tucci	210
2.3.9	O pensamento de Lúcia Valle Figueiredo	211
2.3.10	O pensamento de Carlos Mário da Silva Velloso	212
2.3.11	O pensamento de Nelson Nery Jr.	213
2.3.12	O pensamento de Celso Antônio Bandeira de Mello	214

2.3.13	O pensamento de Cármen Lúcia Antunes Rocha	214
2.3.14	Conclusão	216
2.4	O devido processo legal, o processo administrativo e a Lei nº 9.784/1999	216
2.4.1	Autonomia do devido processo legal. Premissas hermenêuticas	217
2.4.2	Esboço de uma definição do devido processo legal	218
2.4.3	Devido processo legal. Aspectos "processual" e "substancial"	219
2.4.4	O devido "processo" legal	220
2.4.5	O "devido" processo legal	223
2.4.6	O devido processo "legal"	224
2.4.7	A proteção à "liberdade" e aos "bens"	226
2.4.8	Devido processo legal. Limites de atuação	229
2.4.9	Devido processo legal e a aplicação da Lei nº 9.784/1999	231
3	Processo administrativo, princípio do contraditório, a Lei nº 9.784/1999 e o Código de Processo Civil/2015	233
3.1	Princípio do contraditório e Estado Democrático de Direito	234
3.2	Princípio do contraditório e igualdade processual	236
3.3	Evolução do princípio do contraditório	237
3.4	Princípio do contraditório e a concepção atual do processo administrativo	240
3.5	Princípio do contraditório, instrução do processo e a Lei nº 9.784/1999	242
3.6	Princípio do contraditório, providências acauteladoras, a Lei nº 9.784/1999 e o Código de Processo Civil/2015 (antecipação de tutela)	250
4	Princípio da ampla defesa, a Lei nº 9.784/1999 e o processo administrativo	254
4.1	Princípio da ampla defesa e princípio do Estado Democrático de Direito	255
4.2	Princípio da ampla defesa, processo administrativo, defesa "indireta" e defesa "direta"	256
4.3	Princípio da ampla defesa, processo administrativo e o direito a provas	281
4.3.1	Processo administrativo e a "prova emprestada"	284
4.3.2	Processo administrativo e a "verdade sabida"	286
4.3.3	Processo administrativo e a "prova ilícita"	287
4.4	Princípio da ampla defesa, processo administrativo e a defesa técnica	291
4.5	Princípio da ampla defesa, processo administrativo e o princípio da motivação	293
4.6	Princípio da ampla defesa, processo administrativo e o direito a recursos	296

CAPÍTULO V
CONCLUSÕES 301

REFERÊNCIAS 305

ANEXO
LEI Nº 9.784, DE 29 DE JANEIRO DE 1999 327

ÍNDICE ALFABÉTICO-REMISSIVO 341

NOTA À 7ª EDIÇÃO

Esta 7ª edição vem a lume em momento de especial importância para o processo administrativo brasileiro. Como se sabe, o Projeto de Lei nº 2.481, de 2002, que trata da reforma da Lei nº 9.784/1999, conferiu destaque ao assunto. A Comissão de Juristas encarregada de elaborar o anteprojeto, presidida pela Ministra Regina Helena Costa e secretariada pelo Professor Valter Shuenquener de Araújo, trouxe a debate alguns dos mais relevantes temas do processo administrativo e produziu documento fundamentado, com significativos e valiosos avanços. As sugestões de atualização da Lei nº 9.784/1999 prestigiam a imparcialidade, transparência e segurança jurídica indispensáveis ao processo administrativo.

Além disso, é de se registrar que a jurisprudência – em especial do STF e do STJ – vem conferindo novos contornos e máxima eficácia ao devido processo brasileiro. Daí a necessidade de revisão e atualização deste livro, cuja primeira edição data de quase um quarto de século atrás (2000), momento histórico em que o processo administrativo era ainda algo de novo na prática jurídica brasileira. Desde então, muita coisa mudou para melhor e, felizmente, bastante pode ser aprimorado.

Este livro deve muito aos seus leitores, a quem se renova a gratidão pelo prestígio e constantes citações e referências em trabalhos acadêmicos, peças forenses, decisões judiciais e de órgãos de controle.

Agradeço, com muito orgulho e paz no coração, à Leila Cuéllar e ao Rodrigo Cuéllar Bockmann Moreira, pelo constante apoio e carinho – nas horas fáceis e nas difíceis também.

Curitiba – Salvador, maio de 2024

Egon Bockmann Moreira
egon@xvbm.com.br

NOTA À 6ª EDIÇÃO

O que seria de um livro não fossem seus leitores? Esta pergunta sintetiza a imensa gratidão que tenho pela constante acolhida às renovadas edições deste *Processo Administrativo: princípios constitucionais e a Lei nº 9.784/1999*, agora atualizado também à luz da *Nova Lei de Introdução*. A sua primeira edição remonta a tempo distante, em que as pessoas tinham hábitos esquisitos: não prestigiavam o processo administrativo e nem davam a mínima para as consequências de suas decisões. Coisas antigas, do milênio passado. Desde então, este livro defendia o devido processo legal, a ampla defesa e o contraditório também para a atividade administrativa dos Poderes Públicos. Engraçado pensar nisso atualmente, não é mesmo? As obviedades de hoje, há pouco mais de 20 anos, eram teses acadêmicas. O que é ótimo, porque se revela que muita coisa melhorou neste piscar d'olhos da história – e que ainda temos bastante a estudar, aprender e aperfeiçoar. Sempre.

Esta 6ª edição envolve a mais intensa revisão bibliográfica e jurisprudencial possível (registrem-se meus agradecimentos à pesquisa feita pela Dra. Éryta Kral), mas pretendeu ir muito além disso, com base na Lei nº 13.655/20185, a nova Lei de Introdução às Normas do Direito Brasileiro – LINDB, de autoria dos meus queridos mestres Carlos Ari Sundfeld e Floriano de Azevedo Marques Neto.

A nova redação da LINDB me fez pensar e repensar tanta coisa a respeito do processo administrativo... Ainda bem que conto com um time de companheiros acadêmicos, que expande as minhas inquietações, em nossas reuniões periódicas (nas quais não concordamos em quase nada...). Foram as conversas conjuntas com os *Publicistas* Carlos Ari Sundfeld, Eduardo Jordão, Floriano de Azevedo Marques Neto, Gustavo Binenbojm, Jacintho Arruda Câmara, José Vicente Santos de Mendonça, Marçal Justen Filho e Vera Monteiro que permitiram que eu começasse a entender o sentido e o alcance da nova LINDB (além de outros temas essenciais ao Direito Administrativo contemporâneo – e de seu futuro). A eles devo muito, em especial à constante e generosa acolhida. Bem hajam!

Agradeço também a acolhida da prestigiosa Editora Fórum para esta edição deste meu livro, o que o faço na pessoa do meu caríssimo Luís Cláudio Rodrigues Ferreira.

Além dessas ótimas notícias, tenho outra melhor ainda! Afinal, não se escreve um livro apenas com a razão, mas, sobretudo, com a emoção, com bons sentimentos em relação ao futuro. Isso me é dado pela Leila Cuéllar, minha esposa, e Rodrigo Cuéllar Bockmann Moreira, nosso filho, hoje universitário. Foi com eles que aprendi a ter firmes e agradáveis esperanças no que está por vir (inclusive nos tempos de retiro pandêmico). Ambos me comprovam, todos os dias desta vida inteira, que o presente é sim maravilhoso, mas o amanhã é ainda melhor! Constantemente melhor, eis que a festa está sempre só começando... Que assim seja.

Curitiba – Salvador, março de 2022

Egon Bockmann Moreira
egon@xvbm.com.br

CAPÍTULO I

INTRODUÇÃO

O presente trabalho visa a delinear a conformação jurídica do processo administrativo no Direito positivo brasileiro. De há muito há leis específicas que o regulam e definem sua existência,[1] apesar de que a doutrina outrora divergisse quanto à sua qualificação normativa (se "processo" ou "procedimento").

Porém, o tema assumiu especial relevância com a promulgação da Lei nº 9.784, de 21.1.1999 (*DOU* 1.2.1999), que regula o processo administrativo *lato sensu* na Administração Pública Federal.[2] De igual modo, e mais recentemente, há uma série de desafios com a edição do Código de Processo Civil/2015, a Lei nº 13.105/2015 (*DOU* 17.03.2015), e da Nova Lei de Introdução às Normas do Direito Brasileiro – LINDB, a Lei nº 13.655/2018 (*DOU* 26.04.2018). Isso sem se falar no Projeto de Lei nº 2.481/2002, que trata da reforma da Lei nº 9.784/1999.

A relevância prática deste estudo reside em que o processo administrativo deve ser compreendido como importante instrumento de direito-garantia individual e da participação democrática do cidadão frente à Administração Pública. A par disso, eram poucas as monografias dedicadas especificamente ao tema – o número, felizmente, vem aumentando com o tempo de vigência da Lei nº 9.784/1999.[3] Número esse que se

---

[1] Assim, e por exemplo, o Regime Jurídico dos Servidores Públicos (Lei nº 8.112/1990), a Lei Geral de Concessões (Lei nº 8.987/1995); a Lei de Parcerias Público-Privadas (Lei nº 11.079/2004); a Lei do Sistema Brasileiro de Defesa da Concorrência (Lei nº 12.529/2011); a Lei Geral de Licitações e Contratos (Lei nº 14.133/2021) – isso sem mencionar o art. 15 do CPC/2015, que trata literalmente de processo administrativo. A legislação das agências reguladoras ampliou sobremaneira as normas processuais e seu objeto, vez que os processos internos são regidos por regulamentos específicos (à semelhança do TCU).

[2] Não obstante a previsão no *caput* do art. 1º da Lei nº 9.784/1999 quanto à sua incidência "no âmbito da Administração Federal direta e indireta", a sua aplicação a Estados e Municípios está pacificada, nos termos da Súmula nº 633 do STJ: "A Lei nº 9.784/1999, especialmente no que diz respeito ao prazo decadencial para revisão de atos administrativos no âmbito da Administração Pública federal, pode ser aplicada, de forma subsidiária, aos estados e municípios, se inexistente norma local e específica que regule a matéria" (*DJe* 17.06.2019). Ampliar nos textos acadêmicos de Bernardo Strobel Guimarães, "Âmbito de validade da Lei de Processo Administrativo (Lei nº 9.784/1999) – Para além da Administração Federal", *RDA* 235/233-255; Marçal Justen Filho, *Curso de Direito Administrativo*. 15. ed. p. 215; Cristiana Fortini, Maria Fernanda P. de Carvalho Pereira e Tatiana M. da Costa Camarão, *Processo Administrativo*: Comentários à Lei 9.784/ 1999, p. 38-39; Sérgio Ferraz e Adilson Abreu Dallari, *Processo Administrativo*, 3. ed., p. 36-47. Assim, é de se reconhecer que a Lei nº 9.784/1999 já se tornou, devido à jurisprudência e à doutrina, uma *lei nacional*.

[3] Até a 1ª edição deste livro mereciam destaque os seguintes livros, específicos sobre o assunto: *Introdução ao Direito Processual Administrativo*, de Manoel de Oliveira Franco Sobrinho; *Do Procedimento Administrativo*, de Alberto Xavier; *A Processualidade no Direito Administrativo*, de Odete Medauar; *Processo Administrativo e suas Espécies*, de Nelson Nery Costa; e *Princípios Constitucionais do Processo Administrativo Disciplinar*, de Romeu Felipe Bacellar Filho. Posteriormente foram editadas obras com foco na Lei nº 9.784/1999. Dentre estas, chamamos a atenção para a obra coletiva *As Leis de*

multiplicou a partir do Código de Processo Civil/2015: afinal de contas, e como será insistentemente demonstrado neste livro, ele se aplica ao processo administrativo (preservadas as peculiaridades deste).

Acresça-se que o racional funcionamento do processo administrativo certamente resultará em alívio para o Poder Judiciário. Se o particular vir seus direitos efetivamente protegidos na chamada "esfera administrativa", independentemente do resultado concreto da atividade, sentir-se-á menos incitado a recorrer aventurosamente ao órgão jurisdicional – servindo de intimidação ao ajuizamento de ações temerárias. Além disso, da escorreita e bem fundamentada decisão administrativa advirão redução e simplificação de lides que envolvam a Administração Pública – quer pelo indeferimento de ordens liminares, quer devido à multiplicação dos julgamentos conforme o estado do feito. Isso, sobretudo, em face de decisões com elevada complexidade técnica, a atrair a *lógica da deferência* do controle externo (jurisdicional e órgãos de controle)[4] quanto ao discricionariamente decidido pelos órgãos administrativos competentes, além de intensificar o prestígio à *reserva de administração*.[5]

Em suma: o adequado processo administrativo resultará na abreviação e facilitação da atividade do Poder Judiciário. Implicará a sustentabilidade das decisões administrativas – sejam elas oriundas de atos regulatórios ou processos disciplinares ou controles de concentração econômica, tanto faz. Quanto mais robusto o respeito ao processo, menores as interferências posteriores (e os custos de transação). Não se vislumbre nisso eventual defesa de restrições ao princípio da inafastabilidade, pois os planos não se confundem. É intangível o direito de ação, porque direito subjetivo público abstrato. Porém, a segurança, a correição e a legitimidade de decisões da Administração Pública certamente facilitarão o exercício da função jurisdicional.

Por outro lado, o esclarecimento dos limites e possibilidades do processo administrativo vai ao encontro da almejada funcionalidade do ordenamento jurídico. Mesmo em decorrência da Lei nº 9.784/1999 exigem-se estudo e pesquisa minuciosa do tema (que o presente trabalho não tem a pretensão de exaurir), que certamente revelarão toda a potencialidade de campo ainda pouco explorado na ciência do Direito Administrativo.

Processo Administrativo, coord. de Carlos Ari Sundfeld e Guillermo Andrés Muñoz (1. ed., 2ª tir.); *Princípios Constitucionais do Processo Administrativo*, de Marcelo Harger; e *Processo Administrativo*, de Sérgio Ferraz e Adilson Abreu Dallari (3. ed.). Foram publicados comentários à lei e obras com enfoque em temas específicos, dentre os quais se destacam: *O Processo Administrativo e a Invalidação de Atos Viciados*, cit., de Mônica Martins Toscano Simões; *Processo Administrativo Federal* (5. ed.), de José dos Santos Carvalho Filho; *O Processo Administrativo*, de Arnaldo Esteves Lima; *Curso de Processo Administrativo*, de Wellington Pacheco Barros; *Comentários à Lei Federal de Processo Administrativo*, coord. de Lúcia Valle Figueiredo; *Processo Administrativo: Comentários à Lei 9.784/ 1999*, cit., de Maria Fernanda Carvalho Pereira, Tatiana Martins da Costa Camarão e Cristiana Fortini; *Processo Administrativo e Democracia: uma Reavaliação da Presunção de Veracidade*, de Demian Guedes; , *Manual de Processo Administrativo e Sindicância*, 2 vols., de Antonio Carlos Alencar Carvalho (8. ed.); *Direito Administrativo e Processo Estrutural*, de Fernando Menegat.

4   Sobre o tema e por todos, v. Eduardo Jordão, *Controle Judicial de uma Administração Pública Complexa*.

5   Prestigiada pelo STF nos mais diversos casos. Por exemplo: *poder de polícia administrativo* (ADI nº 5.077/DF, rel. Min. Alexandre de Moraes, *DJe* 23.11.2018; ADI nº 5.352/SP rel. Min. Alexandre de Moraes, *DJe* 03.12.2018); *concursos públicos* (ADI nº 2.364/AL, rel. Min. Celso de Mello, *DJe* 07.03.2019); *equilíbrio econômico-financeiro de contratos* (ARE nº 92.9591/PR, rel. Min. Dias Toffoli, *DJe* 27.10.2017) e *registro de medicamentos* (ADI nº 5.501 MC/DF, Rel. Min. Marco Aurélio, *DJe* 01.08.2017). Ampliar em: Egon Bockmann Moreira, "Regulação sucessiva: quem tem a última palavra? Caso *pílula do câncer*: ADI nº 5.501, STF", *in*: Floriano de Azevedo Marques Neto, Egon Bockmann Moreira e Sérgio Guerra, *Dinâmica da Regulação*, 3. ed., p. 233-251.

O mesmo se diga a propósito do Código de Processo Civil/2015, lado a lado com a LINDB, e sua incidência harmônica com os demais diplomas processual-administrativos. Espera-se o incremento da utilização racional do processo, aplicando-se com maior intensidade toda a extensão e a exatidão das normas processuais administrativas, com especial atenção ao declínio da coercibilidade e à consideração com as consequências das decisões. Com isso, aproximar-se-á também o processo administrativo da necessária efetividade na prestação de justiça (em sentido lato). Pretende-se uma Administração Pública que, obediente aos princípios de um Estado Democrático de Direito, se conduza em favor do interesse público com *eficácia* e *efetividade*.

Destaque-se também a vantagem resultante da especialização. A enorme gama de leis de Direito Administrativo clama por "julgadores especializados" (sejam da função jurisdicional, da administrativa ou da arbitral), que mais facilmente compreenderiam e decidiriam as questões administrativas – tal como ocorre internamente no Poder Jurisdicional, na divisão de competência *ratione materiae*. O que se incrementa nos dias de hoje, em que as agências reguladoras independentes e o órgão de defesa da concorrência proferem decisões a respeito de temas tecnicamente complexos, todas elas oriundas de processos administrativos. Adicionalmente, é de se esperar que processos administrativos bem conduzidos e bem instruídos gerem decisões administrativas idôneas e motivadas – as quais, tomadas a sério, funcionariam como subsídios aos processos judiciais. Reitere-se: está na hora de levarmos a sério o *princípio da deferência* e a efetividade das decisões técnico-administrativas.

Estritamente no plano científico-jurídico, pretendemos sustentar a existência da realidade "processo administrativo", que se estabelece como resultante não só da Lei nº 9.784/1999, mas de princípios constitucionais positivos que lhe dão conformação jurídica própria e, via de consequência, determinam sua autonomia gnosiológica. Insere-se o processo administrativo no Direito Positivo Administrativo, mas é instruído e, portanto, definido por regime jurídico peculiar – diverso daquele de outros institutos dessa disciplina. Essa configuração dá ao processo administrativo dignidade científica própria (ainda que circunscrita ao universo do Direito Administrativo), autorizando seu estudo à parte de outros segmentos deste ramo jurídico.

Por isso também que se deve ter especial atenção quanto à incidência do Código de Processo Civil/2015 nos processos administrativos: quando as normas positivadas nessa Lei nº 13.105/2015 forem aplicadas pela Administração Pública, elas devem obediência à lógica do processo administrativo e aos princípios que o regem. Não se deu a revogação das leis processuais administrativas, mas a determinação legal de sua coabitação, supletiva e subsidiária, com o Código de Processo Civil.

Em suma: este livro busca, sobretudo, demonstrar que existe, de pleno direito e mesmo antes da edição da Lei nº 9.784/1999, uma realidade normativa autônoma chamada "processo administrativo". Autônoma, mas não independente do regime jurídico de Direito Público e dos princípios de Direito Administrativo – justamente porque o processo vem encartado nessa rama do sistema jurídico de Direito Positivo, tal como consignado na Constituição da República.

Esta constatação presta-se à multiplicidade de objetivos: demonstrar a utilidade prática unida à necessidade científica da descrição e definição do "processo administrativo", não se limitando à questão vernacular.[6]

O trabalho tem três capítulos subdivididos em temas específicos, afora esta "Introdução", "Conclusões", "Referências", "Anexo" e "Índice alfabético-remissivo". O primeiro deles trata de condições gerais estipulativas, destinadas a permitir o desenvolvimento do tema central: aborda rapidamente os conceitos de *função administrativa* e *processo administrativo*, bem como seu regime jurídico. De igual modo, trata dos novos temas do processo administrativo – tanto sua multiplicidade de objetivos (a defesa de direitos e a promulgação de normas administrativas, passando pela geração de direitos) até a incidência do Código de Processo Civil/2015. O segundo e o terceiro capítulos pretendem descrever a existência do processo administrativo no Direito Administrativo brasileiro, através da localização daquele nos princípios gerais deste (de índole "material" e "processual"), para, depois, trazer elenco de normas que especificam o processo administrativo dentro do regime geral de Direito Público, abrangendo, no curso do estudo, a análise da Lei nº 9.784/1999.

Todos os capítulos irrigados pela lógica da Nova LINDB, que agregou assuntos de suma importância para o processo administrativo em si mesmo e instalou novas condições de validade às decisões que incidam em temas de Direito Público – pouco importa qual autoridade as profira. Como será linearmente comprovado ao longo do livro, não há imunidades à incidência da LINDB (nem objetivas nem subjetivas).

Como não poderia deixar de ser, o livro funda-se também em autores e terminologia de Direito Constitucional Geral e Direito Processual em sentido estrito (teoria geral do processo, processo civil e penal).[7] Justifica-se a opção com fundamento nas ideias de: unidade sistemática do Direito; natureza do processo como relação jurídica de Direito Público; inovações legislativas; e, finalmente, pelo avanço histórico e desproporcional da ciência do processo (teoria geral, civil e penal) em face das pesquisas em processo administrativo. A ciência do processo em sentido amplo é ferramenta por demais preciosa para ser deixada de lado pelo presente livro (mesmo porque opção contrária implicaria contradição com inúmeras das teses esposadas ao longo do trabalho).

A pesquisa deu-se primordialmente em autores brasileiros. As referências bibliográficas nacionais são ricas o suficiente e permitem o desenvolvimento do tema. Depois, não se trata de monografia envolvendo Direito Comparado, mesmo porque as peculiaridades das legislações estrangeiras em face da brasileira assim o impedem. As citas de autores estrangeiros são meramente ilustrativas ou, quando muito, se dirigem a destacar determinados pontos do trabalho – afastando-se, desde já, a aplicação de institutos, teses e legislações alienígenas ao Direito Pátrio. A importância da presente pesquisa reside unicamente na hermenêutica do sistema de Direito Positivo brasileiro.

---

[6] Problema que, se circunscrito a essa discussão, adotaria soluções diversas na União Federal (a Lei nº 9.784/1999 regula o "processo administrativo") e no Estado de São Paulo (a Lei Estadual nº 10.177/1998 regula o "procedimento administrativo" estadual) – o que demonstra a necessidade do estudo não da letra da lei, mas do regime jurídico da realidade normativa.

[7] Essa "interdisciplinaridade" (que nada mais é que a expressão de uma "intradisciplinaridade" operada por meio de simples corte metodológico) é destacada também pelos processualistas, como será demonstrado nos próximos

Porém, em nenhum momento o trabalho perdeu de vista a advertência de J. J. Gomes Canotilho: "O direito constitucional é um *intertexto aberto*. Deve muito a experiências constitucionais, nacionais e estrangeiras; no seu 'espírito' transporta ideias de filósofos, pensadores e políticos; os seus 'mitos' pressupõem as profundidades dos arquétipos enraizados dos povos; a sua 'gravitação' é, agora, não um singular movimento de rotação em torno de si próprio, mas um amplo gesto de translação perante outras galáxias do saber humano. No entanto, o Direito Constitucional não se dissolve na 'história', na 'comparatística', nos 'arquétipos', é um Direito vigente e vivo e como tal deve ser ensinado".[8]

A fim de conferir maior rigor metodológico e na tentativa de abrandar a invencível textura aberta da linguagem do Direito Positivo, a regra da "liberdade de estipulação"[9] será utilizada, abrandando a polissemia e declinando-se o sentido empregado no termo em nota de rodapé.

---

capítulos. V. a seguinte observação de Cândido Rangel Dinamarco: "(...). Curiosamente, é do direito administrativo que veio a mais clara das ideias acerca do conceito de processo, hoje alvo de crescente aceitação na doutrina dos processualistas: procedimento com participação dos sujeitos interessados (ou seja, daqueles que receberão a eficácia direta do ato final esperado), eis o conceito de processo na ciência moderna" (*A Instrumentalidade do Processo*, 15. ed., p. 81-82).

[8] J. J. Gomes Canotilho, *Direito Constitucional e Teoria da Constituição*, 5. ed., p. 19.

[9] V.: Agustín Gordillo, "A metodologia da ciência e do direito público", in: *Princípios Gerais de Direito Público*, p. 1-26. Em especial ao citar John Hospers e recomendar que, "quando indicamos uma palavra de maneira distinta à do uso comum, devemos informar aos nossos ouvintes sobre o significado que lhe damos" (p. 3).

CAPÍTULO II

CONDIÇÕES GERAIS ESTIPULATIVAS

1 Relação administrativa e exercício de função administrativa

1. Antes de proceder ao exame da estrutura e do regime jurídicos do processo administrativo no Direito brasileiro, cumpre estabelecer as condições gerais estipulativas do presente estudo.

Neste primeiro momento constarão noções básicas que possibilitarão e orientarão o desenvolvimento do trabalho. Não se estranhe, portanto, o tratamento de temas já célebres na doutrina brasileira (função administrativa; relação de administração; ato complexo, ato coletivo e processo; procedimento ou processo; natureza jurídica da relação processual; dimensões dos direitos fundamentais; etc.), a conviver com outros, novidadeiros (consequencialismo, custos de transação, precedentes, negociação processual, etc.). Trata-se de assuntos irremediavelmente ligados ao presente livro, que deles não pode prescindir.

2. Pretendemos analisar o processo administrativo como uma das formas nas quais se exterioriza a atividade de administração pública. Operação que, devido à sua natureza jurídica, não pode ser compreendida dentro dos mesmos parâmetros disciplinadores da conduta dos entes privados.

Isso porque o particular atua em liberdade, podendo realizar todas as condutas que não lhe sejam positivamente vedadas; e o administrador público deve pautar-se pelas normas de Direito com rigor determinista, concretizando o previamente estabelecido em lei e na Constituição. Claro que não mais numa perspectiva da antiga *décision exécutoire* francesa do século XIX, mas numa compreensão contemporânea do princípio da legalidade (instruída pela "juridicidade" e "constitucionalização" do Direito Administrativo), em que à Administração é atribuído o dever de cumprir a Constituição.[10]

Já há algum tempo se sabe, sobretudo depois da promulgação da atual Constituição brasileira, que o Direito Administrativo vem pautado pelos seguintes vetores, tão bem sintetizados por Gustavo Binenbojm: *(i)* a Constituição tornou-se o "cerne da vinculação

---

[10] Por todos: Paulo Otero, *Legalidade e Administração Pública: o Sentido da Vinculação Administrativa à Juridicidade, passim*; Gustavo Binenbojm, *Uma Teoria do Direito Administrativo: Direitos Fundamentais, Democracia e Constitucionalização, passim*; e Egon Bockmann Moreira, "O contrato administrativo como instrumento de governo", *in*: Pedro Gonçalves (org.). *Estudos de Contratação Pública* – IV, 1. ed., p. 5-18.

administrativa à juridicidade"; *(ii)* a definição de interesse público "passa a depender de juízos de ponderação proporcional ente os direitos fundamentais e interesses *metaindividuais* constitucionalmente consagrados"; *(iii)* a discricionariedade "deixa de ser um espaço de livre escolha do administrador para se convolar em um *resíduo de legitimidade*, a ser preenchido por procedimentos técnicos e jurídicos prescritos pela Constituição e pela lei com vistas à otimização do grau de legitimidade da decisão administrativa" e *(iv)* a "noção de um Poder Executivo unitário cede espaço a uma miríade de *autoridades administrativas independentes* (...)", cuja autonomia reforçada "corresponderá a um conjunto de controles jurídicos, políticos e sociais, de molde a reconduzi-las aos marcos constitucionais do Estado democrático de direito".[11]

Tal como Schmidt-Assmann alertou, essa é a *"dupla função do Direito Administrativo*, a saber: proteger os direitos dos cidadãos e facilitar que a Administração cumpra com efetividade as tarefas que lhe foram confiadas".[12] Confiadas pela legalidade, sublinhe-se.

Por outro lado, ao particular, em relações de Direito Privado, é juridicamente possível a busca dos mais diversos fins, ainda que muitas vezes reprováveis pela Moral.[13] Já ao agente público a finalidade normativa é imperativa. Seria inútil celebrar a obrigatoriedade do cumprimento da lei caso fosse permitido relevar o fim legal.

Assim se dá porque a Administração Pública concretiza atividade qualificada pela tutela de interesses públicos, titularizados pela coletividade. Ao revés, o sujeito privado maneja, de regra,[14] interesses particulares, por si imediatamente titularizados e, na maioria das vezes, absolutamente disponíveis. A Administração Pública exerce competências, ao passo que as pessoas privadas a autonomia da vontade.

Daí a assertiva de que a Administração subsome-se a regime jurídico específico, resultante de conjunto de normas (regras e princípios) disciplinadoras da atividade administrativa do Estado. Específico, mas[15] não inflexível e tampouco absoluto.

1.1 O conceito de relação administrativa

3. A essencial diferença entre a atividade das pessoas privadas e a dos entes públicos resultou na elaboração doutrinária dos conceitos de "função"[16] e "relação

---

[11] "A constitucionalização do Direito Administrativo no Brasil: um inventário de avanços e retrocessos". *Revista Eletrônica sobre a Reforma do Estado* 13, Salvador: IBDP, p. 8, mar./maio 2008. Disponível em: http://www.direitodoestado.com.br/codrevista.asp?cod=262. Anote-se que o fenômeno de *constitucionalização do Direito Administrativo* não é um exclusivo brasileiro, mas também se passa no Direito Europeu continental, como leciona Pedro Costa Gonçalves (*Manual de Direito Administrativo*, vol. I. Coimbra: Almedina, 2019, p. 87-90 e 342-364).

[12] *La Dogmática del Derecho Administrativo*. Trad. J. Barnes *et al*. Sevilla: Global Law Press, 2021 , p. 120 – tradução livre.

[13] Nesse sentido: Miguel Reale, *Lições Preliminares de Direito*, 9. ed., p. 42-43. Essa observação é relevante para o estudo do princípio da moralidade, conforme será examinado no capítulo III, item 2.5.

[14] Dito "de regra" porque os particulares também exercitam interesses alheios, na mesma medida do administrador público (cf. nota de rodapé 24 deste capítulo).

[15] Por todos: Celso Antônio Bandeira de Mello, *Curso de Direito Administrativo*, 33. ed., p. 29-97.

[16] Que derivou da feliz combinação do conceito de "relação administrativa" do Direito brasileiro com o conceito de *potestad* do Direito italiano (v. especialmente Santi Romano, "Poderes. Potestades", *in*: *Fragmentos de un Diccionario Jurídico*, p. 297-347). O conceito de "função" em Direito Público desde sempre foi encarecido por Celso Antônio Bandeira de Mello, especialmente em seu *Curso de Direito Administrativo*, cit., 33. ed., p. 47 e 100-102, e *Discricionariedade e Controle Jurisdicional*, 2. ed., 11. tir., p. 13-14 e 53-56. Ampliar ainda em Marçal Justen Filho,

administrativa",[17] que explicam a magnitude jurídica da atividade administrativa pública e afastam impregnações indevidas de Direito Privado.[18]

4. Inicialmente, frise-se que o exercício de função é inerente a toda a atividade da Administração Pública.

Pouco importa se há pessoa privada envolvida; se o ato é unilateral e se exaure em si mesmo; se o tema é *interna corporis*; se se trata de contratação entre pessoas jurídicas de Direito Público; se se cuida de mero processamento burocrático da atividade administrativa do Estado; etc. Os agentes, órgãos e entidades da Administração Pública estão a exercer função administrativa no exercício cotidiano de suas competências.

"Cabe recordar, aqui, a conhecidíssima imagem suscitada por Hans Kelsen, no sentido de que a Administração Pública opera da mesma forma que o rei Midas: este, tudo que tocava transformava em ouro; aquela, tudo em que toca publiciza. Basta que a Administração Pública esteja presente numa relação jurídica para que aí estejam presentes, necessariamente, requisitos ou condições inerentes ao direito público".[19] Não que nos dias de hoje a constatação da natureza jurídica implique a existência de regime fechado e inexorável, como se não houvesse nuanças de Direito Privado em algumas das atividades administrativas do Estado (o que permite a construção do "direito privado administrativo" – tema por demais amplo para ser aqui tratado, mas que exige a ressalva[20]). Mais: não se pode imaginar que como se só existisse um e somente um regime jurídico para as atividades administrativas do Estado.

Sujeição Passiva Tributária, p. 38 e ss., em que resume e amplia o pensamento de Santi Romano e Renato Alessi sobre o tema.

[17] Merece destaque a doutrina de Ruy Cirne Lima em suas obras *A Relação Jurídica no Direito Administrativo*, 1952, *Sistema de Direito Administrativo Brasileiro*, vol. I, 1953, e *Princípios de Direito Administrativo*, 7. ed., 2007. Mais recentemente, e conferindo maior vigor ao tema da relação jurídica como um dos conceitos centrais do Direito Administrativo, v.: Vasco Pereira da Silva, *Em Busca do Acto Administrativo Perdido*, p. 149-297, e Egon Bockmann Moreira, Direito das Concessões de Serviço Público: Inteligência da Lei 8.987/1995 (Parte Geral), p. 89-102. Para o presente texto, as expressões "relação de administração", "relação de direito administrativo" e "relação administrativa" serão tomadas como sinônimas. Sobre a crítica ao conceito tradicional de relação jurídica processual, v. Luiz Guilherme Marinoni, Sérgio Cruz Arenhart e Daniel Mitidiero, *Novo Curso de Processo Civil*, 2. tir., vol. 1, p. 432 e ss. (porém é de se sublinhar que tal crítica se aplica sobretudo ao processo civil – eis que ataca a ausência de legitimidade, efetividade e democracia decorrente da "neutralidade" do conceito de relação –, justamente o oposto do que se passa no processo administrativo, em que a relação jurídica se presta ao reconhecimento da condição de "sujeito de direito" da pessoa privada frente à Administração, bem como a consolidar seus direitos subjetivos processuais, assegurando/acentuando o dever estatal de os tutelar).

[18] Tal como a falsa contradição contida na assertiva de que direitos e deveres sobre uma mesma situação jurídica possam conjugar-se numa mesma pessoa (por todos: Marçal Justen Filho, *Sujeição Passiva Tributária*, cit., p. 42-50). De igual modo, os matizes decorrentes da noção de "direito subjetivo público" (por todos: Egon Bockmann Moreira, *Direito das Concessões de Serviço Público*: a Inteligência da Lei 8.987/1995 (Parte Geral), cit., 2. ed., p. 285-298279-289).

[19] Adilson Abreu Dallari, *Regime Constitucional dos Servidores Públicos*, 2. ed., p. 126.

[20] Criação da doutrina alemã (sobretudo H. J. Wolff), o "direito privado administrativo" visa a explicar a normatividade pública nas atividades privadas desempenhadas por pessoas estatais e naquelas tarefas públicas executadas por pessoas privadas (cf.: H. J. Wolff, O. Bachof e R. Strober, *Direito Administrativo*, vol. 1, p. 314; E. Schimidt-Assmann, *La Teoría General del Derecho Administrativo como Sistema*, p. 299-302; H. Maurer, *Direito Administrativo Geral*, p. 42-48, e *Droit Administratif Allemand*, p. 39-43; Almiro do Couto e Silva, "Privatização no Brasil e o novo exercício de funções públicas por particulares. Serviço público 'à brasileira'?", *RDA* 230/46, nota 2; S. González-Varas Ibáñez, *El Derecho Administrativo Privado*, máxime p. 93-160; J. Barnés Vázquez, "Introducción a la doctrina alemana del 'derecho privado administrativo'", *in*: A. Pérez Moreno (coord.), *Administración Instrumental: Libro Homenaje a Manuel Francisco Clavero Arevalo*, t. I, p. 229-238; Egon Bockmann Moreira, *Direito das Concessões de Serviço Público*: a Inteligência da Lei 8.987/1995 (Parte Geral), cit., p. 58-7054-63 e 400-409. Sobre a persistência da dicotomia público-privado em Direito Administrativo, v.: Pedro Gonçalves, *Entidades Privadas com Poderes Públicos*, p. 270-320.

5. Por outro lado, e como em toda relação jurídica, a relação administrativa exige a presença de, pelo menos, dois sujeitos, unidos por vínculo normativo.[21] É relação intersubjetiva, correspondente à hipótese legal previamente estabelecida.

Contudo, seus parâmetros são diversos dos das relações jurídicas de Direito Privado.

6. As relações de Direito Privado têm como pressuposto a igualdade de personagens, que ajustam livremente seus interesses disponíveis (relação de coordenação), podendo concretizar qualquer ato jurídico, inclusive aqueles que não possuem regulação normativa expressa.[22] Estão em primeiro plano a *liberdade estipulativa* e a *autonomia da vontade*.

Inclusive, essa identidade de poderes jurídicos tem encontrado proteção expressa no Direito Positivo nacional.[23]

7. Já a relação de administração contém duas especialidades: qualificação diferenciada dos interesses atribuídos/detidos pelos sujeitos participantes e finalidade preestabelecida em lei (ainda que por meio de *standards* e cláusulas abertas).

7.1 Desde seu nascimento dá-se a superioridade axiológica dos interesses atribuídos ao ente público. Em vista dos interesses coletivos que lhe são normativamente imputados, a Administração possui poderes e regalias extraordinárias, que afetam o vínculo intersubjetivo. São as chamadas "prerrogativas da Administração", subordinadas, limitadas e exercitadas em atenção aos "direitos dos administrados" fundamentais das pessoas.[24] Prerrogativas estas que precisam ser compreendidas *cum grano salis*, eis que instrumentais ao cumprimento dos deveres imputados ao administrador.

Logo, nem se vislumbre qualquer inconveniência neste desequilíbrio. Tais vantagens não existem como fim em si mesmo, nem como privilégio personalíssimo, mas são meramente poderes-meios para o cumprimento do dever de cuidar da coisa pública. Por isso a doutrina qualifica o poder outorgado à Administração como "poder-dever",[25] ou, melhor, "dever-poder",[26] encarecendo o dever, previamente fixado em lei, ao qual sempre está submetido o agente público.

Por outro lado, atribuir "superioridade" aos interesses imputados à Administração não implica dizer que se está de volta ao Antigo Regime – ou a vínculos hierárquicos entre soberanos e vassalos (ou Administração e "administrados", estes como se súditos fossem). Nada disso. A superioridade aqui encarecida dá-se entre os interesses postos em jogo (coletivo *versus* pessoal; público *versus* individual), não entre as pessoas que

---

[21] Autores definem o Direito como realidade "bilateral", "relacional" ou "intersubjetiva" – destacando o aspecto da "sociabilidade" ou "alterabilidade" da norma jurídica. V.: Maria Helena Diniz, Compêndio de Introdução à Ciência do Direito, p. 457-459; Miguel Reale, Lições Preliminares de Direito, cit., 9. ed., p. 209-222; e José de Oliveira Ascensão, O Direito – Introdução e Teoria Geral, 4. ed., p. 470.

[22] Desde que possuam "agente capaz", "objeto lícito, possível, determinado ou determinável" e "forma prescrita ou não defesa em lei" (CC, art. 104).

[23] Por exemplo, o Código de Defesa do Consumidor (Lei nº 8.078/1990), que reprime condutas qualificadas como abusivas, e a legislação de defesa da concorrência (Leis n. nºs 8.158/1991 e 12.529/2011). Diplomas como esses visam a assegurar tratamento igualitário entre as pessoas privadas, inviabilizando condutas tendentes a frustrá-lo (abuso do poder econômico; concentração de poder; espoliação, etc.). Trata-se de meio apto a compensar a desigualdade fática ("extrajurídica") através de tratamento material e processualmente "desigualador".

[24] Realidade que, afinal, caracteriza o regime jurídico administrativo: a tensão constante das prerrogativas da Administração versus direitos dos administrados (doutrina de Fernando Garrido Falla, citada e elevada por Celso Antônio Bandeira de Mello, Curso de Direito Administrativo, cit., 33. ed., p. 57-58).

[25] Hely Lopes Meirelles, *Direito Administrativo Brasileiro*, 42. ed., p. 114 e ss.

[26] Celso Antônio Bandeira de Mello encarece o aspecto do dever no exercício da função administrativa, em detrimento do conteúdo do poder outorgado ao agente – este, ancilar daquele (*Curso de Direito Administrativo*, cit., p. 100-101).

os exercitam. A Administração deve respeito à imparcialidade e à isonomia, bem como à dignidade da pessoa humana.

Isto é: ao se vislumbrar a relação administrativa qualificada pela superioridade dos interesses atribuídos à Administração, o que se põe em foco é o incremento dos encargos normativamente atribuídos aos agentes, órgãos e entidades públicos.

7.2 Ademais, a relação de administração não se estrutura livremente, tampouco pode o agente público estabelecer sem peias os objetivos de seus atos. Muito pelo contrário. Nessa construção reside falso (e mal compreendido) paradoxo: apesar de possuir prerrogativas distintas daquelas de direito privado, a Administração encontra-se atada pelo próprio ordenamento. Se tais prerrogativas *exorbitam* o Direito Privado, elas *orbitam* no Direito Público – são normais e próprias deste regime. Afinal, a Administração deve respeito à finalidade pública estampada na norma que lhe outorga competência.

Caracteriza-se aqui outro aspecto da relação de administração: a finalidade determinada em lei, seja de modo fluido (atos discricionários) ou específico (atos vinculados), à qual o administrador se deve adscrever. O fim previsto em lei é de consecução obrigatória para o agente público, vez que a outorga de competência limitada à atividade administrativa. Não é possível ignorar o escopo legal ou praticar atos que porventura o desvirtuem (o que dá margem à aplicação da teoria do desvio de finalidade).

Nesse sentido a preciosa lição de Ruy Cirne Lima, para quem a relação de administração é "estruturada ao influxo de uma finalidade cogente",[27] em que "o poder e o arbítrio da vontade são agrilhoados à superioridade de um fim".[28]

"A atividade administrativa obedece, cogentemente, a uma finalidade, à qual o agente é obrigado a adscrever-se, quaisquer que sejam suas inclinações pessoais; e essa finalidade domina e governa a atividade administrativa, *imediatamente*, a ponto de assinalar-se, em vulgar, a boa administração pela impessoalidade, ou seja, pela ausência de subjectividade".[29]

1.2 Atividade administrativa e finalidade legal

8. Desse raciocínio surge a questão de como caracterizar tal finalidade, na medida em que não existem condições práticas de o interesse público ser declarado concretamente por seu titular (o povo) em cada hipótese fática da vida administrativa. Mais ainda: como verificar se a atividade administrativa está efetivamente a buscar o interesse público tal como deve ser cumprido pelo agente?

A resposta estará sempre no ordenamento jurídico, tanto diretamente, através das chamadas "formas de ingerência da população nos assuntos da administração",[30] quanto

---

[27] Ruy Cirne Lima, *Princípios de Direito Administrativo*, cit., 7., p. 106.
[28] Ruy Cirne Lima, *Sistema de Direito Administrativo Brasileiro*, cit., vol. I, p. 30.
[29] *Idem*, p. 26.
[30] Expressão de Sérgio Ferraz, forte em Agustín Gordillo, reportando-se a pautas de controle (*a priori e a posteriori*) da Administração, tais como as comunidades de base; associações de bairro; de moradores; etc. ("Processo administrativo, democracia, justiça social", *in*: Arnoldo Wald (coord.), *O Direito na Década de 80: Estudos Jurídicos em Homenagem a Hely Lopes Meirelles*, p. 116-117). Instrumentos análogos de ingerência direta são, por exemplo, as previsões constitucionais do art. 5º, XVI, XXXIII, XXXIV, "a", e LXXIII.

indireta e principalmente, através da análise do conteúdo da atividade legislativa.[31] Sem dúvida alguma, aqui o processo administrativo assume papel sobranceiro. É o processo uma das técnicas mais eficazes de se descortinar o interesse público posto em jogo e, mais que isso, possibilitar que os cidadãos efetivamente cooperem na sua definição (antes), implementação (durante) e controle (antes, durante e depois).

Fato é que as competências a serem exercitadas não advêm da vontade íntima do agente público, mas, sim, das leis, das normas jurídicas (aqui compreendidas em sentido amplo: desde a Constituição até os regulamentos e contratos administrativos, passando pela legislação complementar e ordinária). Para a Administração a lei é o meio eficaz, porque cogente, de descortinamento do interesse público. A finalidade a ser buscada pelo agente, contida e qualificadora da relação de administração pública, é o atendimento ao interesse público, tal como previsto em lei. Incide o princípio da legalidade,[32] que estabelece os parâmetros e limites da conduta administrativa e, por consequência, da relação de administração.

Administrar é "aplicar a lei de ofício", na insuperável síntese de Miguel Seabra Fagundes.[33] Mas, atenção: a lei e, sobretudo, a Constituição. Não se está a tratar da execução irrefletida da letra da lei, mas, sim, da construção e da criação normativas, sob o regime da colaboração público-privada e em respeito ao contraditório, a partir da lei e com vistas ao escopo nela definido. Consagra-se a aplicação "da lei", não da "letra da lei". Diz-se "de ofício" porque o agente público não necessita de provocação, de demanda, para aplicar a lei (ao contrário do juiz). Ele deve, mesmo sem ter sido acionado, interpretar/aplicar a lei – sem que isso autorize a lavratura de decisões-surpresa. Matizes que ficam ainda mais nítidos com o Código de Processo Civil/2015 e também com a LINDB.

Nem mesmo nos atos administrativos caracterizados pela discricionariedade o agente público está isento de cumprir tais máximas. Nesses casos dá-se ampliação das hipóteses de conduta concreta do administrador, com a finalidade específica de ser alcançado o interesse público da melhor maneira possível, dentro do que se pode esperar de um bom administrador público (que não é um gênio extraordinário, mas, sim, um *bonus pater familiae*; um homem médio que atua de boa-fé).

Porém, ressalte-se que a expressão "aplicar a lei de ofício" não pode resultar na aplicação cega da norma jurídica em decorrência de uma interpretação em abstrato. Isso porque o caso concreto não é dado secundário e posterior à aplicação normativa. Ao contrário, a aplicação do Direito exige a compreensão sistemática do ordenamento e a consideração dos fatos específicos que serão subsumidos à norma. A interpretação exige a consideração do caso concreto – e demanda o respeito aos precedentes jurisdicionais

---

[31] Cf. a lição de Lúcia Valle Figueiredo, para quem: "Interesse público, dentro de determinado ordenamento jurídico-positivo, é aquele a que a Constituição e a lei deram tratamento especial; fins públicos são aqueles que o ordenamento assinalou como metas a serem perseguidas pelo Estado, de maneira especial, dentro do regime jurídico de direito público. E, consequentemente, é dever da Administração persegui-los. É o poder-dever de que fala Renato Alessi, ou o dever-poder como refere Celso Antônio" (*Curso de Direito Administrativo*, 9. ed., p. 35).

[32] Mais bem explorado no capítulo III, item 2.3, ao qual remetemos o leitor.

[33] Miguel Seabra Fagundes, *O Controle dos Atos Administrativos pelo Poder Judiciário*, 4. ed., p. 16-17. Ampliar em: Egon Bockmann Moreira, "Como convivem Direito Administrativo e Constituição?", *in*: Carlos Ari Sundfeld *et al.*, *Curso de Direito Administrativo em Ação*, p. 67-86.

e administrativos.³⁴ Já há tempos encontra-se superado o prestígio à compreensão mecanicista do processo de subsunção – afinal, ao aplicar o texto, o intérprete cria a norma, tal como oriunda da totalidade do ordenamento.³⁵ Não se aplica a lei a esmo, como singelo resultado de leitura apressada do texto normativo.

9. Em suma: a relação de administração pública é diversa daquela que se põe entre as pessoas privadas. Preenche campo todo próprio no mundo jurídico, afastando-se dos conceitos usuais de Direito Privado.

1.3 O conceito de função em Direito Administrativo

10. Em Direito Administrativo "função" significa vínculo normativo incindível, que une o poder outorgado ao agente e o dever que lhe é imposto, dirigido ao cumprimento de determinado escopo preestabelecido.³⁶ Como se trata de atividade administrativa pública, o fim ao qual se visa é sempre de interesse público, que assumirá a conformação que lhe for dada por lei.

Unicamente para concretização dessa finalidade, ao agente é agregado um conjunto de poderes, que deverão ser manejados para que o interesse público seja atingido, tal como prefixado normativamente. Assim, o poder detido pelo administrador público é mero vetor de deveres preestabelecidos.

"Tem-se função apenas quando alguém está assujeitado ao *dever* de buscar, no *interesse de outrem*, o atendimento de certa finalidade. Para desincumbir-se de tal dever, o sujeito de função necessita manejar *poderes*, sem os quais não teria como atender à finalidade que deve perseguir para a satisfação do interesse alheio. Assim, ditos poderes são irrogados, única e exclusivamente, para propiciar o cumprimento do dever a que estão jungidos; ou seja: são conferidos como *meios* impostergáveis ao preenchimento da finalidade que o exercente de função deverá suprir".³⁷

---

[34] O art. 22 da LINDB preceitua que devem ser "considerados os obstáculos e as dificuldades reais do gestor e as exigências das políticas públicas a seu cargo, sem prejuízo dos direitos dos administrados". A esse respeito, v. Eduardo Jordão ("Art. 22 da LINDB – Acabou o romance: reforço do pragmatismo no direito público brasileiro", *RDA Especial*/63-92, nov. 2018). Sobre a LINDB e o sistema de precedentes, v. Egon Bockmann Moreira e Paula Pessoa Pereira ("Art. 30 da LINDB – O dever público de incrementar a segurança jurídica". *RDA Especial*/63-92, nov. 2018) e Rafael Carvalho Resende Oliveira (*Precedentes no Direito Administrativo*).

[35] Como consigna a ementa de acórdão do STF: "A Constituição é, contudo, uma totalidade. Não um conjunto de enunciados que se possa ler palavra por palavra, em experiência de leitura bem comportada ou esteticamente ordenada. Dela são extraídos, pelo intérprete, sentidos normativos, outras coisas que não somente textos. A força normativa da Constituição é desprendida da totalidade, totalidade normativa, que a Constituição é" (Rcl 6.568-SP, rel. Min. Eros Grau, *DJU* 25.9.2009).

[36] O conceito de função é típico do Direito Administrativo, mas dele não é exclusivo. Fábio Konder Comparato destacou o caráter amplo do conceito: "Função – enquanto desempenho, adimplemento, execução – é a atuação própria de alguém ou de algo num sistema, isto é, num conjunto coordenado de partes em relação a um fim ou objetivo" (*O Poder de Controle na Sociedade Anônima*, 3. ed., p. 282-283). E, mais adiante, ao discorrer sobre o exercício do poder de controle nas sociedades anônimas: "Mas a todo poder correspondem deveres e responsabilidades próprias, exatamente porque se trata de um direito-função, atribuído ao titular para consecução de finalidades precisas. Assim também no que diz respeito ao poder de controle, na estrutura da sociedade anônima" (*idem*, p. 294). Assim, e *v.g.*, exercem função o tutor (CC, arts. 1.728 e ss.); o curador (CC, arts. 1.767 e ss.); o administrador e o controlador de sociedades anônimas (Lei das S/A, arts. 145-159 e 116-117); e o administrador judicial na recuperação judicial e na falência (Lei 11.101, de 9.2.2005, arts. 21 e ss.). V., ainda, o Capítulo III, n. 2, adiante, em que se explora a correlação entre os conceitos de "Estado Democrático de Direito" e "função".

[37] Celso Antônio Bandeira de Mello, *Curso de Direito Administrativo*, cit., 33. ed., p. 100.

11. Para o Direito Administrativo são sete os elementos que compõem o conceito de função: (a) *agente público*, investido no (b) *dever* de satisfazer uma (c) *finalidade* no (d) *interesse público*, tal como (e) *fixado em lei*, necessitando para isso dos (f) *poderes* indispensáveis à consecução de seu dever, outorgados sempre (g) no *interesse alheio* ao sujeito que maneja o poder.

Por "agente público" entenda-se toda e qualquer pessoa, física ou jurídica, de Direito Público ou Privado, servidor público ou não, que esteja no exercício de atividade inerente ao interesse público, tal como fixado em lei. Trata-se do sujeito que concretiza a função pública, no momento de sua prática.[38]

"Dever" é conduta prevista e imposta pelo ordenamento jurídico ao agente público. Sua fonte imediata é a lei (ou o regulamento administrativo). É o ato (comissivo ou omissivo) cujo cumprimento é imperioso, pena de incidência de sanção jurídica. Pouco importa a qualidade de ato vinculado ou discricionário, mas seu conteúdo de manifestação estatal em evidente cumprimento à ordem normativa.[39]

A "finalidade" é o desígnio estabelecido de forma inequívoca, explícita ou implicitamente, em lei. É dado inerente à própria existência de todo e qualquer sistema normativo. Havendo norma jurídica, subsistirá um objetivo a ser perseguido e cumprido pelo agente público. Estes recebem atribuições de competência, a implicar o dever de agir (a competência é "irrenunciável, nos termos do art. 11 da Lei nº 9.784/1999").

"Interesse público" é o conteúdo substancial do princípio da finalidade. Nem sequer se cogita que norma jurídica se dirija a albergar conveniência particular, em detrimento da sociedade. A única interpretação possível de uma lei de Direito Administrativo é a de que sua finalidade é pública. O interesse passível de ser perseguido pelo agente é o denominado *interesse público primário* – aquele que diz respeito à coletividade, não ao órgão administrativo considerado "individualmente". A fonte primária do interesse público é a lei, ao passo que a sua configuração concreta, sua constituição, advém de ato do agente público competente – e esta aplicação normativa é que lhe dá caráter concreto e autovinculante.

"Poderes" são os instrumentos postos à disposição do agente para o cumprimento de seus deveres. Trata-se de previsões normativas que autorizam (se não determinam) a prática dos atos contidos na competência do agente. Não existem nem se justificam em

---

[38] Por exemplo, podem estampar a condição de agentes públicos: os concessionários de serviços públicos; as sociedades de economia mista; as empresas públicas; as organizações sociais – sempre e na medida em que seus atos consubstanciarem todos os elementos do conceito de "função", ora examinado. Aprofundar em Pedro Costa Gonçalves, *Entidades Privadas com Poderes Públicos*, cit., *passim*, e Licínio Lopes Martins, *As Instituições Particulares de Solidariedade Social*, *passim*.

[39] Não se trata propriamente de "obrigação", figura jurídica típica do Direito Privado. Tal como Justen Filho fixou, há "um profundo equívoco científico na conduta de caracterizar-se como obrigacional toda e qualquer relação jurídica da qual decorra uma prestação consistente em um dar, fazer ou não fazer. Esse equívoco se agiganta quando se intenta atribuir à 'obrigação' a condição de categoria da teoria geral do Direito (portanto, aplicável a qualquer campo normativo). (...). Mas o campo do direito público estrutura-se em termos diversos. Se se deseja classificar relações jurídicas, identificá-las e distingui-las entre si, não é cabível a utilização dos mesmos critérios de direito privado. É que, então, inúmeras figuras, que são entre si distintas, acabariam identificadas. O critério diferenciador não pode ser a existência de uma conduta devida porque o direito público se caracteriza, genericamente, por todas as relações jurídicas serem dotadas dessa 'natureza'" (*Sujeição Passiva Tributária*, cit., p. 78-79). Também no Direito Administrativo em sentido estrito a individualização do dever reside "na compulsoriedade, no seu caráter não sancionatório e na sua instituição através de lei" (*idem*, p. 83). Ampliar em: Egon Bockmann Moreira, *Direito das Concessões de Serviço Público*: a Inteligência da Lei 8.987/1995 (Parte Geral), cit., p. 281-285.

si mesmos, mas unicamente para cumprir a determinação normativa de atendimento ao interesse público, tal como configurado no caso concreto.

Por fim, o "interesse manejado" pelo agente sempre há de ser *alheio* à sua esfera jurídica privada. Caso contrário dar-se-á hipótese de impedimento ou suspeição (especialmente no processo administrativo, conforme previsão da Lei nº 9.784/1999, arts. 18-21).

Não havendo a simultaneidade desses sete elementos, não existirá cumprimento válido da função administrativa.

1.4 Conclusão

12. Na verdade, relação de administração e exercício de função não têm existência paralela, muito menos admitem oposição. A função administrativa é inerente a toda e qualquer atividade do Estado-Administração, exteriorizando-se também na relação de administração.

Mais ainda, a "relação administrativa" nem sempre é apenas "pontual" ou exaurida num só ato. Quando desenvolvida através de conduta sequencial, procurando a concretização de determinado ato específico, pode ser qualificada de "relação processual-administrativa".

Isso não importa sustentar uma visão excludente das pessoas privadas nos assuntos administrativos, tampouco cogitar de sua subordinação absoluta ao gestor público. Especialmente por meio do processo administrativo os sujeitos de direito participam e colaboram na formação da vontade administrativa.

Como se pretende demonstrar nos tópicos seguintes, esses conceitos são de extrema importância no trato da matéria ora desenvolvida. Isso porque, como não poderia deixar de ser, também o processo administrativo é relação administrativa em que se exterioriza o exercício de função.

2 Processo administrativo. Seu regime jurídico

13. O termo "processo" não é exclusivo da linguagem jurídica, mas noção genérica, que se reporta a atividade dinâmica e finalista: sequência de atos (autônomos ou conjugados com fatos) que podem ter existência e efeitos específicos, desenvolvida numa sucessão lógica preestabelecida (ou conhecida), com vistas a determinado fim anteriormente fixado (ou previsível).[40] Assim, o conceito de *processo* retrata juízo unitário de fenômeno múltiplo.

Visão unitária porque se pretende analisar tal acontecimento globalmente: o estudo do processo é consideração da sequência dos atos e fatos que visam ao ato final, não exclusivamente da individualidade e autonomia deles. Fenômeno múltiplo porque

---

[40] Nesse sentido, doutrina Ugo Rocco: "Según una acepción general, se llama proceso el momento dinámico de cualquier fenómeno, es decir, de todo fenómeno en su devenir. Tenemos así un proceso físico, un proceso químico, un proceso fisiológico, un proceso patológico, modos todos ellos de decir que sirven para representar un momento de la evolución de una cosa cualquiera" (*Tratado de Derecho Procesal Civil*, vol. I, 1983, p. 113). V. a crítica a tal concepção em Luiz Guilherme Marinoni, Sérgio Cruz Arenhart e Daniel Mitidiero, *Novo Curso de Processo Civil*, cit., 2. tir., vol. 1, p. 432 e ss.

envolve vários elementos, que podem ter existência e efeitos próprios, e mais de uma relação (possível) entre eles. A necessidade de percepção unitária resulta não só das relações mútuas que existem entre os elementos do processo, mas principalmente de seu objetivo, em razão do qual eles são agrupados.

14. Assim, o conceito jurídico de *processo* deriva também de sua construção histórico-semântica. Na medida das exigências do ordenamento, o jurista fará agregar significação própria ao conceito leigo, conferindo-lhe sentido todo próprio.[41]

O que importa para conferir legitimidade ao estudo é a clarificação do objeto pesquisado, seu descortinamento e a coerência dos juízos a partir daí emitidos.

2.1 O conceito jurídico de processo

15. Tradicionalmente o processo é descrito como instrumento autônomo no mundo do Direito, concebido para regular interações entre pessoas postas em especial relação jurídica: aquela que existe para solucionar conflitos de interesses, mediante participação dos sujeitos envolvidos e intervenção decisória heterocompositiva oriunda de órgão estatal específico (o Poder Judiciário).[42] Este é o conceito tradicional, cunhado no século XIX – e que se reporta a relações processuais que têm origem em conflitos de interesses e direitos de primeira dimensão (o qual não explica todos os processos contemporâneos, como será visto neste capítulo).

Dentro dessa perspectiva foram desenvolvidos seus estudos iniciais, e até hoje na ciência do Direito o vocábulo "processo" é compreendido, *grosso modo*, como sinônimo da expressão "processo jurisdicional".

2.1.1 Autonomia da relação jurídico-processual

16. Ocorre que nem sempre o processo jurisdicional foi visto como instituto jurídico autônomo. Somente a partir da segunda metade do século XIX desenvolveram-se estudos que conferiram *status* de verdadeira ciência às pesquisas em torno do fenômeno processual.

Tomando como ponto de partida a célebre obra de von Büllow e a polêmica entre Windscheid e Mütter, foram abandonadas noções que limitavam o processo a

---

[41] Especificamente no que tange à visão da ciência do Direito em relação ao processo, Hélio Tornaghi leciona que: "O processo não é sempre e em toda parte a mesma coisa. Varia com a organização do Estado, com a maior ou menor concentração do poder, com a maneira de distribuir e exercer as funções soberanas e assim por diante. (...). Por isso, não se deve dizer que ele é sempre de direito privado ou de direito público; que é, em si mesmo, um contrato, uma relação jurídica, um negócio jurídico, etc. Tais afirmações somente podem ser feitas para determinada ordenação jurídica. Fora disso, o pesquisador cai no mais autêntico relativismo" (A Relação Processual Penal, 2. ed., p. 2).

[42] Para a doutrina clássica de José Frederico Marques: "Proposta a ação e movimentado o aparelho jurisdicional do Estado, uma série de atos devem ser praticados para que se julgue a pretensão. Esse conjunto de atos é o processo propriamente dito. (...). Em termos amplos, portanto, a palavra 'processo' indica uma 'operação destinada a obter a composição de um litígio'. Essa operação se realiza com a atividade jurisdicional, posta em movimento através da ação e desenvolvida por meio de um conjunto de atos, que é o processo em sentido estrito" (*Instituições de Direito Processual Civil*, 3. ed., vol. I, p. 12-13). No mesmo sentido Piero Calamandrei: "Para los juristas, proceso es la serie de actividades que se deben llevar a cabo para llegar a obtener la providencia jurisdiccional (...)" (*Instituciones de Derecho Procesal Civil*, p. 241).

mero apêndice do direito material e se lhe conferiu dignidade ontológica.[43] O Direito Processual foi apartado do Direito material e desenvolvido segundo premissas próprias.

Desde então o processo jurisdicional é visto como relação jurídica específica que se estabelece, de usual, entre três pessoas: autor, juiz e réu. Essa relação jurídica tipifica-se pelo seu desenvolver no tempo, mediante sucessão predeterminada de atos e fatos ligados entre si, sendo que o posterior pressupõe a existência do anterior, todos visando (ou tendendo) à prática de ato final (a sentença). Trata-se de "unidade *jurídica*, uma empresa *jurídica*, em outros termos, uma *relação jurídica*".[44]

O conteúdo específico dessa relação jurídica são direitos, ônus e deveres de natureza processual – não existe relação jurídico-processual que tenha por fundamento autônomo uma hipótese normativa puramente de direito material.

Dito de forma mais clara: a relação jurídico-processual envolve exclusivamente atividade desenvolvida pelas partes[45] e o órgão jurisdicional. Pode visar a proteger o direito material contemplado na pretensão de uma delas, bem como buscar a proteção do próprio processo. Mas nunca a relação processual tem como conteúdo imediato/primário a própria relação de direito material. São aspectos diversos, que se desenvolvem em diferentes planos normativos.

17. A tradicional justificativa jurídico-política para a existência do processo seria a impossibilidade de o órgão jurisdicional proferir decisões espontânea ou instantaneamente. Concepção à qual foi acrescida a necessidade de participação da pessoa que será afetada pela *efetividade* do processo, tornando legítima a decisão a ser proferida.[46]

O Poder Judiciário atua mediante provocação do interessado, porém possibilitando sempre à outra parte a apresentação de suas razões, em atividade dialética que culmina com a promulgação da sentença. A sucessão dos atos de debate entre as partes colabora para a formação democrática da decisão jurisdicional. No curso dessa atividade estabelece-se vínculo jurídico específico entre os sujeitos do processo, qualificado pelo exercício de poder estatal por parte do órgão competente: são tomadas decisões, expedidas ordens, ordenados o rito e as atividades a serem desenvolvidas até a resolução final da controvérsia. Note-se que essa relação jurídica não se confunde com aquela

---

[43] Será deixada de lado a fase anterior, porque impertinente para o presente trabalho. A respeito das obras de von Büllow, Windscheid e Mütter, bem como toda a evolução do fenômeno processual sob essa óptica, v. Frederico Marques (*Instituições de Direito Processual Civil*, cit., 3. ed., vol. I, p. 44-45), Tornaghi (A Relação Processual Penal, cit., 2. ed., *passim*), Cândido Rangel Dinamarco ("Os institutos fundamentais do direito processual", *in*: *Fundamentos do Processo Civil Moderno*, 6. ed., vol. I, p. 245-298) e, Adolf Wach (*Manual de Derecho Procesal Civil*, vol. I, p. 21-70) e Rocco (*Tratado de Derecho Procesal Civil*, cit., vol. I, 1983, p. 227-240). A crítica a essa construção tradicional bem como a proposta daquilo que denomina de "bases para um novo conceito de processo" merecem ser vistas na obra de Luiz Guilherme Marinoni, *Teoria Geral do Processo*, sobretudo p. 387-450, de leitura imprescindível.

[44] Giuseppe Chiovenda, *Instituições de Direito Processual Civil*, vol. I, p. 55.

[45] No Direito Processual o vocábulo "parte" significa exclusivamente uma das pessoas (física, jurídica ou ente estatal) ou grupo de pessoas que integram a relação processual, à exclusão do órgão do Poder Judiciário. Lembre-se, porém, que a Lei nº 9.784/1999 não se vale do termo "parte", mas, sim, "interessado". A lei utilizou a palavra "parte" no sentido de pessoa integrante da relação processual em apenas dois artigos: art. 31, *caput*, e art. 58, I.

[46] Ou, mais recentemente, sobretudo nos processos coletivos, pela compreensão de direitos (materiais e processuais) e estruturas processuais que vão para muito além da tradicional bipolaridade autor-réu. A esse respeito, v.: Marcella Ferraro, *Do Processo Bipolar a um Processo Coletivo-Estrutural*, *passim*; Egon Bockmann Moreira; Andreia Cristina Bagatin; Sérgio Cruz Arenhart e Marcella Pereira Ferraro, *Comentários à Lei de Ação Civil Pública*, 32. ed. p. 42-44, 279-283 e 550-552211-213 e 269-292; Fernando Menegat, *Direito Administrativo e Processo Estrutural*.

de direito material que deu origem ao processo – são realidades que se desdobram em planos normativos diversos.

"Antes de se poder julgar o pedido de atuação da lei é necessário examiná-lo; isso produz um *estado de pendência*, no qual se ignora se o pedido é fundado ou não, mas se envida o necessário para sabê-lo. Durante esse estado de pendência, portanto, as partes (autor e réu) devem ser colocadas em situação de fazer valer suas possíveis razões: competem-lhes *deveres* e *direitos*. Daí a ideia singelíssima, e, não obstante, fundamental, vislumbrada por Hegel, positivada por Bethmann-Holweg e explanada especialmente por Oskar Böllow [sic], e depois por Kohler e muitos outros, inclusive na Itália: *o processo civil contém uma relação jurídica*".[47]

18. O objetivo do processo jurisdicional tradicional seria compor um conflito de interesses, mediante a atuação da lei no caso concreto, tal como levado à apreciação do Poder Judiciário.

Essa noção de processo enfrentou variações na ciência do Direito e evoluiu ao conceito de "instrumentalidade do processo", que tem visão mais ampla do fenômeno jurídico-processual (e de sua finalidade). Essa escola vê que o processo tal qual "toda a atividade jurídica exercida pelo Estado (legislação e jurisdição, consideradas globalmente) visa a um objetivo maior, que é a pacificação social". O processo é instrumento autônomo "a serviço da paz social", do qual se vale o Estado "para, eliminando os conflitos, devolver à sociedade a paz desejada".[48]

Mais recentemente, sobretudo por meio da produção acadêmica de Luiz Guilherme Marinoni, vários desses conceitos tradicionais têm sido repensados – em especial pela integração dos direitos materiais ao processo: "O processo, como instrumento através do qual o Estado se desincumbe do seu dever de prestar tutela aos direitos, deve ser focalizado sob diversos ângulos, todos eles imprescindíveis à concretização do processo adequado ao Estado contemporâneo".[49] Isto é: o processo precisa ser compreendido como

---

[47] Chiovenda, *Instituições de Direito Processual Civil*, cit., vol. I, p. 55. É marcante a semelhança com o texto de Calamandrei: "Antes de que el magistrado esté en condiciones de juzgar sobre el tema propuesto a su investigación, es necesario, por parte suya y por parte de aquellos que solicitan su juicio, el cumplimiento de una serie de actividades preparatorias que se suceden ordenadamente para hacer conocer al juez cuál es el problema que debe examinar y para proporcionarle las informaciones necesarias para resolverlo según justicia: esta serie de actividades que se suceden en un orden preestablecido, procediendo, como hacia su última meta, hacia el acto jurisdiccional, constituye el proceso, el cual aparece conceptualmente como una unidad, (...)" (*Instituciones de Derecho Procesal Civil*, cit., p. 30-31).

[48] Antônio Carlos de Araújo Cintra, Ada Pellegrini Grinover e Cândido Rangel Dinamarco, *Teoria Geral do Processo*, 31. ed., p. 64-65. Nessa cita não consta expressamente a atividade administrativa do Estado. Contudo, reputamos legítima e pertinente sua inclusão: porque compreendida pela intenção do texto ("toda atividade jurídica exercida pelo Estado") e porque esse aspecto é amplamente desenvolvido por Dinamarco em obras específicas, como *A Instrumentalidade do Processo*, 15. ed., e "Os institutos fundamentais do direito processual", *in*: *Fundamentos do Processo Civil Moderno*, 6. ed., vol. I, p. 245-298. Em *A Instrumentalidade do Processo*, cit., 15. ed., discorrendo a respeito do "papel da teoria geral do processo", o autor indica que "é significativo o seu poder de síntese indutiva do significado e diretrizes do direito processual como um sistema de institutos, princípios e normas estruturados para o exercício do poder segundo determinados objetivos: passar dos campos particularizados do processo civil, trabalhista ou penal (e administrativo e legislativo e mesmo não estatal) à integração de todos eles num só quadro e mediante uma só inserção no universo do Direito é lavor árduo e incipiente, que a teoria geral do processo se propõe a levar avante" (p. 67-68).

[49] Luiz Guilherme Marinoni, Da Teoria da Relação Jurídica Processual ao Processo Civil do Estado Constitucional, disponível em: https://portaldeperiodicos.unibrasil.com.br/index.php/cadernosdireito/article/view/2545http://www.abdpc.org.br/abdpc/artigos/Luiz%20G%20Marinoni(8)%20-%20formatado.pdf (acesso em: 29 dez. 2015). Ampliar em Luiz Guilherme Marinoni, Sérgio Cruz Arenhart e Daniel Mitidiero, *Novo Curso de Processo Civil*, cit., 2. tir., vol. 1, 8. ed. em especial p. 40532 e ss.

a efetividade da participação das partes na decisão, bem como na adequada tutela do direito material posto em jogo. O princípio da primazia do mérito, estampado nos arts. 4º e 6º do CPC/2015, demonstra que o processo existe para ser efetivo, para permitir à parte o real exercício e o gozo de seus direitos materiais.

Assim, de há muito o processo não é mais visto na condição de acanhado "adjetivo" do direito material; nem realidade demarcada pelos termos "civil" e "penal". Tampouco o conceito de relação processual é apto a, por si só, conferir legitimidade à decisão (que não é apenas declaratória, mas, sobretudo, criativa e constitutiva da efetivação de direitos). Toda atividade do Estado que desenvolva essa espécie de relação jurídica com particulares, desde que não seja pontual,[50] subsome-se ao conceito de processo – e ao seu dever de participação, bem como de efetividade de direitos fundamentais em respeito à Constituição. A toda evidência, não se trata de "processos" idênticos – o civil, o penal, o trabalhista, o administrativo, o arbitral etc. – a serem compreendidos e explicados sempre pela mesma lógica.

O processo penal, o processo civil, o processo trabalhista e o processo administrativo submetem-se cada qual ao seu próprio regime jurídico. Melhor: submetem-se à racionalidade dos direitos materiais colocados em debate (e construção). Mas essa constatação não descarta uma compreensão genérica dos princípios comuns (porque ínsitos) a todas essas disciplinas. Princípios, esses, com assento constitucional, que serão matizados em cada espécie, a fim de lhes reconhecer efetividade, identidade e autonomia.

Porém, e apesar das dissonâncias, uma coisa é certa: a lógica fundamental do Código de Processo Civil/2015 aplica-se a todo o Direito Processual brasileiro. Ficaram para trás concepções que ignoram o dever de colaboração recíproca, o prestígio ao contraditório, a primazia do mérito, a proibição de decisões-surpresa etc. Os novos tempos processuais chegaram também para o processo administrativo, onde impera o dever de efetiva e tempestiva aplicação do direito fundamental à tutela adequada.

2.1.2 Processo e procedimento

19. O processo pode ser examinado sob dois ângulos: por um lado, é relação jurídica entre as partes que nele interagem (aspecto interno); por outro, consubstancia rito ou sequência predefinida (aspecto superficial).

19.1 Na medida em que se trata de relação jurídica específica, o processo configura vínculo entre pessoas derivado de previsões normativas próprias, cujo objeto é precisamente o motivo (fático ou jurídico) em razão do qual a relação processual se constitui e se desenvolve.

No processo o objeto da relação jurídica é, com exatidão, a gama de direitos e deveres de caráter processual puro. Segundo Chiovenda: "A relação processual é uma relação *autônoma e complexa,* pertencente ao *direito público. Autônoma,* porque tem vida e condições próprias (...). *Complexa,* por não inserir um só direito ou obrigação, mas um

---

[50] No sentido de singular e exauriente em si mesma, não inserida ou componente de uma série lógica de atos. Por exemplo, a expedição de uma certidão eletrônica (que pode ser feita on-line pela própria pessoa privada). Há atos cuja prática não exige o processo anterior (nem mesmo a participação dos servidores públicos, como no caso do ato administrativo "certidão eletrônica").

conjunto indefinido de direitos (...); todos, porém, direitos coordenados a um objetivo comum, que enfeixa numa unidade todos os atos processuais".[51]

Não se confunde a relação processual com a ação (ou pretensão) processual, tampouco com a relação jurídica material que une as partes. Nada obstante, o processo destina-se a conferir e/ou atribuir efetividade aos direitos materiais estampados naquela relação jurídica (bilateral ou multilateral; individual, coletiva ou difusa). A relação jurídico-processual, portanto, apesar de autônoma, não é soberana, pois apenas se legitimará caso prestigie, em termos lógicos e cronológicos, o(s) respectivo(s) direito(s) material(is).

19.2 Tal relação jurídica processual desenvolve-se justamente através do rito denominado *procedimento*. Trata-se da forma de se concretizar o processo – tramitação ou sequência de atos na qual se desenvolve a relação processual. É o procedimento realidade essencial e inerente ao conceito de processo.

20. Assim, processo e procedimento têm clássica diferenciação quanto ao seu conteúdo jurídico: o primeiro retrata *relação jurídica* específica, de caráter processual em sentido estrito; já o segundo define puramente o desenrolar dos atos e fatos que configuram o começo, meio e fim do processo – realidade que, de direito (positivo e cientificamente), não significa *relação jurídica*. São conceitos *jurídicos* que designam fenômenos diversos no mundo do Direito.

Confiram-se dois exemplos da mais abalizada doutrina processual civil clássica.

Para Enrico Tullio Liebman *procedimento* configura o conjunto de atos "como as fases de um caminho que se percorre para chegar ao ato final, no qual se identificam a meta do itinerário preestabelecido e ao mesmo tempo o resultado de toda a operação"; e *processo* determina "a existência de toda uma série de posições e de relação recíprocas entre os seus sujeitos, as quais são reguladas juridicamente e formam, no seu conjunto, uma relação jurídica, a *relação jurídica processual*".[52]

José Frederico Marques ressalta que: "Não se confunde *processo* com *procedimento*. Este é a marcha dos atos do juízo, coordenados sob formas e ritos, para que se atinjam os fins compositivos do processo. Já o processo tem um significado diverso, porquanto consubstancia uma relação de direito 'que se estabelece entre seus sujeitos durante a substanciação do litígio'".[53]

Acentua-se a dissociação normativa e conceptual entre processo e procedimento, bem como suas consequências.[54] Mesmo aqueles que não se dedicam à reiteração da

---

[51] Chiovenda, *Instituições de Direito Processual Civil*, cit., vol. I, p. 56-57.
[52] Enrico Tullio Liebman, *Manual de Direito Processual Civil*, 3. ed., vol. I, p. 63-64.
[53] José Frederico Marques, *Instituições de Direito Processual Civil*, cit., 3. ed., vol. I, p. 15. A citação é de texto de Niceto Alcalá-Zamora.
[54] Há autores que vão além e promovem outros desdobramentos e novas classificações. A propósito, v.: Luiz Guilherme Marinoni, *Novas Linhas do Processo Civil*, 4. ed., 2000. Para esse autor, lastreado em Dinamarco e Fazzalari, "o processo é todo procedimento realizado em contraditório" e "o direito ao procedimento, dessa forma, quer significar o direito ao procedimento que garanta os valores processuais, principalmente a participação plena e efetiva em contraditório" (p. 250). Este conceito foi significativamente reelaborado em Luiz Guilherme Marinoni, Sérgio Cruz Arenhart e Daniel Mitidiero, *Novo Curso de Processo Civil*, v. 1, 8. ed., cit., 2. tir., vol. 1, p. 405432 e ss. Ampliar os limites dessa noção no Capítulo IV, n. 3 ("Processo administrativo, princípio do contraditório, a Lei 9.784/1999 e o Código de Processo Civil/2015").

doutrina exposta remetem, com as devidas variações, o conceito de "processo" ao de "relação jurídica".⁵⁵

21. A conclusão que se pretende atingir é a seguinte: frente ao Direito Processual o termo "procedimento" jamais se prestou a designar, em sentido estrito, uma *relação jurídica*. Essa função é exercida com exclusividade pela palavra "processo", que designa vínculo jurídico entre os sujeitos envolvidos na relação jurídico-processual.

Ou seja, se o desenrolar cronológico de atos e fatos unidos entre si em vista de determinado ato a ser proferido pela autoridade competente constituir específica relação jurídica, o seu nome é processo. Não nos parece possível atingir outra máxima no âmbito do Direito Administrativo.

2.2 Processo administrativo. Por que não "procedimento administrativo"

22. Transposta a noção jurídica genérica dos termos "processo", "procedimento" e "relação processual", resta questionar sua aplicabilidade ao Direito Administrativo.

23. Conforme já exposto, a atividade administrativa do Estado pode ser vislumbrada sob dois ângulos: aquele da "função administrativa" e o da "relação administrativa". *Tertium non datur*: inexiste terceira espécie de atividade estatal que pudesse albergar atividades diferenciadas, extrafunção e/ou extrarrelação administrativa.

Mais que isso, o conceito de "função administrativa" é gênero, que alberga a "relação administrativa" – sempre esta é desenvolvida em obediência aos parâmetros daquela.

2.2.1 Função administrativa, relação de administração e processo

24. Na relação administrativa dá-se a interação entre o ente público e outra pessoa (física ou jurídica) – estes são os "sujeitos" da relação jurídica.⁵⁶ Nela, dá-se exercício do poder administrativo estatal: o Estado-Administração cumpre o *dever-poder* a ele conferido pelo Direito Positivo, em atenção ao sistema constitucional brasileiro.

De usual, essa relação desenvolve-se no tempo, através de conjunto de atos interativos entre Administração e particular. Ou bem o ato administrativo exaure-se em si mesmo ou pressupõe/exige atos e fatos pretéritos/futuros. Interessa – e será abordada – aquela atividade administrativa do Estado desenvolvida através de sequência de atos e fatos ligados entre si, visando à prática de um ato terminal.

Sublinhe-se a riqueza dessa constatação: está-se diante de relação jurídica entre sujeitos de direito postos em situação de igualdade, cujo desenvolvimento depende do respeito à *juridicidade* (à "atuação conforme a lei e o Direito", nos termos do art. 2º, parágrafo único, inc. I, da Lei nº 9.784/1999). Os atos praticados pelos Poderes Públicos destinam-se a cumprir a lei (processual e material) e, mais do que isso, a levar em conta e respeitar as manifestações das pessoas privadas que integram tal relação jurídica – tudo

---

⁵⁵ Por exemplo: Arruda Alvim Netto, *Manual de Direito Processual Civil*, 5. ed., vol. I, p. 434 e ss.; Ovídio A. Baptista da Silva, *Curso de Processo Civil*, 4. ed., vol. I, p. 13 e ss.; e Cintra, Grinover e Dinamarco, *Teoria Geral do Processo*, cit., 31. ed., p. 317 e ss.

⁵⁶ Ressalte-se que a relação administrativa pode dar-se entre sujeitos da Administração Pública (direta/indireta). Porém, essa hipótese é irrelevante no contexto do raciocínio desenvolvido.

a resultar num ato administrativo final oriundo dessa colaboração público-privada. Nada de atos *interna corporis*; nada de supremacia opressiva; nada de unilateralidade monista.

25. Tal como frisado, o termo "processo", especialmente frente à ciência do Direito, reporta-se à relação jurídica entre pessoas, uma das quais no exercício de poder estatal, consubstanciada na ordem lógica de atos (os quais comportam a manifestação legítima do cidadão que será afetado pelo provimento final, bem como a garantia da efetividade deste) e fatos (decurso do tempo e preclusão, por exemplo), dirigidos a específica finalidade. Esta é sua "natureza jurídica".

Ora, na justa medida em que há relações administrativas retratadas exatamente por série de atos e fatos que visam a determinado fim, exata é a conclusão de que essa espécie da realidade jurídica "relação administrativa" pode ser perfeitamente designada pelo termo "processo administrativo".

Por outro lado, é inequívoco que o termo "procedimento" não se presta a designar uma "relação jurídica". Não há no mundo do Direito vínculo intersubjetivo cuja natureza jurídica seja denominada "procedimento". A palavra significa, só e tão somente, o ritualismo processual: conjunto de praxes, sequência ou marcha dos atos praticados no curso do processo.

Destaque-se que nessa sequência de atos há duas espécies de normas a incidir: aquelas que determinam o caminho a ser obedecido (e suas consequências) e as que estabelecem o conteúdo abstrato dos provimentos a serem concretizados (notificação, instrução, intimação, decisão). No Direito Administrativo há prática específica dessas hipóteses jurídicas.

Em suma: no âmbito do Direito Processual a relação jurídica emergente da sucessão lógica de atos, em que um dos sujeitos exercita legítimo poder jurídico e que o(s) outros(s) exercita(m) direitos subjetivos (alguns deles fundamentais), praticada em homenagem a determinadas normas que estabelecem tal *iter* e dirigida ao alcance de específico ato final, é denominada de "processo". Também é incontroverso que – especificamente no Direito Administrativo – existem situações fáticas semelhantes à ora descrita. Resta investigar se tais situações se encontram albergadas por previsões normativas da mesma natureza daquelas que regem os incontroversos gêneros de atividade jurídico-processual.

2.2.2 Processo ou procedimento administrativo?

26. O ponto de partida para a diferenciação entre "processos judiciais" e "procedimentos não judiciais" tem sido feito a partir da "disciplina jurídica" em que estejam encartados (Direito Processual *versus* outros ramos).

Assim, tal divergência assume foros radicais quando se trata da pseudoposição "processo judicial" *versus* "procedimento administrativo". É, sem dúvida, problema de enfoque e estabelecimento de premissas científicas. Quem perquirir com exclusividade eventuais diferenças entre Direito Administrativo e Direito Processual Civil para resolver o problema certamente chegará a impasse semântico, resultando na necessidade de se atribuir a uma das disciplinas a regência do "processo".

Contudo, se a pesquisa se der a partir do fenômeno "processo" em si mesmo (e sua natureza jurídica), o intérprete chegará à conclusão de que seu objeto de pesquisa existe em várias áreas do conhecimento humano.

2.2.3 Ainda a divergência. A evolução legislativa

27. A título de ilustração, vale a análise de diplomas legais. Especificamente no que tange ao Direito Administrativo, a promulgação de leis específicas sobre o processo administrativo também acentuou a divergência semântica. Examinemos duas leis do Estado de São Paulo e a Lei Federal de Processo Administrativo.

27.1 A ementa da Lei Estadual paulista nº 10.177, de 30.12.1998, dispõe que seu objeto é regular "o processo administrativo no âmbito da Administração Pública Estadual".[57]

Já o *caput* do art. 1º dispõe que a lei "regula os atos e procedimentos administrativos (...)", e o Título IV refere-se aos "procedimentos administrativos" (arts. 21 e ss.).

Também a Lei Estadual paulista nº 10.294, de 20.4.1999, que "dispõe sobre proteção e defesa do usuário do serviço público do Estado de São Paulo", elegeu ambos os termos. O capítulo III trata do "processo administrativo", em inúmeros dispositivos (arts. 11 e ss.). Porém, o art. 13 prevê que "os procedimentos administrativos advindos da presente Lei (...)".

27.2 Em contrapartida, a Lei Federal nº 9.784/1999 elegeu a locução "processo administrativo". Valeu-se do termo "procedimento" unicamente em quatro dispositivos, nitidamente referindo-se a "rito" (arts. 23, parágrafo único – "curso regular do procedimento"; 34 – "indicação do procedimento adotado"; 47 – "o conteúdo das fases do procedimento"; e 69-A – "Terão prioridade na tramitação, em qualquer órgão ou instância, os procedimentos administrativos em que figure como parte ou interessado: I – pessoa com idade igual ou superior a 60 (sessenta) anos; ...").

28. Ou seja: a controvérsia não foi transposta pela edição das novas leis que regem a matéria. Mesmo porque não seria somente a letra da lei apta a definir a terminologia correta, sob o ângulo do regime jurídico adequado.

2.2.4 A doutrina nacional e a defesa do termo "procedimento"

29. Para que avancemos na definição da realidade "processo administrativo", é indispensável interessante o exame prévio da doutrina brasileira.[58] Há estudiosos que defendem a tese de que o termo adequado para expressar essa realidade da atividade estatal é "procedimento administrativo" – jamais "processo". A seguir será realizada breve exposição dos motivos que conduzem a tal conclusão, com a ressalva de que tais teses foram desenvolvidas antes da Lei nº 9.784/1999 e do Código de Processo Civil/2015.

---

[57] A respeito dessa lei, sua origem e fundamentos, v. o estudo de Clóvis Beznos, "O processo administrativo e sua codificação", *Genesis – Revista de Direito Administrativo Aplicado* 6/658-690.

[58] Destaque-se que os estudos a seguir descritos são pretéritos à edição das leis supramencionadas. Porém, sua análise é indispensável, na medida em que tratam da "natureza jurídica" de processo e procedimento, tema essencial à presente monografia, bem como devido à sua relevância científica.

À parte a amplitude desse debate científico, analisaremos o pensamento de Carlos Ari Sundfeld, Lúcia Valle Figueiredo e Marçal Justen Filho.[59]

2.2.4.1 O pensamento de Carlos Ari Sundfeld

O professor Sundfeld criou teorização acerca das consequências práticas da unificação do uso do termo "processo" a regular a atividade dos Poderes estatais.[60]

30. Para esse autor, que desenvolve com precisão absoluta o tema do processo do exercício do poder,[61] "as diferenças básicas entre as funções jurisdicional e administrativa influirão decisivamente na estruturação dos respectivos processos".[62] Tamanhas são as dessemelhanças entre as atividades, que se torna imprescindível o apuramento do uso dos termos técnicos – dentre eles, "processo" e "procedimento".

Com lastro nesse entendimento, Sundfeld defende o uso puro da locução "procedimento administrativo" – não apenas para designar o rito, mas com "função semelhante a *processo judicial*, isto é, visa a designar a somatória de trâmites necessários ao desenvolvimento da atividade administrativa".[63] O afastamento do termo "processo" fundamenta-se em seu reiterado uso na esfera jurisdicional, com características próprias e diversas daquelas da função administrativa.

Surgem dessas peculiaridades, quando menos, três perigos para o uso comum das locuções: (a) na medida em que o termo "processo" remete à função jurisdicional, poderia ocorrer "uma restrição do uso da expressão apenas para os casos em que parece haver 'partes' e controvérsia (procedimento disciplinar e tributário), o que certamente favorece a defesa do indivíduo nessas hipóteses, mas deixa-o indefeso nas demais"; (b) a expressão "processo administrativo" poderia induzir à conclusão de que as decisões da Administração Pública desfrutam de efeitos semelhantes àquelas do Poder Judiciário e/ou à "tentação de o legislador substituir o processo judicial pelo administrativo em casos de supressão de liberdade ou da propriedade", violando o devido processo legal, direito de petição, juiz natural etc.; e (c) a confusão da matéria frente aos atos administrativos do próprio Poder Judiciário.[64]

---

[59] Assim o fazemos devido à abrangência dessas três exposições. Para ampliar o tema, remetemos ao estudo de Romeu Felipe Bacellar Filho, Princípios Constitucionais do Processo Administrativo Disciplinar (em especial p. 37-56). Na obra coletiva *As Leis de Processo Administrativo* (coord. de Carlos Ari Sundfeld e Guillermo Andrés Muñoz, 1. ed., 2. tir.) há o enfrentamento do tema por vários autores. V. também: Luísa Cristina Pinto e Netto, *Participação Administrativa Procedimental*: Natureza Jurídica, Garantias, Riscos e Disciplina Adequada, p. 53-74; Eurico Bitencourt Neto, *Devido Procedimento Equitativo e Vinculação de Serviços Públicos Delegados no Brasil*, p. 63-93; Luís Eduardo Schoueri e Gustavo Emílio Contrucci A. de Souza, "Verdade material no 'processo' administrativo tributário", *in*: Valdir de Oliveira Rocha (coord.), *Processo Administrativo Fiscal*, vol. 3.

[60] Carlos Ari Sundfeld, "A importância do procedimento administrativo", *RDP* 84/64-74. O mesmo autor lavrou também o valioso ensaio "Processo e procedimento administrativo no Brasil", em que analisa o significado do processo administrativo e sua evolução legislativa e doutrinária (in Carlos Ari Sundfeld e Guillermo Andrés Muñoz (coord.), *As Leis de Processo Administrativo*, cit., 1. ed., 2. tir., p. 17-36).

[61] Carlos Ari Sundfeld, *Fundamentos de Direito Público*, 5. ed., 6. tir., p. 89-101.

[62] Carlos Ari Sundfeld, "A importância do procedimento administrativo", cit., *RDP* 84/71.

[63] *Idem*, RDP 84/72.

[64] *Idem*, RDP 84/73.

Daí a conveniência de "usar uniformemente a expressão *procedimento administrativo*, confiando que o simples falar-se em *procedimento* invoque as generosas garantias consagradas no Direito Processual, sem permitir transposições indevidas".[65]

31. As razões e seus motivos são especiais e relevantes, conferindo solução teórica que, sem qualquer dúvida, se dirige ao amplo prestígio de um Estado Democrático de Direito. Trata-se de proposta que, através de critério semântico, visa a afastar eventuais dúvidas do intérprete, que poderiam resultar em gravame indevido ao particular.

Contudo, não nos parece válida a fixação do conceito de "processo" exclusivamente no objeto de uma disciplina inaugural. Tampouco se trata de termo cuja ambiguidade natural não permitiria sua aplicação científica.

32. Inicialmente, lembre-se que assim não se deu com outros conceitos, talvez até mais relevantes para o Direito Administrativo, que receberam a devida "transposição" e "adaptação" histórica à realidade imposta pelo Direito Público. Por exemplo, lembre-se a disciplina do "ato administrativo".

32.1 Oriundo historicamente do Direito Civil e circunscrito à expressão "ato jurídico", deu-se fundamental evolução do conceito, para que se adaptasse às necessidades do regime jurídico de Direito Público. Apesar de os termos equivalerem para os efeitos correspondentes a cada categoria autônoma, não há dúvidas a respeito da sustentação a pretéritas identidades vocabular e normativa. A doutrina do saudoso e respeitado Hely Lopes Meirelles praticamente remete o conceito de "ato administrativo" ao de "ato jurídico" do Código Civil de 1916, destacando apenas algumas peculiaridades.[66]

32.2 Celso Antônio Bandeira de Mello levou o tema avante, a fim de demonstrar que: "A noção de ato administrativo surgiu para individualizar um tipo de ato estatal, marcado por características contrapostas às dos atos civis (privados) e às dos atos típicos dos Poderes Legislativo e Judiciário (lei e sentença, respectivamente)".[67] Confira-se a já célebre lição: "Ato administrativo é a declaração do Estado ou de quem lhe faça as vezes, expedida em nível inferior à lei – a título de cumpri-la –, sob regime de direito público e sujeito a controle de legitimidade por órgão jurisdicional".[68]

A existência de regimes jurídicos estritamente opostos entre si, regulando origem e efeitos do ato administrativo e do ato civil, conduziu à inevitável diferenciação dos conceitos. Não se pode tratar duas realidades jurídicas, regidas por diversos feixes normativos, através de entendimento único.

32.3 Porém, e ainda que fundamentadamente alteradas todas as palavras do conceito, suprimindo os principais elementos que o definem no Direito Privado (*autonomia da vontade, objeto, efeitos*), permanece inalterável o termo radical. O motivo que conduziu à transposição da definição pretérita – regime jurídico – não implicou mudança na essência do instituto: trata-se de ato jurídico *administrativo*, em oposição ao

---

[65] *Idem, ibidem.*
[66] Para Meirelles: "Ato administrativo é toda manifestação unilateral de vontade da Administração Pública que, agindo nessa qualidade, tenha por fim imediato adquirir, resguardar, transferir, modificar, extinguir e declarar direitos, ou impor obrigações aos administrados ou a si própria" (*Direito Administrativo Brasileiro*, cit., 42. ed., p. 173). E o art. 81 do CC/1916 dispunha que: "Todo ato lícito, que tenha por fim imediato adquirir, resguardar, transferir, modificar ou extinguir direitos, se denomina ato jurídico" (não há previsão de teor idêntico no atual Código Civil – Lei nº 10.406, de 10.1.2002).
[67] Celso Antônio Bandeira de Mello, *Ato Administrativo e Direito dos Administrados*, p. 11.
[68] *Idem*, p. 31.

ato jurídico *civil*. Alterado o termo adjetivo, o substantivo "ato" permaneceu em ambas as esferas jurídicas. O mesmo se deu com outras expressões (por exemplo, "contrato" e "responsabilidade civil").

33. Aos nossos olhos, a alteração do conteúdo da definição apenas por motivos semânticos somente seria válida quando de indispensável utilidade. A restrição justifica-se seja quando duas realidades não puderem ser designadas pelo mesmo termo preciso (pois absolutamente diversas), seja quando um termo ambíguo se preste sempre a designar equivocamente mais de uma realidade (pois absolutamente vago). Em ambos os casos há defeito intransponível: a palavra eleita não diz respeito à significação incontroversa daquilo que existe de fato. Nessas hipóteses, drásticas consequências impedem a utilização da terminologia.[69]

Ocorre que tanto no Direito Processual Civil quanto no Direito Administrativo o termo designa, com exatidão, um mesmo instituto normativo: relação jurídica desenvolvida com interação de sujeito detentor de poder estatal, através de sequência lógica de fatos e atos, praticada e cumprida visando ao alcance do ato final. Assim, não será o adjetivo "administrativo" apto a criar confusões e/ou transposições indevidas de normas de um regime jurídico ao outro. Tampouco o uso da expressão "processo administrativo" poderá potencializar e/ou legitimar eventuais comportamentos ilegítimos e ilegais por parte de qualquer uma das funções estatais. Ao contrário. A expressão "processo administrativo" designa, técnica e inequivocamente, realidade normativa específica.

2.2.4.2 O pensamento de Lúcia Valle Figueiredo

Durante muito tempo a saudosa professora Lúcia Valle Figueiredo desenvolveu com amplitude o tema do processo administrativo.[70]

34. Ainda que elegantemente destaque que "a distinção entre processo e procedimento administrativo seja, o mais das vezes, estéril",[71] seu brilhante estudo sob os ângulos semântico e prático frente ao ordenamento positivo acentua a diversidade dos princípios jurídicos que incidem sobre os vários aspectos da atividade administrativa processual/procedimental do Estado. Para cada específico conjunto de normas uma denominação toda própria.

34.1 Nessa medida, justificar-se-ia o uso do termo "*processo* quando estivermos diante dos de segundo grau, como os denomina Giannini, quer sejam disciplinares, sancionatórios ou revisivos (quando houver, portanto, 'litigantes' ou 'acusados')".[72]

---

[69] Por exemplo, lembre-se das conclusões de Ataliba a respeito do uso indiscriminado da locução "fato gerador": "Não é possível desenvolver trabalho científico sem o emprego de um vocabulário técnico rigoroso, objetivo e unívoco. Por isso parece errado designar tanto a previsão legal de um fato quanto ele próprio pelo mesmo termo (fato gerador)" (Hipótese de Incidência Tributária, 6. ed., 16. tir., p. 54).

[70] V., por exemplo, "Procedimento administrativo", *in*: "Processo e procedimento em face da Constituição", *Revista da AASP* 34/62-68, e a evolução de seu pensamento nas diversas edições de seu *Curso de Direito Administrativo*, cit. (1. ed., 1994, e 9. ed., 2008), assim como nos vários estudos mencionados no capítulo IV, item 2.3.9. O presente trabalho tratará unicamente do aspecto do pensamento dessa saudosa professora titular da PUC-SP retratado na 9ª edição de seu *Curso*.

[71] Lúcia Valle Figueiredo, *Curso de Direito Administrativo*, cit., 9. ed., p. 438.

[72] *Idem*, p. 436.

Mais ainda, "no nosso texto constitucional, a referência, no art. 5º, inciso LV, a processo administrativo seria, apenas e tão somente, às situações em que há *controvérsias*, em que há *sanções, punições disciplinares* – portanto, situações de *acusações em geral* ou *litigância*".[73]

Já a palavra "procedimento" aplicar-se-ia unicamente "como requisito essencial da atividade administrativa normal da explicitação da competência".[74] Trata-se do "caminho a ser percorrido pela Administração a fim de cumprir determinadas formalidades sequenciais para chegar ao ato final".[75] Indo avante, Lúcia Valle Figueiredo explora duas subdivisões para o uso desse termo: "Ora refere-se ao conjunto de formalidades necessárias para a emanação de atos administrativos, ora como a sequência de atos administrativos, cada qual *per se* desencadeando efeitos típicos (...), porém todos tendentes ao ato final, servindo-lhe de suporte de validade".[76]

Mesmo os provimentos relativamente singelos da Administração devem obedecer à sucessão predeterminada de atos "tendentes a um único ato final, ato típico, a que se preordena a Administração (*procedimento*)".[77]

Ambos os termos são utilizáveis, a depender do feixe normativo da atividade a ser desenvolvida pela Administração Pública.

34.2 A tese de Lúcia Valle Figueiredo pressupõe regimes jurídicos diversos a configurar a aplicação de uma ou outra definição terminológica. No "processo administrativo" – especialmente devido à "litigância" ou "acusação" – haveria incidência de princípios específicos, típicos dos processos civil e penal. Como se sabe, litigância significa "conflito de interesses caracterizado pela existência de uma pretensão jurídica resistida ou insatisfeita",[78] e "acusação" é a imputação de delito, erro ou culpa, para que seja punido seu autor.

Sempre respeitosamente, consideramos que tal distinção pode ser transposta. Trata-se, antes, de diferença entre graus dentro de uma mesma realidade jurídica, e não a configuração de disciplinas jurídicas autônomas. O conjunto de princípios vinculado exclusivamente ao "procedimento" está contido no feixe caracterizador do "processo". Isso porque o procedimento é essencial ao processo.

Por outro lado, há situações jurídicas contidas no conceito de "procedimento" desenvolvido por Lúcia Valle Figueiredo que tipicamente se subordinam a uma "relação jurídico-administrativa", caracterizadora de nossa visão do conteúdo do processo. Tome-se como exemplo o processo de licitação. Em seu desenvolvimento normal não há acusados e/ou litigantes. Trata-se de série de atos administrativos praticada em harmonia com atos privados, visando a – respeitados os princípios da concorrência e da isonomia (dentre outros) – celebrar contratos de conteúdo patrimonial. Desde o início – formal e público – da licitação se estabelece relação jurídica entre particulares interessados e ente público que promove o certame – com prazos, direitos, deveres e ônus processuais, culminando na decisão final previamente objetivada. Também o curso

---

[73] *Idem*, p. 438.
[74] *Idem*, p. 436.
[75] *Idem*, p. 437.
[76] *Idem, ibidem*.
[77] *Idem*, p. 438.
[78] Eduardo J. Couture, *Vocabulario Jurídico*, p. 392.

amigável de desapropriação estabelece vínculo jurídico-administrativo entre Estado e particulares. O mesmo se diga quanto aos processos desenvolvidos frente ao CADE ou agências reguladoras. Essas relações jurídicas não necessariamente derivam nem envolvem "litigância" e/ou "acusação", mas configuram "processo administrativo".[79]

Cremos que eventual diferenciação entre processo e procedimento não reside na litigiosidade e/ou caráter acusatório da sequência de atos a ser praticada pela Administração. Tal somente seria possível caso houvesse disciplina de direito positivo assim o definindo. Defendemos ideia paralela à do Direito Processual (teoria geral, civil e penal) – a de que o termo "processo" requer a existência de relação jurídica própria e o termo "procedimento" designa unicamente a sequência de atos nela contidos. Isso, em face do Direito Administrativo, pode ser concebido da seguinte forma: há duas espécies de exercício das atividades administrativas, expressadas em duas locuções, pertinentes a um mesmo regime jurídico-administrativo: "função administrativa" e "relação jurídico-administrativa". Não são termos opostos, mas continente e conteúdo (parcial). A função administrativa pode ser exercitada pontual e internamente à Administração, mas a relação jurídico-administrativa é caracterizada pela conexão natural que existe entre dois ou mais sujeitos (públicos e privados). Ora, se o termo "processo" designa inequivocamente uma relação jurídica, sempre que houver tal relação haverá processo. Caso contrário é exercício natural da função administrativa.[80]

Adotamos a classificação proposta por Lúcia Valle Figueiredo, mas com outros fundamentos e desdobramentos. Há diversidade parcial de regimes jurídicos, a impor estudo e classificação diferenciados. Porém, o ponto de partida não seria a "acusação" ou o "litígio", mas o vínculo entre particulares e/ou servidores públicos e Administração; posto em ação em sequência de atos previamente definida, com vistas a resultado final.

2.2.4.3 O pensamento de Marçal Justen Filho

Marçal Justen Filho abordou minuciosamente o tema "processo" *versus* "procedimento" em estudo a propósito do "processo administrativo fiscal".[81]

35. Depois de assinalar a relevância do procedimento como "instrumento de controle e limitação do poder"[82] e sua relação com três pressupostos fundamentais do Estado Democrático de Direito (princípios da publicidade, objetividade e contraditório),

---

[79] Caso contrário o conceito de "procedimento" albergaria uma "relação jurídica" e o de "processo" não conteria o "procedimento".

[80] Que poderia ser denominado de "procedimento". Mas nosso ensaio diz respeito unicamente ao conteúdo do processo, sua diferenciação e definição. Como sustentamos que, eventualmente, o "procedimento puro", *stricto sensu*, pode estar contido na locução "função administrativa", estará como categoria autônoma ao lado do processo e mereceria ser estudado à parte.

[81] Marçal Justen Filho, "Considerações sobre o 'processo administrativo fiscal'", *Revista Dialética de Direito Tributário* 33/108-132. V. também "Ampla defesa e conhecimento de arguições de inconstitucionalidade e ilegalidade no processo administrativo", *Revista Dialética de Direito Tributário* 25/68-79. O autor amplia o tema na obra O Direito das Agências Reguladoras Independentes (especialmente nas p. 559 e ss., em que enfrenta com maestria o tema relativo à procedimentalização da atividade administrativa do Estado) e em seu *Curso de Direito Administrativo*, 15. ed. (máxime nas p. 340 e ss., em que aprofunda o tema da procedimentalização como característica do Direito Administrativo contemporâneo, p. 212 ss.).

[82] Marçal Justen Filho, "Considerações sobre o 'processo administrativo fiscal'", cit., *Revista Dialética de Direito Tributário* 33/109.

Justen Filho equipara os efeitos da "procedimentalização da atividade estatal" àqueles do princípio da separação dos Poderes do Estado, pois ambas as "concepções têm conteúdo similar, eis que se trata de evitar o poder absoluto e concentrado".[83]

35.1 Mediante abordagem histórica, esclarece a utilização dos termos ao longo de três etapas: inicialmente deu-se o uso da expressão "processo administrativo"; depois, "procedimento administrativo"; e, enfim, retorno à locução "processo administrativo", com lastro no entendimento de que "seria adequada para indicar hipóteses de procedimento envolvendo contraposição de interesses, propiciando-se oportunidade de participação em regime de contraditório entre seus titulares".[84]

Sua conclusão é no sentido de que tal terceira solução não resolve o problema a contento.

35.2 Descartando os característicos de "relação de direito público" e "sujeição das partes em face do Estado-jurisdição" como peculiares e identificadores da relação processual, Justen Filho reputa que "o ponto fundamental da questão reside na natureza triangular da relação jurídica processual".[85] Ou seja: "O que dá identidade ao processo é uma composição totalmente peculiar e sem paralelo em qualquer outro tipo de vínculo jurídico. O processo vincula três 'sujeitos', produzindo situações jurídicas subjetivas favoráveis e/ou desfavoráveis".[86]

Esse vínculo trilateral possui um corolário: "O juiz participa do processo não na condição de parte, mas com autonomia que é de essência e inafastável. O juiz é imparcial, não apenas no sentido de ser-lhe vedado tomar partido, mas também na acepção de que 'não é parte'. (...). Em nenhum outro tipo de relação jurídica um dos polos é ocupado por sujeito que não seja parte".[87] Tal imparcialidade é regulada por disposições normativas que asseguram "não apenas a isenção íntima do julgador, mas também no tocante à ausência de um vínculo objetivo entre o julgador e a posição das partes".[88]

Ao contrário da jurisdicional, na atividade administrativa há "identidade de sujeitos ocupando a condição de parte e julgador (...). Os atos impugnados e os atos decisórios da controvérsia são praticados pelo mesmo sujeito de direito ou por sujeitos de direito com situação equivalente ou homogênea. Não há um julgador imparcial – na acepção de não ser parte na controvérsia".[89] Mais ainda: "Há envolvimento psicológico, subjetivo e inconsciente na questão, de modo que o órgão julgador não apresenta condições de decidir sem tomar partido. Essa é uma questão de fato, que não pode deixar de ter reflexos jurídicos. (...). Por maior que seja a fortaleza moral do julgador, sua visão de mundo está formada e condicionada segundo os valores e interesses da própria Administração Pública".[90]

Logo – e já por tais consistentes razões –, seria impossível o uso da locução "processo administrativo", a não ser que existisse "estrutura orgânica à qual se

---

[83] Idem, *Revista Dialética de Direito Tributário* 33/110.
[84] Idem, *Revista Dialética de Direito Tributário* 33/111.
[85] Idem, *Revista Dialética de Direito Tributário* 33/111-112.
[86] Idem, *Revista Dialética de Direito Tributário* 33/112.
[87] Idem, ibidem.
[88] Idem, ibidem.
[89] Idem, *Revista Dialética de Direito Tributário* 33/113.
[90] Idem, *Revista Dialética de Direito Tributário* 33/115-116.

atribuísse a competência para conduzir a solução da controvérsia na via 'administrativa', totalmente independente dos sujeitos em conflito".[91] Ademais, Justen Filho apresenta outros argumentos.

Caso se repute que a questão seja puramente terminológica, tratar-se-ia de "opção semântica insuscetível de juízo ou reprovação. Mas tal escolha será irrelevante, na medida em que não permitirá identificar o 'processo administrativo' com o 'processo não administrativo'. (...). Ou seja, haverá dois (no mínimo) institutos jurídicos inconfundíveis. Denominar um deles como 'processo administrativo' será inócuo e não incluirá o objeto indicado através da expressão no âmbito do 'processo não administrativo'".[92]

Por fim, e como reforço de argumentação, existe o problema da distinção entre os conceitos de "imparcialidade" e "independência". Ainda que se reconheça a imparcialidade dos órgãos julgadores da Administração Pública, "não é possível afirmar sua independência".[93]

Tendo em vista tais razões, Justen Filho deduz a necessidade da dissociação das regras (constitucionais e infraconstitucionais) aplicáveis ao processo jurisdicional e ao procedimento administrativo: "As regras meramente procedimentais são plenamente aplicáveis segundo abordagem comum. Já as regras acerca especificamente da situação do órgão julgador e das relações dele com as partes não podem ser estendidas ao campo do direito administrativo".[94] Daí a conclusão de que "o Estado-Administração não desempenha atividade processual",[95] sob qualquer ângulo que se a enfoque.

35.3 Sempre sem a mínima pretensão de cogitar "acerto" ou "erro" nas valiosas conclusões dos doutrinadores, cremos que as locuções "relação processual" e "processo" designam espécies de atividades inerentes à Administração Pública, concretizadas sob determinado regime jurídico, necessárias e suficientes para legitimar a utilização dos termos.[96] Não seria a natureza triangular do processo jurisdicional e tampouco a posição de imparcialidade do Poder Judiciário aptas a impedir seu emprego científico.

Em primeiro lugar, a natureza triangular da relação processual-jurisdicional não é inequívoca e permanente. À parte a divergência doutrinária quanto à posição do juiz e das partes no processo,[97] casos há em que não existe uma "terceira pessoa" na relação: o vínculo processual se põe entre Poder Judiciário e somente um sujeito. *V.g.*: inventário amigável; retificação de registros públicos; processos judiciais cuja sentença é proferida sem a ouvida da parte contrária.[98] Prova de que há relações frente ao Poder Judiciário

---

[91] *Idem, ibidem.*
[92] *Idem, Revista Dialética de Direito Tributário* 33/113-114.
[93] *Idem, Revista Dialética de Direito Tributário* 33/116.
[94] *Idem, Revista Dialética de Direito Tributário* 33/114.
[95] *Idem, Revista Dialética de Direito Tributário* 33/115.
[96] Tal como já assinalado, a exceção seria atividade interna *corporis* da Administração em que não existisse "relação jurídica" entre entidade pública e pessoas privadas. Nessas hipóteses não há justificativa jurídica (tampouco terminológica em sentido estrito) para o uso da locução.
[97] Há doutrinadores a sustentar que a relação não é "triangular", pela ausência de vínculo entre autor e réu. Por todos: Tornaghi, A Relação Processual Penal, cit., 2. ed., p. 22-47.
[98] Também nessas hipóteses há doutrinadores que sustentam inexistência de "processo judicial", mas "procedimento" (por todos: José Frederico Marques, *Ensaio sobre a Jurisdição Voluntária*, 2. ed., 1959). Porém, esse óbice não seria aplicável à controvérsia ora enfrentada. O juiz permanece imparcial (subjetiva e objetivamente), ordenando sequência de atos dirigidos à consecução de finalidade definida em lei. Nem se diga que seria "exceção", a confirmar a "regra". Ao contrário. A uma, não haveria relevância na abordagem exceção versus regra (por que

que não são "trilaterais", mas "duais" – mesmo número de partes que o existente na relação processual de Direito Administrativo.

Também a "ausência" da trilateralidade no processo jurisdicional verifica-se no *habeas corpus* concedido *ex officio* pelo Poder Judiciário, pois, "mesmo se concedido pelo tribunal ou juiz de ofício, quando, no curso de processo, verifique que alguém sofre ou está ameaçado de sofrer coação ilegal (art. 654, §2º, do CPP), o remédio não perde essa característica: ainda quando o juiz independe da iniciativa da parte para instaurar o processo, uma vez iniciado a parte é investida dos poderes e faculdades que caracterizam o direito de ação. Na hipótese, a natureza do bem protegido e a urgência da tutela justificam plenamente o exercício espontâneo da jurisdição, sem que com isso se desnature o fenômeno da jurisdição".[99]

Indo avante, ressalte-se que mesmo a configuração tríplice da relação jurídica não é exclusiva do Direito Processual. Há mesmo situações jurídicas de Direito Privado que possuem estrutura subjetiva trilateral. Assim se dá, essencialmente, nas estipulações em favor de terceiro (CC, arts. 436-438). Nesse caso há negócio jurídico firmado entre estipulante e promitente, em favor de terceiro (beneficiário) – o qual, caso concorde com o contrato, pode exigir seu cumprimento, sem com isso excluir o estipulante da relação contratual. Na dicção de Clóvis Beviláqua, é "relação contratual *sui generis*, na qual a ação para exigir o cumprimento da obrigação se transfere ao beneficiário, sem aliás perdê-la o estipulante".[100] À evidência, as situações, subjetiva e objetiva (posição das partes, natureza do vínculo etc.), não são semelhantes àquelas existentes na relação processual. Porém, significa que a relação jurídica trilateral não caracterizará *sempre* e *exclusivamente* uma relação processual.

Depois, sustentamos que o princípio da imparcialidade frente à Administração Pública tem dignidade e aplicação muito maiores do que usualmente descritas.[101] Em circunstância alguma o agente administrativo pode ser parcial: quer no que diga respeito a interesses pessoais, quer em relação a "interesses secundários" da Administração.[102]

---

seria exceção?). A duas, a exceção (existe procedimento interno ao Poder Judiciário) não confirmaria a regra (o processo só cabe ao Poder Judiciário).

[99] Ada Pellegrini Grinover, Antônio Magalhães Gomes Filho e Antônio Scarance Fernandes, *Recursos no Processo Penal*, 5. ed., p. 345. V. também: Vicente Greco Filho, *Manual de Processo Penal*, 3. ed., p. 390-396.

[100] Clóvis Beviláqua, *Código Civil dos Estados Unidos do Brasil*, 7. tir., p. 214. Para Miguel Maria de Serpa Lopes "resulta claro tratar-se de um instituto complexo em sua formação e fecundo em dificuldades teóricas. Em seu aspecto genético, a estipulação em favor de terceiro não compreende senão duas figuras de contratantes; mas, em seus resultados, vai alcançar quem só veio a participar do contrato depois de sua formação" (*Curso de Direito Civil*, 4. ed., vol. III, p. 112). Os antigos arts. 1.098 a 1.100 do CC/1916 foram substituídos por texto de idêntico teor no atual Código Civil (Lei nº 10.406, de 10.1.2002, arts. 1.098-1.100). Logo, permanecem válidas as observações doutrinárias transcritas.

[101] Ousamos defender essa tese baseados no aspecto puramente jurídico da incidência do princípio. Não se trata de discussão a respeito de sua dimensão fática (presente e pretérita). Acreditamos que a qualidade moral e normativa da imparcialidade da Administração impõe sua pura, ampla e irrestrita incidência. A esse respeito, ampliar no capítulo III, item 2.5.6 ("Princípio da moralidade, imparcialidade e processo administrativo").

[102] V. a doutrina de Renato Alessi (oriunda de Carnelutti), citada por Celso Antônio Bandeira de Mello, a respeito da distinção entre interesse público primário e secundário (Curso de Direito Administrativo, cit., 33. ed., p. 65-67). O tema merece ter o estudo aprofundado em Rogério Ehrhardt Soares, Interesse Público, Legalidade e Mérito, *passim*.

O único aspecto da "parcialidade" do servidor público decorre de sua investidura na função pública. Nada mais nem sequer pode ser cogitado.[103]

O agente é "parte" em sentido físico-material, não em relação ao conteúdo de suas decisões. Juridicamente, tem o dever indeclinável da imparcialidade. Quando muito, a preocupação quanto a seu vínculo jurídico diz respeito ao regime de sua atividade laboral – jamais à tomada de posição (*móvel*, na dicção de Celso Antônio Bandeira de Mello)[104] que conduz à prática dos atos administrativos. O servidor faz parte do órgão ou entidade administrativa, mas o exercício da função pública não lhe permite a "parcialidade" como fundamento de suas decisões. A imparcialidade decorre do primado constitucional do Estado Democrático de Direito e é dever de todos os agentes públicos, pena de vícios intransponíveis nos atos estatais (administrativos, legislativos e jurisdicionais). Em síntese: o agente administrativo pode ser "parte", mas o exercício do *dever-poder* da Administração é imparcial.

Mesmo a atividade do Poder Judiciário pode ser examinada sob enfoque idêntico e não sofrer qualquer pecha de "parcialidade". Por um lado, os magistrados de segundo grau julgam diariamente atos de magistrados de primeiro grau. Todos os recursos judiciais dizem respeito a conhecimento e exame de atos do próprio Poder Judiciário. Apesar de os provimentos objeto do exame, *grosso modo*, manterem vínculo com interesse (jurídico e econômico) de terceiro, os tribunais examinam também atos processuais *stricto sensu* – praticados com exclusividade pelo próprio Poder Judiciário, no exercício de competência constitucional. Trata-se de controle com vínculo puramente objetivo. Por outro lado – e mais que isso –, é de competência da Magistratura o controle de conflitos que envolvem os próprios juízes. Tanto no que tange à defesa dos interesses pessoais e funcionais dos magistrados como no que diz respeito a litígios endoprocessuais entre particulares e membros da atividade judicante, a decisão emana de pessoas que fazem parte da mesma função estatal. Trata-se de inequívoco vínculo subjetivo, em que o próprio Poder Judiciário – órgão e/ou seus membros – participa da controvérsia. Também nessas hipóteses a imparcialidade jurídica é pública e notória (tanto que o ordenamento não prevê um "terceiro" para conduzir tais litígios).[105]

---

[103] Por evidência, não se pretende sustentar visão "romântica" da atividade administrativa do Estado, em detrimento dos fatos. Razões as mais variadas justificam parcialidade dos atos administrativos sem que com isso se vislumbre má-fé do agente público. Ao contrário, a inserção física e emocional do servidor muitas vezes impõe provimentos que tutelam interesse secundário da Administração. Contudo, o ponto de partida do presente estudo é antes idealista do que prático. Pretende-se frisar e reforçar o dever da imparcialidade como essência da atividade do Estado-Administração. "Administrar é aplicar a lei de ofício" (Seabra Fagundes, O Controle dos Atos Administrativos pelo Poder Judiciário, cit., 4. ed., p. 16-17), ainda que tal contrarie as mais puras intenções do servidor público. Tome-se como paralelo a teoria do desvio de poder, também em Seabra Fagundes: "Não importa que a diferente finalidade com que tenha agido seja moralmente lícita. Mesmo moralizada e justa, o ato será inválido por divergir da orientação legal" (p. 81).

[104] Celso Antônio Bandeira de Mello, *Curso de Direito Administrativo*, cit., 33. ed., p. 410-411.

[105] Nem mesmo o Conselho Nacional de Justiça/CNJ, instituído pela Emenda Constitucional nº 45, de 30.12.2004 (art. 103-B), seria apto a desmistificar o entendimento. Tal órgão limita-se a zelar pela autonomia do Judiciário e pelo cumprimento do Estatuto da Magistratura; definir o planejamento estratégico, os planos de metas e os programas de avaliação institucional do Poder Judiciário; receber reclamações contra membros ou órgãos do Judiciário; julgar processos disciplinares e publicar semestralmente relatório estatístico sobre movimentação processual e outros indicadores pertinentes à atividade jurisdicional em todo o País. Logo, analisa a atividade administrativa do Poder Judiciário, não o conteúdo dos provimentos jurisdicionais (o que representaria a criação de nova instância processual). Mais informações sobre o CNJ estão disponíveis em: http://www.cnj.jus.br.

Reforce-se que os provimentos jurisdicionais, vinculados ou discricionários, são parcialmente semelhantes aos administrativos. Trata-se de aplicação do Direito Positivo, em cumprimento aos princípios de um Estado Democrático de Direito. Tal como assentado por Celso Antônio Bandeira de Mello: "O que o magistrado faz ao conceder um pedido de liminar (ou rejeitá-lo) é o mesmo que faz ao prolatar uma sentença ou ao proferir despachos que decidam pretensões controvertidas no curso de uma lide: é firmar que, contrastada a norma com os fatos que lhe estão submetidos, o *Direito impõe* tal solução, a qual por ele é exprimida na qualidade de oráculo do Direito no caso concreto".[106] Os atos vinculados de uma e outra função não geram maior controvérsia – são cogentes a juízes e administradores. Já a discricionariedade do Poder Judiciário *"distingue-se da discrição administrativa* por força da qualidade jurídica que reveste o ato jurisdicional: consistir em solução proposta como a única confrontada na regra aplicanda ante o caso concreto, já que é a própria voz da lei para a situação vertente".[107]

Também no processo administrativo, especialmente depois da promulgação da Lei nº 9.784/1999, incide a disciplina de impedimentos e suspeições. Porém, e ainda que não houvesse tais normas, aplicar-se-iam analogicamente as regras dos Códigos de Processo Civil e Processo Penal.[108] Nem sequer seria imaginável a possibilidade de a autoridade administrativa se envolver em questões nas quais tenha interesse particular – quer devido à sua participação pretérita, à presença de amigos, inimigos ou parentes, muito menos por eventual ganho pessoal (financeiro ou prestigioso). Tratar-se-ia de nítida violação a princípios comezinhos da Constituição da República (legalidade, moralidade, impessoalidade etc.).

Tampouco será a falta de "independência" do órgão julgador situação jurídica que imponha o uso do termo "procedimento". A "dependência" (inserção numa mesma estrutura organizacional) apenas afasta a qualificação de "tribunais" aos órgãos de julgamento na esfera administrativa. Não são tribunais em sentido estrito – estes, sim, independentes material e juridicamente. Porém, a "independência" não faz parte do conteúdo da definição de "processo", mas da definição de "órgão do Poder Judiciário" (tribunais ou juízes singulares). Reputando-se que o termo "processo" não é de uso exclusivo do Poder Judiciário e que os órgãos administrativos devem ser autônomos (liberdade para poder analisar fatos e direito de acordo com a legislação), a questão está transposta.

Por fim, lembre-se que em vários países europeus existem tribunais administrativos, que fazem parte da Administração Pública e julgam o "contencioso administrativo". Nem por isso dir-se-á que a atividade lá desenvolvida é parcial e dependente; meramente "procedimental", não "processual".

---

[106] Celso Antônio Bandeira de Mello, "Mandado de segurança contra denegação ou concessão de liminar", *RDP* 92/55.

[107] *Idem*, *RDP* 92/60. Ampliar em Teresa Celina de Arruda Alvim, que defende não existir fenômeno semelhante à discricionariedade administrativa frente ao Poder Judiciário ("Limites à chamada 'discricionariedade' judicial", *RDP* 96/157-166).

[108] CPC/2015, arts. 144-147; CPP, arts. 95 e ss. e 254 e ss. Porém, é de se sublinhar que o Código de Processo Civil/2015 determina expressamente a respectiva aplicação supletiva e subsidiária ao processo administrativo. A analogia é tratada adiante, nos capítulos referentes ao princípio da legalidade e do devido processo legal.

2.2.5 Conclusão. Processo administrativo, não procedimento

36. Em suma: o conceito de relação jurídica é o de vínculo entre pessoas, regulado pelo Direito. A relação pode ser estática (relação jurídica material) ou dinâmica (relação jurídica processual). Assim, caso essa ligação se desdobre no tempo, através da prática de série lógica e autônoma de atos – requisito preliminar ao ato final visado pelos sujeitos da relação –, trata-se de relação processual. Tal relação continuada é de Direito Público, pois não tem como objeto imediato o direito material, mas as normas que regulam a sequência de atos cuja prática é direito e/ou dever das pessoas participantes do processo. Mais que isso: é de Direito Público, porque envolve *exercício de poder público* e sua regulação normativa, bem como o direito-garantia de o cidadão participar da formação das decisões públicas. Inexistentes esses característicos, não há processo, mas relação jurídica de Direito Privado diferida no tempo.

O processo administrativo é relação jurídica *dinâmica*, coordenada por normas que estabelecem vínculo de segundo grau entre os sujeitos que dele participam. Em uma relação processual os direitos e deveres das pessoas participantes são de Direito Público – independentemente da natureza jurídica das partes e dos interesses em jogo. Um dos sujeitos exerce poder (*dever-poder*), oriundo de mandamentos normativos: seja ele membro do Poder Judiciário, seja agente da Administração Pública. Caso contrário não haverá imediato dever de obediência à sequência predefinida de atos, tampouco aos ditames de um Estado Democrático de Direito. Como leciona Cândido Rangel Dinamarco: "(...). Preestabelecidos os fins do Estado, ele não dispensa o poder para caminhar na direção deles; e, precisando exercer o poder, precisa também o Estado de Direito estabelecer as regras pertinentes, seja para endereçar com isso a conduta dos seus numerosos agentes (no caso, os juízes), seja para ditar condições, limites e formas do exercício do poder".[109]

Como será visto adiante, a positivação da *negociação processual* (CPC/2015, art. 190) e sua aplicação no processo administrativo demonstram, de modo peremptório, que existe uma relação jurídica processual administrativa, diversa e autônoma daquela de direito material que une primariamente as partes. Na justa medida em que Administração Pública e pessoas privadas (ou estas entre si) podem *negociar* os ônus, direitos e *obrigações processuais* em sentido estrito, é óbvio que existe a equivalente relação jurídica cujos elementos estruturais são postos em transação (o tema será aprofundado a seguir, a partir do parágrafo 43).

O momento é de ampliação dos limites de cada uma das disciplinas, respeitando-se suas peculiaridades, mas transpondo-se o "acordo tácito" em torno das ideias de processo e procedimento, que resultou no desmembramento artificial de tais fenômenos jurídicos. Trata-se do objetivo do presente trabalho: um novo sistema processual-administrativo que sintetize as abordagens conflitantes.

---

[109] Cândido Rangel Dinamarco, *A Instrumentalidade do Processo*, cit., 15. ed., p. 91. Apesar de o texto citado se reportar a "juízes", Dinamarco aceita e defende a existência do processo administrativo (*idem*, p. 73 e ss.). Além disso, a dicção "no caso, os juízes" unicamente se reporta ao conteúdo genérico do capítulo: "Jurisdição e Poder".

2.3 Processo administrativo. A falsa confusão com "atos complexos" e "atos coletivos"

37. Cumpre examinar antiga controvérsia existente entre os conceitos jurídicos de "processo", "ato complexo" e "ato coletivo".

Conforme já assinalado, *processo* é a relação jurídica que dá estrutura à sequência lógica de atos, cada qual dependente do anterior, dirigidos à prática de ato final predefinido. Juridicamente, o termo designa relação jurídica que engloba exercício de poder estatal (competência) em contraste com garantias de direitos individuais. Todos os atos inseridos nessa sucessão possuem efeitos autônomos e individualizados.

Ao contrário, *ato complexo* e *ato coletivo* não caracterizam uma sequência procedimental. Existem *per si*, apesar de praticados de forma que muitas vezes transcende a mera instantaneidade. Tais conceitos são antíteses dos atos "simples" – praticados por uma só pessoa, em determinado momento.

2.3.1 Processo administrativo e ato administrativo complexo

38. O ato complexo consiste em – é formado por – ação reunida de várias pessoas, visando a fim único. "(...). Para dizê-lo com rigor técnico: há manifestações provindas de órgãos distintos que se fundem em uma só expressão, em um só ato, porquanto as 'vontades' *não cumprem funções distintas*, tipificadas por objetivos particulares de cada qual; ou seja: nenhuma delas possui, de *per si*, identidade funcional autônoma na composição do ato".[110]

No Direito Administrativo o ato complexo é manifestação oriunda de ente(s) público(s), em cumprimento ao princípio da legalidade. Porém, sua validade e sua eficácia estão subordinadas à regular emanação plurissubjetiva: mais de um agente e/ou órgão administrativo deve participar do mesmo ato. Mais ainda, as manifestações formadoras do ato complexo geram efeitos simultaneamente: somente haverá validade e eficácia quando de sua agregação. Há exigência recíproca para a emanação do ato final. Na lição de Oswaldo Aranha Bandeira de Mello, no ato complexo "há unidade de conteúdo e unidade de fins de várias vontades que se congregam, operando em fases simultâneas ou sucessivas, para formar um único ato jurídico, como vontades concorrentes que cooperam na sua constituição".[111]

A natureza do ato complexo envolve, basicamente, problema peculiar de *competência*. Nenhum dos agentes terá titularidade para, individualmente, emanar ato com tais característicos. Mas inexiste coalizão de título definidor dessa atribuição de praticar o ato, de molde a formar um órgão composto, muitas vezes finalista (não existe institucionalmente, mas emana do ato praticado). O ato complexo surge em função justamente dessa aglutinação de competências.

---

[110] Celso Antônio Bandeira de Mello, *Curso de Direito Administrativo*, cit., 33. ed., p. 508. Ampliar o pensamento desse autor no texto "Procedimento administrativo", *in*: Celso Antônio Bandeira de Mello (coord.), *Direito Administrativo na Constituição de 1988*, p. 9-44.
[111] Oswaldo Aranha Bandeira de Mello, *Princípios Gerais de Direito Administrativo*, 3. ed., 2. tir., vol. I, p. 541.

Nos atos complexos pode haver diferenças de graus da competência entre os agentes envolvidos. Há determinados atos complexos que só se tornam eficazes *se* e *quando* "aprovados" pelo superior hierárquico. Caso contrário não gerarão quaisquer efeitos de direito.[112]

Também podem existir diferenças estruturais na formação do ato complexo, que pode ser oriundo da fusão de manifestações de agentes oriundos de diferentes órgãos administrativos. Para Guido Zanobini tais atos administrativos, que possuem unidade de conteúdo e unidade de fim, compostos por manifestações concorrentes oriundas de órgãos e entidades diversos, são qualificados como "de complexidade externa".[113]

Vez que formados por manifestações oriundas de agentes diversos, os atos complexos possuem regime próprio de nulidade, a depender do órgão que emanou a manifestação-componente viciada.[114]

Emanados de inúmeros agentes públicos, exige-se *decisão unânime*. Não há ato complexo com dissidência ou praticado em maioria. Afinal, caso qualquer uma das manifestações parciais que constituem elementos autônomos do ato complexo deixe de existir, ele não terá completado o seu ciclo existencial (será imperfeito, incompleto).

Por fim, todas as manifestações dos vários agentes possuem somente uma mesma finalidade, mediata e imediata: a prática do ato administrativo oriundo da fusão parcial de tais competências.

Como exemplo pode-se citar o ato de aposentadoria de servidor, cuja validade e eficácia dependem de aprovação do Tribunal de Contas. Como já decidiu o STJ: "A aposentadoria é ato complexo. Só se aperfeiçoa com a homologação do Tribunal de Contas. Em sendo assim, a Administração pode rever os proventos do servidor, desde que os novos cálculos sejam novamente submetidos ao órgão fiscalizador, nos exatos termos da Súmula nº 6 do Pretório Excelso: 'A revogação ou anulação, pelo Poder Executivo, de aposentadoria, ou de qualquer outro ato aprovado pelo Tribunal de Contas, não produz efeitos antes de aprovada por aquele Tribunal, ressalvada a competência revisora do Judiciário'".[115]

Ou seja: o ato complexo é *plurissubjetivo* (praticado por mais de um sujeito), *unitário* (todas as manifestações fundem-se em um só ato), *indivisível* (não admite validade através da fragmentação das manifestações dos agentes) e *unânime* (não admite dissensão).

Daí por que seu controle deve ser exercido em face de todas as autoridades cujas competências fundiram-se no ato complexo – inclusive em sede de mandado de segurança, que no ato complexo deve ter mais de uma autoridade coatora.[116]

---

[112] Por exemplo, os pareceres das consultorias e procuradorias jurídicas dos Municípios, Estados e União. Somente produzirão efeitos caso chancelados pelo superior hierárquico e, em alguns casos, pelo chefe do Poder Executivo.

[113] Guido Zanobini, *Corso di Diritto Amministrativo*, 4. ed., vol. I, p. 233.

[114] Nesse sentido a lição de Agustín A. Gordillo (*El Acto Administrativo*, p. 122-123). A respeito da invalidação/convalidação dos atos administrativos: Weida Zancaner, Da Convalidação e da Invalidação dos Atos Administrativos, 3. ed., p. 53-84.

[115] STJ, RMS 6.777-PI, rel. Min. Gilson Dipp, RSTJ 152/527. No mesmo sentido: RMS 693-PR, rel. Min. Vicente Chernicchiaro, *RDA* 183/85; REsp 1.536.976-SP, rel. Min. Humberto Martins, *DJe* 30.9.2015; RMS 33.078-RJ, rel. Min. Og Fernandes, *DJe* 18.9.2015; AgR no REsp 1.136.766, rel. Min. Nefi Cordeiro, *DJe* 30.6.2015; AgRg no REsp 1.508.085/SC, rel. Min. Humberto Martins, *DJe* 19.06.2015.

[116] Nesse sentido já decidiram o STJ (AgR no MS 17143-DF, rel. Min. Herman Benjamin, *DJe* 1.2.2013);o TRF-1ª Região (REO 01001008-BA, rel. Des. federal Aloísio Palmeira Lima, DJU 1.10.2001, p. 155); o TRF-3ª Região (AMS 7630/

Nesse sentido, Vicente Ráo destaca lição de Messineo, caracterizando os atos complexos "em duas ou mais declarações de vontade que, possuindo o mesmo conteúdo, convergem para o mesmo fim, fundindo-se em uma vontade unitária, de modo a não se poder distinguir, nesta, uma declaração de outra (...). Tais atos não se confundem com os de natureza colegial porque, ao contrário destes, não resultam da aplicação do princípio majoritário, mas exigem o consenso unânime dos interessados".[117]

Ora, no processo administrativo há vários atos (não existem "manifestações" sem valor jurídico específico) conjugados com fatos, praticados por um ou mais sujeitos, todos – agentes e atos – com competência, eficácia e validade autônomas. Inclusive, há – esta é a marca da dialética processual – atos divergentes (salvo aqueles bloqueados pela preclusão). Não há fusão de manifestações, constitutivas de um ato (principal), e a finalidade dos atos processuais é dúplice: proferir decisão para as questões endoprocessuais (imediata) e dar sequência ao processo, até a decisão final que produza efeitos extraprocessuais (mediata).

2.3.2 Processo administrativo e ato administrativo coletivo

39. Já nos atos coletivos (ou colegiados) também se dá apenas uma "manifestação de vontade". Porém, sem as qualidades que distinguem o ato complexo.

O ato coletivo é declaração oriunda de órgão formado por duas ou mais pessoas, todas com a mesma categoria (sem hierarquia decisória, mas apenas, se for o caso, quanto à condução dos trabalhos do órgão). Quem detém competência para emanar tais atos é o próprio órgão, em seu nome. Excepcionalmente atribui-se a membros do ente coletivo a possibilidade de, em nome do colegiado, proferir decisões eminentemente precárias e passíveis de revisão pelo órgão. Tais decisões são delegações provisórias de parcela do feixe de competências do colegiado, em vista de previsão normativa e das circunstâncias (urgência, perecimento de direito, etc.).

Os atos dos membros podem ser praticados simultaneamente ou em sequência. Porém, sem efeitos autônomos: somente possuirão validade e eficácia quando exteriorizados todos os atos necessários e transpostas as formalidades inerentes ao ato colegiado.

A unanimidade no ato coletivo não é essencial, mas acidental. Caso a decisão seja tomada por maioria, terá a mesma eficácia do ato unânime. O título de competência ostentado por todos os membros do órgão colegiado é idêntico (a não ser para finalidades administrativas e formais).

As autoridades integrantes do órgão colegiado devem ser prefixadas em lei ou regulamento – o que é decisivo não só para a prática do ato, mas, sobremodo, para a definição da competência do controle externo jurisdicional.[118]

SP, rel. Juiz Convocado Ciro Brandani, j. 08.05.2014) e o TJMG (AP 10024121301220001, rel. Des. Dárcio Lopardi Mendes, *DJe* 27.06.2013).

[117] Vicente Ráo, *Ato Jurídico*, p. 57. Em seguida, Ráo consigna que "é no direito administrativo que os autores modernos vão buscar o desenvolvimento da doutrina do ato complexo", mencionando as obras de Zanobini, Lessona, Alessi, Sandulli e Cino Vitta (*ob.* e *loc. cits.*).

[118] Como se infere da Súmula nº 177 do STJ: "O Superior Tribunal de Justiça é incompetente para processar e julgar, originariamente, mandado de segurança contra ato de órgão colegiado presidido por Ministro de Estado". Em

O ato coletivo – ou colegiado – "emana de um órgão resultante de uma pluralidade de pessoas físicas. Como vontade do órgão colegiado vale a vontade resultante do complexo de manifestações concordantes dos membros singulares que o compõem e, na hipótese em que não se reúna a unanimidade do consenso entre os componentes do colégio, vale como vontade do órgão a vontade da maioria dos membros do colégio ele mesmo".[119]

Daí também sua diversidade com o processo. Não será pelo fato de mais de um agente estar apto a decidir, mediante a concretização de atos diferidos no tempo (ou não), que estará caracterizada a sequência lógica de atos inerente ao processo.

40. Em suma: "processo", "ato complexo" e "ato colegiado" são realidades normativas absolutamente diversas, cada qual submetida a regime jurídico próprio.

3 Processo administrativo. Instrumento de garantia e efetivação de direitos

41. A principal preocupação daquele que estuda o Direito Administrativo não há de ser as "prerrogativas da Administração", mas os "direitos do administrado" (individuais e coletivos). O processo administrativo significa meio ativo de exercício e garantia de direitos dos particulares, que têm condições de participar e controlar a sequência predefinida de atos anteriores ao provimento final. Os atos administrativos não se despem de suas principais características (presunção de legitimidade, imperatividade, exigibilidade e autoexecutoriedade), mas as pessoas privadas tomarão parte da decisão administrativa, na constante busca da concretização excelente do interesse público.

Tal como bem frisou Justen Filho: "A institucionalização de procedimento acarreta, como consequência mais direta, uma possibilidade de previsão e de orientação de condutas. Na medida em que o exercício do poder jurídico dependa da prévia exaustão de uma sequência ordenada de atos, não mais se torna possível surpreender aos interessados com medidas imediatas e desconectadas. O exercício do poder jurídico é obrigatoriamente proporcionado ao que se definiu no curso do procedimento. Cumprir o procedimento assegura a manifestação e a consideração a todos os eventuais, possíveis e não cogitados interesses em jogo".[120]

Está-se a se falar também de *segurança jurídica*, portanto. O processo assegura que as pessoas privadas não serão surpreendidas com atos administrativos que porventura afetem seus direitos e interesses sem a observância do devido processo. Além dessa proibição às decisões-surpresa (CPC/2015, art. 10), o processo administrativo assegura

---

contrapartida: "O ato impugnado não foi praticado por órgão colegiado presidido por Ministro de Estado. Trata-se sim de ato praticado em conjunto pelos Ministros de Estado da Fazenda, das Comunicações e do Planejamento, Orçamento e Gestão, razão pela qual inaplicável, na hipótese, a disposição contida na Súmula 177/STJ. Precedentes: MS 8675 / DF, rel. Ministra Denise Arruda, DJ 18.6.2007; MS 8704 / DF, Terceira Seção, rel. Ministro Arnaldo Esteves Lima, DJ 10.4.2006" (MS 8.691/DF, rel. Min. Mauro Campbell Marques, *DJe* 07.12.2009). Daí a importância de se estar atento a qual espécie de ato de que se cogita.

[119] Pietro Virga, *Il Provvedimento Amministrativo*, 4. ed., p. 133-134. Em sentido diverso Oswaldo Aranha Bandeira de Mello, para quem: "O ato composto é aquele em que se acha a manifestação de vontade por ele expressa unida por vínculo funcional a outro. Mas eles não se fundem em um complexo unitário, pela falta de homogeneidade das respectivas vontades. A relação entre eles é de caráter instrumental. (...). A natureza formal de um deles, com referência ao outro, principal, os torna interdependentes" (*Princípios Gerais de Direito Administrativo*, cit., 3. ed., 2. tir., vol. I, p. 542).

[120] Marçal Justen Filho, *Sujeição Passiva Tributária*, cit., p. 51.

a adequação, efetividade e tempestividade de direitos. A concretização dessa garantia é a principal razão de existir do processo. Em outras palavras: ele não se destina somente a inibir atos agressivos da Administração, mas a determinar que ela pratique atos positivos, benéficos às pessoas privadas e à sociedade.

Mais: com a edição da Nova LINDB (Lei nº 13.655/2018), o processo administrativo presta-se a garantir não só o exercício de direitos individuais e a proibir as decisões-surpresa, mas a condicionar a validade de todo e qualquer ato de controle (administrativos, judiciais, etc.) a parâmetros de empatia e avaliação das circunstâncias (art. 22 e 24), bem como às consequências práticas das decisões (arts. 20 e 21), inclusive com o dever positivo de gerar regimes de transição (art. 23). Está-se a se falar do dever de instauração e incremento da segurança jurídica por meio do constante aperfeiçoamento do desenho institucional da ordem normativa.[121]

Logo, a existência e a celebração do processo administrativo fazem parte da busca por um Estado Democrático de Direito. É atividade pela qual o particular contribui com a formação da "vontade" estatal, de forma direta e imediata. Como decidiu o TRF-5ª Região: "A homenagem ao devido processo legal é um comportamento da Administração Pública que se insere no cultivo à democracia e respeito ao direito do cidadão".[122]

Talvez a atividade processual seja a maneira mais democrática de se chegar à prolação de um ato administrativo. Então, o processo caracteriza-se como instrumento de garantia dos direitos individuais e coletivos. Ao particular não será apenas dado o dever de se submeter aos atos estatais, pois o caminho processual prestar-se-á a proteger o direito material dos particulares.[123]

Daí por que o processo não merece ser vislumbrado unicamente como "rito" ou "procedimento". Ao serem utilizados tais termos, é imediata a conexão a ideias puramente formais. Através do processo administrativo não se pretende mera proteção a prazos, publicações, vistas, protocolos e demais perfis burocráticos da atividade estatal. O processo é instrumento de participação, proteção e garantia dos direitos. Caso prestigiado, o cidadão terá convicção de que o ato administrativo é legítimo e perfeito.

4 As dimensões do processo administrativo: individuais, coletivos e de cidadania

42. Como tantas vezes mencionado neste livro, o Direito Administrativo contemporâneo não se confunde com a construção teórica clássica do século XIX e meados do século XX. Em verdade, tem origem em mutações que incidiram sobre esse modelo, gerando novas concepções. Alguns dos institutos tradicionais de Direito Administrativo

---

[121] Cf. Egon Bockmann Moreira e Paula Pessoa Pereira ("Art. 30 da LINDB - O dever público de incrementar a segurança jurídica". *RDA* Especial/63-92, nov. 2018).

[122] TRF-5. Região, ACi 29.169-AL, rel. Juiz José Delgado, DJU 29.4.1994, p. 19.461. No mesmo sentido o STJ (REsp 802.435-PE, rel. Min. Luiz Fux, DJU 30.10.2006, p. 253; RMS 14.310-PB, rela. Min. Laurita Vaz, DJU 25.9.2006, p. 279; e RMS 18.769-PR, rela. Min. Eliana Calmon, DJU 21.2.2005, p. 400), o TRF-3. Região (ACi 32.033-SP, rel. Des. federal Aricê Amaral, DJ 17.11.1999, p. 335) e o TRF-2. Região (Ag 35.990-RJ, rel. Des. federal Sérgio Feltrin Corrêa, DJ 5.6.2001).

[123] Ampliar no nosso ensaio "O processo administrativo no rol dos direitos e garantias individuais", *in*: Edgar Guimarães (coord.), Cenários do Direito Administrativo: Estudos em Homenagem ao Professor Romeu Felipe Bacellar Filho, p. 175-193.

foram objeto de transformação ao longo do tempo, não mais refletindo sua natureza originária. Nos dias de hoje isso se dá com maior rapidez e intensidade.

Para demonstrar essa circunstância, cogite-se somente de três exemplos brasileiros. O modelo tradicional cuidava das autarquias como pessoas de Direito Público integrantes da Administração indireta e submetidas a controle tutelar; hoje há agências reguladoras independentes e consórcios públicos. O mesmo se dá com o contrato administrativo, pois surgem outras espécies contratuais (contratos de gestão, atos administrativos negociais etc.). Pense-se também nos serviços públicos, nas autorizações e nas parcerias público-privadas. O que o Direito Administrativo está a exigir são novos aportes, consistentes e pertinentes ao Direito brasileiro atual.

No que diz respeito ao presente estudo, agora se examinará com cuidado a *mutação* que acompanha o *processo administrativo* – e o que isso pode implicar para sua transformação.[124]

42.1 O ponto de partida está em que o processo administrativo surgiu como algo secundário, num tempo e lugar em que o sujeito era um objeto. Afinal de contas, quando e onde nasceu o Direito Administrativo? No Estado dos séculos XVIII e XIX, pós-Revolução Francesa. Prevalecia a concepção liberal de Estado, em que as esferas pública e privada eram segmentadas e autoexcludentes. De um lado estavam a sociedade civil e o domínio econômico (liberdade de contratar, autonomia decisória, responsabilização); do outro, o Estado e o interesse público (princípio da legalidade). O Estado era o monopolista do interesse público – um *public interest maker*, não um *public interest taker*. Nesse contexto, o Estado manifestava-se precipuamente nos atos administrativos (imperativos, que não contavam com participação popular).

Com o passar do tempo o ato se consolidou como a figura central do Direito Administrativo. Este girava em torno do ato concreto (a execução pontual da lei) e do ato regulamentar (a execução geral da lei). Nas duas hipóteses prevalecia a Administração unilateral. Caso a intervenção resultasse em danos aos indivíduos, dava-se a oportunidade de colaboração no controle objetivo de legalidade do ato (e não na defesa de direitos subjetivos, eis que estes não existiam frente à Administração). Porém, não lhes era dado participar da concepção do ato, que era *interna corporis*. Os particulares só tomavam conhecimento dele depois de já ter sido editado, no exato momento de sua incidência. Prevalecia, portanto, a concepção unilateral e impositiva da atuação da Administração.

Nesse cenário, o processo era algo secundário. Não é à toa, aliás, que se o denominava de procedimento ou de "direito adjetivo". O processo administrativo seguia como acessório ao ato, limitando-se a garantir a restauração de direitos violados. Nos primeiros tempos, sobretudo na França, nem sequer se reconhecia ao indivíduo a condição de sujeito com legitimidade de questionar os atos da Administração: o Conselho de Estado

---

[124] Ampliar nos nossos "Agências administrativas, contratos de serviços públicos e mutabilidade regulatória", *RDPE* 25/101-117; "O Sistema Brasileiro de Defesa da Concorrência (SBDC) e o devido processo legal", *RDPE* 40/129-153; e "As várias dimensões do processo administrativo brasileiro", RePro 228/37-49. V. também: Vera Karam de Chueiri, Egon Bockmann Moreira, Heloisa Fernandes Câmara e Miguel Gualano de Godoy, *Fundamentos de Direito Constitucional*, 2. ed., p. 323-330; Vasco Pereira da Silva, *Em Busca do Acto Administrativo Perdido*, cit., e José Carlos Cal Garcia Filho, *O Conteúdo Jurídico do Devido Processo Legal: Interpretação dos Direitos e Garantias Fundamentais*. Javier Barnes desenvolve tese assemelhada, mas com peculiaridades que a distinguem, em "Reforma e innovación del procedimiento administrativo" e "La colaboración interadministrativa a través del procedimiento administrativo nacional", *in*: J. Barnes (ed.), *La Transformación del Procedimiento Administrativo*.

realizava controle objetivo do ato, não com lastro em direitos subjetivos, mas com vistas a controlar os desvios de poder administrativo. O indivíduo não era detentor de direito subjetivo em face da Administração.[125] A pessoa privada fazia mera notícia, que era processada pelo Conselho em atenção ao princípio da legalidade (e não aos direitos daquele que pedia). Não é devido a um acaso, portanto, que os indivíduos eram tratados por "administrados": aquela pessoa que é governada ou dirigida por alguém (o objeto na "relação" administrativa).

O mais importante para a análise do Direito Processual reside na seguinte constatação: ao alvorecer do Direito Administrativo, se o ato pudesse causar gravame à pessoa privada, ela possuía "legitimidade" para, na singela condição de *interessado* (mero *colaborador da legalidade* – e não um sujeito de direito), interpor recurso ao Conselho de Estado, o qual procedia ao controle objetivo do ato, sem a participação do indivíduo recorrente – e muito menos qualquer cogitação a propósito de seus direitos, que simplesmente não existiam frente à Administração Pública. Assim, quando do nascimento, desenvolvimento e consolidação do Direito Administrativo o indivíduo não era tido como sujeito de direito frente à Administração Pública. Como não era *sujeito*, não poderia ter *direitos subjetivos* – muito menos aqueles de ordem processual, em especial se o assunto versasse sobre o exercício do assim denominado "poder de polícia" do Estado.

A pessoa privada, portanto, não detinha legitimidade subjetiva – processual ou material – frente à Administração, mas apenas se lhe reconhecia a legitimidade objetiva para *auxiliar as autoridades administrativas* em sua atividade superior, de interesse público (que não "pertencia" ao indivíduo ou às coletividades, mas à Administração). O "interesse público" era privativo da Administração Pública, que o exercitava segundo critérios de "supremacia" e "indisponibilidade" (em outras palavras: de exclusão e hierarquia em relação aos "súditos"). Isso não pode ser esquecido, para que efetivamente seja banido do nosso cotidiano.

Afinal de contas, o mesmo se deu no Brasil. Aqui o processo administrativo era um procedimento acompanhado pelo adjetivo que qualificava a conduta do órgão público que praticou o ato questionado: fiscal, disciplinar, expropriatório – e assim por diante. A Administração agia, agressiva e unilateralmente, para depois o particular defender-se através do processo (instrumento de restauração do direito violado). O processo era eminentemente reativo – e no mais das vezes lento o suficiente para frustrar a efetividade de direitos fundamentais.

Porém, isso persiste? O Direito Administrativo atual alberga apenas tais características? O processo administrativo tem só e somente essa configuração?

Felizmente, na atualidade isso não mais ocorre. Nem o ato administrativo parece gozar da mesma *centralidade* de outrora, nem o processo administrativo permanece no papel de *coadjuvante* da atuação administrativa. O Direito Administrativo mudou. Hoje, tem fundamento e parâmetro nos *direitos fundamentais* – que, na dicção de Gustavo Binenbojm, devem ser concebidos "como *direitos à organização e ao procedimento* para designar aqueles que dependem, para sua realização, de estruturação de determinados

---

[125] Sobre o conceito de direito subjetivo público, v. o nosso Direito das Concessões de Serviço Público: inteligência da Lei 8.987/1995 (parte geral), p. 285-298 (com amplas referências bibliográficas).

arranjos institucionais, ou de medidas de índole normativa, de modo a viabilizar, por exemplo, o exercício de garantias constitucionais-processuais".[126] A questão que se coloca, portanto, é a de se saber como houve essa alteração de papéis, e em que medida ela se deu.

Mas, atenção: é preciso dar um passo avante e consolidar a ideia de *direitos fundamentais processuais* (devido processo legal, ampla defesa, contraditório, etc.) lado a lado com os *direitos fundamentais materiais* (propriedade, isonomia, direitos sociais, liberdade econômica, etc.). Não só estes possuem dimensões – ou gerações – que os distinguem e integram, mas também aqueles, os processuais, não podem ser compreendidos como se persistissem no século XIX. As transformações dos direitos fundamentais processuais são um fato que necessita ser levado em conta.

Tal mutação é mais fácil de ser observada por meio da natureza jurídica dos processos administrativos contemporâneos. Ou, melhor, e *grosso modo*, quando se leva em conta que de fato há *três espécies* de processos administrativos encontradas na atualidade, bem como a que natureza de direitos se referem e o que possuem em comum.

42.2 A *primeira espécie* envolve aqueles processos nos quais o particular defende seus direitos. É o tipo tradicional, em que a Administração o instala a pedido da parte interessada ou *ex officio* (e notifica a pessoa que será afetada, para que apresente defesa ou arque com as consequências do ato).

Aqui são muito relevantes as garantias do devido processo legal, da ampla defesa e do contraditório, a fim de que a pessoa privada conte com os meios necessários para impedir ou limitar a ação estatal. O ato administrativo sofre controle negativo, pois o indivíduo pretende impedir ou limitar a ação do Estado. *O processo visa a evitar um dano subjetivo, suprimindo agressão a direito fundamental de primeira dimensão* (propriedade e liberdades).

O sujeito opõe seu direito aos Poderes Públicos, impedindo que sua liberdade seja indevidamente restringida. Por isso, a legitimidade para atuar no processo é somente da pessoa que em tese sofrerá o prejuízo. Exemplos desses processos são os fiscais, os disciplinares e os expropriatórios.

42.3 A *segunda espécie* de processo administrativo é relativa às situações em que o indivíduo pretende obter o reconhecimento de seus direitos ou interesses pela Administração Pública, numa perspectiva ampliativa. O particular pleiteia a instalação do processo e pede que a Administração profira decisão que o beneficie individualmente (ou a toda a coletividade).

Não há litígio nem acusação, tampouco preexistem investidas públicas contra a liberdade e/ou a propriedade. O processo visa a criar vantagem pública ou privada, de modo que não se cogita de conflitos propriamente ditos (muito menos acusações). Por meio do *processo administrativo o particular busca o cumprimento de direitos fundamentais de segunda e terceira dimensões* (o cumprimento de direito prestacional que prestigie os valores constitucionais – seja individual, seja coletivo).

A legitimidade é daquele que detém ou um direito subjetivo ou um interesse legítimo. Pode envolver pessoas singulares ou coletivas (com legitimação extraordinária).

---

[126] Gustavo Binenbojm, *Poder de Polícia, Ordenação, Regulação*, p. 47.

Exemplos desses processos são os que visam à tutela de benefícios previdenciários ou de temas urbanísticos e ambientais.

42.4 A *terceira espécie* de processo administrativo relaciona-se àqueles nos quais a Administração e o particular colaboram na elaboração normativa. A Administração é responsável pela instalação do processo – *sponte propria* ou a pedido dos interessados. Mas quando o faz pede a colaboração das pessoas privadas (muitas vezes *deve* instalar essa colaboração).

Os indivíduos interagem não só na busca de benefícios privados, mas também com vistas a vantagens coletivas e/ou difusas (*como se administradores públicos fossem*). Por meio do *processo administrativo o particular busca o cumprimento de direito fundamental de quarta dimensão* (informação, democracia e pluralismo democrático na formação das decisões públicas).

Diante disso, a legitimidade é de todos os cidadãos, de todas as pessoas e de todos os habitantes – pouco importa se futuramente afetados ou não pela norma regulamentar a ser editada. Todos devem ser informados e podem contribuir para a edição de atos regulamentares, transformando o antigo monopólio do interesse público num ambiente democrático de construção de soluções coletivas.

O exemplo típico é o processo normativo no âmbito das agências reguladoras – as audiências e consultas públicas. As agências emanam normas administrativas gerais e abstratas para regular alguns setores essenciais da economia. Ao fazê-lo, a atividade por elas desenvolvida conta com a participação (e também com o controle) social. De igual modo, o art. 29 da LINDB traz dispositivo que amplia tal dever de prestígio às consultas públicas como condição antecedente à "edição de atos normativos por autoridade administrativa", em todas as pessoas, órgãos e entidades administrativas brasileiras.[127]

42.5 Logo, a essência jurídica do atual processo administrativo – a natureza dessa relação jurídica – não está em ser compreendido como meio de impedir ataques a direitos individuais; nem como forma de obter benefícios ou instrumento de produção normativa.

O que há de essencial no processo administrativo – comum às três espécies de processo antes expostas – é a *efetiva participação das pessoas privadas na formação dos atos estatais*. Pouco importa quem seja essa pessoa, se física ou jurídica, o que se põe é o dever público de informar e respeitar a participação direta na formação da vontade estatal. Boa parte dos atos administrativos deixa de ser unilateral e impositiva e passa a ser consensual, obtida mediante a cooperação público-privada.

Por outro lado, o processo deixa de ser compreendido como instrumento de repressão e controle, marcado por antagonismos, e passa a ser um meio de participação e construção cooperativa de soluções eficientes e equitativas (para a Administração Pública e para a coletividade). A definição do interesse público primário despe-se de sua unilateralidade e passa a conviver com múltiplas participações democráticas, de todos os membros da sociedade. Transparência, inclusão e eficiência são ideias-chave do processo administrativo deste século XXI.

---

[127] Ampliar nos comentários de Vera Monteiro ("Art. 29 da LINDB – Regime jurídico da consulta pública." *Revista de Direito Administrativo* – RDA Especial, Rio de Janeiro, p. 225-242, nov. 2018. Disponível em: http://bibliotecadigital.fgv.br/ojs/index.php/rda/article/view/77656. Acesso em: 19 jul. 2019).

Assim, o processo não é mais o mesmo que se conhecia nos idos do século passado, nem mesmo aquele que se estudava há 20 ou 50 anos. Não é apenas uma garantia – um meio de assegurar os direitos fundamentais declarados –, mas é também um direito ou, mais propriamente, um *direito-garantia fundamental*.

5 O Código de Processo Civil/2015 e sua aplicação no processo administrativo

43. Em razão do anteriormente exposto, pode-se consolidar a ideia de que o processo administrativo constitui *microssistema normativo*, dentro do universo do Direito Processual. Ele possui a respectiva autonomia cognitiva, pois se estrutura por meio de regras e princípios próprios. Porém, isso não implica afastá-lo em definitivo do processo civil ou do processo penal. Haverá hipóteses em que ele se aproximará mais deste ou daquele microssistema, mas sem que isso afete sua emancipação gnosiológica (como será demonstrado ao longo dos próximos capítulos deste livro).

O que importa dizer é que o processo administrativo bem acolhe a aplicação, subsidiária ou supletiva, assim como a interpretação extensiva, de normas processuais codificadas em outros diplomas normativos que não a Lei nº 9.784/1999.

Ocorre que, mais recentemente, essa integração hermenêutica tornou-se ainda mais forte. Isso porque o art. 15 da Lei nº 13.105/2015, que instituiu o Código de Processo Civil em vigor a partir de março de 2015, prescreve que: "Na ausência de normas que regulem processos eleitorais, trabalhistas ou administrativos, as disposições deste Código lhes serão aplicadas supletiva e subsidiariamente".[128] O dispositivo exige algumas considerações quanto ao processo administrativo (tanto o geral, regulado pela Lei nº 9.784/1999, quanto os disciplinados em leis especiais).

Inicialmente, é de se deixar claro que o Código de Processo Civil/2015 poderá incidir em todos os processos administrativos. O que não significa dizer que ele tenha revogado (nem derrogado, nem ab-rogado) a Lei nº 9.784/1999, que persiste íntegra. O que se dá é o fato de que as normas da legislação superveniente – o Código de Processo Civil/2015 – serão aplicadas, de modo supletivo e/ou subsidiário, nos processos administrativos regidos por leis pretéritas.

Isto é: o Código de Processo Civil/2015 presta-se a *suprir as lacunas* da Lei nº 9.784/1999 – seja por *instalar novas hipóteses* de incidência (ausência da norma: lacuna

---

[128] Nem que diga que não se daria a incidência do CPC/2015 em vista do fato de que o art. 15 fala da "ausência de normas que regulem processos" – combinado com a já presente Lei nº 9.784/1999 (além de outras). A toda evidência, presume-se que o legislador tem conhecimento de que há leis a regular os processos eleitorais, trabalhistas e administrativos. Trata-se, quando menos, de exigência oriunda da Lei Complementar nº 95/1998 (que dispõe sobre a elaboração de leis). Este art. 15 não tem como requisito de aplicabilidade a ausência de "leis" ou de "códigos" (nem de "textos"), mas de "normas": preceitos específicos, a serem construídos caso a caso pelo aplicador. Uma coisa é o texto (ou o conjunto de textos agrupados numa específica codificação); outra é a norma jurídica. Como adverte Eros Roberto Grau: "Insisto neste ponto: a norma é produzida pelo intérprete não apenas a partir de elementos que se desprendem do texto (mundo do dever-ser), mas também a partir de elementos da realidade (mundo do ser)" (*Por que Tenho Medo dos Juízes (A Interpretação/Aplicação do Direito e os Princípios)*, 7. ed., p. 47). Ampliar em: Marinoni, Arenhart e Mitidiero, Novo Código de Processo Civil Comentado, 2. ed., p. 142. Logo, o Código de Processo Civil/2015 tem plena aplicabilidade ao processo administrativo, em convivência harmônica com a Lei nº 9.784/1999. A esse respeito, v. também a solução proposta por Teresa Arruda Alvim Wambier, Maria Lúcia Lins Conceição, Leonardo Ferres da Silva Ribeiro e Rogério Licastro Torres de Mello, *Primeiros Comentários ao Novo Código de Processo Civil*, p. 74-76.

normativa), seja por *criar novas compreensões* no sistema processual (atualizando a construção de normas que não mais correspondiam à realidade social e, também, permitindo soluções processuais mais justas: lacunas ontológicas e axiológicas). Na medida em que o art. 15 se valeu da "aplicação supletiva" ao lado da "aplicação subsidiária", positivou a incidência do Código de Processo Civil/2015 a processos administrativos tanto nos casos em que se constatar omissão legislativa como naqueles em que o dispositivo a ser aplicado puder ser valorizado/aprimorado no caso concreto por meio da incidência de norma positivada no Código de Processo Civil vigente.

Porém, a aplicação do Código de Processo Civil/2015 tem como pressuposto a compatibilidade da norma a ser aplicada com a racionalidade do processo administrativo (que é peculiar em relação ao processo civil individual, mais se aproximando da racionalidade dos processos coletivos, e muitas vezes do processo penal). Isto é: exige-se que as normas do Código de Processo Civil/2015 cuja aplicação se pretenda sejam passíveis de coexistir e se conciliar com a lógica da Lei nº 9.784/1999 (e/ou demais normas do processo administrativo), sendo capazes de funcionar conjuntamente. Quando a norma do Código de Processo Civil/2015 ingressar no processo administrativo, sua aplicação deve se submeter ao Direito Processual Administrativo – que mais se aproxima dos processos coletivos do que propriamente daqueles tradicionalmente bilaterais (que tratam de conflitos de interesses individuais e respectiva "pretensão resistida").

Mas, atenção: uma vez que o Código de Processo Civil/2015 não revogou a Lei nº 9.784/1999, sua aplicação ao processo administrativo pressupõe a harmonização recíproca dos diplomas normativos (e não a exclusão de um deles), fazendo com que o Código de Processo Civil/2015 se integre à racionalidade da Lei nº 9.784/1999, sempre de modo supletivo e subsidiário. A compatibilidade é a ideia-chave para tal incidência.

Por conseguinte, o Código de Processo Civil/2015 não pode ser compreendido como uma "lei estranha" ao processo administrativo (inclusive em relação à Lei nº 9.784/1999). Ao contrário: a leitura deve ser integrada, de molde a fazer com que o Código de Processo Civil/2015 seja sempre aplicado, tanto nos casos em que a lei específica seja omissa como naqueles em que ele proveja solução mais adequada ao caso concreto (desde que compatível com o regime jurídico-administrativo). Não se faz necessária a omissão em sentido estrito (a mais absoluta ausência de norma), mas, sim, a aplicação da diretriz da efetividade do processo.

Logo, a promulgação do Código de Processo Civil/2015 deu novas cores ao processo administrativo, e desde já demanda cogitações novidadeiras. Quando menos, exige reflexão a propósito de seis temas-chave: (i) *incidência imediata do CPC aos processos administrativos;* (ii) *aplicação das "normas fundamentais de processo civil";* (iii) *dever de respeito aos precedentes;* (iv) *ordem cronológica dos julgamentos;* (v) *participação de "amigos da Corte"*, e (vi) *negociação processual*. Vejamos com especial atenção cada um deles.

43.1 Em primeiro lugar, anote-se que o Código de Processo Civil/2015 se aplica a todos os processos em curso, nos termos de seu art. 14.[129]

---

[129] CPC/2015: "Art. 14. A norma processual não retroagirá e será aplicável imediatamente aos processos em curso, respeitados os atos processuais praticados e as situações jurídicas consolidadas sob a vigência da norma revogada". Norma que deve ser compreendida em combinação com os arts. 1.045 a 1.072 do CPC/2015 ("Disposições Finais e Transitórias"), no que couber aos processos administrativos.

Isso se dá em vista do fato de que o processo – administrativo ou judicial, tanto faz – encerra sucessão de atos e fatos encadeados para permitir a decisão final: cada qual regido pela lei que vigora ao tempo de sua prática (*tempus regit actum*). Caso seja editada uma norma que altere as normas processuais em sentido estrito, ela tem incidência imediata para todos os processos em curso.

Afinal, e como de há muito assinalou Fábio Konder Comparato, "o *problema do Direito Intertemporal não é o da irretroatividade, e sim o da eficácia imediata da lei* (...). O princípio universalmente aceito é o do efeito imediato da lei, excluindo, portanto, o passado".[130] Constatação que é reforçada pela lição do clássico Paul Roubier, para quem "as leis novas relativas ao procedimento se aplicam com total naturalidade aos processos em trâmite, em virtude da geração de efeito imediato das leis novas sobre as situações em curso".[131] Isso com a ressalva de Galeno Lacerda, para quem "vigora a regra da aplicação imediata da lei nova, respeitados os atos já praticados".[132] É exatamente isso o que deve se passar em relação à incidência imediata do Código de Processo Civil/2015 nos processos administrativos pendentes.

Quanto aos processos administrativos instalados depois do dia 18.3.2016, é certo o dever de aplicação do Código de Processo Civil/2015, para todos os efeitos de direito. Não depende, portanto, da edição de regulamentos administrativos: a incidência do novo Código advém do *princípio da legalidade*. O mandamento expresso dos arts. 14 e 15 não dá margem a dúvidas: a lei obriga que a Administração Pública aplique o Código de Processo Civil/2015.

43.2 Em segundo lugar, algumas das "normas fundamentais do processo civil" (CPC/2015, arts. 1º-12) têm imediata repercussão no processo administrativo, sobretudo em vista de sua plena compatibilidade. Isso para reforçar preceitos já dantes aplicados e também para instalar novas hipóteses de incidência normativa.

Por exemplo, no primeiro caso assumem especial relevância os arts. 1º (aplicação da Constituição ao processo); 5º (dever de boa-fé processual); 7º (paridade de tratamento entre as partes); 8º (dever de observância da proporcionalidade, razoabilidade, legalidade, publicidade e eficiência); 10 (parametrização da decisão com fundamento novo – *iura novit curia* ou não – com o princípio do contraditório); e 11 (publicidade e fundamentação como condição de validade de *todos* os julgamentos).

Por outro lado, há "normas fundamentais processuais" que autorizam novas incidências, ampliativas e/ou reconformadoras. Por exemplo: os arts. 3º (a inafastabilidade parametrizada pela arbitragem, mediação e solução consensual de conflitos); 4º (duração razoável e efetividade do processo); 6º (dever de cooperação processual e efetividade); 8º (dever do julgador de atender aos fins sociais e às exigências do bem comum, além de promover a dignidade da pessoa); 9º (conjugação do princípio do contraditório com as tutelas de urgência e de emergência); e 12 (ordem cronológica dos julgamentos, a ser mais bem examinada a seguir).

---

[130] Fábio Konder Comparato, *Comentários às Disposições Transitórias da Nova Lei de Sociedades por Ações*, p. 1.
[131] Paul Roubier, *Le Droit Transitoire*, 2. ed., p. 545 (tradução livre).
[132] Galeno Lacerda, *O Novo Direito Processual Civil e os Feitos Pendentes*, p. 27. Ampliar em: Teresa Arruda Alvim Wambier, Bruno Dantas e Luiz Eduardo Bandeira de Mello, "Anotações sobre o Direito Intertemporal e processo", *in*: Teresa Arruda Alvim Wambier, Fredie Didier Jr., Eduardo Talamini e Bruno Dantas (coord.), *Breves Comentários ao Novo Código de Processo Civil*, p. 2.415-2.422.

Dúvida não pode haver, portanto, quanto à incidência imediata dessas normas fundamentais, exatamente nessa condição, ao processo administrativo. Como anotam Marinoni, Arenhart e Mitidiero, as *normas fundamentais* "são os eixos normativos a partir dos quais o processo civil deve ser interpretado, aplicado e estruturado. As normas fundamentais do processo civil estão obviamente na Constituição e podem ser integralmente reconduzidas ao direito fundamental ao processo justo (art. 5º, LIV, da CF)".[133] Lição plenamente aplicável ao processo administrativo, cujo fundamento é constitucional, em normas cuja aplicabilidade é inicialmente desenhada pela Lei nº 9.784/1999 e pelo Código de Processo Civil/2015.

43.3 Demais disso, é também muito importante o dever de respeito à jurisprudência – administrativa e/ou judicial – nos processos administrativos (nos termos do CPC/2015, em especial os arts. 926-928).[134]

Por um lado, há o dever de "uniformizar sua jurisprudência e mantê-la estável, íntegra e coerente" (art. 926). Este dispositivo é de alta relevância no processo administrativo: havendo tribunais – jurisdicionais ou administrativos –, há o dever cogente de uniformização (*qualidade de algo que não varia nem na forma, nem no conteúdo*), estabilização (*firmeza, solidez, constância e previsibilidade*), integridade (*manutenção de sua plenitude, sem agressões*) e coerência (*coesão, compreensibilidade e respeito às consequências*) das decisões colegiadas.

Dever que incide do lado de dentro do próprio tribunal e também de fora para dentro, a fazer com que o dever de coerência interna coabite com o de respeito às decisões das Cortes Superiores (jurisdicionais e administrativas). Em outras palavras, e como anotam Marinoni, Arenhart e Mitidiero, ao citar a máxima *stare decisis et quieta non movere*, esse dever de respeito envolve a compatibilização horizontal-vertical das decisões: "horizontal (respeito aos próprios precedentes e à própria jurisprudência vinculante) ou vertical (respeito aos precedentes e à jurisprudência vinculante das Cortes a que submetidos os órgãos jurisdicionais)".[135]

Aliás, Rafael de Oliveira já assinalou os *precedentes administrativos* como *fonte* do Direito Administrativo, ao lado da lei, da doutrina, da jurisprudência e dos costumes: "A força vinculante do precedente administrativo decorre da necessidade de segurança jurídica, de vedação de arbitrariedade, de coerência e de aplicação igualitária da ordem jurídica".[136]

O que importa dois desdobramentos ao *dever de criação* de precedentes. "O primeiro é a institucionalização do *efetivo respeito* a tais decisões, seja na dimensão horizontal (o próprio órgão ou entidade) quanto na vertical (todos aqueles que se encontram abaixo na estrutura hierárquica), técnica que tem por objetivo afastar interferências externas no tratamento de casos semelhantes, de modo a tratar todas as pessoas de forma igualitária perante o Direito, com a formação e desenvolvimento de uma ordem jurídica estável

---

[133] Marinoni, Arenhart e Mitidiero, *Novo Código de Processo Civil Comentado*, cit., 2. ed., p. 142.
[134] Exigência reforçada pelo art. 30 da LINDB, cf. Egon Bockmann Moreira e Paula Pessoa Pereira ("Art. 30 da LINDB - O dever público de incrementar a segurança jurídica". *RDA* Especial/63-92, nov. 2018).
[135] *Idem*, p. 990. Sobre o tema dos precedentes, consultem-se: Paula Pessoa Pereira (*Legitimidade dos Precedentes*, 2014) e Luiz Guilherme Marinoni (*Precedentes Obrigatórios*, 4. ed., 2015).
[136] Rafael de Oliveira, *Curso de Direito Administrativo*, 4. ed., p. 25. O tema é magistralmente tratado pelo mesmo autor na monografia *Precedentes no Direito Administrativo, passim*.

e previsível". Já o segundo "diz respeito à *estabilização institucional* das decisões. Isso porque a aceitabilidade e o efetivo cumprimento das decisões de Direito Público por terceiros dependem muito da reputação (interna e externa), sejam elas advindas do Poder Judiciário, das Cortes de Contas ou da própria Administração Pública. Ou seja, a estabilidade da legitimidade institucional e decisória é que garante esta reputação e, por conseguinte, a aceitabilidade das decisões. A percepção de alguma atuação ilegítima, fora dos argumentos jurídicos estabilizados, traz grande *insegurança* e *déficit de confiança* por parte dos atores políticos, sociais e cidadãos".[137]

O princípio que congrega tais deveres prescritos pelo art. 926 do CPC/2015 é o da *segurança jurídica*. Isto é: na justa medida em que os tribunais – inclusive os administrativos – constroem o Direito por meio da aplicação das normas jurídicas aos casos concretos, é de todo importante que se dediquem também à uniformização da sua jurisprudência. Ao uniformizar e respeitar as decisões anteriores, os tribunais contribuem para sua própria estabilidade interna, com significativa atenuação dos custos processuais (tempo, volume de processos e recursos etc.), bem como para sua respeitabilidade externa. Isto é: a unidade do Direito decorre também das decisões dos órgãos colegiados – constatação que assume papel de suma importância no processo administrativo.

Logo, a todos os órgãos e entidades administrativos equivalentes a "tribunais" – *rectius*: colegiados decisórios –, sem exceção, desde os Tribunais de Contas[138] até o Conselho Nacional de Justiça/CNJ,[139] passando pelos Conselhos de Contribuintes, corregedorias e agências reguladoras, foi atribuído o dever processual de prestigiar a *segurança jurídica* advinda da estabilidade de decisões anteriores, que precisam se tornar uniformes com o decorrer do tempo (com a mesma forma e o mesmo conteúdo decisório).

---

[137] Egon Bockmann Moreira e Paula Pessoa Pereira, "Art. 30 da LINDB - O dever público de incrementar a segurança jurídica". *RDA* Especial/63-247, nov. 2018.

[138] No Tribunal de Contas da União/TCU o Regimento Interno disponível na data da escrita desta 76ª edição, datado de 02.01.20230, não mencionava o Código de Processo Civil/2015 (disponível em: https://portal.tcu.gov.br/data/files/5A/54/AE/28/EE157810ED256058E18818A8/RITCU.pdfhttps://portal.tcu.gov.br/data/files/2A/C1/CC/6A/5C66F610A6B96FE6E18818A8/BTCU_01_de_02_01_2020_Especial%20-%20Regimento_Interno.pdf, acesso em: 11 mar. 2022).

[139] O CNJ tem atualizado ou sua Resolução nº 125, de 29.11.2015 (Política Nacional de Tratamento dos Conflitos de Interesse no Âmbito do Poder Judiciário), com o escopo de organizar a mediação e a conciliação no âmbito do Poder Judiciário – dando aplicabilidade externa ao Código de Processo Civil/2015 (disponível em: https://atos.cnj.jus.br/files/compilado18553820210820611ffaaaa2655.pdfhttp://www.cnj.jus.br/images/atos_normativos/resolucao/resolucao_125_29112010_11032016162839.pdf, acesso em: 11 maio 2015). Posteriormente foram submetidas a consulta pública e editadas: a Resolução nº 236/2016 ("Regulamenta, no âmbito do Poder Judiciário, procedimentos relativos à alienação judicial por meio eletrônico, na forma preconizada pelo art. 882, §1º, do novo Código de Processo Civil"); a Resolução nº 235/2016 ("Padronização de procedimentos administrativos decorrentes de julgamentos de repercussão geral, de casos repetitivos e de incidente de assunção de competência previstos no Código de Processo Civil, no Superior Tribunal de Justiça, no Tribunal Superior Eleitoral, no Tribunal Superior do Trabalho, no Superior Tribunal Militar, nos Tribunais Regionais Federais, nos Tribunais Regionais do Trabalho e nos Tribunais de Justiça dos Estados e do Distrito Federal"); a Resolução nº 234/2016 ("Institui o Diário de Justiça Eletrônico Nacional, a Plataforma de Comunicações Processuais e a Plataforma de Editais do Poder Judiciário"); a Resolução nº 233/2016 ("Dispõe sobre a criação de cadastro de profissionais e órgãos técnicos ou científicos"); e a Resolução nº 232/2016 ("Fixa os valores dos honorários a serem pagos aos peritos, nos termos do disposto no art. 95, §3º, II, do Código de Processo Civil") (disponíveis em: http://www.cnj.jus.br/atos-normativos?tipo%5B%5D=7&numero=&data=2016&expressao=&origem=Origem&situacao=Situa%C3%A7%C3%A3o&pesq=1, acesso em: 27 jul. 2016). Contudo, não se tem notícia de que, e curiosamente, até a presente data o CNJ ainda não tenha atualizado seu próprio Regimento Interno aos termos do Código de Processo Civil/215 – inibindo sua aplicação do lado de dentro do CNJ (disponível em: https://atos.cnj.jus.br/atos/detalhar/124, acesso em: 22 mar. 2022).

O que a legislação processual exige é que os futuros julgamentos administrativos sobre casos semelhantes sejam isonômicos àqueles dantes proferidos, sob pena de macular a própria validade da decisão. O que, de igual modo, prestigia o princípio da igualdade (material e processual) e exige firme aplicação do princípio da publicidade. Afinal de contas, se não forem prévia e publicamente divulgadas, de modo acessível e compreensível (nos termos da Lei de Acesso à Informação – Lei nº 12.527/2011), as decisões dos tribunais não poderão ser aplicadas de modo isonômico nos processos subsequentes.

Mas a incidência do Código de Processo Civil/2015 nos processos administrativos é bastante mais intensa do que a mera uniformização de julgados. O que agora existe é o dever cogente de respeito à jurisprudência (administrativa e jurisdicional). Conforme os comentários de Paulo Cézar Pinheiro Carneiro, se antes "já havia previsões de obrigatoriedade da Administração Pública em observar os julgados no controle concentrado de constitucionalidade (art. 28, parágrafo único, da Lei nº 9.868), nas previsões das súmulas vinculantes (art. 2º da Lei nº 11.417) e nas decisões iterativas dos tribunais (arts. 4º, XII, e 43 da Lei Complementar nº 73, c/c o art. 4º da Lei nº 9.469), deverá, também, observar as decisões resultantes do julgamento de recursos repetitivos e do incidente de resolução de demandas repetitivas, ambos previstos na novel legislação adjetiva civil. Neste último caso, o novo Código estabeleceu uma importante diretriz (art. 985, §2º), no sentido de que, quando a decisão tenha por objeto questão relativa à prestação de serviço concedido, permitido ou autorizado, a agência reguladora deverá buscar o cumprimento da decisão em sede administrativa".[140]

A toda evidência, a previsão do art. 985, §2º, que versa sobre o mencionado dever de comunicação da decisão proferida no Incidente de Resolução de Demandas Repetitivas/IRDR às agências reguladoras, não é uma exceção. Não permite nem a interpretação restritiva (só se aplica às agências), nem a interpretação *a contrario sensu* (se não for IRDR, não gera a vinculação). Sobre serem equivocadas, tais interpretações atentam contra a lógica do dever de uniformização do Direito posto e, consequentemente, agridem o princípio da segurança jurídica.

Isto é: os órgãos decisórios colegiados têm o dever processual de conhecer e obedecer aos julgados pretéritos (sejam oriundos da Administração, sejam do Poder Judiciário, sejam do Tribunal de Contas). E os agentes administrativos singulares o dever de aplicar *ex officio* tais decisões já uniformizadas, obedecendo à lei e ao Direito (Lei nº 9.784/1999, art. 2º, parágrafo único, I). O mesmo se diga para a hipótese de a parte interessada levar ao conhecimento da Administração a existência de julgado ou precedente: a ciência do julgado pretérito instala o dever de o caso em exame ser analisado e, se for o caso, decidido à luz daquela jurisprudência (administrativa ou jurisdicional).

Em contrapartida, a aplicação do sistema de precedentes confere especial relevância ao art. 50, inc. VII, da Lei nº 9.784/1999 (motivação diferenciada a atos administrativos que "deixem de aplicar jurisprudência firmada sobre a questão ou discrepem de pareceres,

---

[140] Paulo Cézar Pinheiro Carneiro, "Comentários ao art. 15", *in*: Teresa Arruda Alvim Wambier, Fredie Didier Jr., Eduardo Talamini e Bruno Dantas (coord.), *Breves Comentários ao Novo Código de Processo Civil*, p. 94. Ampliar em: Hermes Zanetti Jr., "Comentários ao art. 926", *in*: Antônio do Passo Cabral e Ronaldo Cramer (coord.), *Comentários ao Novo Código de Processo Civil*, p. 1302-1320; bem como Marinoni, Arenhart e Mitidiero, *Novo Código de Processo Civil Comentado*, cit., 2. ed., p. 976-988.

laudos, propostas e relatórios oficiais"). Note-se que o dispositivo já prescrevia o dever de respeito à jurisprudência – mas, bem vistas as coisas, hoje estampa o conceito de distinção aplicativa (*"distinguishing"*), de modo análogo ao previsto no art. 489, §1º, incs. V e VI, do CPC/2015.[141]

43.4 Também o dever de preferência à ordem cronológica de conclusão para os julgamentos (CPC/2015, art. 12, com a redação que lhe foi dada pela Lei nº 13.526/2016) é tema que despertará especial atenção nos processos administrativos. Afinal, sabe-se que nem sempre os processos administrativos respeitam qualquer ordem cronológica (nem a respeito dos prazos para que a decisão seja proferida, nem a relativa à ordem da apreciação dos pedidos). Isso apesar de a norma do art. 49 da Lei nº 9.784/1999 estabelecer o dever de decidir em "até 30 (trinta) dias" depois de concluída a instrução do processo.

É muito importante que seja obedecida essa regra básica de segurança jurídica, efetividade e impessoalidade: quem deve definir a ordem dos processos é o momento da conclusão, não a boa vontade e a simpatia das partes envolvidas. Nessa medida, o art. 12 instala consistente expectativa relativamente à duração razoável do processo, aplicada em cumprimento ao princípio da isonomia.

A ordem preferencialmente cronológica precisa ser obedecida também em cumprimento ao princípio da impessoalidade, inibindo privilégios indevidos para a prestação da tutela administrativa. O mesmo se diga em relação ao princípio da publicidade, pois a divulgação da relação de processos conclusos e respectivas datas permitirá acesso à verdadeira ordem de julgamento dos processos.

43.5 Em quinto lugar, é de se sublinhar que o CPC/2015, em seu art. 138, disciplina a participação de *amicus curiae*, "considerando a relevância da matéria, a especificidade do tema objeto da demanda ou a repercussão social da controvérsia". O *amigo da corte* poderá ingressar no processo a seu próprio pedido ou por solicitação da autoridade competente, desde que detentor de "representatividade adequada".

Claro que este dispositivo do Código de Processo Civil/2015 se aproxima do art. 9º, II, III e IV, c/c os arts. 31 e 35, todos da Lei nº 9.784/1999, que desde sempre autorizou a participação de "terceiros" no processo administrativo. O art. 138 do CPC/2015 reforça tais previsões, qualificando juridicamente a participação de terceiros que possam colaborar ativamente com a decisão administrativa em determinados casos – ainda que não sejam (e nem venham a ser) por ela afetados.

Note-se que não se exige do *amicus* a mais absoluta imparcialidade – mas a função de auxiliar que lhe é imputada pelo art. 138 do CPC/2015, c/c os arts. 9º, 31 e 35 da Lei nº 9.784/1999, estabelece típica relação fiduciária, cujo valor depende da confiança que nele é depositada pelo órgão julgador. Logo, não devem ser admitidos nessa condição processual aqueles que tenham qualquer relação jurídica imediata ou interesse jurídico qualificado com a decisão a ser futuramente proferida. Quanto mais se aproximar da noção de *parte*, menos *amicus* será o terceiro.

Aliás, Paulo Cézar Pinheiro Carneiro destaca que há várias normas brasileiras que autorizam expressamente a participação de entidades da Administração Pública

---

[141] Cf. Egon Bockmann Moreira e Paula Pessoa Pereira, "Art. 30 da LINDB - O dever público de incrementar a segurança jurídica". *RDA* Especial/63-267, nov. 2018.

como *amicus* no processo civil (CVM, INPI, CADE etc.).[142] Seria de admirar, portanto, que o processo administrativo – seja ele desenvolvido pelos Tribunais de Contas,[143] por agências reguladoras, por Conselhos de Contribuintes etc. – fosse avesso à abertura para a colaboração processual dos amigos da corte.

Assim, e conforme tem afirmado a jurisprudência do STF, muitas vezes a participação de terceiros é *fundamental* para conferir legitimidade às decisões e assegurar o caráter plural e democrático dos processos cujas implicações na sociedade "são *de irrecusável* importância, *de indiscutível* magnitude e *de inquestionável* significação para a vida do País e a de seus cidadãos".[144] Devem, portanto, se pautar por um juízo de *utilidade* e de *legitimidade*.[145] [146] Tal raciocínio aplica-se com perfeição aos processos administrativos.

43.6 Em sexto lugar, a "negociação processual" (CPC/2015, art. 190). Ou, melhor dizendo, a *negociação endoprocessual*: aquele ato de disposição de vontade por meio do qual as partes na relação jurídico-processual negociam o processo ele mesmo. Isto é: este polêmico dispositivo autoriza que as partes desenvolvam tratativas a respeito do procedimento a ser implementado no processo, bem como o ajustem "às especificidades da causa", além de poderem convencionar sobre os "ônus, poderes, faculdades e deveres processuais". Isso desde que o processo verse "sobre direitos que admitam autocomposição".

Isto é: a natureza e o regime jurídico dos direitos "materiais" postos em discussão no processo permitem que se negociem (ou não) as normas processuais que regerão aquela específica relação jurídico-processual. Aqui existe forte integração entre os "direitos das partes" e os "direitos do processo" (estes a serem matizados por aqueles, ao interior da negociação), acentuando o caráter *cooperativo* do Código de Processo Civil/2015. Mas esta ordem de negócios jurídicos atípicos não diz respeito aos direitos postos em debate, mas, sim, às normas e aos direitos processuais eles mesmos – por isso, é mais adequado denominá-la de *negociação endoprocessual*, pois incide do lado de dentro do processo (apesar de que não precisa ser realizada depois de existente o processo). O objeto do negócio jurídico será uma *situação jurídico-processual* e sua eficácia será processual *stricto sensu*.[147]

---

[142] Paulo Cézar Pinheiro Carneiro, "Comentários ao art. 138", *in*: Antônio do Passo Cabral e Ronaldo Cramer (coord.), *Comentários ao Novo Código de Processo Civil*, p. 250.

[143] O TCU possui julgados que versam sobre a participação de *amicus curiae* (*v.g.*: Processo 016.165/2009-5, Min. Augusto Nardes; Processo 010.674/2013-6, Min. Augusto Sherman; Processo 004.540/2015-8, Min. Bruno Dantas; Processo 004.951/2002-3, Min. Adylson Motta).

[144] STF, ADPF 187-DF, rel. Min. Celso de Mello, j. 15.6.2011.

[145] STF, ADI/MC 2.130-SC, rel. Min. Celso de Mello, DJU 2.2.2001.

[146] Sobre o *amicus curiae* no Brasil e por todos, v. Cássio Scarpinella Bueno, *"Amicus Curiae" no Processo Civil Brasileiro: um Terceiro Enigmático*, *passim*. Para visão mais ampla a propósito da "participação processual", v.: Egon Bockmann Moreira e Marcella Ferraro, "Pluralidade de interesse e participação de terceiros no processo (da assistência simples à coletivização, passando pelo *amicus*: notas a partir e para além do novo Código de Processo Civil)", *RePro* 251.

[147] Aprofundar em Egon Bockmann Moreira e Marcella Ferraro, "Processo administrativo e negócios processuais atípicos", *RePro* 282/475-510. O artigo traz cogitações práticas a respeito de acordos processuais em: (i) processos de edição de atos normativos ou invalidação de atos e contratos; (ii) cláusulas de editais licitatórios ou espelhadas em contratos administrativos; (iii) fiscalização e reequilíbrio econômico-financeiro em contratos de concessão; (iv) processos de definição de metas judiciárias; (v) atos de concentração econômica pelo CADE e (vi) processos administrativos de viés estrutural. Para visão mais ampla dos acordos administrativos, v. Sérgio Guerra e Juliana Bonacorsi de Palma. "Art. 26 da LINDB – Novo regime jurídico de negociação com a Administração Pública". *Revista de Direito Administrativo* – Edição Especial, p. 135-169. Rio de Janeiro: FGV, nov. 2018. Disponível

O que importa dizer que existe uma relação jurídica, especial e autônoma, sob o regime processual-administrativo, cujos ônus, direitos e deveres processuais podem ser objeto de negociação específica. Constatação que reforça o fato de que o *processo administrativo* constitui uma *relação jurídico-administrativa* (e não mero "procedimento").

No que respeita a tais negociações processuais (que podem se dar antes e/ou depois de instalado o processo), o regime jurídico do processo administrativo impõe cautelas extraordinárias. Isso porque a Administração Pública será, ao mesmo tempo, parte e julgador – além de detentora de deveres de ordem pública. Logo, a Administração não poderá convencionar no sentido de abdicar de competências relativas ao seu dever-poder processual (assim como as partes não podem negociar a propósito dos deveres e dos poderes atribuídos ao juiz – nem entre si, e muito menos com o próprio magistrado). Porém, é de se levar a sério essa possibilidade de negociações processuais no processo administrativo (afinal de contas, se a Administração pode transacionar no processo civil, por que não no administrativo? Se pode se submeter à arbitragem, por que não pautar negocialmente o processo administrativo? Se pode realizar contratos e termos aditivos, por que não efetivar transações processuais?).

Por exemplo, pense-se num processo de licitação: a Administração e os interessados podem transacionar a respeito do efeito suspensivo (ou não) dos recursos administrativos. Já num processo administrativo disciplinar se podem estabelecer negociações a propósito do prazo para a defesa e para ser proferida a decisão final. De igual modo, em pedido de reequilíbrio econômico-financeiro de contrato administrativo deduzido em agência reguladora, as partes podem negociar a respeito das fases, prazos e eventual prova a ser desenvolvida. O mesmo se diga a respeito de processos de controle por parte dos Tribunais de Contas, aos quais pode ser atribuída consensualmente a necessária celeridade. Nada disso atenta nem contra a lógica, nem contra o regime jurídico do processo administrativo. Ao contrário, tais soluções amigáveis prestigiam o princípio da eficiência.

O importante está em que as partes interessadas e a Administração Pública tenham consciência de que negociações processuais devem ser republicanas e legítimas. Por meio delas as pessoas que possuem maior conhecimento a respeito das peculiaridades do caso podem inibir medidas despiciendas ou protelatórias e abdicar expressamente de formalidades. Em outras palavras: a maior parte das queixas feitas quanto aos formalismos inúteis dos processos administrativos pode ser transposta através de pactos endoprocessuais, com o que se dará aplicação ao dever de duração razoável do processo.

Claro que ainda não existem limites explícitos a propósito dessa ordem de negociações, mas já há esforços no sentido de delimitá-las. Nesse sentido o Enunciado nº 36, proposto pela Escola Nacional de Formação e Aperfeiçoamento de Magistrados/ENFAM: "A regra do art. 190 do CPC/2015 não autoriza às partes a celebração de negócios jurídicos processuais atípicos que afetem poderes e deveres do juiz, tais como os que: (a) limitem seus poderes de instrução ou de sanção à litigância ímproba; (b) subtraiam do Estado-juiz o controle da legitimidade das partes ou do ingresso de *amicus curiae*; (c) introduzam novas hipóteses de recorribilidade, de rescisória ou de sustentação oral

em: http://bibliotecadigital.fgv.br/ojs/index.php/rda/article/view/77653. Acesso em: 22 jul. 2019. Para visão mais ampla dos acordos processuais, v. Antonio do Passo Cabral. *Convenções processuais, passim*.

não previstas em lei; (d) estipulem o julgamento do conflito com base em lei diversa da nacional vigente; e (e) estabeleçam prioridade de julgamento não prevista em lei".

De igual modo o Enunciado nº 37 da ENFAM: "São nulas, por ilicitude do objeto, as convenções processuais que violem as garantias constitucionais do processo, tais como as que: (a) autorizem o uso de prova ilícita; (b) limitem a publicidade do processo para além das hipóteses expressamente previstas em lei; (c) modifiquem o regime de competência absoluta; e (d) dispensem o dever de motivação".[148]

Porém, não hão de existir maiores óbices a que o processo administrativo experimente negociações quanto ao calendário definido para a prática de atos processuais (CPC/2015, art. 191); à renúncia da parte de prazo dispositivo, estabelecido em seu favor (CPC/2015, art. 225); à suspensão do processo (CPC/2015, art. 313); à definição da questão de fato que será objeto de prova e de seus limites (CPC/2015, art. 357); à intimação processual por meio de *e-mail* previamente definido pela parte (Lei nº 9.784/1999, art. 2º, IX, c/c arts. 3º, II, e 26, §3º); à forma dos atos processuais, desde que escrita (Lei nº 9.784/1999, art. 22).

Em contrapartida, é evidente que as partes não podem transacionar, por exemplo, sobre a competência atribuída em lei ao órgão ou agente, eis que o art. 11 da Lei nº 9.784/1999 a tem como "irrenunciável". Nem sobre temas como o impedimento do agente (Lei nº 9.784/1999, art. 18) ou o dever de motivação dos atos administrativos (Lei nº 9.784/1999, art. 50). Também se pode cogitar do exemplo de cláusula em edital de licitação que defina a impossibilidade de concessão de ordem judicial que suspenda o certame em favor de um dos licitantes – o que exige maiores debates.

Note-se que o art. 190 do CPC/2015 é claro ao definir a negociação endoprocessual para processos que versem sobre "direitos que admitam autocomposição". Logo, não se trata de direitos disponíveis em sentido estrito, como adverte Pedro Henrique Nogueira: "Não se devem confundir os direitos patrimoniais disponíveis, opção conceitual da Lei nº 9.307/1996, art. 1º, para uso da arbitragem, com os direitos que admitam autocomposição, noção mais abrangente, pois mesmo os direitos indisponíveis podem ser objeto de negociação, e frequentemente o são, quanto ao modo de cumprimento, tal como se passa nos compromissos de ajustamento de conduta. Além disso, mesmo direitos teoricamente indisponíveis, posto que irrenunciáveis (por exemplo, direito subjetivo a alimentos), comportam transação quanto a valor, vencimento e forma de satisfação. Logo, acordos sobre o processo e os negócios processuais podem ter como objeto direitos indisponíveis. (...). Se há possibilidade de autocomposição, em qualquer nível ou amplitude, mesmo que mínima, sobre o direito litigioso, permite-se a negociação sobre o procedimento e sobre os ônus, poderes e deveres processuais".[149]

De igual modo, de se rejeitar eventuais críticas decorrentes da ideia de que a negociação endoprocessual seria proibida porque incidente sobre ônus, direitos, poderes, bens e serviços *extra commercium* – ainda que consubstanciados em contratos

---

[148] Todos os Enunciados estão disponíveis em: http://www.enfam.jus.br/wp-content/uploads/2015/09/ENUNCIADOS-VERSÃO-DEFINITIVA-.pdf, acesso em: 4 jan. 2016.
[149] Pedro Henrique Nogueira, "Comentários ao art. 190", *in*: Teresa Arruda Alvim Wambier, Fredie Didier Jr., Eduardo Talamini e Bruno Dantas (coord.), *Breves Comentários ao Novo Código de Processo Civil*, p. 593.

administrativos.[150] Ora, a tese prova demais: se são bens e serviços *extra commercium*, como podem ser objeto de contratos? Se são indisponíveis, como se pautar pela combinação do edital com a proposta vencedora? Se possuem essa natureza, como podem ser negados aos servidores públicos – ou ter seu adimplemento parcelado? A bem da verdade, está-se diante de comercialidade diferenciada, pautada pelo Direito Administrativo Econômico e pela disponibilidade dos direitos postos em conflito (o que reforça a viabilidade de sua autocomposição – e da negociação processual em processos administrativos e na jurisdição cível). Uma coisa é a indisponibilidade da função administrativa; outra, completamente diversa, é a disponibilidade condicionada do próprio contrato (e da quantificação monetária do seu objeto).

Assim, o que merece ser ressaltado é que esta comercialidade de Direito Público está submetida a diversos níveis, em vista da ampla heterogeneidade das coisas públicas: basta contrastar o mar territorial aos livros da biblioteca pública; a praça à estação de "metrô"; os "aeroshoppings" aos museus; os direitos estatutários do servidor público à sustentação oral em processos administrativos. Os diferentes graus de afetação dos bens e dos direitos implicam o corresponde plano de incidência de sua exploração econômica (em intensidade e extensão). Mas uma coisa é certa: a tese da extracomercialidade não é apta a inibir negociações endocontratuais.

De qualquer modo, a negociação há de ser desenvolvida, aceita e parametrizada caso a caso – tudo com o devido cumprimento ao princípio da publicidade (antes, durante e depois).

44. A toda evidência, existe todo um mundo novo decorrente da promulgação do Código de Processo Civil/2015. Os temas destacados apenas dão o tom dos desafios que estão por vir – instalando a nova racionalidade que hoje vigora no processo administrativo.

Vários outros assuntos poderiam ser cogitados (por exemplo, os arts. 133-137 e o incidente de desconsideração da personalidade jurídica; o art. 270 e a regra de preferência às intimações eletrônicas; o art. 489 e o dever de motivação; a regra *Kompetenz-Kompetenz* e das arbitragens e sua aplicação de ofício nos processos administrativos (CPC, art. 337, inc. X e §5º, etc.), mas fato é que extrapolariam os limites deste livro. Demais disso, todos os capítulos desta edição tratarão, em específico, da aplicação do Código de Processo Civil/2015 nos mais diversos aspectos do processo administrativo.

Mas o importante está na consciência de que, atualmente, o processo administrativo há de ser compreendido também à luz do Código de Processo Civil/2015. Não se pode descartar a aplicabilidade da nova legislação processual civil aos processos administrativos, sobretudo quanto às normas que garantem a efetividade do processo.

6 A Nova Lei de Introdução e sua aplicação no processo administrativo

45. Em abril de 2018, foi promulgada a Lei nº 13.655, que acrescentou dispositivos à Lei de Introdução às Normas do Direito Brasileiro – LINDB (arts. 20 a 30), com específico regime de Direito Público, congregando "disposições sobre segurança jurídica

---

[150] Aprofundar em: Egon Bockmann Moreira, *Direito das Concessões de Serviço Público*: a Inteligência da Lei 8.987/1995 (Parte Geral), cit., p. 139-149430-432; Leila Cuéllar; Egon Bockmann Moreira; Flávio Amaral Garcia; Elisa Schmidlin Cruz, *Direito Administrativo e Alternative Dispute Resolution*. 2. ed. Belo Horizonte: Fórum, 2022.

e eficiência na criação e na aplicação do direito público", conforme consta de sua ementa. Tais preceitos instituíram o Direito Administrativo da segurança jurídica, por meio de normas gerais que constituem fundamentos de validade a toda decisão administrativa, oriunda de qualquer um dos poderes e funções estatais. Logo, não será demais afirmar que o processo administrativo é o hábitat natural da Nova Lei de Introdução.[151]

A Nova LINDB versa sobre a garantia da confiança na aplicação de normas de Direito Público – assegurando aos poderes públicos e às pessoas privadas que o hoje afiançado será amanhã cumprido. O foco central é a garantia da segurança nas relações jurídicas que envolvam poderes públicos e pessoas privadas. As proposições partiram da necessidade de se imprimir maior estabilidade, transparência e melhor fundamentação na tomada de decisões públicas, inclusive quanto às suas consequências. Proposições intensificadas pela ideia de consensualidade administrativa (fortalecendo a adoção de técnicas de mediação e arbitragem por entes da Administração Pública direta e indireta).[152] A lógica, por conseguinte, é não adversarial e prospectiva, a fim de constituir e consolidar soluções de longo prazo.

Se fosse possível sintetizar a LINDB em uma só frase, poder-se-ia dizer que ela pretende construir a segurança jurídica por meio de racionalidade prospectivo-construtiva (olhos para o futuro), com vistas à sustentabilidade jurídica (proteger para perdurar). Não se pretende o inalcançável, que é impedir a existência de conflitos. O volume de relações – cidadãs, ambientais, fiscais, interorgânicas, contratuais, estatutárias, etc. – entre pessoas privadas e Estado torna vão o ideal da ausência de controvérsias.

Como se sabe que os conflitos são prováveis, precisa-se celebrar lógica não adversarial, tendente à consensualidade. Mais: é imprescindível a empatia quando do exame dos atos, contratos e regulamentos – a fim de que se compreenda quais foram os desafios enfrentados e como se construiu a solução posta a exame. De igual modo, deve-se respeitar os precedentes e inibir responsabilizações que não se fundem em dolo ou erro grosseiro. Toda essa sistematização jurídica traz consigo a estabilidade dos atos, regulamentos, contratos e processos administrativos. Diminui os custos de transação. Afinal, sabe-se que o hoje decidido levou em conta as respectivas consequências e assim foi feito para permanecer.

A Nova LINDB definiu o dever ativo de que os agentes públicos desenvolvam os melhores esforços para criar soluções que efetivamente dificultem a instalação de controvérsias e, se estas surgirem, que se encerrem preferencialmente por meio da criação de valor público-privado (incluindo-se a garantia da estabilidade e paz nas relações sociais). Essa responsabilidade determina que eventuais problemas – naturais a quaisquer relacionamentos – sejam manejados e solucionados com responsabilidade integradora (os poderes públicos e as pessoas privadas a se sentarem à mesa em situação de acolhimento igualitário) e prospectiva (não transformados em outros problemas, ainda mais sérios, a ser pagos pelas futuras gerações). Está-se diante de conjunto de normas

---

[151] A "Edição Especial - Direito Público na Lei de Introdução às Normas de Direito Brasileiro - LINDB (Lei nº 13.655/2018)" da Revista de Direito Administrativo da Fundação Getúlio Vargas traz comentários, artigo por artigo, da Nova LINDB. Disponível em: http://bibliotecadigital.fgv.br/ojs/index.php/rda/issue/view/4255. Acesso em: 5 jan. 2019.

[152] Cf. Leila Cuéllar e Egon Bockmann Moreira, "Administração Pública e mediação: notas fundamentais", *RDPE* 61/119-145.

que dá especial eficácia ao princípio da juridicidade, eis que a Administração Pública contemporânea tem como critério máximo a "atuação conforme a lei e o Direito" (Lei nº 9.784/1999, art. 2º, parágrafo único, inc. I), numa perspectiva cooperativa e colaborativa, a fim de implementar soluções que causem o menor transtorno possível e permitam a efetivação de direitos.

Mas como isso se dá? Através da positivação de sete temas-chave (estampados em dez artigos), que significam muito mais do que regras hermenêuticas, eis que são verdadeiros condicionantes de validade das decisões. Ou seja, a juridicidade das decisões das entidades e órgãos públicos – da administração direta ou controladora, bem como do Poder Judiciário – sujeita-se à obediência aos preceitos da Nova LINDB. A depender do caso, sua ignorância ou rejeição, sobre implicar a nulidade do ato decisório, pode se configurar como um "erro grosseiro" (LINDB, art. 28) e resultar na responsabilização do agente público.

Quais seriam esses sete temas? Em suma: (i) a aplicação de preceitos indeterminados e seus efeitos práticos (arts. 20 e 21); (ii) a proteção a agentes públicos responsáveis (arts. 22 e 28); (iii) a eficácia *ex nunc* a novas interpretações e dever de transição (arts. 23 e 24); (iv) a negociação público-privada e os ajustes de conduta (art. 26); (v) a compensação de benefícios ou prejuízos injustos (art. 27); (vi) as consultas públicas (art. 29) e, como chave de abóboda do sistema do Direito Público da segurança jurídica, (vii) o dever de estabilização e uniformidade das decisões (art. 30). Todos eles serão levados em conta no desenvolvimento dos próximos capítulos deste livro.

Como se constata de sua leitura, a Lei nº 13.655/2018 tem como sujeitos ativos a Administração Pública, direta e indireta, de todos os Poderes do Estado, lado a lado com os órgãos de controle e o Poder Judiciário. A sua incidência objetivo-subjetiva é plena e imediata. Em termos formais, aplica-se a todas as decisões; em termos materiais, incide como condição de validade de atos, processos, ajustes, contratos, regulamentos, etc. Em suma, não há imunidade formal-substancial à sua incidência: todo o direito público brasileiro rege-se pela segurança jurídica.

Ou seja, a LINBD tem aplicabilidade imediata a todos os atos, contratos, regulamentos e processos. Tal como antes consignado a propósito da incidência imediata do CPC, também a edição da Lei de Segurança Jurídica, todos os atos presentes e futuros a ela se submetem. A norma condiciona a validade de todos os provimentos administrativos e judiciais que controlem regulamentos, atos e contratos administrativos.

Mais: como sua ementa preceitua e como se infere da leitura de seus preceitos, a Nova LINDB consubstancia norma de ordem pública. Não diz respeito à autonomia de vontade das partes nem a direitos disponíveis, mas sim a regras pertinentes à validade da aplicação de normas jurídicas de Direito Público. Logo, incide de imediato. Compreensão consolidada pelo STF, como se infere de acórdão relatado pelo Min. Teori Zavascki: "preceitos de ordem pública e seu conteúdo, por não ser suscetível de disposição por atos de vontade, têm natureza estatutária, vinculando de forma necessariamente semelhante a todos os destinatários. Dada essa natureza institucional (estatutária), não há inconstitucionalidade na sua aplicação imediata (que não se confunde com aplicação retroativa)".[153] Nesse sentido, os precedentes do STJ já estabilizaram o entendimento de que normas de ordem pública possuem caráter cogente e aplicação imediata.[154]

Desta forma, a LINDB institui deveres positivos ao aplicador, para que seja levado em conta o real contexto no qual foram praticados os atos e negócios administrativos, bem como as repercussões práticas de sua eventual alteração e/ou invalidação. De igual modo, fixa condições de validade equivalentes para o controle – interno e externo – dos atos e contratos administrativos. Em vista dessas premissas deve-se compreender o processo administrativo contemporâneo.

7 Conclusões preliminares

46. Tendo em vista o até agora exposto, temos que o processo administrativo faz parte do conteúdo da função administrativa em sentido amplo. A expressão mais adequada é "processo", devido à imposição da coerência científica e normativa no uso da linguagem. Não serão agentes ou o número de pessoas envolvidas aptas a qualificar decisivamente a relação jurídica concretizada frente à Administração Pública. Tampouco é vigente a doutrina que engloba "processo", "atos complexos" e "atos coletivos" – são realidades normativas diversas, que merecem ser tratadas através de nomenclatura própria.

O processo administrativo pode ser encarado sob duas ópticas: (a) rito e sequência de atos meramente formais, a serem obedecidos pelos agentes, sem qualquer finalidade substancial; e (b) instrumento de garantia e efetiva satisfação dos direitos e interesses (individuais e coletivos) celebrados na Constituição e leis infraconstitucionais. Essa segunda visão – que não descarta, mas contém a primeira – parece-nos a única que deve ser prestigiada pela ciência do Direito.

47. Tornadas claras essas premissas, necessário se faz outro exame. Sabe-se que determinado ramo do Direito Positivo se caracteriza pela existência de incontroverso e coerente *feixe de normas*. Na clássica lição de Celso Antônio Bandeira de Mello: "Diz-se que há uma disciplina jurídica autônoma quando corresponde a um conjunto sistematizado de princípios e regras que lhe dão identidade, diferenciando-a das demais ramificações do Direito".[155]

No interior do amplo sistema de Direito Administrativo há subsistemas, igualmente unos e coerentes, que distinguem suas inúmeras faces. Pois um desses subsistemas, conjunto de normas e princípios coerentes e unos, caracteriza o processo administrativo.

A edição da Lei nº 9.784/1999 tem efeitos de extrema relevância. Mas o processo administrativo não se encontra limitado a tal diploma. Ao intérprete do Direito Público importa sobremaneira o texto constitucional. Lá estão os princípios regedores do Direito Administrativo, do Tributário, Penal, Processual etc. Demais disso, depois da promulgação do Código de Processo Civil/2015, tornou-se obrigatória a aplicação da legislação processual civil ao processo administrativo (ainda que de forma supletiva

---

[153] RE 212609, rel. Min. Teori Zavascki, Tribunal Pleno, *DJe* 05.08.2015.
[154] V.g., REsp 1205946 (Recurso Repetitivo), rel. Min. Benedito Gonçalves, CE, *DJe* 02.02.2012; EDcl no AgRg no AI 1186242, rel. Min. Adilson Vieira Macabu (Des. Conv. TJ/RJ), 5ª T., *DJe* 09.03.2011; EDcl no AgRg no Ag 1275578, rel. Min. Gilson Dipp, 5ª T., *DJe* 22.11.2010; REsp 400736, Min. José Delgado, 1ª T., DJ 09.09.2002.
[155] Celso Antônio Bandeira de Mello, *Curso de Direito Administrativo*, cit., 33. ed., p. 53.

e subsidiária). O que se exige é a prova do teste da compatibilidade entre a norma do Código de Processo Civil/2015 e o processo administrativo – o que se dá por meio da interpretação e da aplicação dos princípios jurídicos. O mesmo se diga – com maior força ainda – da aplicação cogente da Lei nº 13.655/2018, a LINDB, aos processos administrativos, aos atos nele praticados e aos que dele resultarem.

Assim, reputamos ainda mais significativo o enfrentamento primordial dos princípios de Direito Público pertinentes ao processo administrativo. A análise dos princípios que caracterizam a legislação – e não vice-versa – igualmente possui fundamento na doutrina de Georges Vedel e Pierre Delvolvé, para quem a multiplicação dos princípios gerais de Direito "enriquece o conteúdo do princípio da legalidade e reduz, na mesma proporção, o poder discricionário da Administração".[156]

48. Desta forma – e como não poderia deixar de ser –, os próximos capítulos analisarão, basicamente, um grupo de princípios constitucionais que comprova a existência do regime jurídico do processo administrativo brasileiro, com exame em face da Lei nº 9.784/1999, do Código de Processo Civil/2015 e da LINDB. Não se trata da análise de todas as normas e princípios ordenadores e/ou caracterizadores do processo administrativo. Será dada especial atenção ao princípio do devido processo legal – devido à sua amplitude existencial e sua magnitude prática.

---

[156] Georges Vedel e Pierre Delvolvé, *Droit Administratif*, 12. ed., t. I, p. 468 – tradução livre.

CAPÍTULO III

O PROCESSO ADMINISTRATIVO NO DIREITO BRASILEIRO – PRINCÍPIOS CONSTITUCIONAIS E A LEI Nº 9.784/1999

1 Processo administrativo e princípios constitucionais

1. Realizado o exame da locução "processo administrativo", faz-se necessária a análise do direito posto, fruto de normas jurídicas próprias (Constituição da República, Lei nº 9.784/1999, Código de Processo Civil/2015 e LINDB), que regem esse foro da atividade administrativa estatal.

O estudo orienta-se pelos princípios cardeais do Direito Administrativo, encarados autonomamente sob seu aspecto processual.

2. Ressalte-se que as propriedades do sistema jurídico devem ser vistas como qualitativamente diversas daquelas de suas unidades componentes. Quem realiza atividade de hermenêutica jurídica analisa o todo da ordem normativa, que tem incidência *integral* e *coerente*. Integral porque o ordenamento é uno, incindível. Coerente porque a pretensa antinomia normativa não é ínsita ao ordenamento, mas resultado de eventual atividade de interpretação (a ser transposta pelo hermeneuta).

Assim, não se pode defender aplicação de norma, regra e/ou princípio "autônomos", desvinculados entre si. Nem mesmo a Lei Fundamental poderia ser interpretada dessa forma. A rigor, o que o aplicador faz é "verdadeira *reconstrução* da ordem jurídica ao outorgar um significado aos textos da Constituição e da legislação infraconstitucional". Em outras palavras: o Direito não é um *dado*, mas um *construído*, caso a caso, com base na Lei Fundamental (e na legislação infraconstitucional).

Logo, não será demais afirmar que a Constituição merece ser interpretada e aplicada na condição de norma unitária, cujo texto é dividido conforme a conveniência do legislador constituinte. Ao intérprete cabem a leitura sistematizada do texto e o esforço de criação e aplicação da norma jurídica, a ser revelada em vista do caso concreto. Como pontifica Konrad Hesse, "não existe interpretação constitucional independente de problemas concretos". Enfim, a Constituição interpreta-se em razão do que efetivamente se passa no mundo factual; não em função de puras abstrações formuladas pelo intérprete. E a aplicação do texto constitucional tem natureza eminentemente constitutiva: a depender do caso, a norma terá esta ou aquela configuração e trará consigo esta ou aquela consequência.

3. A relevância dos princípios constitucionais reside em sua dimensão de normas instituidoras do sistema jurídico. Toda a compreensão do ordenamento infraconstitucional, ora em especial a Lei nº 9.784/1999 (e o CPC/2015, como expressamente previsto em seu art. 1º), depende do exame acurado dos princípios da Constituição (explícitos e implícitos).

Através desse caminho conhecer-se-á a essência – formal e substancial – do ordenamento. Importante é a lição de Celso Antônio Bandeira de Mello ao destacar que "os princípios gerais de Direito estão *subjacentes* ao sistema jurídico-positivo, não porém como dado externo, mas como uma inerência da construção em que se corporifica o ordenamento, porquanto seus diversos institutos jurídicos, quando menos considerados em sua complexidade íntegra, traem, nas respectivas composturas, ora mais, ora menos visivelmente, a absorção dos valores que se expressam nos sobreditos princípios". Tais princípios, majoritariamente positivados em sede constitucional, ao lado das regras, devem orientar a construção das soluções de Direito Administrativo – inclusive aquelas pertinentes à relação jurídico-processual.

Como bem firmou Gustavo Binenbojm, a compreensão contemporânea da legalidade no atuar administrativo do Estado exige "uma verdadeira *Constituição administrativa*, que, por um processo de *autodeterminação constitucional*, se emancipou da lei com a sua relação com a Administração Pública, passando a consagrar princípios e regras que, sem dependência da *interpositio legislatoris*, vinculam direta e imediatamente as autoridades administrativas. A Constituição, assim, deixa de ser mero programa político genérico à espera de concretização pelo legislador e passa a ser vista como norma diretamente habilitadora da competência administrativa e como critério imediato de fundamentação e legitimação da decisão administrativa".

Enfim, a conduta da Administração Pública tem os princípios constitucionais como pressupostos de apreciação necessária, pois deve se comportar em obediência a eles e é controlada com base neles. Como bem firmou o TRF-3ª Região, em acórdão relatado pelo Des. federal Mairan Maia, "a Administração Pública não poderá eximir-se do controle jurisdicional quando exorbitar dos parâmetros norteadores de sua atuação, consubstanciados nos princípios constitucionais que a regem".

4. O presente capítulo pretenderá demonstrar a pertinência recíproca entre determinados princípios constitucionais, formando conjunto caracterizável como o regime jurídico do processo administrativo. Estudo simultâneo ao de normas da Lei nº 9.784/1999 (e da LINDB, bem como do Código de Processo Civil/2015, supletiva e subsidiariamente) que consubstanciem concretização dos princípios constitucionais examinados.

A análise do conjunto de normas a seguir arrolado dar-se-á sob vários ângulos, iniciando pelo ponto de vista da Teoria Geral do Direito Administrativo para chegar a aspecto especialmente relevante ao processo administrativo, tendo em vista a Lei nº 9.784/1999.

2 Princípios constitucionais de Direito Administrativo e sua pertinência com o processo administrativo num Estado Democrático de Direito

5. O tema ora desenvolvido tem por objeto a atividade processual do Estado-Administração. Não visa a tratar de "direito material administrativo", mas unicamente de princípios constitucionais (gerais e especiais) que evidenciam a natureza jurídica do processo administrativo – sua constituição, seu desenvolvimento e eficácia.

Neste primeiro momento procuraremos demonstrar que o processo administrativo é regido por normas essenciais a toda atividade administrativa do Estado. Daí a necessidade de serem abordados os princípios da *legalidade, isonomia, moralidade, publicidade, responsabilidade* e *eficiência* na conduta da Administração Pública.

No capítulo seguinte serão enfrentados os princípios processuais em sentido estrito (*devido processo legal, contraditório* e *ampla defesa*).

6. Não pretendemos reduzir a essência do Direito Processual Administrativo a tais cânones, pois há outras normas (genéricas e específicas) a incidir com igual intensidade nessa rama do Direito Público. Tampouco temos a intenção de criar eventual "hierarquia". Não se trata disso. O trabalho meramente investiga os princípios necessários e suficientes à configuração do processo administrativo estatal.

2.1 Direito administrativo e o princípio do Estado Democrático de Direito

7. É indispensável destacar previamente o princípio do *Estado Democrático de Direito*. Tal norma regente, prevista no art. 1º da CRFB, é fundamental à compreensão e à especificação de todos os demais princípios do ordenamento jurídico brasileiro.

7.1 Na definição de Montesquieu: "Quando, na República, o povo em conjunto possui o poder soberano, trata-se de uma *democracia*". Caracteriza a população como naturalmente dotada e detentora do poder estatal. Trata-se da forma ideal para o exercício do Poder Público, pois o "espírito democrático (...) assenta sobre a crença de que não há razoavelmente outra forma de governo possível senão o governo democrático, nem praticamente outra forma desejável. Poder-se-á exprimir completamente pela ideia de que só o povo pode fazer a lei e de que a lei é necessariamente boa por ser justamente feita por ele e para ele".

Para Hans Kelsen a democracia tem como postulado a ideia de liberdade, "concebida como autodeterminação política do cidadão, como participação do próprio cidadão na formação da vontade diretiva do Estado". E, mais adiante: "Democracia significa identidade entre governantes e governados, entre sujeito e objeto do poder, governo do povo sobre o povo".

Tais conceitos não são genéricos e abstratos, meros adornos metafóricos ao exercício do Poder Público. Ou bem existem de fato, ou não existirá real democracia. Um Estado que se pretenda democrático reporta-se ao sistema político assentado nos postulados da liberdade e da igualdade de *todos os homens* e voltado a assegurar que o governo seja o fruto de deliberações tomadas, direta ou indiretamente, pelo conjunto de seus membros. Essa formação democrática das decisões públicas tem assento no respeito às normas estabelecidas na Constituição (de forma implícita ou explícita). Normas, essas, fixadas pelos Poderes legitimamente constituídos, segundo os procedimentos positivados na própria Constituição. E a democracia consiste num exercício diário de respeito e aplicação da Lei Magna.

7.2 Porém, e na medida em que é inviável (física e juridicamente) o exercício exclusivo e imediato do poder por seu detentor, o povo, são necessárias regras cogentes que disciplinem a escolha dos mandatários do Poder Público e o exercício das prerrogativas daí emanadas. Para Norberto Bobbio, "o único modo para se chegar a um acordo quando se fala de democracia, entendida como contraposta a todas as formas de governo autocrático, é o de considerá-la caracterizada por um conjunto de regras (primárias ou fundamentais) que estabelecem *quem* está autorizado a tomar as decisões coletivas e com quais *procedimentos*".

8. Essa característica definidora de um Estado Democrático foi tornada ainda mais explícita na Constituição promulgada em 1988, que inovou com a expressão "Estado Democrático de Direito".

O Estado brasileiro não é apenas especificado pela regência através de normas jurídicas elaboradas e executadas pelos representantes do povo, mas, fundamentalmente, pela necessidade de que tais mandamentos obedeçam ao conceito substancial de democracia e sejam passíveis de controle. O sistema jurídico pátrio e sua hermenêutica são instrumentos de satisfação da vontade popular. Este deve ser o norte à atividade dos entes públicos.

O prestígio à ideia de Estado Democrático de Direito não emana de singela preocupação concernente à forma, tampouco de cuidado com a aparência no exercício do poder estatal – e muito menos se satisfaz apenas com eleições periódicas. A existência de Estado com tais característicos não deriva unicamente de expressões terminológicas, mas da indispensável obediência à normatividade da Lei Fundamental. O conceito de democracia lavrado por Celso Antônio Bandeira de Mello revela tais ângulos, formal e substancial, essenciais à plena compreensão da locução: "Para além das controvérsias suscitáveis pelo conceito de democracia, dada a fluidez da noção, seria aceitável convir em que esta expressão designa um sistema político assentado nos postulados da liberdade e da igualdade de *todos* os homens e volvido a assegurar que o governo das sociedades seja o fruto de deliberações (*respeitosas destes valores*) tomadas, direta ou indiretamente, pelo conjunto de seus membros, havidos como os titulares últimos da soberania. Sob tal pressuposto, haver-se-á de considerar que Estado Democrático é o que se estrutura em instituições armadas de maneira a colimar tais resultados".

A obediência a tais modelos e o eficaz cumprimento de tais escopos (sobretudo por meio de resultados práticos, efetivos) geram a distinção entre "Estados *formalmente* Democráticos e Estados *substancialmente* Democráticos, além de Estados *em transição para a democracia*".

9. Além do mais, num Estado Democrático de Direito não vige o cumprimento cego de toda e qualquer lei, tal como se bastasse a edição de um diploma formalmente "apelidado de lei" para sua obediência. É indispensável o respeito à essência da Constituição e a um mínimo da dimensão ética de justiça exigida para o Direito. Não existe pressuposto indeclinável de validade absoluta para todos os diplomas legislativos. Daí por que faz parte da ideia essencial de Estado de Direito o controle jurisdicional

dos atos do Estado (sejam eles do Poder Legislativo, sejam do Executivo ou mesmo do próprio Judiciário).

Outra pedra de toque essencial para a constatação de um Estado Democrático de Direito é a existência de *direitos individuais* e de *direitos sociais* declarados na Constituição e das respectivas *garantias constitucionais* que assegurem (positiva e negativamente) seu exercício. Sobretudo nos dias presentes, em que o *multiculturalismo* e a pluralidade exigem a ampliação de perspectivas e o respeito a *direitos das minorias*. A aplicação eficiente da Constituição é também pautada pela proteção à diversidade, conforme já decidiu o STF: "Não contraria – ao contrário, prestigia – o princípio da igualdade material, previsto no *caput* do art. 5º da Carta da República, a possibilidade de o Estado lançar mão seja de políticas de cunho universalista, que abrangem um número indeterminado de indivíduos, mediante ações de natureza estrutural, seja de ações afirmativas, que atingem grupos sociais determinados, de maneira pontual, atribuindo a estes certas vantagens, por um tempo limitado, de modo a permitir-lhes a superação de desigualdades decorrentes de situações históricas particulares".

Assim, o princípio do Estado Democrático de Direito dirige-se à preservação de um estado de coisas caro à vida em sociedade, com o mínimo de submissão. Consubstancia segurança e certeza para os indivíduos, ao estabelecer a noção estável de que será exigido unicamente aquilo previamente estabelecido na Constituição e nas normas legais (desde que formal e substancialmente constitucionais).

2.2 Princípio do Estado Democrático de Direito e o processo administrativo

10. A questão ora enfrentada acentua-se no âmbito do processo administrativo, seus requisitos e consequências.

10.1 Conforme já assinalado, o termo jurídico "processo" significa modo de exercício do poder estatal. Não se trata de mera condução aleatória de rito, dirigido à tomada de decisões. Mais ainda, sempre o processo administrativo envolve enfrentamento e resolução de uma questão atinente ao interesse público, com a necessária participação das pessoas privadas, a resultar numa decisão revestida de efetividade e legitimidade. Implica, portanto, o dever administrativo de proteção ativa a direitos fundamentais (materiais e processuais). Por isso que merece ser prestigiada a assertiva de Marinoni no sentido de que o processo "não pode ser visto apenas como uma relação jurídica, mas sim como algo que tem fins de grande relevância para a democracia, e, por isso mesmo, deve ser legítimo. O processo deve legitimar – pela participação –, deve ser legítimo – adequado à tutela dos direitos e aos direitos fundamentais – e ainda produzir uma decisão legítima".

Essa ampla significação do processo administrativo faz avultar a importância do enfoque de um regime democrático, tal como assinalado por Celso Antônio Bandeira de Mello: "Na esfera administrativa, ganha relevo crescente o procedimento administrativo, obrigando-se a Administração a formalizar cuidadosamente todo o itinerário que conduz ao processo decisório. Passou-se a falar na 'jurisdicionalização' do procedimento administrativo (ou processo, como mais adequadamente o denominam outros), com a ampliação crescente da participação do administrado no *iter* preparatório das decisões que possam afetá-lo. Em suma: a contrapartida do progressivo condicionamento da liberdade individual é o progressivo condicionamento do *modus procedendi* da Administração".

Constatação que se acentua nos dias de hoje, sobremodo em vista da existência de processos administrativos que não dizem respeito à composição de conflitos de interesse, mas, sim, à concretização de direitos sociais e à participação democrática dos cidadãos na feitura de normas administrativas (v. capítulo II, item 4, §§42 e ss.).

10.2 Por outro lado, destaque-se o estreito vínculo entre os conceitos de "função" e "democracia". Como assinalou Fábio Konder Comparato: "Juridicamente, a democracia é um governo de *funções*, não de *dominações*", o qual "traduz-se num poder atribuído a alguém em benefício de outrem".

O agente que não cumprir os mandamentos de sua função administrativa estar-se-á comportando em oposição ao princípio fundamental do Estado Democrático de Direito.

10.3 Ademais, a Lei nº 9.784/1999 contém previsão que pode ser interpretada como estreitamente vinculada ao princípio constitucional do Estado Democrático de Direito. Trata-se do "critério de atuação conforme a lei e o Direito", consignado no art. 2º, parágrafo único, I.

Aos nossos olhos, o legislador verdadeiramente ampliou os limites ortodoxos do princípio da legalidade, mediante a imposição de conduta não puramente formal de "aplicação da lei", mas substancial de "aplicação do Direito". Aqui surgem cogitações materiais quanto ao Direito a ser aplicado, o qual será construído tendo em vista o texto da norma.

Não mais se está diante de procedimentos mecanicistas de subsunção automática dos fatos ao texto legal, mas da participação popular nos temas de interesse coletivo, na consideração empática dos desafios reais, em regimes de transição e no dever de apreciação e positivação das consequências práticas das decisões (LINDB, arts. 29, 24, 23, 22, 21 e 20 – respectivamente).

A profunda imbricação entre processo e democracia ressalta em várias decisões dos tribunais pátrios. Assim, o TRF-5ª Região já fixou que: "A homenagem ao devido processo legal é um comportamento da Administração Pública que se insere no cultivo à democracia e respeito ao direito do cidadão". No mesmo sentido já decidiu o TRF-3ª Região: "O princípio do devido processo legal, um dos cânones do Estado Democrático de Direito, tem como consectários o direito ao contraditório e à ampla defesa, que são aplicáveis tanto ao processo judicial como ao processo administrativo".

Ou seja: é pacífico que o cidadão tem o direito democrático de participar ativamente da formação das decisões administrativas do Estado, especialmente aquelas que incidirão sobre seus interesses (diretos ou indiretos). E a Administração tem o dever de facilitar o acesso do cidadão ao processo administrativo, bem como proferir decisões revestidas de legitimidade (processual e material), as quais atentem para o que efetivamente se passa no mundo dos fatos (inclusive quanto às suas consequências práticas).

10.4 É importante também destacar que a compreensão da função democrática do processo administrativo se presta igualmente à chamada "legitimação pelo procedimento". À parte as célebres considerações de Luhmann acerca do tema, temos que a efetiva participação das pessoas privadas na elaboração dos provimentos administrativos que as afetarão se presta a justificar (ou mesmo a atribuir) a racionalidade e a justiça da decisão.

Na medida em que o cidadão possa verdadeiramente influenciar a formação da decisão administrativa, isso tende a gerar uma decisão quase consensual (ou mesmo consensual), que possui maiores chances de ser espontaneamente cumprida. O dever de obediência transforma-se em espontânea aceitação, em concordância devido à uniformidade de opiniões (ou ao menos devido à participação e ao convencimento recíproco).

A legitimação também decorre do efetivo respeito, pela Administração, às suas próprias decisões (LINDB, art. 30). A autovinculação é de suma relevância para que o hoje decidido seja amanhã respeitado. Afinal, se nem a Administração Pública respeitar seus atos, qual o comportamento que se pode esperar das pessoas privadas? A legitimidade não se projeta, portanto, apenas na perspectiva *ex ante* de formação do ato, mas igualmente em seu respeito institucional *ex post*.

10.5 Sob esse ângulo do processo como instrumento de legitimação democrática, importante também é a consideração acerca do processo administrativo na esfera da tomada de decisões das autoridades administrativas independentes (agências reguladoras). Ora, é pacífico que tais entidades administrativas consubstanciam um *déficit* democrático: tomam decisões relevantes em importantes setores da economia, mas seus membros não são eleitos, tampouco se subordinam diretamente à Administração direta ou ao Legislativo. Alguns de seus traços mais característicos são justamente sua autonomia e sua independência, o que se agrava se considerarmos que as deliberações de tais entidades muitas vezes têm natureza de normas gerais e abstratas (regulamentos).

Essa ruptura com o circuito democrático tradicional exige a procura de novas formas de legitimação das decisões administrativas. Caso contrário celebrar-se-á a institucionalização de uma esfera não democrática da Administração. No âmbito das agências reguladoras a solução proposta dá-se basicamente através da especialidade técnica e da processualização de suas decisões. Os provimentos administrativos das autoridades independentes devem reger-se pela *accountability*: transparência, participação, informação, justificação e prestação de contas aos interessados (com responsabilização das autoridades públicas). O processo presta-se, então, a reger o todo da atividade decisória das agências – tanto no que diz respeito à solução de litígios como na própria elaboração das normas regulamentares (v. capítulo II, item 4, §§42 e ss.).

A toda evidência, essa processualização não equivale a uma plena democratização das agências reguladoras independentes. Não se pretende igualar a legitimidade democrática de tais agências à detida pelo Congresso Nacional ou pelo Poder Executivo central. Mesmo porque não é isso que está em jogo: o Legislativo persiste com sua competência inaugural, ao passo que as agências regulam complementarmente determinados setores da economia.

Em primeiro lugar, porque a participação é restrita. Atinge número muito limitado de pessoas, que antes se qualificam como interessadas – técnica e comercialmente. É baixo o número de pessoas que efetivamente participam (usualmente, apenas aquelas com acesso a jornais de grande circulação ou a informações via *Internet*). Além disso, atinge estratos sociais nitidamente privilegiados, que tendem a proteger seus próprios interesses.

Depois, porque a participação diz respeito aos atos dos dirigentes das agências reguladoras, e não à escolha deles (se bem que, em algumas delas, se dá a nomeação pelo Executivo e a aprovação pelo Legislativo – o que tende a atenuar o problema). Há transferência do momento e do conteúdo do controle democrático. Parcela das decisões das agências é submetida à legitimação processual (porém, sempre estabelecidos determinados limites – temporais e substanciais – à participação e à decisão futura).

Em terceiro lugar, devido à velocidade necessária a tais deliberações. O ritmo acelerado na tomada de decisões é característica que justifica a própria existência das autoridades independentes. Prestar-se-iam a superar a tradicional demora legislativa (especialmente em momentos de pressão). Isso significa menos debates, menor participação e, consequentemente, menor legitimidade.

Por fim, porque, ainda que processualizadas ou negociadas, as decisões têm parâmetros eminentemente técnicos: a agência reguladora independente significa uma tentativa de "neutralização" das influências políticas (e econômicas) que os agentes públicos porventura poderiam sofrer. A entidade reguladora afasta-se dos próprios regulados, dos usuários e do governo, atribuindo precisão técnica imparcial às suas decisões. Isso para conferir estabilidade e segurança aos setores econômicos regulados. Logo – e ao menos em tese –, os argumentos político-democráticos não poderiam se prestar à não implementação de decisão puramente técnica.

Mais que isso: ao contrário dos atos proferidos pelo Legislativo em face da Administração, a participação dos interessados não possui efeitos vinculantes. Pode ser fundamentadamente rejeitada pela sempre perigosa "discricionariedade técnica" – locução quase mágica, que simultaneamente pretende legitimar a decisão (emitida por um técnico com conhecimentos extraordinários) e eliminar o controle jurisdicional (o Judiciário não disporia do conhecimento sofisticado que possibilitasse o controle).

De qualquer modo, é o processo administrativo o meio eficaz de se conferir legitimidade às decisões das entidades reguladoras, alterando-se a visão do controle repressivo posterior para a construção de soluções eficazes, *pari passu* ao desenvolvimento do processo.

11. Porém, e sob qualquer ângulo que se o analise, é essencial a compreensão do processo como instrumento de participação democrática. Este parâmetro é essencial à compreensão dos princípios de Direito Administrativo Positivo – o que pretendemos demonstrar ao longo do exame que será procedido a seguir.

Isso porque o processo administrativo deve ser alçado a uma dignidade superior. Trata-se de realidade normativa positivada constitucionalmente, declarada não só com a finalidade de assegurar os demais direitos celebrados naquele foro, mas também visando a celebrar a participação democrática das pessoas privadas quando da formação dos atos administrativos.

2.3 Princípio da legalidade (proporcionalidade, razoabilidade)

12. O princípio da legalidade significa que a Administração está orientada a cumprir, com exatidão e excelência, os preceitos normativos de Direito Positivo (o ordenamento jurídico como um todo). A norma legal outorga competência específica ao agente público e define os parâmetros de sua conduta. Todo o plexo de competências administrativas do Estado deve vir preestabelecido na legalidade – sendo que os diplomas normativos devem ser lidos à luz da Constituição da República e dirigidos à sua efetiva aplicação. Nesse sentido, o STF já firmou que "a Administração Pública, em toda a sua atividade, está sujeita aos mandamentos da lei, deles não se podendo afastar, sob pena de invalidade do ato e responsabilidade de seu autor. Qualquer ação estatal sem o correspondente amparo legal, ou que exceda ao âmbito demarcado pela lei, é injurídica e expõe-se à anulação, pois a eficácia de toda atividade administrativa está condicionada ao atendimento da lei: na Administração Pública não há liberdade nem vontade pessoal, e só é permitido fazer o que a lei autoriza".

O conceito de lei é adstrito à manifestação popular indireta, oriunda de representantes do povo (Poder Legislativo). Na dicção de Ataliba, é a "suprema manifestação da vontade do Estado e soleníssima e eminente norma jurídica".

Porém, o princípio da legalidade não significa a operação mecânica de "apenas dar execução à letra da lei", numa perspectiva simplificadora da realidade social. Mesmo porque seria inviável supor que a lei pudesse antecipar todo o fenômeno social e positivar, em tempo hábil, todas as futuras condutas a serem concretizadas pela Administração Pública. Como adverte Alexandre Santos de Aragão, a lei "não precisa preordenar exaustivamente toda a ação administrativa, bastando para ela fixar os parâmetros básicos que a Administração Pública deve observar ao exercer os poderes a ela conferidos. E, em casos bem extremos, não pode ser descartada a possibilidade de a Administração Pública atuar, inclusive restringindo direitos e criando obrigações, direta e exclusivamente por força da necessidade de preservar valores e princípios constitucionais".

O interesse público, diretriz-mor da Administração, é revelado justamente pela Constituição da República e pela legislação em vigor (explícita ou implicitamente). Ou seja: o agente público não detém competência para definir, *sponte propria*, o que vem a ser o interesse público. Ao administrador público cabe a interpretação da norma jurídica dentro dos parâmetros do caso concreto, revelando através dessa atividade o que configura o interesse público. Note-se que o interesse público não é aquele oriundo da vontade do governante, tampouco da máquina administrativa, pois a lei define o que vem a ser tal valor coletivo (implícita ou explicitamente). Trata-se do "governo das leis", forma de disciplinar o exercício do poder titularizado pelos órgãos administrativos.

Daí por que a Administração não pode atuar em limites inferiores ou superiores ao texto legal. Deve cumprir a integralidade da lei (dentro de uma compreensão sistemática), sem pretender restringir ou ampliar suas fronteiras. A toda evidência, não se defende uma interpretação literal e restritiva do texto legal, que abstraia o sistema jurídico como um todo, a finalidade normativa e as peculiaridades do caso concreto. Nada disso. O princípio da legalidade impõe o texto da norma jurídica (constitucional e legal) como ponto de partida da atividade hermenêutica e o Direito como ponto de chegada.

13. O objetivo do enaltecimento ao princípio da legalidade é definir previamente os limites da atuação administrativa e assegurar garantias aos particulares. A conduta do agente público há de ser conforme à lei, imune a deliberações oriundas exclusivamente de sua vontade pessoal. Para Kelsen: "O princípio da legalidade, que, por definição, domina qualquer ato executivo, exclui qualquer influência política sobre a execução das leis".

A Administração Pública não pode emanar provimentos administrativos que porventura distorçam o texto da lei – seja elastecendo-o para além de seus limites, seja alterando as disposições legais. Como bem firmou o STJ: "A resolução administrativa, ato de hierarquia inferior à lei, não pode invadir a reserva legal, revogando, modificando ou desvirtuando disposições legais expressas de texto legislativo". Todavia, e conforme já assinalado, tal não significa que o administrador esteja circunscrito à aplicação "automática" da letra da lei, simplista e desvinculada dos demais cânones do sistema e desprezando as alternativas disponíveis e as consequências futuras de seus atos. Muito menos que a aplicação da norma legal poderia abstrair do texto constitucional. O princípio visa justamente a afastar "influências políticas", exteriores ao sistema normativo.

Assim, é através da legalidade que se dá o exercício concreto do Estado Democrático de Direito. Mediante aplicação formal e substancial da lei, a Administração cumpre a vontade popular e confere vitalidade aos demais preceitos constitucionais. Segundo Afonso Rodrigues Queiró, essa ligação estreita faz com que o princípio comporte "dois sentidos fundamentais, aliás conexos". Em primeiro lugar, exprime "o mesmo que o 'primado do Direito', o 'Estado de Direito' (material), ou seja, um tipo de Estado que não se limita a proceder ou agir de acordo com as normas jurídicas positivas, qualquer que seja o seu conteúdo (Estado de Direito formal), mas, mais do que isso, está sujeito à *rule of law*, isto é: à supremacia de normas com um conteúdo inspirado por certos padrões de justiça, com os quais o Poder Público não pode ignorar ou sacrificar o núcleo dos chamados direitos fundamentais das pessoas". A visão da legalidade no Direito Administrativo está contida nesse conceito e espelha que a Administração, "na sua actividade, está subordinada à lei, quer essa actividade redunde em encargos ou em restrições aos direitos fundamentais dos administrados, quer se traduza ou exprima na prestação de serviços aos cidadãos".

14. O processo administrativo há de ser desenvolvido dentro desses parâmetros. A legalidade – formal e substancial – é sua regra-matriz, quer no que diga respeito ao rito procedimental ou quanto às decisões ou ao exercício do poder *lato sensu*.

2.3.1 Princípio da legalidade e a Lei nº 9.784/1999

15. Depois da edição da Lei nº 9.784/1999 o princípio da legalidade assumiu novo tônus frente ao processo administrativo. O diploma define amplamente os princípios gerais do processo, deveres e direitos das partes, rito, sanções etc.

15.1 Talvez o preceito mais importante da Lei nº 9.784/1999 venha estampado logo em seu art. 1º, ao definir que o escopo legal se dirige "à proteção dos direitos dos administrados e ao melhor cumprimento dos fins da Administração". Preceito que foi integrado e enriquecido pelo CPC/2015, em especial na previsão dos arts. 1º (ao dispor que o processo "será ordenado, disciplinado e interpretado conforme os valores e as normas fundamentais estabelecidos na Constituição da República Federativa do Brasil") e 8º ("Ao aplicar o ordenamento jurídico, o juiz atenderá aos fins sociais e às exigências do bem comum, resguardando e promovendo a dignidade da pessoa humana...").

Trata-se de combinação essencial a todo e qualquer ato administrativo. A compreensão da atividade administrativa do Estado há de ser híbrida, porque seu excelente cumprimento é justamente o prestígio aos direitos dos particulares. A dignidade da pessoa humana (Constituição Federal, art. 1º, II) é a diretriz primeira da Administração Pública. O "melhor cumprimento dos fins da Administração" reside justamente na "proteção aos direitos dos administrados".

Aliás, não será demais insistir que a doutrina contemporânea estabelece como diretriz primeira do Direito Administrativo sua vinculação ao "desenho de mecanismos especificamente vocacionados para a garantia e proteção dos direitos dos cidadãos perante a Administração Pública" "à realização dos direitos fundamentais, definidos a partir da dignidade humana", tanto no que diz respeito aos limites ao exercício do Poder Público como no que toca à realização ativa dos valores humanos.

15.2 Em específico, a lei prevê o atendimento ao princípio da legalidade como dever da Administração Pública no processo administrativo (art. 2º, *caput*), exigindo a "atuação conforme a lei e o Direito" (art. 2º, parágrafo único, I).

Conforme já destacado, a locução "conforme a lei e o Direito" é de extrema importância. Determina que o agente cumpra a norma legal, com observância do todo do ordenamento jurídico. Ao distinguir os dois termos, o artigo disciplina que para o processo administrativo a lei não é a única fonte, tampouco pode ser interpretada de forma restritiva.

Não basta uma leitura simplista, literal, de um singelo artigo de lei, para a aplicação do Direito pelo agente público. A Lei nº 9.784/1999 exige mais que isso – tornando essa compreensão limitada contrária ao princípio da legalidade. Eduardo García de Enterría é claro ao afirmar que "hoje nossa Constituição admite que, precisamente no que toca à Administração, nem todo o Direito encerra-se nas leis (art. 103.1)".

Vale a cita de decisão do Tribunal Constitucional Federal alemão: "Com isso recusa-se, segundo a opinião geral, um positivismo legal estrito. A fórmula mantém a convicção de que lei e Direito em geral se identificam, por certo, facticamente, mas não sempre e necessariamente. O Direito não se identifica com a totalidade das leis escritas. Face às estatuições positivas do poder estadual, pode em certas circunstâncias existir um mais de direito, que tem as suas fontes na ordem jurídica conforme a Constituição, como um todo de sentido e que pode operar como correctivo da lei escrita; achá-lo e realizá-lo em resoluções é tarefa da jurisprudência".

Especificamente no que diz respeito à Lei nº 9.784/1999, Arnaldo Esteves Lima destaca que a locução fixa o dever de a Administração visar "exatamente à obtenção do bem comum que a lei, em sua literalidade, muitas vezes não atinge, sendo imprescindível que não se olvide do Direito, que, não raro, é mais abrangente que a norma posta, escrita, a lei, estrita e literalmente considerada".

Assim, e dentre outras consequências, podemos identificar a aplicabilidade imediata da Constituição da República, bem como a incidência da analogia (a fim de colmatar as lacunas legais), costume e, especialmente, a avaliação crítica do agente público quando lhe é exigida a aplicação de normas inconstitucionais. Isto é: a atuação "conforme a lei e o Direito" tem como ponto de partida a Constituição e como ponto de chegada a norma jurídica a ser aplicada pelo intérprete em benefício dos direitos fundamentais em jogo, passando pela legislação infraconstitucional (leis em sentido estrito, regulamentos administrativos etc.) e pelo exame do caso concreto e de suas peculiaridades.

Mais: o dever de respeito à jurisprudência prescrito pelo art. 962 do Código de Processo Civil/2015 e pelo art. 30 da LINDB confere dimensão ampliativa à expressão "a lei e o Direito" (arts. 962 e ss. – capítulo II, §43.3). Por meio da aplicação direta imediata da LINDB e supletiva/subsidiária do Código de Processo Civil/2015, o continente representado pelo termo "Direito" abrange a jurisprudência – administrativa e judicial – em seu conteúdo. Nítida é a integração entre tais dispositivos – o art. 2º, parágrafo único, I, da Lei nº 9.784/1999, c/c os arts. 926 e ss. do CPC/2015 –, a prescrever que o intérprete tenha como fontes as normas oriundas tanto do Poder Legislativo como dos tribunais (Poder Judiciário e Administração Pública).

Em suma: "o princípio da legalidade não retrata a singela concepção de um rol de normas fechadas, que se encerram em sua própria leitura e assim limitam a atuação prática da Administração. Ao contrário, exige a compreensão do todo do ordenamento jurídico e a inserção da conduta cogitada (os fatos), de forma harmônica, nesse universo normativo".

2.3.2 Princípios da proporcionalidade e da razoabilidade

16. Para plena compreensão do princípio da legalidade devem ser examinados os da razoabilidade e proporcionalidade. Ambos têm forte incidência frente a atos discricionários, em que os desvios da "desproporcionalidade" e "desarrazoabilidade" têm maior possibilidade de existência.

Importante destacar que a Lei nº 9.784/1999 confere autonomia aos princípios da proporcionalidade e razoabilidade, trazendo-os no *caput* do art. 2º (assim como o art. 8º do CPC/2015). De igual modo, os arts. 20 e 21 da LINDB positivam expressamente os três subprincípios da proporcionalidade: adequação, necessidade e proporcionalidade em sentido estrito.

Em seguida, e de forma sintética, examiná-los-emos individualmente. Mas, atenção: nem o princípio da proporcionalidade nem o da razoabilidade (assim como nenhum dos demais) podem se prestar a substituir a aplicação da norma jurídica – Constituição, leis, regulamentos, contratos, jurisprudência – pela opinião íntima do intérprete. Ambos exigem protocolos de seriedade, devidamente motivados, em sua aplicação – com o exame minucioso do fundamento legislativo e do caso concreto –, indicando qual norma efetivamente se está a aplicar e as consequências práticas da decisão.

17. O exame do princípio da proporcionalidade pode ser desenvolvido sob vários ângulos. Em síntese, J. J. Gomes Canotilho leciona o seu desdobramento nas exigências de (a) conformidade de meios, (b) exigibilidade (ou necessidade) e (c) proporcionalidade em sentido restrito.

A *conformidade* "impõe que a medida adoptada para a realização do interesse público deve ser *apropriada* à prossecução do fim ou fins a ele subjacentes. Consequentemente, a exigência de conformidade pressupõe a investigação e a prova de que o acto do Poder Público é *apto* para e *conforme* os fins justificativos da sua adopção". Ou seja: a conduta administrativa há de ser idônea ao atingimento do interesse público posto em jogo. Não podem ser prestigiados comportamentos administrativos inadequados à hipótese concreta (ainda que, em tese, previstos numa interpretação literal do texto normativo). Exige-se congruência entre a finalidade buscada pela norma e os meios assumidos pelo agente.

A *proporcionalidade-adequação* recebeu previsão expressa no art. 20 da LINDB, consubstanciando a exigência de prova positiva da "aptidão da decisão adotada para atingimento de um fim buscado. Portanto, a ausência de estimativa quanto aos efeitos práticos de uma decisão significa infringir a proporcionalidade-adequação", conforme leciona Marçal Justen Filho.

Já a *exigibilidade* (ou necessidade) "coloca a tónica na ideia de que o cidadão tem *direito à menor desvantagem possível*". Canotilho subdivide tal princípio nos seguintes elementos, que incrementam sua operacionalidade prática: exigibilidade material, exigibilidade espacial, exigibilidade temporal e exigibilidade pessoal. Assim, ainda que a medida adotada seja conveniente ao fim legal, há de se perquirir se não há alternativa adequada e menos desvantajosa em todos esses aspectos práticos. À Administração é vedada a opção por uma conduta que cause gravames desnecessários ao particular. A escolha deve recair sobre o comportamento administrativo imprescindível e certo ao atingimento dos fins legais. Caso o agente público transborde a estrita necessidade, sua conduta violará o princípio da proporcionalidade.

O fato de ser previsto expressamente no art. 20 da LINDB fez com que Marçal Justen Filho ressaltasse a incidência da proporcionalidade-necessidade, que "significa a ausência de validade de uma decisão que produza restrições superiores ao mínimo necessário à realização do fim buscado. A autoridade deve tomar em vista os efeitos causados pelas diversas alternativas decisórias, sendo obrigatório escolher aquela solução que acarretar as restrições menos intensas aos interessados e valores em jogo". O que repercute no dever de motivação dos atos administrativos, a incidir no 'por que' (passado) e no 'para que' (futuro) da decisão.

Em *sentido estrito*, significa mais que a relação entre os meios empregados e os fins visados, mas engloba a situação fática à qual se aplica a decisão administrativa (princípio da "justa medida"). Comporta a investigação específica acerca da medida a ser tomada: "Quando se chegar à conclusão da necessidade e adequação da medida coactiva do Poder Público para alcançar determinado fim, mesmo neste caso deve perguntar-se se o resultado obtido com a intervenção é *proporcional* à 'carga coactiva' da mesma".

18. Assim, o princípio da proporcionalidade determina que a aplicação da lei seja congruente com os exatos fins por ela visados em face da situação concreta. De igual modo, exige que o agente público aplique a lei de modo adequado (relação "meio utilizado pelo ato" e "fim visado pela norma"), com a menor restrição possível (desde que necessária e suficiente ao escopo normativo), sempre de modo compatível com o interesse público (dentre as medidas mais adequadas e menos restritivas, a que comprovadamente seja a mais vantajosa).

18.1 É descabido imaginar que a Constituição autorizaria condutas que submetessem o cidadão para além do necessário, ou inapropriadas à perseguição do interesse público primário ou, ainda, detentoras de carga coativa desmedida.

18.2 Ademais, a proporcionalidade incide em duas direções. Não apenas o excesso como também o menoscabo importam sua violação, tal como defende Juarez Freitas: "(...). O princípio da proporcionalidade determina (não apenas exorta) que a Administração Pública *lato sensu* evite agir com demasia ou de modo insuficiente, inoperante ou omissivo na consecução dos seus objetivos primordiais".

18.3 Anote-se que a jurisprudência dos nossos tribunais tem aplicado sistematicamente o princípio da proporcionalidade, em especial no que diz respeito ao controle da competência sancionatória da Administração Pública. Como já firmou o STJ, na aplicação de sanções a autoridade administrativa deve "respeito ao princípio da proporcionalidade (devida correlação na qualidade e quantidade da sanção com a grandeza da falta e o grau de responsabilidade do servidor)".

Por outro lado, o STF já decidiu que: "Embora o Judiciário não possa substituir-se à Administração na punição do servidor, pode determinar a esta, em homenagem ao princípio da proporcionalidade, a aplicação de pena menos severa, compatível com a falta cometida e a previsão legal". Também em caso que versava sobre meios gravosos de coerção estatal com o objetivo de coagir o contribuinte ao pagamento de tributos, o STF decidiu pela inconstitucionalidade de "restrições estatais, que, fundadas em exigências que transgridem os postulados da razoabilidade e da proporcionalidade em sentido estrito, culminam por inviabilizar, sem justo fundamento, o exercício, pelo sujeito passivo da obrigação tributária, de atividade econômica ou profissional lícita".

19. A razoabilidade tem lastro em análise axiológica, para descobrir se a relação entre finalidade normativa e conduta administrativa é racionalmente clara. Determina a exclusão de condutas imprudentes, bizarras e contrárias ao bom-senso. Ou seja: não é possível cogitar que a lei autorizaria o agente público a adotar comportamentos desconformes a uma compreensão sensata do caso concreto.

Ainda que escrevendo a respeito da *common law*, para René David o princípio da regra da razão significa "procurar a solução que está mais em harmonia com as regras de Direito existentes e que, por isso, parece a mais satisfatória, em atenção à preocupação primária de segurança, temperada pela justiça, que é a base do Direito. Procurar solução de razão não é de forma alguma tarefa arbitrária. O trabalho implica que se procurem, para fazer aplicação deles, os princípios gerais que se destacam das regras existentes".

Mais que referencial hermenêutico, a razoabilidade faz parte do complexo jurídico. É uma exigência jurídica a aplicação razoável dos textos legais. Daí os vários desdobramentos que o princípio comporta, como bem destacou Weida Zancaner: "Em suma: um ato não é razoável quando não existiram os fatos em que se embasou; quando os fatos, embora existentes, não guardam relação lógica com a medida tomada; quando, mesmo existente alguma relação lógica, não há adequada proporção entre uns e outros; quando se assentou em argumentos ou em premissas, explícitas ou implícitas, que não autorizam, do ponto de vista lógico, a conclusão deles extraída".

Inclusive, a lógica do razoável habita os preceitos da LINDB, ao definir, por exemplo, que sempre devem ser "considerados os obstáculos e as dificuldades reais do gestor" (art. 22) e que a responsabilização pessoal do servidor depende da prova do "dolo ou erro grosseiro" (art. 28).

Como decidiu o STJ, o princípio da razoabilidade "tem preceito na obediência a critérios aceitáveis do ponto de vista racional, que estejam em reciprocidade com o senso comum, de forma a proibir os excessos para que não haja prejuízo aos direitos fundamentais".

2.3.3 O processo administrativo, a Lei nº 9.784/1999 e os princípios da legalidade, proporcionalidade e razoabilidade

20. Legalidade, proporcionalidade e razoabilidade são princípios naturais do processo administrativo. Nem sequer se imaginaria cabível à Administração comportar-se de molde a conduzir o processo de forma ilegal, desproporcional e/ou desarrazoada. Na aplicação da Lei nº 9.784/1999 o agente público deve pautar-se pela sensatez e simetria. Não é possível que, a título de aplicar a lei, se distancie da proporcionalidade e da razoabilidade exigidas pelo caso concreto.

O que importa dizer que a Administração deve dar efetivo cumprimento aos preceitos normativos (Constituição, leis, regulamentos, contratos etc.), dando efetividade aos direitos subjetivos postos à sua apreciação. Com efeito, da mesma forma que a Administração Pública está impedida de ultrapassar as fronteiras da normatividade "conforme a lei e o Direito", ela não pode deixar de aplicar "a lei e o Direito". O processo exige que as normas processuais sejam explicitadas e aplicadas (ao tempo e modo certos e adequados), a fim de que o direito material seja prestigiado ao máximo.

Afinal de contas, o processo administrativo é regido por tais princípios em questões endoprocessuais e no que diz respeito aos efeitos dos atos processuais em face do direito das partes envolvidas. Ele não é um fim em si mesmo, mas existe justamente para dar efetividade a direitos (individuais, coletivos, difusos e sociais).

Assim, o processo deverá atender à norma que outorga competência ao agente que o instala, conduz, instrui e profere decisão (Lei nº 9.784/1999, arts. 2º, parágrafo único, II, e 11 e ss.). Devem ser obedecidos os prazos definidos em lei para as manifestações da autoridade responsável e, por outro lado, devem ser razoáveis e proporcionais ao caso concreto aqueles fixados para a prática de atos imputados aos particulares (arts. 22 e ss.).

Por "prazos razoáveis e proporcionais" compreendam-se aqueles adequados ao ato praticado e ao volume de informações e documentos cujo exame se exige. Além disso, a razoabilidade e a proporcionalidade devem também pautar a fixação da data do início do lapso e a de seu término. Não é razoável, *v.g.*, uma intimação via edital que tenha por data inicial o dia 24 de dezembro e por término o dia 30 do mesmo mês. Tampouco é proporcional um prazo restrito a 5 dias para a apresentação de defesa num processo administrativo de volume avantajado (no qual muitas vezes a Administração desenvolveu suas investigações e razões durante vários meses).

A Lei nº 9.784/1999 igualmente estabelece a imperiosidade de "adequação entre meios e fins, vedada a imposição de obrigações, restrições e sanções em medida superior àquelas estritamente necessárias ao atendimento do interesse público" (art. 2º, parágrafo único, VI). Ou seja: a Administração não pode pretender impor às pessoas privadas qualquer gravame ou ônus para além do imprescindível ao interesse público primário conformado na questão concreta. O princípio da proporcionalidade deve imperar, em suas três dimensões (adequação, necessidade e proporcionalidade em sentido estrito).

21. Porém, a legalidade processual não deve ser compreendida como exigência de prestígio ao rito em detrimento do conteúdo da questão controvertida.

Nesse sentido, a Lei nº 9.784/1999 estabeleceu preceitos claros, que vedam o prestígio exacerbado à forma (*v.g.*: arts. 2º, parágrafo único, I, VIII e IX; 3º, I; 6º). As praxes são necessárias para a garantia dos direitos dos cidadãos, não como condição para seu exercício.

A defesa da cidadania e da democracia autoriza interpretações flexíveis, "conforme a lei e o Direito", sempre no que tange ao respeito às pessoas privadas. Em sentido oposto, não pode dar margem a interpretações que agravem os direitos fundamentais processuais e/ou materiais das pessoas privadas. Não se devem perder de vista os princípios da instrumentalidade das formas e da interpretação conforme a Constituição.

21.1 Assim como se dá no exercício da função administrativa em sentido amplo, a ritualística do processo presta-se ao objetivo de atingir a satisfação do interesse público, em coincidência com o respeito ao interesse privado pertinente ao caso concreto. Não existe por si e em si, mas se trata de meio democrático a ser utilizado pelo administrador para atingir a melhor solução possível. Não implica derrogação das previsões normativas que prestigiam o direito dos cidadãos.

21.2 Já a interpretação conforme a Constituição requer que o hermeneuta direcione seu entendimento nos termos das previsões constitucionais. Ou seja: não se exige apenas a vedação à interpretação da norma que a coloque em choque com a Lei Fundamental (de forma implícita ou explícita, direta ou reflexa). Mais que isso, a interpretação conforme a Constituição determina esforço hermenêutico no sentido de interpretar adequadamente a norma legal, adotando, dentre as compreensões cabíveis, aquela que melhor se ajuste ao espírito da Constituição.

Em especial no processo administrativo, também por derivação da Lei nº 9.784/1999, em seu art. 2º, parágrafo único, I, c/c o CPC/2015, art. 1º, sua condução há de se curvar à Constituição como um todo. Todas as normas devem ser aplicadas de molde a conferir máxima eficácia ao texto constitucional.

22. Em suma: o processo administrativo consubstancia verdadeiro reforço à própria garantia da legalidade na Administração. A necessidade de a relação entre Estado e particulares ser desenvolvida no tempo mediante prática de sequência formal de atos, todos passíveis de controle, permite que o ato final seja prolatado com intensa observância do princípio da legalidade, reforçando a imperiosa segurança detida (e exigível) pelo cidadão em seu relacionamento com o Estado.

2.4 Princípio da isonomia

23. "Princípio constitucional fundamental, imediatamente decorrente do republicano, é o da isonomia ou igualdade diante da lei, diante dos atos infralegais, diante de todas as manifestações do Poder, quer traduzidas em normas, quer expressas em atos concretos (...)". Mas, atenção: o estudo do princípio da igualdade merece ser feito à luz da advertência de Oscar Vilhena Vieira no sentido de que o ponto de partida para qualquer reflexão sobre a isonomia está no reconhecimento de que a assertiva de que "todos são iguais" não pode ser "lida como uma proposição de fato, mas sim uma reivindicação de natureza moral". A igualdade é reivindicação da demanda social, a ser politicamente construída de modo ativo, inclusive por meio do processo administrativo.

Tradicionalmente conhecida pela proibição ao discrímen gratuito ou imotivado, a isonomia foi amplamente explorada por Celso Antônio Bandeira de Mello, ao definir critérios que permitem seu pleno conhecimento. Seu estudo parte do pressuposto de que "as discriminações são recebidas como *compatíveis com a cláusula igualitária apenas e tão somente quando existe um vínculo de correlação lógica* entre a peculiaridade diferencial acolhida, por residente no objeto, e a desigualdade de tratamento em função dela conferida, *desde que tal correlação não seja incompatível com interesses prestigiados na Constituição*".

Para Celso Antônio Bandeira de Mello a apreciação do respeito ao princípio da isonomia exige (a) o elemento objetivo "fator de desigualação", (b) o liame lógico entre tal elemento e a previsão normativa daí derivada e (c) a adequação dessa mútua relação ao ordenamento constitucional. Cumpre investigar *o que* se desiguala (fato, pessoa, situação); *por que* se desiguala (motivo jurídico) e, ao final, a correlação entre fato e motivo, em face de seu *fundamento constitucional*.

Tal como frisou Ataliba, tais critérios hão de observar previsões normativas, devido à "íntima e indissociável relação entre legalidade e isonomia. Esta se assegura por meio daquela. A lei é instrumento de isonomia. Na sua aplicação, por outro lado, os órgãos executivos e judiciais considerarão as exigências do princípio. (...)".

Ou seja: também a *finalidade* normativa deve ser investigada, de molde a determinar se as pessoas são tratadas de forma igualitária no âmbito do escopo da atuação concreta do Poder Público. O *grau* de desigualdade é dependente do fim visado em lei.

O exemplo de Robert Alexy quanto à isonomia permite a compreensão dos parâmetros adequados para a aplicação do princípio. O autor parte do preceito de que "todos são iguais perante a lei" (art. 5º, *caput*, da Constituição Federal brasileira; art. 3º, §1º, da Lei Fundamental alemã) e demonstra que é impossível tratar a todos de forma absolutamente igual. Isso simplesmente não ocorre – e não pode ocorrer – em todas as situações factuais. Logo, não é dessa forma que se deve interpretar a norma: é necessário que se verifique em quais situações é possível fazer distinções (fáticas e jurídicas). A questão tampouco poderia ser resolvida pela amplitude do preceito "deve-se tratar igual ao igual e desigual ao desigual" – que não estabelece parâmetros de aplicabilidade do tratamento da desigualdade. Alexy destaca que, seguindo-se esse preceito, a legislação nazista contra os judeus estaria contemplada (pois trataria os "desiguais" de forma desigual).

A solução está na formulação prática do tratamento *igualitário*: "Se não há razão suficiente para a permissão de tratamento desigual, então, está ordenado o tratamento igual". E para o tratamento *não igualitário* o preceito deve assim ser aplicado: "Se há razão suficiente para ordenar tratamento desigual, então, está ordenado o tratamento desigual". Em ambos os casos (tratamento *igualitário* ou *não igualitário*) é imperioso que seja demonstrada a existência de *razão suficiente* para determinar a aplicação impositiva da norma. E essa *razão suficiente* é oriunda do mundo dos fatos, visto sob a lente do princípio jurídico em análise. Não se trata de *capitular perante o empírico*, mas de estabelecer uma compreensão dialética e integradora entre o mundo dos fatos e o preceito jurídico cuja aplicação se requer.

24. No Direito Administrativo a relação de administração parte de situação natural de desigualdade fática – o dever de atendimento à supremacia do interesse coletivo e meios postos à disposição para atingi-lo, parametrizados pelos direitos fundamentais. Esse fato acentua a necessidade de ênfase ao princípio da isonomia pela Administração Pública, inclusive dela para com as pessoas privadas.

Por oportuno, note-se bem que a igualdade fática – tal como já assinalado – não existe sequer entre as pessoas privadas. Não é disso que trata o princípio da isonomia, mas, sim, do dever atribuído ao Estado (sob o ângulo vertical de análise da incidência do princípio) e a todas as pessoas privadas (sob a perspectiva horizontal de incidência do princípio) de prestigiar o tratamento igualitário quando assim se configurar faticamente razão suficiente para tal.

Mais que isso, o princípio da igualdade frente ao Direito Administrativo assegura distribuição igualitária de oportunidades e tratamento, com o mesmo respeito, a todos os cidadãos. Não pretendemos apenas questionar os discrímenes passíveis de adoção, mas defender a uniformidade na conduta ativa por parte do agente público.

2.4.1 Processo administrativo e o princípio da isonomia

25. No processo administrativo o princípio da isonomia assume concepção ainda mais especializada.

Trata-se do *dever ativo* de concretizar tratamento isonômico aos envolvidos na relação processual e, tanto quanto possível, entre a própria Administração e pessoas privadas. A igualdade processual em sentido estrito é, basicamente, formal. Porém, visa a assegurar, potencializar e tornar real a igualdade substancial entre as partes. Isso com o intuito de conferir efetividade à tutela jurídica buscada pelo processo administrativo.

Mas note-se bem que a efetiva *desigualdade natural* entre Poderes Públicos e todas as demais pessoas, que existe de fato na unanimidade dos casos, não tem o condão de contaminar o dever de prestígio à *igualdade jurídico-processual* entre Administração Pública e demais sujeitos de direito participantes do processo (sejam partes, interessados ou demais detentores de títulos legitimadores da participação processual). Não é disso que trata o princípio da isonomia em termos processuais.

Aqui, a legislação – em especial a Lei nº 9.784/1999 e o Código de Processo Civil/2015 – destina-se a assegurar a igualdade de armas processuais, a simetria de informações e o tratamento processual equivalente. Logo, a finalidade do processo não é a de tornar iguais aqueles que são materialmente desiguais por natureza, mas, sim, viabilizar a efetiva, equânime e isonômica participação processual de todos os envolvidos. A igualdade processual refere-se à gama de direitos, deveres e ônus endoprocessuais – independentemente da situação fática na qual Administração Pública e particulares possam se encontrar.

Tanto isso é verdade que o Código de Processo Civil/2015, nesse ponto incorporado ao processo administrativo (v. capítulo II, §43.6), permite que as partes realizem *negociações processuais*. Este é um dos pontos fortes de incidência da isonomia processual: afinal, só as partes que sejam normativamente consideradas como iguais podem realizar transações. Caso contrário haverá imposições e submissões – temas que não têm abrigo no processo administrativo contemporâneo.

Demais disso, nem se recorra à ideia já datada da Administração unilateral, pretensamente hierarquicamente superior e exercente imediata da soberania estatal. A normatividade do processo administrativo – e os títulos jurídicos que imputam direitos, deveres e ônus processuais – afasta-se com vigor dessa Administração autoritária de tempos atrás. Quando menos, os princípios do Estado Democrático de Direito e da legalidade retiram qualquer consistência à tese da "superioridade" da Administração, sobretudo enquanto participante do processo administrativo.

26. A Lei nº 9.784/1999 não previu expressamente o princípio da igualdade dentre os arrolados no *caput* do art. 2º. Por óbvio, isso não implica descrédito a tal máxima constitucional.

Isso porque o princípio da isonomia processual é absolutamente pacífico na teoria geral do processo. Além disso, o Código de Processo Civil/2015 é expresso ao prescrever que incumbe ao juiz "assegurar às partes igualdade de tratamento" (art. 139, I). Inexiste processo legítimo em que não haja certeza do tratamento igualitário entre envolvidos; expressado em direito equânime à exposição inicial e à defesa, produção de provas, ciência recíproca dos atos processuais, recorribilidade das decisões etc.

26.1 Confira-se a doutrina de José Carlos Barbosa Moreira, que desenvolveu estudo a respeito do princípio da igualdade entre as partes no Direito Processual, desdobrando-o em três exigências.

A primeira delas é a igualdade de *riscos*, necessária à credibilidade do processo como instrumento de solução de conflitos de interesses. Todos os envolvidos podem nutrir esperanças de êxito, inclusive pela divisão da carga probatória e pelo direito equânime à produção de provas. Eventuais inversões do *onus probandi* e presunções probatórias exigem previsões legais expressas, sempre objetivando tratamento moderado e imparcial entre as pessoas envolvidas.

Também a igualdade de *oportunidades* para influir na marcha e solução do processo compõe o princípio da isonomia processual. Trata-se de possibilidades de atuação e deveres de submissão idênticos entre as partes envolvidas, no curso do processo. Tal como leciona Tornaghi, a igualdade processual exige "paridade de direitos, deveres, faculdades e encargos".

Por fim, há o subprincípio da igualdade de *tratamento* pelo órgão público, externado através de dose razoável de formalismo, que visa ao equilíbrio entre poder coletivo e direitos das pessoas privadas. A igualdade de tratamento pressupõe absoluta ausência de vínculo pessoal do órgão público – contemplando tanto o dever de abstenção quanto o direito à recusa/impugnação por parte das pessoas privadas.

26.2 Tais subprincípios são plenamente aplicáveis ao presente estudo à Lei nº 9.784/1999, com as devidas ponderações pertinentes a cada espécie de processo administrativo – que não é unicamente caracterizado pelo conflito de interesses em sentido estrito (lide/litígio); tampouco pela contraposição dialética de argumentos, visando à decisão final do órgão julgador.

Assim, também no processo administrativo inequívoca é a imperiosidade do respeito à igualdade de *riscos*, *oportunidades* e *tratamento* às pessoas envolvidas nessa relação jurídica. A intensidade desta ou daquela face da isonomia dependerá das características próprias de cada caso concreto.

Também nos processos "duais", que vinculam unicamente sujeito privado e Administração, tais princípios incidem em sentido amplo, para que todos os envolvidos recebam tratamento igualitário. Ou seja: a posição de superioridade material da Administração não pode implicar desvio na essencial isonomia da relação processual.

27. O princípio da igualdade no processo administrativo tem um desdobramento final, consistente na planificação das posições jurídicas entre particulares e Administração Pública. O cânone constitucional não se põe unicamente entre pessoas privadas no processo, mas entre estas e o ente administrativo.

Há autores que defendem, mesmo em processos jurisdicionais típicos, o absoluto "igual trato jurídico à Administração e aos que com ela litigam", suprimindo eventuais vantagens que as pessoas jurídicas de direito público titularizem.

No processo administrativo a situação é ainda mais delicada, vez que o próprio agente administrativo o instala (*ex officio* ou atendendo a pedido do particular), conduz e, muitas vezes, profere a decisão.

Porém, dDefende-se que a Administração adote conduta e parâmetros isonômicos entre ela e as pessoas privadas, colocando-se e compreendendo-se em um mesmo nível daqueles que com ela interagem. O exercício da função administrativa exige que a defesa do interesse público não implique superioridade intransponível da pessoa administrativa. Ao contrário, há de se reger pela ausência de privilégios desarrazoados e desproporcionais.

Assim, e por exemplo, não é isonômico a Administração reservar-se largos períodos de tempo para a prática de seus atos e prazos estreitos (e restritos) para os particulares envolvidos no processo administrativo. Tampouco são isonômicos a restrição ao acesso aos autos ou o tratamento privilegiado a servidores em detrimento das pessoas privadas que com eles interagem no processo.

Por isso que o princípio da isonomia exige a incidência recíproca de prazos em face da Administração e das pessoas de Direito Privado (sobretudo os de direito material). Não seria isonômico (e muito menos razoável) supor que as pessoas privadas dispusessem do prazo decadencial de cinco anos para anular os atos administrativos que lhes causassem gravames e a Administração, em contrapartida, dispusesse de prazo vintenário para anular seus próprios atos. Já há algum tempo a doutrina brasileira, sobretudo nos ensaios precursores de Almiro do Couto e Silva, se preocupa em igualar tais prazos. O que está retratado em acórdão do STJ: "A aplicação principiológica da isonomia, por si só, impõe a incidência recíproca do prazo do Decreto n. 20.910/1932 nas pretensões deduzidas em face da Fazenda e desta em face do administrado".

O STF, ao analisar o Tema 897, cujo *leading case* é o RE 852475 (rel. p/ acórdão Min. Edson Fachin, Tribunal Pleno, j. 08/08/2018) decidiu pela imprescritibilidade de ações de ressarcimento ao Erário em casos de improbidade administrativa (Constituição, art. 37, §5º), firmando a tese de que: "São imprescritíveis as ações de ressarcimento ao erário fundadas na prática de ato doloso tipificado na Lei de Improbidade Administrativa". Trata-se de exceção oriunda de específica autorização constitucional, a ser interpretada mui restritivamente. Nessa linha, a tese fixada no Tema 899 – "É prescritível a pretensão de ressarcimento ao erário fundada em decisão do Tribunal de Contas" (RE 636886, rel. Min. Alexandre de Moraes, Tribunal Pleno, j. 20/04/2020) – confirma que "a regra de prescritibilidade no Direito brasileiro é exigência dos princípios da segurança jurídica e do devido processo legal, o qual, em seu sentido material, deve garantir efetiva e real proteção contra o exercício do arbítrio, com a imposição de restrições substanciais ao poder do Estado em relação à liberdade e à propriedade individuais, entre as quais a impossibilidade de permanência infinita do poder persecutório do Estado".

O princípio da isonomia tem também íntima relação com a preclusão processual. Uma vez fixados os parâmetros do processo e praticados atos que impliquem seu seguimento a uma nova fase, não é possível à Administração "inovar" processualmente, criando *a posteriori* regras processuais inéditas, que gerem discriminação entre as partes (ou interessados) no processo. Nesse sentido merece ser citada decisão do STJ: "Silente o edital do concurso quanto ao momento em que deveriam ser apresentados os títulos, não é dado à Comissão Examinadora implementar posteriormente o regramento, alterando-o de forma desigual, em desfavor de uns e outros – Ofensa ao princípio da isonomia que se reconhece". Essa compreensão deve ser estendida aos processos em que as pessoas privadas interagem diretamente com a Administração, impedindo que o agente público pratique atos (endoprocessuais ou extraprocessuais) que gerem discrímen entre a entidade (ou órgão) pública e os particulares.

Por outro lado, o princípio da igualdade exige também o tratamento diferenciado a determinados grupos ou categorias, visando a atenuar as desigualdades naturais. Trata-se de conduta ativa e necessária da Administração, buscando equalizar os participantes do processo. Essa compreensão do princípio é firme no STJ: "O tratamento diferenciado dispensado aos deficientes físicos configura princípio constitucional que procura, por meio de tratamento distinto, promover-lhes a integração na sociedade. O princípio da isonomia, ao invés de ser infringido, é prestigiado, conforme os postulados da igualdade material que atualmente consubstancia". A chamada "discriminação positiva" merece acolhida no processo administrativo, de modo a formalmente tentar compensar as desigualdades materiais que porventura existam entre os sujeitos do processo.

2.5 Princípio da moralidade (boa-fé e imparcialidade)

28. O ponto de partida para o estudo do princípio da moralidade frente ao Direito Administrativo tem sido a diferença entre Direito e Moral, tomando-se por base o fundamento de que os conceitos de tais ciências não se confundem nem se integram em absoluto.

Esse estudo preliminar tornou-se ainda mais intenso depois da CF promulgada em 1988, cujo *caput* do art. 37 prevê explicitamente o princípio da moralidade como regra de observância obrigatória para a Administração Pública.

Contudo, parece-nos que a análise do confronto/integração entre Direito e Moral poderia funcionar antes como fator de restrição (ainda que abstrata) à incidência das regras morais ao campo jurídico-administrativo. Resultado, por óbvio, não desejado.

"Não nos anima, por certo, a intenção de traçar limites nítidos ou rigorosos entre o campo jurídico e o moral, mesmo porque importa mais saber distingui-los em sua *funcionalidade* do que separá-los, enquadrando-os em categorias estanques, isoladas uma da outra e do sistema geral da conduta humana. Que a abstração não nos leve a ponto de esquecer a *unidade fundamental* da vida ética, pois o Direito se esclarece pela Moral, pelos costumes e pela atividade religiosa ou pela econômica, e vice-versa, assim como pelo *todo do convívio social*, no qual aqueles elementos se inserem, de maneira que nos devem interessar tanto as 'distinções' quanto as 'conexões' existentes."

"Neste, como em outros pontos fundamentais, o acerto está em saber distinguir, não em separar."

Daí por que o presente trabalho não visa a sustentar "diferenças" entre Direito e Moral. Nossa concepção do princípio da moralidade contempla notável incidência de regras morais à atividade da Administração Pública. Na medida em que a Constituição positivou ideal da própria Filosofia do Direito, qual seja, a coexistência da juridicidade e da dignidade moral, não nos parece coerente pretender – ainda que indiretamente – restringir a plena aplicação do princípio da moralidade à conduta dos agentes estatais, se e quando no exercício da função administrativa (por óbvio, o princípio da moralidade *administrativa* não diz respeito nem pode invadir a moralidade *íntima* das pessoas). A interpretação e a aplicação do Direito Administrativo devem ser orientadas por tal princípio, caracterizado constitucionalmente como uma das exigências à atividade pública.

Além disso, todo o conjunto de normas principiológicas que estabelecem direitos e garantias aos particulares deve ser interpretado de modo amplo, conferindo-se-lhe a máxima eficácia possível. Afinal, o princípio da moralidade é norma jurídica positivada ao nível constitucional. Prestigiamos a lição de Manoel de Oliveira Franco Sobrinho, para quem "os princípios constitucionais *todos* devem ser apreciados num mesmo plano jurídico, sobretudo os princípios da legalidade e da moralidade".

29. Tal entendimento é reforçado pela concepção de Estado Democrático de Direito, pois há laço incindível entre *democracia* e *moralidade*. A influência da coletividade no exercício da soberania estatal tem, em si mesma, os parâmetros morais populares. Para Santiago Nino democracia "é o sistema de governo que mais diminui a probabilidade de desvios morais", configurando "*sucedâneo* do discurso moral; tratando-se de uma espécie de discurso moral *regimentado* que preserva em mais alto grau que qualquer outro sistema de decisões as linhas do discurso moral originário".

Assim, o prestígio à moralidade em sentido amplo é inerente a um Estado Democrático. Ousaríamos ir adiante e afirmar que se trata de *pressuposto* de verdadeiro governo democrático substancial, que representa compromisso definitivo com a moralidade. Sem a concretização de tal premissa, sem efetividade no respeito à moral pública, existirá só e tão somente eventual democracia formal.

Nesse sentido, o STF possui decisão que representa o significado que possui a moralidade em nosso sistema jurídico: "A moralidade, como princípio da Administração Pública (art. 37) e como requisito de validade dos atos administrativos (art. 5º, LXXIII), tem a sua fonte por excelência no sistema de direito, sobretudo no ordenamento jurídico-constitucional, sendo certo que os valores humanos que inspiram e subjazem a esse ordenamento constituem, em muitos casos, a concretização normativa de valores retirados da pauta dos direitos naturais, ou do patrimônio ético e moral consagrado pelo senso comum da sociedade" (RE 405386/RJ, STF, 2ª T., Rel. Min. Ellen Gracie, j. 26.02.2013, DJe 26.03.2013).

30. Porém, defender a amplitude do princípio da moralidade administrativa não importa identificar regência estrita do ordenamento jurídico pelo regramento moral. O que se dá é incidência de parâmetros morais, avaliados segundo a lógica jurídica.

Assim, o princípio da moralidade administrativa presta-se justamente a dar coerência ao ordenamento. É um dos pontos de partida e segurança de todo o sistema, condicionando a interpretação e a aplicação das demais normas. A finalidade normativa é orientada pela moralidade pública, a qual esclarece seu conteúdo, seu sentido e alcance.

Em termos mais claros: inexiste qualquer alteração "externa" frente à estrutura jurídico-normativa. Interessa para o Direito o conjunto de normas postas e vigentes. Jamais se defenderia "derrogação" (total/parcial) de normas jurídicas por regras morais e/ou sua "desnaturação" devido a modelos morais.

Tampouco se pretende defender a possibilidade de o agente público desprezar normas positivas e adotar conduta de acordo com intrínsecos conceitos morais, configurando exceção habitual ao cumprimento de deveres legais. A moralidade íntima, quando do exercício da função administrativa, não é fator excludente da ilegalidade. A tão só existência de condutas moralmente prestigiáveis (ou reprimíveis) não implica legalidade indiscutível.

O que se dá é ampliação da possibilidade de controle da atividade administrativa também por regras morais, que são aplicadas *através* das normas jurídicas, quando da incidência destas. Note-se que não se pretende sustentar aquilo que José Guilherme Giacomuzzi descreveu como a compreensão da moralidade na condição de uma "legalidade substancial", oriunda – como bem destaca o autor – de uma compreensão pretérita/histórica. Como será mais bem exposto no tópico seguinte, reputamos que a previsão do *caput* do art. 37 da CF confere dignidade específica e autonomia jurídica ao princípio da moralidade.

Afinal, como já decidiu o STF, o princípio da moralidade administrativa é "pressuposto de legitimação e validade constitucional dos atos estatais".

Ultrapassado esse ponto, cabe investigar o conteúdo e os efeitos do princípio da moralidade, especialmente frente ao processo administrativo.

2.5.1 Princípio da moralidade. Definição e efeitos

31. Inicialmente, adotamos o conceito de Justen Filho, para quem: "O princípio da moralidade é, por assim dizer, um princípio jurídico 'em branco', o que significa que seu conteúdo não se exaure em comandos concretos e definidos, explícita ou implicitamente previstos no Direito legislado".

Não há possibilidade de definição apriorística da moralidade. O termo é, por excelência, "fluido", "aberto" – não possui critérios estanques que deem, automaticamente, resposta exata ao cumprimento do princípio. Por outro lado, a adoção de definições fechadas limitaria o naturalmente amplo conceito e implicaria, quando menos, prestígio à "moral conservadora".

Ocorre que da dificuldade de se definir o conteúdo de um princípio jurídico não pode derivar sua inaplicabilidade, pois, segundo a lição de Francesco Manganaro, justamente daí deriva a necessidade de cercá-lo de todos os possíveis significados, de molde a ampliar sua incidência. Nesse ponto reside nosso empenho.

32. Sob o aspecto subjetivo, o princípio da moralidade pública atinge não só a Administração (direta e indireta), mas também as pessoas privadas, quando em relação com os entes públicos. Ainda que se possa sustentar validade a atos avessos à Moral praticados entre particulares ou destes em seus momentos de privacidade (mesmo em espaços públicos), a Administração jamais poderia prestigiar condutas de particulares contrárias a preceito constitucional que repercutissem imediatamente em relações jurídico-administrativas. As pessoas privadas não se encontram imunes à moralidade em seu relacionamento com a Administração – mesmo porque na hipótese de um agente público prestigiar ato imoral/amoral de um particular estará, ao seu tempo, praticando um ato violador do princípio constitucional.

A Constituição não celebra a "moralidade passiva" ao consignar tal princípio em seu texto, como se fosse válido seccionar a mesma conduta em imoral, mas válida (para a pessoa privada), e imoral e inválida (para a Administração).

O entendimento é reforçado nas hipóteses em que o particular exerce a função pública através de delegações, concessões, autorizações e permissões. O princípio da moralidade incide plenamente, subordinando a conduta de tais pessoas quando do exercício de atributos públicos. Nesse sentido, o STJ já fixou o entendimento de que "os empregados ou dirigentes de concessionária de serviço público também estão sob as ordenanças do 'princípio de moralidade', escudo protetor dos interesses coletivos contra a lesividade".

A incidência do princípio diz respeito à atividade administrativa desenvolvida dentro e fora da Administração. Em suas relações jurídicas *interna corporis* e naquelas externas, que envolvem ativa ou passivamente as pessoas privadas, o princípio da moralidade é um dos fundamentos de validade da conduta administrativa. Por exemplo: não será válida licitação quando exista "acordo" entre os concorrentes que estipule "prévia divisão" do objeto do certame (ainda que o resultado econômico seja positivo). Como, aliás, são as previsões da Lei Anticorrupção (Lei nº 12.846/2013), cujo art. 5º tipifica condutas moralmente reprováveis e atribui às pessoas jurídicas a responsabilidade por elas.

Com base nessa compreensão ampla do princípio, o STJ já firmou que "o cumprimento do princípio da moralidade, além de se constituir um dever do administrador, apresenta-se como um direito subjetivo de cada administrado". Isto é: a pessoa privada tem o direito de exigir da Administração o cumprimento do princípio, e o Judiciário a competência para controlar atos administrativos que porventura o desrespeitem.

33. A violação ao princípio da moralidade por parte de agente administrativo no exercício de suas funções poderá ser dolosa ou culposa. Não têm pertinência imediata a intenção e a consciência da ilicitude quando da prática do ato administrativo, mas basta a forte contrariedade a princípio moral claro e inequívoco para configurar descumprimento à Constituição. A obediência à moralidade não decorre de aspecto psicológico do atuar do agente público; não exige crença e convicção personalíssimas.

A moralidade proíbe condutas praticadas de forma imoral (conscientemente opostas à Moral em vigor) e amoral (indiferentes às valorizações da Ética, caracterizadas pela ausência de senso moral). Ainda que o agente esteja absolutamente convencido de que atendeu ao interesse público, sem qualquer benefício pessoal, pode haver violação ao princípio. Trata-se de vício submetido a controle objetivo.

2.5.2 Princípio da moralidade, anulação, convalidação e a Lei nº 9.784/1999

34. Questão relevante são as consequências do descumprimento do princípio da moralidade pública. Não há dúvida de que quaisquer atos administrativos produzidos em dissonância com a ordem jurídica e de impossível convalidação devem ser declarados inválidos. Vez que o princípio ora em análise integra a ordem constitucional, cumpre verificar se todas as violações autônomas à moralidade implicam nulidade da conduta administrativa.

Ademais, é importante frisar as previsões expressas do Capítulo XIV da Lei nº 9.784/1999, que rege a anulação, a revogação e a convalidação dos atos administrativos.

35. A complexidade do tema emerge do *dever* de invalidar, em face daquele de convalidar. "Invalidação é a supressão de um ato administrativo ou da relação jurídica dele nascida, por haverem sido produzidos em desconformidade com a ordem jurídica". Já a convalidação consubstancia prática de ato administrativo com efeitos retroativos, que absorve e prestigia os eventuais efeitos de provimento pretérito viciado. A convalidação infunde validade e corrige o ato pretérito.

Ou seja – e como destaca Luceia Martins Soares: "O ato de invalidar, conquanto obrigatório, não é automático. O princípio da legalidade não é o único a incidir sobre os atos da Administração, antes se deve compatibilizar também com o princípio da segurança jurídica e demais princípios existentes no ordenamento jurídico. Assim é que, em certos casos, o ato viciado deverá ser preservado, seja pela previsão expressa da lei, seja pela incidência de princípios que obstaculizam aquela invalidação". Essa compreensão é de todo semelhante à do STF – que, em julgados proferidos sobretudo a partir de 2004, vem prestigiando o princípio da segurança jurídica e o "princípio da confiança".

35.1 Nos termos do art. 53 da Lei nº 9.784/1999, "a Administração deve anular seus próprios atos, quando eivados de vício de legalidade (...)". E: "Em decisão na qual se evidencie não acarretarem lesão ao interesse público nem prejuízo a terceiros, os atos que apresentarem defeitos sanáveis poderão ser convalidados pela própria Administração" (art. 55).

Tal como poderia emanar de interpretação literal desse diploma, a anulação seria *dever*, enquanto a convalidação configuraria *alternativa discricionária*. Contudo, não nos parece possível tal leitura simplista. Essa constatação ficou reforçada com a positivação da LINDB, que exige a demonstração da necessidade e adequação da invalidação do ato, "inclusive em face das possíveis alternativas" (art. 21, parágrafo único) e, sempre que possível, com a indicação das "condições para que a regularização ocorra de modo proporcional e equânime e sem prejuízo dos interesses gerais" (art. 21, parágrafo único), inclusive por meio da celebração de compromisso para "eliminar irregularidade, incerteza jurídica ou situação contenciosa na aplicação do direito público" (art. 26).

Como não poderia deixar de ser, a Lei nº 9.784/1999 não deixa dúvidas quanto ao dever de anular os atos "eivados de vício de legalidade". Trata-se de conclusão de há muito esboçada nas Súmulas 346 ("A Administração Pública pode declarar a nulidade dos seus próprios atos") e 473 ("A Administração pode anular seus próprios atos, quando eivados de vícios que os tornam ilegais, porque deles não se originam direitos; ou revogá-los, por motivo de conveniência ou oportunidade, respeitados os direitos adquiridos, e ressalvada, em todos os casos, a apreciação judicial"), ambas do STF.

Não é necessário exame mais apurado para a constatação do dever legal de anular os atos ilícitos, cabendo apenas a advertência de acórdão do STJ: "A regra enunciada no Verbete n. 473 da Súmula do STF deve ser entendida com algum temperamento: no atual estágio do Direito Brasileiro, a Administração pode declarar a nulidade de seus próprios atos desde que, além de ilegais, eles tenham causado lesão ao Estado, sejam insuscetíveis de convalidação e não tenham servido de fundamento a ato posterior praticado em outro plano de competência". A regra é a da *preservação dos atos e contratos*, eliminando-se as incertezas e irregularidades de modo preferencialmente consensual.

Já para a convalidação a norma do art. 55 estabelece três requisitos cumulativos: ausência de "lesão ao interesse público" e de "prejuízo a terceiros", bem como a existência de "defeitos sanáveis". O provimento que decidir pela convalidação deverá "evidenciar" tais exigências legais, tal como é expressamente previsto em lei. Ou seja: a motivação do ato deverá demonstrar de forma exata e precisa tal verdade incontestável. Mais que isso, reputamos que, se existentes tais característicos no ato controlado, a convalidação aproxima-se do inevitável.

Porém, ressalta aqui a peculiaridade da redação final do artigo, que confere alternativa discricionária ao agente público ("poderão ser convalidados"). Ora, se constatado que o defeito é sanável, que sua regularização não implicará qualquer lesão ao interesse público e prejuízo a terceiros, não se compreende por que a convalidação seria opção discricionária. Caso contrário restarão duas opções: ignorar o defeito (essa, sim, absolutamente inviável) ou anular o ato (inconsistente, em razão do preenchimento dos três requisitos). Assim, persiste a dificuldade (se não impossibilidade) de conceber uma alternativa discricionária diante da evidência dos requisitos do art. 55. O que existe é um *dever* de convalidar o ato viciado.

Quando muito se poderia cogitar de atos de conteúdo discricionário, cuja avaliação da oportunidade e conveniência de sua prática caberia à autoridade competente para a convalidação: no instante de ser convalidado, eventualmente o ato poderia não mais ser oportuno ao interesse público posto em jogo – daí, ao invés de convalidá-lo e revogá-lo em seguida, a autoridade simplesmente o anula. Porém, tal hipótese restrita e excepcional não poderia se prestar a estabelecer a regra geral acerca do tema (um parágrafo ao artigo resolveria melhor a questão). Mais: caso se decida pela invalidação, há de se atentar aos arts. 20, 21 e 26 da LINDB.

Em outras palavras: a anulação exige que sejam apresentados não só os motivos que suprimem a validade do ato original, mas, sobretudo, os fundamentos que impedem sua convalidação (ao lado das consequências práticas da decisão de anular e de seu confronto, fundamentado, diante das possíveis alternativas decisórias). Por essa razão, parece-nos de duvidosa constitucionalidade uma compreensão ampla da parte final desse preceptivo legal (como se só a anulação fosse vinculante), pois há casos em que a convalidação configura um dever da Administração. O tema será mais bem tratado a seguir.

35.2 Segundo a precursora teoria de Weida Zancaner, não há discricionariedade no que tange à invalidação e convalidação. São deveres da Administração Pública, lastreados nos princípios da legalidade e da segurança jurídica.

Serão convalidáveis atos portadores de vícios menores (restritos a aspectos sanáveis da competência, formalidade e "procedimento"); e inconvalidáveis atos maculados por vícios no motivo, no conteúdo, "procedimento" (quando a produção do ato faltante ou irregular desvirtuar a finalidade em razão da qual foi o procedimento instaurado), causa e finalidade.

A Lei nº 9.784/1999 é expressa ao fixar os três requisitos descritos: ausência de lesão ao interesse público e de prejuízo a terceiros, bem como a existência de defeitos sanáveis. Caso comprovados estes três requisitos – e não houver oposição por parte do particular afetado pelo ato –, a convalidação é obrigatória.

Mas a LINDB vai além e preceitua o dever de o gestor público atentar para as consequências práticas do ato de invalidação – e ponderá-las diante das possíveis alternativas decisórias. Preferencialmente, portanto, o ato ou contrato inválidos merecem ser preservados.

36. Trata-se de faces de um mesmo dever da Administração Pública – a obediência ao princípio da legalidade e o dever de, a depender do caso concreto, anular ou convalidar o ato administrativo. Ao contrário da revogação, que se baseia puramente na discricionariedade administrativa. Aliás, a Lei nº 9.784/1999 é clara quando dispõe que a Administração pode revogar seus atos "por motivo de conveniência ou oportunidade, respeitados os direitos adquiridos" (art. 53).

Assim, adotamos o entendimento no sentido de que apenas a revogação dos atos tem lastro na discricionariedade administrativa, como bem define a doutrina de Daniele Coutinho Talamini: "a revogação é uma forma de extinção dos atos administrativos, praticada no exercício da competência discricionária, que visa a suprimir sem retroatividade a eficácia de determinado ato que produz ou está prestes a produzir efeitos inconvenientes e inoportunos". Ao contrário, convalidação e invalidação são *deveres* da Administração Pública (salvo exceções decorrentes dos princípios da confiança e da segurança jurídica).

2.5.3 Princípio da moralidade, sua violação e o dever de anulação

37. A solução exige contornos diversos em relação ao descumprimento do princípio da moralidade, especialmente quando a violação se concretizar sem qualquer dano efetivo ao patrimônio público.

Por exemplo: suponha-se hipótese de acordo em licitação pública na qual foi atingido preço superior ao mínimo do edital (mas abaixo daquele possível de ser atingido numa concorrência legítima); propina recebida por servidor para a prática de determinado ato legal, já existente à época do recebimento; inércia administrativa no processamento de pleito privado, obedecendo puramente ao prazo legal, apesar da ausência de empecilhos práticos; utilização de marca da campanha eleitoral de candidato em publicidade administrativa legal; silêncio administrativo omissivo, transposto somente depois de insistência formal da pessoa privada; recebimento de presentes de altíssimo valor como consequência da vitória em licitação; atos de favorecimento de determinado concorrente praticados por presidente de comissão de licitação, visando ao maior preço; troca de favores extraordinários, recíprocos e vinculados, entre agentes públicos de diferentes órgãos; atos que concretizem atendimento a suposto interesse público secundário; provimentos que consubstanciem contradição com atos imediatamente pretéritos; etc. Imagine-se que nenhuma dessas irregularidades morais possuísse vedação expressa em lei e tampouco causasse lesão patrimonial à Administração e pessoas privadas. Seriam elas todas válidas e passíveis de prestígio legal, independentemente da localização do vício moral? Poder-se-ia negar responsabilização aos servidores porque os atos são *única* e *estritamente* imorais (ou amorais)?

37.1 Num primeiro momento a resposta parece positiva. Quando a conduta administrativa for legal e, além disso, atender aos interesses público e privado em jogo, não causando qualquer espécie de dano concreto, tudo indica que nem sequer se cogitaria da invalidação do ato por exclusiva violação ao princípio da moralidade.

Assim, a incidência autônoma do princípio não implicaria cassação automática e impensada de puras violações à moralidade. Caracteristicamente *interno*, o princípio somente poderia ser avaliado por seus *efeitos externos*: havendo prejuízo, poder-se-ia cogitar da invalidação e/ou responsabilização dos agentes. Ou da preservação do ato e eventual responsabilização daquele que atuou em desvio.

Este raciocínio poderia ser reforçado pela própria Lei nº 9.784/1999. Apesar de prever expressamente o princípio da moralidade (arts. 2º, *caput* e parágrafo único, IV, e 3º, I), estabelece que o dever de anular atos administrativos surge "quando eivados de vício de legalidade" (art. 53, *caput*).

Tal visão implica que a validade e a eficácia do ato administrativo persistiriam na hipótese de violação à moralidade, porém em cumprimento ao interesse público e ausência de dano concreto. Seria uma espécie de exceção aos fundamentos do ato de invalidação.

Contudo, temos sérias dúvidas quanto a tal solução.

37.2 A título de ilustração prévia, tome-se por base o dano moral no Direito Privado. Dano cuja defesa é prevista no inciso V do art. 5º da CF, essencialmente não patrimonial ou físico, mas com exclusiva referência a valores éticos detidos pelo agredido. Sua indenização pode abranger atos que, em si, não sejam contrários a preceitos jurídicos literais, mas cuja prática, ainda que em exercício formal de direito, cause *injusto dano* a terceiro.

Cogite-se também da figura do *abuso de direito*, prevista pelo art. 187 do CC, pois "comete ato ilícito o titular de um direito que, ao exercê-lo, excede manifestamente os limites impostos pelo seu fim econômico ou social, pela boa-fé ou pelos bons costumes". O abuso de direito envolve o exercício extravagante de um direito, prerrogativa ou competência – temas habituais do Direito Administrativo. Neste caso o agente público dispõe de legítima competência (ou prerrogativa) para praticar o ato, mas o faz de molde a trair essa outorga e frustrar a finalidade normativa autorizadora. O exercício do direito é lícito em sua fonte, mas abusivo em seu escopo, pois há desconformidade entre o objetivo visado pela norma e o ato praticado.

Assim, não seria demais afirmar que o ordenamento jurídico privado admite efeitos próprios puramente derivados da violação a preceitos morais. Tanto pessoas físicas (a respeito das quais foi desenvolvida a teoria da lesão moral) quanto pessoas jurídicas podem (devem) receber proteção contra tais ofensas. Ora, sob esse ângulo específico (possibilidade de incidência e efeitos autônomos da moralidade social), o direito privado não há de ser exceção ao regime de direito público. Ao contrário.

37.3 Para o servidor público a obediência à moralidade é *cogente*. Decorre de previsão constitucional expressa. O princípio reflete a moralidade que os agentes públicos devem praticar; inexiste escolha discricionária em sua aplicação. Ou seja: não é possível ao agente escolher, entre duas condutas administrativas possíveis, aquela que despreze a Moral.

Mais que isso, a Administração titulariza todos os princípios morais em vigor na sociedade, cujo prestígio é parte integrante de qualquer noção que se possa lavrar do conceito de interesse público primário. Assim, não será possível a prática de ato imoral que porventura prestigie um interesse público secundário (o interesse da "máquina" administrativa do Estado).

Tampouco reputamos válido o desprestígio à moralidade administrativa devido à ausência de positivação expressa de preceitos morais ao nível infraconstitucional. Tal entendimento antes configura uma postura positivista extrema e paradoxal. Extrema porque exclui os valores perseguidos pelo próprio ordenamento jurídico, autorizando a prática de atos contrários à sua essência. Paradoxal porque o princípio da moralidade vem expresso no texto constitucional – está positivado na condição de preceito jurídico fundamental. Exigir-se a positivação jurídica dos preceitos morais implicaria, por um lado, reivindicar demais do sistema jurídico e, por outro, desprezar ao extremo esse mesmo sistema. Enfim, configuraria desprezo a princípio constitucional e à natureza jurídica dessa norma maior. Implicaria a abusiva relativização de norma constitucional expressa, suprimindo a força normativa da Constituição.

Não nos parece possível descartar a lesão à moralidade como motivo autônomo para a invalidação do ato administrativo. Exigir lesão efetiva, numérica, ao patrimônio público como requisito da incidência do princípio da moralidade administrativa equivaleria à sua verdadeira emasculação. Por outro lado, demandar ofensa à letra da lei implicaria uma compreensão que negaria aplicabilidade a princípio constitucional expresso. Seria, então, o princípio da moralidade administrativa apenas um subprincípio da legalidade, mero *agravante* sem incidência autônoma. Em suma: tornar-se-ia singela *sugestão constitucional e legal*, de cumprimento opcional por parte dos agentes públicos.

Esse sentido e esse alcance não são extraíveis de norma constitucional que confere direito e garantia às pessoas privadas. Muito menos do teor da Lei nº 9.784/1999.

37.4 Além disso – e tal como já descrito –, a Lei nº 9.784/1999 prevê a submissão do processo administrativo "à lei e ao Direito". Essa abertura do texto normativo autoriza a compreensão de que as regras morais, prestigiadas justamente pela Constituição, são "critérios de atuação" da Administração Pública.

37.5 A conclusão é reforçada pela inovação do texto constitucional num dos fundamentos da ação popular. O inciso LXXIII do art. 5º da CF de 1988 estabeleceu a moralidade administrativa como motivo próprio para ajuizamento da ação popular, sem necessidade de prova de lesão patrimonial ao Estado. Lembre-se a lição de Comparato, para quem: "Ao lado dos atos lesivos ao patrimônio público, ou a bens do povo, passaram agora também a constituir objeto da anulação visada pela ação popular os atos que lesem 'a moralidade administrativa' (art. 5º, LXXIII). Incluímos aí, portanto, como razão da censura popular direta dos atos dos governantes, a ética política".

Daí a conclusão de que a moralidade administrativa pública configura princípio autônomo, com efeitos específicos e especiais, em relação aos demais preceitos da Constituição. Pode ser motivo exclusivo para a invalidação de ato e responsabilização de agentes públicos.

Note-se que essa compreensão do princípio tem acolhida no STF, que já firmou o entendimento de que o inciso LXXIII do art. 5º da CF "abarca não só o patrimônio material do Poder Público, como também o patrimônio moral, o cultural e o histórico". Assim, a ação popular constitucional é destinada a "preservar, em função de seu amplo espectro de atuação jurídico-processual, a intangibilidade do patrimônio público e a integridade do princípio da moralidade administrativa (CF, art. 5º, LXXIII)". Ou seja: a Lei Magna autoriza a compreensão de que o prejuízo moral, por si só, autoriza o controle judicial via ação popular (sendo desnecessária a concomitância do prejuízo material).

Também o STJ dá aplicação autônoma ao princípio da moralidade administrativa, conforme se denota do teor da seguinte decisão: "A ação popular protege interesses não só de ordem patrimonial como, também, de ordem moral e cívica. O móvel, pois, da ação popular não é apenas restabelecer a legalidade, mas também punir ou reprimir a imoralidade administrativa". Ou, como em outra ocasião a mesma Corte decidiu: "Pode ser manejada ação popular assentada na contrariedade aos princípios da moralidade e da legalidade, independentemente de alegação e de comprovação de dano ao Erário, com o propósito de anular contratações efetuadas sem concurso público por eventual descumprimento de lei".

38. Conforme exposto, mesmo frente à legalidade (e seus vícios) há padrões hermenêuticos que se direcionam à convalidação de atos sem fundamento de validade absolutamente perfeito. O mesmo se dá – com as devidas ponderações – com o princípio da moralidade administrativa e eventuais vícios dele decorrentes.

Aplica-se a teoria de Weida Zancaner: Trata-se de dever da Administração Pública convalidar atos com formalidade irregular – vício de competência transponível e de "procedimento" – desde que não causem lesão ao interesse público ou a terceiro (Lei nº 9.784/1999, art. 55). Caso o motivo, o conteúdo, "procedimento" (que desvirtue sua própria finalidade), a causa e finalidade sejam puramente agressivos à moralidade, o ato deve ser invalidado.

Vencido este exame inicial e genérico, cumpre analisar os aspectos e efeitos do princípio ora em exame no processo administrativo.

2.5.4 O processo administrativo, a Lei nº 9.784/1999 e o princípio da moralidade

39. O processo administrativo pode ser concebido como um dos instrumentos de controle da moralidade. Preventivo, porque a sequência lógica, transparente e preordenada de atos impede condutas violadoras da Ética; repressivo, como meio de apuração idônea de máculas no comportamento administrativo do Estado. Porém – e além disso –, o processo administrativo deve ser conduzido de acordo com parâmetros morais. Não é legítimo que a relação jurídica estampada no processo se afaste da moralidade administrativa.

40. Interessa-nos a investigação da moralidade administrativa interna ao processo e sua relevância no desenvolvimento da relação jurídico-processual. Tarefa desenvolvida através do exame de regras morais específicas, previstas na Lei nº 9.784/1999, unanimemente aceitas pela doutrina como próprias do Direito Administrativo e nitidamente vinculadas ao processo.

Não há dúvidas a respeito da amplitude dos preceitos morais e sua variação no tempo e espaço. Porém, o que se pretende é destacar deveres morais básicos, inequívocos a qualquer relação processual. São eles a *imparcialidade* e a *boa-fé*. Acreditamos que seu exame enriquece o conceito de função administrativa no processo, e sua concretização significa prestígio à norma constitucional da moralidade.

2.5.5 Princípio da moralidade, boa-fé e processo administrativo

41. Na relação de administração o princípio da boa-fé consubstancia *dever* de comportamento administrativo leal e honesto. Não basta mero cumprimento impensado e automático da letra da lei. Muito menos seria possível a burla à moralidade através de interpretação legal de má índole.

As peculiaridades de cada um dos vínculos jurídicos entre particulares e Administração devem ser levadas em consideração, de molde a não se frustrar expectativas legítimas.

42. O princípio da boa-fé baseia-se na confiança no comportamento alheio, que possui dois componentes: ética e segurança jurídica. As pessoas hão de receber tratamento honroso e equânime, baseado na justa e usual compreensão que cada caso concreto contempla.

A boa-fé impõe a supressão de surpresas, ardis ou armadilhas. Ao contrário, a conduta administrativa deve guiar-se pela estabilidade, transparência e previsibilidade. Não se permite qualquer possibilidade de engodo – seja ele direto e gratuito; seja indireto, visando à satisfação de interesse secundário da Administração. Tampouco poderá ser prestigiada juridicamente a conduta processual de má-fé dos particulares. Ambas as partes (ou interessados) no processo devem orientar seu comportamento, endoprocessual e extraprocessual, em atenção à boa-fé. Caso comprovada a má-fé, o ato (ou o pedido) poderá ser declarado será nulo, por violação à moralidade administrativa.

43. A relevância do princípio no processo administrativo é ressaltada por González Pérez, para quem: "Iniciado um procedimento, seja a pedido de um administrado ou de ofício pela Administração, um e outra estão obrigados a uma conduta clara, inequívoca e veraz ao realizar cada um dos atos que integram o procedimento (...). Precisamente, uma das manifestações típicas do princípio é a interdição à conduta confusa, equívoca ou maliciosa".

44. Do princípio da boa-fé deriva, quando menos, o seguinte:
 (a) interdição ao abuso de direito (excesso no exercício de prerrogativas legítimas);
 (b) proibição ao *venire contra factum proprium* (conduta contraditória, dissonante do anteriormente assumido, ao qual se havia adaptado a outra parte e que tinha gerado legítimas expectativas);
 (c) proibição à inação inexplicável e desarrazoada, vinculada a exercício de direito, que gera legítima confiança da outra parte envolvida (a conduta contraditória é uma omissão);
 (d) vedação à defesa de nulidades puramente formais (supervalorização da forma dos atos, em detrimento de seu conteúdo perfeito);
 (e) inaplicação do *tu quoque* (ou *equity must come with clean hands*: não se pode, simultaneamente, violar normas e exigir de terceiros seu cumprimento, pois somente a fidelidade jurídica pode exigir fidelidade jurídica);
 (f) aplicação da máxima *dolo agit qui petit quod statim redditurus est* (negativa ao exercício inútil de direitos e deveres, sem respeito, consideração e efeitos práticos, de molde a não obter qualquer resultado proveitoso, mas causar dano considerável a terceiro);
 (g) impossibilidade do *inciviliter agere* (condutas egocêntricas, brutais e cegas aos direitos de terceiros, violadoras da dignidade humana);
 (h) dever do *favor acti* (dever de conservação dos atos administrativos, explorando-se ao máximo a convalidação);
 (i) lealdade no fator *tempo* (proibição do exercício prematuro de direito ou dever, do retardamento desleal do ato e da fixação de prazos inadequados);
 (j) respeito aos motivos determinantes do ato (imutabilidade das razões que efetivamente o geraram);
 (k) indevida utilização ou participação no processo (proibição de que Administração ou particulares se aproveitem da relação processual para atingir finalidade extraordinária, fraudulenta ou contrária ao objeto do processo – seja para causar dano a terceiro, seja para gerar ganho prescindível à satisfação do interesse público);
 (l) dever de sinceridade objetiva (não só dizer o que é verdade, mas não omitir qualquer fato ou conduta relevante ao caso concreto, tampouco se valer de argumentos genéricos ou confusos);
 (m) restrição às provas desnecessárias e atos inúteis à solução da questão processual;

(n) dever de colaboração recíproca das partes envolvidas na relação jurídico-processual, bem como de terceiros que possam contribuir para a solução da controvérsia;

(o) dever de informação, no sentido de não omitir qualquer dado relevante na descrição da questão controvertida e/ou que possa auxiliar sua resolução.

Não se olvide que na relação jurídico-processual a boa-fé deve instruir o comportamento de todos os nela envolvidos: Administração, particulares que dela participam ativamente e terceiros.

Muitos desses desdobramentos do princípio da boa-fé têm encontrado plena acolhida em nossos tribunais.

O STF já prestigiou a "cláusula geral que consagra a proibição do comportamento contraditório – incidência dessa cláusula (*nemo potest venire contra factum proprium*) nas relações jurídicas, inclusive nas de direito público que se estabelecem entre os administrados e o Poder Público". Em outra ocasião restou consolidado que: "(...). 4. 'No sistema das invalidades processuais deve-se observar a necessária vedação ao comportamento contraditório, cuja rejeição jurídica está bem equacionada na teoria do *venire contra factum proprium*, em abono aos princípios da boa-fé e lealdade processuais' (HC n. 104.185-RS, 2ª Turma, relator o Min. Gilmar Mendes, *DJe* 5.9.2011). 5. Assim, 'ninguém pode se opor a fato a que [tenha dado] causa; é esta a essência do brocardo latino *nemo potest venire contra factum proprium*' (ACO n. 652-PI, Pleno, relator o Min. Luiz Fux, *DJe* 30.10.2014)".

Assim, o STJ já decidiu que: "Se o suposto equívoco no título de propriedade foi causado pela própria Administração, através de funcionário de alto escalão, não há que se alegar o vício com o escopo de prejudicar aquele que, de boa-fé, pagou o preço estipulado para fins de aquisição – Aplicação dos princípios de que *nemo potest venire contra factum proprium* e de que *nemo creditur turpitudinem suam allegans*".

Igualmente, ao julgar recurso repetitivo (Tema 401), o STJ lavrou acórdão no sentido de que "o princípio da confiança decorre da cláusula geral de boa-fé objetiva, dever geral de lealdade e confiança recíproca entre as partes, sendo certo que o ordenamento jurídico prevê, implicitamente, deveres de conduta a serem obrigatoriamente observados por ambas as partes da relação obrigacional, os quais se traduzem na ordem genérica de cooperação, proteção e informação mútuas, tutelando-se a dignidade do devedor e o crédito do titular ativo, sem prejuízo da solidariedade que deve existir entre ambos. (...). Assim é que o titular do direito subjetivo que se desvia do sentido teleológico (finalidade ou função social) da norma que lhe ampara (excedendo aos limites do razoável) e, após ter produzido em outrem uma determinada expectativa, contradiz seu próprio comportamento e incorre em abuso de direito encartado na máxima *nemo potest venire contra factum proprium*".

Também no que diz respeito à incidência da boa-fé como fator de estabilidade e equilíbrio nos contratos administrativos, o STJ fixou que: "Se o Estado, em contrato firmado com estagiários, lhes promete remuneração igual à que paga aos médicos residentes, não pode, no curso do contrato, romper esta igualdade, em detrimento aos estagiários. Os contratos administrativos não estão imunes aos princípios da boa-fé e do equilíbrio econômico".

Igualmente, "A demora excessiva e injustificada da Administração para cumprir obrigação que a própria Constituição lhe impõe é omissão violadora do princípio da eficiência, na medida em que denuncia a incapacidade do Poder Público em desempenhar, num prazo razoável, as atribuições que lhe foram conferidas pelo ordenamento (nesse sentido, o comando do art. 5º, LXXVIII, da CFF). Fere, também, a moralidade administrativa, por colocar em xeque a legítima confiança que o cidadão comum deposita, e deve depositar, na Administração".

Por fim, merece destaque um acórdão em que se exige a boa-fé do particular no trato com a Administração: "A denúncia espontânea pressupõe a boa-fé, não servindo para escapar, direta ou indiretamente, de sanções aplicáveis ao ilícito tipificado pela ação anterior, praticada deliberadamente contra disposições fiscais".

45. Quanto ao princípio da boa-fé, o art. 2º da Lei nº 9.784/1999 prevê expressamente sua incidência, no inciso IV de seu parágrafo único, que exige a "atuação segundo padrões éticos de probidade, decoro e boa-fé".

O inciso I do art. 3º celebra que é direito do cidadão "ser tratado com respeito pelas autoridades e servidores, que deverão facilitar o exercício de seus direitos e o cumprimento de suas obrigações". E, em seguida, o art. 4º impõe os deveres do particular de "proceder com lealdade, urbanidade e boa-fé" e "não agir de modo temerário" (incisos II e III). A Lei nº 9.784/1999 positivou a boa-fé como dever para a Administração e para as pessoas privadas que com ela interagem.

Relacionam-se à boa-fé processual o dispositivo legal que decreta a inadmissibilidade das provas obtidas por meio ilícito (art. 30) e aquele que veda a produção de provas "ilícitas, impertinentes, desnecessárias ou protelatórias" (art. 38, §2º).

De igual modo, o Código de Processo Civil/2015 prescreve que: "Aquele que de qualquer forma participa do processo deve comportar-se de acordo com a boa-fé" (art. 5º). De igual modo, tanto o pedido formulado quanto a decisão judicial devem obedecer ao princípio da boa-fé (arts. 322, §2º, e 489, §3º).

Ou seja: a Lei nº 9.784/1999 e o Código de Processo Civil/2015 são ricos em disposições que positivam e enaltecem este aspecto do princípio da moralidade.

2.5.6 Princípio da moralidade, imparcialidade e processo administrativo

46. O princípio da imparcialidade significa certeza prévia da não vinculação das atividades instrutória e decisória em favor de qualquer uma das partes envolvidas no processo administrativo (particulares ou Administração). O processo existe como dado prévio à decisão: esta é a sua razão. Logo, são necessárias a independência e a ausência de submissão hierárquica no que concerne ao conteúdo das decisões.

46.1 Os atos decisórios devem ser resultado próprio da relação processual, de acordo com a colaboração das partes e o convencimento livremente formado pelo órgão julgador. A Administração deve se abster de tomar partido ao decidir, adotando a solução que melhor atenda ao interesse público primário e prestigie de maneira mais intensa e extensa os direitos fundamentais das pessoas privadas. Por isso que a decisão final exige debate aberto, prévio ao seu proferimento, e perfeita fundamentação. Caso contrário, não haverá cumprimento à lei e obediência à isonomia. Segundo Franco

Sobrinho a imparcialidade administrativa é "condição legal imperativa na aplicação dos textos legais e sobretudo nas práticas governamentais".

A decisão do processo administrativo há de ser proferida em decorrência da instrução processual. O convencimento deve ser isento e contemporâneo ao processo, formado no curso dele, pois o interesse primário da Administração é o de proferir uma decisão justa e adequada, com lastro no que foi debatido e provado no processo. Exige-se do julgador o distanciamento subjetivo da causa.

O STJ tem acórdão de cuja ementa consta que "a Lei nº 9.784/1999 veda, no seu art. 18, que participe do PAD quem, por ostentar vínculos com o objeto da investigação, não reveste as indispensáveis qualidades de neutralidade e de isenção". E, em outra ocasião: "Uma vez demonstrado o interesse da autoridade julgadora na condução do processo administrativo e no seu resultado, seja interesse direto, seja o interesse indireto, o fato de o denunciante ter julgado os denunciados configura uma ofensa ao princípio da imparcialidade, caracterizando vício insanável no ato administrativo objeto da impetração". No mesmo sentido: "Havendo notório envolvimento da autoridade hierárquica na fase investigativa – fato incontroverso no contexto destes autos –, que compromete a independência e a isenção dos trabalhos e afronta o disposto na legislação pertinente ao devido processo legal, à imparcialidade e ao juízo natural, imperioso o reconhecimento da nulidade do processo administrativo disciplinar, a teor do art. 150 da Lei nº 8.112/1990".

Afinal, como o STJ já decidiu: "O fundamento axiológico da exceção de suspeição é o princípio da imparcialidade, valor que constitui, por um lado, pressuposto processual de validade da relação jurídica, e por outro, atributo do magistrado na análise de cada causa sob sua tutela jurisdicional, que lhe exige distanciamento das partes, é dizer, nenhum vínculo social, familiar ou emocional com elas. Significa possuir simpatia senão pelo processo e pelas normas que o regem e que reclamam a materialização do direito. A imparcialidade manifesta, sob a ótica processual, valores do Estado Democrático de Direito e emprega, porque resultado de um processo legal, a decisão devida e justa ao caso concreto".

Assim, eventual prejulgamento ou mesmo a prévia inclinação para determinado resultado contaminam a imparcialidade e implicam a nulidade da decisão, devido ao impedimento (ou suspeição) do órgão julgador. Como já decidiu o TRF-4ª Região: "Deve ser acolhida a asserção de que dois dos membros da comissão processante apresentam suspeição, tendo em vista que já integraram a comissão de sindicância, havendo, logo, formado um juízo de convencimento, conduzindo-os a um prejulgamento do caso, o que irá macular a imparcialidade que deve estar presente no julgamento do processo administrativo disciplinar".

Por isso também que o administrador público não pode proferir decisões nos processos administrativos e representações contra ele – ou contra os seus (familiares, amigos, colegas próximos etc.) – instaurados. Ao assim proceder, emanará decisão nula – como bem decidiu o STJ: "O Procurador-Geral de Justiça não poderia ter apreciado o pedido, tendo em vista se achar impedido, uma vez alvo da representação, presumindo-se lhe faltar imparcialidade à análise do feito, ainda que administrativo e mesmo que no plano concernente à admissibilidade do pleito".

Também estará maculada a imparcialidade em casos nos quais a comissão processante seja composta de agentes de grau hierárquico inferior ao do processado (ou investigado). Apesar de se presumir a isenção dos servidores, nítido é que a superioridade hierárquica causa pressões indevidas – tanto no plano funcional como no aspecto psicológico do servidor, que pode se sentir constrangido e com isso afetar a condução do processo e o teor da decisão final. Como bem firmou o STJ: "É nulo o processo administrativo disciplinar cuja comissão seja constituída por servidores que, apesar de estáveis, não sejam de grau hierárquico superior ou igual ao indiciado. Preserva-se, com isso, o princípio da hierarquia que rege a Administração Pública, bem como a independência e a imparcialidade do conselho processante, resguardando-se, ainda, a boa técnica processual".

Mais grave ainda são os casos em que a Administração instala o processo administrativo declarando de antemão o futuro resultado final (seja por meio de ato administrativo formal, seja através de entrevistas ou outras declarações públicas). Por exemplo: é instalado o processo disciplinar e se anuncia que seu escopo público específico é o de demitir o servidor (não o de averiguar os fatos e aplicar as eventuais sanções cabíveis), ou é determinada a intervenção em concessão de serviço público com a finalidade certa, prejulgada, de decretar a caducidade do contrato de concessão (não a de regularizar o contrato e aplicar eventuais sanções). São hipóteses que se assemelham à "verdade sabida", e o processo torna-se antes um meio a serviço do ato predefinido.

Caso anuncie antecipadamente a decisão final (ou a nítida intenção de atingir tal resultado específico), o agente público não estará instalando a relação jurídico-processual, mas um arremedo de processo. Será imitação deficiente e nula, pois violadora da imparcialidade na condução dos atos processuais e no proferimento da decisão final.

46.2 Note-se que imparcialidade não significa indiferença e/ou abstenção. Tanto uma quanto outra importam vícios no exercício da atividade administrativa: o agente deve conduzir o processo e seus atos decisórios de forma ativa, procurando sempre a excelência do atendimento ao interesse público configurado no caso concreto. Ora, é justamente por ser imparcial que o agente público deve obedecer ao princípio da duração razoável do processo (CF, art. 5º, LXXVIII; CPC/2015, art. 4º).

O descaso e a desídia não se confundem com a imparcialidade, pois o que se veda é a opção preliminar e pessoal do servidor público em favor desta ou daquela pessoa envolvida no processo administrativo. A frustração à imparcialidade aniquila a relação processual, que perde sua razão de ser. Aliás, mesmo a inércia pode, sim, qualificar a parcialidade na condução do processo.

Ou seja: a Administração não pode apegar-se unicamente às suas próprias razões, desprezando a qualificação do interesse descrito pelas demais pessoas envolvidas na relação processual. O interesse público há de ser realizado sem sacrifício da verdade, da justiça ou da esfera pessoal dos cidadãos.

47. Reitere-se que a imparcialidade é exigência própria, inerente à realidade jurídica "processo".

Caso se defenda a natural impossibilidade de conduta imparcial da Administração Pública, estar-se-á sustentando que todas as decisões podem (devem) ser a favor dos entes estatais e contra os particulares, independentemente do conteúdo do pedido.

Ao menos, significa que todos os provimentos administrativos parciais são perfeitos (afinal, a parcialidade seria dado prévio e inerente ao processo administrativo). O que frustraria a própria razão de ser do processo administrativo.

Contudo, inexiste imparcialidade enfraquecida ou que eventualmente incida em alguns casos e noutros não. Trata-se de valor absoluto: o princípio não acolhe ponderações ou mitigações (assumindo a natureza de "regra jurídica", na classificação dworkiniana). O único motivo seria eventual reforço da posição da Administração, e o resultado configuraria prestígio incondicionado ao *ius imperium*, sempre em favor do aparelho estatal. As decisões prestigiando o direito dos particulares seriam exceções – proferidas unicamente quando houvesse coincidência absoluta entre o pleito da pessoa privada e o interesse secundário da Administração.

Daí por que a exigência do prestígio à imparcialidade, sob pena de nulidade do julgamento. Dentre outros princípios, deriva do Estado Democrático de Direito, da isonomia, do contraditório e da legalidade.

48. Porém – e mais que isso –, a imparcialidade origina-se na plena eficácia do princípio do contraditório. Preceito constitucional, ele impõe que a decisão do órgão julgador emane de forma neutra, oriunda justamente da colaboração e da cooperação de todos os envolvidos na relação processual.

Em um processo não há decisão válida que seja puramente unilateral ou que despreze as manifestações e argumentos daqueles nele envolvidos. Caso contrário, não havendo garantia da imparcialidade, mas sendo possível a existência de manifestações de interessados, o contraditório seria inócuo, imprestável.

Afinal, qual a razão que determinaria participação dos particulares na formação da decisão estatal caso o provimento parcial fosse reputado como válido independentemente do modo de sua formação? Ora, o contraditório é antagônico à parcialidade. Ou bem existe e é obedecido o princípio (daí a decisão é imparcial), ou não se respeita o contraditório (e a decisão é parcial).

49. A imparcialidade é igualmente reforçada e garantida pelo dever de motivação dos atos administrativos. A exposição dos fundamentos do ato é um dos pontos em que se tornará ainda mais claro o prestígio a essa face do princípio da moralidade.

Todas as razões das partes envolvidas na relação processual devem ser expressamente enfrentadas e motivadamente decididas. Caso contrário a decisão será parcial e, também por esse motivo, nula.

50. Aliás, os princípios da imparcialidade, do contraditório e da motivação são literais na Lei nº 9.784/1999.

A necessidade de motivação explícita dos atos administrativos consta da enumeração do art. 2º (*caput* e parágrafo único, VII) e do art. 50 da lei. O que ficou reforçado pelo Código de Processo Civil/2015 (arts. 11 e 489, §1º) e pela LINDB (arts. 20 e 21, que exigem a exposição fundamentada das consequências do ato).

O contraditório também vem expresso no art. 2º (*caput* e parágrafo único, X), além das previsões dos arts. 3º (inciso III), 38, 41, 44 e 46. De igual relevância é o art. 7º do CPC/2015.

Já a imparcialidade *stricto sensu* está estampada no inciso III do parágrafo único do art. 2º, e especialmente nos dispositivos que disciplinam o impedimento e a suspeição dos agentes públicos (arts. 18-20). Tema regulado nos arts. 144 e 145 do CPC/2015.

51. Em suma: tal como no Direito Processual Civil e no Penal, não se admite qualquer violação à imparcialidade no processo administrativo, ainda mais se qualificada por interesses pessoais – íntimos, políticos, funcionais etc.: quaisquer que sejam – do julgador.

Porém, e em qualquer caso, o que não se pode afastar são ideias prévias, preestabelecidas pela própria existência humana do julgador. Trata-se de juízos preconcebidos, universais a toda atividade decisória, os quais, segundo Karl Larenz, "o juiz nem sequer sabe que possui ou não sabe as influências que podem exercer em sua sentença".

"Cada homem está marcado em seu modo de entender as coisas, seja por sua origem, por seu envolvimento vital, pela educação cultural recebida, por suas experiências vitais e profissionais, e muitos outros fatores mais. A 'independência de pensamento' não é congênita para ninguém e tampouco se adquire com a instrução, senão que exige o trabalho solitário do homem ao longo de toda sua vida".

São invencíveis as circunstâncias íntimas do indivíduo que julga. O julgador não pode ser abstraído do contexto histórico-social que o cerca desde seu nascimento. A legislação não exclui, quer frente ao Poder Judiciário, quer à Administração Pública, a intransponível natureza humana do exercício das respectivas funções. Exige-se que os agentes se dispam de influências indevidas, de atos de vontade dirigidos ao exercício irregular da competência ou de desvios funcionais. Almeja-se que a função pública seja concretizada de forma objetiva, visando ao bem comum – que transcende e muitas vezes contraria as próprias concepções pessoais do julgador. Esse é o ideal que deve ser buscado.

Contudo, é objetivo custoso de ser atingido. Daí por que há equívocos, erros sinceros e influência do meio profissional sobre a atividade exercida. Não se poderia admitir um sistema que abstraísse a condição humana daqueles que exercem as funções públicas. Motivos pelos quais as decisões administrativas são passíveis de controle recursal, revisão, reforma e controle jurisdicional.

52. Em suma: a imparcialidade não significa automatismo na condução do processo e no proferimento das decisões. Exprime padrão de conduta superior, cuja busca é cogente à Administração. Sua violação implica nulidade do ato decisório, nos mesmos limites indicados a propósito da boa-fé. Afinal, são manifestações exteriores do princípio da moralidade pública.

2.6 Princípio da publicidade

53. Também o princípio da publicidade é da essência de um Estado Democrático de Direito, inerente ao exercício da função administrativa. A atividade do agente público deve sempre ser realizada no interesse da coletividade, cumprindo determinações legais previamente fixadas. A consequência é óbvia: não existem assuntos internos ou reservados à intimidade da Administração.

O princípio da publicidade administrativa "significa o dever estatal de divulgação dos atos públicos. Dever eminentemente republicano, porque a gestão da 'coisa pública'

(República é isso) é de vir a lume com o máximo de transparência". Logo, não há restrições ao acesso, tampouco podem existir dados públicos cujo acesso seja exclusivo de determinadas pessoas. A regra é a da ampla transparência, clara e franca, de todos os aspectos da conduta administrativa estatal.

A qualidade pública dos atos administrativos representa também prestígio aos princípios da moralidade e isonomia. Na medida em que seus atos serão cognoscíveis, os agentes esmerar-se-ão no cumprimento da ordem normativa e respeito aos cidadãos. Eventuais provimentos ilegítimos serão imediatamente tornados públicos e fiscalizados sem qualquer "controle preventivo interno".

De igual modo, a publicidade garante a uniformidade das decisões administrativas. Assegura a aplicação do art. 926 do CPC/2015, que impõe o respeito à jurisprudência e aos precedentes. Demonstra o cumprimento à LINDB (em especial quanto às consequências do ato, circunstâncias em que foi praticado, alternativas disponíveis e respeito à segurança jurídica e estabilidade na aplicação das normas). O que, de igual modo, exige a sistematização da publicidade das decisões dos tribunais administrativos.

2.6.1 Princípio da publicidade e sua importância no processo administrativo

54. Ao início, destaque-se o sério liame que existe entre o princípio ora em exame e o processo administrativo. Este é um dos meios pelos quais a publicidade é garantida. Na dicção de Sérgio Ferraz, a teoria do processo administrativo é "pressuposto da existência de uma atividade administrativa transparente, onde seja possível, na verdade, detectar, com nitidez, as linhas de atuação do administrador, os seus desvios e a incidência de possíveis remédios corretivos a esses desvios".

Tal motivo assegura a relevância e a aplicabilidade do conjunto de normas constitucionais relativas à publicidade, em sua inteireza, ao processo administrativo (e vice-versa). Como leciona Suzana Tavares da Silva, o *princípio da transparência* possui "três dimensões concretizadoras", quais sejam: (i) o *acesso* à informação; (ii) a *disponibilização* da informação; e (iii) o desenvolvimento de uma *cidadania* ativa. Hoje, o "Governo Aberto" – *Open Data* – exige que a Administração disponibilize, gratuitamente e sem obstáculos (linguísticos, tecnológicos etc.), todas as suas informações e dados. Como assentou Giles J. Guglielmi, a disponibilização de informações públicas sem quaisquer entraves configura verdadeiro *serviço público*.

Ademais, a Lei nº 9.784/1999 traz amplo elenco de previsões que exteriorizam o princípio da publicidade (e o mesmo se diga do Código de Processo Civil/2015 e da LINDB). O exame de tais dispositivos será realizado depois do enfrentamento da matéria em seu foro constitucional.

2.6.2 Princípio da publicidade e a Constituição da República

55. A atual Constituição, promulgada em 1988, ampliou a positividade do princípio da publicidade. Prescreveu-o expressamente nos arts. 5º, XXXIII, XXXIV, LX e LXXII; 37, *caput* e §3º, II (com redação acrescentada pela Emenda Constitucional nº 19/1998); e 93, IX. Jamais a história constitucional brasileira outorgou tamanha magnitude à publicidade. Mais que nunca, inexiste qualquer dúvida quanto à sua incidência. A seguir examinaremos tais preceitos constitucionais, privilegiando o enfoque sob o ângulo do processo administrativo.

56. O inciso XXXIII do art. 5º fixa o direito ao recebimento de informações dos órgãos públicos referentes a interesse particular, coletivo ou geral. "O preceito é bem claro: o acesso a informações provindas de órgãos públicos incide não somente sobre matérias de interesse próprio do indivíduo, mas também sobre matérias de interesse coletivo e geral. Descabida, pois, a exigência ainda imposta em muitos órgãos da Administração de ter o indivíduo interesse direto e pessoal, para o acesso a informações ou a expedientes administrativos" – como leciona Odete Medauar. A exceção está em informações "cujo sigilo seja imprescindível à segurança da sociedade e do Estado".

Afinal, como julgou o STF: "A regra geral num Estado Republicano é a da total transparência no acesso a documentos públicos, sendo o sigilo a exceção. Conclusão que se extrai diretamente do texto constitucional (arts. 1º, *caput* e parágrafo único; 5º, XXXIII; 37, *caput* e §3º, II; e 216, §2º), bem como da Lei nº 12.527/2011, art. 3º, I".

Tal dispositivo constitucional foi objeto de regulamentação expressa pela Lei nº 12.527/2011, a Lei de Acesso à Informação, cujo art. 10 confere legitimidade a qualquer pedido feito por qualquer interessado – sem nenhuma restrição subjetiva, exceção feita àquelas expressamente previstas na Constituição ou na legislação ordinária, e sem a possibilidade de exame dos motivos do pedido. Isto é: o direito de acesso às informações públicas pode ser exercido por quem quer que seja, sem que se faça necessária a apresentação de justificativa.

E o acesso a tais informações deve ser *imediato* (Lei nº 12.527/2011, art. 11), sendo *ilícita* a recusa ou qualquer outra forma de subtrair ou dificultar, total ou parcialmente, o acesso às informações – inclusive, sob pena de gerar sanções administrativas, civis, penais e de improbidade (Lei nº 12.527/2011, arts. 32-34). Afinal, como já decidiu o STJ: "A Lei de Acesso à Informação constitui importante propulsor da cultura da transparência na Administração Pública brasileira, intrinsecamente conectado aos ditames da cidadania e da moralidade pública...".

A regra é o acesso de todos a todas as informações, todos os dados e documentos detidos pelas autoridades públicas. A exceção, sempre dependente de previsão legal expressa, é o sigilo ou a limitação ao acesso às informações. As autoridades não podem se negar – expressa ou implicitamente – a cumprir o preceito da publicidade, sob pena de responsabilização pessoal. "O Supremo Tribunal Federal firmou entendimento no sentido de ser garantido o direito de acesso à informação de interesse coletivo, salvo àquelas que forem protegidas por sigilo imprescindível à segurança da sociedade e do Estado".

A norma constitucional é pertinente à concessão de informações públicas aos sujeitos privados, e, sob este primeiro aspecto, o processo administrativo desdobra-se: é meio de acesso às informações de caráter público, além de ser dependente de tais informações (caso não existam, será impossível instalar o processo ou produzir provas).

56.1 A legitimidade para pleitear informações é ilimitada. Sejam pessoas físicas ou jurídicas, brasileiros ou estrangeiros, "todos têm direito". Tampouco tem relevo eventual proximidade ao conteúdo do pleito: o interesse à obtenção de informações pode ser particular, coletivo ou geral.

Porém, ressalte-se: não cabe à autoridade administrativa perquirir dessa legitimidade como condição para o fornecimento das informações públicas – a Lei nº 12.527/2011 proíbe esse condicionamento. A cogitação relativa à legitimidade do sujeito que pleiteia o acesso pode dizer respeito unicamente àqueles dados que não sejam públicos, mas pessoais. Isto é: as informações que digam respeito à intimidade da pessoa – física ou jurídica –, as quais não podem ser fornecidas a quem quer que seja, senão ao próprio sujeito a respeito de quem elas versam. Com base nessa premissa serão desenvolvidas as cogitações que se seguem.

O interesse *privado* deriva da legitimidade pessoal. Trata-se de informações vantajosas e úteis ao interessado que as requer (moral, social ou materialmente importantes), pois a previsão diz respeito a cada pessoa considerada individualmente. Não existe interesse privado inútil ao sujeito requerente, com fundamento em mera curiosidade ou desejo abstrato de informação privada acerca de terceiros. Note-se que o texto constitucional prescreve o direito a receber informações "de seu interesse particular" – privadas, mas vinculadas àquele que as pede. O que importa dizer que informações "de interesse particular" de determinada pessoa simplesmente não podem ser fornecidas a terceiros que porventura pretendam se imiscuir na intimidade alheia (por exemplo, dados tributários ou prontuários médicos). Esse é um dos motivos da defesa e preservação da intimidade dos indivíduos envolvidos em processos. Limita-se a publicidade caso esta dificulte a solução do caso concreto ou o respeito ao interesse público, bem como quando inflija danos morais ou diga respeito a aspectos da vida íntima das pessoas envolvidas na divulgação. Assiste razão a Cintra, Grinover e Dinamarco quando atacam a "exasperação do princípio da publicidade" – garantia política que "não pode ser confundida com o sensacionalismo que afronta a dignidade humana".

O interesse *coletivo* é de titularidade de grupo de pessoas ligadas entre si por relação jurídica própria, que as unifica. Deriva do liame formal que existe entre tais pessoas e só pode ser exercido comunitariamente (pois é indivisível e se relaciona com a coletividade em si mesma). São interesses transindividuais, que legitimam uma coletividade específica, e não especiais às pessoas que dela façam parte (apesar de as beneficiarem individualmente). O STF já firmou que os interesses coletivos são "aqueles pertencentes a grupos, categorias ou classes de pessoas determináveis, ligadas entre si ou com a parte contrária por uma relação jurídica base (...) sendo coletivos, explicitamente dizendo, porque são relativos a grupos, categorias ou classes de pessoas, que, conquanto digam respeito às pessoas isoladamente, não se classificam como direitos individuais para o fim de ser vedada a sua defesa em ação civil pública, porque sua concepção finalística destina-se à proteção desses grupos, categorias ou classe de pessoas".

Note-se que o interesse coletivo não pode ser exercitado para proteger direitos individuais supostamente titularizados com exclusividade por apenas alguns dos membros da entidade coletiva, muito menos para privilegiar parte de seus associados em detrimento de outros. Esse entendimento é pacífico no STJ, que já decidiu pela impossibilidade de ser "impetrado o *writ* por entidade de classe para defesa de direito subjetivo, individual, de dois dos seus filiados em detrimento do interesse dos demais".

Interesse *geral* diz respeito ao todo do corpo social. Poder-se-ia equipará-lo ao interesse público em sentido amplo. São interesses metaindividuais, compartilhados por dizerem respeito às peculiaridades comuns a pessoas ou situações de um mesmo gênero (fático ou jurídico), assemelhando-as e as unificando (*v.g.*, defesa da saúde, da estabilidade social, do meio ambiente, do patrimônio histórico). Ao contrário dos interesses coletivos, que se dirigem a número determinado (ou ao menos imediatamente determinável) de pessoas, o interesse geral é mais abstrato e diz respeito a grupo difuso e indeterminado.

Em qualquer das três hipóteses (interesse pessoal, coletivo ou geral), todas as pessoas (físicas ou jurídicas) têm direito à obtenção das informações pertinentes. Não é possível subordinar a concessão a um vínculo pessoal e imediato do requerente com a informação pleiteada – como expressamente disciplinado pela Lei nº 12.527/2011. Conforme já mencionado, a publicidade é a regra; o sigilo, a exceção – e *exceptio est strictissimae interpretationis*. Afinal, como consignou Celso Antônio Bandeira de Mello, "o que não está *por lei* proibido, está juridicamente permitido", sobretudo nos casos do exercício de Direito Público subjetivo. A Administração Pública não pode criar quaisquer obstáculos – físicos, cronológicos, subjetivos, tecnológicos etc. – à plena aplicação do princípio da publicidade.

Note-se que o STF fixou na ADI nº 5.371 a seguinte tese de julgamento: "Os processos administrativos sancionadores instaurados por agências reguladoras contra concessionárias de serviço público devem obedecer ao princípio da publicidade durante toda a sua tramitação, ressalvados eventuais atos que se enquadrem nas hipóteses de sigilo previstas em lei e na Constituição".

A negativa ao acesso residirá na condição de informação sigilosa, necessária à manutenção da segurança da sociedade e do Estado (desde que prevista em lei), bem como na dignidade da pessoa humana. Para esta última hipótese o STJ decidiu pela impossibilidade de ser expedida certidão derivada de inquérito policial cujo prazo legal havia sido ultrapassado, firmando o entendimento de que, apesar de a certidão quanto à existência de um inquérito criminal ser prestigiada pelo Direito, torna-se imprescindível "considerar, consoante a nossa cultura, os efeitos negativos decorrentes dessa certidão, evidenciando, até prova em contrário, que o indiciado praticou infração penal. O exato significado jurídico do inquérito só é de conhecimento de técnicos. A expedição de certidão, por isso, deve ser disciplinada, evitando-se a publicidade negativa, às vezes desairosa, que estigmatiza a pessoa antes da condenação".

56.2 É igualmente amplo o número de pessoas que têm dever de prestar informações. Quando a Constituição estabelece tal encargo a "órgãos públicos", vai além do simples conceito de Administração Pública direta e indireta.

A obrigação abrange toda e qualquer pessoa jurídica ou instituição cujo objeto seja a prestação de função pública ou que detenha a titularidade e/ou a posse, ainda que temporariamente e em regime precário, de recursos ou bens públicos. O mesmo se diga em relação aos conselhos de fiscalização profissional (OAB, CREA etc.). Tratando-se de pessoas jurídicas de direito privado serão devidas informações relativas à faceta pública de sua atividade.

Note-se que o §3º do art. 37 da CF, em seu inciso II, prevê que a lei disciplinará "o acesso dos usuários a registros administrativos e a informações sobre atos de governo, observado o disposto no art. 5º, X e XXXIII". O texto constitucional vale-se de um conceito amplo que não se limita a "atos administrativos" em sentido estrito, pois os "atos de governo" abrangem também os chamados "atos políticos". Por "registros administrativos" entenda-se todo e qualquer dado, inscrição ou documento.

Por outro lado, o tema é disciplinado na já mencionada Lei nº 12.527/2011 (e no respectivo regulamento federal, Decreto nº 7.724/2012). De igual modo, são relevantes para a aplicação do princípio da publicidade: a Lei nº 8.159/1991 (*arquivos públicos* – cujos arts. 22 a 24, que disciplinavam o sigilo dos documentos públicos, foram revogados pela Lei nº 12.527/2011); a Lei nº 9.051/1995 (*certidões para a defesa de direitos*); e o Decreto nº 4.073/2002 (*regulamenta a Lei nº 8.159/1991*).

56.3 A qualidade de sigilosa da informação não é discricionária. Não cabe ao agente público escolher aleatória e imotivadamente as informações que pretende divulgar e aquelas a respeito das quais manterá segredo. Mais que isso: a aplicação da Lei de Acesso à Informação não autoriza a emissão de atos administrativos regulamentares ilegítimos, os quais pretendam conferir o atributo de "sigilo" a determinadas informações públicas com o escopo de evitar desconfortos – pessoais, funcionais e/ou políticos – às autoridades constituídas.

É de se sublinhar que a já mencionada Lei de Acesso à Informação (Lei nº 12.527/2011) confere especial e irrestrita proteção às informações pertinentes à defesa de direitos fundamentais – entendidos como aqueles direitos humanos objeto de tutela, implícita ou explícita, no Direito Constitucional Positivo. Mas note-se que os direitos fundamentais não são um compartimento isolado dentro da Constituição, mas integram a unidade constitucional. Formam um todo coerente com as outras componentes da "decisão constituinte". Assim, e porque consagrados na Constituição (em especial, mas não exclusivamente, em seu Título II), para sua defesa incide a prescrição do art. 21 da Lei nº 12.527/2011: "Não poderá ser negado acesso à informação necessária à tutela judicial ou administrativa de direitos fundamentais".

Contudo, e apesar de a disciplina normativa infraconstitucional não definir expressamente o que se entende pela expressão restritiva "restrições de acesso" (Lei nº 12.527/2011, arts. 21 e ss.), vige o dever da informação. Em casos excepcionais poder-se-á rejeitar o pleito – desde que de maneira seriamente fundamentada (passível de controle administrativo e judicial). Assim, e *v.g.*, o STJ já determinou que fossem exibidos contratos firmados com empresas privadas que consubstanciavam atos de fomento, com a concessão de subsídios e isenções fiscais, por reputar que a publicidade de tais documentos era "indispensável à demonstração da transparência dos negócios realizados pela Administração Pública envolvendo interesses patrimoniais e sociais da coletividade como um todo".

Já a Presidência do STF suspendeu liminares proferidas em mandados de segurança que impediam a Prefeitura de São Paulo de divulgar na *Internet* o salário de servidores públicos – em vista do princípio da publicidade e sua definição concreta pela legislação municipal. Orientação que foi confirmada pelo Tribunal Pleno em repercussão geral, ao definir que: "É legítima a publicação, inclusive em sítio eletrônico mantido pela

Administração Pública, dos nomes dos seus servidores e do valor dos correspondentes vencimentos e vantagens pecuniárias".

De qualquer forma, reputamos impossível rejeição a pedido que vise à defesa de interesse pessoal do requerente. Jamais se poderia negar o conhecimento necessário ao justo exercício do direito constitucional à informação individual e/ou ampla defesa (ainda que porventura não esteja em questão um direito fundamental em sentido estrito).

Para a própria parte no processo não há qualquer ato sigiloso ou documento secreto. Quando muito, as informações serão prestadas mediante compromisso de sigilo absoluto por parte do particular. Caso contrário caberá ajuizamento de *habeas data* ou mesmo mandado de segurança.

57. Em seu inciso XXXIV, "b", o art. 5º da Lei Magna estabelece direito a certidões gratuitas a fim de possibilitar a defesa e o esclarecimento de situações de cunho pessoal.

Tais certidões são a concretização física do direito à informação. Podem ser transcrições em breve relato ou fotocópias autenticadas, a depender da extensão dos documentos. Igualmente, podem ser entregues em arquivos digitais. O que importa é a plena validade e a eficácia dos dados entregues ao particular, pelos quais a Administração se responsabiliza e responde por suas consequências (afinal, vige a presunção de legalidade dos atos administrativos).

Ademais, o termo "certidões" não pode ser interpretado restritivamente, mas de forma ampla – designando todos os documentos que porventura interessem à pessoa privada, conforme consta de julgado do TRF-4ª Região: "Na interpretação da palavra 'certidões' constante na letra 'b', inciso XXXIV, do art. 5º da CF/1988, incluem-se outros documentos que venham esclarecer situações de interesse pessoal".

Não é viável parcialidade discricionária nas informações, tampouco é possível interpretar a expressão "defesa de direitos" como excludente daquelas de interesse coletivo ou geral. Trata-se de garantia individual do cidadão, de cumprimento obrigatório pela Administração Pública. Por exemplo, a Administração não pode recusar-se a fornecer fotocópias físicas ou documentos digitalizados de processo devido ao número de folhas que o compõem, tampouco exigir que a pessoa privada decline de receber parte do processo, indicando apenas as peças "mais importantes". O particular tem direito à integralidade dos documentos que lhe interessem. O único limite é o constitucional, tal como visto anteriormente.

O texto constitucional proíbe a cobrança de "taxas" para a obtenção de certidões, mas nada impede que a Administração cobre o valor correspondente ao custo da elaboração da certidão ou das respectivas fotocópias (ou do CD que servirá de base para os documentos digitalizados). O custo do serviço deve ser arcado pelo requerente (a não ser em decorrência de exceções legais que isentem a pessoa do pagamento).

58. O inciso LX do art. 5º da Constituição, que deve ser interpretado em conjunto com o inciso IX do art. 93, tem consequências especiais. Dispõe que os *atos do processo* somente poderão ter sua publicidade restringida por lei em duas hipóteses: defesa da intimidade e interesse social. Não há processo com atos "secretos". Mais que isso, não só todos os atos como as sessões de julgamento são públicas.

O preceito é disciplinado pelo CPC/2015, cujos arts. 8º, 194 e 930 enaltecem o dever de publicidade dos atos e julgamentos.

Ainda que o processo seja sigiloso, ao menos o próprio interessado e seus procuradores têm garantido o pleno direito de acesso aos autos e à sessão de julgamento. Será violadora da razoabilidade e da publicidade eventual decisão que porventura impeça (ou dificulte sobremaneira) a presença dos interessados e seus procuradores no recinto do julgamento – inclusive, com o direito de se manifestar. Nessa linha de entendimento há acórdão do STJ: "Se a defesa de qualquer acusado deve ser ampla – mesmo porque se assim não fosse não seria completa –, nenhuma razão para proibir a presença dos maiores interessados no julgamento, a parte e seu advogado".

Tampouco são admissíveis maneiras reflexas de se frustrar a publicidade, como no caso de "votos secretos" (ou sem motivação), pois, na dicção do STF, "tanto vale proibir explicitamente a apreciação judicial de um ato administrativo quanto discipliná-lo de tal modo que se faça impossível verificar em juízo a sua eventual nulidade".

58.1 Caso a lei não defina com precisão quais atos são sigilosos, mas se valha de expressões abertas (Lei nº 12.527/2011, arts. 21 e ss.), dentro dos limites da intimidade e do interesse social, não poderão deixar de ser publicamente acessíveis. Toda a população pode presenciar e ter ciência da integralidade do processo.

Este aspecto da publicidade gera deveres específicos aos órgãos públicos, no sentido de noticiar com razoável antecedência e amplitude a realização de audiências, atos e sessões de julgamento, que deverão ser concretizados em locais de fácil acesso. A notícia há de ser veiculada não só através da Imprensa Oficial (o que restringiria o conhecimento coletivo), como também em meios de comunicação conhecidos da maioria da população (jornais de ampla circulação, previamente definidos), na *Internet* (inclusive, por meio de redes sociais) e pessoal em face das partes no processo. Caso contrário o princípio restará frustrado. Haveria verdadeiras audiências públicas "secretas" ou "surpresa" – o que geraria violação ao princípio da publicidade.

Ora, a finalidade do princípio da publicidade é levar a informação, definida e precisa, ao conhecimento das pessoas interessadas (potencialmente ou em concreto). O princípio não será atendido caso haja divulgação restrita (seja no que diz respeito ao conteúdo da informação, seja no que diz respeito ao número de pessoas alcançadas por ela).

Porém – e ainda que exista restrição legal à divulgação dos atos do processo e sessões de julgamento –, o fato "existência do processo" será sempre público. Embora se cogite de casos excepcionais, assim compreendidos aqueles que exigem o sigilo para seu fiel desenvolvimento até certo ponto (por exemplo, investigações administrativas), o particular poderá ter acesso aos dados – nem que seja para obter certidão em que conste que ele não é investigado (se o for, necessário se faz fornecer a cópia do processo – mesmo que restrita aos temas que sejam pertinentes ao requerente). A autoridade não poderá negar-se a informar se determinado processo existe ou não – quaisquer que sejam seu objeto e conteúdo, independentemente do conceito que se tenha para essa realidade administrativa.

58.2 A regra é a de que, em face das pessoas envolvidas na relação processual, a publicidade deve ser eficaz e anterior à prática dos atos. Não se admite que a Administração conduza o processo para, ao final, dar aos interessados mera ciência do resultado final.

Tampouco é eficaz a intimação de particulares por edital publicado na Imprensa Oficial – ou divulgado em sítios da *"Internet* oficial". Exige-se conduta positiva, não somente no sentido de atender aos pedidos da pessoa interessada, como também de comunicá-la, tempestiva e espontaneamente, de todos os atos processuais. Como já decidiu o STJ: "De acordo com o art. 26, §3º, da Lei nº 9.784/1999, que regula o processo administrativo no âmbito federal, a intimação dos atos processuais deve ser efetuada por meio que assegure a certeza da ciência do interessado, o que não se coaduna com a mera publicação no *Diário Oficial* do ato sancionador. Uma das mais essenciais características do devido processo contemporâneo é a da ampla defesa, que preserva ao indivíduo o pleno conhecimento do que há contra ele, e isso tem sua eficácia condicionada pela efetiva ciência do interessado".

Somente no caso previsto no §4º do art. 26 da Lei nº 9.784/1999 permite-se a intimação por edital – ou seja, em casos de "interessados indeterminados, desconhecidos ou com domicílio indefinido" (em redação semelhante à do art. 256 do CPC). Assim, a lei alberga três hipóteses: no caso de interesses que envolvam um número incerto de pessoas a serem atingidas pela intimação (*v.g.*, consultas públicas em processo de interesse geral – Lei nº 9.784/1999, art. 31); no caso de pessoas cujo nome e cuja qualificação não são acessíveis pelas vias ordinárias; e no caso daqueles que têm justamente o dado objetivo "domicílio" ignorado.

Especialmente no caso da terceira hipótese, o "domicílio indefinido" deve ser aferido em concreto, depois de exauridas as tentativas de localização daquele que deve ser intimado. Não é possível prestigiar uma solução apriorística, que não dependa da facticidade, mas simplesmente afirmada sem qualquer exame ou verificação. A esse respeito, o TJMG emanou acórdão que, apesar de envolver intimação em processo criminal, aplica-se aos processos administrativos, conforme se infere de sua ementa: "A determinação da citação por edital só é cabível, sob pena de nulidade, depois de esgotados todos os meios para se encontrar a pessoa. O direito fundamental da pessoa humana de saber que está sendo processada criminalmente não pode ser preterido pela Justiça, que deve diligenciar no sentido de localizar o acusado para convocação por todos os modos e atentando para todos os elementos de que disponha para tanto".

Note-se que a intimação editalícia é exceção que deve vir revestida de cuidados ainda maiores – tanto no que diz respeito aos seus pressupostos como quanto à publicação e às informações lá consignadas. Como bem destacam Sérgio Ferraz e Adilson Abreu Dallari: "(...). O importante é que não haja abuso na comunicação por edital, que não se lance mão desse meio por comodismo ou, pior que isso, para se produzir indevidamente uma intimação ficta, em prejuízo do interessado e, necessariamente, do interesse público, pois este não se coaduna com a fraude".

58.3 Caso o interessado constitua procurador nos autos de processo administrativo, as intimações deverão contemplar também o nome do mandatário, pena de nulidade. Ou seja: não será possível que a Administração ignore o mandato e o ônus do controle processual por parte do advogado.

Como bem decidiu o TJPR, "no procedimento administrativo fiscal, uma vez constituído procurador pelo contribuinte, indispensável sua intimação regular de todos os atos, sob pena de cerceamento de defesa". De igual modo, e em contrapartida, caso haja procurador constituído nos autos, é dispensável a intimação pessoal da parte.

58.4 Além das intimações, há de ser possível à parte interessada ter vista dos autos do processo durante prazo adequado para sua manifestação. Caso contrário serão imprestáveis os atos de comunicação.

O contato – real ou virtual – com a íntegra do processo deve ser facultado à parte e seu advogado em todas as fases, podendo tirar cópias, obter certidões e, quando possível, retirar os autos em carga ou poder baixar cópia integral – a fim de possibilitar o exercício efetivo do direito de defesa. Claro que haverá hipóteses em que a chamada "vista" dos autos será impossível, como no caso de um prazo comum para mais de um interessado (se um deles retirar o processo, suprimirá o acesso aos autos dos demais – situação que se atenua em processos digitais, que permitem o simultâneo acesso a todos os interessados).

Caso tenha seu acesso aos autos negado, o particular poderá recorrer ao Judiciário, a fim de que este determine à Administração que cumpra o princípio constitucional da publicidade. Esposando esse entendimento, o TRF-4ª Região já decidiu que "a negativa de acesso do interessado ao processo administrativo configura lesão a direito líquido e certo, atacável via mandado de segurança". A supracitada Súmula Vinculante nº 14 do STF aplica-se aos processos administrativos.

Por outro lado, não seria razoável que o interessado "aguardasse" a instrução processual pela Administração (sob critério exclusivo desta), para só então ter acesso ao processo administrativo. O direito de conhecer o processo surge quando este é instalado. Caso contrário o processo será nulo ou, quando menos, terá desatendido ao princípio da economia processual. Não há razão lógica que autorize a multiplicação dos atos processuais – primeiro em fase sigilosa e interna à Administração, a fim de, uma vez tomada a decisão, intimar o interessado para que "participe" do processo. Vários atos haverão de ser repetidos, em obediência aos princípios do contraditório, da ampla defesa e devido processo legal.

Eventualmente, a condução sigilosa do processo – ainda que prévia – poderá instalar a suspeição do agente que o conduziu, vez que estará inequivocamente vinculado à decisão por ele anteriormente proferida.

2.6.3 Princípio da publicidade. Noção e limites

59. A publicidade dos atos do processo há de ser compreendida em dois sentidos, cada qual com consequências jurídicas próprias: tornar público o ato administrativo e a intimação da parte interessada.

60. Até sua publicidade, a minuta do ato é documento próprio da autoridade competente. Tal como no Direito Processual Civil, "enquanto não tiver sido publicada, a sentença não existe como tal; é trabalho intelectual do julgador. Depois de tornada oficialmente conhecida é que passa a ser sentença, propriamente dita".

60.1 Não há ato administrativo como reflexão ou estudo preliminar do agente. Juridicamente, para configurar a existência jurídica do ato, não tem relevância o momento interno de sua produção. A vontade íntima do agente é impertinente até a publicação do ato.

O provimento existe quando se torna público em concreto, a partir de sua assinatura e entrega ao órgão competente para o exercício da ação administrativa (ou de sua divulgação). Quando o ato é formalizado e se faz acessível a terceiros, torna-se público.

Melhor: a partir do momento em que o ato administrativo, aprovado e firmado, deixa o gabinete ou o computador da autoridade titular de competência para sua prática e se torna de conhecimento público (ainda que essa ciência se limite aos servidores responsáveis por seu encaminhamento), é exigível da Administração. Caso seja necessário, por previsão legal expressa, algum registro e/ou numeração etc., o ato administrativo torna-se público a partir da prática dessa formalidade.

Mesmo em favor de terceiros o provimento tornado público é imperioso, pois retrata formalização de entendimento vinculante à Administração. O princípio da boa-fé, unido à presunção de legitimidade dos atos administrativos e à segurança jurídica, faz com que a pessoa privada e a Administração orientem sua conduta nos moldes externados no ato tornado público. Uma vez publicado o ato, não é possível prestigiar alternativas que violem a necessária estabilidade nas relações administrativas.

60.2 Na dicção de Geraldo Ataliba, a partir do momento em que a autoridade competente lavrou despacho definindo a tese jurídica por si esposada, sua eficácia, "em termos administrativos, é irretorquível, inquestionável, inembargável".

"A primeira e maior eficácia desse despacho está em – oficializando a tese – declarar pública e solenemente que *o Estado com ela está comprometido*."

Daí por que: "É lógico e óbvio que a sua publicação no *Diário Oficial* nada acrescenta em termos internos. Em outras palavras: o ato administrativo interno produz efeitos na esfera interna". Eventual modificação do entendimento há de ser fundamentada e apenas tem efeitos *ex nunc*.

61. Já a *intimação* da parte interessada dá-se através dos meios formais pertinentes ao caso concreto.

O particular não experimenta os efeitos do ato administrativo a partir do momento em que este deixa o recinto de trabalho da autoridade administrativa, mas quando ele, cidadão, é formalmente notificado da decisão (através de publicação no *Diário Oficial*, carta com Aviso de Recebimento/AR ou intimação pessoal – a depender do caso concreto e das ponderações acima lançadas).

Nesse sentido, o STJ já lançou decisão de cuja ementa consta o seguinte: "Regida a Administração pelo princípio da publicidade de seus atos, estes somente têm eficácia depois de verificada aquela ocorrência, razão pela qual, retratando-se o servidor, antes de vir a lume o ato de vacância (posse em outro cargo), sua situação funcional deve retornar ao *status quo ante*, vale dizer, subsiste a ocupação do cargo primitivo".

2.6.4 Princípio da publicidade, a Lei nº 9.784/1999 e o Código de Processo Civil/2015

62. A Lei nº 9.784/1999 traz o princípio da publicidade logo em seu art. 2º, que prevê o dever de "divulgação oficial dos atos administrativos, ressalvadas as hipóteses previstas na Constituição" (parágrafo único, V). Assim como descrito acima, a Constituição veda a divulgação de informações "cujo sigilo seja imprescindível à segurança da sociedade e do Estado" (art. 5º, XXXIII).

Porém, o dispositivo da lei deve ser entendido em combinação com o art. 46, que veda a divulgação de "dados e documentos de terceiros protegidos por sigilo ou pelo direito à privacidade, à honra e à imagem" – o que reflete a defesa da moral e imagem pessoais, assegurada pelo art. 5º, V e LX, da CF.

De igual modo, o Código de Processo Civil/2015 traz vários dispositivos asseguradores do princípio da publicidade. Por exemplo, o art. 8º o arrola dentre as "normas fundamentais" do processo; o art. 194 o correlaciona aos sistemas de automação processual (processos eletrônicos); o art. 404, III, limita sua aplicação a documento detido pela parte caso sua publicidade "redundar em desonra à parte ou ao terceiro, bem como a seus parentes consanguíneos ou afins até o terceiro grau, ou lhes representar perigo de ação penal"; o art. 927, §5º, estabelece o dever dos tribunais de dar efetiva publicidade a seus precedentes; e o art. 930 determina sua observância no procedimento de distribuição dos processos.

63. Indo avante, a Lei do Processo Administrativo Federal define como direito do particular a "ciência da tramitação dos processos administrativos em que tenha a condição de interessado, ter vista dos autos, obter cópias de documentos nele contidos e conhecer as decisões proferidas" (art. 3º, II).

Trata-se de especificação do texto constitucional analisado, que deve ser entendida nos termos do art. 9º da Lei nº 9.784/1999, que define a qualificação jurídico-processual do termo "interessados": todos aqueles que têm interesse direto no processo (inciso I), que possam ser afetados pela decisão (inciso II), organizações e associações representativas de interesses coletivos (inciso III) e pessoas ou associações que tenham vínculo com interesses difusos (inciso IV).

64. Em termos genéricos, dão cumprimento ao princípio constitucional da publicidade os dispositivos que preveem: a divulgação dos atos de delegação de competência (art. 14, *caput*), da sede do órgão ou entidade (art. 16), da alteração do local para a prática de atos (art. 25), necessidade de intimação dos atos e suas consequências (arts. 26 e ss.), imperiosidade de processo de consulta pública caso o processo administrativo envolva assunto de interesse geral (arts. 31 e ss.), direito a vista e obtenção de certidões (art. 46).

2.7 Princípio da responsabilidade objetiva

65. *Responsabilidade objetiva* é o dever constitucional de reparar prejuízos causados pela Administração Pública a terceiros, previsto no §6º do art. 37 da CF.

Configura a atribuição de propósito ativo à Administração, direta e indireta, e "às pessoas de direito privado prestadoras de serviço público". É a obrigação de examinar e reparar, com espontaneidade, rapidez e prontidão, os danos oriundos de sua conduta, comissiva ou omissiva.

66. Em face daqueles que sofreram a lesão, a responsabilidade administrativa é "objetiva" porque não necessita da prova de culpa ou dolo do causador do dano. A justificação do indenizar abstrai o elemento subjetivo. Tampouco são relevantes a legalidade ou a ilegalidade da conduta danosa. O dever de reparar prescinde dessas informações. Inexiste qualquer subordinação à qualidade da conduta do agente, mas unicamente ao objeto da reparação: o prejuízo.

Basta a existência de ato ou fato danoso, unida ao nexo causal entre o comportamento dos entes arrolados no texto constitucional e o prejuízo causado aos particulares. "O Supremo Tribunal Federal já assentou que os elementos configuradores da responsabilidade objetiva do Estado são: (i) existência de dano; (ii) prova da conduta da Administração; (iii) presença do nexo causal entre a conduta administrativa e o dano ocorrido; e (iv) ausência de causa excludente da responsabilidade".

2.7.1 Limites da responsabilidade objetiva

67. Quando se qualifica como "objetiva", não se trata de responsabilidade absoluta, no sentido de irrestrita e indefensável. A norma constitucional subordina a objetividade da reparação ao evento "danos que seus *agentes*, nessa *qualidade, causarem* a terceiros".

O motivo determinante é a conduta do agente, que faz com que o prejuízo exista. Em última análise, quem causa o dano é o Estado, por meio daqueles que o corporificam. O causador da ofensa indenizável há de ostentar título e exercício de atividade pública *lato sensu* e nessa condição comportar-se de molde a gerar dano à esfera jurídica alheia.

Caso tal prejuízo seja originado pelo particular que o sofreu, ou por força maior ou, ainda, por fato de terceiro, haverá possibilidade de exclusão da responsabilidade administrativa. Quando muito, dar-se-á responsabilidade proporcional à conduta danosa praticada pelas pessoas enumeradas no §6º do art. 37 da CF. Isto é: o Estado apenas responde pelos prejuízos que houver causado.

O dever de reparar o dano não surge apenas no momento do exercício efetivo da atividade ou do serviço público, bastando para caracterizá-lo o vínculo entre agente e Estado ou pessoa privada prestadora de serviço público (a "qualidade" pública de que fala a norma constitucional do art. 37, §6º), bem como o dano derivado desse fato. Exemplificando: caso uma concessionária de transporte urbano (*v.g.*, ônibus) se veja envolvida em colisão, não será imprescindível que o veículo esteja com passageiros, na rota regulamentar, para configurar responsabilidade objetiva. Se estiver no caminho de volta à garagem, mas ainda no exercício da função, por exemplo, incidirá a responsabilidade. Como já decidiu o STF, o sujeito precisa deter "a qualidade de agente público" quando do evento. Em sentido contrário, caso esse mesmo ônibus tenha sido alugado – ou roubado –, por certo não incidirá a responsabilidade da concessionária.

Nesse sentido, o STF lavrou acórdão de cuja ementa consta lição clara a respeito do tema: "Agressão praticada por soldado, com a utilização de arma da corporação militar: incidência da responsabilidade objetiva do Estado, mesmo porque, não obstante fora do serviço, foi na condição de policial militar que o soldado foi corrigir as pessoas. O que deve ficar assentado é que o preceito inscrito no art. 37, §6º, da CF não exige que o agente público tenha agido no exercício de suas funções, mas na qualidade de agente público".

Porém, quando pessoas de direito privado delegatárias de funções públicas (concessionárias; permissionárias; autorizadas; contratadas; organizações sociais;

etc.) se envolvam em danos derivados de atividades particulares em sentido estrito e extraordinárias ao serviço, sem ter com ele qualquer vínculo formal ou material, inexistirá a responsabilidade objetiva. Trata-se do exemplo, antes citado, de ônibus alugado a terceiros que se envolve em acidente em situação extraordinária.

2.7.2 Responsabilidade objetiva como dever administrativo

68. Por mais incrível que hoje possa parecer, nem sempre o Estado foi considerado responsável por seus atos – ainda que causassem danos a terceiros. Ao contrário: durante a maior parte da existência do Estado Constitucional não havia qualquer dever de reparação de danos causados a terceiros pelas pessoas públicas – seja porque o Estado representava o soberano (que se subordinava apenas e imediatamente a Deus e a mais ninguém); seja porque as pessoas não detinham direitos subjetivos frente ao Estado (mas apenas, e quando fosse o caso, podiam colaborar no controle objetivo da legalidade); seja porque Estados não democráticos tendem a subestimar os direitos dos cidadãos.

O texto das nossas Constituições é bastante revelador a esse respeito.

A Carta Imperial de 1824 dividia a responsabilização, imunizando o Imperador e atribuindo a possibilidade de os empregados públicos serem responsabilizados. O rei, porque rei, jamais errava e não poderia ser responsabilizado em hipótese alguma.

A Constituição Republicana de 1891 prestigiou a responsabilidade, mas a cingiu aos funcionários públicos, no que foi ampliada pelo art. 15 do CC/1916, que possibilitou sua atribuição às pessoas jurídicas de direito público. A Constituição de 1934 e a Carta de 1937 traziam disposições semelhantes (a primeira, mais ampla), para atribuir responsabilidade solidária dos funcionários com a Fazenda Pública. Já a Constituição de 1946, no que foi seguida pela Carta de 1967 (e respectiva Emenda Constitucional nº 1/1969), consagra a responsabilidade das pessoas de direito público e a solidariedade dos respectivos funcionários.

Logo, desde 1946 existe a positivação constitucional do dever do Estado de reparar os danos por ele causados aos particulares. À parte a peculiaridade de essa responsabilidade das pessoas jurídicas de direito público ter sido instalada pelo Código Civil, fato é que não há qualquer divergência ou dúvida quanto ao dever de indenizar atribuído constitucionalmente ao Estado Brasileiro. A legislação, a jurisprudência e a academia brasileiras já consolidaram o entendimento de que nosso Direito acolhe a teoria do risco administrativo – e a celebração da responsabilidade objetiva do Estado.

Hoje a responsabilidade objetiva configura dever, especialmente porque a Constituição utiliza modo verbal que significa "deverão responder" ("As pessoas... *responderão* pelos danos..."). O texto exprime ordem de praticar determinada ação positiva e categórica a fim de assumir responsabilidade pelos prejuízos causados e garantir seu ressarcimento. Não significa "podem responder", mas "devem responder".

A Lei Fundamental não admite dúvidas quanto a que tais pessoas devam adotar providências ativas necessárias visando à indenização. Não se imagina que a Constituição celebraria tão peremptoriamente um dever de passividade ante eventos danosos gerados pela Administração. Nesse sentido, o TRF-4ª Região, em decisão relatada pelo Juiz Fernando Quadros da Silva, já fixou o entendimento de que: "Demonstrado o nexo causal entre o fato lesivo imputável à Administração e o dano, exsurge para o ente público o dever de indenizar o particular, mediante o restabelecimento do patrimônio lesado por meio de uma compensação pecuniária compatível com o prejuízo".

A previsão constitucional exterioriza face específica da legalidade (atos ilícitos) e da isonomia (atos lícitos). Também tais princípios são fundamento normativo do dever de reparar os danos causados por atos ilegais e anti-igualitários. O cumprimento de tais máximas sempre configura um *dever* para a Administração, a quem foi normativamente imputada a necessidade de agir de ofício para apurar e indenizar os danos por ela causados.

Na mesma medida em que a invalidação de atos administrativos é *dever* motivado no princípio da legalidade, o mesmo se dá na reparação de prejuízos derivados de atos ilícitos – é *dever cogente*, lastreado na mesma norma máxima. O raciocínio encontra óbices quanto aos atos legais que porventura causem lesão e, simultaneamente, violem o princípio da isonomia (nesses casos a reparação *ex officio* pressuporia a anulação do ato – que, ao seu tempo, exige a respectiva ilegalidade).

Por outro lado, não há dúvidas quanto ao dever ativo da Administração de buscar a reparação dos prejuízos contra ela causados: sejam danos oriundos da má gestão de recursos (desvio de verbas, superfaturamento em contratos etc.), sejam aqueles derivados de acontecimentos materiais (acidentes de veículos, prejuízos oriundos de obras mal executadas etc.). Nesses casos é pacífico que o agente administrativo deve, *ex officio*, zelar pela reparação dos danos contra o patrimônio público. O servidor não pode omitir-se, pena de responsabilização funcional: deve instalar o respectivo processo administrativo, apurar os danos, cobrar amigavelmente e, em última hipótese, ajuizar ação visando à reparação dos prejuízos.

Ora, não haveria de se sustentar, na hipótese de a Administração ser a causadora do prejuízo, que a ela fosse atribuído o dever da omissão e a impossibilidade de indenizar caso não provocada. Seria incongruente e incompatível com aquele dever de buscar a reparação dos prejuízos causados contra o patrimônio público; uma celebração de um interesse administrativo secundário, em detrimento do princípio da dignidade da pessoa humana ou da livre empresa. Ao deixar de reparar ativamente os danos oriundos de sua atividade, a Administração celebra a permanência no tempo da irresponsabilidade do soberano: mantém-se viva a compreensão de que o Estado não é responsável por seus atos.

Por óbvio, o processo administrativo de apuração da responsabilidade da Administração deverá contemplar eventual responsabilidade do servidor vinculado ao evento danoso. Caso se apure a culpa do funcionário, o Poder Público deverá dele cobrar os prejuízos causados e ressarcidos ao particular lesado. Isso independentemente da configuração do caso concreto, suprimindo-se da prática administrativa a concepção de que somente prejuízos de pequena monta (usualmente vinculados a pequenos acidentes de veículos) devem ser reparados pelos servidores. Salvo as exceções derivadas de atos políticos em sentido estrito e daqueles praticados no legítimo exercício da função administrativa, todos os servidores públicos devem responder pelos atos praticados com dolo ou culpa.

69. Assim, o dever de reparar os prejuízos não traz opção discricionária ou possibilidade de as pessoas indicadas na norma constitucional se absterem de seu cumprimento. A previsão normativa não se refere nem contém eventual "poder" de passividade e/ou indiferença, que resguardaria interesse secundário da Administração (preservação das reservas econômicas dos cofres públicos). Ela existe justamente para assegurar maior e melhor garantia aos cidadãos, impondo dever a entes que têm condições, teóricas e práticas, de ressarcir os danos.

A possibilidade (obrigação) de repudiar a reparação configura-se tão somente na inexistência ou dúvida séria quanto (a) à concretização do dano, ou (b) à titularidade da conduta danosa ou (c) ao nexo causal entre conduta e prejuízo. Daí a necessidade de ser apurado o dano em sede processual. Caso o processo administrativo não chegue a bom termo (hipótese remota), cabe à Administração provocar o Judiciário (caso tenha prejuízo a ser reparado) ou aguardar o ajuizamento de ação por parte do interessado.

70. Em outras palavras: o respeito a um Estado Democrático de Direito impõe à Administração a adoção de comportamento ativo e respeitoso aos cidadãos. Reparar os males causados aos detentores do poder público (o povo) configura um mínimo de conduta ética e legal por parte de seus representantes ou daqueles por ela contratados.

Ou seja: o acesso à reparação dos danos não está restrito àqueles que detêm condições socioeconômicas privilegiadas, dispondo de moeda, poder e tempo suficientes para ajuizar e aguardar processos, administrativo e judicial (com futura subordinação ao trâmite de um precatório). Na lição de Cármen Lúcia Antunes Rocha: "O enfoque do princípio recai sobre o particular que suportou, sem obrigação jurídica válida, o dano, e não sobre o Estado que lhe deu causa". Ele se presta, portanto, a proteger os particulares, sobretudo os mais vulneráveis.

Sustentar entendimento contrário equivaleria a desprezo ao conceito de *função* e aos princípios da legalidade, isonomia, finalidade e moralidade (dentre outros). Se a função administrativa exige desempenho de atividade pública isonômica, sob influência de finalidade predeterminada, cogente e moral, tal como definida em norma jurídica, não se poderia sustentar que a previsão do §6º do art. 37 da CF somente tivesse incidência *a posteriori* de requerimento administrativo e/ou judicial do lesado. Tratar-se-ia de exceção inimaginável, passível de causar novos danos.

2.7.3 Responsabilidade objetiva e os titulares do dever de indenizar

71. O §6º do art. 37 da CF ampliou o número de pessoas titulares do dever de reparar os danos. Não só o "funcionário" ou o "Estado" são obrigados a tal, mas também as pessoas privadas que exercem serviços públicos (desde que o dano tenha sido causado no exercício dessa atribuição).

71.1 Historicamente houve radical crescimento e modulações nas áreas de atuação do Estado (Estado Liberal, Estado Social, Estado Pós-Social, Estado de Garantia etc.), ampliando-se a gama de atividades passíveis de serem qualificadas como "serviço público". Esse aumento e a eventual inaptidão (econômica e política) do Estado em sua perfeita prestação resultaram na divisão e "devolução" dos "serviços públicos" às pessoas privadas, criando-se novo plexo de atividades – muitas delas consagradas no tempo como públicas e estatais, mas ora atendidas por particulares (seja sob o regime jurídico do serviço público, seja sob o de atividades econômicas).

No caso brasileiro a situação foi originalmente incrementada pelas reformas constitucionais e infraconstitucionais da década de 1990, através das quais o Estado deixou de exercer muitos serviços e atividades públicas, para se limitar à área de atuação reputada essencial. Foi também pautada pela legislação que possibilita a atribuição contratual de serviços administrativos do Estado às pessoas privadas – como se dá, por exemplo, nas concessões administrativas da Lei de Parcerias Público-Privadas/PPPs (Lei nº 11.079/2004).

Na justa medida em que o direito subjetivo público do particular de ser objetivamente indenizado por condutas estatais é garantido pelo art. 37, §6º, da CF, não se pode prestigiar a interpretação restritiva da expressão "prestadoras de serviços públicos" – limitando-se às concessões e permissões (CF, art. 175). Isto é: a norma constitucional atribui o dever de indenizar objetivamente a todos aqueles que possuam vínculo jurídico-negocial com a Administração Pública e que, em decorrência e no exercício das atividades que esse negócio jurídico constituiu, tenham causado dano a terceiros.

Essa transferência do exercício de serviços públicos (e de funções públicas e/ou serviços administrativos) leva consigo o princípio da responsabilidade objetiva. Não se trata mais de "responsabilidade do Estado", porém de "responsabilidade das pessoas prestadoras de serviços públicos", de "pessoas a quem se atribuiu o exercício de funções públicas" e de "pessoas que prestam serviços administrativos". A clássica expressão – "responsabilidade civil do Estado" – desapareceu no tempo. É despropositada a menção à natureza jurídica pública ou privada da pessoa responsável – todas têm o mesmo dever constitucional. Também irrelevante é o sujeito em questão, mas importa o conteúdo da atividade prestada.

Por fim, tampouco é considerável como óbice à indenização a regularidade no vínculo contratual que autoriza o exercício do serviço público, função pública ou serviço administrativo. Esta questão é *inter partes* e diz respeito à relação jurídica Estado-Administração e pessoa de direito privado. A natureza objetiva do dever de indenizar entre prestador de serviço público (e de funções públicas e/ou serviços administrativos) e particular lesado é absoluta, e não pode ser frustrada.

O particular cujo patrimônio sofre o dano é terceiro de boa-fé em relação ao vínculo jurídico que se põe entre a Administração Pública e aquele a quem foi outorgada a execução do serviço público (concessionário, permissionário, autorizado, parceiro privado, organização social etc.). Por exemplo, caso haja litígio entre Administração e particular que exerce serviço público, essa circunstância não tem o condão de derrogar a norma do §6º do art. 37 da CF. O mesmo se põe em relação à pessoa física causadora do dano.

71.2 A doutrina e a jurisprudência vêm definindo com precisão a responsabilidade das concessionárias de serviço público e das pessoas privadas que prestam serviços à Administração Pública.

O estudo de Romeu Felipe Bacellar Filho destaca que o caráter público do serviço prestado configura o núcleo da responsabilização objetiva do concessionário, fazendo com que o dano oriundo das atividades de ordem pública seja reparado objetivamente. Ao contrário, no caso de o prejuízo ser oriundo de atividades tipicamente de direito privado exercidas pela concessionária, a responsabilidade submeter-se-á ao regime dos arts. 186 e 927 do CC (de 2002). No mesmo sentido é a doutrina da eminente professora Alice Gonzalez Borges.

O STF firmou que "entre as pessoas jurídicas de direito privado prestadoras de serviço público a que alude o §6º do art. 37 da CF se incluem as permissionárias de serviços públicos"; entendimento também esposado pelo STJ em caso que envolvia a responsabilidade de empresa de transporte público em decorrência de incêndio no interior do veículo.

Acompanhando esse entendimento quanto à plena aplicação do §6º do art. 37 da CF, o TJRJ já firmou que os defeitos nas prestações por parte das concessionárias "impõem o dever de reparar os danos causados pelo serviço defeituoso".

Por fim, é importante destacar a responsabilidade objetiva dos titulares de cartórios de registros e notas, pois a reparação é devida – como bem firmou o TAMG – "em razão de se tratar de serviço público exercido em caráter privado, para o qual o art. 37, §6º, da CF prevê responsabilidade objetiva".

72. Conforme visto, ao contrário das Constituições anteriores, que adotavam as locuções "empregado" e "funcionário público", a Lei Fundamental promulgada em 1988 valeu-se do termo "agente", vinculando-o literalmente às pessoas jurídicas "prestadoras de serviço público" – isto é, trata-se de indivíduo inserido na expressão "agente público", "a mais ampla que se pode conceber para designar genérica e indistintamente os sujeitos que servem ao Poder Público como instrumentos expressivos de sua vontade ou ação, ainda quando o façam apenas ocasional ou episodicamente".

Não existe qualquer entrave à configuração da responsabilidade de toda e qualquer pessoa, estatal ou privada (Legislativo, Judiciário, Administração direta e indireta, pessoas privadas prestadoras de serviços públicos e de serviços administrativos em sentido estrito). Afinal, *agente* é aquele que age: desencadeia ações, trata de negócios, exerce funções, dá causa a eventos. São estes os sujeitos a quem se dirige a imputação constitucional.

2.7.4 Responsabilidade objetiva. Atos lícitos e ilícitos

73. A Administração Pública e as pessoas privadas que sirvam aos Poderes Públicos são responsáveis pelos prejuízos derivados de atos lícitos e ilícitos. "No caso de atos lícitos, haveria uma *lesão* de direitos, u'a mera lesão de direitos, enquanto no dano proveniente de ato ilícito haveria uma *violação* de direitos".

Dúvida alguma pode surgir quanto ao ressarcimento objetivo decorrente de atos ilícitos. O descumprimento do princípio da legalidade e de regras jurídicas específicas que cause dano a terceiros gera o dever de reparação. Já os danos causados por atos lícitos têm fundamento nos princípios democrático e da igualdade. Na medida em que quem presta serviços e atividades públicas o faz em nome e benefício do povo, não se imaginaria que os danos daí decorrentes contra um dos membros dessa coletividade não fossem reparáveis. Ou seja: o ônus extraordinário decorrente de conduta estatal lícita não deve ser suportado exclusivamente por aquele que sofreu o prejuízo.

Nesse sentido, o STF já firmou: "A consideração no sentido da licitude da ação administrativa é irrelevante, pois o que interessa é isto: sofrendo o particular um prejuízo, em razão da atuação estatal, regular ou irregular, no interesse da coletividade, é devida a indenização, que se assenta no princípio da igualdade dos ônus e encargos sociais".

Contudo, não será qualquer prejuízo genérico apto a gerar indenização. A lesão há de ser especial (específica da pessoa lesada), anormal (excluída do atuar comum na prestação do serviço público) e desproporcional ao benefício porventura obtido. Não serão os ônus e fatos normais, usuais, próprios da vida em sociedade e do exercício de serviços públicos, passíveis de ser indenizados.

2.7.5 Responsabilidade objetiva. Atos comissivos e omissivos

74. Entendemos que os atos submetidos ao regime da responsabilidade objetiva são tanto os comissivos quanto os omissivos (estes, com qualificação especial quanto à conduta que lhes deu causa).

No que diz respeito aos primeiros o entendimento doutrinário é absolutamente pacífico. A polêmica reside na responsabilidade objetiva derivada de atos omissivos. Parcela significativa da academia brasileira acolheu os ensinamentos de Oswaldo Aranha Bandeira de Mello, desenvolvidos à excelência por Celso Antônio Bandeira de Mello. Porém, há significativas exceções. Daí por que o tema merece tratamento mais amplo e minucioso.

75. Conforme exposto, sustentamos que a responsabilidade objetiva prevista no §6º do art. 37 da CF incide sobre as condutas omissivas.

Reputamos que a omissão é de extrema relevância no Direito Administrativo, pois se refere, sobretudo, às pessoas em face das quais a lei impõe deveres jurídicos no interesse da coletividade. Se o agente não cumprir seu dever de guarda positivo, deixando de se comportar tal como ordena a lei (isto é, comportando-se ilicitamente), e se tal *non facere quod debeatur* resultar em prejuízo para terceiro, em vínculo previsível e incontestável, parece-nos não haver dúvidas de que advirá responsabilidade objetiva de indenizar.

Mas note-se que não se trata de responsabilidade objetiva oriunda de qualquer omissão, mas apenas daquele *non facere* qualificado pelo descumprimento de uma obrigação específica, previamente positivada em diploma normativo (lei, regulamento ou contrato administrativo) e, assim, imputada a determinado órgão, entidade ou agente público. A responsabilidade advém do dano oriundo do descumprimento da conduta expressamente prescrita (quem, quando, onde e por quê).

Ora, sabe-se que o Direito Administrativo é estruturado em um complexo de deveres estabelecidos àqueles que exercem função pública. Trata-se de conjunto incindível de prescrições mandamentais – tenham elas caráter discricionário ou vinculativo. A atuação administrativa é constante *dever*, consubstanciado na "completa submissão da Administração às leis. Esta deve tão somente obedecê-las, cumpri-las, pô-las em prática".

76. Esse dever administrativo é expresso em várias formas. As normas preveem tanto pautas genéricas de conduta quanto aquelas certas e específicas. Assim, há deveres abstratos, que não se referem a determinado e especial comportamento a ser realizado pelo agente público. *V.g.*, os princípios constitucionais da moralidade e eficiência disciplinam o todo do atuar administrativo, mas não consubstanciam a descrição de uma única e precisa conduta.

Por outro lado, há normas de conduta em sentido estrito, que disciplinam certo comportamento fático dos agentes, impondo positivamente a execução de determinada atividade estabelecida em lei. Para impor deveres à Administração, essas normas podem vir positivadas em lei, regulamento administrativo e/ou contrato administrativo. Mas aqui o importante é a atribuição expressa de uma ordem específica, de um dever positivo.

Esse dever pode existir de forma positiva (*facere*) e negativa (*non facere*). O dever de *fazer* significa obrigação legal de concretizar conduta ativa certa, específica, própria e adequada para determinada situação fática. Há previsão do que só e tão somente deve ser realizado. A norma jurídica não confere alternativas ao agente público, mas exige positivamente que ele concretize aquela conduta visada. O escopo normativo é, portanto, o de que o resultado prático seja atingido; de que o dever legal de agir seja efetivado em tempo, modo e proporção certos. Se a Administração se omitir e não cumprir aquilo que deveria ser feito, incidirá a responsabilidade objetiva por omissão.

Apresentaremos três exemplos dessa categoria normativa e nosso entendimento acerca das consequências de seu descumprimento omissivo.

76.1 O art. 1º da Lei nº 9.051/1995 impõe que "as certidões para a defesa de direitos e esclarecimentos de situações", requeridas à Administração direta e indireta, "deverão ser expedidas no prazo improrrogável de 15 (quinze) dias, contado do registro do pedido no órgão expedidor". De igual modo, os arts. 10 e ss. da Lei nº 12.527/2011 (Lei de Acesso à Informação) estabelecem o dever de fornecimento imediato – ou, em casos excepcionais, prazo certo para o acesso às informações públicas.

Imagine-se que o particular necessite dessa certidão para firmar contrato – público ou privado – de alto valor, derivado de vultosos investimentos. Esse seria o único documento faltante, necessário e suficiente à assinatura do contrato. Cogite-se que o requerimento seja feito no prazo legal, dele constando os "esclarecimentos relativos aos fins e razões do pedido" (Lei nº 9.051/1995, art. 2º).

Caso a Administração se omita e não expeça qualquer certidão no prazo legal, implicando a não contratação do particular justamente e apenas devido à ausência do documento legal, acreditamos que haverá responsabilidade objetiva com fundamento nessa omissão. Ou seja: o Estado *deixou de cumprir* dever certo e específico e, em decorrência desse não cumprimento, gerou específicos prejuízos ao particular.

Aliás, a Lei de Acesso à Informação contém preceito que responsabiliza o agente que "recusar-se a fornecer informação nos termos desta Lei, retardar deliberadamente o seu fornecimento ou fornecê-la intencionalmente de forma incorreta, incompleta ou imprecisa" (art. 32, I). Tais condutas omissivas, que podem implicar a responsabilidade funcional e por improbidade, também dão margem à responsabilidade objetiva da própria Administração em caso de danos.

76.2 O segundo exemplo versa sobre a Lei nº 10.522, de 19.7.2002, que dispõe sobre o Cadastro Informativo dos Créditos Não Quitados de Órgãos e Entidades Federais (CADIN).

A inscrição no CADIN exige prévia observância do prazo de 75 dias da "comunicação ao devedor da existência de débito passível de inscrição naquele Cadastro, fornecendo-se todas as informações pertinentes ao débito" (art. 2º, §2º). Caso o particular comprove a regularidade da situação que deu origem à inscrição, obrigatoriamente "o órgão ou entidade responsável pelo registro procederá, no prazo de 5 (cinco) dias úteis, à respectiva baixa" (art. 2º, §5º). Na hipótese de a baixa das informações ser de impossível implementação no prazo de cinco dias, o órgão ou entidade deverá fornecer certidão da regularidade daquele débito específico (art. 2º, §6º). Por fim, o §7º do art. 2º estabelece que: "A inclusão no CADIN sem a expedição da comunicação ou da notificação de que tratam os §§2º e 4º, ou a não exclusão, nas condições e no prazo previstos no §5º, sujeitará o responsável às penalidades cominadas pela Lei nº 8.112, de 11 de dezembro de 1990, e pelo Decreto-lei nº 5.452, de 1º de maio de 1943 (Consolidação das Leis do Trabalho)".

Além disso, o art. 6º da Lei nº 10.522/2002 define como "obrigatória a consulta prévia ao CADIN, pelos órgãos e entidades da Administração Pública Federal, direta e indireta, para: I – realização de operações de crédito que envolvam a utilização de recursos públicos; II – concessão de incentivos fiscais e financeiros; III – celebração de convênios, acordos, ajustes ou contratos que envolvam desembolso, a qualquer título, de recursos públicos, e respectivos aditamentos". O servidor que assim não proceder responderá administrativamente por sua conduta (art. 8º).

É evidente que essa consulta obrigatória implicará, caso detectado o registro no CADIN, a impossibilidade de ser celebrada qualquer uma das operações previstas nos incisos do art. 6º. Não seria razoável a lei exigir o dever da consulta prévia como mero expediente puramente burocrático (sujeito a graves sanções funcionais), com escopo puramente formal. Interpretação nesse sentido tornaria inócua a previsão legal, atentando também contra os princípios da eficiência e da razoabilidade.

Ora, imagine-se hipótese de particular que necessita de recursos públicos para operação de fomento regular, devidamente planejada e aprovada pela Administração. Quando da assinatura do contrato (e liberação da verba) constata-se que tal pessoa havia sido inscrita no CADIN há meses e a operação de crédito é cancelada, devido ao impedimento de celebrar o contrato e transferir os recursos. Surpreendida por tal fato, a pessoa privada descobre que tal registro se deu sem a regular comunicação; ou sem o cumprimento do prazo de 75 dias a partir dela; ou que seu pedido de baixa não foi apreciado tempestivamente. O cidadão sofreu sérios danos devido a tais omissões do Estado-Administração, e tais omissões certamente resultarão na punição administrativa do servidor negligente.

76.3 O terceiro exemplo diz respeito à legislação de trânsito, instituída pela Lei nº 9.503/1997, cujo art. 88 estabelece obrigação de sinalização plena nas estradas, proibindo a liberação de via que não esteja "devidamente sinalizada". O dispositivo é claro ao dizer que "nenhuma via pavimentada poderá ser entregue" sem a adequada sinalização.

Suponham-se casos de liberação de via pública não sinalizada (típicos às vésperas de eleições); estrada com quebra de ponte; queda da estrada para dentro de um rio ou máquina pesada na pista, após curva que impede sua visão. Todos, fatos de ciência da autoridade competente, mas com total falta de sinais de trânsito.

Tais ausências da obrigatória sinalização podem resultar em acidentes com danos aos particulares que dirigiam seus veículos em estrito cumprimento ao Código de Trânsito Brasileiro.

77. Os três casos narrados, trazidos apenas *exempli gratia*, indicam possibilidade da responsabilidade objetiva por ato omissivo.

Há mandamentos normativos que impõem comportamentos ativos à Administração (expedir certidão; realizar notificação; dar baixa do registro; e realizar sinalização perfeita). São atividades cogentes, que os agentes públicos devem concretizar sem qualquer impedimento – sob pena de a omissão submeter as pessoas privadas a danos potenciais.

Nestes casos, como em tantos outros, é irrelevante qualquer cogitação a respeito da "possibilidade" do agir. A conduta é um dever positivo; a obrigação é específica. Em hipóteses em que a norma de Direito Administrativo – lei, regulamento ou, mesmo, contrato – determina o comportamento cogente, seu prazo e consequências, há pressuposto normativo implícito de que a conduta e seu termo final são viáveis ao titular da competência para agir.

78. Tais deveres são puramente normativos e envolvem juízos objetivos. Descartam eventual hermenêutica subjetiva ou recurso a conceitos sociais e pessoais. Na medida em que o agente omite o comportamento devido, viola o princípio da legalidade. "A omissão juridicamente relevante é, pois, a que decorre da realização de uma ação finalista que não é aquela prevista em norma jurídica".

Ou seja: o comportamento adotado pelo agente é o avesso, a antítese, da previsão normativa. Ao invés de concretizar a conduta devida, o agente simplesmente não faz – suprimindo do mundo fático os efeitos pretendidos pela previsão normativa. Há uma frustração do escopo legal por meio da *omissão específica*: a ausência de atuação do Estado, a criar a situação específica que resultou no dano.

79. Talvez a mais radical questão esteja no questionamento a respeito do "nexo causal" entre omissão e resultado danoso. O problema é tormentoso e, por isso mesmo, muito interessante. Efetivamente, na medida em que a omissão é um não fazer, é a abstenção que não causa imediata e diretamente o dano, mas lhe permite sobrevir, seria inviável atribuir a essa "ausência de condições impeditivas a categoria de *causa*".

79.1 Ora, "causa" é o motivo natural determinante do fato, sem o qual este não teria ocorrido. O estudo da causa torna previsível o resultado danoso, e para o estudo da responsabilidade trata-se do evento que efetivamente determina a existência do prejuízo como consequência do fato pretérito. Nexo de causalidade é conexão entre dois fenômenos subsequentes, em virtude da qual o segundo (efeito) é univocamente previsível a partir do primeiro (causa).

Porém, antes de avançarmos no enfrentamento do tema, é importante destacar a advertência de Paulo Modesto no sentido de que "a causalidade no Direito é causalidade normativamente estabelecida", pois em Direito "a omissão não se confunde com um não ato, traduz um fato jurídico, concretizador de hipótese normativa, servindo perfeitamente como suporte para a responsabilidade civil do Estado". Ou seja: é necessário apartar um conceito meramente *naturalístico* de causa e pôr em foco um conceito *jurídico* de causa.

79.2 Para a parcela da academia que rejeita a responsabilidade objetiva em casos de omissão o não fazer assume a categoria de *condição*, e não de *causa*. Porém, vamos além e sustentamos que a omissão pode, mesmo admitindo-se as premissas doutrinárias dessa corrente, configurar causa *necessária* e *suficiente* à superveniência do evento danoso (mas não razão exclusiva de sua existência).

Ora, há determinados casos em que a condição atua extrinsecamente, tornando possível e facilitando o acontecimento danoso, de molde a ser impossível que a conduta prevista na norma seja hipoteticamente acrescentada aos fatos sem que o resultado, em sua manifestação concreta, deixe de existir com "probabilidade beirando a certeza". Pode não configurar uma "causa" em sentido estrito, mas uma específica *conditio sine qua non* em concreto: determinada condição fática na ausência da qual o dano não teria ocorrido; requisito sem o qual determinada causa não pode produzir seu efeito.

A *conditio sine qua non* imediata torna possível a atuação da causa, positiva (criando condições apropriadas) ou negativamente (removendo obstáculos). Desta forma, aproximamo-nos da teoria da causalidade necessária (também nas omissões).

A teoria da causalidade necessária define que o dever de reparar surge quando o evento danoso é o efeito necessário de determinado fato específico (causa). O vínculo entre a causa e o efeito danoso faz com que este seja consequência direta daquela. Como será visto mais à frente, há casos em que esse "efeito necessário" deriva justamente de uma omissão do Estado (porque a ação prevista visava a tornar impossível que esse efeito ocorresse).

79.3 Na doutrina brasileira a teorização acerca do nexo de causalidade caracterizador da responsabilidade civil foi abrilhantada com estudo de Gustavo Tepedino em que é sistematizada a compreensão de nossos tribunais (em face da doutrina e da legislação). Tepedino demonstra que, à parte a denominação consignada nas decisões, "pode-se considerar como prevalentes, no Direito Brasileiro, as posições doutrinárias que, com base no art. 1.060 do CC brasileiro, *[art. 403 do CC/2002]* autodenominando-se ora de teoria da interrupção do nexo causal (STF), ora de teoria da causalidade adequada (STJ e TJRJ), exigem a *causalidade necessária* entre a causa e o efeito danoso para o estabelecimento da responsabilidade civil".

Ou seja: à parte as designações adotadas, prevalece a investigação acerca do nexo causal necessário entre a conduta e o dano, aplicando-se-a também à responsabilidade objetiva do Estado. O dano indenizável deve ser consequência imediata da conduta do agente, excluindo-se a *teoria da equivalência das condições* e a da *causalidade adequada*: esta, porque subsome-se a juízo de probabilidades, detectando (ou elegendo) a causa com maior aptidão para causar o dano; aquela, porque implica um retrocesso sem fim na cadeia de fatos, aceitando qualquer uma das causas como eficiente. Em ambos os casos os resultados seriam inadequados e imprecisos.

79.4 Assim, temos que a teorização de Gustavo Tepedino se aplica perfeitamente à teoria da responsabilidade objetiva por omissão. A constatação de que um fato lesivo é efeito necessário de um dano não depende exclusivamente da qualidade de comissiva da conduta. Esposar entendimento contrário implicaria, além de desprezar a causalidade normativa estabelecida no direito positivo, reputar que o descumprimento de dever específico por parte da Administração não poderia gerar autonomamente efeitos danosos (a não ser a sanção ao servidor omisso). Não é o que se constata no mundo fático, como bem demonstram as decisões de nossos tribunais.

Em caso que envolvia indenização por morte decorrente da fuga de preso devido à incúria dos agentes penitenciários, em que os homicídios não foram ocasionais (mas resultantes da predisposição do fugitivo, que se evadiu para cometê-los), o STF decidiu pela indenização fundada na responsabilidade objetiva do Estado. A falta de cuidado dos agentes penitenciários (omissão derivada da negligência) firmou o nexo causal entre a fuga do detento e os delitos cometidos, que constituíram "desdobramento natural da evasão".

O TJMA adotou entendimento semelhante quanto à responsabilidade objetiva do Estado por omissão em caso de morte de servidor que sofreu sérias ameaças previamente comunicadas à Administração Pública, que nenhuma providência concreta adotou.

O 1º TACivSP já decidiu pela responsabilidade objetiva derivada da "omissão da Municipalidade em sinalizar o local onde ocorreu o acidente, após a cidade ter sido castigada por chuvas de grandes proporções", caracterizando a "relação de causalidade entre o dano e a falta de serviço público". O caso concreto envolvia a queda de veículo em buraco existente em via pública.

A conclusão é a de que há hipóteses concretas em que se constata com clareza o nexo de causalidade necessária entre a específica omissão no cumprimento de um dever e o dano causado.

80. Ademais, quando ao agente é imputado um específico cuidado objetivo como dever de fazer, é nítido que o legislador estabeleceu *pleno iure* a capacidade do servidor de reconhecer o fato e o resultado de sua eventual omissão. Para esse fim que é estabelecido o dever positivo do cumprimento de determinada conduta comissiva (caso contrário, a norma seria vazia de sentido). A lei define que a Administração Pública tem um dever material certo, razoável e proporcional a ser cumprido.

Assim, o dano porventura causado pela omissão no cumprimento de um dever é previsível de pleno direito. Mais que isso: na medida em que estamos a cogitar da imputação legal de responsabilidade objetiva à Administração (e não da culpa do agente), também é fulgente o dever de reparar o dano oriundo da omissão no cumprimento de uma obrigação específica. Nesse caso a omissão não é alternativa juridicamente válida, mas se trata de específica inércia contrária ao dever jurídico de realizar a conduta comissiva.

Nesse sentido, e por unanimidade, o Plenário do STF decidiu que a morte de detento em estabelecimento penitenciário gera responsabilidade civil do Estado quando houver inobservância do seu dever específico de proteção, tendo sido fixada a seguinte tese de repercussão geral: "Em caso de inobservância de seu dever específico de proteção previsto no art. 5º, inciso XLIX, da CF, o Estado é responsável pela morte de detento". Isto é: a legislação prefixou o dever positivo de cuidado e zelo pela integridade dos detentos confiados à guarda do Estado. O descumprimento do dever particular e próprio das autoridades a quem foi imputado importa a correspondente responsabilidade objetiva de indenizar.

Reitere-se que tal omissão é faticamente aferível em contraste com o dever de agir positivamente. Não se trata de omissão definida por eventual inércia fortuita, que depende do acaso. Tampouco envolve uma omissão genérica (o Estado não é um "segurador universal" e não pode ser responsabilizado por todas e quaisquer vicissitudes da vida). Ao contrário: a omissão de que se trata envolve o descumprimento de específico agir cogente, positivado às claras em norma jurídica. A previsibilidade do resultado é plena; o vínculo entre o não feito e o dano emerge com clareza.

Rigorosamente, há verdadeira *compensação* entre a concepção de um eventualmente frágil nexo causal e o certamente forte vínculo de imputação normativa. A poderosa positivação de um fazer positivo traz consigo as consequências oriundas de seu desrespeito. Como James Goldschmidt de há muito firmou, exatamente no que diz respeito à comissão mediante omissão: "A constituir a causalidade concorrem, portanto, a possibilidade de impedir o evento e, simultaneamente, o dever de o impedir: o *minus* causal (inércia ou atividade apenas pensada) é compensado por um *plus* normativo (contrariedade ao dever ou ser ordenado)".

Reforce-se que não se defende a impossibilidade de defesa da Administração quanto às exceções usualmente aplicáveis à responsabilidade objetiva. O caso concreto pode desenhar a imprevisibilidade do dano, a força maior, a culpa da vítima etc.

Conforme consta de voto do Min. Gilmar Mendes, prestigiado pelo Plenário do STF, "nos casos de omissão do serviço ou obra pública, cabe ao ente público o dever de comprovar que agiu de forma eficaz na execução de seus serviços e que o evento danoso não ocorreu como consequência de conduta omissiva de sua parte. A responsabilidade só será elidida se, comprovada a omissão do agente público, esteja demonstrada excludente da exigibilidade da conduta esperada, ou das exceções representadas pelo caso fortuito, força maior ou ato próprio do ofendido".

81. Nos exemplos descritos há vínculo certo entre omissão e dano. A Administração não expediu certidão explicativa (ou não forneceu as informações públicas), o que impediu a contratação. Houve falta da necessária notificação prévia para inscrição no CADIN, culminando na vedação ao recebimento de recursos públicos. Inexistia determinado sinal de trânsito obrigatório, mas ainda assim a via foi liberada, gerando o acidente. São motivos necessários e suficientes aos danos, cognoscíveis de forma objetiva e imediata.

É nítida a imprescindibilidade da omissão para a produção do resultado danoso.

Bem verdade, poder-se-ia cogitar de casos em que a prova do vínculo entre omissão e dano não seja tão nítida – ou, mesmo, seja impossível. Porém, isso identicamente ocorre frente aos atos comissivos.

Trata-se de hipótese usual, na qual se desvanece a responsabilidade objetiva nos danos causados pela conduta comissiva. Caso haja sérias dúvidas a respeito do nexo causal, a responsabilidade deverá ser apurada minuciosamente, através de processo (administrativo ou judicial). O resultado – prático e jurídico – é o mesmo.

Mesmo porque tanto *causa* quanto *condição* são apuradas *a posteriori* do evento danoso, em face do universo normativo que rege a hipótese concreta.

82. Assim – e reforçando o acatamento à doutrina em sentido contrário –, reputamos que os atos omissivos podem dar margem à responsabilidade objetiva, nos termos do §6º do art. 37 da CF.

Vencida a parte geral do estudo da responsabilidade objetiva, cabe exame dessa matéria relativamente ao tema deste estudo – o processo administrativo.

2.7.6 Responsabilidade objetiva, processo administrativo, a Lei nº 9.784/1999 e o Código de Processo Civil/2015

83. Em face do processo administrativo, consideramos que a responsabilização objetiva pode decorrer de três circunstâncias: instalação, condução e decisão. Atividades processuais específicas, cujo desempenho irregular pode dar margem a prejuízos aos particulares.

Desde logo, é importante frisar que a Lei nº 9.784/1999 não contém qualquer preceito a propósito da responsabilidade objetiva processual. Ela decorre diretamente da Constituição.

Por outro lado, o Código de Processo Civil/2015 traz preceitos expressos quanto à responsabilidade das partes e do magistrado por danos processuais (e seus efeitos). O art. 79 estabelece a responsabilidade daquele "que litigar de má-fé como autor, réu ou interveniente". Já o art. 143 prevê que o juiz "responderá, civil e regressivamente, por perdas e danos" em casos de atuação "com dolo ou fraude" (inciso I) e se "recusar, omitir ou retardar, sem justo motivo, providência que deva ordenar de ofício ou a requerimento da parte" (inciso II).

83.1 Na dicção de Celso Antônio Bandeira de Mello, cinco são as hipóteses de obrigatoriedade de instalação do processo administrativo: (a) pedido de particular; (b) quando a providência visada pela Administração envolver privação de liberdade ou de bens; (c) quando a providência visada envolver litígio, controvérsia ou aplicação de sanções ao particular; (d) quando houver exigência constitucional a respeito (concurso público, licitações etc.); e (e) quando lei ou ato administrativo o previrem.

Frise-se que o art. 5º da Lei nº 9.784/1999 prevê expressamente que "o processo administrativo pode instalar-se de ofício ou a pedido do interessado". E o art. 9º traz rol de pessoas e entidades passíveis de serem qualificadas de "interessados".

Assim, o processo administrativo não depende exclusivamente de pleito externo, mas muitas vezes deve ser iniciado *ex officio*. Porém, tanto num plano quanto noutro, configura dever da Administração. Caso contrário não haveria razão à fixação de competência para sua instalação por imperativo do cargo. Tampouco teria razão de ser a outorga desse direito específico aos particulares.

Não sendo instalado o processo, e caso desse fato resulte prejuízo concreto às pessoas envolvidas, dar-se-á o dever de indenizar. Tanto na hipótese de pedido recusado ou não apreciado como naquelas de desconsideração da incumbência legal de instalar o processo. Também pouco importa se tal inação derivou da falta de conhecimento do servidor quanto ao dever legal de iniciar o processo; do excesso de trabalho; do atabalhoamento da máquina administrativa; etc. A responsabilidade é objetiva, deriva puramente do nexo entre o *facere* (ou *non facere quod debeatur*) e o dano dele resultante.

Por outro lado, também a instalação *ex officio* indevida gera responsabilidade à Administração. Imagine-se a hipótese de processo de apuração de responsabilidade funcional instalado espontaneamente pela autoridade, mas lastreado em pura perseguição pessoal. O mesmo se dá em processos instalados como medida inibitória a particulares que celebraram contratos administrativos: a título de intimidar, a Administração instala processo administrativo indevido. Em ambos os casos trata-se de nítido desvio de poder, apto a gerar danos patrimoniais e morais, que importa responsabilidade da Administração.

83.2 O mesmo se dá quanto à condução do processo. A regra é a obrigatoriedade da evolução da relação processual, mediante a prática de atos que visem à concretização eficaz da sequência lógica que atingirá o ato final.

A Administração não pode meramente "aguardar" manifestações formais para dar andamento ao rito procedimental ou "esquecer" o processo administrativo no aparelho burocrático. Mais que isso, a sequência de atos deve ser correta e prática. A Administração tem o dever de concretizar o procedimento excelente, que atenda com precisão aos interesses em jogo. Não se admite procedimento protelatório ou enganoso.

Mas fato é que os processos administrativos (tal como os judiciais) tendem a durar muito mais que o necessário, gerando danos aos particulares envolvidos e à própria Administração. Afinal, não foi devido a um acaso que a Emenda Constitucional nº 45/2004 acrescentou ao art. 5º da CF o respectivo inciso LXXVIII, o qual dispõe que "a todos, no âmbito judicial e administrativo, são assegurados a razoável duração do processo e os meios que garantam a celeridade de sua tramitação".

Ora, uma vez instaurada a *relação jurídico-processual*, esta deve se desenvolver até a decisão final, pois é *dever* da Administração Pública dar seguimento ao processo. Não existe escolha discricionária a ser exercitada, mas se trata de *competência vinculada*. O que se dá é o dever de ser dado andamento célere ao processo administrativo, conforme consignou Cármen Lúcia Antunes Rocha: "A realização de um processo pela Administração Pública não é competência-faculdade, mas competência-dever vinculado. Alguns elementos admitidos para o exercício dessa competência podem ser discricionários, por exemplo, relativos ao momento, mas o exercício dela é sempre vinculado. Não cabe ao administrador público escolher a forma processual, ou eleger se processualiza determinado desempenho, ou não".

A razão desse dever cogente de praticar os atos de condução do processo é bastante simples: os direitos processuais estampados na Constituição nada mais são que a garantia de que o particular não terá seus direitos materiais violados. Não será demais sublinhar que tais direitos, muito embora processuais, são *direitos fundamentais*. Tanto o direito de petição quanto o direito ao devido processo legal e à razoável duração do processo ocupam aquele extrato normativo positivado em sede constitucional, cuja aplicabilidade imediata é assegurada a todas as pessoas (físicas e jurídicas).

Afinal de contas, o direito à "razoável duração do processo e meios que garantam a celeridade de sua tramitação" é um *direito fundamental*, nos termos do art. 5º, LXXVIII, da CF brasileira. Como lecionam Marinoni e Mitidiero, o pressuposto "para aferição da duração razoável do processo é a definição do seu *spatium temporis* – o *dies a quo* e o *dies ad quem* entre os quais o processo se desenvolve". E, como anotou Samuel Miranda Arruda, tal preceito também se dirige imediatamente à Administração Pública – pois, "enquanto destinatário da norma, compete ao Executivo tomar as medidas ao seu alcance para evitar a lesão ao direito fundamental". O Estado-Administração é um dos mais importantes destinatários dessa norma constitucional.

Assim, e tal como lecionou Seabra Fagundes, o sobrestamento indevido do processo implica abuso de poder por omissão, pois é dever do administrador "decidir, dentro dos critérios normais de tempo, sobre qualquer requerimento que lhe seja presente", vez que "o não fazer o que deve ser feito por força de lei é tão violador do princípio de legalidade quanto fazer aquilo que a lei proíbe".

A conclusão é no sentido de que, "quando a inércia da Administração acarreta prejuízo ponderável para o administrado, dá lugar à reparação".

"Nem mesmo o ser discricionária a competência do administrador lhe exclui o dever de decidir, pontualmente, sobre as pretensões a ele submetidas. Porque a discrição conferida ao agente executivo não o converte, se diante de uma postulação, em senhor do calar ou do falar (...)".

Também no caso de vício quanto à condução do processo incide a responsabilidade objetiva. Caso haja dano (patrimonial e/ou moral) e este derive da inação administrativa, de conduta protelatória ou grosseiramente equivocada, daí emanará o dever de indenizar.

83.3 Talvez a hipótese mais complexa seja exatamente aquela da responsabilidade objetiva derivada da decisão, ela mesma.

Tratando-se de atos vinculados, não há dúvida. A prática dessa espécie de atos processuais – sejam meros despachos, decisões interlocutórias ou provimentos finais – é obrigatória à Administração. Por exemplo, caso o licitante habilitado ofereça o melhor preço em concorrência com tal objeto, somente este poderá ser contratado; caso o particular pleiteie fundamentadamente produção de provas indispensáveis à solução de sua pretensão concreta e previstas em lei, estas deverão ser deferidas; caso o prazo legal para manifestação ou juntada de documentos seja de cinco dias úteis, não poderá ser diminuído; caso o particular protocole seu recurso administrativo no prazo legal, não poderá ser simplesmente descartado e não conhecido; etc.

Se o desatendimento ao ato vinculado importar, além da nulidade do ato, prejuízo ao particular, existirá dever de indenizar.

Já a responsabilidade objetiva em face de atos discricionários exige investigação mais profunda. Em um primeiro momento, nítida é a responsabilidade vinculada ao tempo para a prática do ato. Havendo previsão legal dos termos inicial e final da conduta administrativa, pouco importa a natureza jurídica do ato: discricionário ou vinculado, deve ser praticado no prazo de lei.

No que diz respeito ao conteúdo do ato discricionário a aplicação da responsabilidade objetiva beira a impossibilidade. Somente em casos gritantes de desvios explícitos e teratológicos, que tornem incontroverso o descumprimento à lei, será possível a responsabilização objetiva.

Decisões que alberguem meros erros não serão passíveis de dar margem a indenizações. Isso por vários motivos. Em primeiro lugar, e tal como no Poder Judiciário, "por sua condição humana, o juiz está sujeito aos erros de julgamento e raciocínio ou ainda a ilusão dos sentidos, (...)". Depois, os erros de decidir são passíveis de revisão através de recursos, de plena aplicação no processo administrativo. Trata-se exatamente da razão de ser da existência do sistema recursal: avaliar e reformar decisões proferidas em erro (de fato ou de direito).

Afinal, os erros quanto ao conteúdo das decisões somente serão indenizáveis tal como o são frente ao Poder Judiciário, "até quando o juiz, ultrapassando os limites da razoabilidade na interpretação e aplicação das leis, profira decisões que causem danos injustificáveis às partes". Contudo, somente em situações-limite, em que o desvio seja grotesco, em frontal desacordo com entendimentos já pacificados em absoluto, sem qualquer fundamentação nova e razoável, será possível a responsabilidade objetiva. Caso contrário dar-se-á responsabilidade dependente da prova do dolo ou culpa do agente.

2.8 Princípio da eficiência

84. O exame do princípio da eficiência frente ao processo administrativo autoriza estudo mais aprofundado. Isso porque, apesar de previsto expressamente na Lei nº 9.784/1999, veio a lume no Direito pátrio através da Emenda Constitucional nº 19/1998, tornando-se máxima constitucional da Administração Pública.

Assim, a análise do princípio da eficiência procurará enfrentar sua origem e seu possível significado constitucional, indo além daquela realizada frente aos demais cânones do processo administrativo.

2.8.1 Evolução histórica do princípio constitucional da eficiência no Direito brasileiro

85. O poder constituinte derivado, guiado pelo Governo Federal, instalou série continuada de mudanças no texto constitucional brasileiro – especialmente a partir da Emenda Constitucional nº 5/1995. Tais alterações tiveram como lastro concepções diversas daquelas adotadas quando da promulgação da Constituição em 1988, especialmente com referência à ordem econômica e político-administrativa estatal. Documento vivo que é, a Constituição constantemente respira novos ares e se submete a alterações formais (emendas, revisões) e materiais (mutações constitucionais).

É importante frisar que tais reformas não tiveram origem imediata em determinado projeto específico e autônomo do Governo Federal brasileiro, mas se inserem numa onda mundial de mudanças. A Reforma Administrativa implementada no Brasil ao final do século XX veio na sequência daquelas experimentadas pela Grã-Bretanha e pela Europa Continental. Seja devido à influência direta do modelo norte-americano, seja em decorrência de decisões da Comunidade Europeia, desde a década de 1980 o Direito Administrativo europeu vem sofrendo profunda transformação, oriunda da confluência de três conceitos básicos: liberalização, privatização e desregulação (ou neorregulação).

Tais reformas pretendem instalar um novo paradigma de Estado em face da Economia, com profundas alterações na organização e nas funções da Administração Pública. Ou seja: não se trata apenas de mudança de nomenclatura ou solução conjuntural. Muito mais que isso – e como bem destaca Vital Moreira –, envolve "uma verdadeira *revolução organizatória* na Administração Pública. Uma revolução que põe em causa as suas fronteiras tradicionais e que deixou de ser apreensível com as categorias organizatórias herdadas do passado".

No caso brasileiro – tal como leciona Leila Cuéllar – a reforma do Estado derivou de tríplice crise: fiscal, no modo de intervenção e na forma burocrática de administração. "Para combater estes problemas, dentre outros itens, verificou-se ser preciso redimensionar o Estado, sua participação no capital e na gestão de empresas públicas, revisar as estruturas administrativas e a subsistência das diferentes regulações e monopólios que impediam a livre iniciativa e a livre concorrência dos particulares no mercado."

86. Nesse contexto, o Ministério da Administração Pública e Reforma do Estado desenvolveu, em meados da década de 1990, aquilo que se denominou de *Reforma Gerencial do Estado*. Pretendeu-se extinguir a chamada "Administração burocrática" e criar um sistema denominado de *racionalidade administrativa* segundo os fins.

Bem verdade que o projeto não implicava a rejeição pura e simples do conceito weberiano de burocracia, mas resultava da constatação de que o aumento desmesurado das dimensões do Estado-Administração trazia consigo uma frustração à racionalidade instrumental do modelo.

Por outro lado, a Reforma Gerencial não tinha por lastro imediato o chamado neoliberalismo (pois este pressupõe não só um distanciamento do Estado do social, como também a vedação à regulação estatal da economia e à intervenção econômica em sentido lato). Tais associações de ideias resultam antes de uma concepção fechada dos conceitos (seja da Reforma, seja da burocracia, seja do neoliberalismo) do que propriamente da análise apurada de seus termos reais. Note-se que não se pretende, aqui, defender a Reforma Administrativa Gerencial em todos os seus termos (nem a rejeitar), mas apenas tentar uma compreensão mais ampla – com as críticas que reputamos cabíveis. O que se visa é a um aclaramento de ideias.

Assim, a Reforma Administrativa implantada a partir de 1995 deu-se especialmente através da pretensão à *descentralização* estatal, *parcerias* com a iniciativa privada e *valorização* da *competência* e da *eficiência* da Administração Pública. Visava-se a instalar a denominada "Administração Pública Gerencial".

87. A intenção básica da Reforma Administrativa inicialmente tomou substância na Proposta de Emenda Constitucional/PEC nº 173/1995, encaminhada pelo Poder Executivo ao Congresso Nacional.

A PEC nº 173 foi rejeitada quase que integralmente pela Comissão de Constituição e Justiça da Câmara dos Deputados. Desse fato derivou a instalação de Comissão Especial, cujo Relator lavrou nova redação à PEC, em certos aspectos ampliativa das teses do Poder Executivo.

88. A nova redação do Projeto de Emenda inseriu no *caput* do art. 37 um princípio denominado de *qualidade do serviço prestado*.

Previsão inédita, seu fundamento era a proteção ao usuário, visando à qualidade no planejamento, execução e controle das atividades de serviço público. Esse princípio não sobreviveu, pois a redação final da Emenda Constitucional nº 19/1998 suprimiu-o e o substituiu pelo mais genérico *princípio da eficiência*. Este princípio foi inserido apenas quando do debate no Senado Federal, através da Emenda de Plenário 8 (em momento algum foi submetido à apreciação da Câmara Federal).

89. Assim deu-se a inserção do *princípio da eficiência* no *caput* do art. 37 da CF, como diretriz da Administração Pública (EC nº 19/1998, art. 3º) – tal como se fosse possível alterar instantaneamente os parâmetros da ação administrativa "pelo simples efeito de máximas gerais ou de largos princípios, sem recurso a uma multidão de decisões particulares que as implementem e resolvam os problemas concretos imprevisíveis".

Mais que isso, a Emenda Constitucional nº 19/1998 pretendeu imputar normativamente à Administração Pública o cumprimento de uma máxima não jurídica, típica da Administração e da Economia, que se refere basicamente ao desempenho de entes privados. Para tais ciências o conceito do termo "eficiência" pertence à relação entre trabalho, tempo, investimento e resultado lucrativo obtido em determinada ação empresarial.

A eficiência apresenta, basicamente, três noções clássicas: (a) eficiência produtiva (ou técnica, vinculada à relação entre os fatores de produção e a quantidade de bens produzidos); (b) eficiência de Pareto (ou alocativa, vinculada à distribuição dos recursos em vista da ampliação do bem-estar social); e (c) eficiência de Kaldor-Hicks (ou "princípio da compensação", em que a alocação dos recursos é eficiente quando maximiza a riqueza, independentemente de sua distribuição social). Em termos jurídicos, no que respeita à ação do Estado tais conceitos referem-se basicamente ao gerenciamento da Administração Pública, à regulação econômica e à tutela da concorrência.

Ou seja: alçar o princípio da eficiência a uma máxima da Administração (ao lado da legalidade, publicidade etc.) implica a inserção de conceitos e objetivos diversos daqueles tradicionalmente tidos como essenciais à Administração Pública em um Estado Democrático de Direito. Essa constatação é própria dos tempos pós-modernos em que vivemos, a exigir que a ciência do Direito conviva, de modo amigável e colaborativo, com outros saberes (Economia, Ecologia, Administração, Finanças etc.). Afinal, o que atualmente se demanda da Administração Pública é muito mais do que se exigia quando do seu nascimento (Estado Liberal), não só no que respeita aos direitos fundamentais de segunda dimensão (Estado Social), mas especialmente quanto aos direitos de terceira e quarta dimensões (Estado Pós-Social; Estado de Garantia; Estado Ecológico; Estado Investidor).

Assim, não será demais afirmar que, hoje, o princípio da eficiência está definitivamente integrado na racionalidade da Administração Pública brasileira. Basta que pensemos na Lei de Responsabilidade Fiscal (Lei Complementar nº 101/2000); nas parcerias público-privadas (Lei nº 11.079/2004); no Conselho Nacional de Justiça/CNJ (Emenda Constitucional nº 45/2004) e na Lei de Licitações e Contratos Administrativos (Lei nº 14.133/2021). O que importa a inserção de novas ideias a parametrizar o funcionamento da Administração.

2.8.2 Exame extrajurídico do princípio constitucional da eficiência no Direito brasileiro

90. Quando da redação inicial deste livro havíamos tecido considerações bastante desabonadoras à inserção do princípio da eficiência em sede constitucional, com base na concepção de que não haveria crítica positiva a ser feita no âmbito estritamente político-jurídico. Teria sido um despropósito a transposição de parâmetro da administração gerencial privada competitiva elevando-o, sem mais, à condição de princípio constitucional típico da Administração Pública. A rigor, em termos de técnica legislativa a positivação do princípio no *caput* do art. 37 teria sido impertinente, supérflua e irrelevante. Isso devido a três motivos, em face dos quais o tempo exigiu maiores reflexões.

Por um lado – e conforme já mencionado –, porque não se trataria de princípio jurídico, não poderia ter sido alçado à condição de norma constitucional como máxima da Administração Pública. Não teria vínculo estrito e imediato com o mundo do Direito, tampouco faria parte da tradição histórica das Constituições brasileiras (como se pode afirmar para os princípios da legalidade, moralidade, imparcialidade, publicidade etc.).

Isso com lastro na noção de que a Constituição não pode ser concebida como um conjunto de normas agrupadas a esmo, atendendo à grita do momento (o que é de todo exato). Ao se agregar cada vez maior número de preceitos desconexos à Lei Fundamental, o resultado é a desfragmentação da identidade essencial de tal documento – atentando contra a *dignidade constitucional* das demais normas lá positivadas e gerando a possibilidade de novas alterações espúrias (*abyssus abyssum invocat*).

Por outro lado, a mera inserção de (mais um) princípio no texto constitucional não geraria qualquer novidade ou benefício concreto. O controle da eficiência não partiria apenas de norma genérica e abstrata de conduta, mas exigiria configuração precisa e minuciosa, mediante pautas de comportamento predefinidas – que estabeleçam normativamente o alcance de específicos resultados e a utilização dos recursos certos. Caso contrário inexistirá a "relação" definidora da eficiência. Porém, a configuração dessas pautas não dependeria da positivação de um princípio constitucional e sua inserção no *caput* do art. 37.

Considerações que hoje temos como não de todo exatas. Se é bem verdade que a "corrida de princípios" é um vício do legislador e da academia brasileira (cada norma e cada trabalho acadêmico a criar seus princípios e as respectivas classificações), não é menos certo dizer que a positivação constitucional da eficiência tem lá suas vantagens práticas. Quando menos, instalou o debate (o que, por si, só gera a reflexão) e efetivamente permite o controle prático da ineficiência (inibindo excessos e desídias, a fim de que se abandone o tratamento do Estado brasileiro como uma "cornucópia de dinheiro").

Por fim, a crítica negativa partia do pressuposto de que não haveria qualquer inovação constitucional (ou infraconstitucional) que exigisse a inserção de tal princípio na Lei Magna. As mutações da atividade administrativa pública dizem respeito ou à empresa privada (que tem por gênese a eficiência, independentemente de qualquer previsão normativa) ou às atividades públicas privativas e essenciais, especialmente não lucrativas. O que também não era exato, eis que a perspectiva é mais ampla: as mutações – constitucionais e infraconstitucionais – decorrem das exigências da contemporaneidade, que não se submetem à racionalidade dos tempos de construção do Direito Administrativo (final do século XIX até meados do século XX), mas sim aos desafios deste século XXI.

De qualquer modo, e por todos, permanece presente e merece destaque a preciosa lição de Almiro do Couto e Silva ao consignar que:

> (...) a Constituição de 1988 é um documento barroco. Como a obra de arte barroca, que é rica em ornamentos e tem na opulência e no excesso seus traços mais característicos, assim também a Constituição sob a qual hoje vivemos insiste na riqueza, na abundância, na repetição, na reiteração em forma explícita do que nela já se contém e dela facilmente pode ser extraído pela interpretação.
> (...).

A introdução, pela Emenda Constitucional 19/1998, da eficiência entre os princípios que regem a Administração Pública é mais uma expressão do vezo barroco da repetição, do gosto ou da opção pelo excesso, que permeia todo o texto da Constituição de 1988, se não se quiser ver nisso uma homenagem ao utilitarismo americano, trazido até nós por uma onda relativamente recente de influência de concepções da *common law* sobre o nosso direito público. Mas aí já é outra história.

91. Ainda assim, persiste atual o alerta de que a inserção da eficiência como princípio constitucional pode causar sérias distorções, que devem ser afastadas. Ele necessita ser compreendido na condição de norma integrante do sistema constitucional brasileiro.

Conforme descrito, no setor privado "eficiência produtiva" é a relação estrita entre objetivos lucrativos (resultados previstos) e eficácia da atividade (excelente utilização dos recursos disponíveis). O fim dessas atividades não é a estrita obediência e o respeito ao cidadão, mas a diminuição do custo marginal (a variação do custo total correspondente a mais uma unidade produzida). As condutas são desenvolvidas essencialmente em favor da pessoa prestadora do serviço, visando a aumentar os ganhos do investimento. A empresa privada que não tenha a eficiência como variável em face da qual se define sua atuação certamente não poderá competir no mercado. Caso pretenda competir, perderá (a não ser que vise a atividade de pura benemerência).

Assim, e quando muito, o terceiro (cliente, não cidadão) é atendido com maior atenção visando-se ao objetivo da própria administração empresarial (lucro). Mais que isso, o cliente está em posição jurídica absolutamente diversa da do cidadão: este é *titular* dos bens e poder públicos, outorgados a seus representantes para exercício evolutivo dos serviços criados em seu benefício.

Ora, a Administração Pública não pode ser só orientada para a questão dos lucros sobre capital – interpretação equivocada do princípio constitucional da eficiência –, olvidando ou deixando como questão secundária as implicações sociais primárias da atividade administrativa. Seria celebração peremptória, como máxima constitucional, de interesses secundários da Administração. Isso sobretudo em países em via de desenvolvimento, como o Brasil, em que não existe a consolidação real de uma gama de direitos e garantias aos cidadãos.

92. Outro sério risco que eventual interpretação puramente econômico-administrativa do princípio poderia gerar é aquele da tentativa de "derrogação" ou "atenuação" de outras normas (constitucionais e infraconstitucionais), em favor da eficiência.

Ou seja: a Administração pretender transpor previsões normativas – quer implícitas, quer explícitas – em favor de sua "eficiência". Ou justificar o desprezo a prazos, intimações e notificações, recursos etc.; ou mesmo cortar despesas em questões essenciais aos cidadãos – tudo isso na busca da "eficiência". A eficiência assim como a dignidade da pessoa e a razoabilidade não são chaves mestras que abrem todas as portas, de acordo com a opinião e a conveniência do aplicador. Não podem ser manejadas como se fossem instrumentos autônomos de solução de todos os problemas (ou justificativa para o não cumprimento de regras e/ou dos demais princípios).

93. Em verdade, é necessária alguma atenção ao fenômeno da *inversão normativa*, que traz consigo o perigoso *procedimento de privatização interna* – no mau sentido do termo – da Administração Pública, que configura desprezo à essencial diferença entre regras legais e princípios constitucionais, como também às prerrogativas e deveres de cada espécie de atividade.

Ao estabelecer a "eficiência" como razão maior da conduta administrativa pública, aumentam-se os sempre constantes perigos de desvios inerentes a essa atividade. Em um Estado Democrático de Direito a busca primordial dos entes administrativos não é puramente a eficiência *stricto sensu*, mas o respeito aos cidadãos e o atendimento ao seu bem-estar; a realização dos direitos fundamentais da pessoa humana (o que deve ser concretizado de forma eficiente, sem dúvida). O engajamento dos servidores públicos não pode ter como móvel eventual dever de "qualidade total" do serviço e a respectiva "diminuição dos custos" a qualquer preço.

Mais: tampouco a eficiência, sobretudo em termos processuais, pode ser vista como um vício. Os processos devem ser céleres, a fim de cumprir com o princípio da duração razoável. Como já decidiu o STJ, "a celeridade imprimida na análise dos processos administrativos não pode ser considerada como motivo para se concluir pela existência de dolo, má-fé ou conluio para fins de nulificação de ato jurídico praticado por órgão público, haja vista que é princípio constitucional o da eficiência, devendo todo e qualquer servidor público ou agente político zelar para a rápida solução dos feitos dos administrados".

A eficiência tem valor autônomo e, ao mesmo tempo, serve de agente para êxito na execução dos demais princípios constitucionais. Claro que sua institucionalização adequada trará benefícios a todos – cidadãos e Estado –, mas ela não é um fim em si mesma.

2.8.3 Regras para a interpretação positiva do princípio constitucional da eficiência

94. Ao intérprete não cabe a pura tarefa de crítico negativo, sobretudo de normas positivadas em sede constitucional. Há, quando menos, três regras hermenêuticas que *impõem* tal vedação. Ao contrário: a busca pela máxima efetividade demanda que se interprete positivamente o princípio da eficiência.

94.1 Em primeiro lugar, devemos obediência ao pressuposto do *legislador racional*, "construção dogmática que não se confunde com o legislador normativo (...) nem com o legislador real. (...). Por meio da língua hermenêutica reconstrói-se o discurso do ordenamento, como se o intérprete 'fizesse de conta que' suas normas compusessem um todo harmônico, capaz, então, de ter um sentido na realidade".

Ainda que sustentemos eventuais vícios (políticos) no texto positivado, a interpretação há de enriquecê-lo e suprimir os eventuais desvios, pressupondo a existência de um legislador *ideal*. Afinal, como bem frisou Paulo Modesto, "não se pode, em qualquer caso, recusar a *positividade*, a *operatividade* e a *validade jurídica do princípio da eficiência* sob o argumento de que seu conceito foi tradicionalmente desenvolvido pela Sociologia e pelas ciências econômicas. Todos sabemos que os princípios jurídicos são normas, prescrições, dirigem-se a incidir sobre a realidade, referindo sempre algum *conteúdo impositivo*".

94.2 Depois, valemo-nos da regra de que o texto constitucional não contém unicamente termos técnicos ou científicos, mas *linguagem vulgar*, cuja compreensão é aquela de *pleno acesso* ao povo. A Lei Suprema resulta de outorga popular ao poder constituinte. Há de ser cognoscível por todos os cidadãos, e assim deve ser interpretada.

Lembre-se a lição de Peter Häberle, para quem "a teoria da interpretação deve ser garantida sob a influência da teoria democrática. Portanto, é impensável uma interpretação da Constituição sem o cidadão ativo".

"Todo aquele que vive no contexto regulado por uma norma e que vive com este contexto é, indireta ou, até mesmo, diretamente, um intérprete dessa norma. O destinatário da norma é participante ativo, muito mais ativo do que se pode supor tradicionalmente, do processo hermenêutico. Como não são apenas os intérpretes jurídicos da Constituição que vivem a norma, não detêm eles o monopólio da interpretação da Constituição."

Assim, a compreensão constitucional do princípio não advirá da técnica apurada desenvolvida pela Economia ou ciência da Administração, mas, sim, de uma compreensão democrática da terminologia da Lei Fundamental. Uma vez positivada, a norma desprende-se do seu criador e assume significado todo próprio, oriundo da interpretação sistemática do ordenamento jurídico. As normas constitucionais explicam-se umas às outras, em respeito ao princípio da unidade da Constituição.

94.3 Ao final, também pretendemos aplicar à presente análise a regra segundo a qual as normas geradoras de direitos individuais e sociais devem ser interpretadas em sua máxima amplitude possível.

Mediante a combinação das regras hermenêuticas do legislador racional e interpretação popular, acreditamos que o conteúdo jurídico do princípio da eficiência pode encerrar norma que garanta e amplie os direitos individuais e sociais. Daí a possibilidade de atingir o máximo de benefícios concretos ao cidadão.

95. Em resumo, essa é a procura necessária ao hermeneuta jurídico. Na hipótese em análise, abrir mão do conceito puramente econômico-administrativo de "eficiência" e tentar criar visão jurídica e democrática do tema. Interpretar a Constituição de forma coerente e integrada, a fim de sedimentar entendimento específico de Direito Constitucional Administrativo.

Compreensão, esta, não preordenada por preconceitos acadêmicos, nem por símbolos exógenos à coerência interna da Constituição.

Isso não significa dizer que o Direito possa abrir mão da convivência com outras ciências, nem mesmo que possa desprezar os fatos ao seu redor. A aplicação da norma constitucional tem como ponto de partida o texto da Constituição e sua integração aos fatos (bem como o que nos ensinam as demais ciências). O Direito não precisa subordinar-se a outros mundos do conhecimento, mas pode "sentar-se à mesa" e aprender com eles – numa construção positiva da norma a ser aplicada.

2.8.4 Princípios de Direito Comparado

96. Na medida em que o princípio é relativamente novo no Direito brasileiro (ao menos desde 1998), realizaremos prévia análise (puramente descritiva, acrítica e sintética) dos ordenamentos espanhol, italiano e português – que possuem disposições normativas semelhantes, tanto nas Leis Fundamentais como na legislação processual-administrativa.

Este estudo sumário procurará investigar eventual relação entre os preceitos dos ordenamentos estrangeiros com a noção de eficiência, especialmente em face da Administração Pública.

2.8.4.1 Direito espanhol e o "princípio da eficácia"

Na Espanha, o art. 103.1 da Constituição de 1978 prevê o "princípio da eficácia".

97. Trata-se de mandamento semelhante à "eficiência" prevista na Lei Fundamental brasileira, não quanto ao seu conteúdo, mas certamente ao objetivo visado pelo legislador constituinte.

Por outro lado, a Lei do Regime Jurídico das Administrações Públicas e do Procedimento Administrativo Comum (Lei nº 4/1999, conhecida por LRJ-PAC) previa o "critério da eficiência" da Administração. Esta lei esteve em vigência até outubro de 2016, quando entrou em vigor a Lei nº 40/2015 (*Régimen Jurídico del Sector Público*).

De qualquer modo, a compreensão acadêmica persiste representativa do impacto gerado pela positivação de tal princípio no Direito Administrativo espanhol – tanto em sede constitucional como infraconstitucional.

97.1 Parte da doutrina espanhola opôs-se à inserção do princípio da eficácia no ordenamento constitucional. Para Garrido Falla a previsão é dispensável, pois juridicamente desprovida de valor. Há sérias dúvidas sobre se se trataria de uma questão constitucional, especialmente devido à "falta de consequências jurídicas que a constitucionalização do termo comporta", pois, "à margem do que a Constituição diga a respeito disso, uma Administração que atua ineficazmente será uma má Administração".

Porém, o princípio também recebeu boa acolhida, através de manifestações que revelam aspectos positivos de tal previsão. Vejamos, de forma extremamente sumária, sete delas.

97.2 Para Luciano Parejo Alfonso "eficiência" e "eficácia" assumem especial relevância no Direito Administrativo espanhol contemporâneo – o que não significa desconsideração ou substituição das máximas jurídicas tradicionais de um Estado Democrático de Direito.

O autor realiza análise vernaculista geral, passando pela ciência econômica e teoria da organização, para chegar à noção propriamente de ciência jurídica dos vocábulos.

Ao analisar os termos sob o aspecto "jurídico-público", Parejo Alfonso parte do pressuposto de que, se ao tempo do chamado Estado Liberal de Direito a noção de eficácia poderia ficar limitada àquela "clássica de eficácia jurídica das normas e atos", com a fórmula do Estado Social de Direito a atividade estatal é vista em termos de cumprimento de fins e objetivos, "de produção pelo Estado de resultados e, portanto, de rendimento de suas organizações, essencialmente as administrativas".

O autor estabelece três pontos para o enfrentamento jurídico da matéria: (a) a positivação constitucional da eficácia e da eficiência como bens jurídicos (ao definir o Estado espanhol como Social e Democrático de Direito, a Constituição impõe dever estatal de ação, que tem a eficiência como princípio substantivo da programação e execução do gasto público, e a eficácia como diretriz da organização administrativa); (b) a eficácia segundo a doutrina jurisprudencial (o Tribunal Constitucional espanhol definiu a eficácia como princípio jurídico – essencial, genérico e vinculante); e (c) a eficácia e sua relação com a eficiência, segundo a doutrina científica (específica aptidão da Administração para agir em cumprimento de suas finalidades e exigência de produção de resultados efetivos).

Sob esse último aspecto, Parejo Alfonso ressalta a qualidade da eficácia como princípio jurídico geral, pois formaliza valor constitucionalmente protegido (realização do interesse geral, predeterminado pelo ordenamento); determina a situação jurídica que exige de modo incondicionado; define a Administração como responsável pela realização da situação jurídica e, devido ao seu conteúdo, contém a exigência da eficiência administrativa.

Em suma, a eficácia é princípio que justifica, explica e governa a máxima da Administração como "constituição que se faz ou torna-se ativa". O autor refuta qualquer aparência de contradição entre o princípio estudado e a legalidade, pois a eficácia "faz parte de uma ordem constitucional específica (da qual deve predicar-se, da mesma forma que da própria Constituição, a unidade) em que, simultaneamente, figura a exigência radical da submissão plena à lei e ao Direito".

Daí sua conclusão de que "a eficácia postulada pelo estatuto constitucional da Administração é uma eficácia no Direito", excluindo "qualquer intento de encontrar um significado autônomo da eficácia".

97.3 Alberto Palomar Olmeda destaca que compreender o princípio em termos puramente empresariais "não é admissível no âmbito do direito público", definindo-o como exigência de uma atuação administrativa "que permita a melhor satisfação dos interesses públicos e que não viva à margem dos mesmos".

O princípio determina "a necessidade de orientar o funcionamento da Administração de forma que seja possível satisfazer os interesses gerais para que satisfaçam a coletividade e que não imponham uma dinâmica própria de caráter administrativo que isole a organização administrativa do contexto que justifica sua existência", refletindo "nas pautas de comportamento da Administração, que só se legitima se realmente satisfaz os interesses sociais".

97.4 Juan José Díez Sánchez destaca o "duplo alcance" do princípio da eficácia, no sentido de que (a) a Administração só pode ser eficaz quando satisfaça sua finalidade (interesse público) e (b) não basta a concretização das tarefas, mas estas devem ter qualidades positivas (economicidade e utilidade pública). Rechaça a "falsa oposição entre legalidade e eficácia", pois é imperioso que o cumprimento à eficácia se dê através do estrito respeito à lei.

Em relação ao procedimento administrativo, afirma que são manifestações processuais da eficácia os princípios da economia processual (vedação a trâmites e atos inúteis, retrocesso processual e excesso de formalismo) e *in dubio pro actione* (garantia do direito de ação e da decisão sobre o objeto do processo).

97.5 Manuel Alvarez Rico considera a eficácia como síntese dos demais princípios de organização administrativa, representando "uma qualidade da prestação administrativa que se mede pelos resultados da real vigência do Estado Social de Direito no âmbito administrativo, e requisito de validade do ato administrativo", tendo como norte "a satisfação do interesse geral prefigurado na própria Constituição e desenvolvido pela legislação ordinária".

97.6 Marcos Gómez Puente inicia sua análise com a premissa de que "a lei determina à Administração a realização de uma série de objetivos, põe à sua disposição uma série de recursos jurídicos e materiais para alcançá-los e assinala uma série de regras pelas quais deve reger-se a atividade administrativa, porque não quer ignorar o modo pelo qual ela se concretiza".

Essa é perspectiva formal através da qual se avalia a eficácia da atividade administrativa não "em termos absolutos pela relação objetivos/meios/resultados, mas por outra mais completa, do método objetivos/meios/*modos*/resultados, em que a normativa legal resulta decisiva. Na lógica do Estado Social de Direito não vale o resultado a qualquer preço".

97.7 Analisando os denominados "princípios de ação administrativa" da lei, Fernando Sáinz Moreno consigna que o princípio constitucional da eficácia se completa com o critério da eficiência previsto na legislação ordinária, resultando de sua conjugação que "a Administração deve estar organizada e dotada de meios jurídicos e materiais para o melhor, mais rápido e econômico serviço dos interesses gerais garantidos pelo ordenamento jurídico".

Processualmente, são manifestações de tais princípios: a liberdade de formas; a concentração (de indivíduos, atos e procedimentos); a celeridade (impulso oficial e impedimento a atrasos anormais); a eficácia imediata dos atos administrativos; e, sobretudo, "a vinculação da Administração aos objetivos que o ordenamento jurídico estabelece".

97.8 Ao tratar do processo administrativo em seu *Curso de Derecho Administrativo*, o saudoso Eduardo García de Enterría e Tomás-Ramón Fernández identificam os princípios da eficácia e da eficiência com o princípio geral da economia processual.

2.8.4.2 Direito italiano e o "princípio do bom andamento"

A Constituição italiana, em seu art. 97, criou o princípio do "bom andamento" da Administração.

98. Tal máxima tem várias interpretações quanto ao seu significado, muitas delas sustentando sua identidade com o "princípio da eficiência" administrativa.

98.1 Antonio Andreani lavrou obra vigorosa na qual analisa desde o aspecto "político" do princípio constitucional até suas consequências frente à jurisdição administrativa.

O autor descreve as linhas doutrinárias que desenvolveram o conceito do princípio do bom andamento: (a) a máxima constitucional seria meramente programática; (b) o princípio seria identificável com o dever de boa administração ou reconduzível a um princípio técnico de eficiência; (c) constitui uma modalidade de exercício do poder administrativo. A opinião que associa o princípio do bom andamento ao da eficiência tornou-se a mais seguida na doutrina italiana.

Porém – e apesar do desenvolvimento moderno do conceito jurídico-formal de eficiência –, Andreani reputa-o insuficiente para produzir comandos operativos, pois "não exprime um valor e um princípio diretivo em si, mas seria somente um expediente conceitual, uma categoria de comodismo".

Por um lado, a fórmula enuncia um valor da organização administrativa, descurando do aspecto funcional. Por outro, está limitada a um momento de potencialidade. "A organização é eficiente, é elástica e portanto *idônea a produzir* a satisfação dos interesses; a ação é também eficiente e elástica e portanto *idônea a produzir* a satisfação do interesse; mas a respeito do resultado/fim da organização e da ação (a satisfação dos interesses públicos) a fórmula da eficiência não é predicável; isto porque não se pode dizer: o *resultado* desta ação *é* eficiente; o resultado é *bom* ou *não bom*, não é eficiente ou elástico."

Ao contrário, o autor reputa que a fórmula constitucional do bom andamento exprime uma valorização final, da ação como resultado, que não pode ser ignorada. Envolve o modo pelo qual o Poder é exercitado, em função da coexistência do Poder com sua respectiva realização e expansão concreta. Assim, o princípio do bom andamento não pode perder seu valor preceptivo aplicável à atividade e conservar mera importância descritiva de uma fenomenologia, conatural a todo ordenamento.

A eficiência, ao contrário, significa um valor fático-econômico ("emprego ótimo dos fatores à disposição da Administração"; "máximo resultado com os menores recursos"; etc.). A se pretender fornecer uma noção jurídica mais abstrata e omnicompreensiva, a eficiência seria a máxima realização dos valores tutelados pelo ordenamento; a compatibilidade entre objetivos, proporcionalidade dos meios e resultados... tudo o que a Constituição italiana exprime com a fórmula da imparcialidade e bom andamento.

Em suma: o princípio da eficiência não é juridicamente perfeito; porém, se o fosse, configuraria um *minus* em relação ao princípio do bom andamento.

98.2 Para Sandulli o princípio do bom andamento refere-se à exigência de que a ação administrativa seja eficiente e apropriada ("congruente"), visando à satisfação das exigências do interesse coletivo geral e do interesse coletivo específico do caso concreto, desde que respeitada a lei. Busca assegurar prontidão, simplicidade, rapidez, rendimento e pontual adequação da conduta administrativa.

98.3 Franco Bassi trata o tema como "princípio da boa administração *ou* da eficiência", destacando que a Administração Pública deve valer-se de critérios de diligência e inteligência médias, de molde a assegurar a eficiência da atividade administrativa. Não se exige a solução ótima, mas aquela da qual é capaz o administrador comum, em equivalência à máxima do *bonus pater familias* do direito privado.

98.4 O constitucionalista Temistocle Martines associa os princípios do bom andamento e da imparcialidade, consignando que, de um lado, a organização administrativa deve agir com a maior eficiência e eficácia e, de outro, assegurar a realização do interesse coletivo sem sofrer influência da parte interessada.

2.8.4.3 Direito português e o "princípio da eficiência" (ou "princípio da desburocratização")

Em Portugal não há previsão explícita acerca do princípio da eficiência no diploma constitucional, mas no Código de Procedimento Administrativo (Decreto-lei nº 4/2015).

99. A Constituição portuguesa prevê, em seu art. 267º, que "a Administração Pública será estruturada de modo a evitar a burocratização (...)" – dever que a doutrina relaciona à eficiência administrativa.

99.1 J. J. Gomes Canotilho e Vital Moreira comentam tal previsão constitucional como um princípio relativo à estrutura organizatória da Administração. Evitar a burocratização é "um corolário do próprio princípio do Estado Democrático, pois este requer (a) a eliminação do dualismo entre o Estado (classe política, burocracia, funcionalismo) e a 'sociedade civil', mediante a abertura das estruturas organizatórias aos contactos imediatos, informais e frequentes com os cidadãos que precisem de recorrer aos serviços administrativos; (b) a inadmissibilidade de uma 'burocracia administrativa', considerada como entidade substancial, impessoal e hierarquizada, com interesses próprios, alheios à legitimação democrática, divorciados dos interesses das populações, geradora dos vícios imanentes às estruturas burocráticas, como 'mentalidade de especialistas', rotina e demora na resolução dos assuntos do cidadão, compadrio na seleção de pessoal etc.; (c) a transparência nos procedimentos de actuação e decisão dos serviços administrativos".

Indo avante, para J. J. Gomes Canotilho o próprio princípio da eficiência da Administração relaciona-se à problemática de uma "Administração por objetivos", pontificando: "Trata-se, portanto, de conciliar o princípio da legalidade da Administração com o *princípio da oportunidade* ou *optimidade*, de forma à Administração poder assegurar com *eficiência* a realização do bem comum sem comprometer as garantias do Estado de Direito. O *princípio da eficiência da Administração* ergue-se a princípio constitutivo do princípio da legalidade desde que isso não signifique preterição das dimensões garantísticas básicas de um Estado de Direito".

O eminente administrativista Diogo Freitas do Amaral também vislumbra o princípio da desburocratização previsto no art. 267º da Constituição portuguesa como um dos princípios referentes à organização administrativa, significando que "a Administração Pública deve ser organizada e deve funcionar em termos de eficiência e de facilitação da vida aos particulares – eficiência na forma de prosseguir os interesses públicos de carácter geral, e facilitação da vida aos particulares em tudo quanto a Administração tenha de lhes exigir ou haja de lhes prestar".

Já João Carlos Simões Gonçalves Loureiro reputa que: "Entendido em sentido amplo, o princípio da eficiência tem dignidade constitucional", pois "basta lançar mão da cláusula do Estado Social". Para esse administrativista a "eficiência é uma pedra fundamental do moderno Estado de Direito", pois "o começo do século XX político consagrou a viragem no sentido da assunção de responsabilidades sociais pelo Estado".

Depois de analisar as perspectivas econômicas e sociológicas do conceito, Loureiro propõe "uma noção juridicamente relevante de eficiência".

Em um primeiro momento frisa a ambiguidade do termo, analisando os conceitos de *produtividade* (variações que pode registrar o produto, como consequência das combinações entre fatores produtivos), *racionalização* (critério de produtividade, também sinônimo de eficiência *stricto sensu*), *eficácia* (relações entre objetivos e resultados), *princípio do bom andamento* (visa a assegurar uma atividade e um resultado) e *praticabilidade* (a vida como realidade fundamental a que o Direito procura servir).

Essa variação conceitual faz com que Loureiro proponha a eficiência como um superconceito, compreendendo diversas dimensões com relevância jurídica. Seriam elas: (a) realização eficaz de fins pré-dados, comportando planos macroscópico (eficácia da Administração como um todo), mesoscópico (realização de interesses públicos secundários) e microscópico (realização concreta e eficaz dos fins pré-dados); (b) modo de realização ótima da Administração, partindo de um conceito formal de eficiência (relação meios/fins) para atingir a exigência de otimização de meios em um campo de racionalidade teleológica; (c) exigências de celeridade pelas quais se deve pautar a Administração; e (d) incidência do princípio da economia.

Quanto ao procedimento administrativo, o autor divide o exame do princípio em dois planos: legislação e administração.

No plano normativo o princípio da eficiência define o "ponto óptimo de 'formalização' procedimental", ajustando a tensão entre a eficiência administrativa e as exigências relativas às garantias individuais.

No âmbito administrativo "a possibilidade de uma conformação mais ou menos eficiente do procedimento se coloca na zona de discricionariedade administrativa" – refutando a excessiva formalização e a rigidez.

Em síntese, o autor reputa (a) que o princípio da eficiência exige a participação dos interessados como "elemento fundamental em procedimentos administrativos complexos"; (b) que se for compreendido como "uma exigência de celeridade e simplicidade, a sua realização, dentro de limites que não ponham em causa exigências mínimas de garantia – o seu *núcleo essencial* –, pode contribuir para realização de direitos fundamentais"; (c) que o reconhecimento de procedimentos informais é "elemento desejável do ponto de vista da eficiência"; e (d) a importância da "ponderação custos/benefícios de uma determinada solução normativa", tendo em vista a informalização como "alternativa ou completamento das decisões administrativas".

99.2 Ainda frente ao Direito Administrativo português é importante destacar que o Código de Procedimento Administrativo prevê expressamente, em seu art. 5º, o *princípio da boa administração*, assim redigido: "1. A Administração Pública deve pautar-se por critérios de eficiência, economicidade e celeridade" e "2. Para efeitos do disposto no número anterior, a Administração Pública deve ser organizada de modo a aproximar os serviços das populações e de forma não burocratizada".

Mário Esteves de Oliveira, Pedro Gonçalves e J. Pacheco de Amorin, já ao comentar o Código de Procedimento Administrativo anterior (Lei nº 32/2991, Decreto-lei nº 422/1991 e Decreto-lei nº 6/1996), destacaram que a própria "exigência e a existência dum procedimento administrativo têm imanente, em primeiro lugar, a ideia de *racionalização* e de *eficiência* administrativas. O procedimento administrativo existe para que, através dele, a Administração procure, em cada caso em que um interesse público esteja juridicamente em causa, uma decisão exacta, adequada e eficiente à sua realização harmónica com os outros interesses envolvidos".

Segundo os comentários de Diogo Freitas do Amaral e outros ao Código anterior, o princípio impõe organização administrativa "por forma a possibilitar uma utilização racional dos meios ao seu dispor, simplificando tanto as suas operações como o relacionamento com os cidadãos", obrigando "a uma renovação permanente das estruturas e dos métodos de funcionamento da Administração Pública, a fim de o respeitar".

2.8.5 A doutrina brasileira e o princípio constitucional da eficiência

100. Transposta a rápida exposição de Direito Comparado, cumpre examinar o entendimento da doutrina brasileira em face da inovação constitucional concretizada na Emenda Constitucional nº 19/1998.

Note-se que o princípio encontrou ampla repercussão frente aos jurisconsultos brasileiros. Há mesmo quem o rejeite no plano jurídico em sentido estrito, qualificando-o de normativamente imprestável (ou supérfluo), pois de difícil aplicação prática. Porém, o intenso debate acerca do princípio vem demonstrar a sua relevância e dos seus diversos enfoques. A seguir serão rapidamente explanadas algumas das teorizações, de molde a consignar as diversas compreensões acerca do princípio.

100.1 O professor Celso Antônio Bandeira de Mello não confere maior importância à inserção do princípio da eficiência na Lei Magna: "Trata-se, evidentemente, de algo mais do que desejável. Contudo, é juridicamente tão fluido e de tão difícil controle ao lume do Direito, que mais parece um simples adorno agregado ao art. 37 ou o extravasamento de uma aspiração dos que buliram no texto".

100.2 Maurício Antônio Ribeiro Lopes vai além e assevera que *"eficiência*, ao contrário do que são capazes de supor os próceres do Poder Executivo Federal, jamais será *princípio* da Administração Pública, mas sempre terá sido – salvo se deixou de ser em recente gestão política – *finalidade* da mesma Administração Pública".

O autor entende tratar-se "de princípio retórico imaginado e ousado legislativamente pelo constituinte reformador, sem qualquer critério e sem nenhuma relevância jurídica no apêndice ao elenco dos princípios constitucionais já consagrados sobre Administração Pública".

100.23 Segundo Maria Sylvia Zanella Di Pietro o princípio da eficiência "apresenta, na realidade, dois aspectos: pode ser considerado em relação ao modo de atuação do agente público, do qual se espera o melhor desempenho possível de suas atribuições, para lograr os melhores resultados; e em relação ao modo de organizar, estruturar, disciplinar a Administração Pública, também com o mesmo objetivo de alcançar os melhores resultados na prestação do serviço público".

Contudo, a autora frisa a necessidade de diferenciarmos a eficiência pregada pela ciência da Administração, referente às empresas privadas, e os parâmetros normativos da Administração Pública em um Estado Democrático de Direito.

"Vale dizer que a eficiência é princípio que se soma aos demais princípios impostos à Administração, não podendo sobrepor-se a nenhum deles, especialmente ao da legalidade, sob pena de sérios riscos à segurança jurídica e ao próprio Estado de Direito."

100.34 Também a análise de José Afonso da Silva parte do pressuposto de que eficiência "não é um conceito jurídico, mas econômico", chegando à conclusão de que sua introdução como princípio constitucional "orienta a atividade administrativa no sentido de conseguir os melhores resultados com os meios escassos de que se dispõe e a menor custo. Rege-se, pois, pela regra da consecução do maior benefício com o menor custo possível".

Indo avante, o doutrinador destaca a dificuldade na transposição das noções econômicas para a atividade administrativa estatal, definindo que a obtenção da eficiência administrativa se dará "pelo melhor emprego dos recursos e meios (humanos, materiais e institucionais) para melhor satisfazer as necessidades coletivas num regime de igualdade dos usuários. Logo, o *princípio da eficiência administrativa* consiste na organização racional dos meios e recursos humanos, materiais e institucionais para a prestação de serviços públicos de qualidade com razoável rapidez, consoante previsão do inciso LXXVIII do art. 5º (Emenda Constitucional nº 45/2004) e em condições econômicas de igualdade dos consumidores".

100.45 A professora Alice Gonzalez Borges analisa o fato de que a Emenda Constitucional nº 19/1998 pretendeu implantar a chamada "Administração Gerencial brasileira", que "tem como filosofia essencial a busca de maior eficiência na atuação do Estado. Torna-se este mais flexível, passando da posição de principal protagonista à de promotor e regulador do processo de desenvolvimento, a ser alcançado com a participação do setor privado, com vistas à obtenção de melhores resultados".

Partindo do "instigante desafio" de tentar transpor as críticas à Reforma Administrativa positivada na Emenda Constitucional nº 19/1998, para compatibilizá-la com o ordenamento constitucional brasileiro, a juspublicista destaca a "oportunidade da inclusão do *princípio da eficiência* no *caput* do art. 37 da Constituição", pois tal princípio "marca a tônica da Administração Gerencial", e sua inserção "no pórtico do capítulo da Carta dedicado à Administração Pública será rica de consequências jurídicas".

100.6 Segundo a doutrina de Marçal Justen Filho, o princípio da eficiência merece uma abordagem que não se limite à "vedação ao desperdício ou má utilização dos recursos destinados à satisfação de necessidades coletivas", mas que igualmente acolha a impossibilidade da "aplicação de juízos puramente econômicos de direção e avaliação da atividade administrativa". Isso porque "a atividade estatal deverá traduzir valores de diversa ordem, não apenas aqueles de cunho econômico". Por isso expressa a preferência pela expressão "princípio da eficácia" – sobretudo "para reduzir o risco da transposição indevida dos conceitos econômicos para a dimensão estatal".

100.57 Para Paulo Modesto o termo *eficiência* "não é privativo de ciência alguma", devendo os juristas cunhar o conteúdo do princípio nos termos do ordenamento nacional. Depois de destacar a instrumentalidade e a pluridimensionalidade do princípio, propõe o seguinte conceito: "a exigência jurídica, imposta à Administração Pública e àqueles que lhe fazem as vezes ou simplesmente recebem recursos públicos vinculados de subvenção ou fomento, de atuação idônea, econômica e satisfatória na realização das finalidades públicas que lhes forem confiadas por lei ou por ato ou contrato de direito público".

100.68 O professor Diogo de Figueiredo Moreira Neto destaca que o princípio da eficiência resultou da conjunção da Administração Pública Gerencial (que traz consigo os conceitos clássicos de produtividade e eficácia) ao dever de boa administração (que impõe o melhor atendimento possível das finalidades previstas em lei).

Assim, compreendida a eficiência administrativa "como a *melhor realização possível* da gestão dos interesses públicos, em termos de *plena satisfação dos administrados com os menores custos para a sociedade*, ela se apresenta, simultaneamente, como um *atributo técnico* da Administração, como uma *exigência ética* a ser atendida, no sentido weberiano de resultados, e como uma *característica jurídica* exigível, de *boa administração* dos recursos públicos".

100.9 Em livro específico a respeito do tema, Emerson Gabardo defende uma concepção que escape daquilo que qualifica de mera legitimação simbólica do ideário neoliberal da Reforma do Estado. Para o autor o princípio da eficiência, que abrange um aspecto estático (a organização administrativa) e um aspecto dinâmico (a própria atividade administrativa), deve ser compatibilizado com o modelo de Estado Social positivado pelo constituinte de 1988. Trata-se de princípio jurídico "setorial, pois refere-se exclusivamente à Administração Pública, mas está diretamente ligado ao princípio da eficiência do Estado como vetor geral (de caráter ético) do sistema constitucional".

100.7.10 Já Humberto Ávila, valendo-se da apurada classificação teórica por ele cunhada, apresenta a eficiência não como um princípio ("normas imediatamente finalísticas, isto é, normas que impõem a realização de um estado ideal de coisas por meio da prescrição indireta de comportamentos cujos efeitos são havidos como necessários àquela realização"), mas, sim, na condição de *postulado* ("não impõem a realização de fins, mas, em vez disso, estruturam a realização dos fins cuja realização é imposta pelos princípios. São, por assim dizer, normas estruturantes de segundo grau"). O assim denominado princípio da eficiência, ao lado da razoabilidade, prestar-se-ia a estruturar a aplicação de normas jurídicas (princípios e regras).

Esse dever de eficiência "estrutura o modo como a Administração deve atingir os seus fins e qual deve ser a intensidade das relações entre as medidas que ela adota e os fins que ela persegue". Daí a conclusão de que: "Eficiente é a atuação administrativa que promove de forma satisfatória os fins em termos quantitativos, qualitativos e probabilísticos. Para que a Administração esteja de acordo com o dever de eficiência, não basta escolher meios adequados para promover seus fins. A eficiência exige mais do que mera adequação. Ela exige satisfatoriedade na promoção dos fins atribuídos à Administração. (...). O dever de eficiência traduz-se, pois, na exigência de promoção satisfatória dos fins atribuídos à Administração Pública, considerando promoção satisfatória, para esse propósito, a promoção minimamente intensa e certa do fim".

100.811 Como se constata, não há uniformidade no tratamento e na conceituação do princípio da eficiência na academia jurídica brasileira (nem quanto à sua natureza, nem quanto aos seus efeitos, nem quanto ao seu conteúdo e seus limites).

Mas uma coisa é certa: sua positivação na Emenda Constitucional nº 5/1995 tem, quando menos, o mérito de instalar debate até então desprezado. Desde então a eficiência está na pauta da Administração Pública brasileira (que não é pouco). Constatação que autoriza que se desenhe um conceito operacional do princípio.

2.8.6 Definição e limites do princípio constitucional da eficiência

101. Depois dos cinco exames aos quais procedemos (histórico, político-jurídico, premissas hermenêuticas, Direito Comparado e doutrina brasileira), pretendemos concluir nossa investigação daquilo que podemos denominar de "nova forma de ação e controle da Administração Pública".

Denominamos de *"nova* forma de ação e controle" porque a inserção do termo "eficiência" como princípio do *caput* do art. 37 da CF tem conteúdo e alcance não excludentes, mas de amplitude diversa das previsões pretéritas do termo "eficiência" no texto constitucional de 1988, que não eram tão genéricas como a atual e até poderiam ser interpretadas de forma puramente econômico-administrativa e vernaculista, submetidas aos estreitos limites dos textos que as envolvem.

A toda evidência, é outro o desiderato normativo da Emenda Constitucional nº 19/1998. Por isso a necessidade de enfrentar o tema sob nova óptica.

Por outro lado, a locução "nova forma de ação e controle" não pretende limitar o princípio a eventual dispositivo de incidência *a posteriori* em face da Administração. O princípio da eficiência configura parâmetro de definição da atuação administrativa e visa a garantir os direitos dos particulares. A Administração não pode nem praticar atos que sejam ineficientes, nem se abster inercialmente da prática de atos eficientes (abrangendo toda e qualquer conduta administrativa do Estado).

101.1 Em primeiro lugar, o princípio da eficiência deve ser concebido como estritamente vinculado aos demais princípios do *caput* do art. 37 da CF: legalidade, moralidade, impessoalidade e publicidade. O princípio da unidade da Constituição exige essa premissa.

Será eficiente a Administração Pública que cumprir com excelência a lei e a moral, de forma impessoal e pública. A violação a qualquer um desses princípios implica inequívoca violação à eficiência. O princípio configura máxima instrumental, que deve ser utilizada de molde a atingir excelentemente as demais previsões constitucionais.

Ora, não há cumprimento ao princípio da eficiência que pressuponha ou autorize menosprezo aos demais cânones constitucionais. Por óbvio, a máxima não tem força derrogatória – tal como se fosse possível ao administrador "ignorar" ou "atenuar" a legalidade, a moralidade, impessoalidade e transparência porquanto estaria atendendo à eficiência administrativa. Ao contrário: a compreensão dos princípios constitucionais dá-se dentro da concepção de um sistema harmônico e coeso.

Daí por que o princípio constitucional da eficiência pode ser compreendido como a necessidade de o ato e o processo administrativos atingirem e produzirem, em tempo razoável, o efeito útil ou adequado, tal como previsto em lei, de forma transparente, moral e impessoal. É o cumprimento da finalidade normativa, adequada a gerar os efeitos esperados pelo ordenamento. Trata-se do contraste entre os resultados atribuíveis à ação administrativa em vista das previsões normativas; relação entre o concretamente realizado e a perspectiva ideal da atividade administrativa.

Mais que isso: a eficiência exige postura *ativa* da Administração no sentido de sempre procurar aprimorar o cumprimento dos demais princípios constitucionais. O atendimento à ordem maior da eficiência administrativa dirige-se ao objetivo de se esmerar no atendimento aos demais mandamentos da Constituição.

101.2 Em segundo lugar, o princípio da eficiência dirige-se à maximização do *respeito à dignidade da pessoa humana* (CF, art. 1º). Esta é a finalidade básica da Administração Pública num Estado Democrático de Direito. Não basta a inconsciente busca dos fins legais. Estes sempre devem ostentar qualidades *humanas* e *sociais* positivas.

Neste ponto merece atenção a diferença entre *eficácia* e *eficiência*. *Eficácia administrativa* é a potencialidade de concreção imediata dos fins preestabelecidos em lei, a idoneidade do ato para a produção de seus efeitos, "a situação atual de disponibilidade para produção dos efeitos *típicos*, próprios, do ato". Já a *eficiência administrativa* impõe que esse cumprimento da lei seja concretizado com um mínimo de ônus sociais, buscando o puro objetivo do cumprimento do interesse público, sempre em benefício do cidadão (e do corpo social). Trata-se do *melhor caminho*, do *caminho social ideal* ao alcance da eficácia: a relação entre o concretamente realizado e a perspectiva ideal da atividade administrativa.

Então, o princípio da eficiência relaciona-se não apenas com a finalidade normativa, mas especialmente com o *modo de execução* de tal finalidade. Em um Estado Democrático de Direito não vale a regra do *atingir a eficácia a qualquer custo*, mas é essencial que tal objetivo seja alcançado em respeito ao cidadão.

101.3 Em terceiro lugar, o princípio da eficiência é diretriz de *controle interna corporis* da Administração Pública, correspondendo ao modo de *avaliação interna* dos servidores.

Ou seja: configura meio de controle do desempenho funcional dos servidores públicos. Inclusive, deve ser uma das diretrizes, desde que definida em concreto e de forma minuciosa, do *procedimento de avaliação periódica de desempenho* previsto no inciso III do art. 41 da CF (também fruto da Emenda Constitucional nº 19/1998).

Nesse sentido, o TRF-4ª Região já decidiu que: "Não podemos mais utilizar os antigos conceitos e o paradigma burocrático para analisar questões de desempenho e alegações de desvio de função no serviço público. Devem ser observados os princípios da eficiência e da economicidade, que impõem a todo o servidor público um comprometimento com o serviço público oferecido".

101.4 Em quarto lugar, o princípio da eficiência dirige-se ao controle de metas administrativas preestabelecidas em normas legais e/ou regulamentares e contratuais. Significa dever de desenvolver, verificar e fiscalizar a atividade administrativa exercitada pela Administração, examinando-a do modo mais preciso e vinculado com as disposições normativas pertinentes. Tanto mais exatas as obrigações daquele que exerce a atividade, mais viável será o controle da eficiência em seu desempenho.

Este é o ponto em que o princípio da eficiência da Administração Pública mais se *assemelha* à visão econômico-administrativa privada. É a relação entre os objetivos predefinidos e aqueles alcançados. Pode analisar também a atividade desempenhada, seus custos e, eventualmente, a parcela de êxito atingido. Tudo dependerá da situação fática, seu conteúdo e limites.

102. Nesta descuidada análise, são estes os quatro desdobramentos úteis que conseguimos imaginar ao princípio constitucional da eficiência.

Por decorrência, afastamos conceitos puramente lastreados nas ciências da Administração e Economia como definidores do princípio. No ordenamento constitucional brasileiro a eficiência não pode ser vislumbrada como "dever irrestrito de reduzir custos e produzir superávits" ou "aumentar a lucratividade estatal", tampouco na condição de "diretriz primeira da administração do Estado". Não se trata de princípio que autorize a supervalorização, no plano jurídico, dos chamados "interesses públicos secundários".

Reiteramos a compreensão de que não havia qualquer motivo lógico-jurídico para a inserção do princípio da eficiência justamente no *caput* do art. 37 da CF. Contudo, sua existência impõe interpretação no sentido de princípio positivado em exclusivo benefício do cidadão, ampliativo de seus direitos, configurando mais um *dever de ação* e *parâmetro* de controle da atividade administrativa pública.

Resta examinar o princípio da eficiência em face do processo administrativo.

2.8.7 O princípio da eficiência, o processo administrativo, a Lei nº 9.784/1999 e o Código de Processo Civil/2015

103. Tal como dito e redito, o processo estrutura-se em sequência lógica e predefinida de atos, dirigida à decisão final que se busca ser proferida. Exige participação de todas as partes envolvidas, de molde a assegurar legitimidade e transparência de seu conteúdo e objetivo.

Porém, qual seria a relação possível do princípio da eficiência com essa realidade? Não há dúvidas de que, enfocado sob o aspecto puramente processual, o princípio da eficiência tem vários desdobramentos, ainda diversos daqueles já arrolados. Aliás, não seria demais dizer que a própria ideia de *processo* é intimamente relacionada à de *eficiência*.

Por outro lado, aclare-se que se trata de princípio previsto pela Lei nº 9.784/1999. Tanto expressamente no *caput* do art. 2º como de forma implícita em vários outros dispositivos da Lei do Processo Administrativo Federal.

Igualmente, o Código de Processo Civil/2015 prestigia sobremaneira o princípio da eficiência, prevendo-o expressamente em seu art. 8º: "Ao aplicar o ordenamento jurídico, o juiz atenderá aos fins sociais e às exigências do bem comum, resguardando e promovendo a dignidade da pessoa humana e observando a proporcionalidade, a razoabilidade, a legalidade, a publicidade e a eficiência".

O que revela o dever de eficiência na administração do próprio processo administrativo. Assim, para Fredie Didier Jr. o princípio da eficiência "repercute sobre a atuação do Poder Judiciário em duas dimensões: (a) Administração Judiciária e (b) gestão de um determinado processo". O mesmo se dá no processo administrativo – o que o art. 37 da CF, a Lei nº 9.784/1999 e o Código de Processo Civil/2015 preceituam é que o processo, ele mesmo, seja eficiente.

104. Sob este aspecto especial, entendemos que a eficiência processual garante a gestão e o desenvolvimento de um processo *célere, simples,* com *finalidade predefinida, econômico* e *efetivo.* Se, por um lado, nenhuma dessas qualidades é inédita (tal como se houvesse sido instalada pela Emenda Constitucional nº 19/1998, pela Lei nº 9.874/1999 ou pelo Código de Processo Civil/2015), por outro, todas se relacionam entre si. Trata-se de enfeixar os característicos que, unidos, podem conferir noção processual plena ao princípio da eficiência.

105. A *celeridade* impõe que os atos processuais sejam praticados no mais curto e racional espaço de tempo possível, de forma contínua e coordenada. Não se trata de uma corrida de velocidade, mas, sim, de sequência de atos que atenda a uma duração razoável, tal como é assegurado pelo inciso LXXVIII do art. 5º da CF ("a todos, no âmbito judicial e administrativo, são assegurados a razoável duração do processo e os meios que garantam a celeridade de sua tramitação").

105.1 O processo administrativo não pode parar ou ser desenvolvido em ritmo lento – internamente à autoridade administrativa ou frente aos particulares. Estes devem cumprir os prazos preestabelecidos e praticar os atos necessários ao bom andamento do feito –, não podem *abusar* no exercício de seus direitos de defesa. Aquela não pode omitir-se ou aguardar reiterados pleitos das partes interessadas para a prática dos atos de sua competência – deve dar efetiva aplicabilidade aos atos por ela praticados, cumprindo os prazos definidos em lei.

O STF possui decisão em que dá essa aplicação ao princípio: "Os princípios da eficiência (art. 37, *caput*, da CF) e da razoável duração do processo (art. 5º, LXXVIII, da CF) são considerados regras matrizes do Estado democrático de Direito – os quais se aplicam à administração pública, incluindo o TCU – e devem nortear a celeridade do julgamento de processos administrativos que restrinjam o âmago de proteção dos direitos fundamentais, mais notadamente aqueles que possuem prazo de vigência máxima prevista em lei".

Também o TRF-1ª Região já deu aplicação ao princípio da eficiência no que diz respeito à observância de prazos razoáveis na condução do processo administrativo. Como discorre a ementa da decisão: "É de se lamentar, entretanto, a postura da Administração, pois, à vista do princípio da eficiência, hoje inscrito no art. 37, *caput*, da CF, não pode o administrador deixar de se manifestar, positiva ou negativamente, em prazo razoável, sobre pedidos feitos pelo administrado. A espera sem fim, desnecessária, é motivo de angústia e sofrimento e não pode mais ser tolerada no âmbito de convivência entre Administração e administrados".

O processo administrativo não pode experimentar contínuas prorrogações extraordinárias, seja qual for sua razão, pena de ofensa à eficiência. O dever de atendimento aos prazos processuais é essencial a uma Administração que se pretenda eficiente, como já decidiu o STJ: "É dever da Administração Pública pautar seus atos dentro dos princípios constitucionais, notadamente pelo princípio da eficiência, que se concretiza também pelo cumprimento dos prazos legalmente determinados". Afinal de contas, "a demora do Poder Público em responder à pretensão do interessado ultrapassa os limites da razoabilidade, em contraposição aos princípios da celeridade e da eficiência, inscritos, respectivamente, no art. 5º, LXXVIII, da CF e no art. 2º da Lei nº 9.784/1999".

Ora, ao contrário do judicial, o processo administrativo caracteriza-se pela possibilidade de instalação e dever de andamento *ex officio*, pois a Administração busca o cumprimento das atribuições normativas a ela outorgadas. Seja o processo instaurado pelo particular ou pela Administração, cabe a esta "o empenho na *condução e desdobramento da sequência de atos* que o compõem até a produção do ato final, conclusivo". A única exceção seriam os processos instaurados em exclusivo benefício individual do interessado, casos em que a Administração "poderá encerrá-los prematuramente ante a inércia do postulante".

Note-se que o art. 57º do antigo Código do Processo Administrativo português estabelecia o dever de celeridade ("rápido e eficaz andamento do procedimento"). Ao comentar o dispositivo, Mário Esteves de Oliveira, Pedro Gonçalves e Pacheco de Amorin frisam que a celeridade implica, sobretudo, o dever de afastar do procedimento tudo o que for "impertinente e dilatório" (entendido *cum grano salis*). Assim, a autoridade responsável não apenas afastará as medidas procrastinatórias, que "levam a nada", mas também deverá promover com desenvoltura tudo o que for necessário ao procedimento (mesmo que implique eventual demora em seu andamento).

105.2 Nesse sentido, a Lei nº 9.784/1999 fixa o dever de "impulsão de ofício" em todas as fases do processo (arts. 2º, parágrafo único, XII, 5º, 29, 36 e 37) e estabelece prazos, breves e certos, para a prática dos atos processuais por parte da Administração e particulares (arts. 23, parágrafo único, 24, 42, 44, 49, 56 e 59).

Além disso, são legalmente vedados a produção de provas "ilícitas, impertinentes, desnecessárias ou protelatórias" (art. 38, §2º) e o andamento do processo "quando exaurida sua finalidade ou o objeto da decisão se tornar impossível, inútil ou prejudicado por fato superveniente" (art. 52), limitando-se-o ao essencial.

Muito importante também é a previsão do art. 4º do CPC/2015, ao estabelecer que as partes "têm o direito de obter em prazo razoável a solução integral do mérito, incluída a atividade satisfativa". Isto é: não basta que a decisão seja proferida: o "prazo razoável" envolve a *efetividade* do provimento. É preciso que a Administração envide esforços e colabore para que se dê a pronta e integral satisfação do direito reconhecido à parte interessada.

Tal como consignado no tópico anterior (*princípio da responsabilidade*), a omissão administrativa em instalar ou bem conduzir o processo pode dar margem à responsabilização do servidor e à responsabilidade objetiva do Estado por danos causados ao particular.

105.3 Ainda no que diz respeito à celeridade de um processo administrativo que se pretenda eficiente, é de se frisar que a Lei nº 11.417/2006, que disciplina a súmula vinculante (regulamentando o art. 103-A da CF), alterou a Lei nº 9.784/1999 – acrescentando o §3º ao art. 56 e os novos arts. 64-A e 64-B.

Com tais modificações, a lei da súmula vinculante não só impõe a todas as esferas da Administração Pública (direta e indireta; Federal, Estadual e Municipal) a obediência estrita aos enunciados das súmulas assim editadas, bem como instala a possibilidade de ser oposta reclamação ao STF contra "ato administrativo que contrariar enunciado da súmula vinculante" (Lei nº 11.417/2006, art. 7º, §1º; Lei nº 9.784/1999, arts. 64-A e 64-B).

Logo, os processos administrativos – os atos neles praticados e que dele resultarem – deverão ser orientados a não adotar providências e interpretações que porventura contrariem a jurisprudência do STF consolidada em súmula vinculante. Isso certamente poupará o tempo dos cidadãos interessados, reduzindo o caminho para a prolação final de decisão que promova de forma efetiva a tutela dos seus direitos.

Mais ainda: nos termos do Código de Processo Civil/2015 (art. 15, c/c arts. 489 e 926), constituem dever processual o respeito e a observância à jurisprudência (julgados que se reiteram e definem o entendimento a propósito da aplicação da norma) e aos precedentes (caso particular que serve de referência para casos análogos). Em outras palavras: as decisões dos órgãos colegiados – da Administração Pública e do Poder Judiciário – que consolidem determinada *quaestio juris*.

105.4 Também a Lei nº 12.008, de 12.7.2009, inseriu novo dispositivo na Lei nº 9.784/1999 (art. 69-A), o qual prevê a discriminação positiva dos processos administrativos que tenham como interessados determinados grupos de pessoas (idosos, portadores de deficiências, portadores de determinadas doenças).

Aqui foi conferida prioridade na tramitação dos processos administrativos, a partir da prova da condição especial da pessoa interessada.

105.5 Porém, de todos os desdobramentos mencionados, talvez a mais relevante – e mais singela – aplicação do princípio da eficiência sob o ângulo da celeridade esteja no cumprimento dos prazos processuais pela Administração Pública. O tempo do processo – e sua *razoável duração* – é essencial para que se possa cogitar da eficiência administrativa na gestão de processos.

Assim, e muito embora seja de conhecimento público que muitos dos órgãos e entidades da Administração Pública brasileira estejam assoberbados, nada justifica a inércia processual ou a demora excessiva. O processo é um caminhar para frente, com cronologia legalmente definida. É devido a esse fato que são atribuídas competências. E também devido a esse fato as pessoas privadas detêm *direito subjetivo público* à razoável duração do processo.

Caso não dê andamento – mediante impulso oficial ou em cumprimento ao pleito das pessoas envolvidas – ou não profira as respectivas decisões quanto ao mérito do pedido, a Administração estará a descumprir não só a eficiência administrativa, mas também os princípios da legalidade, da igualdade, da moralidade e da publicidade. Compreensão que, aliás, já está consolidada nos tribunais – sobretudo no STJ.

Ao julgar recurso repetitivo, a 1ª Seção da Corte Superior definiu que: "A duração razoável dos processos foi erigida como cláusula pétrea e direito fundamental pela Emenda Constitucional nº 45, de 2004, que acresceu ao art. 5º o inciso LXXVIII, *in verbis*: 'a todos, no âmbito judicial e administrativo, são assegurados a razoável duração do processo e os meios que garantam a celeridade de sua tramitação'. 2. A conclusão de processo administrativo em prazo razoável é corolário dos princípios da eficiência, da moralidade e da razoabilidade (precedentes: MS n. 13.584-DF, rel. Min. Jorge Mussi, 3ª Seção, j. 13.5.2009, *DJe* 26.6.2009; REsp n. 1.091.042-SC, rela. Min. Eliana Calmon, 2ª Turma, j. 6.8.2009, *DJe* 21.8.2009; MS n. 13.545-DF, rela. Min. Maria Thereza de Assis Moura, 3ª Seção, j. 29.10.2008, *DJe* 7.11.2008; REsp n. 690.819-RS, rel. Min. José Delgado, 1ª Turma, j. 22.2.2005, *DJU* 19.12.2005)".

No mesmo sentido, a 2ª Turma do STJ decidiu que: "A conclusão de processo administrativo em prazo razoável é corolário dos princípios da eficiência, da moralidade e da razoabilidade". E, em outra ocasião, a 3ª Seção julgou que: "(...). 3. Em homenagem ao princípio da eficiência, é forçoso concluir que a autoridade impetrada, no exercício da atividade administrativa, deve manifestar-se acerca dos requerimentos de anistia em tempo razoável, sendo-lhe vedado postergar, indefinidamente, a conclusão do procedimento administrativo, sob pena de caracterização de abuso de poder. 4. A atividade administrativa deve ser pautada, mormente em casos como o presente, de reparação de evidentes injustiças outrora perpetradas pela Administração Pública, pela eficiência, que pressupõe, necessariamente, plena e célere satisfação dos pleitos dos administrados".

Daí por que a 2ª Turma do STJ prestigiou o entendimento de que nos casos de violação da Administração Pública ao dever de duração razoável do processo cabe ao Poder Judiciário definir o prazo para ser proferida a decisão administrativa: "Verificada a demora injustificada, correta a estipulação de prazo para que a Administração conclua procedimento administrativo. Aplicável a jurisprudência da Corte que assegura a razoável duração do processo, segundo os princípios da eficiência e da moralidade, não se podendo permitir que a Administração postergue, indefinidamente, a conclusão de procedimento administrativo".

Todavia, para o processo administrativo o princípio da eficiência não se esgota na aplicação dos prazos e em sua razoável duração. Tem aplicação também quanto à respectiva simplicidade.

106. Será *simples* o processo que não se revestir de formalidades extravagantes ou desnecessárias ao cumprimento da finalidade por ele visada. Esse é aspecto sobremaneira importante do princípio da eficiência processual: a ausência de extravagâncias – na forma ou no conteúdo –, de molde a permitir a compreensão do processo e de todos os seus atos.

106.1 A doutrina de Celso Antônio Bandeira de Mello destaca o "princípio do informalismo", significando que "a Administração não poderá ater-se a rigorismos formais ao considerar as manifestações do administrado". Os atos dos particulares devem ser recebidos com a maior compreensão e flexibilidade possíveis, de molde a não sacrificar direitos com lastro em detalhes técnicos secundários.

Ou, como prefere Odete Medauar, não se trata exatamente de prestigiar a informalidade (afinal, o processo exige ritos e formas), mas, sim, de se aplicar o *princípio do formalismo moderado*, que consiste, "em primeiro lugar, na previsão de ritos e formas simples, suficientes para propiciar um grau de certeza, segurança, respeito aos direitos dos sujeitos, o contraditório e a ampla defesa. Em segundo lugar, se traduz na exigência de interpretação flexível e razoável quanto a formas, para evitar que estas sejam vistas como fim em si mesmas, desligadas das verdadeiras finalidades do processo".

Porém – e mais que isso –, o processo há de ser descomplicado, compreensível à população, que não deve ser constrangida a recorrer a conhecimentos científicos – quer para responder a requerimentos da Administração, quer para deduzir seus pleitos frente a ela.

Isso porque o processo não pode ser hermético. Não é um segredo ou enigma, algo temível e/ou incompreensível pelo povo, mas deve existir de forma clara e singela, a fim de possibilitar a plenitude do exercício dos direitos assegurados aos cidadãos. Em suma, o processo administrativo precisa ser *acessível* e *legível* – não somente por juristas e/ou técnicos, mas, sim, e sobretudo, pelas pessoas que serão afetadas, direta ou indiretamente, pelas decisões administrativas.

O dever de simplicidade do processo tornou-se (ainda) mais intenso com a edição da Súmula Vinculante nº 5 do STF, que reza não ser obrigatória a presença de advogado (defesa técnica) no processo administrativo disciplinar. Esta pode existir, mas sua ausência não torna nulo o processo. Assim sendo, é absolutamente necessário que o processo administrativo seja instalado e que todos os seus atos sejam feitos de forma simples e clara, sem a utilização de termos e técnicas de difícil acesso a pessoas comuns, de modo a possibilitar a mais perfeita compreensão por parte do indivíduo – a fim de que este possa cogitar a respeito da escolha de exercitar (ou não) sua defesa por meio de advogado.

Por outro lado, o princípio da eficiência reprime a excessiva burocratização do processo administrativo, que só aumenta os custos e o tempo despendido. Como já decidido pelo STF: "as Emendas Constitucionais 19/98 e 45/03 introduziram na Constituição os princípios da eficiência (art. 37, *caput*) e da razoável duração do processo (art. 5º LXXVII), com vistas à superação da burocratização e da ineficiência que caracterizavam a atuação da Administração Pública, na realização de suas finalidades. Tais princípios têm como objetivo impedir a eternização de situações jurídicas indeterminadas, pela tramitação de processos por prazo irrazoável, seja pela inação da Administração Pública, seja pela burocratização excessiva e desnecessária na consecução de seus objetivos".

106.2 Assim deve ser compreendida a Lei do Processo Administrativo Federal, que, ao mesmo tempo em que determina a "observância das formalidades essenciais à garantia dos direitos dos administrados", estabelece a imperiosidade da "adoção de formas simples e suficientes para propiciar adequado grau de certeza, segurança e respeito aos direitos dos administrados" (art. 2º, parágrafo único, VIII e IX) e torna "facultativa" a presença de advogado, a não ser quando obrigatória (art. 3º, IV).

Na mesma senda, o Código de Processo Civil/2015 preceitua que também o perito "deve apresentar sua fundamentação em linguagem simples e com coerência lógica" (art. 473, §1º). O que é bastante significativo se cogitarmos de processos administrativos – tanto os conflituosos como as consultas públicas – desenvolvidos nas agências reguladoras. Muitas vezes a linguagem técnica constitui verdadeira barreira de entrada, a acentuar a assimetria de informações e a impedir a participação popular (quando não a livre concorrência).

Ou seja: as formalidades processuais dirigem-se fundamentalmente à garantia de direitos, ao passo que o exercício deles deve ser encarado de modo generoso. O formalismo presta-se à segurança das pessoas privadas envolvidas no processo administrativo, não para impedir o processamento de seus pleitos. A Administração Pública deve se esforçar ao máximo para compreender e conferir efetividade aos pleitos das pessoas privadas.

Frise-se: no que diz respeito às garantias dos particulares o processo administrativo é formal. Exigência que se acentua em casos de processos que possam resultar em sanções, como já decidiu o STJ: "Necessidade e importância da observância da forma e das formalidades básicas e essenciais no processo administrativo disciplinar, por força do art. 2º, inciso VIII, parágrafo único, da Lei nº 9.784, como garantia de defesa do acusado".

Adotando esse entendimento, merece cita a seguinte decisão do TRF-2ª Região: "O processo administrativo deve ser formal, e, uma vez divorciado dos princípios limitadores que o regem, entre eles os da legalidade, ampla defesa, contraditório e segurança jurídica, torna-se instrumento do arbítrio, não importando o desatendimento à intimação, o reconhecimento da verdade dos fatos, nem a renúncia a direito pelo administrado (art. 27 da Lei nº 9.784/1999)".

Ainda em cumprimento à simplicidade do processo, a Administração há de elaborar "modelos ou formulários padronizados para assuntos que importem pretensões equivalentes" (art. 7º). O corolário desse característico está na previsão de que os atos do processo administrativo "não dependem de forma determinada, senão quando a lei expressamente a exigir" (art. 22), e "devem realizar-se do modo menos oneroso" para os interessados (art. 26, §2º).

Mesmo quando o recurso seja interposto perante órgão incompetente, este deverá devolvê-lo ao interessado, indicando a autoridade titular da competência para dele conhecer e reinstalando o prazo recursal (art. 63, §1º).

Por fim, sustentamos também a perfeita aplicação da Lei nº 9.800/1999 ao processo administrativo, cujo art. 1º dispõe que: "É permitida às partes a utilização de sistema de transmissão de dados e imagens tipo *fac-símile* ou outro similar, para a prática de atos processuais que dependam de petição escrita" – com os limites e peculiaridades lá previstos. Ainda que a lei refira, por mais de uma vez, as expressões "juízo" (art. 2º), "juízes" (art. 3º) e "órgão judiciário" (arts. 4º e 5º), entendemos de plena incidência ao processo administrativo. Isso porque (a) sua *ratio* consiste em permitir a transmissão de petições a processos *lato sensu*, (b) não há qualquer restrição normativa, que não emergiria de locuções lançadas em artigos da lei que têm finalidade específica, e, quando muito, (c) a aplicação analógica de seus dispositivos é perfeita. Isso em especial nos processos eletrônicos: hoje em dia, *Internet* e *e-mail* são meios de comunicação aos quais a Administração Pública não pode se furtar.

Nesse sentido, é de suma importância para o processo administrativo federal a Lei nº 13.460/2017 e o Decreto nº 9.094/2017 (*simplificação do atendimento prestado aos usuários dos serviços públicos*), que instituiu a "Carta de Serviços ao Usuário", a ser gerada e aplicada por todo o Poder Executivo Federal.

Porém, para cumprir a eficiência, não basta o processo administrativo ser célere e simples, mas é imprescindível que tenha finalidade expressa e predefinida, a ser observada em seu desenvolvimento.

107. A exigência de *finalidade predefinida* impõe-se para que não existam processos administrativos "aleatórios", sem um escopo claro.

Não é possível a instalação de uma relação jurídica processual com objetivos abstratos ou genéricos, visando à apuração de fatos que, eventualmente, resultem em provimento final indefinido (ainda mais em processos que porventura possam resultar em gravames e punições aos particulares ou servidores públicos). As partes no processo devem ter, com absoluta clareza, ciência do fim a que se destina a relação processual – caso contrário tornar-se-ão impossíveis o exercício da ampla defesa e a garantia do contraditório.

Todo e qualquer processo administrativo visa à efetivação de uma decisão final, sempre respeitadora dos direitos fundamentais – materiais e processuais – das pessoas. Esse escopo necessita ser previamente conhecido e cientificado à pessoa envolvida no processo, a fim de que possa exercitar tais direitos. Caso contrário, processo não existirá – mas sim uma série de atos ilegais e inconstitucionais.

Assim, não é válido o pedido administrativo de "providências"; processo instaurado *ex officio* para a genérica "apuração dos fatos"; intimação para o "exercício de defesa" em face de imputações imprecisas; etc. – sem que seja declinado o porquê da relação processual. Muito menos é válido que se desenvolva um processo administrativo "randômico", com aleatoriedade de fins, "descobertos" e "multiplicados" na medida em que ele se desenvolve. São nulos os processos que tenham como fundamento um fato determinado e, quando este é resolvido, apresentem outro recém-descoberto e meramente intimem a parte para que se manifeste novamente (como se pudesse haver a multiplicação sem fim de casos, dentro de um mesmo processo).

Como previsto na Lei nº 9.784/1999, o pedido inicial do interessado deve ser claro quanto à "formulação do pedido, com exposição dos fatos e seus fundamentos" (art. 6º, IV). Dispositivo correlato, com maiores especificidades, está positivado nos arts. 319 a 326 do CPC/2015. Da mesma forma, e com as devidas ponderações, obedecendo ao princípio da simetria, os processos instaurados *ex officio* devem cumprir tal preceito.

Ademais, a finalidade predefinida limita o provimento final. Não será possível ato decisório que extrapole ou subestime os limites prefixados. A legislação exige a motivação plena dos atos administrativos (Lei nº 9.784/1999, arts. 2º e 50; CPC/2015, art. 489, §§1º-3º), vinculando o provimento final aos limites da questão concreta.

108. Por fim, a *economia processual* diz respeito ao mais alto grau de concentração e prestígio aos atos já praticados. Para Cintra, Grinover e Dinamarco o princípio da economia "preconiza o máximo resultado na atuação do Direito com o mínimo emprego possível de atividades processuais". Procura-se encadear racionalmente o processo e evitar a repetição desnecessária de atos e fases processuais, evitando delongas e procrastinações, de molde a imprimir ritmo procedimental razoável, na busca da decisão final.

Aliás, para Didier Jr. "a aplicação do princípio da eficiência é uma versão contemporânea (e também atualizada) do conhecido princípio da economia processual".

Sob esse aspecto, também no processo administrativo vigem os princípios da instrumentalidade das formas e da preclusão, a seguir analisados com brevidade.

108.1 A instrumentalidade preconiza que os atos processuais e as formas legalmente previstas para sua prática não têm valor absoluto. Ao contrário, as formas visam à ideal concretização de determinados escopos processuais que, caso atingidos de outra maneira legítima, produzem os efeitos jurídicos pertinentes. A instrumentalidade "quer que só sejam anulados os atos imperfeitos se o objetivo não tiver sido atingido (o que interessa, afinal, é o objetivo do ato, não o ato em si mesmo)".

Como já decidiu o STJ, o processo administrativo exige a observância de um formalismo moderado: "O princípio da instrumentalidade das formas, no âmbito administrativo, veda o raciocínio simplista e exageradamente positivista. A solução está no formalismo moderado, afinal as formas têm por objetivo gerar segurança e previsibilidade e só nesta medida devem ser preservadas". Ou, como já julgou o TRF-4ª Região, em acórdão em que o Relator, Des. federal Joel Ilan Paciornik, apurou ainda mais o conceito: "Admite-se alguma flexibilidade no tocante à forma, desde que o ato propicie certeza, segurança e respeito ao direito que assiste ao contribuinte de não ser surpreendido por atividade administrativa que interfira em sua liberdade ou patrimônio".

Enfim, vige o princípio *pas de nullité sans grief*: a nulidade não deve ser decretada se não houver prejuízo real à parte que a alega. O sistema de nulidades processuais não pode ser compreendido em abstrato, como um fim em si mesmo, mas é construído na defesa do processo e das partes que nele interagem. Para sua aplicação exige a configuração de dano efetivo, que prejudique o processo em si ou seus sujeitos (Administração e particulares interessados). Nesse sentido, o STJ já firmou que: "Em tema de nulidades no processo civil, é dogma fundamental a assertiva de que não se declara a nulidade de ato se dele não resulta prejuízo para a parte que não lhe deu causa".

Atualmente, em sede de processos administrativos, o STJ possui entendimento firmado no sentido de que "apenas se proclama nulidade de um ato processual quando houver efetiva demonstração de prejuízo à defesa, o que não ocorreu no caso em tela, sendo aplicável o princípio do *pas de nullité sans grief*".

Inclusive, o pleito (ou a decretação *ex officio*) de nulidade que não cause dano, através da supervalorização da forma dos atos em detrimento de seu conteúdo perfeito, pode configurar violação ao princípio da boa-fé processual (Lei nº 9.784/1999, arts. 2º, *caput* e parágrafo único, IV, e 4º, I e II). O que autoriza a aplicação do art. 276 do CPC/2015, ao assim determinar: "Quando a lei prescrever determinada forma sob pena de nulidade, a decretação desta não pode ser requerida pela parte que lhe deu causa".

A instrumentalidade relaciona-se em especial com o dever de convalidação dos atos, previsto no art. 55 da Lei nº 9.784/1999.

108.2 A preclusão processual é tema que envolve a própria razão de ser do processo. Como vimos, o conceito de processo reporta-se a uma sequência de atos praticados visando ao ato final. Trata-se de relação jurídica instalada visando a ser proferida a decisão administrativa final. Daí por que os ordenamentos processuais se preocupem em criar condições para que o processo atinja seu desiderato da forma mais rápida, com o menor desgaste possível.

Seria um contrassenso que o processo fosse instaurado e desenvolvido sem qualquer espécie de controle quanto ao seu prosseguir e ao momento de produção do resultado final. Assim, é necessário disciplinar vedações a eventual "retorno ao estado anterior". Dentro dessas concepções se desenvolveu o conceito de *preclusão*.

A preclusão veda a reiteração de atos já praticados (ou que deveriam tê-lo sido ao seu tempo), impondo limites a determinadas atividades processuais e gerando estabilidade e segurança no processo. Trata-se da perda de faculdade e/ou direito processual *stricto sensu*, relacionada ao conceito de ônus processual. Na dicção de Manoel Caetano Ferreira Filho, tem por finalidade (a) tornar certa e ordenada a marcha do processo (livre de contradições e retornos); (b) abreviar a duração do processo; (c) garantir certeza e estabilidade às situações jurídicas processuais; e (d) assegurar o princípio da boa-fé processual e defender as partes contra eventual arbítrio dos julgadores.

Possui a preclusão três aspectos: temporal (quando do termo final do prazo estabelecido para a prática do ato), lógico (quando foi praticado ato incompatível com o que se pretende praticar posteriormente) e consumativo (quando se praticou ato que exauriu determinada faculdade ou ônus processual). Incide em face dos particulares e da Administração (especialmente a prescrição lógica e a consumativa).

A preclusão é objeto de disciplina específica no Código de Processo Civil/2015 (art. 63, §4º; art. 104; art. 209, §2º; art. 278, *caput* e parágrafo único; art. 293). O art. 507 chega a vedar "à parte discutir no processo as questões decididas a cujo respeito já operou a preclusão". Porém, se no Direito Processual Civil o tema da preclusão está pacificado (inclusive quanto às hipóteses de preclusão *pro judicato*), exatamente o mesmo não pode ser dito em relação ao processo administrativo. Aqui, é sempre fácil cogitar da preclusão, em seus três aspectos, em face dos particulares. Por exemplo, caso o particular não oponha seu recurso no prazo de 10 dias, tal como previsto pelo art. 59 da Lei nº 9.784/1999, ou protocole uma petição pedindo providências incompatíveis com o ato de recorrer, estará preclusa a possibilidade de interpor recurso.

Em face dos particulares, o STJ já decidiu que o recurso administrativo deve sempre "ser interposto com as razões do pedido de reforma, pois 'o prazo para o recurso é peremptório e contínuo, ou seja, ultrapassado o lapso temporal ou exercido o direito de recorrer se opera a preclusão consumativa para a prática de qualquer ato relacionado com a interposição do recurso, em homenagem ao princípio da preclusão consumativa e da segurança jurídica'".

Ocorre que o tema se agrava em face da Administração Pública.

Por um lado, especialmente porque a Administração figura como integrante da relação processual (ao contrário do Poder Judiciário, que é terceiro estranho ao conflito de interesses). Ora, sabemos que o princípio da legalidade impõe que a Administração anule os atos em que detectar violações à ordem jurídica, caso não seja possível a convalidação. Lembremo-nos das Súmulas nºs 346 e 473, ambas do STF. Por outro lado, o tema dos "prazos" é pouco prestigiado frente à Administração. Seu descumprimento não pode implicar a aprovação tácita, por decurso de prazo, de pleitos dos particulares (a não ser em casos de atos vinculados, com previsão expressa de seus efeitos por norma legal, regulamentar e/ou contratual). Pode-se dizer, portanto, que as consequências endoprocessuais para a desobediência oficial de prazos são mínimas, descartando-se a preclusão temporal. Logo, a solução pacífica está longe de ser alcançada e deve ser procurada em manifestações de nossa doutrina (e jurisprudência).

Para Sérgio Ferraz e Adilson Abreu Dallari a preclusão configura verdadeira contraface do sistema de prazos processuais, "uma decorrência inevitável da própria ideia de processo". Por isso que defendem ser "inadmissível qualquer rejeição à ideia de preclusão – e incidente para *todos* os personagens envolvidos – no processo administrativo". Sem dúvida, a compreensão desses célebres autores deve ser prestigiada, a fim de que o processo administrativo seja digno desse nome: a preclusão deve incidir também quanto aos atos da Administração Pública.

Contudo, há regras específicas quanto à preclusão na Lei nº 9.784/1999, que merecem exame mais atento.

O art. 27 da Lei nº 9.784/1999 dispõe que: "O desatendimento da intimação não importa o reconhecimento da verdade dos fatos, nem a renúncia a direito pelo administrado" – afastando efeitos preclusivos da inação do particular e a incidência do efeito principal da conhecida "revelia" do Direito Processual Civil.

No que tange à instrução processual o interessado tem o ônus de especificar e, na justa medida de suas possibilidades, produzir "a prova dos fatos que tenha alegado" (Lei nº 9.784/1999, arts. 36 e 38). Caso não atenda tempestivamente às solicitações de "dados, atuações ou documentos", sua omissão "implicará arquivamento do processo" (art. 40). Ao final, a lei prevê que o recurso intempestivo não pode ser conhecido (art. 63, I).

Talvez o mais enigmático preceito da Lei nº 9.784/1999 seja o §2º do art. 63: "O não conhecimento do recurso não impede a Administração de rever de ofício o ato ilegal, desde que não ocorrida a preclusão administrativa". Ocorre que o §2º se reporta ao *caput* do artigo e seus incisos, que dispõem acerca dos casos de não conhecimento do recurso: intempestivo (inciso I), perante órgão incompetente (inciso II), por pessoa ilegítima (inciso III) e "após exaurida a esfera administrativa" (inciso IV). Assim, e em tese, os quatro incisos não impedem a Administração de rever *ex officio* os atos ilegais – subordinando-se a revisão à condição de não ter ocorrido a preclusão.

109. Os característicos expostos conduzem à ideia de *efetividade* processual, tão bem definida por Barbosa Moreira como a "aptidão de um meio ou instrumento para realizar os fins ou produzir os efeitos a que se ordena". Ou, indo avante, como lecionam Marinoni, Arenhart e Mitidiero, isso "significa que o processo tem de ser *capaz de promover* a realização do direito material. O *meio* tem de ser idôneo à promoção do fim".

Sob este aspecto não pode haver dúvida quanto à integração dos conceitos de *eficiência* e *efetividade* no processo administrativo. Parafraseando Marinoni, temos que o processo administrativo é muito mais que o ato solitário de invocar uma manifestação da Administração Pública ou que um simples direito ao julgamento administrativo do pedido.

Na medida em que a efetividade diz respeito à realização dos fins processuais, envolve a necessidade de o ordenamento dispor dos instrumentos necessários à tutela de direitos e a possibilidade de sua utilização prática, sem qualquer discriminação quanto aos seus titulares (pessoal, social ou econômica). Ademais, para ser efetivo, o processo há de possibilitar a mais ampla atividade probante (desde que não procrastinatória ou despicienda), a fim de que o órgão julgador verdadeiramente se aproxime da realidade. Por fim, o resultado do processo deve ser atingido com o mínimo dispêndio de energia, para assegurar o gozo e o exercício plenos da utilidade à qual faz jus a parte vitoriosa.

Para Barbosa Moreira as duas primeiras questões descritas concernem ao âmbito de atuação do processo, em estrita relação com a máxima do acesso à Justiça, sob os ângulos subjetivo e objetivo.

Reputamos que a previsão constitucional do acesso à Justiça tem vínculo direto com o processo administrativo, derivado da interpretação dos incisos XXXIV, "a", e XXXV do art. 5º da CF. Contudo – e por óbvio –, o exercício do processo administrativo não é exauriente do princípio do acesso à Justiça. Este não se esgota quando da decisão pela autoridade administrativa, mas exige plena liberdade para futuro controle jurisdicional. Tal direito deve ser interpretado de modo amplíssimo, não significando apenas aquele de a pessoa protocolar pedido frente aos Poderes Públicos (poder de iniciativa), mas o de acompanhar ativamente o desenrolar do processo, podendo ter vista dos autos; exercer o contraditório; juntar documentos; recorrer; etc. Não se olvide que tais prerrogativas são extensamente previstas na Lei nº 9.784/1999.

Já as demais finalidades supradescritas dizem respeito ao "modo de atuação do processo", especialmente à atividade instrutória, à complexidade e duração dos processos, bem como providências e técnicas que visem a tornar concreta a decisão.

À evidência, tais preocupações estendem-se à eficiência do processo administrativo. A preocupação a respeito de quem instala a atividade instrutória, quais provas podem ser produzidas, quais devem ser levadas em conta na decisão e a perfeita coleta de elementos probatórios são essenciais a uma decisão justa. O que não implica prolongação exagerada do processo, pois também a celeridade é uma preocupação do julgador. Estas questões devem ser ponderadas em face dos demais princípios de Direito Administrativo, em especial a proporcionalidade, a razoabilidade e a finalidade.

Por fim, chama atenção a imperiosidade de o processo administrativo se prestar a um fim útil. O agente público deve conduzir suas decisões a um resultado concreto que atinja efeitos práticos no mundo real. Tanto aqueles provimentos qualificáveis de "declaratórios" (meramente reconhecem uma relação jurídica preexistente entre as partes processuais) e "constitutivos" (geram, alteram ou extinguem uma relação jurídica entre as partes) como os "condenatórios" (culminam com a definição de uma obrigação de fazer ou não fazer) devem ter consequências sensíveis às partes. Não se trata de atividade puramente teórica, que nenhum resultado traga que não a prolação de decisão final – esta sempre há de possuir efeitos práticos.

2.8.8 Princípio da eficiência e a "decisão coordenada"

110. A Lei nº 14.210, de 30 de setembro de 2021, acrescentou importante tema ao processo administrativo brasileiro: a possibilidade de haver "decisão coordenada" na Administração federal.

Em decorrência, a matéria passou a integrar o capítulo XI-A, arts. 49-A a 49-G, da Lei nº 9.784/1999. Examinemos melhor tais dispositivos, não sem antes apresentar o respectivo conceito normativo: "considera-se decisão coordenada a instância de natureza interinstitucional ou intersetorial que atua de forma compartilhada com a finalidade de simplificar o processo administrativo mediante participação concomitante de todas as autoridades e agentes decisórios e dos responsáveis pela instrução técnico-jurídica, observada a natureza do objeto e a compatibilidade do procedimento e de sua formalização com a legislação pertinente". Esse é, nos termos dos nossos dispositivos da Lei nº 9.784/1999, o que se pode entender por "decisão coordenada".

Em primeiro lugar, note-se que a Lei nº 14.210/2021 tem origem remota na proposta do anteprojeto de normas gerais para a Administração Pública, oriunda de grupo de juristas liderados pelo Professor Paulo Modesto, que tinha como um de seus eixos centrais a coordenação e uniformidade da atuação administrativa, a fim de atenuar o risco de colisões e decisões antitéticas por parte de órgãos e entidades (inclusive quanto a órgãos de controle).

Nesse sentido, a "decisão coordenada" é uma das formas de atuação cooperativa da Administração Pública – ou, como prefere Carolina Stéphanie Francis dos Santos Maciel, de "articulação administrativa". Os órgãos e entidades são incentivados a desenvolver esforços colaborativos, a fim de negociar soluções multipartes – inclusive, com incidência unitária em seus polos ativos (os sujeitos administrativos a quem se imputam os atos) e passivos (as pessoas privadas que experimentarão, direta ou indiretamente, os efeitos do ato).

Sérvulo Correia, ao tratar da "conferência procedimental" portuguesa, traz lições que assim podem ser adaptadas à "decisão coordenada" brasileira: trata-se de processo acessório, que instala "uma matriz do exercício em comum ou conjugado de competências tituladas por órgãos distintos", com vistas à "promoção da eficiência, da economicidade e da celeridade da atividade administrativa". Talvez a conclusão mais importante esteja na natureza e no regime jurídico do ato administrativo que resulta desse processo decisório *sui generis*: será um "ato unitário (e não um feixe de atos) mas de conteúdo complexo", praticado apenas "quando for de cariz positivo" (eis que não pode resultar em ato global negativo, caso frustradas as negociações). Mas, atenção: será ato "complexo quanto à autoria, uma vez que é conjuntamente imputado à totalidade dos órgãos participantes".

Vejamos como isso se dá no caso brasileiro, que tem lá suas peculiaridades. A possibilidade de se instalar o processo de decisão coordenada pode se dar desde que a matéria seja relevante e essa importância demande a articulação ou se "houver discordância que prejudique a celeridade do processo administrativo decisório" (art. 49-A, incs. I e II). Em contrapartida, é proibida a sua instalação em processos licitatórios ou que envolvam "poder sancionador" – ou mesmo que envolvam autoridades de Poderes distintos (art. 49-A, §6º, incs. I, II e III).

Dessa ordem de processo decisório coletivo poderão participar não só os órgãos e as entidades imediatamente envolvidos, mas também os interessados que atendam aos requisitos do art. 9º da Lei nº 9.784/1999.

Todos os órgãos e entidades deverão apresentar "documento específico sobre o tema atinente à respectiva competência" (art. 49-E), que subsidiará os debates e haverá de ser levado em conta nas respectivas deliberações.

O processo de deliberação colegiada culminará, em prazo razoável, em ata a ser assinada por todos os órgãos e entidades participantes, da qual constarão, para além do relatório e síntese, especialmente: (i) o registro "das orientações, das diretrizes, das soluções ou das propostas de atos governamentais relativos ao objeto da convocação"; (ii) o posicionamento expresso dos participantes "para subsidiar futura atuação governamental em matéria idêntica ou similar"; e (iii) "a decisão de cada órgão ou entidade relativa à matéria sujeita à sua competência" (art. 49-G, incs. IV, V e VI).

Ou seja, haverá uma decisão positiva coletiva, em dois níveis materiais de normatividade intersubjetiva: (i) os temas gerais, que promovam uniformização sobranceira às partes, e (ii) os temas especiais, relativos à competência privativa de cada órgão ou entidade. Existirá, portanto, um ato administrativo plurissubjetivo e complexo, eis que emana de várias pessoas e pode conter múltiplos assuntos, todos enfeixados e uniformizados numa só ata-decisão, a "decisão coordenada".

Como se constata, portanto, a decisão coordenada tem a finalidade de permitir a participação/integração de todos os interessados/legitimados na futura decisão administrativa, a fim de acelerar e conferir unidade a processos decisórios complexos, que digam respeito a mais de um órgão ou entidade administrativa federal. Por um lado, incrementa o diálogo e a participação democrática na formação dos atos administrativos; por outro, diminui os conflitos (e respectivos custos), harmonizando perspectivas e soluções consensuais.

2.8.9 Princípio da eficiência. Conclusão

1110. Em conclusão, entendemos que o princípio da eficiência contempla outras subdivisões e consequências no âmbito do processo administrativo. Este é um instrumento posto à disposição dos particulares e da Administração na busca do exercício dos direitos fundamentais celebrados pela Constituição da República.

O princípio da eficiência há de ser compreendido como outorgante de maiores direitos e garantias aos administrados (endoprocessuais e extraprocessuais), tal como já rapidamente expostas. Tais garantias prestam-se sobretudo a oferecer aos cidadãos o resultado efetivo da tutela dos seus direitos frente à Administração Pública.

CAPÍTULO IV

PRINCÍPIOS CONSTITUCIONAIS PROCESSUAIS
STRICTO SENSU E A LEI Nº 9.784/1999

1 Introdução

Depois de analisar os princípios constitucionais que tradicionalmente poderiam ser denominados de "direito material" e sua incidência frente ao processo administrativo (melhor dizendo: frente à relação jurídico-processual administrativa), a presente obra procurará examinar as máximas de Direito Processual, em sentido estrito (com exceção ao devido processo legal substantivo, que também será tratado neste capítulo).

São alguns dos princípios clássicos da teoria geral do processo: *devido processo legal*, *contraditório* e *ampla defesa*. À evidência, o Direito Processual Administrativo não se esgota em tais cânones, tampouco são apenas estes que lhe dão configuração específica dentro do Direito Administrativo (crítica que se aplica, igualmente, àqueles arrolados no capítulo anterior). Seria até desnecessário recordar a incidência do formalismo moderado, da gratuidade, impessoalidade, juiz natural, oficialidade, revisibilidade, dever de respeito às consequências das decisões etc.

Inclusive, consta expressamente da Lei nº 9.784/1999 o seguinte elenco de princípios: legalidade, finalidade, motivação, razoabilidade, proporcionalidade, moralidade, ampla defesa, contraditório, segurança jurídica, interesse público e eficiência (art. 2º, *caput*). Chame-se a atenção para o fato de que o texto legal se vale da locução "dentre outros", para não correr o risco de a enumeração ser reputada como exaustiva por intérpretes menos atentos.

Por outro lado – e conforme será descrito a seguir –, há doutrinadores que reputam ser o princípio do devido processo legal síntese perfeita das demais máximas do processo administrativo.

Porém, e como não poderia deixar de ser, o presente trabalho não tem a pretensão de esgotar a matéria relativa aos princípios jurídicos que envolvem o processo administrativo no Direito Administrativo brasileiro. Aos nossos olhos, trata-se de tarefa que beira o impossível. A tão rica realidade jurídica pátria, unida à concepção da intradisciplinaridade (exposta logo na "Introdução" deste livro), exige uma escolha. Não uma preferência arbitrária, mas a tentativa de eleger as máximas que melhor representem a matéria estudada e confiram autonomia científica ao processo administrativo.

Desta forma, este capítulo restringir-se-á a três princípios, ainda que, acidentalmente, se reporte a outros, de igual nobreza.

Não será demais reiterar a verdadeira simbiose que vige entre tais cânones e os princípios de direito material. Ainda que possam ser eventualmente compreendidos como "de espécies diferentes", sua associação é indispensável para a perfeita compreensão do Direito Processual Administrativo.

Aliás, tal integração é nítida mesmo entre os princípios a seguir analisados. Em determinados pontos há extrema dificuldade em se diferenciar o devido processo legal do contraditório e da ampla defesa (e destes entre si). O que nos preocupa é a necessidade de potencializar o estudo de cada um deles, destacando sua autonomia como forma de incrementar o respeito à dignidade do cidadão em um Estado Democrático de Direito.

Os princípios analisados neste capítulo têm maior incidência naqueles processos que poderiam ser qualificados de "litigiosos" ou "sancionadores" – ou naqueles denominados de "restritivos" por Celso Antônio Bandeira de Mello.[157] Conforme destacado no §42 do capítulo II, há ao menos três espécies de processo administrativo, cada qual relativa a uma dimensão dos direitos fundamentais – o que tem relevantes consequências para o devido processo legal de cada um deles.

Essa constatação terá relevantes efeitos: afinal, e tradicionalmente, o devido processo legal, o contraditório e a ampla defesa prestam-se a inibir a ação do Estado, de molde a impedir que seus atos agridam os direitos fundamentais de primeira dimensão (as liberdades clássicas). Mas, por outro lado, tais princípios – sobremodo o devido processo legal e o contraditório – também se prestam a assegurar a participação das pessoas privadas na geração de atos e negócios jurídicos que venham a trazer vantagens e/ou outros efeitos, individuais, coletivos ou difusos (direitos de segunda, terceira e quarta dimensões). Daí também a importância de seu estudo.

Por fim, chamamos a atenção para peculiaridade do processo administrativo, que assume especial relevância quando do exame de seus princípios processuais típicos.

Parcela significativa da compreensão das normas de Direito Processual funda-se em seu caráter dispositivo (ou não) e na qualidade dos direitos postos em jogo na relação jurídico-processual (públicos ou privados; passíveis ou não de autocomposição). Ou seja: a repercussão processual da viabilidade (ou não) de as partes poderem dispor de seus interesses (materiais ou processuais) e suas consequentes implicações na condução do feito pelo Estado. A constatação implica uma gradação axiológica da compreensão dos vários "processos": sem dúvida que o direito à liberdade pessoal exige um processo mais intenso, mais zeloso de suas consequências, do que um processo em que estejam em jogo direitos absolutamente disponíveis (e mesmo supérfluos).

O que envolve o impacto gerado pelo art. 190 do CPC/2015, que trata das "negociações endoprocessuais" (tratadas no capítulo II, §43.6). Afinal, é muito mais adequado pensar em autocomposição de ônus, direitos e deveres processuais em casos que não versem sobre direitos fundamentais da pessoa (sobretudo os mais vulneráveis). Mas fato é que o processo administrativo transita em ampla gama de direitos, pretensões e imputações.

---

[157] Celso Antônio Bandeira de Mello, *Curso de Direito Administrativo*, 33. ed., p. 515.

Assume igual relevo a Lei nº 13.655/2018, que agregou normas de Direito Público à LINDB e, assim, parametrizou a aplicação de "valores jurídicos abstratos" (inclusive, os princípios), exigindo que "sejam consideradas as consequências práticas da decisão", indicando-as de modo expresso (arts. 20 e 21).

Tais constatações prestam-se a confirmar o óbvio: há processos e processos administrativos; uns necessitam de maior atenção quanto à proteção de direitos fundamentais. Por exemplo, uma coisa é o processo em que o servidor público demanda específica vantagem patrimonial (uma equivalência salarial, por exemplo); outra é aquele processo que versa sobre sanção administrativa (que pode implicar a demissão do servidor). Em cada uma dessas relações jurídico-processuais os princípios de Direito Processual hão de ser matizados, circunstanciados e, assim, compreendidos e aplicados.

Lembre-se a lição de Ada Pellegrini Grinover a respeito do princípio do contraditório: "Partindo do processo civil, plenamente dispositivo, em que talvez se possa dizer que o contraditório, em seu segundo momento, se satisfaz com a mera possibilidade de reação; passando pelo processo civil indisponível, onde a falta de participação há de ser suprida de alguma maneira, e onde se lança mão de institutos como a intervenção necessária do Ministério Público e do curador do réu revel citado por editais, ou por hora certa; tramitando pelo processo trabalhista, onde a inferioridade econômica do trabalhador, numa estrutura capitalista, cria novos hábitos assistenciais no juiz, chega-se finalmente ao processo penal, com seu máximo publicista e seu mínimo de disponibilidade: aqui, não se podendo aceitar a aquiescência da limitação da liberdade, é igualmente impossível aplicar a pena, pela omissão da defesa".[158]

Sob esse ângulo, e com as devidas ponderações, cremos que em face da Administração o processo administrativo mais se assemelha ao Direito Processual Penal – sobretudo aqueles processos que possam resultar, ainda que potencialmente, em sanções administrativas.[159] Não na suposta defesa de um indefensável processo "inquisitorial", mas no sentido de que o Estado-Administração detém dever-poder de concretizar o interesse público posto à sua guarda.

Já em razão dos particulares o processo administrativo poderá identificar-se com o Direito Processual Civil nas hipóteses de pretensão que os favoreça, vinculada a direitos disponíveis, desembaraçados e livres de encargos, públicos ou privados.[160] Não no sentido de que a Administração poderia desprezar deveres processuais em face das

---

[158] Ada Pellegrini Grinover, *O Processo Constitucional em Marcha*, p. 19.

[159] Marçal Justen Filho escreveu a respeito da "similitude entre direito tributário e penal", examinado as decorrências processuais de tal entendimento ("Considerações sobre o 'processo administrativo fiscal'", *Revista Dialética de Direito Tributário* 33/118-132). Quanto aos processos administrativos que possam resultar em sanção, a doutrina, nacional e estrangeira, é unânime nesse sentido (cf.: Rafael Munhoz de Mello, *Princípios Constitucionais de Direito Administrativo Sancionador*, p. 104-108 e 218-254; Fábio Medina Osório, *Direito Administrativo Sancionador*, 2. ed., p. 119-177 e 475-541; Egon Bockmann Moreira, "Agências reguladoras independentes, poder econômico e sanções administrativas", *in*: Sérgio Guerra (coord.), *Temas de Direito Regulatório*, p. 160-199; Franck Moderne, *Sanctions Administratives et Justice Constitutionelle: Contribution à l'Étude du Jus Puniendi de l'État dans les Démocraties Contemporaines*, p. 43-55 e 295-326; Georges Dellis, *Droit Pénal et Droit Administratif*, p. 116-130 e 332-386; José María Quirós Lobo, *Principios de Derecho Sancionador*, p. 25-28; José Garberí Llobregat e Guadalupe Buitrón Ramírez, *El Procedimiento Administrativo Sancionador*, 4. ed., vol. I, p. 30-45; e Alejandro Nieto, *Derecho Administrativo Sancionador*, 3. ed., p. 165-177.

[160] Celso Antônio Bandeira de Mello adota entendimento semelhante quando, ao discorrer sobre o princípio da oficialidade, leciona que: "É certo, todavia, que nos procedimentos de *exclusivo interesse* dos administrados a Administração não tem o dever de prossegui-los por si própria e poderá encerrá-los prematuramente ante a

pessoas privadas, mas significando que o particular pode dispor de determinada gama de direitos de sua titularidade. De igual modo, a Administração pode (*deve*) colaborar e cooperar, sempre de modo igualitário, com as pessoas privadas e respectivos processos administrativos.

Mas no processo administrativo a definição da disponibilidade dos interesses em jogo sempre passará pela Administração Pública. Não no sentido de que ao agente administrativo seria possível rejeitar o pleito particular ou lhe conferir atenção secundária, com lastro em entendimento de que seria "disponível" e não vinculado com o interesse público. Essa posição é inviável em um Estado Democrático de Direito.

Tampouco será possível o arquivamento espontâneo de processos instaurados pela própria Administração. Ao contrário. Sustentamos que tal aferição é vinculada a pedido expresso dos particulares envolvidos (ou, por exceção, a descumprimento da norma do art. 40 da Lei nº 9.784/1999), devendo ser lançada com fundamentação expressa.

Assim, e conforme será exposto a seguir, o processo administrativo exige exame pontual dos direitos e interesses nele envolvidos, o que o caracterizará para os efeitos ora narrados. O caso concreto não é um dado posterior e alheio à aplicação do Direito, mas uma premissa que direciona sua própria solução.

2 Princípio do devido processo legal

1. Dentre os princípios do processo administrativo em exame, talvez o que apresente maior complexidade seja o do "devido processo legal". A cláusula tem raízes remotas na Inglaterra do século XIII e ampla expansão nos países ocidentais.

Daí a importância da análise do Direito alienígena, especialmente no plano de sua evolução histórica, a fim de comprovar os diversos aspectos do tema e demonstrar o que se pode entender (por inclusão e exclusão) no Direito brasileiro por "devido processo legal".

2. O princípio tem origem na cláusula *due process of law* dos Direitos inglês e norte-americano. No Direito brasileiro, a Constituição promulgada em 1988 pela primeira vez em nossa história trouxe-o explicitamente no art. 5º, LIV: "ninguém será privado da liberdade ou de seus bens sem o devido processo legal". Contudo, seu conteúdo e seus efeitos não são idênticos aos da legislação estrangeira. Os termos da nossa Constituição impõem compreensão diferente daquela celebrada nos países onde a cláusula surgiu – e também diversa da significação a ela conferida em outras nações.

Lembre-se de que nos países da *common law* os textos constitucionais são usualmente sintéticos (exceção feita à Inglaterra, que não possui Constituição codificada). Isto é: não se desdobram em grande número de minuciosas prescrições expressas (tal como a Constituição brasileira), mas acolhem previsões genéricas que vão sendo definidas e renovadas pela doutrina e especialmente pelo Poder Judiciário.

Mais que isso: em tais sistemas jurídicos a construção do Direito Constitucional vai se enriquecendo ao longo do tempo. A sucessão de decisões jurisprudenciais torna ainda mais vasto o âmbito de aplicação dos princípios, numa contínua criação de

---

inércia do postulante. Eis por que não se pode considerá-lo aplicável a todo e qualquer procedimento" (*Curso de Direito Administrativo*, cit., 33. ed., p. 521).

direitos através do processo (*remedies precede rights*) e da mutação constitucional. As lacunas que lá porventura existam vão sendo colmatadas ao longo das décadas, através da atribuição de novos significados aos célebres princípios constitucionais. Assim, a criação jurisprudencial do Direito representa papel decisivo na magnitude da cláusula do devido processo. Por isso que a cláusula do *due process* assume significado muito mais rico do que se poderia cogitar em sistemas jurídicos romano-germânicos.

Ocorre que isso explica a magnitude e a riqueza de compreensões que a cláusula abriga (especialmente nos Estados Unidos), mas não justifica a transposição impensada de tal leque de significados para o Direito brasileiro, com eventual desprezo a outros princípios do texto constitucional (implícitos ou explícitos). Ou seja: a positivação do "devido processo legal" no art. 5º da CF não traz consigo o sistema jurídico que lhe deu origem, tampouco a ampla gama de conteúdos (semânticos e jurídicos) lá cunhados para a cláusula (muito menos eventual derrogação – ou atenuação – dos demais direitos e garantias). Sua compreensão deve ser desenvolvida de modo contextual, à luz da História e do ordenamento constitucional brasileiro.

O estudo do Direito Comparado funda-se na especial intenção de bloquear interpretações que simplesmente encampem e/ou transponham a doutrina estrangeira de forma impensada. A leitura do Direito estrangeiro é justamente orientada pela tentativa de descobrir o peculiar significado da cláusula frente ao Direito pátrio.

Assim, analisaremos a origem e a evolução dos conceitos inglês, norte-americano e de outros países que acolhem a cláusula (quer explícita, quer implicitamente) para, em seguida, consignarmos quais seriam seu conteúdo e seu alcance no Direito positivo brasileiro.

2.1 Introdução à importância e evolução histórica da cláusula *"due process of law"* na Inglaterra e nos Estados Unidos da América do Norte

3. Três motivos fundamentais podem ser apontados para explicar o valor que o *due process of law* assumiu na Inglaterra e nos Estados Unidos da América do Norte.

3.1 Em primeiro lugar porque o sistema do ordenamento jurídico daqueles países (a *common law*) tem como fonte primária a jurisprudência (principal característica do sistema), e a concepção jurídica de "Direito" na Inglaterra é historicamente derivada da ideia de "processo". Segundo René David, "o Direito Inglês apresenta-se-nos como possuidor de caráter eminentemente contencioso e como dominado, em sua própria concepção, pelo processo".[161] E, mais adiante: "O Direito Inglês não continha

---

[161] René David, *O Direito Inglês*, p. VIII. Em outra obra David destaca essa principal característica do Direito inglês: "Enquanto no Continente os juristas concentravam sua atenção principalmente na determinação dos direitos e obrigações de cada um (regra substantiva do Direito), os juristas ingleses concentram sua atenção nas questões de processo. (...). A *common law*, nas suas origens, foi constituída por um certo número de processos (*form of actions*) no termo dos quais poderia ser proferida uma sentença (...). Toda a atenção dos juristas concentrou-se, durante muito tempo, sobre os variados processos, muito formalistas, que correspondiam aos diferentes *writs*. Estes processos tinham uma única finalidade: formular as questões de fato que seriam submetidas ao Júri" (*Os Grandes Sistemas do Direito Contemporâneo*, 3. ed., p. 290). David noticia que essa peculiaridade vem sendo mitigada, mas ainda governa a forma de atuar do Direito inglês (*Os Grandes Sistemas do Direito Contemporâneo*, cit., 3. ed., p. 292, 300-302 e 321-322). Também nos Estados Unidos da América a jurisprudência é a maior preocupação do

verdadeiramente regras materiais, mas apenas uma série de técnicas processuais graças às quais resolviam-se os litígios".[162]

Nesse regime, em que o direito material era remetido e estava contido no resultado da aplicação das regras e atos processuais, nada mais natural do que o surgimento da aguda preocupação com o "devido processo", como forma de proteção a direitos individuais.[163]

3.2 Depois, e mesmo como consequência dessa concepção de ordenamento jurídico, a Inglaterra não possui uma Constituição codificada,[164] tampouco possuía diplomas formais consagradores de "declarações de direitos", que possam ser exatamente compreendidos como a Declaração de Direitos do Homem e as Constituições brasileira e norte-americana.[165] A Inglaterra é "um país em que foram organizadas normas processuais eficazes para defender e salvaguardar as liberdades fundamentais (...). Não há, na Inglaterra, Constituição que proclame os direitos e as liberdades dos indivíduos, existem apenas regras, ritos processuais que assegurem esses direitos e essas liberdades, e são essas regras, esses ritos, que formam a Constituição da Inglaterra. O Direito inglês (*constitucional law*) (...) consiste, em grande parte, na descrição dos procedimentos que servem, desta sorte, para garantir as liberdades do cidadão inglês. *Remedies precede rights* (...)".[166]

Portanto, e na justa medida em que a forma processual antecede os direitos materiais, assume especial relevância a garantia de que o "processo" seja realizado segundo o modo "devido". Dessa circunstância derivará a objetiva proteção a determinados direitos subjetivos, limitada ao conteúdo dos provimentos jurisdicionais. Provimentos que se tornarão vinculantes para os demais casos que os sucederem, consubstanciando uma positivação do entendimento fixado pelos tribunais ("precedentes"). O Direito é criado nas Cortes de Justiça.

3.3 O terceiro motivo fundamental está no fato de que no continente americano, de início, a cláusula do devido processo legal foi compulsoriamente transportada pelo colonizador inglês: "convencidos da excelência de seu sistema jurídico, os ingleses

---

cientista do Direito Administrativo. Por todos, Kenneth F. Warren: "*Administrative law is unique, compared to other legal fields, in the sense that more than 90% of administrative law is derived from common law. Common law is that body of law which accumulates over the years as the result of judicial decisions. It is judge-made law*" (*Administrative Law in the Political System*, p. 14). Aprofundar o tema da formação e evolução do sistema da *common law* em: João Gualberto Garcez Ramos, *Curso de Processo Penal Norte-Americano*, p. 37-81.

[162] René David, *O Direito Inglês*, cit., p. 7.

[163] Isso explicaria, inclusive, o fato de a expressão *due process of law* significar, em seus primórdios, "simplesmente que a privação da liberdade ou a expropriação devia ser segundo o Direito, regular" (David, *Os Grandes Sistemas do Direito Contemporâneo*, cit., 3. ed., p. 399).

[164] David é incisivo: "A Inglaterra nunca teve uma Constituição formal, enunciando solenemente os princípios sobre os quais estava fundado seu governo (...). Na falta de um critério formal, os ingleses só descobrem o conteúdo de sua Constituição pela comparação, considerando as matérias que nos outros Países são regidas pela Constituição. Essa observação não é simples frase de efeito: na verdade, foi Montesquieu que ensinou aos ingleses que eles tinham uma Constituição" (*O Direito Inglês*, cit., p. 73).

[165] Isso até a promulgação legislativa do *Human Rights Act* (2000), em decorrência da integração da Grã-Bretanha à União Europeia. Essa declaração de direitos positiva o sistema de direitos fundamentais por meio de ato do Parlamento Britânico. Assume, assim, as características típicas de uma Constituição escrita/codificada. Ampliar em: Manoel Gonçalves Ferreira Filho, "Inovações na Constituição inglesa: o *Human Rights Act*, 1998", *Revista Brasileira de Direito Constitucional* 4/49-55.

[166] David, *O Direito Inglês*, cit., p. 76.

impuseram-no, mais ou menos, em todos os países que dominaram ou colonizaram (...)".[167] Segundo se firmou através de precedentes da jurisprudência, em todas as colônias da Inglaterra "a *common law* inglesa é, em princípio, aplicável; os súditos ingleses levam-na com eles, quando se estabelecem em territórios que não estão submetidos a Nações civilizadas. As colônias inglesas da América incluem-se nesta situação".[168]

Posteriormente, como, de resto, todo o sistema da *common law*, o *due process* foi aplicado pelos norte-americanos para defender "as liberdades públicas [dos colonos] contra o absolutismo real [da Inglaterra]".[169] As várias Constituições Estaduais incorporaram-no, com leves variações formais.[170] Mais ainda, a jurisprudência norte-americana enriqueceu o princípio ao aplicá-lo em face de atos do Poder Legislativo e explorar seus aspectos substanciais, para além das garantias puramente de processo.

Nesse aspecto o devido processo legal assume especial relevância. Ao distinguir a garantia da compreensão original inglesa, para ampliar sua proteção qualitativa (aspectos substancial e processual) e quantitativa (em face de todos os Poderes do Estado), a jurisprudência estadunidense conferiu-lhe o *status* de norma fundamental de todo o sistema.

Hoje, nos Estados Unidos da América do Norte o *due process of law* importa fundamento normativo de defesa dos mais relevantes direitos pessoais – ainda que não venham previstos em qualquer texto legal.[171]

2.1.1 Origem e evolução do devido processo legal na Inglaterra

4. A cláusula do devido processo não tem matriz positiva – inaugural, clara e específica –, muito menos surgiu como previsão expressa de texto normativo. Tal como a definição de seu conteúdo, seu ponto de partida é difuso.

Em 1215 a disputa dos lordes ingleses com o Rei João-sem-Terra deu origem ao documento escrito chamado "Magna Carta".[172] Fruto de negociações que duraram

---

[167] Johnh Gilissen, Introdução Histórica ao Direito, p. 216.

[168] Princípio firmado no *Calvin's Case*, julgado em 1608, conforme relatado por David (*Os Grandes Sistemas do Direito Contemporâneo*, cit., 3. ed., p. 359).

[169] David, Os Grandes Sistemas do Direito Contemporâneo, cit., 3. ed., p. 360.

[170] A primeira das colônias a incorporar a cláusula foi a da Virgínia, em 1776. Ampliar a evolução da cláusula nos Estados norte-americanos em: Rodney L. Mott, *Due Process of Law*, 2. ed., p. 14-29 e 87-124; Vera Karam de Chueiri, Egon Bockmann Moreira, Heloisa Fernandes Câmara e Miguel Gualano de Godoy, *Fundamentos de Direito Constitucional*, 2. ed., p. 73-82 e 279-288; e João Gualberto Garcez Ramos, *Curso de Processo Penal Norte-Americano*, cit., p. 156-176).

[171] Edward Keynes, Liberty, Property, and Privacy: toward a Jurisprudence of Substantive Due Process, 1996, passim – como será mais bem visto a seguir.

[172] Magna Carta das Liberdades (*Magna Carta Libertatum* ou *Great Chart of Liberties*), editada primeiramente em 1215 e confirmada em várias ocasiões posteriores. Cf. em: A. W. Bradley e K. D. Ewing, *Constitucional and Administrative Law*, 11. ed., p. 13; Rodney L. Mott, *Due Process of Law*, cit., 2. ed., p. 29-86; e Fábio Konder Comparato, *A Afirmação Histórica dos Direitos Humanos*, p. 57-82. Orlando Bitar noticia que o idioma original da Magna Carta era o latim, "língua usual dos negócios públicos e no processo judicial", e seu autor putativo foi o Arcebispo de Cantuária, "sabido que muitos dos barões e o próprio João não eram capazes de assinar o nome" ("Fontes e essência da Constituição Britânica", *in: Obras Completas*, vol. II, p. 63).
Em 1215 a Magna Carta foi um desastre: não foi executada a contento, provocou guerra ao invés da paz, discussões ao invés de estabilidade, e vigeu por apenas três meses (J. C. Holt, *Magna Carta*, 2. ed., p. 1). Reeditada em 1216, 1217 e 1225, atualmente a Magna Carta foi sucedida e substituída por outros documentos escritos, que incorporaram seus termos, a ampliaram e atualizaram (*Petition of Rights*, de 1628; *Bill of Rights*, de 1688; *Claim of Rights*, de 1689; *The Act of Settlement*, de 1700 – além de outras normas de hierarquia constitucional), e seu valor

mais de seis meses contínuos, a Magna Carta é documento político resultado de crise institucional, que retrata a fraqueza dos negociadores em face do caráter intratável do Rei, além da intransigência dos barões e os duros fatos da administração da Inglaterra no século XIII.[173]

Tida como "o germe do regime constitucional",[174] a importância da Magna Carta reside em ser, historicamente, o primeiro documento formal de estabelecimento da supremacia legal sobre a vontade régia; além de ser a base do regime parlamentar britânico e definir uma série de direitos relativos a determinados grupos (principalmente os barões) em face do soberano.[175] Compreendida em seu contexto histórico, a Carta traz significativa e inédita conquista: o poder real, oriundo de castas de nobreza constituídas ao longo dos séculos e outrora ilimitado, encontrava restrições ao seu pleno exercício.

Porém, o diploma não se limitava exclusivamente a assegurar direitos às classes dominantes, sem qualquer repercussão quanto aos tecidos sociais menos privilegiados. Ao lado de assegurar direitos ao baronato, a Magna Carta previa a correspondência desses direitos aos vassalos dos barões e várias garantias a outras classes sociais.[176] Assim, contemplava que "a Igreja deveria ser livre; Londres e outras cidades deveriam usufruir suas liberdades e costumes; comerciantes não poderiam ser submetidos a tributação injusta".[177]

Na dicção de J. C. Holt, estava implícito na intenção original da Carta que a proteção a tamanha gama de liberdades não poderia tornar-se efetiva senão sendo tratada como uma lei fundamental.[178]

---

simbólico é maior do que seu vigor normativo (v.: Bradley e Ewing, *Constitutional and Administrative Law*, cit., 11. ed., p. 14-16; Bitar, "Fontes e essência da Constituição Britânica", cit., *in*: *Obras Completas*, vol. II, p. 62-68; e Keynes, *Liberty, Property, and Privacy: toward a Jurisprudence of Substantive Due Process*, cit., p. 10-16 – onde constam evolução e transcrição dos comentadores de então, ampliando o tema histórico do *due process of law*). Para análise político-histórica: Holt, *Magna Carta*, cit., 2. ed., *passim*.

[173] Holt, *Magna Carta*, cit., 2. ed., p. 6.

[174] Pontes de Miranda, *apud* Oswaldo Aranha Bandeira de Mello, *A Teoria das Constituições Rígidas*, 2. ed., p. 51. V. também Vera Karam de Chueiri, Egon Bockmann Moreira, Heloisa Fernandes Câmara e Miguel Gualano de Godoy, *Fundamentos de Direito Constitucional*, 2. ed., p. 59-64.

[175] Segundo Antônio Roberto Sampaio Dória, "a Magna Carta era concebida por seus redatores como um complexo limitador apenas da ação real e jamais do Parlamento. Menos ainda visava a proteger os direitos individuais do cidadão (...)" (*Direito Constitucional Tributário e Due Process of Law*, 2. ed., p. 10).

[176] Para Orlando Bitar é parcialmente verdadeira a ideia de que a Magna Carta consubstanciava "simples tábua de privilégios de casta, representativos de uma classe, a dos barões feudais", pois o documento (a) revela o primeiro grande ato público da nação, corporificando interesses de todo o país, (b) era indisfarçavelmente democrática, pois o povo a apoiara, comungara de seu movimento preparatório e recebera apreciável quinhão de benesses – recebendo, proporcional e simetricamente, os direitos adquiridos pelo baronato –, e (c) a Magna Carta era antes um documento pelo qual se reestatuíam antigas franquias e direitos, legalizando a insurreição contra o soberano, do que propriamente uma conquista inovadora e própria da nobreza ("Fontes e essência da Constituição Britânica", cit., *in*: *Obras Completas*, vol. II, p. 63-64). Holt afasta concepções por ele qualificadas de distorcidas (especialmente a de Coke, para quem o documento era uma afirmação da lei fundamental e da liberdade do indivíduo), para definir a Carta como "uma declaração de liberdades antes do que uma afirmação da liberdade; um privilégio que foi estabelecido principalmente em favor dos interesses da aristocracia, e que era aplicável em toda sua extensão aos 'homens livres' – classe que formava uma pequena proporção da população da Inglaterra do século XIII" (*Magna Carta*, cit., 2. ed., p. 5). Ainda segundo Holt, a participação da Igreja deu-se porque esta pretendia ver-se livre da sujeição ao poder temporal do príncipe (ob. e loc. cits.).

[177] "The Church was to be free; London and other cities were to enjoy liberties and customs; merchants were not to be subject to unjust taxation" (Bradley e Ewing, *Constitutional and Administrative Law*, cit., 11. ed., p. 14).

[178] Holt, *Magna Carta*, cit., 2. ed., p. 14.

5. Talvez o principal direito protegido na Magna Carta tenha sido aquele que assegurava "ao baronato revoltoso a inviolabilidade de seus direitos relativos à vida, liberdade e propriedade, cuja supressão só se daria através da 'Lei da Terra' (*per legem terrae* ou *law of the land*)".[179]

A locução *by the law of the land* (*per legem terrae*) é precursora, em sentido e sonoridade, da expressão *due process of law*. Apesar de configurar relevante conquista histórica, a expressão *by the law of the land* apontava para gama de significados muito mais pobre do que a que veio a encontrar sua sucessora *due process of law*. A garantia original tinha pertinência à aplicação da lei e obrigatoriedade de julgamento, significando que "as leis existentes, as leis da terra, deveriam ser igualmente aplicadas a todos".[180] O que traz consigo outra constatação: o antigo significado e a aplicação prática da "Lei da Terra" (e do "devido processo legal") diziam respeito à salvaguarda da liberdade e da segurança das pessoas contra as decisões arbitrárias de morte, prisão ou confisco de bens. Era eminentemente dirigida à preservação daquilo que a partir do século XVIII passou a ser compreendido pela expressão "direitos humanos" (ou "direitos fundamentais", caso positivados nos respectivos ordenamentos constitucionais). Em outras palavras: originalmente ela se dirigia à vida, à segurança e liberdade pessoais. Inibia-se, assim, a vontade arbitrária do rei – submetendo-se-a ao julgamento por um júri, à defesa por meio de advogado, à possibilidade de produzir provas etc.

Na síntese de Sampaio Dória, "a garantia se resumia (...) no direito a um processo ordenado".[181] Esse seu conteúdo e essa sua conquista: proteção contra punições arbitrárias, através das garantias de processo e julgamento segundo um sistema legal preexistente. É a semente da regra da supremacia do Direito (*rule of law*).[182]

6. Em 1354, sob o reinado de Eduardo III, pela primeira vez a reedição da Magna Carta foi transcrita do latim para a língua inglesa.

---

[179] Sampaio Dória, *Direito Constitucional Tributário e Due Process of Law*, cit., 2. ed., p. 11. Holt destaca que o Capítulo 39 da Carta garantia aos homens livres o julgamento "por seus pares *ou* pela Lei da Terra" (*lawful judgement of his peers or by the law of the land*), querendo significar a ideia de que os atos de execução deveriam sempre ser antecedidos por um julgamento – pelos pares ou outro método que estivesse de acordo com a Lei da Terra (*Magna Carta*, cit., 2. ed., p. 327-328 e 330). Eis o texto integral do capítulo 39 da Carta de 1215: "Nullus liber homo capiatur, vel imprisonetur, aut disseisiatur, aut utlagetur, aut exuletur, aut aliquo modo destruatur, nec super eum ibimus, nec super eum mittemus, nisi per legale judicium parium suorum vel per legem terre". E na tradução inglesa: "No free man shall be taken or imprisoned or disseized or outlawed or exiled or in any way ruined, nor will we go or send against him, except by the lawful judgment of his peers or by the law of the land" (Holt, *Magna Carta*, cit., 2. ed., p. 460-461).

[180] "The standing laws, the laws of the land, were to be applied equally to all" (Alfred C. Aman Jr. e William T. Mayton, *Administrative Law*, p. 154).

[181] Sampaio Dória, *Direito Constitucional Tributário e Due Process of Law*, cit., 2. ed., p. 13. Em sentido contrário Keynes, para quem desde sempre a garantia contemplava os significados processual e substancial (*Liberty, Property, and Privacy: toward a Jurisprudence of Substantive Due Process*, cit., p. 11-16 – citando ampla doutrina, inclusive Coke e Blackstone, historicamente, os maiores comentadores da Magna Carta).

[182] Regra que tem a maior relevância no Direito britânico contemporâneo. Para Bradley e Ewing a garantia da *rule of law* expressa as seguintes ideias: (a) manutenção da lei e da ordem (*law and order better than anarchy*); (b) princípio da legalidade (*government according to law*); e (c) valores político-sociais inerentes ao ordenamento jurídico (*the rule of law as a broad political doctrine*) (*Constitutional and Administrative Law*, cit., 11. ed., p. 97-107). Já H. W. R. Wade e C. F. Forsyth encarecem os seguintes significados da cláusula *rule of law*: (a) garantia do princípio da legalidade; (b) meio de controle e restrição dos poderes discricionários do governo; (c) garantia da igualdade perante a lei; (d) proibição de o governo se beneficiar de privilégios desnecessários e/ou exceções à lei ordinária; e (e) princípio da tipicidade penal (*Administrative Law*, 7. ed., p. 24-27).

Por motivos absolutamente desconhecidos – daí a obscuridade na origem da expressão –, no lugar da locução *per legem terrae* (*by the law of the land*) foram lançadas as palavras *due process of law*.[183]

7. Assim, e durante séculos, a cláusula *due process of law* manteve seu significado originário de garantia de julgamento genuíno, segundo a "Lei da Terra".[184] Contudo – e como é próprio do sistema da *common law* –, "o conceito do adequado processo legal foi se enriquecendo, ganhando novas dimensões e significados. Assim, da exigência primitiva de um processo formalizado, o princípio passou a compreender também (...) o requisito da prévia citação para a demanda e da oportunidade de defesa".[185][186]

2.1.2 Origem do devido processo legal nos Estados Unidos da América do Norte

8. Conforme antes descrito, no século XVII a cláusula *due process* acompanhou os colonizadores ingleses e transpôs o Atlântico, para, posteriormente, incorporar-se às várias declarações de independência das então Colônias inglesas. Nesses textos "o princípio se desliga de sua matriz inglesa e passa a integrar o sistema jurídico americano, numa trajetória que o transmudaria no mais fecundo de quantos instrumentos se criaram para a defesa de direitos individuais".[187]

Com a independência das Colônias norte-americanas tornou-se imperiosa a criação de um sistema jurídico próprio, desvinculado do Direito inglês. "Num grande número de Estados as leis estabeleceram que a *common law*, tal como se apresentava naquela data, *[da Independência]* era o Direito em vigor no Estado".[188] A partir de então os ordenamentos separaram-se e tiveram existência e desenvolvimento autônomos.

---

[183] Aman Jr. e Mayton, *verbis*: "(...) in its 1354 reissue under Edward III, Magna Carta was written in official English for the first time" (*Administrative Law*, cit., p. 154, nota 3). Trazendo ampla bibliografia, esses autores destacam que, então, as palavras *due process of law* inequivocamente possuíam o mesmo sentido de *by the law of the land*. No mesmo sentido: Sampaio Dória, *Direito Constitucional Tributário e Due Process of Law*, cit., 2. ed., p. 12; Bitar, "Fontes e essência da Constituição Britânica", cit., *in: Obras Completas*, vol. II, p. 65; e Keynes, *Liberty, Property, and Privacy: toward a Jurisprudence of Substantive Due Process*, cit., p. 11. H. L. Black aponta que, "já em 1354, as palavras 'processo legal' foram usadas num estatuto inglês de interpretação da Magna Carta, e, no fim do século XIV, as expressões 'processo legal' e 'Lei da Terra' eram permutáveis" (*A Crença na Constituição*, p. 53). Já Holt noticia que a expressão *due process of law* foi construída intencionalmente, para excluir procedimentos perante o governante (*Council*) ou comissões especiais e para limitar incursões na esfera de atuação das Cortes de *common law* (*Magna Carta*, cit., 2. ed., p. 10).

[184] Pelo menos até a Petition of Rights, de 1628 (Sampaio Dória, Direito Constitucional Tributário e Due Process of Law, cit., 2. ed., p. 13-14).

[185] Sampaio Dória, *Direito Constitucional Tributário e Due Process of Law*, cit., 2. ed., p. 13. O mesmo autor destaca que na Inglaterra a "última e significativa derivação" ocorreu ao encampar-se na garantia do *due process of law* "a de que ninguém poderia ser preso sem a evidência de uma justa causa (*without any cause showed*)" (*idem*, p. 14).

[186] Posteriormente o Direito inglês passou a incorporar outros documentos e eventos históricos importantes. Dentre eles o *Habeas Corpus Act*, de 1679, a *Petition of Rights*, de 1628, o *Bill of Rights*, de 1689, e o *Act of Settlement*, de 1710. Mas note-se que também nestes casos seria inapropriado dizer que tais leis "criaram" direitos. Por exemplo, quando da edição do *Habeas Corpus Act* a medida de *habeas corpus* já existia há pelo menos 300 anos. O que esta lei fez foi sistematizar e reforçar o funcionamento do remédio jurisdicional (dentre outras coisas, quando fosse apresentado o *habeas corpus* à autoridade, esta se obrigava a exibir o corpo – ou seja, a própria pessoa presa – dentro de três dias, e tal apresentação deveria ser acompanhada das verdadeiras causas da prisão). O mesmo se deu – com as respectivas características – nos demais diplomas ingleses com assento constitucional.

[187] Sampaio Dória, Direito Constitucional Tributário e Due Process of Law, cit., 2. ed., p. 15.

[188] René David, Os Grandes Sistemas do Direito Contemporâneo, cit., 3. ed., p. 362.

9. Especialmente no Direito Constitucional as diferenças são significativas. Os Estados Unidos da América do Norte têm sua Constituição consubstanciada em documento formal, ao contrário da Inglaterra. Mais que isso, a Constituição representa para os norte-americanos "o próprio ato de fundação do seu País e não apenas a sua Carta Política".[189]

Portanto, desde o início da história constitucional dos Estados Unidos o princípio do devido processo legal já constava de "várias Constituições, e bem assim as Declarações de Direito (*Bill of Rights*) das primitivas Colônias inglesas que antecederam a formação da Federação Norte-Americana (...) sob a fórmula originária *law of the land*".[190] Apesar de à época da independência norte-americana já existirem decisões que davam aplicação ao ângulo "substancial" do devido processo, o princípio foi incorporado às Constituições das antigas Colônias, tendo em vista seu aspecto puramente processual.[191]

9.1 A cláusula veio a atingir sua maior expressividade ao ser incorporada ao texto das V e XIV Emendas à Constituição norte-americana.[192] Desde então acirram-se as disputas acerca do conteúdo desse princípio, e não existe notícia de unanimidade quanto à sua exata definição. René David destaca que "o Supremo Tribunal dos Estados Unidos utilizou-a para exercer um controle sobre a legislação e a jurisprudência federais e estaduais: as restrições feitas à liberdade ou à propriedade dos cidadãos apenas seriam reconhecidas como legítimas por ele se fossem, segundo a sua apreciação, razoáveis".[193]

Há quem considere o *due process of law* "intraduzível e indefinível",[194] e mesmo o Juiz da Corte Suprema Felix Frankfurter afirmou que a cláusula "não pode ser aprisionada dentro dos limites traiçoeiros de nenhuma fórmula".[195]

9.2 Atualmente, com a aplicação do aspecto substancial da cláusula a decisões que envolvam direitos pessoais complexos (aborto, eutanásia, casamento, reprodução, autonomia individual etc.), a Corte Suprema norte-americana não define positiva e claramente o que vem a ser eventual conceito fechado do devido processo legal.

Varia o entendimento de que a cláusula do devido processo legal substancial é antes protetora condicional de direitos, ao invés de ser sempre absoluta, exigindo exame do interesse público definido em lei em face da liberdade e direitos privados individuais.[196]

---

[189] *Idem*, p. 394.

[190] Carlos Roberto de Siqueira Castro, O Devido Processo Legal e a Razoabilidade das Leis na Nova Constituição do Brasil, p. 12-15.

[191] Juan Francisco Linares, *Razonabilidad de las Leyes*, 2. ed., p. 17 – com amplas referências bibliográficas.

[192] Na V Emenda (1791) a cláusula *due process* é dirigida ao Governo Federal, enquanto na XIV Emenda (1868) estende-se-a aos Estados. Em ambos os casos a redação é quase idêntica: "(...) nor [*shall any person*] be deprived of life, liberty or property without due process of law" (V Emenda) e "(...) nor shall any State deprive any person of life, liberty or property without due process of law" (XIV Emenda). Keynes destaca que a XIV Emenda impõe aos Estados limites semelhantes àqueles fixados ao Governo Nacional pela V Emenda, além de a cláusula da *equal protection* garantir tratamento legal igualitário a respeito dos direitos fundamentais individuais (*Liberty, Property, and Privacy: toward a Jurisprudence of Substantive Due Process*, cit., p. 35).

[193] René David, Os Grandes Sistemas do Direito Contemporâneo, cit., 3. ed., p. 399.

[194] Segundo John Clarke Adams: "Esta expresión, pivote del derecho procesal norteamericano, es intraducible e indefinible" (*El Derecho Administrativo Norteamericano*, p. 59).

[195] *Apud* Adams, *El Derecho Administrativo Norteamericano*, cit., p. 59. A respeito do Juiz Frankfurter, suas principais decisões e influência na Suprema Corte, v.: João Gualberto Garcez Ramos, *Curso de Processo Penal Norte-Americano*, cit., p. 163-167.

[196] Keynes, Liberty, Property, and Privacy: toward a Jurisprudence of Substantive Due Process, cit., p. 179 – citando decisões de 1973 e 1983.

Ademais, a Corte permanece reputando que o devido processo tem ambos os componentes substanciais e processuais, contrários à possibilidade de legislação arbitrária.[197]

O *standard* atual da cláusula "protege todos os direitos fundamentais (enumerados e não enumerados) contra invasões estaduais. *Due process* é uma promessa constitucional 'de que há um reino de liberdade constitucional onde o governo não pode entrar'".[198]

10. Tornam-se claros dois característicos principais a discriminar a garantia do *due process of law* nos Estados Unidos de sua congênere inglesa: presta-se a controlar atos do Poder Legislativo e autoriza sindicância substantiva (não apenas processual).

10.1 A limitação a atos do Parlamento tem origem na histórica aversão das Colônias ao controle exercido pelos ingleses. Ao contrário do Direito inglês, que prestigiava a produção legislativa como matéria intocável, desde cedo o ordenamento norte-americano apresentou clara disposição ao controle da constitucionalidade das leis.

Afinal, e como em todas as colônias, também as inglesas foram objeto de exploração pela metrópole. Os colonos não tinham representação no Parlamento do Reino Unido, mas a ele se submetiam. Com o incremento das despesas do Império Britânico, sobretudo em decorrência das guerras, houve significativo aumento dos tributos (o que gerou o mote *no taxation without representation*). Isso deu início à luta das colônias contra o poder absoluto dos ingleses – sobretudo em questões tributárias e de cerceamento de liberdades –, que implicou a guerra da independência (a Revolução Americana, que teve início em 1775). O nome "Revolução" foi atribuído sobretudo pelo fato de a Constituição de 1787 ter criado uma República Federal soberana, qualificada pela separação entre os Poderes do Estado e um sistema de freios e contrapesos.

J. C. Holt descreve que nos Estados Unidos da América "a luta não era em defesa da lei e do Parlamento contra o rei, mas pelos direitos dos colonos contra ambos, rei e Parlamento";[199] por isso, alguns dos princípios da Constituição estadunidense estabeleceram-se como direitos individuais exercitáveis contra todas as formas de autoridade – seja ela legislativa, executiva ou jurisdicional.

Para Carlos Roberto de Siqueira Castro, "nos Estados Unidos da América, tanto no período colonial quanto após a Independência, preponderava um nítido preconceito contra o Poder Legislativo, o que se explica em razão da legislação metropolitana repressora, oriunda da Casa de Westminster, em Londres".[200] E, mais adiante: "Esse fenômeno de preconceito parlamentar e da consequente necessidade de controle dos atos do Parlamento (...) ensejaram nos Estados Unidos da América a *judicial review* da validade das leis em face da Constituição".[201]

10.2 Por outro lado, e conforme já destacado, o princípio do *due process* originariamente assegurava mera submissão do Poder Público à "Lei da Terra", assim definida caso

---

[197] *Idem*, p. 200-201 – citando decisões de 1961 e 1992.
[198] *Idem*, p. 201 – citando decisão da Corte Suprema norte-americana de 1992.
[199] Holt, Magna Carta, cit., 2. ed., p. 17. No mesmo sentido: Keynes, Liberty, Property, and Privacy: toward a Jurisprudence of Substantive Due Process, cit., p. 13.
[200] Carlos Roberto de Siqueira Castro, O Devido Processo Legal e a Razoabilidade das Leis na Nova Constituição do Brasil, cit., p. 16.
[201] *Idem*, p. 24-25. Esse controle foi estabelecido pela Suprema Corte norte-americana no célebre caso "Marbury *versus* Madison", de 1803, a respeito do qual as referências bibliográficas são inumeráveis. Por todos, cf.: René David, *Os Grandes Sistemas do Direito Contemporâneo*, cit., 3. ed., p. 395-396; Carl Brent Swisher, *Decisões Históricas da Corte Suprema*, p. 9-14; e Lêda Boechat Rodrigues, *A Corte Suprema e o Direito Constitucional Americano*, p. 35-41.

a caso por meio de julgamentos submetidos ao júri. Impedia a eficácia de atos abusivos, praticados pelo rei em detrimento da vida, liberdade e propriedade das pessoas.

Visando a proteger vida e/ou liberdade e propriedade, o devido processo legal vedava atos retroativos; decisões que declaravam os particulares culpados sem defesa; confisco de bens sem manifestação do proprietário; etc. – sempre controlando aquilo que emerge imediatamente do conteúdo semântico da expressão: a *justa observância* do *processo estabelecido em lei*.[202] Porém, não se desenvolvia para além desse limite formal, deixando de questionar o conteúdo da lei ou das decisões que a aplicavam.

A jurisprudência da Suprema Corte estadunidense teve o mérito de dilatar essas fronteiras, através do controle *substancial* (de conteúdo, de fundo).[203] A lei e o ato administrativo podem ser contrários ao devido processo legal não porque violaram vida, liberdade ou propriedade através de visão autônoma e estrita do fenômeno *processo*. Mais que isso, atos estatais podem produzir agressões *de fundo* ao devido processo legal quando seu conteúdo, sobre não guarnecer determinados interesses públicos, atinge direitos protegidos constitucionalmente.

Trata-se do *substantial due process of law* – atualmente indissociável da garantia meramente processual.[204]

11. Essa transformação desenvolveu-se em décadas de elaboração legislativa e jurisprudencial. As decisões do Poder Judiciário evoluíram depois de promulgada a XIV Emenda e ao final da Guerra da Secessão.[205] E entre 1866 e 1875 o Congresso norte-americano estabeleceu gama de direitos que tornava concreta a XIV Emenda, confrontando-se com tentativas de reescravização dos homens tornados livres e violência contra negros e brancos.[206]

---

[202] Segundo a definição de Henry Campbell Black: "Central meaning of procedural due process is that parties whose rights are to be affected are entitled to be heard and, in order that they may enjoy that right, they must be notified". Ou seja: regular intimação, oportunidade de ser ouvido e os direitos daí decorrentes (*Black's Law Dictionary*, 5. ed., p. 1.083). Posteriormente esse rol ampliou-se, tal como noticia Carlos Roberto de Siqueira Castro, enumerando algumas das garantias derivadas do *due process of law*, expressa e implicitamente previstas no estatuto constitucional norte-americano: (a) proibição do *bill of attainder* (ato legislativo que considera alguém culpado pela prática de crime sem prévia defesa, processo e julgamento); (b) proibição de leis *ex post facto*; (c) direito a julgamento por Júri; (d) proibição de alguém ser julgado duas vezes pelo mesmo fato; (e) vedação da autoincriminação forçada; (f) direito a um julgamento rápido e público, por júri imparcial e competente; (g) direito a ser informado da natureza da acusação; (h) direito de defesa e ao contraditório; (i) direito a ter "o seu dia na Corte"; (j) direito a ser ouvido o quanto antes; (k) direito a conhecer e se pronunciar sobre os documentos de acusação; (l) direito a ser notificado pela autoridade policial da prerrogativa de permanecer calado; e (m) direito de ser assistido por advogado nomeado pela Justiça caso não tenha condições de contratar um profissional (*O Devido Processo Legal e a Razoabilidade das Leis na Nova Constituição do Brasil*, cit., p. 34-37).

[203] Serão utilizados os termos "substantivo" (a palavra que designa por si só a substância, real ou metafísica) e "substancial" (essencial; mais importante; fundamental; a substância ela mesma) (Caldas Aulete, *Dicionário Contemporâneo da Língua Portuguesa*, 4. ed., vol. V, p. 4.783-4.784).

[204] Segundo Kenneth Warren, "it is absurd try to pretend that procedural due process can be separated from substantive due process" (*Administrative Law in the Political System*, cit., p. 12). No mesmo sentido: Keynes, *Liberty, Property, and Privacy: toward a Jurisprudence of Substantive Due Process*, cit., *passim*.

[205] Tal Guerra iniciou em 1861 e terminou em 1865. Nesse meio tempo, com o objetivo político de manter unidas as forças que apoiavam a União, foram promulgadas a XIII (libertou os escravos) e XIV Emendas (impôs deveres aos Estados e estendeu os direitos previstos na V Emenda a todas as pessoas, inclusive naturalizadas e negros libertos). Quando menos, a cláusula da *equal protection* da XIV Emenda proibiu aos Poderes Públicos a supressão de direitos fundamentais baseada na raça de um indivíduo (v. Keynes, *Liberty, Property, and Privacy: toward a Jurisprudence of Substantive Due Process*, cit., p. 55-56, 73-74 e 212).

[206] Ampliar em: Keynes, Liberty, Property, and Privacy: toward a Jurisprudence of Substantive Due Process, cit., p. 75-96.

Inicialmente restrito, para depois passar por ampla e exuberante aplicação, atualmente o devido processo legal substantivo não encontra interpretação rígida e fechada na Suprema Corte norte-americana.

Segue breve resumo do desenvolvimento histórico da cláusula.

2.1.3 Evolução histórica do devido processo legal substantivo nos Estados Unidos da América do Norte

12. A compreensão substantiva da cláusula do devido processo tem origem remota e difusa, vindo a se consolidar especialmente em meados do século XIX. Para John E. Nowak e Ronald D. Rotunda: "Aproximadamente desde o início da Nação, os juízes da Suprema Corte insinuaram que possuem um direito inerente para controlar a substância da legislação promulgada tanto pelo Congresso como pelas legislaturas estaduais" – inicialmente associando seu conceito ao de "direitos naturais".[207] Keynes noticia uma decisão da Suprema Corte de 1856,[208] e Lêda Boechat Rodrigues um acórdão de 1857,[209] dando ao princípio expresso significado de garantia substancial.

12.1 A partir de 1873 a Suprema Corte norte-americana passou a construir mais intensamente os princípios fundadores do devido processo legal substancial, em apoio ao crescimento econômico e à liberdade então experimentados. Como leciona João Gualberto Garcez Ramos, o devido processo legal substancial serviu "como ferramenta de proteção da propriedade e da liberdade, vista primacialmente como liberdade de iniciativa".[210] Trata-se de período dito evolutivo da economia estadunidense,[211] quando a Corte encampou a tese do *laissez-faire* para "justificar a máxima liberdade econômica e a mínima interferência governamental no mercado".[212]

Reconhecia-se que os Estados poderiam limitar a liberdade econômica e o direito de propriedade tendo em vista objetivos públicos válidos, mas jamais na construção de normas que beneficiassem determinada classe ou grupo social, tampouco na criação de taxas ou poder de polícia.[213]

Em 1877 instalou-se a discussão a respeito da constitucionalidade de legislação estadual fixadora de tarifas de transporte e armazenagem de trigo, e em 1882 um

---

[207] John E. Nowak e Ronald D. Rotunda, *Constitutional Law*, 5. ed., p. 364.

[208] Keynes traz elenco de decisões geradoras do devido processo substantivo, vinculadas às regras de contrato social e direito natural, estabelecendo seu início histórico em 1795. Segundo esse autor, o caso que inaugura claramente o devido processo legal substancial resulta de associação entre os termos *law of the land* e *due process of law*, reconhecendo que a cláusula constitucional do devido processo restringe "all governmental power – Legislative, Executive, and Judicial" (*Liberty, Property, and Privacy: toward a Jurisprudence of Substantive Due Process*, cit., p. 23).

[209] Trata-se do caso "Dred Scott", no qual a Suprema Corte entendeu que lei proibidora da escravidão era inconstitucional porque privava o particular de sua propriedade (o escravo) sem *due process* (Lêda Boechat Rodrigues, *A Corte Suprema e o Direito Constitucional Americano*, cit., p. 92). O caso é analisado com profundidade por João Gualberto Garcez Ramos (*Curso de Processo Penal Norte-Americano*, cit., p. 171-173).

[210] João Gualberto Garcez Ramos, *Curso de Processo Penal Norte-Americano*, cit., p. 175.

[211] Ampliar em: Nowak e Rotunda, *Constitutional Law*, cit., 5. ed., p. 372-374; e Keynes, *Liberty, Property, and Privacy: toward a Jurisprudence of Substantive Due Process*, cit., p. 97-128 – em que são analisados os aspectos político-econômico e jurisprudencial da América do Norte no período de 1873 a 1921.

[212] Keynes, Liberty, Property, and Privacy: toward a Jurisprudence of Substantive Due Process, cit. – citando decisões de 1873 e 1888-1910 –, p. 98.

[213] *Idem*, p. 99.

julgamento da Suprema Corte envolvendo questão semelhante converteu "a cláusula de *due process* numa restrição positiva, sustentando dever o Judiciário dar-lhe, obrigatoriamente, força executiva sempre que os Departamentos dos Estados procurassem, a seu ver, impor tarifas arbitrárias e irrazoáveis".[214]

Assim, a sindicância jurisdicional transpôs limites históricos e pacificou a averiguação da *substância* do ato legislativo, negando-lhe validade com fundamento em motivo que pertence à opção adotada pelo legislador (*arbitrariedade* ou *falta de razoabilidade*).

Essa visão da Suprema Corte teve seu ponto mais alto entre 1888 e 1921 – para sobreviver à análise jurisdicional a legislação teria que demonstrar e comprovar um importante interesse público que autorizasse limitação à liberdade individual ou que interferisse nos mercados.[215]

12.2 Ao consubstanciar controle imediato em questões de fundo, tais decisões acabariam por transferir ao Judiciário ampla parcela de verdadeiro poder político. A mudança foi radical: passou-se do controle formal para o substancial, este inicialmente sem firmes limites.

Assim, e "uma vez que, pela aplicação da 'regra da razão' (*rule of reason*), a decisão judicial envolvia, na realidade, o julgamento baseado em considerações de ordem social e econômica, a cláusula do processo legal regular, entendida como proteção substantiva, atribuiu aos tribunais poder quase legislativo".[216]

Nesse período entendia-se que o devido processo impunha a lei "razoável", o que significava "sensata, digna de aplauso e compreensível aos intérpretes". Daí a Corte Suprema passar a aplicar em toda a legislação o teste da razoabilidade, "em face de seus próprios critérios econômicos e sociais",[217] e "o controle judicial dessa legislação fez a constitucionalidade dessas leis dependente das visões pessoais dos juízes".[218]

13. Essa tomada de posição da Suprema Corte norte-americana ampliou-se a ponto de sofrer severas críticas, especialmente a partir do período das dificuldades econômicas derivadas da "Grande Depressão" (1934-1936).

Na medida em que a Suprema Corte colidia com planos econômicos governamentais (especialmente o *New Deal* proposto pelo Presidente Franklin Roosevelt), aos poucos foi abandonada a proteção de "direitos econômicos" com base no devido processo legal substantivo.[219]

---

[214] Lêda Boechat Rodrigues, *A Corte Suprema e o Direito Constitucional Americano*, cit., p. 96. Surgiu o *standard* da "regra da razão" (*rule of reason* ou *standard of reasonableness*), "critério indefinido que permite examinar, em cada caso, se a tarifa em questão é ou não razoável ou justificada" (Lêda Boechat Rodrigues, *idem*, *ibidem*). Nesse primeiro período – e ainda segundo Lêda Boechat Rodrigues – o devido processo será aplicado em casos de tarifas de transporte público; fixação de preços; desapropriações; direito do trabalho e discriminação racial; liberdade de imprensa e de reunião (p. 140-156).
[215] Keynes, Liberty, Property, and Privacy: toward a Jurisprudence of Substantive Due Process, cit., p. 112-113.
[216] Lêda Boechat Rodrigues, A Corte Suprema e o Direito Constitucional Americano, cit., p. 139.
[217] Idem, p. 140.
[218] Nowak e Rotunda, *Constitutional Law*, cit., 5. ed., p. 375.
[219] A partir de 1937 foi descartada a proteção ao mercado econômico, praticamente como resultado do confronto jurídico-político entre a Suprema Corte e o Presidente Franklin Roosevelt. Roosevelt pediu autorização ao Congresso norte-americano para nomear um membro da Suprema Corte para cada membro com idade superior a 70 anos. Como 6 membros tinham mais de 70 anos, Roosevelt conseguiu número suficiente de juízes a fim de aprovar o projeto *New Deal*. Alguns antigos membros mudaram de posição, e a Corte reconheceu a constitucionalidade de medidas que haviam sido prévia e expressamente declaradas inconstitucionais. Ampliar em: Keynes, *Liberty,*

13.1 Tal mudança de entendimento teve influência decisiva do Juiz H. L. Black, que ingressou naquele Tribunal em 1937 e se opôs radicalmente ao controle de leis com lastro no juízo de que elas seriam "excessivas", "caprichosas", "contrárias a um senso fundamental de justiça civilizada", "injustas", "por chocarem a consciência" etc. – expressões que lastreavam a aplicação do *substantive due process of law*.

Disse H. L. Black: "Desde que (...) a pedra angular da minha crença na Constituição é a convicção básica de que ela se destinou a evitar que se pusesse poder demasiado nas mãos de um ou mais agentes públicos, não posso subscrever interpretação tão frágil do 'processo legal', que permita aos juízes (...) considerar inconstitucionais leis de que não gostam. (...) essas expressões nenhuma limitação ou restrição impõem aos juízes, mas os deixam completamente livres para decidir questões constitucionais, baseados nos seus próprios juízos de política".[220] Opunha-se à possibilidade de o Poder Judiciário "colocar-se na condição de um superlegislativo que analisasse a sabedoria da legislação".[221]

Em acórdão de 1963 H. L. Black defendeu a tese de que é o Poder Legislativo, não o Judiciário, quem decide a respeito da sabedoria e da utilidade da legislação.[222]

13.2 Essa doutrina jurisdicional, obsequiosa com a legislatura e a Administração, sustentou a proposta de desenvolvimento econômico do governo norte-americano.

Por isso que, a partir de 1937, a cláusula do devido processo legal assumiu a seguinte feição: "(1) deixou de ser uma limitação à legislação social, à decretação de impostos e tarifas e à ação regulamentadora do governo em geral; (2) passou a ser aplicada como proteção nos casos que envolvam a liberdade de expressão, reunião e religiosa, inclusive os direitos do trabalho, através de novos conceitos da liberdade de palavra; (3) restringe-se a aplicação da cláusula processual de *due process* como limite à ação administrativa, salvo nos casos de deportação de estrangeiros; (4) aceita-se sua invocação para proteger, de modo geral, as pessoas acusadas de crime".[223]

Linares destaca ser "certo que desde 1937 nenhuma lei do Congresso sobre matéria de regulamentação econômica tenha sido desautorizada porque contrária ao devido processo substantivo".[224] Ou seja: o sentido substancial de cunho puramente econômico foi se desvanecendo ao longo do tempo, e a cláusula assumiu novos significados.

13.3 Ao mesmo tempo em que renunciava ao entendimento anterior, a Suprema Corte americana tornou-se crescentemente receptiva à proteção de direitos pessoais, desde que fundamentais e não econômicos, com lastro no *substantive due process*.

Property, and Privacy: toward a Jurisprudence of Substantive Due Process, cit., p. 131-135; e Barry Cushman, *Rethinking the New Deal Court: the Structure of a Constitutional Revolution*, passim.

[220] H. L. Black, *A Crença na Constituição*, cit., p. 43-44.

[221] *Apud* Keynes, Liberty, Property, and Privacy: toward a Jurisprudence of Substantive Due Process, cit., p. 1.

[222] *Idem*, p. 149.

[223] Robert J. Harris, *apud* Lêda Boechat Rodrigues, *A Corte Suprema e o Direito Constitucional Americano*, cit., p. 229.

[224] Linares, *Razonabilidad de las Leyes*, cit., 2. ed., p. 33-34. No mesmo sentido, Carlos Roberto de Siqueira Castro noticia "verdadeiro abandono da garantia do *devido processo legal* como intromissão judicial na economia" e, a partir dos anos 1930, a "revitalização *[do devido processo]* como instrumento de controle das invasões estatais nas faculdades ditas personalistas e de caráter não econômico" (*O Devido Processo Legal e a Razoabilidade das Leis na Nova Constituição do Brasil*, cit., p. 69). Keynes leciona que desde 1937 até 1990 a Suprema Corte denegou vínculo entre a liberdade econômica e o direito de propriedade, enquanto concedia ampla proteção jurisdicional à liberdade de reprodução, contracepção e aborto (*Liberty, Property, and Privacy: toward a Jurisprudence of Substantive Due Process*, cit., p. 181).

A Corte desenvolveu a tese de que liberdade e privacidade são aspectos complementares da autonomia individual, que a *common law* desde sempre protegeu contra avanços governamentais injustificados (desvinculados de um objetivo público legítimo). O controle deslocou-se de sua pontual dimensão econômica para abranger proteção jurisdicional a "pensamentos, emoções e sensações pessoais, que exigem reconhecimento normativo".[225]

Trata-se da compreensão de que a liberdade individual inclui direitos fundamentais enumerados e não enumerados constitucionalmente – requisitos para o desenvolvimento e a plenitude pessoais, sujeitos somente a regulação e proibição que promovam objetivamente o interesse público. Tais decisões da Suprema Corte reforçaram o conceito de que direitos não enumerados estão enraizados na cláusula do devido processo (substancial e processual).[226]

Assim, a jurisprudência dirigiu-se a definir os direitos fundamentais em três dimensões básicas: (a) liberdade de pensamento, crença, consciência e palavra (I Emenda); (b) liberdade ou segurança da pessoa em seu próprio lar (IV Emenda); e (c) liberdade e privacidade pessoais que não tenham previsão normativa expressa (*v.g.*, casamento, escolha de cônjuge, relações familiares, procriação, educação do próprio filho, relações sexuais, uso de contraceptivos, aborto e procura de tratamento médico pessoal).[227]

Para Nowak e Rotunda, hoje, o *substantive due process of law* aproxima-se do princípio da isonomia. Uma vez definido que a discussão envolve um direito fundamental, a Suprema Corte tem duas opções: caso a lei regule e restrinja o exercício de um direito fundamental por todas as pessoas, deve ser examinada em face do devido processo; caso somente envolva o exercício de um direito fundamental por parte de grupo específico de pessoas, deverá decidir com base na cláusula da *equal protection*.[228]

13.4 De qualquer forma, a Suprema Corte norte-americana abandonou quase por completo a concepção absolutamente aberta da cláusula, exigindo que o interesse defendido com base no *due process of law* possa ser reportado diretamente aos conceitos estritos de "vida", "liberdade" ou "propriedade", ainda que a questão concreta envolva direito não expressamente previsto em lei.

14. Especialmente no que respeita ao Direito Administrativo, é necessária a configuração de ação administrativa jurisdicionante,[229] que afete excepcional e individualmente

---

[225] Keynes, Liberty, Property, and Privacy: toward a Jurisprudence of Substantive Due Process, cit., p. 155-156.
[226] *Idem*, p. 178.
[227] *Idem*, p. 157-209 – com análise de vários acórdãos sobre tais assuntos. V. também a evolução da cláusula, com o exame dos principais *leading cases*, no texto de Vera Scarpinella Bueno, "Devido processo legal e a Administração Pública no direito administrativo norte-americano", *in*: Lúcia Valle Figueiredo (coord.), *Devido Processo Legal na Administração Pública*, 2001.
[228] Nowak e Rotunda, *Constitutional Law*, cit., 5. ed., p. 383.
[229] O termo, do vernáculo (Caldas Aulete, *Dicionário Contemporâneo da Língua Portuguesa*, 4. ed., vol. III, p. 2.868), é utilizado como tradução da expressão inglesa *adjudicatory mode*. A expressão *adjudicatory process* é usada para designar procedimentos e decisões administrativas, semelhantes aos judiciais, e o verbo *adjudicate* significa proferir decisão (jurisdicional) de acordo com a lei. No *Dicionário* de H. C. Black a expressão *adjudicatory hearing* significa "procedimento perante um órgão administrativo, no qual os direitos e deveres dos particulares são julgados depois de notificação formal e oportunidade de defesa" (*Black's Law Dictionary*, cit., 5. ed., p. 39-40). Segundo Aman Jr. e Mayton: "A Administração rotineiramente decide se a conduta de um particular é conforme às regras que ela implementa e impõe sanções quando o particular age de forma errada. Essa aplicação da lei constitui ação jurisdicionante (...)" (*Administrative Law*, cit., p. 119).

a esfera de liberdade e/ou propriedade do particular.[230] Note-se que a *administrative adjudication* significa "o processo onde é garantido às partes o direito de participar, produzindo provas e peticionando, antes que sua esfera de direitos seja atingida por um ato estatal individual".[231] A atividade administrativa intrusiva da esfera privada pressupõe o devido processo.

Porém, caiu a concepção de que o devido processo legal é absolutamente "flutuante", a incidir sempre que a Administração atingisse o particular de forma significativa. A Suprema Corte firmou entendimento no sentido de que o direito ao devido processo deriva não do peso (importância), mas da natureza do interesse posto em jogo, que deve ser somente a "vida, liberdade ou propriedade" de um indivíduo particular.[232]

Mesmo em relação à vida, à liberdade e propriedade inexiste direito absoluto e incontrastável do particular, pois se entende que a Administração pode demonstrar a presença de relevante interesse público que autorize restrição a tais direitos fundamentais.[233]

Ademais, em face dos avanços científicos, que outorgam ao governo a capacidade tecnológica de literalmente invadir a vida particular dos cidadãos, o *due process* permanece uma proteção vital da dignidade e da autonomia dos particulares, valores irrenunciáveis em uma democracia constitucional.[234]

2.1.4 Concepção atual do devido processo legal nos Estados Unidos da América do Norte

15. Esclarecidos a evolução histórica da cláusula e o tipo de matéria à qual ela se aplica, resta descrever o que se entende por *due process of law* ao final do século XX (e início do XXI). Estabelecida a gama de interesses socorridos, cabe investigar quais os limites que essa proteção impõe à atuação do Estado. Através dessa definição dá-se sentido mínimo aos amplos contornos da cláusula e se restringe a possibilidade de decisões "arbitrárias" ou "caprichosas", repreendidas pelo Juiz H. L. Black.

16. Conforme narrado, a locução *due process of law* tem origem histórica na expressão *law of the land* – conjunto de normas vinculantes ao poder real. Transposta essa compreensão para o Direito atual a cláusula perderia significado, pois o princípio não pode ser compreendido como "ordenamento processual" ou "direito positivo".

Talvez na Inglaterra, onde tradicionalmente não há controle de leis pelo Judiciário, a construção se justificasse. Mas não nos Estados Unidos da América do Norte (nem no Brasil). O sistema de controle de constitucionalidade autoriza a sindicância da qualidade do "processo" estabelecido em lei. Ou seja: não será a "forma de lei" que determinará que

---

[230] Aman Jr. e Mayton, *Administrative Law*, cit., p. 147-148.
[231] Vera Scarpinella Bueno, "Devido processo legal e a Administração Pública no direito administrativo norte-americano", cit., *in*: Lúcia Valle Figueiredo (coord.), *Devido Processo Legal na Administração Pública*, p. 16. Importante frisar que a autora realiza ampla análise do princípio também no que diz respeito ao *rulemaking* das agências administrativas reguladoras.
[232] Aman Jr. e Mayton, *Administrative Law*, cit., p. 162.
[233] Keynes, Liberty, Property, and Privacy: toward a Jurisprudence of Substantive Due Process, cit., p. 5-6.
[234] *Idem*, p. XII.

certo processo e/ou provimento seja "devido"; será o respeito a garantias constitucionais (explícitas e implícitas), celebradas na Constituição e na jurisprudência.

A preocupação não é nova. Já ao final do século passado Thomas Cooley enunciava que "a questão apresenta-se naturalmente por si, se qualquer assumpto póde ser convertido em Lei da Terra, ou transformar-se em devido processo legal, sempre que ao Poder Legislativo parecer conveniente sanccionar de accordo com a devida forma. Para resolver semelhante questão basta simplesmente considerar por um momento e examinar qual o fim que visava a cláusula que ora examinamos. Tal fim, conforme transparece claramente, outro não era senão o da protecção individual por meio de uma limitação posta ao Poder; e qualquer interpretação que deixasse ao Poder Legislativo essa autoridade sem freio algum 'tornaria – como bem disse um eminente jurista – absolutamente inutil essa restricção, transformando a Constituição, n'essa parte, em um verdadeiro absurdo".[235]

Por isso Cooley conclui que "a vida, a liberdade e a propriedade se acham sob a immediata protecção de principios bem conhecidos e bem definidos, que não pódem ser prescindidos, nem em geral nem em particular, já da parte dos tribunaes, já dos agentes do Poder Executivo, já dos proprios legisladores".[236]

17. Analisando a doutrina da Suprema Corte no que diz respeito ao Direito Administrativo, Aman Jr. e Mayton destacam que a definição do devido processo envolve identificação das finalidades às quais um bom processo deve prestar-se: equidade, precisão e segurança.[237]

A equidade refere-se à atuação da Administração de acordo com padrões de comportamento notoriamente conhecidos, aplicados com imparcialidade através de procedimentos públicos. A ciência dos padrões de comportamento permite ao particular conhecer quais são as expectativas do Poder Público em face dele e limita a atuação dos agentes, que têm suas alternativas circunscritas a princípios preestabelecidos (e não à sua própria vontade). A Suprema Corte norte-americana já decidiu que "um governo democrático deve praticar a equidade, e a equidade é raramente obtida através da apuração unilateral e secreta de fatos determinantes de direitos".[238]

Ao seu tempo, a equidade reporta-se à precisão, indicando se o processo se encaminha para a finalidade correta. Um processo terá atingido suas finalidades substanciais tanto quanto tenha sido conduzido da forma mais acurada possível. Esse cuidado no desenvolvimento do processo protege tanto interesses públicos como privados.

Outro fim a que se dirige o devido processo legal é a segurança nas relações com o Estado. O particular tem direito à salvaguarda da segurança de seus direitos em face da

---

[235] Thomas Cooley, *Princípios Gerais de Direito Constitucional dos Estados Unidos da América do Norte*, 2. ed., p. 254-255 (a citação é *ipsis litteris* a tradução de Alcides Cruz do ano de 1909. A obra original data de 1880). Keynes noticia que Cooley era um "advogado das limitações constitucionais", que sublinhava com intensidade "o componente substantivo do devido processo" (Keynes, *Liberty, Property, and Privacy: toward a Jurisprudence of Substantive Due Process*, cit., p. 28-29). Segundo Nowak e Rotunda a obra de Cooley "sustentou fortemente os conceitos do devido processo legal substantivo. Muitos juízes baseavam-se no livro de Cooley como uma análise autorizada das Constituições Federal e Estaduais" (*Constitutional Law*, cit., 5. ed., p. 372).

[236] Cooley, Princípios Gerais de Direito Constitucional dos Estados Unidos da América do Norte, cit., 2. ed., p. 256.

[237] Aman Jr. e Mayton, *Administrative Law*, cit., p. 172-175.

[238] *Apud* Aman Jr. e Mayton, *Administrative Law*, cit., p. 173.

Administração. O devido processo deve garantir a segurança como direito autônomo, que pode ser protegido *per se*, e minimizar o risco de atuações administrativas viciadas sob esse ângulo específico.[239]

Por fim, também é objetivo do devido processo legal assegurar ao particular o sentimento individual de dignidade. Muitos dos conflitos entre particulares e Administração emergem do direito a ser tratado condignamente. Aman Jr. e Mayton destacam que a insistência dos tribunais na aplicação de determinadas regras constitucionais pode ser lida como a necessidade de reconhecimento moral do particular pela Administração. Tem aplicação o princípio de que o indivíduo não pode ser tratado como um número.[240] Só será "devido" o processo que assegure à pessoa tratamento humanitário, como reconhecimento de sua autonomia e seu valor.

2.1.5 Conclusão

18. Uma relação jurídica justa e equitativa, desenvolvida com precisão que outorgue e garanta segurança ao sujeito de direito, ao mesmo tempo em que respeite sua dimensão moral – esses são traços que caracterizam o "devido processo legal".

Sem dúvida, são expressões abertas, com significado indefinível de plano. Devem ser compreendidas levando em conta que o sistema da *common law* é eminentemente jurisprudencial. Inexiste limitação derivada de conjunto fechado de normas positivas primárias, a serem aplicadas mediante operação lógica de silogismo – caminho diverso da antiga compreensão brasileira a propósito do processo de aplicação das normas jurídicas,[241] que vem sendo transposto por meio da compreensão principiológica do Direito. A toda evidência, não mais vige no Brasil a concepção mecanicista de aplicação da norma numa operação automática, mas, sim – e cada vez mais –, a necessidade de integração dos fatos ao todo do ordenamento jurídico e a construção da norma por parte do intérprete.

Depois – e ainda que respeitados certos limites –, os termos imprecisos fornecem indubitáveis núcleos positivo e negativo, mínimos à sua compreensão[242] – *v.g.*, sabe-se, de pronto, o que é *mínima e absolutamente injusto* ou *mínima e absolutamente justo* em determinado caso concreto. O problema reside no núcleo dos conceitos, largamente sindicável, em face das peculiaridades do ordenamento norte-americano.

---

[239] Aman Jr. e Mayton (*Administrative Law*, cit., p. 174) anotam que, ao menos para a definição do "devido" processo (*what process is due*), a Suprema Corte vem entendendo que a finalidade da segurança pode ser compreendida como componente da equidade e da precisão. Havendo esses dois característicos no exame do "devido" processo, existirá segurança para o administrado.

[240] Aman Jr. e Mayton, *Administrative Law*, cit., p. 174 e 197.

[241] V. a Lei de Introdução às Normas do Direito Brasileiro (Decreto-lei nº 4.657, de 4.9.1942), art. 4º, e a doutrina de Maria Helena Diniz, *Lei de Introdução ao Código Civil Brasileiro Interpretada*, p. 89-134.

[242] Aqui não se trata de questão jurídica, mas linguística. Por todos, cf. a lição de Celso Antônio Bandeira de Mello: "Deveras, a palavra é um signo, e um signo supõe um significado. Se não houvesse significado algum recognoscível, não haveria palavra, haveria um ruído. Logo, tem-se que aceitar, por irrefragável imposição lógica, que, mesmo que vagos, fluidos ou imprecisos, os conceitos utilizados no pressuposto da norma (na situação fática por ela descrita, isto é, no 'motivo legal') ou na finalidade têm algum conteúdo mínimo indiscutível. De qualquer deles se pode dizer que compreendem uma *zona de certeza positiva*, dentro da qual ninguém duvidaria do cabimento da aplicação da palavra que os designa, e uma *zona de certeza negativa*, em que seria certo que por ela não estaria abrigada. As dúvidas só cabem no intervalo entre ambas" (*Discricionariedade e Controle Jurisdicional*, 2. ed., 11ª tir., p. 29).

De qualquer forma, duas são as dimensões expostas: os direitos protegidos pela cláusula e o conteúdo da expressão "devido processo legal" (quando, como e por que certas situações, que envolvem os direitos protegidos, podem ser controladas).

19. Cabe, agora, e ainda que de forma breve, tratar o tema de acordo com a doutrina de outros países, antes de ser examinado o entendimento brasileiro. A intenção é destacar a importância, amplitude e variação da análise do devido processo legal em países da civilização ocidental.

2.2 A cláusula do devido processo legal em outros países

20. Nascida na Inglaterra, a ideia sintetizada pelo devido processo legal desenvolve-se nos mais diversos países. Ainda que não existam previsões expressas em todos os ordenamentos, dá-se como que uma configuração espontânea da máxima, em seus diversos aspectos.[243]

A seguir analisaremos a presença, implícita e explícita, do princípio em determinados países europeus e latino-americanos. Na medida em que este trabalho não é dirigido ao estudo do Direito Comparado, será feito rápido exame descritivo de parcela da doutrina dos países estrangeiros. Apenas será feita uma singela narrativa da construção da cultura jurídica de alguns países europeus no que respeita ao devido processo legal.

2.2.1 O devido processo legal em Portugal

21. A moderna doutrina portuguesa destaca a necessidade de se compatibilizar e potencializar as exigências de um Estado Democrático de Direito através da cláusula do "procedimento justo".

22. À parte a previsão do art. 20º, n. 4 ("Todos têm direito a que uma causa em que intervenham seja objecto de decisão em prazo razoável e mediante processo equitativo"), a Constituição portuguesa traz vários desdobramentos do princípio.[244]

Porém, é de se frisar que a expressão "processo equitativo" deu origem à compreensão doutrinária da proteção através de um processo justo (*due process*). J. J. Gomes Canotilho analisa amplamente tal previsão constitucional, destacando a necessidade de uma análise histórica e comparatística, a fim de "prestar alguma atenção às leituras americanas incidentes sobre o 'processo devido' (= processo justo)

---

[243] Sobre as "tendências de globalização" do princípio do devido procedimento (equitativo), v.: Eurico Bitencourt Neto, *Devido Procedimento Equitativo e Vinculação de Serviços Públicos Delegados no Brasil*, em especial p. 25-62.

[244] Os arts. 266º, 267º e 268º da Constituição portuguesa (de 25.4.1975, com suas "alterações" e "revisões") estabelecem rol de obrigações da Administração Pública e direitos dos administrados em face da conduta administrativa que lhes diga respeito. Designadamente: prossecução do interesse público (art. 266º, n. 1); subordinação à Constituição e à lei (art. 266º, n. 2); princípios da igualdade, proporcionalidade, justiça e imparcialidade (art. 266º, n. 2); não burocratização e participação popular (art. 267º, n. 1); racionalização (art. 267º, n. 4); participação na formação das decisões administrativas (art. 267º, n. 4); direito à informação sobre andamento de processos e decisões (art. 268º, n. 1); direito ao acesso a arquivos e registros administrativos (art. 268º, n. 2); direito à notificação e à fundamentação de atos administrativos (art. 268º, n. 3); direito a recursos (art. 268º, n. 4); acesso à Justiça administrativa (art. 268º, n. 5); e prazo máximo de resposta (art. 268º, n. 6, c/c ns. 1 e 2). Não há dúvidas de que tais garantias configuram a adoção do devido processo legal como máxima implícita da Constituição da República Portuguesa. Ampliar nos comentários de J. J. Gomes Canotilho e Vital Moreira, *Constituição da República Portuguesa Anotada*, 3. ed., p. 920-943.

e verificar em que medida estas leituras podem ser transferidas para o nosso quadro jurídico-constitucional (cf. art. 20º/4)".[245]

Além disso, J. J. Gomes Canotilho descreve as garantias processuais e procedimentais como derivação do princípio do Estado de Direito. Trata da "exigência de um *procedimento justo e adequado de acesso* ao Direito e de *realização do Direito*".[246] Não há dúvida de que tais expressões remetem à ideia tradicional do "devido processo legal".

Canotilho traz rol de princípios constitucionais, que subdivide em "garantias de processo judicial" (processo equitativo; juiz legal; audição; igualdade processual; conformação do processo segundo os direitos fundamentais; fundamentação dos atos judiciais; e legalidade processual), "garantias de processo penal" (audiência do arguido; proibição de tribunais de exceção; proibição de dupla incriminação; notificação das decisões penais; contraditório; direito de escolher defensor; assistência obrigatória de advogado em certas fases do processo; e a excepcionalidade da prisão preventiva) e "garantias do procedimento administrativo" (participação do particular nos procedimentos em que está interessado; imparcialidade da Administração; audição jurídica; informação; fundamentação dos atos administrativos lesivos de posições jurídicas subjetivas; conformação do procedimento segundo os direitos fundamentais; e arquivo aberto).[247]

Tal como se infere, o elenco corresponde, com as devidas ponderações, ao catálogo de garantias historicamente compreendidas na cláusula do *due process*.

23. João Carlos S. G. Loureiro, com fundamento em amplas citações, destaca que existem dúvidas quanto à recepção da "ideia de procedimento justo" no Direito Procedimental Administrativo, "timidamente afirmado" em Portugal. Porém, sustenta como essencial "a exigência de um procedimento justo, a determinação de um núcleo que se traduz na participação e o alcance distinto da formulação consoante o tipo de procedimento em causa".[248]

Depois de desenvolver o conceito de "participação", Loureiro destaca, em caráter exemplificativo, que o princípio do procedimento justo é integrado por: (a) uma dimensão de participação (audição); (b) uma dimensão de informação, ligada a uma dimensão de publicidade e transparência; (c) uma dimensão de fundamentação (motivação); (d) uma dimensão de eficiência (celeridade e racionalização); e (e) uma dimensão de imparcialidade.[249]

Em conclusão, afirma que em Portugal "o processo judicial continua a ser o *locus* por excelência para a tutela dos direitos. Consoante o procedimento administrativo e os interesses em jogo, a sua maior ou menor relevância em termos de direitos fundamentais e em termos políticos, assim variarão as exigências do procedimento justo".[250]

---

[245] J. J. Gomes Canotilho, Direito Constitucional e Teoria da Constituição, 5. ed., p. 486.
[246] *Idem*, p. 274.
[247] *Idem*, p. 274-275.
[248] João Carlos S. G. Loureiro, O Procedimento Administrativo entre a Eficiência e a Garantia dos Particulares, p. 244-245.
[249] *Idem*, p. 248-257.
[250] *Idem*, p. 257. Ressalve-se que a obra de Loureiro foi escrita antes da edição do Código do Procedimento Administrativo português.

2.2.2 O devido processo legal na Itália

24. Na Itália o princípio do *giusto procedimento* deriva de elaboração doutrinária e jurisprudencial.

O autor português João Carlos S. G. Loureiro noticia que: "A afirmação do princípio do *giusto procedimento* aparece em 1962 numa decisão da *Corte Costituzionale* onde se sustenta o seu carácter de princípio geral do ordenamento jurídico".[251] A hipótese versava sobre aplicação de provimento administrativo autônomo limitador do exercício da propriedade privada.[252]

Posteriormente – e ainda segundo Loureiro – a Corte Constitucional veio a revisar esse entendimento, "porquanto *[na Itália o devido processo legal]* não tem dignidade constitucional".[253] Agrò, Lavagna, Scoca e Vitucci trazem decisão da Corte Constitucional datada de 1978 na qual se destaca que o devido processo legal se trataria de princípio geral do ordenamento, que não se identifica com determinada norma ou princípio constitucional.[254]

25. Porém, segundo a doutrina de Elio Fazzalari, o *due process of law* "consiste na garantia que, em nossa linguagem, chamaremos de contraditório".[255]

26. Já Luigi Paolo Comoglio, ao tratar do devido processo legal como instituto de Direito Processual Constitucional, destaca que a garantia (a) contempla tanto a situação processual de quem se defende quanto aquela de quem age em juízo; (b) é aplicável sempre que o cidadão possa sofrer privação de vida, liberdade ou propriedade, independentemente da característica ou natureza do órgão em razão de quem se daria tal "privação"; (c) na medida em que o devido processo legal exprime um critério de *correttezza procedurale* em sentido amplo, é requisito constitucional de qualquer procedimento (também o tributário e o administrativo, ou aquele puramente arbitral).[256]

No confronto com a Administração Pública, Comoglio destaca os seguintes reflexos do princípio: (a) antes da emissão de ato administrativo que incida sobre os direitos de propriedade do cidadão o interessado deve ser posto em condição de expor preventivamente sua defesa, porque a exigência de *prior notice and hearing* é pressuposto da executoriedade do ato nos casos em que este "constitua", "modifique" ou "extinga"

---

[251] *Idem*, p. 246.
[252] A Constituição italiana determina que a propriedade privada "é reconhecida e garantida pela lei" (art. 42). Ampliar em: Antonio S. Agrò e outros, *La Costituzione Italiana Annotata con la Giurisprudenza della Corte Costituzionale*, 2. ed., p. 1.130-1.137 – onde consta transcrição parcial da decisão de 1962; e Guido Corso, "El procedimiento administrativo en Italia", *in: El Procedimiento Administrativo en el Derecho Comparado*, p. 484-485 – com comentários ao entendimento da jurisprudência da Corte Constitucional italiana.
[253] Loureiro, O Procedimento Administrativo entre a Eficiência e a Garantia dos Particulares, cit., p. 246.
[254] Agrò, Lavagna, Scoca e Vitucci, La Costituzione Italiana Annotata con la Giurisprudenza della Corte Costituzionale, cit., 2. ed., p. 1.603-1.604.
[255] "(...) il principio costituzionale del *due process of law*, le cui caratteristiche essenziali, secondo l'elaborazione fattane dalla giurisprudenza, consistono nelle garantie che, nel nostro linguaggio, chiaremmo del contraddittorio" (Elio Fazzalari, *Istituzioni di Diritto Processuale*, 7. ed., p. 14). A compreensão dessa assertiva não pode perder de vista a relevância que Fazzalari atribui ao contraditório, inclusive para a definição do que é processo (*idem*, p. 82-90). No mesmo sentido de Fazzalari, e ampliando a visão contemporânea da doutrina italiana: Loureiro, *O Procedimento Administrativo entre a Eficiência e a Garantia dos Particulares*, cit., p. 246-247.
[256] Comoglio, *La Garanzia Costituzionale dell'Azione ed il Processo Civile*, p. 123. Quando discorre expressamente sobre a cláusula do *due process*, Comoglio analisa sua dimensão precipuamente nos Estados Unidos da América do Norte e na Inglaterra. Mais adiante descreve a existência e a aplicação da cláusula na Itália, como garantia constitucional (*idem*, p. 131 e ss. e 154 e ss.).

certa situação jurídica patrimonial; (b) quando em sede administrativa seja previsto procedimento autônomo no qual o cidadão tenha oportunidade adequada de fazer valer suas razões antes do ato ao qual imputa ilegitimidade ou injustiça, e a Administração não alterar seu entendimento, a cláusula do devido processo legal não comporta a exigência de recurso sucessivo, dirigido ao órgão jurisdicional; (c) o recurso (forma de integração do contraditório entre órgão administrativo e cidadão, diferente da notificação do ato, vista como possibilidade de fazer valer em juízo o direito individual) é necessário todas as vezes que a privação da liberdade se aperfeiçoa sem que o cidadão prejudicado tenha podido exprimir, de forma preventiva e eficaz, sua defesa.[257]

E, mais adiante, acentuando o *substantial due process*: "A garantia de um 'processo correto na forma da lei' às vezes assume o significado mais amplo de excluir qualquer obstáculo injustificado, de natureza *substancial* ou *processual*, à possibilidade de tutelar adequadamente os direitos individuais".[258]

2.2.3 O devido processo legal na Espanha

27. A Constituição espanhola estabelece o direito ao processo com várias garantias, o que é identificado pela doutrina como expressão da cláusula do devido processo legal.[259]

28. Jesús González Pérez analisou amplamente o princípio frente à legislação e à jurisprudência espanholas.[260] Criticando o emprego da expressão em sentido estrito, conceitua *devido processo legal* como "aquele processo que reúna as garantias iniludíveis para que a tutela jurisdicional seja efetiva, começando pela garantia do juiz natural".[261]

Assim, para González Pérez são princípios contidos na cláusula: juiz imparcial predeterminado por lei; assistência técnica efetiva de advogado, inclusive a gratuita (para os que carecem de meios econômicos); defesa processual; notificação dos acusados, demandados ou titulares de interesse passível de ser atingido pelo processo; comunicação de todos os atos e decisões processuais; garantia de instrução do processo; presunção de inocência; publicidade processual; motivação do ato terminativo do processo; congruência entre decisão e questões endoprocessuais; interdição à *reformatio in peius* (nas causas penais); possibilidade de ajuizamento de recursos (desde que previstos em lei); e impossibilidade de dilações processuais indevidas.[262]

Em obra que trata especificamente do Direito Processual aplicado pela Administração, González Pérez sustenta ser o processo administrativo "regulado em primeiro lugar por

---

[257] Comoglio, La Garanzia Costituzionale dell'Azione ed il Processo Civile, cit., p. 123-124.
[258] Idem, p. 127.
[259] Vicente Gimeno Sendra, "Los principios del proceso", in: *Derecho Procesal Administrativo*, p. 56.
Diz o art. 24 da Constituição espanhola:
"1. Todas las personas tienen derecho a obtener tutela efectiva de los jueces y tribunales en el ejercicio de sus derechos e intereses legítimos, sin que, en ningún caso, pueda producirse indefensión.
2. Asimismo, todos tienen derecho al juez ordinario predeterminado por la ley, a la defensa y a la asistencia al letrado, a ser informados de la acusación formulada contra ellos, a un proceso público sin dilaciones indebidas y con todas las garantías, a utilizar los medios de prueba pertinentes para su defensa, a no declarar contra sí mismos, a no confesarse culpables y a la presunción de inocencia."
[260] Jesús González Pérez, *El Derecho a la Tutela Jurisdiccional*, 2. ed., p. 123-226. Essa obra trata de Direito Processual Civil, mas indica expressamente que as teses se aplicam ao Direito Processual Administrativo.
[261] Jesús González Pérez, *El Derecho a la Tutela Jurisdiccional*, cit., 2. ed., p. 123.
[262] Idem, p. 124-226.

normas contidas na Constituição"²⁶³ e que "as garantias processuais consagradas nas Constituições e os demais princípios que constituem o fundamento do ordenamento processual administrativo hão de orientar o labor interpretativo e hão de aplicar-se diretamente em caso de insuficiência de lei". Por isso, "os direitos fundamentais de acesso à Justiça, ao juiz natural e ao devido processo devem intervir como autênticos princípios jurídicos ao interpretar as normas reguladoras do processo administrativo".²⁶⁴

Também ao analisar as normas de procedimento administrativo local, González Pérez, ao lado de Pedro González Salinas, destaca princípios notoriamente correlatos ao devido processo legal, tais como: economia processual; igualdade; eficácia; celeridade; coordenação; e o princípio antiformalista.²⁶⁵

29. Fernando Garrido Falla e José María Fernández Pastrana relacionam o devido processo legal estritamente às potestades punitivas da Administração Pública, vinculando-o à "exigência de procedimento", que significa "interdição à imposição de sanções *de plano*, é dizer, decisões sancionadoras sem expediente prévio".

Ademais, destacam que a lei espanhola estabelece distinção "entre instrutores dos expedientes e autoridades com competência para resolvê-los", pois a garantia do juiz imparcial "proíbe, por exigência do princípio acusatório, a possibilidade de acumulação num mesmo órgão judicial das funções instrutórias e decisórias".²⁶⁶

30. Com lastro em lição de Sáinz Moreno sobre a racionalidade da atividade administrativa, Elisenda Malaret I García afirma que "a obrigação de proceder racionalmente se traduzirá na observância do 'procedimento devido', o que estabelecerá em cada hipótese concreta, em função das características da decisão contemplada e das circunstâncias, a concretização de um conjunto mais ou menos variado de operações destinadas a garantir a tomada em consideração de interesses presentes na hipótese fática".²⁶⁷

2.2.4 O devido processo legal na França

31. Na França não se consigna de modo expresso a cláusula do devido processo, mas ela é inequivocamente aplicada.²⁶⁸ O exame de trabalhos clássicos de juspublicistas franceses demonstra que o princípio é prestigiado.

32. Para André de Laubadère os princípios gerais de Direito são "a fonte não escrita mais importante da legalidade", definindo-os como "um certo número de princípios que

---

²⁶³ Jesús González Pérez, *Manual de Derecho Procesal Administrativo*, 2. ed., p. 68.
²⁶⁴ *Idem*, p. 70.
²⁶⁵ González Pérez e González Salinas, *Procedimiento Administrativo Local*, t. I, p. 76-77 e 605-609. Além dessas garantias, os autores trazem o princípio *favor acti* (presunção *iuris tantum* de legalidade e acerto dos atos administrativos), que não tem vínculo imediato com o devido processo legal (p. 608).
²⁶⁶ Fernando Garrido Falla e José María Fernández Pastrana, *Régimen Jurídico y Procedimiento de las Administraciones Públicas*, 2. ed., p. 325-326.
²⁶⁷ Elisenda Malaret I García, "Los principios del procedimiento administrativo y el responsable del procedimiento", in: *Administración Pública y Procedimiento Administrativo*, p. 307.
²⁶⁸ Tal como ressalta Juan Francisco Linares, *Razonabilidad de las Leyes*, cit., 2. ed., p. 11. Para Cármen Lúcia Antunes Rocha a Revolução Francesa, especialmente através do inciso VII da Declaração dos Direitos do Homem e do Cidadão, "fez divulgar em todo mundo o direito ao devido processo como um dos direitos fundamentais do Homem" (*Princípios Constitucionais dos Servidores Públicos*, p. 468).

não figuram nos textos mas que a jurisprudência reconhece como de respeito obrigatório pela Administração e sua violação constitui uma ilegalidade".[269]

Dentre os princípios genericamente aplicáveis ao Direito Administrativo o autor destaca alguns que certamente configuram o devido processo legal. Dentre eles, o "princípio da igualdade perante a lei" e o "princípio da defesa".[270] Ao tratar do procedimento administrativo não contencioso, chama a atenção para "regras que visam a assegurar garantias aos administrados", tais como: direito à defesa; publicidade dos atos administrativos; exame das circunstâncias particulares do caso concreto; contraditório; imparcialidade; e efetividade.[271]

Também nas hipóteses de procedimento contencioso Laubadère defende a aplicação de princípios gerais não escritos, "adaptados às necessidades próprias do contencioso administrativo", vez que "os caracteres dominantes do procedimento administrativo são muito diferentes daqueles do procedimento judiciário". Na França o procedimento administrativo é basicamente *inquisitorial* (dirigido pelo juiz competente) e *escrito*, ao contrário do jurisdicional (*acusatório* e *oral*).[272]

Ou seja: apesar de não levar expressamente em consideração o *due process of law*, Laubadère discorre sobre temas típicos da doutrina que se dedica ao tema. À parte as diferenças terminológicas, os mesmos princípios contidos na cláusula são defendidos por esse autor.

33. Jean Rivero é mais explícito ao tratar do tema. Ao desenvolver a teoria jurídica das liberdades públicas, analisa os princípios do Estado de Direito, democracia política, legalidade e atividade jurisdicional.[273]

Depois de firmar que a atividade dos juízes deve ser encarada como parcela do exercício efetivo da liberdade, Rivero destaca que: "Por mais importante que seja, dentro da confiança que a tradição liberal agrega à intervenção do juiz, a garantia estatutária de sua independência, ela não constitui apenas seu único elemento. Outros fatores explicam essa confiança: a ação do juiz, dentro da concepção liberal, se exerce de acordo com um *procedimento predeterminado*, que implica a publicidade dos debates, a possibilidade, para as partes, de apresentar a totalidade de seus argumentos, o respeito ao direito de defesa e, para diminuir os riscos de erro, as vias recursais organizadas. Esta importância do processo para a segurança jurídica dos cidadãos deve ser sublinhada, porque o aspecto técnico das regras procedimentais e sua complexidade fazem com que se perca de vista, à opinião pública, e mesmo aos práticos, sua profunda razão de ser".[274]

Portanto, além de agregar essência substancial à função jurisdicional (garantia das liberdades), Rivero indica que essa concepção deriva também da existência de prévio e específico procedimento. Mais ainda, é marcante a assertiva de que a visão garantista do processo faz sombra à meramente técnico-processual. O procedimento predeterminado deve ser encarado como segurança a várias faces da liberdade dos cidadãos, aspecto

---

[269] Laubadère, Traité Élémentaire de Droit Administratif, 4. ed., vol. I, p. 209.
[270] *Idem*, p. 210.
[271] *Idem*, p. 253.
[272] *Idem*, p. 454-455.
[273] Rivero, *Les Libertés Publiques*, 7. ed., t. I, p. 115-139.
[274] *Idem*, p. 133.

ainda mais importante que a atividade puramente processual dos juízes. É o corolário do princípio do devido processo legal, nitidamente defendido pelo célebre autor francês.

34. Por fim, também Georges Vedel e Pierre Delvolvé tratam de temas que exteriorizam o devido processo legal.

Dentre o catálogo dos princípios gerais do Direito Administrativo enfrentados por Vedel e Delvolvé há destaque para as garantias da defesa, contraditório, imparcialidade e controle em última instância dos atos e decisões jurisdicionais de caráter administrativo.[275]

Ao tratarem especificamente do contencioso administrativo, Vedel e Delvolvé arrolam princípios gerais da jurisdição administrativa, dentre eles: (a) a possibilidade de "recursos de cassação e excesso de poder"; (b) duplo grau de jurisdição; (c) efeito devolutivo da apelação; (d) possibilidade de recursos, ainda que sem previsão legal expressa; (e) respeito ao direito de defesa e contraditório; (f) proibição de decisões *ultra petita*; (g) princípio da motivação; (h) imparcialidade do juiz; e (i) publicidade.[276]

Não seria excessivo afirmar que tais princípios caracterizam o conteúdo (ainda que parcial) do *due process of law*.

2.2.5 O devido processo legal na Argentina

35. A mais alentada obra argentina sobre o devido processo legal foi realizada por Juan Francisco Linares, ressaltando o vínculo entre a cláusula e o princípio da razoabilidade. Apesar de não haver previsão literal na Constituição daquele país quando da escrita de sua obra, a tese é a de que "no direito constitucional argentino existe instituída a garantia que no dos Estados Unidos se denomina de devido processo legal (substantivo), como garantia inominada e genérica da liberdade jurídica individual".[277]

Linares destaca que "com a fórmula devido processo legal (*lato sensu*) nos referimos a esse conjunto não apenas de procedimentos legislativos, judiciais e administrativos que devem juridicamente cumprir-se para que uma lei, sentença ou resolução administrativa que se refira à liberdade individual seja formalmente válida (aspecto adjetivo do devido processo), mas também para que se consagre uma devida *justiça* enquanto não lese indevidamente certa dose de liberdade jurídica pressuposta como intangível para o indivíduo no Estado de que se trata (aspecto substantivo do devido processo) (...) não basta que uma lei seja ditada com as fórmulas processuais constitucionais e dentro da competência ou arbítrio do órgão legislativo para que seja válida, senão que é necessário que respeite certos juízos de valor aos quais se liga intimamente a Justiça enquanto ordem, segurança, paz etc., do que resulta um campo mínimo de liberdade do indivíduo, oponível ao próprio Estado".[278]

Depois de analisar doutrina e jurisprudência inglesas e norte-americanas, Linares desenvolve raciocínio que insere o princípio no texto constitucional argentino, partindo

---

[275] Vedel e Delvolvé, *Droit Administratif*, 12. ed., t. I, p. 468-473.
[276] Vedel e Delvolvé, *Droit Administratif*, 12. ed., t. II, p. 148-149.
[277] Linares, *Razonabilidad de las Leyes*, cit., 2. ed., p. 6.
[278] *Idem*, p. 11-12.

do pressuposto de que "a aplicação das normas a casos concretos não é mera subsunção lógica, mas 'criação dentro da subsunção'".[279]

Em síntese, seu entendimento é no sentido de que "a lei, a sentença e o ato administrativo, para serem válidos dentro do processo normal (não revolucionário) de aplicação criadora do Direito, requerem, à parte de sua vigência ou existência, dois fundamentos: o normativo formal e o axiológico-jurídico da justiça. Com o que se conclui que possa haver normas legais e justas, normas legais e injustas, normas ilegais e justas e normas ilegais e injustas".[280]

A própria Constituição argentina, ao estabelecer direitos e garantias que não podem ser alterados por leis,[281] fixa mandamento que, segundo Linares, significa respeito aos "juízos estimativos de justiça, solidariedade, ordem etc., vigentes como integrantes da cultura e cosmovisão argentinas no momento dessa regulamentação, segundo os quais determinado mínimo de liberdade deve deixar-se intacto ao indivíduo".[282] Essas premissas, que envolvem visão axiológica e finalística, conduzem à conclusão de que "a garantia do devido processo legal substantivo traduz-se numa exigência de razoabilidade dos atos estatais".[283] Por esse motivo, o sistema constitucional da Argentina alberga a "garantia do devido processo substantivo, ou de razoabilidade ou *standard* do devido processo"[284] – termos que exprimem o mesmo conteúdo normativo.

Em conclusão, Linares qualifica o devido processo legal como uma das "garantias de liberdade" – que não se confundem com a própria "liberdade". É verdadeiro preceito jurídico de caráter hermenêutico, "tendente a que na interpretação jurídica que fazem o legislador, o juiz e o administrador consagre-se a justiça através de um máximo de liberdade do indivíduo e um mínimo de restrição jurídica da liberdade, como axiologicamente válidos".[285]

36. Augusto M. Morello desenvolve o tema do devido processo legal em torno do "modelo constitucional do processo justo". A cláusula incide em todas as jurisdições

---

[279] *Idem*, p. 77.

[280] *Idem*, p. 84.

[281] Linares transcreve o art. 28 da Constituição argentina, *verbis*: "Los principios, garantías y derechos reconocidos en los anteriores artículos no podrán ser alterados por las leyes que reglamenten su ejercicio" (*Razonabilidad de las Leyes*, cit., 2. ed., p. 97). Note-se que a Constituição argentina data de 1983 e foi objeto de sete reformas, a mais recente levada a cabo em 1994. Atualmente o texto do art. 28 persiste o mesmo, mas note-se que o art. 18 tem a seguinte redação, também bastante próxima da cláusula do devido processo legal: "Ningún habitante de la Nación puede ser penado sin juicio previo fundado en ley anterior al hecho del proceso, ni juzgado por comisiones especiales, o sacado de los jueces designados por la ley antes del hecho de la causa. Nadie puede ser obligado a declarar contra sí mismo; ni arrestado sino en virtud de orden escrita de autoridad competente. Es inviolable la defensa en juicio de la persona y de los derechos. El domicilio es inviolable, como también la correspondencia epistolar y los papeles privados; y una ley determinará en qué casos y con qué justificativos podrá procederse a su allanamiento y ocupación. Quedan abolidos para siempre la pena de muerte por causas políticas, toda especie de tormento y los azotes. Las cárceles de la Nación serán sanas y limpias, para seguridad y no para castigo de los reos detenidos en ellas, y toda medida que a pretexto de precaución conduzca a mortificarlos más allá de lo que aquella exija hará responsable al juez que la autorice".

[282] Linares, *Razonabilidad de las Leyes*, cit., 2. ed., p. 97.

[283] *Idem*, p. 107. Destaque-se que mais adiante o autor qualifica o devido processo legal como "garantia axiológica" (p. 164).

[284] Linares, *Razonabilidad de las Leyes*, cit., 2. ed., p. 159-166.

[285] *Idem*, p. 223.

(civil, penal, administrativa, laboral, militar etc.), em decorrência de seu fundamento no corpo do Texto Maior.[286]

Embasado na construção do processo justo constitucional, Morello defende que inexistem exceções à vigência do princípio, mesmo para autoridades administrativas que detêm competência para julgar casos concretos, pois a faculdade assim atribuída submete-as à necessidade elementar de respeitar as garantias e direitos consagrados constitucionalmente.

Assim, nenhuma pessoa poderia ser objeto de qualquer sanção sem a imparcialidade do órgão julgador; sem prévia notificação; sem oportunidade efetiva de ser ouvida; e sem a possibilidade de produzir provas úteis e pertinentes.[287]

37. Mais recentemente, Guillermo Muñoz, ao comentar os princípios gerais de Direito da Lei Federal de Procedimentos Administrativos da Argentina, consigna que o devido processo é "expressamente consagrado pelo art. 18 da Constituição Nacional. A lei estabelece o direito dos interessados ao devido processo adjetivo, que, por sua vez, compreende a possibilidade de enunciação dos fundamentos de sua pretensão e de sua defesa antes que o ato seja emitido; de oferecer prova e de que ela seja produzida, quando pertinente; e que o ato decisório considere expressamente os principais argumentos e as questões propostas se, de alguma forma, conduziram à solução do caso".[288]

Marcelo M. Pierson, lastreado em Linares, confirma que o devido processo legal é garantia da Constituição argentina, que contempla ambos os ângulos, processual e substancial, dessa proteção aos administrados.[289]

2.2.6 O devido processo legal no México

38. Ao examinar o processo administrativo mexicano, o clássico Gabino Fraga sustenta que naquele país "o problema das formalidades do procedimento que tendem a garantir o direito dos particulares deve ser estudado não apenas dentro dos limites do direito administrativo, mas também desde o ponto de vista constitucional".[290]

O fundamento dessa assertiva é norma da Constituição mexicana transcrita pelo autor, *verbis*: "Nadie podrá ser privado de la vida, de la libertad o de sus propiedades, posesiones o derechos, sino mediante juicio seguido ante los tribunales previamente establecidos en el que se cumplan las formalidades esenciales del procedimiento y conforme a las leyes expedidas con anterioridad al hecho".[291]

À evidência, o dispositivo constitucional analisado por Fraga é expressão do devido processo legal.

---

[286] Morello, *El Proceso Justo*, p. 56.
[287] Idem, ibidem.
[288] Guillermo Muñoz, "O procedimento administrativo na Argentina", *in:* Carlos Ari Sundfeld e Guillermo Andrés Muñoz (coord.), *As Leis de Processo Administrativo*, 1. ed., 2ª tir., p. 42.
[289] Pierson, Manual de Procedimientos Administrativos, 3. ed., p. 35-36.
[290] Gabino Fraga, *Derecho Administrativo*, 14. ed., p. 276-277.
[291] Idem, p. 277. Trata-se do art. 14 da Constituição mexicana, cuja redação, a partir de 2005, é a seguinte: "Nadie podrá ser privado de la libertad o de sus propiedades, posesiones o derechos, sino mediante juicio seguido ante los tribunales previamente establecidos, en el que se cumplan las formalidades esenciales del procedimiento y conforme a las Leyes expedidas con anterioridad al hecho".

2.2.7 O devido processo legal no Uruguai

39. O tradicional e célebre jurista uruguaio Eduardo J. Couture, que radicava seu estudo na Constituição e desenvolveu o pensamento das garantias constitucionais do processo, enfrentou expressamente o tema do *due process*, definindo-o como "garantia constitucional consistente em assegurar aos indivíduos a necessidade de serem escutados no processo em que se julga a sua conduta, com razoáveis oportunidades para a exposição e prova de seus direitos".[292]

Segundo a lição de Juan Pablo Cajarville Peluffo, o devido processo legal está previsto tanto na Constituição como na Lei do Procedimento Administrativo uruguaias. O princípio alberga especialmente o direito de os interessados se defenderem num "procedimento de duração razoável e que efetivamente decida as pretensões colocadas". Para o autor, tal envolve os seguintes direitos: defender-se; ser intimado e examinar os autos; propor e participar das provas; apresentar suas alegações finais. Além disso, são inerentes ao devido processo o princípio da motivação das decisões e o princípio do contraditório.[293]

2.2.8 O devido processo legal na Alemanha

40. O princípio do devido processo legal é aplicado e estudado na Alemanha com a ressalva doutrinária de que se encontra em estado de conhecimento ou concreção ainda incerto.[294]

Em verdade, para parte dos estudiosos trata-se de mera reiteração de antigo posicionamento dos tribunais germânicos, para os quais – segundo Carl Schmitt, doutrinador que reconhece a essencial relevância constitucional do *due process of law* na Alemanha – "não existe, de modo algum, controle judicial de uma lei quanto à sua concordância com os princípios gerais de Direito, como a boa-fé, o direito justo, a razão (*reasonableness, expediency*) e outras ideias das quais se serve o Tribunal Supremo dos Estados Unidos".[295]

Já o clássico Karl Loewenstein acentuou que o devido processo legal é "o fundamento, sobre o qual todos os direitos de liberdade repousam".[296]

---

[292] Couture, *Vocabulario Jurídico*, p. 199. A atual Constituição do Uruguai, com redação dada pelas Reformas de 2004, contém os seguintes dispositivos, que, dentre outros, retratam o devido processo legal: "Art. 7º. Los habitantes de la República tienen derecho a ser protegidos en el goce de su vida, honor, libertad, seguridad, trabajo y propiedad. Nadie puede ser privado de estos derechos sino conforme a las leyes que se establecen por razones de interés general"; "Art. 12. Nadie puede ser penado ni confinado sin forma de proceso y sentencia legal".

[293] Juan Pablo Cajarville Peluffo, "O procedimento administrativo no Uruguai", *in:* Carlos Ari Sundfeld e Guillermo Muñoz (coord.), *As Leis de Processo Administrativo*, cit., p. 62-64.

[294] E. Schmidt-Assmann, "El procedimiento administrativo entre el principio del Estado de Derecho y el principio democrático – Sobre el objeto del procedimiento administrativo en la dogmática administrativa alemana", *in: El Procedimiento Administrativo en el Derecho Comparado*, p. 328. Segundo Albrecht Weber ("El procedimiento administrativo en el DERECHO Comunitario", *in: El Procedimiento Administrativo en el Derecho Comparado*, p. 86), a doutrina alemã trata o devido processo literalmente por "imperativo de se praticar um jogo limpo" (*Gebot der Fairneß*).

[295] Carl Schmitt, *La Defensa de la Constitución*, especialmente p. 44-52. Destaque-se que o estudo de Schmitt é de 1929.

[296] *Apud* Adhemar Ferreira Maciel, "Due process of law", *in:* Perspectivas do Direito Público, p. 410.

Em obra que trata dos direitos fundamentais na Alemanha, David Capitant dedica quase que a integralidade do capítulo relativo aos "meios de ação estatal" às garantias processuais, destacando a compreensão da Corte Constitucional acerca do "importante papel que podem desempenhar as regras de procedimento para favorecer a realização dos direitos fundamentais" – reportando-se ao que, em 1971, Peter Häberle denominou de *status activus processualis*.

David Capitant anuncia que durante longo tempo celebrou-se a oposição entre o "direito formal" dos procedimentos e o "direito material" de garantia dos direitos fundamentais. Porém, tal contraste foi superado, levando a Corte Constitucional a firmar o entendimento de que "a necessidade de diálogo entre Administração e cidadãos corresponde à concepção que possui a Lei Fundamental acerca do lugar dos cidadãos no Estado".[297]

Especificamente no que diz respeito ao Direito Administrativo, Harmut Maurer destaca que: "O Tribunal Constitucional acentua, sempre de novo, o significado do procedimento para a realização dos direitos fundamentais singulares. Em conformidade com isso, devem não só as decisões estatais mesmas estar de acordo com os direitos fundamentais, mas também os procedimentos administrativos precedentes e a proteção jurídica subsequente estar formados e ser praticados de forma tal que um asseguramento e realização ótimo da posição jurídica, afiançada nos direitos fundamentais individuais, esteja garantida".[298]

41. Por fim, pode-se destacar que atualmente o próprio Tribunal Comunitário Europeu confere ao princípio a devida importância jurídica.[299]

2.3 O Direito Administrativo brasileiro e a cláusula do devido processo legal na visão da doutrina

42. O estudo da doutrina pátria pretenderá envolver os vários desdobramentos hermenêuticos do princípio, antes e depois da Constituição promulgada em outubro de 1988. Desde sua noção em face do princípio da isonomia até aquela vinculada ao princípio do Estado Democrático de Direito – passando pelos princípios da inafastabilidade, duplo grau de jurisdição, razoabilidade etc.

Assim, demonstrar-se-á que, apesar de acolhê-lo expressamente, a doutrina brasileira é dissonante a respeito do significado do devido processo legal. Os estudiosos não alcançam unidade quanto à sua definição, seu conteúdo e seus limites. O que, uma vez mais, demonstra a essencial amplitude do *due process of law* e a impossibilidade de seu enclaustramento em uma definição (acadêmica ou de direito positivo) – no que estão a razão de ser da cláusula e o motivo de sua sobrevivência através dos séculos.

Tentar dizer, pontual e exatamente, o que significa o *devido processo* é tarefa de pouca ou nenhuma utilidade, pois implicaria a limitação prática da grandeza da garantia.

---

[297] David Capitant, Les Effets Juridiques des Droits Fundamentaux en Allemagne, p. 294-295 e 299.
[298] Hartmut Maurer, Elementos de Direito Administrativo Alemão, p. 108.
[299] A. Weber, "El procedimiento administrativo en el Derecho Comunitario", cit., in: *El Procedimiento Administrativo en el Derecho Comparado*, p. 86.

Em verdade, podem ser colacionados indícios e parâmetros que aproximam o intérprete do sentido e do alcance do princípio. Tanto maior o número dessas indicações, mais precisa a aplicação do devido processo legal ao caso concreto. Porém, não se afaste a premissa de que o modo de ser da garantia é difuso, e ela somente se define com exatidão frente a uma situação fática concreta.

Destaque-se que a Lei nº 9.784/1999 não prevê expressamente o princípio do devido processo legal, o que é de extrema adequação e nem sequer seria necessário. A uma, porque o princípio está na Constituição. A duas, porque a Lei nº 9.784/1999, ela mesma em sua integralidade, mas não de forma exauriente, traduz em normas infraconstitucionais o conteúdo dessa garantia da Lei Fundamental. A rigor, o que a Lei nº 9.784/1999 faz é dar aplicabilidade e desenhar os contornos práticos desse direito-garantia constitucional.

43. Segue breve resenha das principais manifestações da academia brasileira a respeito do devido processo legal, antes e depois da Constituição de 1988, com o objetivo de demonstrar a essencial e intransponível controvérsia que o tema desperta.

2.3.1 O pensamento de San Tiago Dantas

44. F. C. de San Tiago Dantas estudou o devido processo legal sob a óptica do princípio da isonomia. Sua preocupação era a de estabelecer fundamento normativo, frente ao ordenamento brasileiro de 1946, que legitimasse oposição ao "problema da lei arbitrária, que reúne formalmente todos os elementos da lei, mas fere a consciência jurídica pelo tratamento absurdo ou caprichoso que impõe a certos casos".[300] A tese visava à construção de "critério técnico-jurídico" que possibilitasse controle sobre leis que criassem privilégios arbitrários, violando sua essencial generalidade e/ou impessoalidade.

Analisando a evolução histórica do *due process*, San Tiago Dantas chama a atenção para a circunstância de que o princípio alcançou seu ponto máximo como *standard* de restrição ao arbítrio do Legislativo, "daí não ser possível aprisioná-lo num conceito teórico, sob pena de se lhe comprometer a elasticidade".[301]

Citando definição de Daniel Webster,[302] San Tiago Dantas faz derivar dois elementos "para os nossos hábitos de raciocínio jurídico": "a referência à proteção de *general rules*, que a ninguém pode ser retirada", e "a tese de que nem todo ato legislativo pode ser considerado *law of the land*". Do primeiro ponto deriva que "é essencial à juridicidade de uma lei que ela não subtraia qualquer indivíduo às normas gerais de governo da sociedade". Já o segundo "significa que não basta a expedição de um ato legislativo formalmente perfeito para preencher o requisito do *due process of law*". A conclusão, formulada já em face do ordenamento brasileiro, é a de que "as chamadas leis meramente formais, isto é, as que não contêm norma jurídica, podem estar sob a censura da cláusula *due process of law* sempre que a regra concreta, nelas contida, não concordar com a

---

[300] San Tiago Dantas, "Igualdade perante a lei e *due process of law*", in: *Problemas de Direito Positivo*, p. 37.
[301] *Idem*, p. 43.
[302] "The meaning is that every citizen shall hold his life, liberty, property, and immunities under the protection of the general rules which govern society. Everything which may pass under the form of enactment is not, therefore, to be considered law of the land" (San Tiago Dantas, "Igualdade perante a lei e *due process of law*", cit., in: *Problemas de Direito Positivo*, p. 44).

norma geral em vigor para os casos da mesma espécie. Normas concretas, ainda que formalmente sejam leis, são atos de arbítrio, que não se consideram *law of the land*".[303]

O autor encarece que mesmo a lei que apresente caráter geral deve subordinar-se aos requisitos da "extensibilidade a todas as situações idênticas" ("prova o caráter genérico da lei") e "racionalidade da classificação" (de molde a que "a diferenciação ou classificação feita na lei seja natural e razoável, e não arbitrária ou caprichosa").[304]

San Tiago Dantas equipara o mecanismo de controle de constitucionalidade das leis através do devido processo legal do Direito norte-americano à conjunção no Direito brasileiro do princípio da igualdade à técnica do controle judicial das leis. A pedra fundamental, em ambos os ordenamentos, é o princípio da isonomia.[305]

Tendo em vista essas premissas, o autor aponta no Direito brasileiro o princípio da igualdade como instrumento "mais perfeito do que o *due process of law* americano" para controle das leis arbitrárias. Em primeiro lugar, a isonomia "proíbe ao Legislativo a prática de atos que disponham para uma pessoa, bem ou mal determinada", violando o axioma da generalidade das leis.[306] Porém, não é apenas esse requisito que fixa o limite constitucional ao arbítrio do Legislativo. O princípio da igualdade civil, concebida como *igualdade proporcional*, não significa "uniformidade de tratamento jurídico, mas o tratamento proporcionado e compensado de seres vários e desiguais". A lei somente será justa quando, além de genérica, a diferenciação nela contemplada corresponder "a um *reajustamento proporcional de situações desiguais* (...). Sempre que a diferenciação não corresponde a um reajustamento desses, patenteia-se o caráter de lei arbitrária, contrária ao Direito, e um tribunal americano se recusaria a ver nela *the law of the land*".[307]

Vedam-se ao Poder Legislativo tanto a elaboração de leis "*in concretu*, contra uma disposição geral de lei", quanto "o ato legislativo que procede a classificações arbitrárias, contrárias ao Direito do País (...). Desse modo, a lei arbitrária, que a Corte Suprema não considera *due process of law*, também não é aplicável pelo Supremo Tribunal, por infringir o princípio da igualdade perante a lei".[308]

2.3.2 O pensamento de José Frederico Marques

45. Já em 1959 José Frederico Marques tratou do devido processo legal em nível constitucional, afirmando que "quem fala em processo fala não em qualquer processo, não em simples ordenação de atos através de um procedimento qualquer, e sim em devido processo legal (...). Direito de ação, direito ao processo, devido processo legal

---

[303] San Tiago Dantas, "Igualdade perante a lei e *due process of law*", cit., in: *Problemas de Direito Positivo*, p. 44-45.
[304] *Idem*, p. 46.
[305] *Idem*, p. 53, *in verbis*: "Assim como não é possível compreender a construção americana [*do exame jurisdicional das leis elaboradas pelo Parlamento*] sem partir do fato de haver sido tardiamente inscrito em texto constitucional o princípio da *igualdade*, assim é indispensável, no Direito Brasileiro, considerar que esse princípio, mutuado das Constituições europeias, é a base da declaração de direitos enunciado no art. 141 da Constituição".
[306] San Tiago Dantas, "Igualdade perante a lei e *due process of law*", cit., in: *Problemas de Direito Positivo*, p. 58-61. "A lei é geral sempre que o seu preceito se aplica a qualquer indivíduo que venha a se encontrar na situação típica nela considerada. (...). Pouco importa que essa situação ocorra de raro em raro, a ponto de focalizar a lei sobre uma espécie praticamente única" (p. 61).
[307] San Tiago Dantas, "Igualdade perante a lei e *due process of law*", cit., in: *Problemas de Direito Positivo*, p. 61-63.
[308] *Idem*, p. 64.

com procedimento adequado ao exame contraditório do litígio – eis os princípios que desde logo promanam da regra contida no art. 141, §4º, da Constituição".[309]

Dedicando-se ao processo civil brasileiro, José Frederico Marques salientou que esse ramo do Direito "está preso e ligado aos imperativos jurídicos-constitucionais, de ordem genérica, de um sistema estatal moldado nos postulados da *democracia*, ou, melhor dizendo: da *legalidade democrática*. Os cânones fundamentais de seu sistema procedimental não podem fugir, por isso, de obrigatório enquadramento no espírito democrático da Lei Maior".[310] Daí por que, depois de examinar os princípios da igualdade e do direito ao processo, conclui que o direito de defesa "é indeclinável consequência do *devido processo legal*. Processo em que se anule o direito de defesa, colocando-se o réu em posição de inferioridade injustificável, não é o *due process of law*, e sim procedimento iníquo potencialmente capaz de violar e ferir direitos subjetivos".[311]

Posteriormente, em artigo específico a respeito do devido processo legal em face do Direito Tributário, José Frederico Marques desenvolve a tese de que o fato de ser atribuída ao Poder Judiciário a defesa dos direitos individuais não pode autorizar raciocínio que exclua tal garantia por parte dos demais poderes constituídos: "seria incivil, injusto e em antagonismo com a Constituição que a atividade administrativa ficasse com inteira liberdade de atuar, quando, em sua função externa, entra em contato com os administrados, à espera de intervenção *a posteriori* da Magistratura, para cortar-lhe os excessos e arbitrariedades".[312]

A conclusão é no sentido de que: "Se o poder administrativo, no exercício de suas atividades, vai criar limitações patrimoniais imediatas ao administrado, inadmissível seria que atuasse fora das fronteiras do *due process of law*".[313]

2.3.3 O pensamento de Ada Pellegrini Grinover

46. Muito antes da Constituição promulgada em 1988, Ada Pellegrini Grinover desenvolveu amplamente o tema do devido processo legal, com sério enfoque de natureza constitucional. A análise do *due process of law* seria esclarecedora "das garantias essenciais do indivíduo, postas para assegurar-lhe a justiça que a Constituição lhe promete".[314]

Depois de demonstrar que "todo o direito processual" é "fundamentalmente determinado pela Constituição, em muitos de seus aspectos e institutos característicos",[315] afirma que o processo serve "como instrumento de certas fórmulas constitucionais, operando a transformação do *mero derecho declarado* em *derecho garantido*".[316]

---

[309] José Frederico Marques, "Constituição e direito processual", *in*: *Revista da Faculdade de Campinas* 17, 1959 – *apud* Ada Pellegrini Grinover, As Garantias Constitucionais do Direito de Ação, 1973. O autor refere-se ao texto do art. 141, §4º, da Constituição de 1946: "A lei não poderá excluir da apreciação do Poder Judiciário qualquer lesão de direito individual".
[310] José Frederico Marques, *Instituições de Direito Processual Civil*, 3. ed., vol. II, p. 94.
[311] *Idem*, p. 95-96.
[312] José Frederico Marques, "A garantia do *due process of law* no direito tributário", *RDP* 5/28.
[313] *Idem, ibidem*.
[314] Ada Pellegrini Grinover, As Garantias Constitucionais do Direito de Ação, cit., p. 2.
[315] *Idem*, p. 12.
[316] *Idem*, p. 15 (citando Burgoa).

Porém, para Grinover a "tutela constitucional do processo ou a constitucionalização do direito cívico de ação não bastam para configurar o 'devido processo legal'". Isso porque o "objeto da garantia constitucional deve ser a possibilidade concreta e efetiva de obter a tutela, e não a simples reafirmação do direito à sentença".[317] Ou seja: o direito à sentença é derivado simplesmente das normas processuais civis infraconstitucionais; já a previsão constitucional de ação e defesa representaria a garantia "dos meios necessários para a consecução do provimento jurisdicional sobre a 'razão' do pedido" e "a efetividade da realização judicial do direito ou interesse, a possibilidade concreta de obter a tutela".[318] Na concretização dessas garantias constitucionais residiria a cláusula do devido processo legal.

Mais recentemente, sua obra conjunta com Antônio Carlos de Araújo Cintra e Cândido Rangel Dinamarco consigna que o devido processo legal é fórmula abrangente do "conjunto de garantias constitucionais que, de um lado, asseguram às partes o exercício de suas faculdades e poderes processuais e, do outro, são indispensáveis ao correto exercício da jurisdição".[319] Tais garantias possuem, portanto, dois ângulos: um subjetivo e pessoal das partes envolvidas, e outro objetivo e endoprocessual – salvaguarda do próprio processo.

Segundo Cintra, Grinover e Dinamarco o devido processo legal moderno compreende o direito ao "procedimento adequado: não só deve o procedimento ser conduzido sob o pálio do contraditório (...), como também há de ser aderente à realidade social e consentâneo com a relação de direito material controvertida".[320] São arrolados os princípios de Direito Processual (Civil, Penal e Administrativo) acolhidos pela garantia: (a) dúplice garantia do juiz natural (vedação a tribunais de exceção e necessidade de título competencial para o julgamento); (b) contraditório e ampla defesa (em todos os processos); (c) igualdade processual; (d) publicidade e motivação; (e) impossibilidade de provas obtidas através de meios ilícitos; (f) inviolabilidade do domicílio; (g) sigilo das comunicações e dados; (h) presunção de não culpabilidade; (i) proibição de identificação criminal datiloscópica de pessoas já identificadas civilmente; (j) indenização por erro judiciário e por prisão que exceda o prazo legal; (k) necessidade de a prisão ser decretada por autoridade judiciária competente; (l) direito à identificação dos responsáveis pela prisão ou pelo interrogatório; (m) liberdade provisória; (n) vedação à incomunicabilidade do preso.[321]

2.3.4 O pensamento de José Celso de Mello Filho

47. Em trabalho publicado em 1979, José Celso de Mello Filho firmava que "a exigência do devido processo legal, nos casos em que a vida, a liberdade e a propriedade estejam afetadas ou possam vir a ser atingidas, destina-se a garantir o indivíduo contra a

---

[317] Idem, p. 99.
[318] Idem, p. 100.
[319] Cintra, Grinover e Dinamarco, *Teoria Geral do Processo*, 31. ed., p. 107.
[320] Idem, ibidem.
[321] Idem, p. 106-110.

ação arbitrária do Estado e a colocá-lo sob a imediata proteção da lei".[322] Celso de Mello esclarece que "a cláusula do *due process of law* também se aplica no campo do processo civil, caracterizando-se pela observância dos seguintes princípios: (a) igualdade das partes; (b) garantia do *jus actionis*; (c) respeito ao direito de defesa; (d) contraditório".[323]

Assim, perante a Constituição de 1967 (com a Emenda Constitucional nº 1/1969) Celso de Mello fazia derivar dos §§15 e 16 do art. 153 a garantia do devido processo legal. Tais parágrafos previam expressamente os princípios da ampla defesa, juiz natural, contraditório e irretroatividade da lei penal mais severa.[324]

Celso de Mello destaca os seguintes direitos, garantidos pela cláusula do *due process*: "(a) direito à citação e ao conhecimento do teor da peça acusatória; (b) direito a um rápido e público julgamento; (c) direito ao arrolamento de testemunhas e à notificação destas para comparecimento perante os tribunais; (d) direito ao procedimento contraditório; (e) direito de não ser processado, julgado ou condenado por alegada infração às leis editadas *ex post facto*; (f) direito à plena igualdade com a acusação; (g) direito de não ser acusado nem condenado com base em provas ilegalmente obtidas ou ilegitimamente produzidas; (h) direito à assistência judiciária, inclusive gratuita; (i) privilégio contra a autoincriminação; (j) direito de não ser subtraído ao seu juiz natural".[325]

Tempos depois, ao relatar acórdão do STF, Celso de Mello consignou sua compreensão quanto ao devido processo substancial no que diz respeito à sua interação com o princípio da proporcionalidade. Consta da ementa da decisão: "O princípio da proporcionalidade – que extrai a sua justificação dogmática de diversas cláusulas constitucionais, notadamente daquela que veicula a garantia do *substantive due process of law* – acha-se vocacionado a inibir e a neutralizar os abusos do Poder Público no exercício de suas funções, qualificando-se como parâmetro de aferição da própria constitucionalidade material dos atos estatais. A norma estatal, que não veicula qualquer conteúdo de irrazoabilidade, presta obséquio ao postulado da proporcionalidade, ajustando-se à cláusula que consagra, em sua dimensão material, o princípio do *substantive due process of law* (CF, art. 5º, LIV). Essa cláusula tutelar, ao inibir os efeitos prejudiciais decorrentes do abuso de poder legislativo, enfatiza a noção de que a prerrogativa de legislar outorgada ao Estado constitui atribuição jurídica essencialmente limitada, ainda que o momento de abstrata instauração normativa possa repousar em juízo meramente político ou discricionário do legislador".[326]

Em acórdão mais recente o Min. Celso de Mello relatou caso interessante, em que a garantia do devido processo legal foi articulada por Estado-membro contra restrição creditícia que lhe havia sido imposta pela União. Isto é: a cláusula tem aplicabilidade também entre as pessoas políticas, como se infere da seguinte transcrição desta parte

---

[322] José Celso de Mello Filho, "A tutela judicial da liberdade", *RT* 526/298. Essa parte do estudo de José Celso de Mello Filho estava voltada precipuamente para o direito penal, o que não impede sua menção no presente trabalho. Aliás, a locução "ação arbitrária do Estado" denota a visão ampla que o autor tem da garantia.

[323] José Celso de Mello Filho, "A tutela judicial da liberdade", cit., *RT* 526/299.

[324] *Verbis*: "§15. A lei assegurará aos acusados ampla defesa, com os recursos a ela inerentes. Não haverá foro privilegiado nem tribunais de exceção"; "§ 16. A instrução criminal será contraditória, observada a lei anterior, no relativo ao crime e à pena, salvo quando agravar a situação do réu".

[325] José Celso de Mello Filho, *Constituição Federal Anotada*, p. 341.

[326] STF, ADI/MC 1.407-DF, rel. Min. Celso de Mello, *DJU* 24.11.2000, p. 86.

da ementa: "A questão dos direitos e garantias constitucionais, notadamente aqueles de caráter procedimental, titularizados pelas pessoas jurídicas de direito público. A imposição de restrições de ordem jurídica, pelo Estado, quer se concretize na esfera judicial, quer se realize no âmbito estritamente administrativo (como sucede com a inclusão de supostos devedores em cadastros públicos de inadimplentes), supõe, para legitimar-se constitucionalmente, o efetivo respeito, pelo Poder Público, da garantia indisponível do *due process of law*, assegurada, pela Constituição da República (art. 5º, LIV), à generalidade das pessoas, inclusive às próprias pessoas jurídicas de direito público, eis que o Estado, em tema de limitação ou supressão de direitos, não pode exercer a sua autoridade de maneira abusiva e arbitrária – Doutrina – Precedentes – Limitação de direitos e necessária observância, para efeito de sua imposição, da garantia constitucional do devido processo legal. A Constituição da República estabelece, em seu art. 5º, incisos LIV e LV, considerada a essencialidade da garantia constitucional da plenitude de defesa e do contraditório, que ninguém pode ser privado de sua liberdade, de seus bens ou de seus direitos sem o devido processo legal, notadamente naqueles casos em que se viabilize a possibilidade de imposição, a determinada pessoa ou entidade, seja ela pública ou privada, de medidas consubstanciadoras de limitação de direitos. A jurisprudência dos tribunais, especialmente a do STF, tem reafirmado o caráter fundamental do princípio da plenitude de defesa, nele reconhecendo uma insuprimível garantia que, instituída em favor de qualquer pessoa ou entidade, rege e condiciona o exercício, pelo Poder Público, de sua atividade, ainda que em sede materialmente administrativa ou no âmbito político-administrativo, sob pena de nulidade da própria medida restritiva de direitos, revestida ou não de caráter punitivo – Doutrina – Precedentes".[327]

2.3.5 O pensamento de J. J. Calmon de Passos

48. Em estudo a propósito das Leis nºs 6.825 e 6.830/1980, J. J. Calmon de Passos correlacionou o princípio do devido processo legal e o duplo grau de jurisdição.[328]

Com fundamento em estudos de Grinover e Comoglio, Calmon de Passos destaca a relevância do estudo da evolução histórica do *due process* a fim de "individuar o fundamento objetivo da cláusula", assinalando que "o histórico e contingente do conceito não significa, necessariamente, sua indeterminação absoluta, nem o necessário circunstancial e contingente de seu conteúdo. Nenhum conceito é de conteúdo insuscetível de um mínimo de delimitação, sob pena de, em verdade, se estar nominando com o mesmo vocábulo realidades diferentes. Válida e imprescindível, portanto, a reflexão

---

[327] STF, Tribunal Pleno, ACO/MC 2.661-Ref., rel. Min. Celso de Mello, *DJe* 9.6.2015.
[328] Calmon de Passos, "O devido processo legal e o duplo grau de jurisdição", *Revista da Procuradoria-Geral do Estado de São Paulo* 17/123-141. A legislação mencionada estabeleceu o limite mínimo de 50 ORTNs para a admissão de recurso de apelação contra sentenças prolatadas em causas em que fossem interessadas a União, autarquias e empresas públicas federais (art. 34 da Lei nº 6.825/1980) e contra aquelas proferidas em execuções fiscais (art. 4º da Lei nº 6.830/1980). A Lei nº 6.825/1980 foi revogada pela Lei nº 8.197/1991, que não contempla previsão semelhante. Já o art. 34 da Lei nº 6.830/1980 foi declarado constitucional pela 2ª Turma do STF (AgR 114.709-1-CE, rel. Min. Aldir Passarinho, v.u., *DJU* 22.8.1987, p. 15.578).

dirigida no sentido de detectar o que é mínimo e indispensável para a configuração do devido processo legal".[329]

Para Calmon de Passos as seguintes garantias formam o imprescindível para a configuração do devido processo legal: (a) processo jurisdicional, desenvolvido perante juiz dotado de imparcialidade e independência; (b) acesso ao julgador como direito público subjetivo; (c) contraditório; (d) ciência e participação processual dos interessados, com possibilidade de produzir provas; (e) meios de controle das garantias arroladas nas letras "a" a "d".

"Em síntese, o devido processo impõe assegurar-se a todos o acesso ao seu juiz natural, com o direito de ser ouvido em processo contraditório, institucionalizando-se os meios de controle da exatidão de seu resultado."[330]

Tendo em vista esse conteúdo mínimo por ele proposto, conclui que "o que é contingente e histórico diz respeito às fórmulas, procedimentos, expedientes técnicos e valorações de conteúdo postos pelo legislador e integrados pelos juízes, não à estrutura que vem de ser identificada, porquanto, faltando ela, em qualquer de seus aspectos, o que falta é o devido processo legal".[331]

Calmon de Passos ressalta que a possibilidade de o ordenamento deferir recurso contra decisão que cause gravame subjetivo envolveria questão de política legislativa, o que tornaria controverso o problema de o princípio do duplo grau de jurisdição integrar a essência do devido processo legal. Contudo, é certo que eventuais limitações ao duplo grau devem observar as demais prescrições do sistema jurídico-processual, em especial o princípio da isonomia e as regras que definem a competência dos tribunais.[332]

2.3.6 O pensamento de Carlos Ari Sundfeld

49. Em obra que introduz ao Direito Público, Carlos Ari Sundfeld analisa amplamente o princípio do devido processo, sob o enfoque de cada um dos Poderes estatais.[333]

Em sentido lato, para Sundfeld o processo "é o modo normal de agir do Estado (...) indispensável à produção ou execução dos atos estatais". Daí o devido processo configurar "garantia ao mesmo tempo *passiva*, isto é, dirigida à pessoa enquanto *sofre* o poder estatal, e *ativa*, destinada a propiciar o acionamento da máquina estatal pelos membros da sociedade e a obtenção de decisões".[334]

Frente ao Poder Legislativo, o devido processo exterioriza-se na regulação constitucional detalhada acerca do exercício daquele Poder – tanto no que diz respeito à atribuição de competências como no que tange ao *iter*, prazos e *quoruns* para a emanação das leis. Em face do Poder Judiciário o princípio exterioriza-se nas garantias do juiz

---

[329] Calmon de Passos, "O devido processo legal e o duplo grau de jurisdição", cit., *Revista da Procuradoria-Geral do Estado de São Paulo* 17/126.
[330] *Idem*, Revista da Procuradoria-Geral do Estado de São Paulo 17/127-128.
[331] *Idem*, Revista da Procuradoria-Geral do Estado de São Paulo 17/128.
[332] *Idem*, Revista da Procuradoria-Geral do Estado de São Paulo 17/130, 136-137 e 139-140.
[333] Sundfeld, *Fundamentos de Direito Público*, 5. ed., 6ª tir., 2015.
[334] *Idem*, p. 173-174.

natural; contraditório e ampla defesa; motivação e publicidade dos julgamentos; vedação à privação de bens e liberdade sem o devido processo; etc.[335]

Especificamente na esfera administrativa, o devido processo legal realiza-se "através da garantia do contraditório e da ampla defesa aos litigantes e acusados em geral. Em decorrência dela, a aplicação de sanções administrativas deve ser precedida de procedimento onde se assegure a oportunidade para manifestação do interessado e para produção das provas por ele requeridas, bem como o direito ao recurso etc.".[336]

Ao final, e com lastro no art. 5º, XXXIV, "a", da CF, Sundfeld destaca a incidência do direito de petição na esfera administrativa.[337]

2.3.7 O pensamento de Carlos Roberto de Siqueira Castro

50. Carlos Roberto de Siqueira Castro relaciona o devido processo legal à razoabilidade e à racionalidade das leis, indicando que a cláusula configura "postulado genérico de legalidade a exigir que os atos do Poder Público se compatibilizem com a noção de um *direito justo*, isto é, consentâneo com o conjunto de valores incorporados à ordem jurídica democrática segundo a evolução do sentimento constitucional quanto à organização do convívio social".[338] Por "razoável" e "racional" entenda-se que a norma não seja "arbitrária, implausível e caprichosa", mas configure "meio idôneo, hábil e necessário ao atingimento de finalidades constitucionalmente válidas".[339]

Esse autor sustenta a impossibilidade de definição apriorística da cláusula, que depende primordialmente "da dedução dos princípios e delineamentos que se possa idoneamente extrair das diversas situações em que os órgãos incumbidos do controle de legalidade dos atos do Poder Público, em particular aqueles da Magistratura, se pronunciaram *pró* ou *contra* o ato de autoridade restritivo das liberdades fundamentais".[340] Assim, e por "não ser o requisito da 'razoabilidade' das leis um princípio aritmético ou suscetível de precisão teórica ou jurisprudencial, é forçoso que a cláusula melhor vocacionada à sua implementação (a do *devido processo legal*) padeça, por igual, de inexatidão e de variações de conteúdo ao sabor da evolução nem sempre retilínea do sentimento jurídico vigorante em cada tempo e lugar".[341]

Especialmente no que diz respeito aos "procedimentos administrativos", Siqueira Castro assevera que a garantia do devido processo legal revela-se (a) na exigência de fundamentação legítima e racional dos atos da Administração; (b) na salvaguarda dos direitos fundamentais dos governados frente aos governantes, quando da revogação e anulação dos atos administrativos; (c) na garantia da ampla defesa nos processos administrativos; (d) na publicidade das decisões do Poder Público (que inclui o direito

---

[335] Curiosamente, nesse ponto Sundfeld afirma que o inciso LIV do art. 5º da CF "((...) fala em 'devido processo legal' no sentido de processo realizado perante o Judiciário, com as garantias que lhe são inerentes)" (*Fundamentos de Direito Público*, cit., 5. ed., 6ª tir., p. 175).
[336] Sundfeld, *Fundamentos de Direito Público*, cit., 5. ed., 6ª tir., p. 176.
[337] *Idem*, p. 176.
[338] Siqueira Castro, O Devido Processo Legal e a Razoabilidade das Leis na Nova Constituição do Brasil, cit., p. 152.
[339] *Idem*, p. 157.
[340] *Idem*, p. 154.
[341] *Idem*, p. 176-177.

de obter vista dos processos); (e) no direito de representação e petição aos Poderes Públicos; (f) na vedação às chamadas "sanções políticas" ou "administrativas" (formas indiretas de cobrança e cerceamento da liberdade econômica e profissional).[342]

Mais que garantia formal derivada do Direito inglês, Siqueira Castro vê no devido processo legal "verdadeiro requisito da organização democrática contemporânea", que visa a "democratizar a atuação do Estado".[343]

2.3.8 O pensamento de Rogério Lauria Tucci e José Rogério Cruz e Tucci

51. Rogério Lauria Tucci e José Rogério Cruz e Tucci fazem derivar do princípio do devido processo legal os seguintes imperativos: (a) elaboração regular e correta da lei, bem como sua razoabilidade, senso de justiça e enquadramento nas preceituações constitucionais (*substantive due process of law*); (b) necessidade de aplicação da lei através do processo (instrumento hábil à sua interpretação e realização); e (c) assecuração de paridade de armas entre as partes no processo, visando à igualdade substancial.[344]

Especificamente no campo do processo judicial, Tucci acentua que o *due process* se apresenta como "*garantia* conferida pela Magna Carta, objetivando a consecução dos direitos denominados *fundamentais* através da efetivação do *direito ao processo*, materializado num *procedimento regularmente desenvolvido*, com a imprescindível concretização de todos os seus respectivos corolários, e num *prazo razoável*".[345]

Esse autor chama a atenção para o fato de que o Brasil é um dos países signatários da Convenção Americana sobre Direitos Humanos (Pacto de São José da Costa Rica), cujo texto prevê direitos imediatamente subsumíveis ao conceito do devido processo legal.[346]

Cruz e Tucci relaciona o devido processo legal às máximas da segurança e celeridade na prestação da justiça, o que revela "a existência de dois postulados que, em princípio, são opostos: o da segurança jurídica, exigindo um lapso temporal razoável para a tramitação do processo, e o da efetividade do mesmo, reclamando que o momento da decisão final não se procrastine mais do que o necessário"; para concluir que somente

---

[342] *Idem*, p. 322-351.

[343] *Idem*, p. 373.

[344] Rogério Lauria Tucci e José Rogério Cruz e Tucci, *Constituição de 1988 e Processo*, p. 15-16.

[345] Rogério Lauria Tucci, "Devido processo penal e alguns de seus mais importantes corolários", *in:* Rogério Lauria Tucci e José Rogério Cruz e Tucci, *Devido Processo Legal e Tutela Jurisdicional*, p. 19.

[346] *Idem*, p. 20. O art. 7º da Convenção disciplina o "direito à liberdade individual" e em seu n. 2 preceitua que: "Ninguém pode ser privado de sua liberdade física, salvo pelas causas e nas condições previamente fixadas pelas Constituições Políticas dos Estados-Partes ou pelas leis de acordo com elas promulgadas". Já o art. 8º, sob o título "Garantias Judiciais", reza em seu n. 1: "Toda pessoa tem direito a ser ouvida, com as devidas garantias e dentro de um prazo razoável, por um juiz ou tribunal competente, independente e imparcial, estabelecido anteriormente por lei, na apuração de qualquer acusação penal formulada contra ela, ou para que se determinem seus direitos ou obrigações de ordem civil, trabalhista, fiscal ou de qualquer outra natureza". O mesmo art. 8º, em seu n. 2, alíneas "a"-"h", celebra os seguintes direitos e garantias aos acusados em geral, todos compreendidos na cláusula do devido processo legal: presunção de inocência; tratamento processual igualitário; assistência por tradutor ou intérprete; comunicação prévia e pormenorizada da acusação; concessão de tempo e meios adequados para preparação da defesa; direito de defender-se pessoalmente ou assistido por defensor de sua escolha; direito de comunicação privada com o defensor; direito de ser assistido por defensor nomeado pelo Estado; direito de inquirir e indicar testemunhas e/ou peritos; vedação à autoincriminação; direito de recorrer a tribunal ou juiz de segundo grau. O Congresso Nacional aprovou o Pacto de São José pelo Decreto Legislativo nº 27, de 26.5.1992, e o Presidente da República o promulgou através do Decreto nº 678, de 6.11.1992.

o equilíbrio entre segurança e justiça resultará no atendimento ao *due process* e em uma eficiente administração da justiça.[347]

Para Cruz e Tucci o direito ao processo sem dilações indevidas é corolário do devido processo legal e pode ser encarado como "direito subjetivo, de caráter autônomo, de todos os membros da coletividade à *prestação jurisdicional dentro de um prazo razoável* (...)",[348] nos termos da qualificação de *dilações indevidas* proposta por José Antônio Tomé Garcia: "atrasos ou delongas que se produzem no processo por inobservância dos prazos estabelecidos, por injustificados prolongamentos das etapas mortas que separam a realização de um ato processual de outro, sem subordinação a um lapso temporal previamente fixado, e, sempre, sem que aludidas dilações dependam da vontade das partes ou de seus mandatários".[349]

2.3.9 O pensamento de Lúcia Valle Figueiredo

52. O tema do devido processo legal sempre foi preocupação ampla e constante da saudosa professora Lúcia Valle Figueiredo.[350] Segue apertada síntese da expressão de seu pensamento.

A autora acentua a necessidade de compatibilização entre lei e Constituição, como requisito da cláusula. "Somente será *due process of law* aquela lei (...) que não agredir (...) a Constituição, com os valores fundamentais consagrados na Lei das Leis." Em seguida, conclui que o conteúdo da cláusula frente ao ordenamento jurídico brasileiro "é o mesmo do Direito Americano, isto é, o devido processo legal abrigando a *igualdade substancial e formal*".[351]

Para a célebre autora: "Pode-se respeitar a lei e estar-se-á aplicando o devido processo legal, se o juiz aplicar a lei tal como esta veio à luz. Todavia, não será devido processo legal se a lei materialmente infringir direitos e garantias individuais".[352]

A investigação a respeito do cumprimento do preceito dar-se-á "somente no caso concreto – em face da lei concreta ou da aplicação concreta que um juiz ou administrador faça, em procedimentos ou processos administrativos ou judiciais, é que veremos se foi cumprido o *due process of law*, que dependerá das circunstâncias, como dizia o grande Holmes".[353]

Vinculando o devido processo legal substantivo ao princípio da igualdade material (qualificado como "vetor fundamental no texto constitucional"), Lúcia Valle Figueiredo

---

[347] Cruz e Tucci, "Garantia da prestação jurisdicional sem dilações indevidas como corolário do devido processo legal", in: Rogério Lauria Tucci e José Rogério Cruz e Tucci, *Devido Processo Legal e Tutela Jurisdicional*, cit., p. 101.
[348] *Idem*, p. 103.
[349] *Idem*, p. 104-107.
[350] V.: Lúcia Valle Figueiredo, "Devido processo legal e fundamentação das decisões", *RDTributário* 63/211-216; "O devido processo legal", *RDTributário* 58/109-113; "Princípios constitucionais do processo", *RTDP* 1/118-126; "O devido processo legal e a responsabilidade do Estado por dano decorrente do planejamento", *RTDP* 11/5-20; e "Estado de Direito e devido processo legal", *RTDP* 15/35-44.
[351] Lúcia Valle Figueiredo, "Estado de Direito e devido processo legal", cit., *RTDP* 15/37.
[352] Lúcia Valle Figueiredo, "O devido processo legal", cit., *RDTributário* 58/109.
[353] Lúcia Valle Figueiredo, "Estado de Direito e devido processo legal", cit., *RTDP* 15/37.

destacou que "somente se concebe igualdade na lei se as classificações forem lógicas, razoáveis, obedientes a discrímenes próprios".[354]

Para a autora, o "respeito ao devido processo legal deverá informar todos os procedimentos jurisdicionais e também os administrativos".[355]

Enfrentando o tema da fundamentação das decisões estatais, Lúcia Valle Figueiredo conclui que: "No Estado Democrático de Direito, a *motivação* integra, de maneira inarredável, ainda que possa não estar explícita, o *devido processo legal em seu sentido material*. É sua pedra fundamental".[356]

Especificamente no que tange ao Direito Administrativo, a autora defende a aplicação do devido processo para todos os atos administrativos e todos os procedimentos, litigiosos ou não. Em contrapartida, os princípios da ampla defesa e do contraditório destinam-se àqueles "processos que têm contrariedade", "processos em que existam 'acusados'", "processos sancionatórios" e "processos ablativos de direitos", com fundamento na ideia de que "não pode a Administração suprimir direitos, desconstituir situações, sem que ouça o administrado *preliminarmente*".[357] Ou seja: a autora desde sempre defendeu uma compreensão e uma aplicação amplas do princípio do devido processo legal também no âmbito do processo administrativo.

Daí sua conclusão no sentido de que o devido processo legal não é ancilar do conceito de *litigância* (como o são o contraditório e a ampla defesa). A aplicação do princípio não tem como pressuposto a existência de interesses antagônicos.

2.3.10 O pensamento de Carlos Mário da Silva Velloso

53. Carlos Mário da Silva Velloso inicia seu estudo dos princípios constitucionais do processo com a assertiva de que "as regras maiores de processo estão na Lei Fundamental e constituem os princípios constitucionais processuais que formam a base do direito processual", concluindo que "aquilo que constitui, na verdade, processo está na Constituição".[358]

Para o autor, dentre os mais relevantes princípios de Direito Processual Constitucional está o do devido processo legal, que "constitui síntese dos princípios: (a) do juiz natural; (b) do contraditório, que se embasa no direito de defesa, com as suas variadas implicações – cientificação do processo, oportunidade para contestar, possibilidade de produção de provas, acompanhamento dos atos, duplo grau de jurisdição, com utilização dos recursos instituídos por lei; e (c) do procedimento regular".[359]

O princípio do juiz natural envolve o título relativo à competência detida pelo juiz ou tribunal, "previamente instituído pela ordem jurídica, gozando os juízes de garantias que os tornem independentes, imparciais e confiáveis".[360]

---

[354] *Idem, RTDP* 15/38.
[355] *Idem, RTDP* 15/39.
[356] *Idem, RTDP* 15/41.
[357] *Idem, RTDP* 15/42. Consigne-se que o texto acima corrige erro lançado na 1ª edição deste livro, em que se aduziu compreensão equivocada do pensamento da ilustre professora Lúcia Valle Figueiredo.
[358] Carlos Mário da Silva Velloso, "Princípios constitucionais de processo", in: *Temas de Direito Público*, p. 199.
[359] *Idem*, p. 204.
[360] *Idem*, p. 205.

O princípio do contraditório, segundo Velloso, confunde-se "com o direito de defesa" e "constitui o cerne do *due process of law*", devendo o juiz "dispensar tratamento igual às partes, ouvi-las, examinar a respeito da pertinência das provas requeridas, deferindo-as ou indeferindo-as, em decisão motivada".[361]

Já o procedimento regular exige "observância dos atos que constituem o processo", como garantia das partes.[362]

Ao final, Velloso destaca que: "Sempre sustentamos, apoiados no magistério de José Frederico Marques, Geraldo Ataliba e Hely Lopes Meirelles, que a garantia do *due process of law*, na ordem jurídica brasileira, aplica-se ao procedimento administrativo, tanto no punitivo quanto no administrativo não punitivo. Vale dizer, sempre que a Administração tiver que impor uma sanção, uma multa, fazer um lançamento tributário ou decidir a respeito de determinado interesse do administrado, deverá fazê-lo num procedimento regular, em que ao administrado se enseje o direito de defesa".[363]

2.3.11 O pensamento de Nelson Nery Jr.

54. Nelson Nery Jr. inicia sua obra a respeito das normas de Direito Processual radicadas na Constituição (Direito Constitucional Processual) com a afirmativa de que "bastaria a norma constitucional haver adotado o princípio do *due process of law* para que daí decorressem todas as consequências processuais que garantiriam aos litigantes o direito a um processo e a uma sentença justa. É, por assim dizer, o gênero do qual todos os demais princípios constitucionais do processo são espécies".[364]

Para o autor, em sentido genérico, "o princípio do *due process of law* caracteriza-se pelo trinômio vida-liberdade-propriedade, vale dizer, tem-se o direito de tutela àqueles bens da vida em seu sentido mais amplo e genérico".[365]

A necessidade da concepção substancial do devido processo é acentuada por Nery Jr. Assim, "no direito administrativo, por exemplo, o princípio da legalidade nada mais é do que manifestação da cláusula *substantive due process*".[366]

No que diz respeito ao lado processual da cláusula o autor destaca os vários desdobramentos encontrados pela doutrina nacional, os quais, em resumo, significam que o *"procedural due process of law* nada mais é do que a possibilidade efetiva de a parte ter acesso à Justiça, deduzindo pretensão e defendendo-se do modo mais amplo possível, isto é, de ter *his day in Court*, na denominação da Suprema Corte dos Estados Unidos".[367]

---

[361] *Idem*, p. 207.
[362] *Idem*, p. 208.
[363] *Idem, ibidem*.
[364] Nelson Nery Jr., Princípios do Processo Civil na Constituição Federal, 4. ed., p. 27.
[365] *Idem*, p. 30.
[366] *Idem*, p. 34.
[367] Quanto ao elenco de garantias processuais oriundas da cláusula, Nery Jr. (*Princípios do Processo Civil na Constituição Federal*, cit., 4. ed., p. 38) reporta-se às lições de José Celso de Mello Filho e Ada Pellegrini Grinover, anteriormente citadas.

2.3.12 O pensamento de Celso Antônio Bandeira de Mello

55. O devido processo legal recebeu enfoque crescente por parte do professor Celso Antônio Bandeira de Mello. Inicialmente definido como "noção pura e simples que abarca por completo a noção de 'procedimento administrativo'",[368] posteriormente o princípio foi elevado à categoria de um dos *princípios normativos* da Constituição Federal.[369]

Para Celso Antônio Bandeira de Mello a Constituição exige expressamente "um *processo formal regular* para que sejam atingidas a liberdade e a propriedade de quem quer que seja e a necessidade de que a Administração Pública, *antes de tomar decisões gravosas a um dado sujeito*, ofereça-lhe oportunidade de contraditório e de defesa ampla, no que se inclui o direito a recorrer das decisões tomadas".[370]

O autor encarece que "'privar' da liberdade ou da propriedade não é apenas simplesmente elidi-las, mas também o é suspender ou sacrificar quaisquer atributos legítimos inerentes a uma ou a outra; vale dizer: a privação não precisa ser completa para caracterizar-se como tal".[371]

De qualquer forma, Celso Antônio Bandeira de Mello destaca que tal interpretação do devido processo legal não poderia ser ampla ao extremo, ao ponto de coibir a prática de atos urgentes e provisórios, em favor de exigências concretas do interesse público, que eventualmente restringissem a ampla defesa e o contraditório. Segundo o autor, nessa hipótese a Administração haveria de recorrer ao Poder Judiciário. "(...). Admitir-se-á, contudo, ação imediata da *própria Administração* sem as referidas cautelas apenas e tão somente quando o tempo a ser consumido na busca da via judicial inviabilizar a proteção do bem jurídico a ser defendido."[372]

2.3.13 O pensamento de Cármen Lúcia Antunes Rocha

56. Cármen Lúcia Antunes Rocha defende a configuração do devido processo legal "como um direito fundamental ao lado de todos os outros que são considerados de primeira geração".[373]

A autora desenvolve sua compreensão acerca do tema através de conceito democrático do Direito Administrativo, que transpôs a mera limitação do *ato administrativo* (unilateral, impessoal, editado como exercício de poder) para o *processo administrativo* ("relação formalizada para cumprir um fim exterior e superior ao seu autor"). "A concepção de que o exercício da competência administrativa faz-se mediante processo, com fins e forma próprios, transferiu o polo principal da doutrina jus-administrativista."[374]

---

[368] Celso Antônio Bandeira de Mello, "Procedimento administrativo", *in:* Celso Antônio Bandeira de Mello (coord.), *Direito Administrativo na Constituição de 1988*, p. 32.
[369] Devido à influência positiva da professora Weida Zancaner, o autor dispôs tal princípio ao lado da ampla defesa, passando a integrar o rol de cânones constitucionais definidores do Direito Administrativo brasileiro a partir da 11ª edição de seu *Curso de Direito Administrativo* (1999, p. 71-72; 33. ed., cit., p. 119-123).
[370] Celso Antônio Bandeira de Mello, *Curso de Direito Administrativo*, cit., 33. ed., p. 119.
[371] *Idem, ibidem.*
[372] *Idem*, p. 120.
[373] Cármen Lúcia Antunes Rocha, Princípios Constitucionais dos Servidores Públicos, cit., p. 469.
[374] *Idem*, p. 470.

"Logo, o processo administrativo passou a ser um instrumento da Administração Pública democrática, buscada num Estado no qual esse regime político seja adotado. Assim considerado, o processo administrativo passou a ser considerado matéria constitucional, pois a sua garantia é fundamental como o é o processo judicial."[375]

Por isso que Cármen Lúcia defende que tal máxima constitucional "compreende um conjunto de elementos jurídicos garantidores dos direitos fundamentais em sua persecução, quando ameaçados, lesados ou simplesmente questionados, tais como o direito à ampla defesa, ao contraditório, ao juízo objetivo, motivado e prévia e naturalmente identificado, dentre outros. Esse princípio é um instrumento de legitimação da ação do Estado na solução das indagações sobre os direitos que lhe são postos e um meio formal e previamente conhecido e reconhecido de viabilizar o questionamento feito pelo administrado".[376]

Valiosa também é a identificação das normas constitucionais que albergavam implicitamente o princípio do *due process* em nossas Constituições anteriores – desde a Carta Imperial de 1824 até a Constituição de 1967 (com a Emenda Constitucional nº 1/1969).[377]

Especificamente no que respeita ao processo administrativo, Cármen Lúcia Antunes Rocha enumera as seguintes derivações do devido processo legal: (a) dever de a Administração "atuar material e formalmente, segundo o que o Direito determine", respeitando a necessária participação do administrado; (b) direito da pessoa privada "de que essa relação se desenrole segundo os princípios que conferem segurança a seu patrimônio"; (c) respeito aos demais princípios de Direito Administrativo (razoabilidade, proporcionalidade etc.).[378]

Ao final, a autora destaca a imperiosidade de que, no atual estágio do Direito Administrativo brasileiro, o princípio seja respeitado não só internamente pela Administração Pública, "mas também naqueles que se façam por entidades civis dotadas de competência delegada ou regulada pelo Poder Público".[379]

Em acórdão relatado pela Min. Cármen Lúcia o STF decidiu que: "A demora injustificada para encerramento do processo criminal, sem justificativa plausível ou sem que se possam atribuir ao réu as razões para o retardamento daquele fim, ofende princípios constitucionais, sendo de se enfatizar o da dignidade da pessoa humana e o da razoável duração do processo (art. 5º, incisos III e LXXVIII, da Constituição da República). A forma de punição para quem quer que seja haverá de ser aquela definida legalmente, sendo a mora judicial, enquanto preso o réu ainda não condenado, uma forma de punição sem respeito ao princípio do devido processo legal".[380]

Mais recentemente, a Min. Cármen Lúcia relatou mandado de segurança em questão de alta complexidade, que atinge o princípio do devido processo legal: a alteração do quórum julgador no decorrer do julgamento e se magistrados que não participaram

---

[375] *Idem*, p. 471.
[376] *Idem*, p. 474-475.
[377] *Idem*, p. 475-477.
[378] *Idem*, p. 477-478.
[379] *Idem*, p. 480.
[380] STF, HC 87.721, *RT* 96/526-530.

de sua abertura – logo, deixaram de ouvir o relatório e as sustentações orais, quando menos – podem integrar a composição final do órgão julgador. Para a 2ª Turma do STF a resposta é positiva, pois: "A informatização do processo tem facilitado o acesso dos julgadores a todos os elementos existentes nos autos, conferindo-lhes, assim, o pleno conhecimento das questões jurídicas postas na causa e os argumentos desenvolvidos a favor e contra as teses das partes, autorizando a participação no julgamento daqueles que não tenham assistido à sustentação oral, ao relatório ou aos debates".[381]

2.3.14 Conclusão

57. Conforme descrito, de há muito o devido processo legal é explorado por ampla gama de doutrinadores nacionais, sob as mais diversas ópticas. Desde sua compreensão como exteriorização do princípio da isonomia, até sua caracterização como instrumento de um Estado Democrático de Direito, passando por aspectos processuais *stricto sensu*.

Em verdade, o que se pode apreender é a importância e a grandeza do devido processo legal, que já pode ser compreendido segundo sua raiz brasileira. Assim, tentaremos justamente esboçar um conceito de tal máxima constitucional. À evidência, não se cogita de descartar as várias compreensões lançadas. A amplitude da cláusula não está em questão. Porém, é possível propor um significado específico para esse princípio constitucional.

2.4 O devido processo legal, o processo administrativo e a Lei nº 9.784/1999

58. Entendemos que o significado do devido processo legal para o Direito brasileiro reside na compreensão de sua real magnitude.

Em primeiro lugar, a garantia (*rectius*: o *direito-garantia*) está instalada na Constituição da República, o que não autoriza interpretação restritiva. Trata-se de direito fundamental. Deve ser compreendida com as maiores extensão e razoabilidade possíveis, configurando garantia que se dirige com igual intensidade aos direitos e interesses individuais, gerais e coletivos.

Sua aplicação é imediata e não depende de legislação infraconstitucional, como se dá com a integralidade dos direitos fundamentais e respectivas garantias. Quando muito, a lei pode lhe definir os contornos, mas jamais restringir sua aplicabilidade na defesa dos direitos de liberdade e propriedade.

Por outro lado, para a aplicação da cláusula não basta nem se exige previsão textual. Se a letra da lei exaurisse o *due process of law*, toda produção normativa que recebesse o apelido de "lei" configuraria "devido processo legal", e seria impossível o controle de

---

[381] STF, 2ª Turma, MS 32.375, rela. Min. Cármen Lúcia, *DJe* 20.10.2014. A bem da verdade, e com o devido respeito, a decisão merece ser vista *cum grano salis*: muito embora os tribunais enfrentem composições dinâmicas dos órgãos colegiados e os julgamentos precisem seguir, fato é que aqueles que não assistiram às sustentações e aos debates têm a *mera possibilidade* de assistir a eles em vídeo (e, ainda que assistam, não será a mesma experiência da *participação processual*), eis que efetivamente não assistiram a eles de fato. Por outro lado, e o que é mais grave, caso ampliada tal perspectiva, poderá haver julgamento por órgãos que não contem com sequer um dos julgadores que ouviram os debates (basta que o relator se aposente, o segundo saia em licença e o terceiro houvesse sido um substituto). Existe sério perigo aqui: subverter-se o devido processo legal e a garantia de que as partes têm o efetivo direito ao seu *dia na Corte*.

norma formalmente perfeita (ao menos sob o aspecto ora tratado) – o que não se dá. Reputamos possível negar validade a uma "lei" com exatidão formal cujo conteúdo viole o devido processo, com lastro exclusivo no art. 5º, LIV, da CF.[382]

Essas razões já adiantam e fundamentam a percepção de que o Direito brasileiro encampa ambos os aspectos, processual e substancial, da cláusula.

Desta forma, nas ocasiões em que, direta ou indiretamente, se restringem quaisquer das liberdades ou bens, o princípio do devido processo legal assegura submissão a prévios e conhecidos ritos processuais e observância de limitações substanciais. Cabe o contraste entre o interesse público definido pelos Poderes Administrativo ou Legislativo e os direitos fundamentais, tal como protegidos constitucionalmente.

2.4.1 Autonomia do devido processo legal. Premissas hermenêuticas

59. Tampouco o devido processo está contido ou se confunde integralmente com outras expressões constitucionais (*v.g.*: "isonomia", "acesso à Justiça", "ampla defesa", "contraditório", "moralidade", "eficiência" – CF/1988, art. 5º, *caput* e incisos I, XXXV e LV, e art. 37). São garantias autônomas e não excludentes.

Chega-se a esse resultado através da aplicação de dois princípios básicos de hermenêutica constitucional: a imperiosidade de se conferir máxima eficácia às normas de estatura constitucional que estabelecem garantias sociais e individuais;[383] conjugada com a ideia de que o legislador não lança palavras supérfluas nos textos legais,[384] e o princípio da unidade hierárquico-normativa da Constituição (a convivência integral e harmoniosa das normas constitucionais).

Caso se entenda que o "devido processo legal" vem inserido em outras garantias constitucionais (ou vice-versa), estar-se-á sujeitando uma à outra e aniquilando o conteúdo em favor do continente. Com essa submissão restaria(m) apenas uma ou outra(s) garantia(s) e a inovação do legislador constituinte de 1988 teria sido inútil,

---

[382] Assim, e *v.g.*, lei que observe os ditames relativos ao processo legislativo (iniciativa, trâmite interno, turnos, *quorum*, sanção etc.), mas estabeleça rito inquisitorial para a apuração de ilícitos administrativos ou a necessidade do depósito de quantia controvertida, tal como apurada unilateralmente pela Administração, para o recebimento de recursos, será passível de controle com fundamento único na violação ao devido processo legal.

[383] Nos exatos termos do §1º do art. 5º da CF/1988. Por todos: Celso Antônio Bandeira de Mello, "Eficácia das normas constitucionais sobre justiça social", *RDP* 57-58/233-256; e Canotilho, *Direito Constitucional e Teoria da Constituição*, cit., 5. ed., p. 1.028 – que denomina essa construção de princípio da eficiência ou da interpretação efetiva: "a uma norma constitucional deve ser atribuído o sentido que maior eficácia lhe dê. É um princípio operativo em relação a todas e quaisquer normas constitucionais, e, embora a sua origem esteja ligada à tese da efectividade das normas programáticas (Thoma), é hoje sobretudo invocado no âmbito dos direitos fundamentais (no caso de dúvidas deve preferir-se a interpretação que reconheça maior eficácia aos direitos fundamentais)". A respeito das "garantias dos administrados" previstas na Constituição da República portuguesa (art. 268º), Canotilho e Vital Moreira assinalam que são de natureza análoga aos direitos, liberdades e garantias fundamentais, "partilhando, portanto, do mesmo regime, designadamente a aplicabilidade directa e a limitação da possibilidade de restrição apenas nos casos expressamente previstos na Constituição e mediante lei geral e abstracta (...) este conjunto de direitos e garantias dos administrados (...) constitui uma espécie de capítulo suplementar do catálogo constitucional de direitos, liberdades e garantias, ao lado dos de carácter pessoal, dos de participação política e dos dos trabalhadores (...)" (*Constituição da República Portuguesa Anotada*, cit., 3. ed., p. 934). Ampliar no Capítulo III, n. 2.8, referente ao princípio da eficiência.

[384] Cf. Carlos Maximiliano: "As expressões do Direito interpretam-se de modo que não resultem frases sem significação real, vocábulos supérfluos, ociosos, inúteis" (*Hermenêutica e Aplicação do Direito*, 9. ed., p. 250). A seguir esse autor adverte para o fato de que essa regra deve ser temperada, não devendo o intérprete apegar-se "à letra morta" em desfavor do espírito da lei (p. 251).

puramente retórica. Ou seja, e *v.g.*, parece-nos inadequado ler "isonomia" onde está escrito "devido processo legal" (e vice-versa).

É preciso que o intérprete leia o texto constitucional de molde a extrair dele tudo o que for possível, dentro da compreensão de um Estado Democrático de Direito. Quando menos, é imperativo que se entenda a Constituição de forma a não suprimir o que nela vem expressamente consignado.

Isso não significa que o regime constitucional estabeleça garantias incompatíveis. Tomando-se em conta os mesmos exemplos citados: isonomia, acesso à Justiça, ampla defesa, contraditório, moralidade, eficiência e devido processo legal coabitam o mesmo sistema jurídico e devem ser aplicados simultaneamente, segundo as exigências do caso concreto, um princípio enriquecendo o outro.

As normas constitucionais explicam-se umas às outras, e essa compreensão harmônica é que confere uniformidade ao sistema. Na descrição do devido processo legal muitas vezes emergirão ideias semelhantes às descritas para os demais princípios constitucionais do processo administrativo, mas será o caso concreto que lhe dará conformação específica e plena aplicabilidade.

Essa compreensão vem amparada na ideia de que o ordenamento – especialmente o constitucional – deve ser encarado globalmente. "*A Constituição não destrói a si própria. Em outros termos, o poder que ela confere com a mão direita não retira, em seguida, com a esquerda.*"[385] Assim, especialmente os direitos e garantias constitucionais devem ser aplicados de forma integrativa, não em confronto ou exclusão.

60. Ao final, e tal como reiteradamente afirmado no corpo deste trabalho, não seria válido simplesmente transpor conceitos alienígenas para a hermenêutica do texto constitucional brasileiro.

As especialidades dos diversos ordenamentos determinam interpretações igualmente peculiares. Notadamente no caso da garantia ora em exame, que não gera unanimidade (doutrinária ou jurisprudencial) nem mesmo no país que a tornou célebre.

2.4.2 Esboço de uma definição do devido processo legal

61. Cientes do que não pode ser excluído do significado do devido processo legal, procuremos defini-lo positivamente, especialmente frente ao processo administrativo. A chave para sua compreensão no ordenamento jurídico brasileiro está no todo da Constituição, unido à análise gramatical da expressão.[386]

Jamais se olvide a importância de a cláusula vir expressa em texto constitucional, que deve ser interpretado segundo o sentido comum das palavras. "Supõe-se que não foi a Constituição escrita em linguagem arrevesada e difícil, inçada de termos técnicos,

---

[385] Charles Hughes, *apud* Carlos Maximiliano, *Comentários à Constituição Brasileira (de 1946)*, 5. ed., vol. III, p. 134. Também José de Oliveira Ascensão pontifica: "(...) a interpretação é necessariamente uma tarefa de conjunto: pano de fundo da interpretação é sempre o ordenamento em globo. O sentido de cada fonte está sempre em necessária conexão com o de todas as outras, pelo quê será adulterado se o pretendermos tomar isoladamente" (*O Direito – Introdução e Teoria Geral*, 4. ed., p. 322).

[386] Para José de Oliveira Ascensão: "A letra não é só ponto de partida, é também elemento irremovível de toda interpretação. (...). Se se prescinde totalmente do texto já não há interpretação da lei, pois já não estaremos a pesquisar o sentido que se alberga em dada exteriorização. (...). Devemos partir do princípio de que o texto exprime o que é natural que as palavras exprimam, pelo quê se pode afirmar que o entendimento literal será

e sim em estilo simples, claro, chão, como uma obra do povo, adotada pelo povo e pelo mesmo povo lida e observada."[387]

62. Defendemos que o "devido processo legal" estabelece três requisitos simultâneos a qualquer tipo de investida, direta ou indireta, contra a "liberdade ou bens" dos particulares. Não poderá haver aviltamento, ataque ou supressão desses dois direitos sem *processo*, que deverá ser *adequadamente desenvolvido*, tal como *predefinido em lei*.

2.4.3 Devido processo legal. Aspectos "processual" e "substancial"

63. Dos requisitos previstos no texto constitucional, dois são especialmente de substância e outro estabelece sobremaneira a necessidade de prévio processo.[388] Três controles encartados em uma só garantia, que somente pode ser compreendida como realidade única e integral. O devido processo legal estabelece direito único, porém facetado.

Reafirmando o já consignado: o aspecto processual do *due process of law* é indissociável de sua compreensão substancial. Não se pode interpretar a cláusula, depois de toda evolução histórica por ela transposta, como realidade passível de cisão. Ao contrário: a interpretação parcial só tem utilidade histórica e/ou didática. A dicotomia perdeu sentido, e caso não existisse todo o passado medieval da cláusula a discussão substancial-processual nem sequer seria posta.

64. Em suma, e irremediavelmente, a garantia do art. 5º, LIV, da CF engloba incindíveis aspectos "processuais" e "substanciais". Isso porque (a) a compreensão genérica do *due process of law* assim o impõe; (b) a evolução histórica da cláusula não permite a exclusão de uma das espécies de proteção com fundamento exclusivo na dicção genérica da garantia; (c) não foi feita a diferenciação no corpo do texto constitucional, o que vedaria ao intérprete estabelecê-la *sponte propria*; e (d) o princípio da máxima eficácia proíbe a interpretação restritiva de normas constitucionais que estabelecem direitos e garantias.

Assim, a apresentação que será feita a seguir obedecerá a meros objetivos analíticos, visando a potencializar a compreensão da garantia constitucional.

---

normalmente aquele que virá a ser aceite" (*O Direito – Introdução e Teoria Geral*, cit., 4. ed., p. 326-327). Mais adiante esse autor faz ver os perigos da interpretação puramente literal ("Escola da Exegese"), que despreze outros elementos reveladores do sentido e alcance da norma (p. 327-328 e 335-336). No mesmo sentido Maximiliano: "A forma é sempre defeituosa como expressão do pensamento; e é este que se deve buscar. Em vez de se ater à letra, aprofunde-se a investigação, procure-se revelar todo o conteúdo, o sentido e o alcance do dispositivo" (*Comentários à Constituição Brasileira (de 1946)*, cit., 5. ed., vol. III, p. 135).

[387] Maximiliano, *Comentários à Constituição Brasileira (de 1946)*, cit., 5. ed., vol. III, p. 133. No mesmo sentido, ampliar no capítulo III, item 2.8 (princípio da eficiência).

[388] Basta imaginar que a cláusula poderia ser redigida nas seguintes formas: "ninguém será privado da liberdade ou de seus bens sem processo"; "(...) sem processo legal"; e "(...) sem o devido processo legal". Em cada uma das três hipóteses há garantia com eficácia plena. Porém, somente a expressão completa, tal como estampada na Constituição, fornece a compreensão absoluta do instituto.

2.4.4 O devido "processo" legal

65. Só terá fundamento de validade a execução de ato atentatório à liberdade ou bens que esteja inserido em um processo. Veda-se que ato pontual e imediatamente autoexecutório suprima liberdade ou bens do particular, que tem direito a processo prévio, revestido das demais garantias previstas na Constituição[389] e em leis específicas.[390]

Note-se que jamais se defenderia a retirada das presunções de legitimidade, imperatividade, exigibilidade e autoexecutoriedade dos atos administrativos (ou eventual "condição suspensiva" à sua concretização). Permanecem tais atributos como condição de sobrevivência da Administração no cumprimento do interesse público posto à sua guarda. Sustenta-se que os particulares sempre deterão título jurídico para impugnar administrativamente os atos que atentem contra sua liberdade ou seus bens. Não se exige que a Administração instale processo previamente a todas as vezes que pretenda agir – mas que a ele se submeta, desde que cumpridamente requerido pelo particular.

65.1 Porém, casos há em que o processo é da essência da prática do provimento administrativo, tornando-se requisito obrigatório para sua regularidade. Ainda assim, mesmo nos atos notoriamente instantâneos (*v.g.*: multa de trânsito aplicada por guarda – ou máquina –, ato urgente vinculado à segurança pública e apreensão de mercadorias pelo agente aduaneiro) ou nas questões em que seja imperiosa a prática de ato administrativo urgente (tal como qualificado pelo interesse público que se vise a proteger), existirá processo em potência – basta que o particular o pleiteie.

A Administração tem o dever irrefutável de instalar o adequado processo administrativo ante determinados casos concretos (*ex officio* ou a pedido do interessado). Mas não só o instalar, e desprezar seu prosseguir. O ato de instalação do processo traz consigo uma série de efeitos (principais e acessórios), como leciona Rafael Munhoz de Mello: "o processo a ser instaurado deve permitir que os indivíduos que poderão ser afetados pelo ato administrativo tenham oportunidade de exercer uma série de garantias processuais, as quais têm por escopo protegê-los da arbitrariedade da Administração Pública".[391] A instauração do processo configura ato inaugural de uma série de deveres processuais, a serem obedecidos e cumpridos mesmo de ofício pelos agentes públicos.

Isto é: uma vez instaurada a *relação jurídico-processual*, esta deve se desenvolver até a decisão final, pois é dever da Administração dar seguimento ao processo, conforme leciona Cármen Lúcia Antunes Rocha: "A realização de um processo pela Administração Pública não é competência-faculdade, mas competência-dever vinculado. Alguns elementos admitidos para o exercício dessa competência podem ser discricionários,

---

[389] *V.g.*: tratamento digno – art. 1º, II; liberdade de trabalho e livre iniciativa – art. 1º, IV, c/c os arts. 5º, XIII, 6º-11 e 170; tratamento não discriminatório – art. 3º, IV, c/c o art. 5º, *caput* e inciso I; vedação à tortura, ao tratamento desumano e ao tratamento degradante – art. 5º, III; direito a informações, sigilo e direito de petição – art. 5º, XXXIII e XXXIV; vedação a tribunais de exceção – art. 5º, XXXVII; autoridade competente – art. 5º, LIII; ampla defesa, contraditório e recursos – art. 5º, LV; vedação às provas obtidas através de meios ilícitos – art. 5º, LVI; assistência jurídica – art. 5º, LXXXIV; legalidade, moralidade, impessoalidade e publicidade – art. 37; fundamentação das decisões – art. 93, IX e X; presença de advogado – art. 133.

[390] Por exemplo: Lei nº 9.784/1999 (Processo Administrativo); Lei nº 8.112/1990 (Regime Jurídico dos Servidores Públicos da União, Autarquias e Fundações Públicas Federais); Lei nº 8.987/1995 (Concessão e Permissão de Serviços Públicos); Lei nº 8.429/1992 (Probidade Administrativa); Decreto nº 70.235/1972 (Processo Administrativo Fiscal); Lei nº 12.529/2011 (Defesa da Concorrência); Lei nº 12.846/2013 (Lei Anticorrupção).

[391] Rafael Munhoz de Mello, "Processo administrativo, devido processo legal e a Lei 9.784/1999", *RDA* 227/91.

por exemplo, relativos ao momento, mas o exercício dela é sempre vinculado. Não cabe ao administrador público escolher a forma processual, ou eleger se processualiza determinado desempenho, ou não".[392]

Afinal, em determinados casos só como resultado do desenvolvimento da *relação jurídico-processual* é que poderá surgir uma *relação jurídico-material* de Direito Administrativo (condição necessária). Nas palavras de Carlos Ari Sundfeld, "os processos estatais têm por objeto certas relações que são por meio deles definidas, reguladas ou instauradas: *as relações jurídicas materiais*".[393] Uma vez invocada a autoridade pública através do exercício do direito de petição, esta não pode recusar a apreciação do pedido, como destaca José Afonso da Silva: "Não pode a autoridade a quem é dirigido escusar pronunciar-se sobre a petição, quer para acolhê-la, quer para desacolhê-la com a devida motivação".[394] Em outras palavras: o que o *direito de petição* impõe é o *dever da Administração de apreciar os pedidos* que lhe forem postos com a resposta devida (ao tempo certo), e não com o mero esquecimento/arquivamento do processo sem apreciação do mérito.

Até porque o processo apenas se inicia com o protocolo, que instala o dever irrenunciável da Administração de dar seguimento ao processo, conforme assevera Cármen Lúcia Antunes Rocha: "O direito de petição não começa e termina no pedido do administrado ou do agente público. A petição, obviamente, é apenas a primeira peça de um processo, que se desenrola, formalmente, para a obtenção do resultado segundo os princípios estabelecidos. Tal resultado mais não é que a prática eficaz, eficiente e justa da atividade administrativa juridicamente concebida".[395] Uma vez instaurado o processo administrativo, dá-se vez à "competência-dever vinculado" (Cármen Lúcia) de lhe ser dado prosseguimento até a decisão final.

Por outro lado, sujeitar a instalação de determinados processos a um pleito formal do particular não implica a defesa da plena autoexecutoriedade de todos os atos administrativos (instantâneos ou não). Por exemplo, a Administração não poderia promover a execução de multa administrativa sem a prévia notificação do interessado – a fim de que este, desejando, defenda seus direitos através do processo administrativo (ou diretamente em juízo, no exercício do direito de petição).

65.2 Há ainda hipóteses extremas, em que a ação administrativa deve ser instantânea, como de há muito destacou o jurista francês Romieu: "quando a casa está a arder, não se vai pedir ao juiz autorização para mandar lá os bombeiros".[396] Em tais hipóteses urgentes (também derivadas do "poder de polícia administrativa") o Estado deve agir de imediato e sem subordinação a prévia notícia ou consulta ao particular afetado – pena de tornar imprestável sua ação e lesar o interesse público posto em jogo.

Tais atos urgentes são exceção assim qualificada pelo interesse público curado pelo administrador (o art. 45 da Lei nº 9.784/1999 prevê "providências acauteladoras", ao passo que os arts. 294 e ss. do CPC/2015 disciplinam a "tutela provisória", subdividida

---

[392] Cármen Lúcia Antunes Rocha, "Princípios constitucionais do processo administrativo no Direito Brasileiro", *Revista de Informação Legislativa* 136/13.
[393] Carlos Ari Sundfeld, *Fundamentos de Direito Público*, cit., 5. ed., 6ª tir., p. 97.
[394] José Afonso da Silva, *Curso de Direito Constitucional Positivo*, 39. ed., p. 447.
[395] Cármen Lúcia Antunes Rocha, "Princípios constitucionais do processo administrativo no Direito Brasileiro", cit., *Revista de Informação Legislativa* 136/13.
[396] *Apud* Prosper Weil, O Direito Administrativo, p. 60.

em tutela de urgência e tutela de evidência – como será tratado mais à frente, no §94[397]). Na hipótese de haver contraste entre o direito do particular e a necessidade pública da imprescindível prática de ato que implique supressão da liberdade ou bens, aquele poderá ser sacrificado, total ou parcialmente, definitiva ou provisoriamente, em favor deste.

Todavia, se praticar o ato limitador de qualquer das liberdades ou dos bens, haverá de comprovar a razão de sua cronologia e os motivos necessários e suficientes que o autorizem. Isso além do respeito aos arts. 20 e 21 da LINDB, que exigem – como condição de validade do ato – que sejam apresentadas as alternativas preexistentes, bem como as consequências nele sopesadas.

Exemplos mais claros são os casos de guerra, estado de sítio ou de calamidade pública. Destaque-se que, mesmo na hipótese de expropriação de terras utilizadas para o cultivo de plantas psicotrópicas, em que a Constituição utiliza a expressão imperativa "serão *imediatamente* expropriadas" (art. 243), o legislador ordinário estabeleceu rito compatível com o devido processo legal, submetendo a expropriação à instalação de processo judicial que celebre o contraditório e a ampla defesa (Lei nº 8.257, de 26.11.1991).

Nem mesmo em casos que porventura envolvam forte apelo popular se autoriza a adoção irrestrita e desmotivada de medidas urgentes. Vigem a ponderação imparcial e a equidade. Como decidiu o STJ: "A suspeita de fraude na concessão de benefício previdenciário não legitima, de imediato, a sua suspensão, fazendo-se indispensável prévio procedimento administrativo onde seja assegurado ao beneficiário o devido processo legal".[398]

Em tais provimentos cautelares, tutelas provisórias e/ou medidas urgentes, o que ocorre é uma alteração momentânea e excepcional do momento de instalação do devido processo, justamente em razão da cruciante necessidade de se atender às peculiaridades do interesse público e dos direitos fundamentais, tal como configurado em concreto. O processo é devidamente instaurado, mas alguns atos urgentes são praticados anteriormente ao ingresso do particular na relação jurídico-processual. Atos cujo requisito de validade é o respeito à LINDB – e o apreço à proporcionalidade e às consequências de tais medidas urgentes.

Porém, note-se que a Administração não vive em constante "estado de exceção" ou "estado de urgência". De igual modo, a pessoa privada não pode ser extraordinariamente onerada em decorrência da desídia da Administração, que deixa de fazer o que é necessário em casos que antes se assemelham à "urgência criada" (situações nas quais os atos de ofício não são praticados a bom tempo e, quando não há alternativa, a Administração opta por praticar atos ditos urgentes em razão de sua omissão).

---

[397] Como anota Daniel Mitidiero, o Código de Processo Civil/2015 "não está organizado do ponto de vista estrutural como o Código Buzaid – no que agora interessa, não prevê um *processo cautelar*, isto é, um processo destinado a prestar tão somente tutela cautelar (ou, pelo menos, tutela tida como cautelar pelo legislador). No novo Código, o procedimento comum e os procedimentos diferenciados podem viabilizar tanto a prestação de tutela satisfativa como de tutela cautelar de maneira antecedente ou incidental (art. 294, parágrafo único). O processo civil visa à *tutela dos direitos*, que pode ser prestada por *atividades* de cognição e de execução e mediante *decisões* provisórias e definitivas que podem ter lugar indistintamente em qualquer procedimento" ("Comentários ao art. 294", *in*: Teresa Arruda Alvim Wambier, Fredie Didier Jr., Eduardo Talamini e Bruno Dantas (coord.), *Breves Comentários ao Novo Código de Processo Civil*, p. 773). Sobre esta nova racionalidade, ampliar em: Luiz Guilherme Marinoni, Sérgio Cruz Arenhart e Daniel Mitidiero, *Novo Curso de Processo Civil*, 2ª tir., vol. 1, em especial p. 247-342.

[398] STJ, REsp 147.567-SP, rel. Min. Anselmo Santiago, *DJU* 15.6.1998, p. 174.

Por isso merece destaque a advertência de Sérgio Ferraz e Adilson Abreu Dallari, para quem os provimentos cautelares são absolutamente extraordinários: "tais medidas são excepcionais, e sua adoção depende sempre de robusta motivação (...). Somente em último caso, de comprovada extrema urgência, de perigo iminente devidamente demonstrado, de situação em que não for logicamente possível agir de outra maneira, é que se admitirá a adoção de medida cautelar sem audiência da parte afetada".[399] Se só o argumento da tutela do interesse público fosse condição necessária e suficiente para provimentos liminares autossatisfativos da Administração, derrogada estaria a garantia do devido *processo* legal.

65.3 Em suma: podem ser vislumbradas duas situações, dependentes da natureza jurídica do provimento administrativo: uma em que o processo será "circunstancial" (a juízo do interessado) e outra em que o processo será "essencial" (obrigatório para a Administração).

Na primeira hipótese o particular tem o ônus de requerer a instauração do processo na defesa de seus direitos (usualmente disponíveis). Aqui a autonomia da vontade permite que a pessoa decline do processo. Na segunda a Administração tem o dever de instaurar e dar prosseguimento ao devido processo (mesmo nos casos de tutela satisfativa). Trata-se de competência vinculada.

66. De qualquer forma, o processo deverá ser sempre passível de ser colocado em prática. Ainda que mínimo o *iter* processual, num e noutro caso o particular poderá exigi-lo, desde que demonstre seu interesse jurídico.

Não há legítima submissão da liberdade ou bens sem a efetiva possibilidade de processo prévio, revestido das garantias que a Constituição outorga.

2.4.5 O "devido" processo legal

67. O adjetivo "devido" reporta-se à *adequação* da conduta administrativa. Atuação *adequada*, tal como exigida pela Constituição, é aquela que atende às expectativas mínimas de um Estado Democrático de Direito, devendo corresponder e satisfazer o que se espera de uma Administração aberta e participativa, em que se garante ao particular voz ativa, em condição de igualdade com o ente público e sem qualquer espécie de submissão e/ou supressão de expectações. Adequado é o processo parametrizado e desenvolvido para a proteção ativa dos direitos fundamentais das pessoas envolvidas.

A *adequação* confere ao cidadão segurança e certeza de que seus direitos – materiais e processuais – serão respeitados. O processo será instaurado e conduzido de maneira equitativa, em tempo certo, sem surpresas, com observância do rol de garantias constitucionais e legais. O núcleo do objetivo visado pelo Estado está no prestígio à dignidade da pessoa humana, não à máquina administrativa.

O controle substancial da *adequação* pode ser aferido diretamente nas previsões legais, bem como na conduta do agente público. Ou seja: o devido processo legal autoriza controle legislativo e na prática da Administração. Sob esse aspecto, assumem

---

[399] Sérgio Ferraz e Adilson Dallari, *Processo Administrativo*, 3. ed., p. 184.

especial relevância para aferição do conteúdo *apropriado* da lei ou do ato administrativo os princípios da finalidade, razoabilidade e proporcionalidade.

68. Especificamente no que diz respeito ao *devido processo administrativo*, este deve ser formal e público, encaminhado em favor do povo, dos indivíduos e das coletividades (quer sob a óptica do particular envolvido, quer sob a da coletividade) e desenvolvido segundo os parâmetros de *função administrativa*.

Assim, será *indevido* o processo (a) sigiloso ou fechado, a não ser quando indispensável para a segurança nacional ou para a proteção do direito à intimidade; (b) absolutamente informal (não autuado ou encaminhado segundo procedimento e sequência desconhecidos); (c) burocratizado (excessivamente formal, revestido de formalidades inúteis); (d) não participativo (em que o particular não é ouvido e não consegue influenciar ou interagir com a Administração, ainda que não seja no exercício da ampla defesa e do contraditório); (e) desobediente a prazos mínimos para a prática dos atos (isto é, sem que se atenda ao dever de duração razoável); (f) violador ou aviltante de garantias constitucionais e legais específicas; (g) que não represente um "caminhar para a frente" (princípio da preclusão); (h) que despreze os limites objetivos e subjetivos fixados na peça inicial, seja ela produzida pela Administração ou pelo particular (à semelhança do "princípio do libelo" ou "estabilidade da demanda"); (i) que não busque atingir objetivo público certo, predeterminado e lícito; (j) ineficiente (tanto o que não busca resultado útil quanto o que se vale de instrumentos inúteis na busca de resultado útil); (k) ineficaz (não culmina em uma decisão com efeitos concretos ou práticos); (l) que não preveja ou possibilite revisão dos atos decisórios de primeiro grau; (m) que não permita a atuação ativa da defesa técnica, a ser exercitada por advogado e/ou peritos; (n) que não tenha início com notificação, clara e precisa, em que se consigne prazo certo para apresentação de defesa; (o) que não permita a produção de provas; (p) que não se fundamente única e exclusivamente em provas lícitas; e (q) oneroso (excessivamente custoso aos cofres públicos ou aos particulares).

Como se pode inferir, e conforme descrito nos demais capítulos deste livro, tais desdobramentos têm vínculo estreito com os demais princípios atinentes ao processo administrativo. Nem poderia ser de outra forma.

69. Enfim, não será *devido* o processo que desatenda a qualquer aspecto da relação de dever-poder que orienta toda a atividade da Administração Pública, com base na exata compreensão de um Estado Democrático de Direito respeitoso dos direitos fundamentais. O aplicador da lei não pode perder de vista a origem de sua competência, tampouco os fins a que ela se dirige.

A bem da verdade, um *processo indevido* configura apenas *arremedo de processo*, desobediente à Constituição, à Lei nº 9.784/1999 e ao Código de Processo Civil/2015. Essa imitação deficiente não tem o condão de instaurar uma relação jurídica válida (nem a processual, muito menos a material dela resultante).

2.4.6   O devido processo "legal"

70. O terceiro aspecto no qual se desdobram as exigências primárias do princípio trazido a lume é a qualificação de *legal* conferida ao *devido processo*.

Conforme descrito, o adjetivo "legal" não tem a função de submeter os demais termos da expressão (não é definidor da garantia). Não se trata de exigência formal, a ser satisfeita com a promulgação de qualquer diploma apelidado de lei. Daí por que a mera previsão em lei não será apta a desencadear legítima supressão de liberdade e/ou bens do administrado.

Desdobramento do princípio da legalidade (CF, art. 5º, II), o termo estabelece a necessidade de prévia definição legal de toda e qualquer previsão que vise a atacar, aviltar ou suprimir, direta ou indiretamente, liberdade ou bens dos particulares.

Não será regular o "processo" com tal conteúdo, previsto exclusivamente em ato da Administração (regulamento, decreto, portaria etc.). Perante a ordem constitucional somente será legítimo provimento administrativo que dê fiel execução à lei (CF, art. 84, IV, c/c o art. 174), não aquele que pretenda estabelecer direitos e deveres *ab ovo* (sejam substanciais ou processuais). O regulamento não pode *criar*, de forma *inédita* e *autônoma*, sem qualquer lastro normativo próprio, específico e circunscrito (*standard*), obrigações e deveres às pessoas privadas.[400]

Não é viável que a autoridade administrativa inaugure a ordem jurídica através da emanação de regras que restrinjam o universo de direitos constitucional e/ou legalmente assegurados aos administrados. Tampouco é viável a edição de regulamento que pretenda suprimir direitos processuais assegurados em lei ou na Constituição, mediante a não transposição de previsões legislativas.

71. Nesse ponto vale a lembrança ao art. 2º, parágrafo único, I, da Lei nº 9.784/1999. Tal dispositivo, que vincula a atividade processual administrativa à "atuação conforme a lei e o Direito", dá conteúdo específico ao princípio do devido processo legal.[401]

Ainda assim, cabem três esclarecimentos.

71.1 Por um lado, não é necessária a preexistência, legal e positiva, de determinado processo ritualizado para que as pessoas interessadas possam pleitear a defesa de seus direitos frente à Administração.

Norma definidora de garantia fundamental, o inciso LIV do art. 5º da CF tem eficácia plena e incondicionada. Caso seja agredido em sua "liberdade" e/ou "bens" ou caso necessite da proteção ativa a tais direitos, o particular não necessita aguardar edição de lei (ou de regulamento) que venha a estabelecer específico "processo administrativo" para a efetivação e/ou defesa daquele direito ofendido. Basta externar requerimento fundamentado, que a Administração tem o dever de mandar processá-lo adequadamente (conhecendo e instruindo o pedido, antes de proferir decisão em tempo razoável).

71.2 Por outro lado, e no mesmo caminho, as previsões legais positivadas não exaurem as hipóteses de aplicação da garantia. Os dispositivos relativos ao devido processo legal não envolvem rol exaustivo e limitador do exercício de direitos, mas exemplificativo.

Não será pela ausência de dispositivo legal concreto, específico ao exercício ou defesa de algum direito, que se negará conhecimento ao pleito do administrado.

---

[400] Acerca do regulamento no Direito brasileiro, v. a coletânea de Leila Cuéllar e Egon Bockmann Moreira, *Estudos de Direito Econômico*, *passim*, bem como o texto de Egon Bockmann Moreira, "Qual é o futuro do direito da regulação no Brasil?", *in*: Carlos Ari Sundfeld e André Rosilho (org.), *Direito da Regulação e Políticas Públicas*, p. 107-139.

[401] Cf. o capítulo III, item 2.3.1 (princípio da legalidade), em que se analisa o conteúdo da expressão "atuação conforme a lei e o Direito".

Ao contrário. A Constituição impõe à Administração o dever de conhecimento pleno de todo e qualquer pedido dos particulares, coroado pela respectiva decisão, motivada e tempestiva.

71.3 Por fim, o Poder Público não tem a prerrogativa de suprimir (direta ou indiretamente) a liberdade e/ou bens dos administrados sem obedecer ou se submeter ao devido processo.

Na hipótese de não existir norma legal expressa e a Administração tomar iniciativa que possa culminar com a privação dos direitos protegidos pelo *due process*, deverão ser aplicadas, extensiva ou analogicamente,[402][403] as leis processuais em vigor – em especial o Código de Processo Civil e, quando o procedimento envolver a aplicação de penalidades contratuais ou funcionais, o Código de Processo Penal/2015.[404]

2.4.7 A proteção à "liberdade" e aos "bens"

72. Traçado o esboço do sentido da cláusula (o que ela é), resta saber quais os direitos por ela protegidos (seu alcance).

As versões inglesa e norte-americana da cláusula protegem "a vida, liberdade e propriedade"; e, como se viu, no Direito Administrativo o desenvolvimento da jurisprudência estadunidense limitou a aplicação da garantia à ação jurisdicionante do Estado (*adjudicatory mode*). Mais que isso, a Suprema Corte dos Estados Unidos entende que o *substantive due process* somente se acomoda na proteção de direitos imediatamente remetidos aos conceitos restritos de "vida", "liberdade" e "propriedade".

Contudo, esse entendimento e as limitações dele decorrentes não podem ser estendidos ao nosso Direito Positivo. A compreensão histórica e universal do instituto é importante na justa medida em que ilumina a *ratio* do legislador e possibilita a reflexão

---

[402] Segundo Maria Helena Diniz, citando amplas referências bibliográficas, a analogia é método de integração de lacunas jurídicas que "consiste em aplicar, a um caso não contemplado de modo direto ou específico por uma norma jurídica, uma norma prevista para uma hipótese distinta, mas semelhante ao caso não contemplado" (*Lei de Introdução ao Código Civil Brasileiro Interpretada*, cit., p. 107). "A analogia é tão somente um processo revelador de normas implícitas", cujo fundamento "encontra-se na igualdade jurídica (...)" (p. 109). Já a interpretação extensiva não soluciona lacunas, mas é a revelação de norma prevista para o caso concreto, onde o jurista "ultrapassa o núcleo do sentido normativo, alcançando até o sentido literal possível da norma. A interpretação extensiva desenvolve-se em torno de um preceito normativo, para nele compreender casos que não estão expressos em sua letra, mas que nela se encontram virtualmente incluídos, conferindo, assim, à norma o mais amplo raio de ação possível, todavia sempre dentro de seu sentido literal" (Maria Helena Diniz, *Compêndio de Introdução à Ciência do Direito*, p. 392). São momentos lógicos diversos: naquele não há norma específica regulando o caso concreto, e o intérprete transpõe a lacuna através da aplicação de outra norma, prevista para caso semelhante; neste o caso está contido em determinada norma e a missão do jurista é, mediante instrumentos de hermenêutica, revelar essa circunstância.

[403] Destaque-se que o art. 3º do CPP prevê que: "A lei processual penal admitirá interpretação extensiva e aplicação analógica, bem como o suplemento dos princípios gerais de Direito". Na hermenêutica de José Frederico Marques, plenamente aplicável ao presente estudo: "É claro que, dentre esses princípios, devem ocupar o primeiro lugar os de direito processual, que, por ser unitário, está formado por normas e regras contidas em ambos os seus ramos; e como o processo civil é a parte tecnicamente mais aperfeiçoada pelo direito processual, dele é que são extraídos, em sua maioria, esses princípios gerais" (*Elementos de Direito Processual Penal*, vol. I, p. 43).

[404] À parte a aplicação da Lei nº 9.784/1999, assim se dará com a aplicação do Código de Processo Civil (por exemplo, em casos de discussão a respeito de direitos disponíveis do particular – propriedade, contratos etc.) e do Código de Processo Penal (quando o procedimento envolver a aplicação de penalidades contratuais ou funcionais). Mas se reforce que o Código de Processo Civil/2015 possui norma que expressamente impõe sua aplicação, supletiva e subsidiária, ao processo administrativo (art. 15).

sobre o ordenamento nacional. Mas jamais poderia implicar interpretação restritiva de garantia constitucional.

72.1 O substantivo "liberdade" deve ser entendido em sentido amplíssimo, de molde a assegurar todos os direitos a ela vinculados – parcial ou totalmente, direta ou indiretamente, explícita ou implicitamente – no texto constitucional.

O inciso LIV do art. 5º da CF veda tanto a ação direta que concretize supressão física imediata de parcela da liberdade da pessoa privada quanto condutas administrativas que tortuosamente agridam esse direito (ou seus desdobramentos fáticos).

Essa compreensão não pode ser limitada qualitativa, quantitativa ou cronologicamente. Ou seja: qualquer aviltamento à liberdade, ainda que precário e parcial, submete-se ao prévio e devido processo. Apenas em hipóteses urgentes excepcionais pode-se cogitar da prática do ato previamente ao processo (confiram-se os textos anteriores e o do tópico seguinte, referente ao princípio do contraditório).

Mesmo em face de outras garantias que assegurem os mais diversos aspectos substanciais da liberdade – tanto materiais (liberdade no exercício da profissão, liberdade de crença, sigilo da correspondência, propriedade etc.) quanto processuais (acesso à jurisdição, direito de petição, vedação a tribunais de exceção, *habeas corpus*, mandado de segurança etc.) –,[405] o devido processo legal torna seguro, quando menos, um momento específico do exercício desses direitos: o processual.[406]

A fronteira da proteção à liberdade consagrada pelo devido processo legal é a integralidade da Constituição.[407] O conceito de "liberdade" do inciso LIV do art. 5º da CF é fornecido com fundamento na compreensão ordinária do termo, ampliada pela própria Lei Fundamental brasileira. Para além da possibilidade genérica de fazer ou deixar de fazer algo de acordo com a conveniência subjetiva da pessoa, a Constituição qualifica e assegura direitos específicos, derivados da liberdade "pessoal" em sentido estrito – tais como a liberdade de trabalho, crença, empresa, manifestação, intelectual, reunião e associação, política, de iniciativa, concorrência, honra e moral etc. Todas essas garantias são protegidas, substantiva e processualmente, pelo devido processo legal.

Nesse sentido a doutrina de Miguel Reale quando analisa o *due process* em face da liberdade de iniciativa: "Esse preceito constitucional *[art. 5º, LIV]* deve ser entendido

---

[405] Tanto materiais (liberdade no exercício da profissão, liberdade de crença, sigilo da correspondência, propriedade etc.) quanto processuais (acesso à jurisdição, direito de petição, vedação a tribunais de exceção, *habeas corpus*, mandado de segurança etc.).

[406] Em relação a garantias processuais específicas o princípio do devido processo legal funciona, quando menos, como norma de segundo grau. Decisão que violar a específica face processual do direito de petição ou do *habeas corpus* (não recebendo ou negando seguimento ao pedido por razões objetivas de processo) estará objetando também o devido processo legal (processual). A questão tem significativos desdobramentos práticos, inclusive na interposição de mandado de segurança e/ou recurso extraordinário (com fundamento na contrariedade a mais de um dispositivo da Constituição).

[407] O que não importa defesa absoluta e irrestrita de qualquer espécie de "liberdade", independentemente de peias. A configuração de um Estado Democrático de Direito veda essa interpretação. Ao lado de direitos "absolutos" (*v.g.*, vedação à tortura e à pena de morte), o regime das "liberdades" é ordem que encontra limites internos (em relação ao próprio favorecido) e externos (em relação a terceiros que se relacionem com ele); quer na Constituição, quer na legislação ordinária. Por exemplo, a liberdade de pensamento é limitada pela garantia da dimensão moral do ser humano (art. 5º, IV e V, da CF); o direito à informação é restringido pelo princípio da segurança do Estado e da sociedade (CF, art. 5º, XXXIII); o acesso à jurisdição (CF, art. 5º, XXXV) tem suas fronteiras no instituto da coisa julgada (CF, art. 5º, XXXVI, e Lei de Introdução às Normas do Direito Brasileiro, art. 6º, §3º); o direito de propriedade (CF, art. 5º, XXII) é ancilar à "função social da propriedade" (CF, art. 5º, XXIII).

no seu mais amplo sentido, seja na preservação, entre outras, da *liberdade de iniciativa*, quer do direito de auferir da aplicação de seus bens a *justa retribuição*, visto como são proibidos tão somente os lucros arbitrários e que visem à dominação dos mercados (art. 173, §4º)".[408]

Somente será permitida qualquer incursão de ente público sobre a liberdade privada através de "devido processo" que observe todas as demais garantias constitucionais (e suas concretizações legais).

Por fim, a definição do termo "liberdade" não está albergada na competência do poder administrativo. Sustenta-se que o agente público administrativo não poderá exercitar determinado ato e/ou não conhecer de recurso dos particulares com fundamento em entendimento pessoal de que a questão não envolve o "direito à liberdade". Trata-se de termo complexo, que exige o conhecimento amplo da causa controvertida por parte da Administração e, se for o caso, sua rejeição absolutamente motivada.

72.2 A palavra "bens", contida na expressão constitucional do devido processo, também deve ser entendida em toda a sua grandeza. A cláusula protege bens materiais e imateriais,[409] presentes e futuros.

Bens materiais são tangíveis, cuja substância é imediatamente apreendida pelos sentidos. Em oposição, imateriais são bens espirituais ou ideais – que, apesar de não assumirem forma concreta, têm valor econômico e/ou moral. Protegidos estão todos os bens, com ou sem valor patrimonial imediato.

"Presentes" são os bens que existem no justo momento em que são considerados. Já em relação aos bens "futuros" cabe uma distinção: existem bens futuros e certos (em face dos quais há juízo de convicção positiva acerca de sua futura existência – como, *v.g.*, no caso de rendimentos exatos de aplicação financeira prefixada) e bens futuros e incertos (em que há mera probabilidade de existência por vir – por exemplo, expectativa de vantagens, pecuniárias ou não, decorrentes do regime jurídico do servidor público).

---

[408] Miguel Reale, "A ordem econômica na Constituição de 1988", *in: Aplicações da Constituição de 1988*, p. 19. No mesmo sentido, em decisão monocrática do Min. Celso de Mello, o STF já assentou que: "O litígio em causa envolve discussão em torno da possibilidade constitucional de o Poder Público impor restrições, ainda que fundadas em lei, destinadas a compelir o contribuinte inadimplente a pagar o tributo e que culminam, quase sempre, em decorrência do caráter gravoso e indireto da coerção utilizada pelo Estado, por inviabilizar o exercício, pela empresa devedora, de atividade econômica lícita. (...). Cabe acentuar, neste ponto, que o STF, tendo presentes os postulados constitucionais que asseguram a livre prática de atividades econômicas lícitas (CF, art. 170, parágrafo único), de um lado, e a liberdade de exercício profissional (CF, art. 5º, XIII), de outro – e considerando, ainda, que o Poder Público dispõe de meios legítimos que lhe permitem tornar efetivos os créditos tributários –, firmou orientação jurisprudencial, hoje consubstanciada em enunciados sumulares (Súmulas nºs 70, 323 e 547), no sentido de que a imposição, pela autoridade fiscal, de restrições de índole punitiva, quando motivada tal limitação pela mera inadimplência do contribuinte, revela-se contrária às liberdades públicas ora referidas (*RTJ* 125/395, rel. Min. Octávio Gallotti). (...). Não se pode perder de perspectiva, neste ponto, em face do conteúdo evidentemente arbitrário da exigência estatal ora questionada na presente sede recursal, o fato de que, especialmente quando se tratar de matéria tributária, impõe-se ao Estado, no processo de elaboração das leis, a observância do necessário coeficiente de razoabilidade, pois, como se sabe, todas as normas emanadas do Poder Público devem ajustar-se à cláusula que consagra, em sua dimensão material, o princípio do *substantive due process of law* (CF, art. 5º, LIV), eis que, no tema em questão, o postulado da proporcionalidade qualifica-se como parâmetro de aferição da própria constitucionalidade material dos atos estatais, consoante tem proclamado a jurisprudência do STF (*RTJ* 160/140-141 – *RTJ* 178/22-24, *v.g.*)" (RE 374.981, rel. Min. Celso de Mello, *DJU* 8.4.2005).

[409] Caso a Constituição utilizasse o termo "patrimônio", poder-se-ia sustentar a exclusão dos chamados "direitos personalíssimos" – como a vida, a liberdade, a honra, a moral etc. –, que a teoria geral do direito civil exclui do conceito de patrimônio (essencialmente econômico) (cf. Orlando Gomes, *Introdução ao Direito Civil*, 8. ed., p. 179).

Somente em relação aos bens futuros e certos se põe a garantia do "devido processo legal". Pura expectativa de direito não autoriza o controle com lastro no *due process of law*.[410]

A atuação administrativa não pode frustrar a relação jurídica que se põe entre a pessoa privada e seus bens, seja qual for a natureza destes, sem observância do devido processo legal.

72.3 Destaque-se que o constituinte de 1988 não inseriu a proteção à "vida" na cláusula do devido processo legal.

Isso pelo motivo lógico de que a Constituição não permite qualquer investida contra a vida, a não ser na hipótese excepcional do "caso de guerra declarada" (art. 5º, XLVII, c/c o art. 84, XIX). A proibição à pena de morte é cláusula pétrea (art. 60, §4º, IV), o que impede sua alteração em qualquer momento futuro. Não haveria sentido em se cogitar da supressão da vida desde que precedida do devido processo legal. A interpretação do inciso LIV do art. 5º não poderia se destinar a trair o espírito da Constituição.

A toda evidência, e caso admitida a possibilidade da pena de morte nas hipóteses de "crimes de guerra" praticados durante a "guerra declarada", haverá de ser observada a configuração de um devido processo legal, com aplicação da ampla defesa e do contraditório.

72.4 Quanto à definição das pessoas que têm vínculo com o devido processo legal não existem dúvidas: todas as pessoas direta ou indiretamente vinculadas à Administração Pública, integrantes de todos os Poderes e funções do Estado, têm o absoluto dever de cumprir a Constituição da República.

Ora, é pacífico que o exercício de prerrogativas públicas traz consigo um plexo de deveres, dentre eles o devido processo legal. A concessão de poderes extraordinários exige perfeita disciplina quanto ao seu exercício. Assim, o devido processo há de ser obedecido tanto pela Administração direta como pela indireta; tanto pelos concessionários de serviços públicos como pelos delegatários de funções públicas; etc. O núcleo duro do regime jurídico de direito público irradia para seu exercício tais característicos.

Porém, é igualmente nítido que o raciocínio não significa que o devido processo estende-se peremptoriamente às relações de direito privado (ou mesmo às laborais) mantidas, por exemplo, pelos concessionários de serviços públicos. Ou seja: é o agente público em sentido amplo, no exercício de função pública, que deve obediência ao princípio. O intérprete deve manter-se atado aos limites do caso concreto e ao específico regime jurídico que incide na hipótese.

2.4.8 Devido processo legal. Limites de atuação

73. Cumpre também examinar os limites de aplicação do devido processo legal. Reputamos que a compreensão desse aspecto da garantia é fornecida pelo princípio da máxima eficácia dos direitos e garantias individuais. O texto da Constituição não

---

[410] Trata-se de questão que envolve o conceito de *direito adquirido*, "o que já se incorporou definitivamente ao patrimônio e à personalidade de seu titular, de modo que nem lei, nem fato posterior possam alterar tal situação jurídica, pois há direito concreto, ou seja, *direito subjetivo*, e não direito potencial ou abstrato" (Maria Helena Diniz, *Lei de Introdução ao Código Civil Brasileiro Interpretada*, cit., p. 182).

restringiu as hipóteses de incidência da cláusula, que deverá ser aplicada frente a qualquer espécie de atuação administrativa (jurisdicionante ou não).

Conforme defendido no capítulo II (item 4, §42), há ao menos três espécies da relação jurídico-processual (referentes a direitos de primeira, segunda e terceira dimensões). Logo, também o devido processo legal assume diferentes extensões em sentidos diversos: ao tratar imediatamente da proteção a direitos de primeira dimensão, em máximo grau de potência unilateral em favor do cidadão (afinal, aqui poderá haver sanções e sacrifício de direitos individuais indisponíveis); quando se trata de direitos de segunda e terceira dimensões, os interesses coletivos e/ou difusos em jogo podem implicar o legítimo sacrifício ou limitação administrativa a direitos das pessoas privadas.

Por isso que se pode afirmar que a aplicação da cláusula do *due process* nem sempre será idêntica em todos os processos administrativos.[411] Será o caso concreto – e suas particularidades – que revelará a dimensão a ser desempenhada pelo princípio e sua ponderação com outros que incidam na mesma questão.

Além disso, é importante considerar a aplicação subsidiária da Lei nº 9.784/1999 aos processos administrativos especiais (art. 69). A Lei nº 9.784 é uma diretriz genérica do devido processo administrativo ao nível federal, nas três esferas de Poder (Administração Pública, Legislativo e Judiciário). Do mesmo modo, é de se sublinhar a aplicação, de modo supletivo e subsidiário, do Código de Processo Civil/2015 a todos os processos administrativos, sem exceção.

A medida da aplicação do *due process* é obtida pela conjugação de dois adjetivos, estreitamente vinculados entre si: *possível* e *útil*. Sempre que possível e útil o devido processo legal deve ser posto em prática para regular a conduta da Administração Pública.

73.1 O termo "possível" indica as fronteiras práticas que a Administração encontra no exercício de seu dever-poder.

Tal como já descrito, há hipóteses concretas em que é absolutamente inviável a instalação do "devido processo legal" previamente à prática do provimento administrativo; quer devido à alta probabilidade de perecimento imediato do interesse posto à guarda do ente público, quer pela natureza jurídica do ato a ser praticado.

Ainda que supressores da "liberdade" e/ou "propriedade" dos particulares, são circunstâncias e atos excepcionais, que ou impõem a pronta e motivada tomada de decisão e ação ou só podem ser praticados de forma pontual (exaurindo-se naquele momento). Exemplo de tais atos está nas "providências acauteladoras" previstas no art. 45 da Lei nº 9.784/1999 (bem como nas tutelas prescritas no art. 294 e ss. do CPC/2015).

---

[411] Daí a compreensão relativa à Súmula Vinculante nº 5 do STF ("A falta de defesa técnica por advogado no processo administrativo disciplinar não ofende a Constituição"), muito embora nenhum dos acórdãos que lhe deram fundamento tenha tratado dessa forma o tema. Mas conforme consta de um dos acórdãos: "A Tomada de Contas Especial não constitui procedimento administrativo disciplinar. Ela tem por escopo a defesa da coisa pública. Busca a Corte de Contas, com tal medida, o ressarcimento pela lesão causada ao Erário. A Tomada de Contas é procedimento administrativo, certo que a extensão da garantia do contraditório (CF, art. 5º, LV) aos procedimentos administrativos não exige a adoção da normatividade própria do processo judicial, em que é indispensável a atuação do advogado: AI/AgR n. 207.197-PR, rel. Min. Octávio Gallotti, *DJU* 5.6.1998; RE/AgR n. 244.027-SP, rela. Min. Ellen Gracie, *DJU* 28.6.2002. II – Desnecessidade de intimação pessoal para a sessão de julgamento, intimados os interessados pela publicação no órgão oficial – Aplicação subsidiária do disposto no art. 236 do CPC. Ademais, a publicidade dos atos administrativos dá-se mediante a sua veiculação no órgão oficial. III – Mandado de segurança indeferido" (MS 24.961, rel. Min. Carlos Velloso, *DJU* 4.3.2005, p. 12; *RTJ* 193/347). O que estava aqui em jogo, portanto, eram direitos de segunda e terceira dimensões (a defesa do interesse público).

Para além dessas situações antecipatórias, o ordenamento constitucional reclama o prévio e devido processo legal, sempre ponderado pelas peculiaridades da relação jurídico-material posta a exame.

73.2 Já o requisito da "utilidade" determina que o "devido processo" seja próprio para satisfazer o interesse público qualificador do caso concreto.

A aplicação do *due process of law* vincula-se a potencial resultado proveitoso para o particular e/ou para a Administração Pública. Caso se vislumbre, indene de dúvidas e de forma motivada, que certo "processo administrativo" não terá qualquer utilidade prática, o ente público está autorizado a praticar o ato sem o prévio "processo legal". Mais uma vez a possibilidade de dispensa do "devido processo legal" é hipótese invulgar, e somente será legítima caso comprovada, fundamentada e tornada pública a absoluta inutilidade do processo.

Mas isso não significa – reitere-se – a impossibilidade de ponderação e relativização do princípio. Conforme já consignado, a própria Súmula Vinculante nº 5 demonstra a tese.

73.3 A regra geral é a incidência do art. 5º, LIV, da CF para todos os comportamentos administrativos que possam incidir na esfera das pessoas privadas (individual, coletiva ou difusa – a depender do caso). A existência do processo administrativo é, quando menos, garantia de transparência e fundamentação dos atos praticados por entes públicos. O devido processo legal assegura aos particulares a segurança e certeza do prestígio à Constituição da República.

Como já consignado, o particular poderá, *a priori* ou *a posteriori*, requerer administrativamente o início do "processo", cuja instalação é cogente e deverá obedecer aos parâmetros constitucionais. Nessa hipótese têm incidência as regras gerais sobre responsabilidade, tanto para o particular que pleiteia eventual desnecessária e inútil instalação do "devido processo" (responsabilidade subjetiva) como para a Administração Pública que não dá margem ao imprescindível "devido processo" (responsabilidade objetiva).

2.4.9 Devido processo legal e a aplicação da Lei nº 9.784/1999

73.4 A Lei nº 9.784/1999 prevê sua aplicação para a Administração Federal direta e indireta, bem como "aos órgãos dos Poderes Legislativo e Judiciário da União, quando no desempenho da função administrativa" (art. 1º, §1º). Além disso, há dispositivo expresso no sentido de que "os processos administrativos específicos continuarão a reger-se por lei própria, aplicando-se-lhes apenas subsidiariamente os preceitos desta Lei" (art. 69). O mesmo se diga do CPC/2015, cujo art. 15 determina sua aplicação, supletiva e subsidiariamente, ao processo administrativo.

A conjugação desses preceitos implica que todos os processos administrativos federais (vinculados ao exercício da função administrativa) deverão, quando menos, dar aplicação subsidiária à Lei nº 9.784/1999 e ao Código de Processo Civil/2015. Porém, tal constatação singela desdobra-se em novos problemas: o da "aplicação subsidiária" e o do "desempenho de função administrativa".

A aplicação subsidiária significa um âmbito de incidência limitado aos planos normativos não regulados pelas leis relativas a "processos administrativos específicos".

Estes continuam a reger-se por suas próprias normas. Caso a Lei nº 9.784/1999 traga alguma previsão que não conflite com os processos específicos, o dispositivo é de aplicação cogente. O §1º do art. 56 da Lei nº 9.784 não atingiu tais preceitos. Porém, os atos praticados no curso da licitação devem obediência ao art. 50 da Lei nº 9.784, submetendo-se a uma "motivação explícita, clara e congruente". Raciocínio semelhante aplica-se ao Código de Processo Civil/2015 (v. capítulo 1, item 5).

Assim, a cogitação acerca da aplicação (ou não) da Lei nº 9.784/1999 dá-se num momento lógico diverso (subsidiário), vez que ela não invade as demais leis que disciplinam processos especiais (*v.g.*: a Lei do Regime Jurídico dos Servidores Públicos – Lei nº 8.112/1990; a Lei do Sistema Brasileiro de Defesa da concorrência/SBDC – Lei nº 12.529/2011; a Lei do TCU – Lei nº 8.443/1992; a Lei de Licitações – Lei nº 14.133/2021), mas apenas a elas se aplica em reforço ou socorro a uma lacuna normativa. Porém, em todos estes casos vige a aplicação, subsidiária e supletiva, do Código de Processo Civil/2015.

73.5 A respeito da aplicação subsidiária da Lei nº 9.784 há dois acórdãos do STF: o primeiro deles decidiu acerca da aplicação da Lei do Processo Administrativo Federal aos procedimentos administrativos de desapropriação; e o segundo aos processos frente ao TCU.[412]

Porém, o próprio TCU já lavrou decisão algo restritiva da incidência da Lei nº 9.784/1999 aos processos que tramitam naquela Corte de Contas – defendendo a "inaplicabilidade, em sentido obrigatório, de todo o teor da mencionada lei".[413]

Também no que diz respeito à aplicação da Lei do Processo Administrativo, merece destaque a decisão do TRF-4ª Região dando pela sua plena incidência frente ao Banco Central do Brasil e ao Conselho Monetário Nacional: "Até que lei específica seja editada, é a Lei nº 9.784/1999 que deve ser aplicada aos processos administrativos instaurados no âmbito do BACEN. As resoluções do CMN restam revogadas quanto à regulamentação dos processos administrativos. Deve ser permitida a produção de provas até antes da decisão (arts. 3º, III, 29 e 38 da Lei nº 9.784/1999), assim como deve ser assegurado o direito de apresentar alegações finais (art. 44 da Lei nº 9.784/1999), sob pena de violação do contraditório e da ampla defesa".[414]

No que diz respeito aos processos vinculados à Lei da Concorrência, Carlos Ari Sundfeld defende com precisão a incidência subsidiária da Lei nº 9.784/1999 – inclusive num momento cognitivo anterior à eventual aplicação do Código de Processo Civil.

---

[412] O primeiro foi lavrado no MS 24.095-DF (rel. Min. Carlos Velloso, *DJ* 23.8.2002) e no MS 24.163-DF (rel. Min. Marco Aurélio, *DJU* 29.9.2003); o segundo no MS 23.550-DF (rel. Min. Marco Aurélio, *DJU* 31.10.2001). Mais recentemente aA aplicação subsidiária da Lei nº 9.784/1999 foi prestigiada pelo STF em processos do TCU (MS 27.561-DF, rel. Min. Dias Toffoli, *DJe* 7.8.2012) e em casos de Direito Previdenciário (AI 834.327-RS, rel. Min. Gilmar Mendes, *DJe* 10.3.2011, e RE 607.838-RS, rel. Min. Cézar Peluso, *DJe* 22.2.2010).

[413] TCU, Processo TC-013.829/00-0, rel. Min. Marcos Vinicios Vilaça, *DOU* 15.12.2000 (também publicado no *BDA/Boletim de Direito Administrativo* janeiro/2002). A v. decisão parte do pressuposto de que "os misteres constitucionais dos Tribunais de Contas consistem em função de controle externo, pertencente à função legislativa, não dizendo qualquer respeito à função administrativa de que cuida a Lei nº 9.784/1999". Muito embora o Regimento Interno do TCU (disponível em: https://portal.tcu.gov.br/data/files/2A/C1/CC/6A/5C66F610A6B96FE6E18818A8/BTCU_01_de_02_01_2020_Especial%20-%20Regimento_Interno.pdf) seja de elevada qualidade técnica e discipline o processo administrativo interno, com peculiaridades ínsitas ao respectivo sistema de controle, fato é que não se pode afastar, administrativa e irrestritamente, a incidência da Lei nº 9.784/1999, nem a do Código de Processo Civil/2015, nos processos desenvolvidos frente às Cortes de Contas.

[414] TRF-4ª Região, AMS 68.588-PR, rel. Des. federal Eduardo Tonetto Picarelli, *DJ* 16.1.2002, p. 663.

Isso porque a Lei Federal de Processo Administrativo "substituiu o Código de Processo Civil quanto à incidência como norma processual subsidiária da Lei nº 8.884/1994".[415]

3 Processo administrativo, princípio do contraditório, a Lei nº 9.784/1999 e o Código de Processo Civil/2015

74. Previsto no inciso LV do art. 5º da CF, o princípio do contraditório significa a participação da pessoa privada na integralidade do processo administrativo, no exercício do direito de influenciar ativamente a decisão a ser proferida.[416]

Porém, se é fato que de há muito o princípio do contraditório está positivado em nosso sistema processual, igualmente é verdadeiro que ele assumiu especial magnitude depois da positivação do CPC/2015, sobretudo devido ao teor de seus arts. 9º e 10.[417] Tais dispositivos, com plena aplicabilidade ao processo administrativo, para além de assegurar o direito da parte de influenciar as decisões (o que significa que suas razões precisam ser *efetivamente* apreciadas), vedam – e, assim, cominam de nulidade – as "decisões-surpresa" (assegurando a participação prévia como condição de validade da decisão). O que implica dizer que o julgador tem o *dever processual* de provocar a parte que poderá sofrer os efeitos negativos de sua decisão, sempre antes de ela ser proferida (salvo as exceções legais, quando o contraditório é apenas *postergado*).

Caso a decisão venha a gerar prejuízo, material ou processual, à parte que não foi previamente ouvida (*pas de nullité sans grief*), ela será nula de pleno direito. Pouco importa se a decisão seja provocada ou *ex officio*; em todos os casos a parte que será afetada precisa, em momento prévio, ser cientificada da possibilidade de experimentar um revés negativo, e, por isso mesmo, ser ouvida a respeito.

Como nos comentários de Didier Jr. ao art. 10 do CPC/215: "O dispositivo proíbe que o órgão julgador profira decisão baseada em questão, qualquer questão, a respeito da qual não foi oferecida à parte a oportunidade de manifestação. (...). Ao proibir a decisão-surpresa (ou decisão de terceira via, como preferem os italianos), a regra impõe ao órgão julgador o dever de consulta às partes acerca de questão a respeito da qual elas não puderam manifestar-se".[418]

---

[415] Carlos Ari Sundfeld, "Lei da Concorrência e processo administrativo: o direito de defesa e o dever de colaborar com as investigações", *Fórum Administrativo* 5/575-579. Sundfeld traz novos aportes ao tema no ensaio "A função administrativa no controle dos atos de concentração", *RDPE* 145-162. A toda evidência, o raciocínio aplica-se tanto à Lei nº 12.529/2011 quanto ao Código de Processo Civil/2015.

[416] Segundo Cármen Lúcia Antunes Rocha (*Princípios Constitucionais dos Servidores Públicos*, cit., p. 481) e Jacinto Nelson de Miranda Coutinho ("Introdução aos princípios gerais do processo penal brasileiro", *Revista do Instituto dos Advogados do Paraná* 28/130), o princípio do contraditório tem relação íntima com o princípio do devido processo legal, este contendo/absorvendo aquele.

[417] Eis os dispositivos:
"Art. 9º. Não se proferirá decisão contra uma das partes sem que ela seja previamente ouvida.
Parágrafo único. O disposto no *caput* não se aplica: I – à tutela provisória de urgência; II – às hipóteses de tutela da evidência previstas no art. 311, incisos II e III; III – à decisão prevista no art. 701."
"Art. 10. O juiz não pode decidir, em grau algum de jurisdição, com base em fundamento a respeito do qual não se tenha dado às partes oportunidade de se manifestar, ainda que se trate de matéria sobre a qual deva decidir de ofício."

[418] Didier Jr., "Comentários ao art. 10", *in*: Antônio do Passo Cabral e Ronaldo Cramer (coord.), *Comentários ao Novo Código de Processo Civil*, p. 37.

O princípio do contraditório confere ao processo administrativo a característica de uma atividade dialética que exige o estabelecimento de premissas claras fixadas logo quando de sua instauração (de impossível modificação unilateral posterior), com plena compreensão quanto ao sentido e ao alcance das palavras e textos legais e às consequências de eventual imputação, instruído e irradiado por um espírito de abertura ao diálogo, dever de apreciação e possibilidade de acolhida dos argumentos alheios.

O processo não é uma atividade de legitimação do outrora decidido; tampouco o princípio do contraditório reduz-se ao arquivamento de manifestações alheias, a serem desprezadas e descartadas com lastro em supostas "razões de Estado" ou "verdades sabidas". A decisão é formada no decorrer do processo, em razão da colaboração dos interessados em sua atividade instrutória.

O contraditório configura a garantia de ser cientificado com clareza não só da existência do processo, mas de tudo o que nele ocorra, podendo o particular manifestar-se a respeito de todos os atos e fatos processuais, gerando, em consequência, o dever do órgão julgador de apreciar tais intervenções e tomá-las em conta ao proferir sua decisão.

É direito de titularidade dos participantes (partes e interessados, nos polos ativo e passivo) da relação processual. Ou seja: o princípio não diz respeito unicamente à parte que ocupa o polo passivo da relação, mas a todos aqueles que a integram.

Frise-se que o contraditório não alberga mero dever processual de intimação das partes envolvidas, mas também os desdobramentos substanciais desse dever. Seria inócua mera garantia formal, que não assegurasse resultados concretos ao processo. Assim, somente serão válidas as decisões que motivadamente apreciarem cada uma das manifestações dos administrados, como veio positivado nos arts. 11 e 489, §1º, do CPC/2015 (dentre outros dispositivos, em especial o art. 50 da Lei nº 9.781/1999).

3.1 Princípio do contraditório e Estado Democrático de Direito

75. Emerge cristalino o vínculo entre o princípio do Estado Democrático de Direito e o contraditório.

No processo administrativo trata-se de uma das exteriorizações do direito de participação dos particulares frente à Administração Pública. O que traz consigo o dever de respeito e consideração fundamentada a todas as manifestações participativas no processo (inclusive para, se for o caso, motivadamente sancionar aquelas inquinadas de má-fé processual). Ora, um dos fundamentos do Estado Democrático de Direito é a integração do particular na esfera pública, segundo normas jurídicas preestabelecidas. As pessoas privadas detêm o direito de conhecer, participar, influenciar e controlar a atividade da Administração.

A rigor, trata-se de direito fundamental do cidadão, como leciona Luiz Guilherme Marinoni: "Não se pode esquecer que uma das principais classificações dos direitos fundamentais identifica os direitos fundamentais de participação. O homem tem o direito de participar no poder e na vida social e, sobretudo, o direito de participar reivindicando a concretização e a proteção dos seus direitos fundamentais, exigindo prestações fáticas de natureza social e prestações fáticas de proteção aos direitos fundamentais".[419]

O processo administrativo é justamente um dos meios através dos quais se dá o exercício da cidadania, garantido pelo contraditório. A democracia exige o efetivo prestígio à participação dos cidadãos na formação da vontade estatal. Daí por que, como bem firmou o TRF-4ª Região: "Em Estado Democrático de Direito não são aceitáveis decisões proferidas sem observância aos princípios constitucionais do contraditório e da ampla defesa".[420]

76. Em estudo a respeito do princípio, Cândido Rangel Dinamarco acentua o vínculo entre a concepção democrática da liberdade de informação e a obrigação de informar, que "no processo se apresenta mais visível porque a informação é indispensável. Existem nulidades por falta dela e a possibilidade de reagir também deve ser oferecida".[421]

Num processo administrativo a publicidade é obrigatória não apenas no sentido de as informações estarem disponíveis ao acesso dos interessados, mas especialmente no dever de intimá-los e prestigiar suas correspondentes manifestações. Como já ficou consignado, são expressamente proibidas as decisões-surpresa, sejam elas provocadas pelo antagonista, sejam *ex officio*.

Então, os envolvidos na relação processual não detêm unicamente a garantia de receber notícias, mas de poder a respeito delas se manifestar e ter sua reação apreciada pelo órgão competente. Mais que isso: as intimações devem ser claras e específicas, conferindo prazos razoáveis e proporcionais às exigências administrativas. É inerente à garantia a efetiva possibilidade do seu exercício.

77. Daí o reforço da ideia de que o contraditório não configura singela exigência *formal* que possibilite às pessoas privadas apresentar sua defesa e cooperar na instrução probatória, mas desobrigue o órgão julgador de lhes dar ciência do andamento do processo ou apreciar fundamentadamente as razões trazidas aos autos. A face *substancial* do princípio traz consigo o dever administrativo de serem apreciadas a contento todas as manifestações produzidas pelos interessados no processo.

Cumpre alterar a antiga visão puramente burocrática do processo administrativo e vislumbrar o contraditório como instrumento democrático, pelo qual o particular participa e colabora na excelência da atuação do Estado. E o Estado aguarda, valoriza e analisa as manifestações processuais (seja para acolhê-las, seja para rejeitá-las).

Assim, o princípio do contraditório é, antes que dever despido de efeitos processuais concretos, a configuração da possibilidade de influência positiva do particular na constituição da vontade estatal.

---

[419] Luiz Guilherme Marinoni, *Teoria Geral do Processo*, p. 465. O tema da participação do cidadão na Administração Pública vem merecendo investigações apuradas, tais como as de: Gustavo Justino de Oliveira, "As audiências públicas e o processo administrativo brasileiro", *Revista da Procuradoria-Geral do Estado do Paraná* 6/113-134; Adriana da Costa Ricardo Schier, *A Participação Popular na Administração Pública: o Direito de Reclamação, passim*; e Patrícia Baptista, *Transformações do Direito Administrativo*, em especial p. 120-180.

[420] TRF-4ª Região, Ag 72.983-SC, rel. Des. federal Tadaaqui Hirose, *DJ* 9.5.2001, p. 312 (no mesmo sentido: TRF-3ª Região, AC 320.333-SP, rel. Des. federal Aricê Amaral, *DJU* 17.11.1999, p. 335; e TRF-1ª Região, AMS 01000170530-MG, rel. Juiz convocado Ney Bello, *DJ* 8.4.2002, p. 137).

[421] Cândido Rangel Dinamarco, "Princípio do contraditório", *in: Fundamentos do Processo Civil Moderno*, 2. ed., São Paulo: RT, 1987, p. 93. Cf., também, "O princípio do contraditório e sua dupla destinação", *in: Fundamentos do Processo Civil Moderno*, 6. ed., vol. I, p. 517-528.

3.2 Princípio do contraditório e igualdade processual

78. O contraditório também apresenta estreita ligação com o princípio da igualdade processual. Uma de suas finalidades é atenuar eventual disparidade entre as partes do processo, pois exige as mesmas oportunidades a todos os interessados e que as manifestações processuais recebam idêntico respeito e produzam efeitos isonômicos.

Na medida em que é assegurado às partes do polo passivo da relação processual o direito de serem intimadas e de se manifestar, suas promoções devem receber a mesma apreciação e o idêntico valor conferidos às considerações inaugurais do processo.

O mesmo se diga em relação àquele que pleiteou a instauração do processo: tem direito de conhecer e se manifestar a respeito dos atos da parte adversa, especialmente no que diz respeito à produção de provas. Como já decidiu o STJ acerca da juntada de documentos aos autos: "Em consonância com o princípio da igualdade das partes e do contraditório, sempre que for carreado aos autos documento novo, relevante para a decisão, deve ser concedida à parte contrária, contra ou em face da qual produzida a prova, oportunidade de manifestação a respeito".[422]

Indo avante, frise-se que o princípio não significa singela "igualdade de prazos" ou "igualdade de tratamento formal", mas igualdade no sopesar das alegações das partes, implicando dever de seu exame equânime. Essa é a lição de Ada Pellegrini Grinover, para quem "plenitude e efetividade do contraditório indicam a necessidade de se utilizarem todos os meios necessários para evitar que a disparidade de posições no processo possa incidir sobre seu êxito, condicionando-o a uma distribuição desigual de forças. A quem age e a quem se defende em juízo devem ser asseguradas as mesmas possibilidades de obter a tutela de suas razões".[423]

Tal exigência de tratamento isonômico revela-se quando da tomada de decisões por parte do órgão julgador – que haverá de considerar de forma equânime e conferir efeitos equivalentes às manifestações e aos pleitos de todos os participantes do processo.

79. A questão assume especial relevância no que diz respeito ao processo administrativo, o qual muitas vezes envolve o particular *versus* a Administração. Ou, mesmo, representa a defesa de direitos do cidadão em face do interesse coletivo cuja defesa cabe a entidades e órgãos da Administração Pública (*v.g.*, processos relativos a atos de concentração no CADE – em que este visa a produzir decisões que protejam objetivamente a livre concorrência, e não a liberdade de empresa deste ou daquele particular).

Contudo – e conforme ressaltado quando do exame do princípio da igualdade –, a presença da Administração em um dos polos do processo administrativo apenas acentua a necessidade de respeito ao particular que ocupa o outro polo. A formação do convencimento do órgão decisório não é tarefa unilateral e desproporcionada, tal como se fosse possível à Administração prestigiar exclusivamente seu entendimento.

A pessoa privada interessada tem o direito de conhecer e participar das atividades processuais desenvolvidas pela Administração. As decisões administrativas,

---

[422] STJ, REsp 256.164-DF, rel. Min. Fernando Gonçalves, *DJU* 15.4.2002, p. 268. No mesmo sentido o RHC 15.134-SP, cuja ementa consigna que: "O princípio do contraditório traduz a bilateralidade do processo, ou seja, assegura às partes isonomia processual e igualdade de condições" (rela. Min. Laurita Vaz, *DJU* 7.3.2005, p. 281).

[423] Ada Pellegrini Grinover, "O conteúdo da garantia do contraditório", *in*: *Novas Tendências do Direito Processual*, p. 18.

especialmente aquelas pertinentes à instrução, devem ser previamente levadas ao conhecimento dos interessados – para que a respeito delas se manifestem e possam interagir com o órgão julgador.

Porém, não se trata apenas de interação processual (sem efeitos posteriores). Todos os participantes da relação processual (incluindo-se, aí, Administração e particulares) têm o direito de ver reconhecida sua influência na decisão final – seja positiva (acolhendo-se-a), seja negativamente (rejeitando-se-a), mas sempre fundamentadamente. Por isso que o órgão julgador tem o dever de valorizar de forma equitativa as manifestações processuais: pouco importa se oriundas da própria Administração Pública ou das pessoas privadas interessadas no processo.

3.3 Evolução do princípio do contraditório

80. Tal como firmado no capítulo II deste livro, o processo nasceu impregnado de noções privatistas. Era atividade adjetiva, a serviço do direito material supostamente detido pelo autor da demanda. Essa compreensão também acompanhou o nascimento e o desenvolvimento do princípio do contraditório, inicialmente concebido como simples direito do réu de poder se opor ao pedido do autor.[424]

Com a evolução do Direito Processual ampliaram-se o alcance e o conteúdo do princípio, que deixou de "ser meramente formal, no intuito de atender aos *standards* necessários para o estabelecimento de um processo justo, para além de simples requisito técnico de caráter não essencial".[425]

Assim – e na lição de Carlos Alberto Alvaro de Oliveira –, o contraditório atualmente deve ser concebido como instrumento de prestígio ao "valor essencial do diálogo judicial na formação do juízo, fruto da colaboração e cooperação das partes com o órgão judicial e deste com as partes, segundo as regras formais do processo".[426]

Ou seja: a noção do princípio ampliou-se e transcendeu mera projeção da atividade das partes em face do processo, para obter o efeito reflexo e ser compreendido democraticamente também como a colaboração ativa do Estado na atividade processual das pessoas privadas.

81. É patente que o diálogo processual não se trava só entre as partes interessadas, a fim de ser percebido passivamente por quem proferirá a decisão. A relação processual deve ser concebida como um triálogo, exigindo a participação imparcial do órgão julgador. Influência, essa, recíproca e igualitária entre as partes e o Estado (nos processos administrativos "duais" caracterizar-se-á o diálogo cooperativo entre Administração Pública e pessoas privadas).

Assim é a lição de Barbosa Moreira, para quem o significado do princípio do contraditório pode ser encarado em dupla perspectiva: o prestígio à dignidade do processo (e das pessoas nele envolvidas), implicando segurança e estabilidade da relação

---

[424] A respeito da evolução histórica do princípio, v.: Carlos Alberto Alvaro de Oliveira, "A garantia do contraditório", *Genesis – Revista de Direito Processual Civil* 10/667-669.

[425] Carlos Alberto Alvaro de Oliveira, "A garantia do contraditório", cit., *Genesis – Revista de Direito Processual Civil* 10/669.

[426] *Idem, ibidem.*

processual, bem como a constante busca da contemplação de mais de um ângulo da realidade de direito material examinada, visando-se à correta aplicação das normas materiais ao caso concreto.[427]

82. Enfim, a doutrina evoluiu para a concepção de que o contraditório não se vincula unicamente à atividade *material-fática* do processo, mas envolve também a essência *jurídica* da discussão processual e material, bem como sua repercussão em face da futura decisão.

Não se trata de princípio que se exaure quanto aos fatos do processo, mas que abrange as normas jurídicas que incidem no caso concreto. Isso sob dois ângulos: por um lado, a incidência ativa do princípio é esclarecedora do Direito aplicável; por outro, toda e qualquer inovação na matéria jurídica discutida nos autos deverá ser levada ao conhecimento dos interessados.

Caso a decisão envolva matéria jurídica nunca discutida no processo, dentro do brocardo *iura novit curia*,[428] o julgador tem o dever de intimar as partes envolvidas na relação processual para que participem e se manifestem a respeito da aplicação das normas até então inéditas à relação processual. Uma vez que ao julgador é permitido adotar qualificação jurídica diversa daquela discutida nos autos, pois sua decisão não está limitada ao elenco de normas trazido pelas partes, é "inadmissível sejam os litigantes surpreendidos por decisão que se apoie, em ponto fundamental, numa visão jurídica de que não se tenham apercebido".[429]

Assim, e na conclusão de Carlos Alberto Alvaro de Oliveira: "Aliás, a problemática não diz respeito apenas ao interesse das partes, mas conecta-se intimamente com o próprio interesse público, na medida em que qualquer surpresa, qualquer acontecimento inesperado, só faz diminuir a fé do cidadão na administração da Justiça. O diálogo judicial torna-se, no fundo, dentro dessa perspectiva, autêntica garantia da democratização do processo, a impedir que o poder do órgão judicial e a aplicação da regra do *iura novit curia* redundem em instrumento de opressão e autoritarismo, servindo às vezes a um mal explicado tecnicismo, com obstrução à efetiva e correta aplicação do Direito e à justiça do caso".[430]

---

[427] Barbosa Moreira, "A garantia do contraditório na atividade de instrução", *in*: *Temas de Direito Processual* (3ª Série), p. 65-66.

[428] Significando que o julgador não tem apenas o dever de aplicar a lei, mas de procurar no ordenamento a solução mais adequada, ainda que não envolva estritamente o direito alegado pelas partes. Dever, aliás, próprio da Administração Pública.

[429] Carlos Alberto Alvaro de Oliveira, "A garantia do contraditório", cit., *Genesis – Revista de Direito Processual Civil* 10/671. No mesmo sentido: Bacellar Filho, *Princípios Constitucionais do Processo Administrativo Disciplinar*, cit., p. 245; e José Rogério Cruz e Tucci, *A Causa Petendi no Processo Civil*, p. 133-134. Pontes de Miranda já havia adotado entendimento semelhante ao comentar o Código de Processo Civil/1973: "Tendo-se aberto a brecha no *iura novit curia*, a propósito de direito estadual, ou municipal, estrangeiro ou consuetudinário (art. 337), entra a contraditoriedade a respeito da regra jurídica abstrata, que foi invocada, podendo cada parte, e não só a que alegou, produzir prova. O ônus de provar cabe a quem a invocou. Porém, as leis são revogáveis, derrogáveis, suscetíveis de ser repostas em vigor, de ter a sua vigência regulada por princípios especiais, de ser entendidas segundo regras especiais de interpretação; de modo que o simples fato de se apresentar o texto, publicado ou por certidão, ou em livro (a que o juiz dê crédito), não exaure a dúvida sobre a sua *incidência* e *aplicabilidade*, se a outra parte a mantém, com afirmações contrárias, no todo ou em parte" (*Comentários ao Código de Processo Civil*, 3. ed., t. IV, p. 283).

[430] Carlos Alberto Alvaro de Oliveira, "A garantia do contraditório", cit., *Genesis – Revista de Direito Processual Civil* 10/672. O autor cita o Regimento Interno do TJRS, cujo art. 184 impõe "prévia discussão com as partes das

Mais recentemente, com a positivação do Código de Processo Civil/2015 e sua incidência nos processos administrativos, o princípio do contraditório passou a ser "acolhido em sua versão mais refinada", como sustentam Teresa Arruda Alvim Wambier, Maria Lúcia Lins Conceição, Leonardo Ferres da Silva Ribeiro e Rogério Licastro Torres de Mello, abrangendo, quando menos, as seguintes incidências: "(a) Não se decide contra alguém (salvo exceções expressamente previstas) sem que se lhe dê oportunidade de se manifestar. (b) Embora, no Direito brasileiro, o juiz possa decidir com base em fundamento não suscitado pelas partes (*iura novit curia*), deve, antes, proporcionar oportunidade às partes de que se manifestem sobre ele. (...) (b.2) Este fundamento novo pode ser de fato ou de direito. Sabe-se que é difícil separar-se, completamente, questões fáticas das jurídicas, porque o direito ocorre justamente no encontro dos planos fáticos e normativos. Fatos, quando são juridicamente qualificados, já não são mais puros fatos. Normas, a seu turno, supõem quadros fáticos (de forma mais ou menos direta) a que se devem aplicar. (...). (b.3) O juiz participa do contraditório fundamentando a sentença de acordo com o que consta do art. 489 do NCPC. Ou seja: o contraditório que terá havido entre as partes tem de estar refletido na sentença. O juiz deve manifestar-se necessariamente sobre direitos e fatos – argumentos jurídicos e provas produzidas: ou seja, sobre o contraditório havido entre as partes em sua plenitude. (b.4) O contraditório institucional com a própria sociedade: por meio da figura do *amicus curiae* ou pela realização de audiências públicas".[431]

83. Acreditamos que tais concepções do princípio do contraditório são perfeitas ao processo administrativo. Nesta ordem de relações jurídico-processuais também deve prevalecer o contraditório, em suas diversas percepções e aplicações.

Isso porque o agente público tem o dever de procurar a solução mais adequada, mediante aplicação das normas que melhor atendam ao interesse público e ao direito fundamental pertinente ao caso concreto. Por óbvio, não está restrito ao elenco de disposições legais trazidas pelas partes da relação processual. Deve ir além e, no exercício da função administrativa, perquirir o Direito próprio à questão controvertida. Trata-se de *dever-poder* da Administração.

Nesse passo, também configura dever administrativo aquele da ciência prévia às partes interessadas, antes da tomada de decisão, de eventual interpretação normativa nunca vista nos autos. A boa-fé processual assim o impõe. Caso contrário frustrar-se-á a participação democrática dos particulares no processo administrativo e terá sido inócua a aplicação formal do princípio do contraditório.

A exigência do contraditório substancial acentua-se no processo administrativo, vez que a Lei nº 9.784/1999 não tem como obrigatória a presença de advogado (art. 3º, IV). À parte as considerações que serão feitas adiante, quanto à ampla defesa e à dispensa da defesa técnica, é nítido que a regra *iura novit curia* pode gerar distorções ainda mais sérias caso o confronto de interesses se ponha entre a máquina administrativa do Estado e uma pessoa despida de noções técnico-jurídicas acerca da matéria controvertida. Inclusive,

---

preliminares suscitadas durante o julgamento" (*Genesis – Revista de Direito Processual Civil* 10/680). Previsão idêntica à do STJ (Regimento Interno do STJ, art. 164, § 1º).

[431] Teresa Arruda Alvim Wambier, Maria Lúcia Lins Conceição, Leonardo Ferres da Silva Ribeiro e Rogério Licastro Torres de Mello, *Primeiros Comentários ao Novo Código de Processo Civil*, p. 67-68.

o confronto pode nem sequer surgir, devido ao desconhecimento técnico da norma a ser aplicada – ou, em casos extremos, o interessado pode até ser induzido em erro.

O que se acentua nos tempos atuais, em que verdadeira "avalancha normativa" é emanada pelas autoridades reguladoras independentes (bem como pelas autoridades fiscais). O ritmo de edição, publicação e alteração de novos regimentos, resoluções, portarias, instruções normativas, pareceres normativos... torna próximo do proibitivo o conhecimento prévio e exato da norma administrativa porventura aplicável ao caso concreto. O cidadão está diante de tal emaranhado de atos regulamentares, que se vê impossibilitado de compreender com precisão qual norma se aplica, quando e onde. O que dizer de instruções e portarias "tiradas da algibeira" pela Administração! Como este autor já teve a oportunidade de consignar: "São centenas de normas, emanadas de várias autoridades setoriais e transversais (além daquelas oriundas do Legislativo). A multiplicação normativa restringe o número de pessoas cientes das normas e de sua aplicação: cada vez torna-se mais difícil dar aplicabilidade ao princípio *ignorantia juris neminem excusat*".[432]

84. Por fim – e conforme será visto a seguir –, nem se diga que no processo administrativo o contraditório seria intimamente vinculado à litigiosidade. Ou seja: que o princípio somente teria incidência em casos de prévio e explícito conflito de interesses entre as partes da relação processual.

Tal concepção afastar-se-ia do conceito hodierno do princípio, bem como da ideia de processo como instrumento de diálogo e de colaboração entre as partes. Compreendido como garantia à participação ativa e democrática do cidadão na formação da decisão estatal, o contraditório é essencial a todo e qualquer processo, independentemente da existência, ou não, de litígio entre as partes envolvidas (ou entre estas e a Administração).[433]

3.4 Princípio do contraditório e a concepção atual do processo administrativo

85. A preocupação que destaca a necessidade de cooperação do órgão julgador é patente no processo administrativo, em que muitas vezes há apenas duas pessoas envolvidas (Administração e particular). Nesta hipótese acentua-se o dever de participação ativa daquele que proferirá a decisão – não no sentido de "litigar", subtrair informações e surpreender a pessoa privada com provas e/ou provimentos inéditos ao processo. Igualmente, incrementa-se o dever de a Administração Pública atuar ativamente no sentido de proteger os direitos fundamentais das pessoas que são parte no processo administrativo.

---

[432] V. nosso "Agências reguladoras independentes, déficit democrático e a 'elaboração processual de normas'", *in*: Leila Cuéllar e Egon Bockmann Moreira, *Estudos de Direito Econômico*, p. 199.

[433] Não se olvide a decisiva lição de Elio Fazzalari em face do princípio, que chega a negar "a inserção da relação jurídica processual no conceito de processo. Fala do 'módulo processual' representado pelo procedimento realizado em contraditório, e propõe que, no lugar daquela, se passe a considerar como elemento do processo essa abertura à participação, que é constitucionalmente garantida" (*apud* Cintra, Grinover e Dinamarco, *Teoria Geral do Processo*, cit., 31. ed., p. 325). É importante destacar a advertência de Jacinto N. Miranda Coutinho a respeito do princípio do contraditório e processo, para quem: "Em que pese à infinita discussão a respeito da sua natureza jurídica e a adoção, pela Constituição Federal/1988, da posição de Elio Fazzalari (art. 5º, LV), ou seja, de que há processo quando houver procedimento com contraditório, continua firme na dogmática, por enquanto, a noção bülowiana de que é ele uma *relação jurídica processual*" ("Introdução aos princípios gerais do processo penal brasileiro", cit., *Revista do Instituto dos Advogados do Paraná* 28/128).

A Administração não pode comportar-se tal como se defendesse um interesse secundário, buscando suprimir as chances de êxito do administrado. Nem, muito menos, como se o particular envolvido no processo fosse um adversário, um inimigo a ser combatido processualmente – seja ele servidor público ou um terceiro que visa a proteger seu direito subjetivo ou apenas colaborar e participar da formação da futura decisão administrativa. Ao contrário.

É dever do Estado promover o diálogo equânime e colaborar, mesmo *ex officio*, na interação de todos os sujeitos no processo. Além de outorgar lapsos adequados para a manifestação das pessoas privadas, devem ser esclarecidas as razões de tais atos e as alternativas que deles derivam.

O princípio do contraditório assegura ao particular a possibilidade de influenciar a atividade da Administração e o dever desta de auxiliar, de forma sempre isonômica, as partes da relação jurídico-processual. Bem vistas as coisas, se o processo administrativo tem como finalidade prestigiar a colaboração e o diálogo, sua premissa está na efetiva disposição das autoridades públicas em ouvir, com atenção e respeito, o que lhes é dito pelas partes envolvidas.

Aliás, no Direito Administrativo o princípio do contraditório assemelha-se antes ao Direito Processual Penal do que ao Direito Processual Civil. A Administração tem o dever de gerar a contraditoriedade real, vez que maneja interesses públicos (indisponíveis). A raiz constitucional do princípio reforça esse entendimento, que impõe ao administrador o dever da busca constante de um contraditório efetivo na tutela do interesse público posto à sua guarda e tutela do interesse privado do administrado. Constatação que recebeu significativo reforço com a edição do Código de Processo Civil/2015, que celebra a supremacia do contraditório e proíbe qualquer ordem de decisões-surpresa.

Não que isso possa implicar qualquer espécie de "favorecimento". Ao prestigiar o contraditório, a Administração não acolhe impensadamente a pretensão ou as razões dos particulares. Mesmo porque a interação do ente público no processo não mitiga o dever de boa administração e de proferir a decisão justa e adequada.

86. Ademais – e tal como afirmado –, ao julgador administrativo é atribuída a possibilidade de analisar o caso concreto para além das normas consignadas pelos interessados na relação jurídico-processual. Mais que isso, o administrador público tem o dever de aplicar a norma própria à questão controvertida (ainda que não trazida à discussão processual pelos particulares), que muitas vezes será revelada pelo diálogo processual. Dever esse orientado pelo prestígio aos direitos fundamentais das pessoas envolvidas na relação jurídico-processual.

Não se olvide que a Lei nº 9.784/1999 possibilita a "uniformização" das decisões em casos da mesma natureza (art. 50, VII, e §2º), o que também pode implicar desconhecimento prévio dos administrados quanto ao entendimento da Administração. Assim, e tendo em vista a já mencionada trágica profusão de leis, medidas provisórias, regulamentos, regimentos internos, portarias, pareceres, decisões (lembre-se do ultrapassado "*telex* normativo") etc., muitas vezes o acesso a tais diplomas é difícil (se não impossível) aos particulares.

Desta forma, a Administração não poderia "ocultar" um dispositivo legal específico (ou um provimento pretérito), surpreendendo o particular com decisão fundada em norma jurídica ou interpretação inédita ao caso concreto.

A situação agrava-se quando a Administração é parte no processo. Nesta hipótese a violação ao contraditório com lastro no *iura novit curia* é ainda mais acentuada. A pessoa privada travaria luta unilateral, pois a parte adversa a surpreenderia com decisão fundada em dispositivo legal/regulamentar eventualmente desconhecido.

Não parece haver dúvidas quanto à aplicação da face substancial do princípio do contraditório como temperamento ao *iura novit curia* no processo administrativo. O que – reitere-se – fica ainda mais consistente em razão dos arts. 9º e 10 do CPC/2015.

3.5 Princípio do contraditório, instrução do processo e a Lei nº 9.784/1999

87. Inicialmente, acolhemos a noção de Dinamarco a respeito da instrução processual, para quem "instruir não é só provar", mas, "em linguagem processual, significa *preparar*". Isso porque "não é só provando que eu participo do processo. Não é só provando que eu instruo o juiz, que eu preparo a sua mente para chegar à solução que eu quero; também em todas as demais atividades. Nas alegações que se fazem no processo também existe atividade instrutória".[434]

No mesmo sentido de Dinamarco, para Grinover "a instrução, em sentido lato, compreende as alegações que as partes produzem no processo e abrange todos os atos capazes de levar à efetiva tutela do direito material, pela prova e fora da prova".[435]

Assim, o princípio do contraditório não trata apenas do "direito à prova", mas é garantia de participação processual como pressuposto de validade de toda a atividade instrutória. Participação, essa, compreendida em sentido amplíssimo. Ou seja: a integralidade das manifestações processuais (verbais e escritas) oferecidas pelas partes integra o exercício do contraditório – quanto à possibilidade de sua apresentação, dever de intimação da parte adversa e necessidade de serem integralmente apreciadas, por meio de decisão fundamentada.

88. Ainda que no Direito Processual Civil se possa afirmar que a iniciativa da instrução cabe primordialmente às partes,[436] o mesmo não se pode dizer quanto ao processo administrativo, especialmente em face das disposições da Lei nº 9.784/1999.

88.1 Neste campo do Direito Processual "as atividades de instrução destinadas a averiguar e comprovar os dados necessários à tomada de decisão realizam-se *de ofício ou mediante impulsão do órgão responsável pelo processo*, sem prejuízo do direito dos interessados de *propor* atuações probatórias" (Lei nº 9.784/1999, art. 29 – grifos nossos).

A diretriz primeira da atividade probatória no processo administrativo é sua qualidade de ato espontâneo da Administração. A regra é a instalação e a condução

---

[434] Dinamarco, "Princípio do contraditório", cit., *in: Fundamentos do Processo Civil Moderno*, 2. ed., p. 95. Cf., também: "O princípio do contraditório e sua dupla destinação", cit., *in: Fundamentos do Processo Civil Moderno*, 6. ed., vol. I, p. 517-528.
[435] Grinover, "O conteúdo da garantia do contraditório", cit., *in: Novas Tendências do Direito Processual*, p. 17.
[436] Barbosa Moreira acolhe tal entendimento, "sem prejuízo do reconhecimento do papel 'ativo' que o juiz modernamente se vê chamado a desempenhar nesse campo (...)" ("A garantia do contraditório na atividade de instrução", cit., *in: Temas de Direito Processual*, 3ª Série, p. 67).

ex officio da instrução, sem que isso impeça o pleito dos interessados ou sua intimação acerca do andamento processual.

Note-se que a lei se vale do verbo "propor"[437] quando se refere à pretensão probatória dos particulares. Isso jamais poderia significar que a atividade instrutória buscada pelos interessados seja de menor valia. Ou que resultaria de "opção" do órgão julgador. Nada disso. Trata-se apenas de reforço retórico da ideia de responsabilidade da Administração quanto à atividade instrutória processual. No processo administrativo o interessado tem direito à produção de todas as provas, menos aquelas "obtidas por meios ilícitos" (Lei nº 9.784/1999, art. 30) e as "ilícitas, impertinentes, desnecessárias ou protelatórias" (art. 38, §2º).[438]

Mesmo quando seja atribuída ao interessado "a prova dos fatos que tenha alegado", esta deverá ser concretizada "sem prejuízo do *dever* atribuído ao órgão competente para a instrução" (Lei nº 9.784/1999, art. 36 – grifo nosso). O fato de o particular ter pleiteado a produção de prova específica, e caso sua produção lhe seja atribuída, isso não derroga o dever administrativo de realizar atividade probante (desde que essencial à discussão travada nos autos). O requerimento da parte não será limite à atividade instrutória oficial (nem vice-versa).

Apenas na hipótese de não apresentação de "dados, atuações ou documentos", formalmente solicitados e necessários "à apreciação do pedido formulado", o processo será arquivado – art. 40 da Lei nº 9.784/1999, sem que a atividade instrutória se desenvolva plenamente. Este artigo envolve a impossibilidade fática absoluta de ser proferida a decisão final sem a cooperação do interessado. Exige que o interesse em jogo seja privado *stricto sensu*, patrimonial e disponível, e, se seu titular não permitir à Administração a tomada de decisão, nada mais correto do que o arquivamento do processo sem julgamento de mérito. Esse arquivamento por razões formais não impedirá a propositura de novo pleito (ou o desarquivamento do pretérito), desta feita instruído com os "dados, atuações ou documentos" essenciais à decisão administrativa.

Em suma: tendo em vista que o processo administrativo usualmente envolve interesse público primário (indisponível), é plena a atividade instrutória do órgão julgador – que pode produzir provas de ofício, não dependendo de requerimento expresso do interessado, tampouco de sua anuência. Precisa apenas assegurar a transparência e efetiva participação em tal atividade instrutória, em respeito às partes envolvidas e ao rito processual. Apenas em casos de pleitos que envolvam direitos patrimoniais disponíveis dos interessados tem incidência o art. 40 da Lei nº 9.784/1999.

Porém, a validade da atividade instrutória exige a participação de todos aqueles que integram a relação processual. Não produzirá efeitos legítimos a "prova" produzida unilateralmente pela Administração, tampouco aquela produzida parcialmente por um dos interessados, sem a respectiva intimação para que os demais possam participar do ato processual. As "provas" ilícitas e seus frutos envenenados jamais poderão se prestar a servir de motivação a qualquer decisão administrativa (quando muito, a responsabilização daquele que a produziu).

---

[437] Segundo Moraes Silva o verbo significa "apresentar, oferecer a exame, submeter à apreciação" (*Novo Dicionário Compacto da Língua Portuguesa*, vol. II, p. 1.920).

[438] A matéria será aprofundada no tópico seguinte, que analisa o princípio da ampla defesa.

88.2 Desta forma, no processo administrativo a mais completa e fidedigna instrução é *dever* do agente administrativo. O processo não pode restar inativo devido a omissões dos particulares envolvidos.

Na hipótese de o particular se negar a participar da relação processual, deve a Administração conduzi-la até decisão final, sempre intimando os interessados de todos os atos e fatos processuais e franqueando vista dos autos. Mesmo porque, como doutrina Arnaldo Esteves Lima, na decisão administrativa "seu pressuposto será o realismo dos fatos. Para tal desiderato, as atividades instrutórias devem ser feitas de ofício, ou seja, oficialmente pelo órgão ou autoridade que conduz o processo administrativo, o qual tem o dever de impulsioná-lo em tal rumo, assegurando-se, ainda, aos interessados o direito de propor atuações probatórias".[439]

89. Caso a parte envolvida não disponha de meios para conferir regular andamento ao processo ou à tutela de seus direitos, o Estado tem o dever de suprir tais deficiências (econômicas, culturais, jurídicas etc.), a fim de prestigiar o princípio do contraditório e tornar equânime a relação processual. Nesse sentido, a Lei nº 9.784/1999 dispõe que: "Os atos de instrução que exijam a atuação dos interessados devem realizar-se do modo menos oneroso para estes" (art. 29, §3º).

Porém, não se olvide a aplicação dos arts. 5º, XXXIV, e 134 da CF, bem como da Lei Complementar nº 80, de 12.1.1994 ("Organiza a Defensoria Pública da União, do Distrito Federal e dos Territórios e prescreve normas gerais para sua organização nos Estados"), da Lei nº 1.060, de 5.2.1950 ("Estabelece normas para a concessão de assistência judiciária aos necessitados" – com as alterações subsequentes promovidas pelas Leis nºs 6.248/1975, 6.465/1977, 6.654/1979, 7.288/1984, 7.510/1986, 7.871/1989, 10.317/2001 e Lei Complementar nº 132/2009) e, analogicamente, do art. 32 e §§ do CPP (assistência judiciária para promover a ação penal) e do art. 82 do CPC/2015 (isenção de custas).

Não se trata apenas da diminuição da onerosidade processual, mas do dever de tornar possível a instalação e o desenvolvimento justo do processo. O cidadão tem direito à assistência gratuita também frente à Administração Pública.

90. As partes envolvidas no processo administrativo têm assegurado o direito de, "na fase instrutória e antes da tomada de decisão, juntar documentos e pareceres, requerer diligências e perícias, bem como aduzir alegações referentes à matéria objeto do processo" (art. 38, *caput*). Regra semelhante encontra-se no inciso II do art. 3º da Lei nº 9.784/1999.

Mesmo depois de ter oferecido seu pedido inicial (ou sua defesa) e depois de produzidas as provas técnicas, o interessado tem assegurada a possibilidade de juntar documentos (não apenas os "documentos novos" previstos no art. 435 do CPC/2015), bem como pareceres técnicos e jurídicos, com vistas a reforçar a defesa do seu direito. Essa prerrogativa está positivamente assegurada no art. 38 da lei. O termo final para essa juntada está não no momento de ser proferida a decisão final, mas, sim, na sua publicação (por meio da intimação formal do interessado).

Tal direito corresponde ao dever do órgão julgador de avaliar todas as manifestações dos interessados e considerá-las "na motivação do relatório e decisão" (art. 38, §1º).

---

[439] Arnaldo Esteves Lima, *O Processo Administrativo*, p. 49. No mesmo sentido: Wellington Pacheco Barros, *Curso de Processo Administrativo*, p. 128.

Conforme já mencionado, a única hipótese de recusa está na propositura de provas "ilícitas, impertinentes, desnecessárias ou protelatórias" – qualificação que, exceção feita às ilícitas, exige séria fundamentação para ser adotada (art. 38, §2º).

91. Ocorre que o princípio do contraditório também assume especial relevância em tempos de processos digitais, Internet e pesquisas *on-line*. Afinal, persiste íntegra a máxima de que *quod non est in actis non est in mundo*: "o que não está nos autos não está no mundo" (princípio do livre convencimento motivado). A cognição deve ser circunscrita às provas e aos argumentos que efetivamente constem e tenham sido debatidos no processo por todas as partes e interessados, em obediência ao contraditório.

Por isso que o princípio do contraditório proíbe as surpresas: os advogados, as partes e a Administração Pública não podem inovar nos autos – e muito menos recorrer a dados extraprocessuais. Já aos julgadores não se possibilita o conhecimento de fatos extraordinários aos do processo (as raras exceções são os "públicos e notórios", que não dependem de prova, devido à presunção normativa de seu conhecimento universal – como prevê o art. 374, I e IV, do CPC/2015). Tudo precisa ser produzido do lado de dentro do processo, em páginas com sequência numerada, de livre acesso e prévio conhecimento de todos.

Porém, de algum tempo para cá vem se tornando cada vez mais crescente a procura por provas e argumentos que podem subverter esse estado de coisas. O mundo processual, antes limitado aos autos, ultrapassou as fronteiras do real. Hoje, não são poucas as petições e decisões que se reportam a informações (técnicas, de outras ciências, ou até mesmo de opiniões de terceiros) oriundas da *Wikipédia*, do *Google* e do *ChatGPT*. A primeira, a célebre enciclopédia virtual sem autores conhecidos nem selecionados por meio de sua qualificação acadêmica, que muitas vezes cria as próprias verdades. A segunda é aquele serviço que se tornou o mais usado para a busca de informações do mundo virtual. A terceira, o assistente de inteligência artificial de acesso universal que gera textos, fornece explicações e auxilia com tarefas. Nestes casos corre-se o risco de que as razões de decidir passem a decorrer não só do que as partes propuseram e debateram, mas daquilo que foi achado na rede virtual, ou nela produzido (muitas vezes sem que se saiba o critério de pesquisa ou a fidedignidade das fontes). O que também deve despertar a atenção quanto à supremacia do contraditório, sob pena de gerar surpresas endoprocessuais (muito embora de livre acesso nas redes virtuais).

A toda evidência, não é de se rejeitar a acolhida dessas fontes de pesquisa pelo mundo do Direito – mesmo porque seria infértil a recusa: por um lado, hoje, boa parte dos processos é também virtual; por outro, *Google*, *Wikipédia* e *ChatGPT* fazem parte na nossa cultura cotidiana. Tais fontes – assim como muitas outras – já foram definitivamente incorporadas à rotina dos administradores, juízes, advogados e partes do processo. Até aqui, a capitulação é inevitável.

Porém, o verdadeiro problema está em outro aspecto dessa convivência: até onde se pode ir? O verbete da enciclopédia virtual ou a informação obtida via *Google*, *ChatGPT* ou *Facebook* podem legitimar o livre convencimento, apesar de estarem nos autos ou serem diferentes daquilo que neles consta por escrito? Quem pode acessar tais informações? Como submetê-las ao contraditório? Qual o momento processual próprio para essa busca, se é que ele existe? A pesquisa pode ser feita *interna corporis* ou precisa de participação presencial? Sob que critérios ela pode ser feita? Tais perguntas – e muitas outras – precisam ser postas a lume, sob pena de a máxima latina ser subvertida para *quod non est in Google non est in mundo*.

Mas uma coisa é certa: também aqui se proíbe a surpresa no processo administrativo. Não será válida a argumentação de que a informação – ou a prova – seria de livre acesso no mundo virtual. O princípio do contraditório exige que tais informações sejam levadas para dentro do processo, desde que esclarecido e conhecido seu critério de obtenção e, dentro dessas condições e limites, submetidas à consideração das partes no diálogo processual. Os mecanismos de busca e as bases de dados virtuais não derrogaram o princípio do contraditório.

92. Mais ainda: as provas devem ser produzidas frente ao órgão competente – definido em lei como responsável pelo processo – e com a colaboração das partes. Viola o princípio do contraditório a prova realizada frente a terceiro sem o conhecimento dos interessados.

Frise-se que a Lei nº 9.784/1999, ao se referir à atividade instrutória, sempre se refere a "órgão competente" ou "órgão responsável" (arts. 29, *caput* e §1º, 31, 37, 39, parágrafo único, e 43). Trata-se da positivação legal do princípio do juiz natural.[440]

O art. 5º, LIII, da CF estabelece que "ninguém será processado nem sentenciado senão pela autoridade competente", e seu inciso XXXVII proíbe "juízo ou tribunal de exceção", expressões constitucionais do princípio do juiz natural – autoridade com competência legal expressa para processar e julgar, definida anteriormente ao fato objeto do processo. Como leciona Ana Paula Oliveira Ávila, "tanto as funções de processamento quanto a emissão de juízos críticos e decisões são desempenhadas pela Administração, de modo que nada mais justo do que fazer incidir nessas atividades a garantia do juiz natural. E com ela, naturalmente, o dever de imparcialidade, pois seria inútil disciplinar previamente um sistema de distribuição de competências caso fosse permitido à autoridade legalmente constituída atuar com parcialidade".[441]

No processo administrativo o juiz natural é a autoridade de menor grau hierárquico à qual foi previamente atribuída a competência para proferir decisão em determinada categoria de casos concretos. Na lição de Sérgio Ferraz e Adilson Dallari, há balizas a definir o juiz natural administrativo: (a) se o conhecimento da matéria está atribuído ao agente de menor grau hierárquico (ou se a lei expressamente confere competência a órgão de grau superior); (b) se há pluralidade de autoridades competentes no mesmo grau hierárquico (impondo-se a distribuição do processo); (c) se há prevenção firmada, aplicando-se a regra da distribuição por dependência e prorrogação da competência (conexão e continência); (d) as regras da delegação e avocação de competência.[442]

Frise-se que a desobediência ao princípio do juiz natural importa a invalidade do processo desde seu início. O TRF-2ª Região já decidiu pela decretação de nulidade de processo administrativo disciplinar a fim de "determinar o refazimento do *iter*

---

[440] A respeito do princípio do juiz natural em face do processo administrativo v.: Rafael Munhoz de Mello, "Processo administrativo, devido processo legal e a Lei 9.784/1999", cit., *RDA* 227/99 e ss.

[441] Paula Oliveira Ávila, O Princípio da Imparcialidade na Administração Pública: para uma Administração Imparcial, p. 150.

[442] Sérgio Ferraz e Adilson Dallari, *Processo Administrativo*, cit., 3. ed., p. 171-175.

processual, perante o 'juiz natural' administrativo do impetrante, garantindo-se-lhe a ampla defesa".[443]

A peculiaridade do processo administrativo reside na possibilidade de o órgão que participa da instrução não ser aquele que proferirá a decisão (art. 47). Medida de todo saudável, vez que muitas vezes a Administração é "parte" no processo. Ao transferir a competência decisória para outro órgão, a Lei nº 9.784/1999 prestigia a imparcialidade e a moralidade do processo administrativo.

93. A única previsão da Lei nº 9.784/1999 que chama a atenção do intérprete no que diz respeito ao princípio do contraditório está no art. 2º, parágrafo único, X, que assegura a "garantia dos direitos à comunicação, à apresentação de alegações finais, à produção de provas e à interposição de recursos, *nos processos de que possam resultar sanções e nas situações de litígio*" (grifos nossos).

93.1 Em primeiro lugar, tal dispositivo precisa experimentar interpretação em harmonia com os arts. 9º e 10 do CPC/2015, bem como com a lógica do diálogo e da colaboração, própria da nova legislação processual. Isto é: a ideia de processo – inclusive o administrativo – já deixou de ser subserviente à de conflito, de litigiosidade e de punições. O que se espera do processo administrativo contemporâneo é o diálogo, a cooperação e a isonomia. Todos os processos, quaisquer que sejam, precisam ser pautados pelo princípio do contraditório.

93.2 Em segundo lugar, frise-se que há extrema dificuldade na definição clara e precisa dessas "espécies" processuais quando da instauração do processo administrativo.

Ora, é usual existirem pedidos administrativos que se tornam "litigiosos" somente depois da manifestação do ente público, de terceiro ou quando da decisão final. Até então são processos "amigáveis". Restringir o direito a comunicação, alegações finais, provas e recursos ao transcurso do *iter* processual certamente causará danos ao interessado e mesmo à Administração. Ademais, tais restrições podem beirar a má-fé processual.

Segundo nossa compreensão, o referido inciso X, *in fine*, do art. 2º, parágrafo único, da Lei nº 9.784/1999 aplica-se àqueles processos meramente burocráticos (sentido vulgar da expressão), que não envolvam pretensões que, nem mesmo por eventualidade, possam resultar em conflitos de interesses (entre particulares ou entre estes e a Administração). Assim se dará, *v.g.*, nos pedidos de certidões, requerimentos que se dirijam à prática de atos vinculados, pedidos de aplicação de entendimento pacífico na Administração referente a "assuntos da mesma natureza" (Lei nº 9.784/1999, art. 50, §2º) e registro de documentos. A previsão vincular-se-ia ao princípio da eficiência processual (celeridade, simplicidade etc.), a fim de evitar desdobramentos e exigências inúteis ao escopo a que se destina o processo.

Caso o processo seja instaurado por quem detém o interesse qualificado no art. 9º e incisos da Lei nº 9.784/1999 e possa gerar, mesmo hipoteticamente, conflito de interesses (resultando em litígio) ou sanções, a restrição do inciso X do parágrafo único do art. 2º é de impossível aplicação. Caso esse litígio se revele no curso do processo – qualquer

---

[443] TRF-2ª Região, MS 9302042804-RJ, rel. Juiz Sérgio D'Andréa Ferreira, *DJ* 19.4.1994. No mesmo sentido o TRF-3ª Região, AMS 218.009-MS, rela. Juíza Suzana Camargo, *DJ* 8.11.2005, p. 256, e MS 246.500-SP, rela. Juíza Suzana Camargo, *DJ* 7.7.2003, p. 231.

que seja ele –, são nulos todos os atos anteriores que aplicarem tal limitação (desde que gerem prejuízos ao processo ou aos interessados).

Também essa invalidade é a consequência de provimento administrativo que porventura resulte em prejuízo ao interesse das pessoas envolvidas. Na hipótese de a decisão negar os "direitos à comunicação, à apresentação de alegações finais, à produção de provas e à interposição de recursos" e, ainda assim, negar o pleito dos particulares, será nula.

93.3 Por óbvio, dúvida não existirá quando o processo se dirigir justamente à aplicação de sanções ou solução de litígios entre a Administração e particulares ou entre estas pessoas. O despacho ou pedido inicial deve ser sempre claro nesse sentido. Como tantas vezes já mencionado, o princípio do contraditório proíbe expressamente a surpresa (CPC/2015, arts. 9º e 10).

Isso porque não será possível ao interessado exercer o contraditório sem dispor com clareza e precisão dos dados que deram origem ao processo. Mesmo em casos de anulação de atos administrativos (Súmulas 346 e 473 do STF) são essenciais a instauração do processo e a garantia do exercício dos direitos previstos no inciso X do parágrafo único art. 2º. Entendimento, esse, pacificado no STJ: "A instauração do procedimento administrativo para anular atos sob a fundamentação de terem sido praticados com vícios insanáveis deve, contudo, em homenagem aos princípios norteadores do regime político democrático, seguir, com todo rigor, o devido processo legal (art. 5º, LV, da CF)".[444]

93.4 Especialmente no que diz respeito à aplicação de sanções, acreditamos ser essencial à validade do processo a definição clara, contemporânea à sua instalação, do fim visado pela Administração (ou particular que o requer). Não será válido o processo que se instaure aleatoriamente e culmine em uma aplicação de sanção administrativa.[445] Caso o processo se encaminhe para essa finalidade, deve ser reinstaurado (aproveitando-se os atos formais), dando-se oportunidade à pessoa que eventualmente sofrerá a sanção para ampla defesa, exercício do contraditório etc.

Tampouco será aproveitável o processo que possa resultar em sanções cujo ato de instauração ou notificação ao particular seja vago e/ou impreciso. Assim já decidiu o STJ: "A portaria inaugural, no processo administrativo, deve explicitar os atos ilícitos atribuídos ao acusado, sob pena de nulidade, por inépcia, sem prejuízo do oferecimento de outra, revestida das formalidades legais, pois ninguém pode defender-se eficazmente sem pleno conhecimento das acusações que lhe são imputadas".[446]

Os motivos declinados no ato de instauração (ou na notificação enviada ao particular) limitam e vinculam a atividade processual da Administração, conferindo específica "tipicidade" ao processo administrativo. Proíbem-se a surpresa e as inovações inéditas ao início do processo. Isto é: o processo não é *qualquer* caminhar para a frente, mas, sim, um caminhar linear, com norte predefinido no ato inaugural. Não pode ser uma sequência de "descobertas" e "achados", como se a defesa pudesse ficar desguarnecida

---

[444] STJ, MS 5.283-DF, rel. Min. José Delgado, *DJU* 8.3.2000, p. 39. No mesmo sentido: MS 7.216, rel. Min. Francisco Falcão, *RSTJ* 152/71; MS 7.218-DF, rel. Min. Luiz Fux, *DJU* 29.4.2002, p. 154; MS 7.841-DF, rel. Min. Luiz Fux, *DJU* 23.9.2002, p. 218; MS 6.737-DF, rela. Min. Laurita Vaz, *DJU* 13.5.2002, p. 143.

[445] A esse respeito, ampliar no capítulo III, item 2.8.7 ("O princípio da eficiência, o processo administrativo, a Lei nº 9.784/1999 e o Código de Processo Civil/2015").

[446] STJ, MS 5.361-DF, rel. Min. Fernando Gonçalves, *DJU* 3.11.1998, p. 12.

do que dizer em cada momento processual (pois não sabe o que será dito em seguida pela Administração). Proíbem-se imputações aleatórias e intermitentes, que constituam surpresas a serem reveladas no decorrer da relação jurídico-processual.

A limitação à fundamentação do ato inaugural é derivada da "teoria dos motivos determinantes". Ao consignar o motivo que gerou o ato administrativo, a Administração vincula seu atuar futuro: uma vez enunciado o motivo, o agente estará a ele plenamente vinculado. O motivo insere-se no comando normativo do ato e torna-se juridificado, imutável pela simples "vontade futura" do agente.

Caso contrário o dever de tornar públicos os motivos do ato de instauração do processo seria impertinente e imprestável. Impertinente, porque não se vislumbraria qualquer propósito útil no dever de enunciar um motivo precário – ao contrário, os motivos devem ser estáveis e consistentes. Imprestável, porque variaria de acordo com a "vontade" momentânea do agente e não teria utilidade prática alguma. Assim, para o agente público não há alternativa futura no sentido de modificar o "motivo determinante do ato". Caso o motivo efetivamente seja outro, o ato basear-se-ia em razão inadequada (ou falsa) à finalidade visada, resultando na sua invalidade.

De há muito a jurisprudência vem prestigiando a teoria dos motivos determinantes, o que se reflete em acórdão do STJ relatado pela Min. Laurita Vaz: "Os motivos que determinaram a vontade do agente público, consubstanciados nos fatos que serviram de suporte à sua decisão, integram a validade do ato, eis que a ele se vinculam visceralmente".[447]

93.5 Por fim, a restrição do direito ao recurso somente pode ser compreendida como concretização do princípio do interesse recursal. Os recursos são um desdobramento das garantias processuais detidas pelos particulares (ampla defesa, devido processo legal etc.) e não podem ser menosprezados.[448]

Trata-se do que Celso Antônio Bandeira de Mello, com lastro no art. 5º, XXIV, "a", da CF, definiu como "princípio da revisibilidade", que "presume uma atuação administrativa que o cidadão repute desconforme com a ordem jurídica. Assim, peticionará a revisão dela, tanto mais porque a Administração se estrutura hierarquicamente, no que vai implícito um princípio de revisibilidade".[449]

Porém, somente pode recorrer quem teve sua pretensão indeferida pela autoridade competente. Aquele que sofreu sucumbência (perdeu, foi derrotado no processo) tem o ônus[450] de recorrer do provimento denegatório de seu pedido (ou defesa).

---

[447] STJ, ROMS 13.617-MG, *DJU* 22.4.2002, p. 183 (no mesmo sentido, no STF: MS 1.472-DF, rel. Min. Nelson Hungria, *DJU* 3.7.1952, p. 6.769; RE 88.121-PR, rel. Min. Rafael Mayer, *RTJ* 90/1.020; e MS 20.274-DF, rel. Min. Rafael Mayer, *RTJ* 102/510).

[448] Não se olvide que "um dos princípios assentados pela Revolução Francesa, como elemento de defesa contra o absolutismo dominante, foi o da obrigatoriedade de se instituir o duplo grau de jurisdição" (E. D. Moniz de Aragão, *Embargos de Nulidade e Infringentes do Julgado*, p. 81).

[449] Celso Antônio Bandeira de Mello, *Curso de Direito Administrativo*, cit., 33. ed., p. 524.

[450] Ainda, segundo Moniz de Aragão, ônus "não se trata de dever, nem de obrigação; tampouco confere qualquer direito à contraparte; é como que um estímulo a vincular o onerado a si próprio; se agir em conformidade com ele poderá alcançar o que pretende, caso contrário poderá sofrer um prejuízo". Exemplo de ônus perfeito é o de "recorrer da sentença desfavorável: se a parte não o fizer, consumar-se-á, pelo trânsito em julgado, o prejuízo decorrente do julgamento; ao contrário, se recorrer poderá alcançar a reforma da sentença" (*Exegese do Código de Processo Civil*, vol. IV, t. I, p. 85-86). Bem verdade que a ausência de recurso administrativo tem efeitos internos

Na hipótese de a decisão do processo administrativo não causar gravame e/ou não impor sanção à pessoa privada, não será possível a interposição de recurso, eis que a parte carecerá de interesse recursal.

3.6 Princípio do contraditório, providências acauteladoras, a Lei nº 9.784/1999 e o Código de Processo Civil/2015 (antecipação de tutela)

94. O art. 45 da Lei nº 9.784/1999 prevê a possibilidade, na instrução do processo, de adoção de "providências acauteladoras sem a prévia manifestação do interessado".[451] Porém, submete tais providências a dois requisitos: a configuração de risco iminente e prévia motivação. Este preceito experimentou o impacto do Código de Processo Civil/2015, que exige o reexame tanto dos casos de antecipação de tutela como de seus requisitos.

94.1 Em primeiro lugar, veja-se que o parágrafo único e respectivos incisos do art. 9º do CPC/2015 trazem previsões excepcionais, as quais permitem decisões *inaudita altera parte*: tutela provisória de urgência (CPC/2015, art. 300); tutela de evidência (CPC/2015, art. 311, II e III) e mandado monitório na ação monitória (CPC/2015, art. 701 – este, inaplicável ao processo administrativo).

A rigor, o Código de Processo Civil/2015 trata da *antecipação da tutela* (e não de "medidas cautelares") e sua respectiva provisoriedade.[452] Logo, devido à incidência do Código de Processo Civil/2015 no processo administrativo, as "providências acauteladoras" – com ou sem a prévia manifestação do interessado – nem sempre exigirão a prova do "risco iminente". Esta previsão do art. 45 da Lei nº 9.784/1999 demanda nova interpretação, devido à aplicação subsidiária/suplementar do Código de Processo Civil/2015.

Pode-se defender, portanto, que a sistemática do Código de Processo Civil/2015 autoriza cogitações ampliativas do que se pode entender por "providências acauteladoras" no processo administrativo – aproximando-as e as integrando, no que couber, nas tutelas provisórias (*rectius*: antecipatórias) dos arts. 294 e ss. do CPC/2015. Está-se diante de hipóteses em que se pretende priorizar a efetiva tutela administrativa de direitos fundamentais (de primeira, segunda e terceira dimensões), bem como de direitos materiais infraconstitucionais, ao lado da concretização de temas de interesse público cometidos à Administração.

Na mesma medida, também no processo administrativo desapareceu o "processo cautelar" (se é que um dia existiu). Isto é: não existe o processo com vida formal-material

---

à Administração e não impede o interessado de acionar o Poder Judiciário, em vista do princípio do livre acesso e universalidade da jurisdição (CF, art. 5º, XXXV).

[451] Acerca das medidas acauteladoras, ampliar no item 2.4.4 deste capítulo ("O devido 'processo' legal").

[452] O art. 294 traz a síntese de tal compreensão, *verbis*:
"Art. 294. A tutela provisória pode fundamentar-se em urgência ou evidência.
Parágrafo único. A tutela provisória de urgência, cautelar ou antecipada, pode ser concedida em caráter antecedente ou incidental."
Na síntese de Daniel Mitidiero, hoje: "O processo civil visa à *tutela de direitos*, que pode ser prestada por *atividades* de cognição e execução e mediante *decisões* provisórias e definitivas que podem ter lugar indistintamente em qualquer procedimento. Daí a razão pela qual se preferiu introduzir a técnica antecipatória – dita palidamente no Código 'tutela provisória' – na Parte Geral, relegando-se à história do processo civil a figura do processo cautelar" ("Comentários ao art. 294", cit., *in*: Teresa Arruda Alvim Wambier, Fredie Didier Jr., Eduardo Talamini e Bruno Dantas (coord.), *Breves Comentários ao Novo Código de Processo Civil*, p. 773).

autônoma, que se destinaria unicamente à garantia do "processo principal". Existe um regime jurídico único para as tutelas provisórias, a serem desenvolvidas no corpo de um só processo.

Note-se que o art. 294 do CPC/2015 determina que a tutela provisória se dê em casos de *urgência* (arts. 301 e ss., para afastar o prejuízo grave, de difícil ou impossível reparação – sintetizado na tradicional expressão *periculum in mora*) e de *evidência* (arts. 311 e ss., oriunda do alto grau de probabilidade/verossimilhança do direito). Se as tutelas de urgência exigem um mínimo de evidência (no que se aproximam da redação do art. 45 da Lei nº 9.784/1999), o mesmo não se pode dizer da tutela antecipatória específica de evidência (se e quando o direito da parte é tão consistente, tão nítido, tão altamente provável, que não se precisa e nem se deve exigir a prova do *periculum*).

A tutela de evidência exige cognição sumária, a dispensar quaisquer cogitações acerca do perigo na demora – eis que se está diante de "direitos evidentes" (CPC/2015, art. 311). No processo administrativo assume especial relevância o inciso II do art. 311, que autoriza a tutela de evidência quando "as alegações de fato puderem ser comprovadas apenas documentalmente e houver tese firmada em julgamento de casos repetitivos ou em súmula vinculante". Defende-se que também esta modalidade de provimento antecipatório incida no processo administrativo.

No processo administrativo a tutela de evidência não decorre de modo exclusivo da *defesa inconsistente* (abuso do direito de defesa e/ou manifesto propósito protelatório[453]), eis que nem sempre haverá a situação processual em que a Administração se defenderá e, simultaneamente, antecipará a tutela (imagine-se um processo disciplinar). Nestes casos a técnica antecipatória será outra. Mas é evidente que a tutela de evidência será plenamente aplicável em casos frente a agências reguladoras, comissões de licitação, Tribunais de Contas e órgãos do Sistema Brasileiro de Defesa da Concorrência. Todas estas hipóteses podem envolver conflitos de interesses de pessoas privadas entre si e/ou destas com a Administração Pública.

Logo, aqui vale a *"regra aberta* que permite a antecipação de tutela sem urgência em toda e qualquer situação em que a defesa do réu se mostre *frágil* diante da *robustez* dos argumentos do autor – e da prova por ele produzida – na petição inicial. Trata-se, portanto, de uma importante técnica voltada à atípica concretização do princípio da igualdade e da paridade de armas entre os litigantes (arts. 5º, I, da CF/1988 e 7º do CPC) – destinada a, portanto, colocar em evidência o *lado oculto* do processo: o fato de que a resistência indevida no processo não pode ser *fonte de vantagens econômicas para quem por detrás dela se esconde*".[454]

Tais tutelas podem ser demandadas em qualquer grau de jurisdição (CPC/2015, art. 299). O que importa dizer que também no processo administrativo, tanto em grau inicial como recursal, são cabíveis tais pleitos – que devem ser formulados e, se for o caso, concedidos pelo próprio relator integrante de órgãos colegiados.

---

[453] Ampliar em Luiz Guilherme Marinoni, Sérgio Cruz Arenhart e Daniel Mitidiero, *Novo Curso de Processo Civil*, cit., 2. ed., vol. 2, p. 205-229.

[454] Luiz Guilherme Marinoni, Sérgio Cruz Arenhart e Daniel Mitidiero, *Novo Curso de Processo Civil*, cit., 2. ed., vol. 2, p. 211.

Por conseguinte, em vista da incidência do Código de Processo Civil/2015 no processo administrativo, a Administração Pública deve empenhar-se em tornar realmente efetiva a competência que lhe foi atribuída, *satisfazendo* ou *acautelando* direitos materiais (e, excepcionalmente, também os processuais). Em muitos casos o agente público há de assegurar a concretização imediata do direito (tutela antecipada, a satisfazer o direito que é de pronto realizado); em outros tantos presta-se a garantir que o direito em questão seja usufruído no futuro, não se tornando inútil com o passar do tempo (tutela cautelar, que preserva a realização do direito se e quando a decisão futura assim o consignar).

94.2 Por exemplo, pense-se na tutela de remoção de ilícito (que, ao lado da tutela inibitória, está positivada no art. 497, parágrafo único, do CPC/2015). Caso a Administração Pública se depare com *situação jurídica de flagrante ilicitude*, a qual geraria a incidência das Súmulas 346 e 473 do STF, combinada com o *justificado receio de permanência de atos contrários ao Direito*, a instalar o equivalente *receio de ineficácia do provimento final*, não há dúvida de que poderá/deverá antecipar a tutela administrativa, a fim de impedir que os ilícitos persistam e/ou se multipliquem (e causem danos – seja à Administração, seja ao particular imediatamente interessado, seja a terceiros).

Como leciona Marinoni, há casos em que se vislumbra com nitidez o "ilícito cujos efeitos se propagam no tempo, abrindo as portas para a produção do dano. Isso demonstra que o dano é uma consequência eventual do ilícito e, além disso, que não há cabimento em esperar pelo dano para poder invocar a prestação jurisdicional". E mais adiante, em cristalina conclusão: "Em outras palavras, *de nada adiantaria a norma de direito material que proíbe um agir se não existisse a possibilidade de uma ação processual capaz de permitir a remoção dos seus efeitos concretos*. Portanto, essa ação também encontra fundamento no art. 5º, inciso XXXV, da CF, que consagra o direito fundamental à tutela jurisdicional efetiva".[455] Aqui não se fazem necessários o dano e sua prova: o provimento acautelatório, para nos valermos da dicção da Lei nº 9.784/1999, presta-se justamente a impedir que ele ocorra.

Logo, a antecipação da tutela em processo administrativo nem sempre depende da comprovação do prejuízo. Caso haja evidente ilicitude, essa situação deve ser antecipadamente suspensa (ou suprimida/removida), a fim de que não ocorra o dano oriundo do ilícito. Porém, se dano houver, incide o art. 301 do CPC/2015 (dentre outros dispositivos). Como frisou Bedaque: "A possibilidade de o autor usufruir provisoriamente dos efeitos do provimento final antes do momento procedimental próprio deve-se ao perigo de que, se tiver de aguardar o final do processo, fique impossibilitado de fazê-lo".[456]

94.3 Não será excessivo destacar que estes casos têm substrato suplementar em sede de Direito Administrativo. Trata-se do *princípio da autotutela*: a capacidade detida pela Administração Pública de tutelar *ex officio*, material e processualmente, as próprias prerrogativas e os próprios deveres. O que importa dizer que o superior da cadeia hierárquica tem natural competência para controlar os atos de seus subordinados. Mas atenção: só se pode praticar autotutela para controle de atos pertinentes à sua própria competência originária (ou de seus subordinados).

---

[455] Marinoni, *Técnica Processual e Tutela dos Direitos*, 3. ed., p. 205 e 206, respectivamente.
[456] Bedaque, Tutela Cautelar e Tutela Antecipada, 3. ed., p. 354.

Isso na justa medida em que a competência imputada ao agente público envolve o exercício de *função administrativa*, num regime de deveres para cujo cumprimento a lei outorga os proporcionais poderes (v. capítulo II, item 1.3).

Por outro lado, os atributos do ato administrativo – quais sejam: a *presunção de legitimidade*, a *imperatividade*, a *exigibilidade* e a *autoexecutoriedade* – fazem com que a antecipação de tutela nos processos administrativos se torne questão eminentemente cronológica. A Administração Pública dispõe da competência necessária para antecipar atos administrativos, visando à efetivação realista de direitos privados e à concretização material imediata de deveres públicos.

94.4 Em todas estas hipóteses não há supressão do contraditório, mas inversão temporal na incidência do princípio, em vista da *efetividade do processo*.

Nos casos de concessão da tutela *inaudita altera parte* o interessado não é intimado anteriormente à concretização da providência acauteladora justamente a fim de viabilizar a realização desta – seja porque a intimação é inviável, devido ao curto espaço de tempo disponível para a prática do ato, seja porque a prévia intimação frustraria sua concretização.

Mais: é viável a prática de ato antecipatório *inaudita altera parte* justamente para impedir que o ilícito – administrativo ou privado, tanto faz – gere o dano. Porém, e isso é muito importante, trata-se de prejuízo comprovado, real, demonstrado – e não de hipótese presumida, ficcional ou imaginada em tese pela autoridade. Aqui, nem sequer verossimilhança haverá.

De qualquer forma, o contraditório é pleno no momento imediatamente posterior à providência necessária. O interessado tem acesso à providência e seus resultados; podendo questionar, inclusive, a legitimidade de sua adoção.

Porém, em casos que não sejam puramente relativos à tutela de evidência, destaque-se a imperiosidade da concretização fática do risco iminente (exceção feita aos casos de tutela de evidência). Deverá ser evento sério, imediato e intransponível no tempo, a ser objeto de juízo de ponderação entre o *periculum* e o *fumus*. Somente em casos nos quais haja iminência de danos irreparáveis e a medida acauteladora seja indispensável para evitá-los é que a Administração poderá agir sem prévio processo administrativo regular (ou no momento de sua abertura). Caso assim não seja, a providência adotada pela Administração será nula de pleno direito, não podendo gerar qualquer efeito jurídico.

Por outro lado, a motivação deverá ser plena (fundamentos de fato e de direito) e simultânea à "providência". Não será possível sua adoção imotivada para, em vista de seu resultado, ser formalizada a fundamentação do ato.

De igual modo, tais atos cautelares devem respeito à LINDB, sobremodo a seus arts. 20 e 21, que preceituam o dever de expor e avaliar as alternativas ao provimento, bem como suas consequências.

4 Princípio da ampla defesa, a Lei nº 9.784/1999 e o processo administrativo

95. O princípio da ampla defesa vem expressamente previsto no Direito Constitucional brasileiro a partir da primeira Lei Fundamental.[457] Assim, é garantia que se poderia qualificar de clássica em nosso Direito Público, pois o acompanha desde sua instalação.

Inicialmente a ampla defesa tinha concepção *ratione materiae* restrita. Apesar de compreendida em sua larga incidência, era própria do Direito Processual Penal. Essa limitação derivava de hermenêutica literal dos textos constitucionais, que a inseriam como garantia apta a assegurar a defesa "aos acusados" e envolviam a "nota de culpa" (Constituições de 1824, 1891 e 1946) e/ou a própria prisão (Constituições de 1824, 1891, 1937 e 1946). Somente a Constituição de 1934 definia o princípio sem qualquer vínculo explícito com aspectos criminais ("A lei assegurará aos acusados ampla defesa, com os meios e recursos essenciais a ela").

Assim, e implícita ou explicitamente, ampla maioria da doutrina reputava que o termo "acusados" implicava limitação do princípio aos processos criminais.[458] Em sentido contrário, especialmente, Pontes de Miranda sustentava interpretação extensiva da ampla defesa, defendendo sua aplicação a processos "em que há *acusado*; portanto, a defesa em processo *penal*, ou em processo *penal-fiscal* ou *administrativo*, ou *policial*".[459]

Porém – e ainda assim –, era essencial a existência de acusação, da imputação de ato ilícito (criminal, fiscal ou administrativo), para que o particular pudesse exercitar a ampla defesa.

96. A partir da promulgação da atual Constituição, em outubro de 1988, tais controvérsias caíram por terra. Existe a certeza da larga abrangência da garantia, nos termos do inciso LV do art. 5º.

Portanto, o princípio constitucional é ilimitado, sempre que o processo albergar conflito de interesses (efetivo ou potencial) ou imputação de ilicitudes. Pouco importa tratar-se de processo penal, trabalhista, cível ou administrativo; a regra é a aplicação máxima da ampla defesa.

97. A Constituição promulgada em 1988 também reforça o entendimento de que a natureza jurídica da ampla defesa representa o anverso do direito de acesso à Justiça. Trata-se da mesma garantia vista sob ângulo diverso. Assim, configura direito subjetivo público, no sentido de que é outorgado em abstrato a todos os cidadãos e seu exercício funda-se imediatamente no texto constitucional.

"A *defesa*, em rigorosa técnica e em terminologia científica, é o exercício da *pretensão à tutela jurídica*, por parte do acusado. O Estado – no texto constitucional – a prometeu,

---

[457] Cf. as Constituições pretéritas e respectivos artigos, que previam a máxima: de 1824, art. 179, §8º, XI e XVII; 1891, art. 72, §16; 1934, art. 113, §§24-27; 1937, art. 122, XI; 1946, art. 141, §25; e EC nº 1/1969, art. 153, §15.

[458] V.: Carlos Maximiliano, Commentarios à Constituição Brasileira, 2. ed., p. 679-681, e Comentários à Constituição Brasileira (de 1946), cit., 5. ed., vol. III, p. 121-125; Eduardo Espínola, Constituição dos Estados Unidos do Brasil (18 de setembro de 1946), vol. II, p. 568-569; e Manoel Gonçalves Ferreira Filho, Comentários à Constituição Brasileira, 6. ed., p. 599-600. Já Celso de Mello tinha interpretação ampliativa e criticava decisões jurisdicionais limitativas (Constituição Federal Anotada, cit., p. 341-342). Ampliar em Grinover, O Processo Constitucional em Marcha, cit., p. 21-22.

[459] Pontes de Miranda, Comentários à Constituição de 1967 com a Emenda n. 1 de 1969, 3. ed., t. V, p. 235.

tem o Estado, através da Justiça e de qualquer outro órgão estatal, de cumprir a sua promessa."[460]

Desta forma, pedido inicial e defesa envolvem o direito do particular de ter suas pretensões apreciadas pelo Estado, mediante processo idôneo e imparcial. Todos os interessados, quer do polo passivo, quer do polo ativo, da relação processual têm pretensões imediatas idênticas (a apreciação de seu pedido pelo órgão julgador) e pretensões mediatas equivalentes (a tutela de seu direito material). Por óbvio, os pedidos são diversos, cada qual se dirigindo a finalidade específica, finalidades antagônicas entre si. Mas, em essência, possuem a mesma natureza jurídico-constitucional.

Indo avante, sob o enfoque ora em análise, a ampla defesa é, igualmente, garantia da legitimidade da atuação estatal. Não se exaure nos direitos subjetivos das partes envolvidas na relação jurídico-processual, mas assegura o processo ele mesmo, considerado como atividade dirigida a determinado fim público (decidir a questão controvertida, definir a penalidade a ser aplicada, reconhecer a existência de direito da pessoa privada, resguardar a efetividade do direito posto em discussão etc.).

Daí por que Ada Pellegrini Grinover qualificou a garantia como "não apenas das partes, mas sobretudo da jurisdição: porque, se, de um lado, é interesse dos litigantes a efetiva e plena possibilidade de sustentarem suas razões, de produzirem suas provas, de influírem concretamente sobre a formação do convencimento do juiz, do outro lado, essa efetiva e plena possibilidade constitui a própria garantia da regularidade do processo, da imparcialidade do juiz, da justiça de suas decisões".[461]

Em suma, e no que diz respeito ao processo administrativo, a ampla defesa dirige-se também ao prestígio do interesse público primário a ele vinculado: garantia do primor na obediência ao *iter* previsto em lei e da excelente prática do ato administrativo final, que assegure o exercício efetivo do direito discutido nos autos. A garantia processual não assegura o prestígio às pretensões materiais das partes envolvidas, mas, sim, a justiça e a segurança jurídica da efetividade da decisão a ser proferida. O que resulta na constatação de que talvez seja justamente a Administração a maior beneficiária da perfeição na obediência ao princípio.

4.1 Princípio da ampla defesa e princípio do Estado Democrático de Direito

98. Importante também é destacar que o princípio da ampla defesa somente encontra sua real significação em um Estado Democrático de Direito. Melhor dizendo, trata-se de uma das manifestações dinâmicas desse cânone constitucional.

Ora, ao assegurar o respeito à cidadania e à dignidade da pessoa humana (art. 1º, II e III), bem como a participação popular segundo plexo de normas preestabelecidas (art. 1º, *caput*), a Constituição torna positiva a garantia dos administrados de integrar os processos decisórios estatais, especialmente aqueles que possam ter desdobramentos imediatos em face deles. Todas as pessoas têm a prerrogativa de ser tratadas como

---

[460] *Idem*, p. 234 (lembre-se que o texto foi escrito ao tempo da Carta de 1969, cujo art. 153, §15, previa o substantivo "acusados").

[461] Grinover, *O Processo Constitucional em Marcha*, cit., p. 7 (o texto refere-se ao processo judicial e o termo plural "garantias" diz respeito aos direitos de ação e defesa, inseridos na cláusula do devido processo legal).

sujeitos detentores de direito subjetivo frente à Administração Pública, estabelecendo com ela relações jurídicas pautadas pelo dever de respeito recíproco.

Assim deve ser compreendida a ampla defesa: garantia de poder defender-se e articular suas razões, garantia de que essas razões serão apreciadas e levadas em conta, garantia de um processo legítimo e garantia do respeito a um Estado Democrático de Direito. O princípio representa o todo dessa escala ascendente de direitos do particular em face da Administração Pública. Não apenas a prerrogativa de manifestação em processos que incidam sobre sua liberdade e/ou bens, mas garantia de participar ativamente na tomada de decisões estatais.

Essa imbricação entre a manifestação dos interessados, o processo administrativo e as decisões estatais resulta em prestígio ainda maior à ideia de democracia participativa. Conforme já decidiu o TRF-1ª Região, em acórdão cuja ementa representa síntese dos princípios constitucionais do processo administrativo: "O princípio do devido processo legal (*due process of law*) é uma das vigas-mestras do Estado Democrático de Direito, quando assegura a todos os cidadãos o direito fundamental de não serem privados de sua liberdade ou de seus bens sem a observância do contraditório e da ampla defesa, seja na esfera judicial, seja na administrativa (CF/1988, art. 5º, LIV)".[462]

Aliás, Edgard Silveira Bueno Filho frisa a lição de Geraldo Ataliba no sentido de que "o direito de defesa, que se insere dentre os direitos individuais e coletivos, só pode ostentar o seu significado e se tornar efetivo num Estado de Direito".[463]

4.2 Princípio da ampla defesa, processo administrativo, defesa "indireta" e defesa "direta"

99. No processo administrativo o exercício da ampla defesa contempla as chamadas defesas "direta" (ou de mérito) e "indireta" (ou processual).

Ou seja: a pessoa privada pode (deve) exercitar sua ampla defesa não só no que diz respeito à matéria substancial que deu origem ao processo (relação jurídica de direito material), mas também quanto à relação jurídica de Direito Processual em si mesma. A compreensão desses desdobramentos intrínsecos do direito de defesa envolve várias ordens de argumentos, que são usualmente denominados de "questões": *prévias, prejudiciais, preliminares* e *de mérito*.

O enfrentamento do tema exige breve esclarecimento.

99.1 Como bem destaca José Carlos Barbosa Moreira, é importante frisar que a divisão de defesas entre as relativas ao processo em si mesmo e aquelas vinculadas ao conteúdo material da discussão ("mérito", em Direito Processual[464]) tem por lastro "características inerentes às questões, em traços ou notas específicas que oferecem consideradas *em si mesmas*, ou mais precisamente no seu *objeto*. Há, porém, outro prisma por que se podem elas analisar: é o das *relações* que elas mantêm umas com as

---

[462] TRF-1ª Região, REO 1.293.341-MG, rel. Juiz Eustáquio Silveira, *DJ* 7.12.2000, p. 102.
[463] Edgard Silveira Bueno Filho, *O Direito à Defesa na Constituição*, p. 4.
[464] Note-se que são diversos os conceitos de "mérito" processual (o objeto substancial do processo, a matéria vinculada à discussão de fundo instrumentalizada no processo) e "mérito" do ato administrativo (a intimidade discricionária do ato, vinculada à sua oportunidade e à sua conveniência).

outras".⁴⁶⁵ Não se trata de critérios opostos ou excludentes, mas da adoção de outros parâmetros para a discussão.

Ora, em seu relacionamento recíproco as questões podem apresentar vínculos de *coordenação* (situam-se num mesmo plano lógico e se destinam a um fim comum) ou de *subordinação* (a decisão de uma depende logicamente do exame prévio da outra, esta subordinando e repercutindo naquela). Em outras palavras: o vínculo de subordinação *condiciona* o exame das questões subordinadas à prévia decisão relativa às subordinantes. Neste sentido "é que se fala de *questões prévias* – que melhor se diriam, talvez, *prioritárias* – para designar todas aquelas *cuja solução é logicamente anterior à de outras*".⁴⁶⁶

Tanto as chamadas "questões preliminares" como as "questões prejudiciais" configuram espécies do gênero "questões prévias". São temas cujo enfrentamento é logicamente anterior e subordinante do julgamento do mérito do processo. Também por isso, é de se repudiar a prática da postergação indevida do exame das questões prévias: ou elas têm essa qualidade jurídica (e assim precisam ser conhecidas de antemão – para a elas ser dado ou negado provimento) ou não a possuem (devendo, portanto, ser rejeitadas). O que se exige é o seu *efetivo exame*, sempre *prévio ao do mérito da causa*.

99.2 As questões prévias podem ter repercussão puramente processual ou relativa ao mérito. Sua nota essencial reside exatamente em sua antecedência lógico-jurídica e seu ponto de referência está no *"tipo de relação* existente ente a questão prioritária e a que dela depende".⁴⁶⁷

Por isso que Barbosa Moreira reputa que a questão prejudicial implica a antecipação de juízo sobre a outra questão: "Resolvida a prejudicial, resolvida está, virtualmente, a outra, bastando que o juiz tire as consequências lógicas de rigor". Porém, a questão prejudicada (ou subordinada) pode ser referente ao processo ou ao mérito.

Por outro lado, as questões preliminares retratam "a ideia da *prioridade*, da antecedência, mas falta a da relação de *dependência*, de *subordinação*". São questões "cuja solução pode dispensar ou impedir o juiz de passar à apreciação das subsequentes".⁴⁶⁸

A seguir serão tratadas as três ordens de defesas: diretas (ou de mérito), indiretas (preliminares ou processuais em sentido estrito) e prejudiciais.

99.3 Com a promulgação do Código de Processo Civil/2015 a defesa – ou, mais amplamente, as *atitudes* daquele que ocupa o polo passivo do processo – passou a ser marcada pelo dever de colaboração processual, combinado com a vedação ao formalismo e a duração razoável do processo.

Estes três pilares – colaboração processual ativa, eliminação de formalismos inférteis e duração razoável – determinam que a defesa seja simplificada ao máximo (e seu exame o mais efetivo e tempestivo possível). Trata-se de dever imposto à parte

---

⁴⁶⁵ Barbosa Moreira, "Questões prejudiciais e questões preliminares", *in*: *Direito Processual Civil (Ensaios e Pareceres)*, p. 75.
⁴⁶⁶ Barbosa Moreira, "Questões prejudiciais e questões preliminares", cit., *in*: *Direito Processual Civil (Ensaios e Pareceres)*, p. 76. Ampliar em: Thereza Alvim, *Questões Prévias e os Limites Objetivos da Coisa Julgada*, especialmente p. 11-29; e Antônio Scarance Fernandes, *Prejudicialidade*, passim.
⁴⁶⁷ Barbosa Moreira, "Questões prejudiciais e questões preliminares", cit., *in*: *Direito Processual Civil (Ensaios e Pareceres)*, p. 88-89.
⁴⁶⁸ *Idem*, p. 85-88.

e ao seu advogado, que precisam se esforçar em simplificar o processo, sob pena de se sujeitarem a sanções punitivas endoprocessuais.

Já se passou o tempo em que a Administração Pública devia suportar, sem objeções, as peças processuais eminentemente protelatórias, com defesas intermináveis, que, ao contrário de colaborar com a solução do caso, se prestavam a impedir que a decisão fosse proferida em prazo hábil. E o mesmo se diga da pessoa privada que deduz seus pleitos frente à Administração e se depara com atos e pseudomotivações dissociados do que efetivamente se passa no processo. Decisões de centenas de páginas, com repetição cansativa de relatórios, antes causam um desserviço ao processo do que prestígio à ordem jurídica. Essa ordem de condutas não colaborativas – seja das pessoas privadas, seja da Administração Pública – deve ser ativamente reprimida e sancionada no processo administrativo, porque atentatória aos deveres de colaboração processual, de prestígio à duração razoável e de proibição aos formalismos inúteis. Em suma, a defesa é pautada pela boa-fé processual.

100. A *defesa direta* – ou *defesa material* – diz respeito ao conteúdo substancial da discussão, tal como definida frente à Administração Pública: o mérito da questão em debate. Corresponde à controvérsia posta em face dos fatos descritos no pedido ou ato de instauração, sua qualificação jurídica e, em decorrência, o pedido final. Assim, a defesa direta volta-se contra a veracidade dos fatos e a aplicabilidade das normas jurídicas ao caso concreto.[469]

É de se sublinhar a importância conferida pelo Código de Processo Civil/2015 ao direito subjetivo ao julgamento do mérito da causa em tempo razoável. Isso em especial nos seus arts. 4º ("As partes têm o direito de obter em prazo razoável a solução integral do mérito, incluída a atividade satisfativa") e 6º ("Todos os sujeitos do processo devem cooperar entre si para que se obtenha, em tempo razoável, decisão de mérito justa e efetiva").

Também devido a tais preceitos, pouco importa se o ato de instauração processual derivou de pleito do particular ou de provimento administrativo *ex officio*. O interessado que ocupa o polo passivo da relação processual tem garantida a prerrogativa de se opor, em sentido lato, à descrição da relação jurídica que deu origem ao processo. Tem o direito público subjetivo de conhecer do mérito da causa e a respeito dele se manifestar. Tudo isso com o escopo de ser proferido o julgamento em tempo razoável.

Esse aspecto da ampla defesa reforça a exigência de motivação do ato administrativo ou do pleito do interessado que deem origem ao processo (e a perfeição de sua comunicação). Trata-se de previsão do art. 6º, IV, da Lei nº 9.784/1999, dirigido ao "requerimento inicial do interessado" (art. 6º, *caput*), mas que se aplica com perfeição à Administração Pública.

Caso não existam ou não sejam claras as razões pelas quais é instaurado o processo, impossível será o exercício da garantia. O interessado não pode se defender caso não

---

[469] Na lição de Luiz Rodrigues Wambier e Eduardo Talamini (*Curso Avançado de Processo Civil*, 16. ed., vol. I, p. 256), as defesas de mérito podem ser diretas ("consiste na mera negação dos fatos alegados pelo autor ou na negativa dos efeitos jurídicos atribuídos pelo autor a tais fatos") e indiretas ("o réu não nega os fatos apresentados pelo autor nem a qualificação jurídica desses fatos, mas alega outros que impedem, modificam ou extinguem o direito do autor").

saiba, com exatidão, do que é acusado. Em decorrência, nulo será o processo cujo ato de instauração seja precário.

Nesse sentido é pacífico o entendimento do STJ: "A instauração do processo disciplinar é efetuada mediante ato da autoridade administrativa em face de irregularidades funcionais praticadas pelo servidor público, o qual deve conter a descrição e qualificação dos fatos, a acusação imputada e seu enquadramento legal, além da indicação dos integrantes da comissão de inquérito".[470]

101. Já a defesa indireta ou processual não visa a questionar o conteúdo do direito material que deu origem à relação processual, tampouco a qualificação jurídica a ele imputada pelo interessado que ocupa o polo ativo (ou pela autoridade administrativa), mas se volta contra o processo ele mesmo.

Seu objetivo é retardar o procedimento ("defesa dilatória"; "exceção processual dilatória") ou impedir o julgamento de mérito da causa ("defesa peremptória"; "exceção processual peremptória"),[471] independentemente da razão ou desrazão quanto à questão substancial. Seu acolhimento obsta, portanto, o exame do mérito da causa. Tem lastro no descumprimento de normas referentes à instauração e/ou desenvolvimento da relação jurídico-processual, o que resulta na obrigatoriedade de sua extinção ou no impedimento de lhe ser dado andamento.

Na medida em que o conhecimento da defesa processual é logicamente anterior ao exame do mérito, ela é usualmente apresentada sob o título de "preliminar": antecedente necessário, sem a transposição do qual o julgamento de mérito não pode ocorrer. Julgada procedente a preliminar, o órgão julgador estará impedido de conhecer do mérito processual.

Assim, a defesa indireta deve ser examinada antes da defesa direta e da produção de provas. Não é possível que a autoridade simplesmente a transponha tacitamente, sem apreciá-la (seja em absoluto, seja ao tempo certo). Tampouco é válido subordinar a apreciação da defesa processual à produção de provas e à apreciação simultânea com a defesa direta ao final do processo – o que implica desprestígio ao princípio da economia processual.

Apreciar as preliminares simultaneamente ao mérito implica não apenas um erro jurídico, mas sobretudo uma inconsistência lógica: ou bem são preliminares (e por isso devem ser examinadas e providas – ou não – antes do mérito) ou preliminares não são (e por isso devem ser de imediato julgadas improcedentes). O órgão julgador deve analisar e decidir o quanto antes as preliminares, pena de serem praticados atos processuais custosos e inúteis.

Mais que isso, a desobediência a tais exigências implica nulidade dos atos decisórios praticados no processo administrativo.[472] Ou seja: a Administração deve decidir se a relação processual, tal como posta, pode ter seguimento e se a questão de mérito é apta a ser instruída e receber decisão.

---

[470] STJ, REsp 182.564-PR, rel. Min. Vicente Leal, *DJU* 26.6.2000, p. 207. V. também: MS 7.176-DF, rel. Min. Fontes de Alencar, *DJU* 19.2.2001, p. 134; e MS 5.612-DF, rel. Min. Anselmo Santiago, *DJU* 1.2.1999, p. 103.

[471] Wambier e Talamini, *Curso Avançado de Processo Civil*, cit., 16. ed., vol. I, p. 255.

[472] A não ser aqueles de possível convalidação (descartada a preclusão processual), dever-poder da Administração já examinado no capítulo III, item 2.5.2 ("Princípio da moralidade, anulação, convalidação e a Lei 9.784/1999").

Nesse sentido, há decisão do STJ que firma o dever de apreciação da defesa indireta no processo administrativo, pena de nulidade: "A ausência de apreciação, de maneira injustificada, da questão preliminar levantada pelo servidor quanto à suspeição e impedimento do presidente da comissão de inquérito caracteriza-se como cerceamento ao direito de defesa do acusado, ensejando a anulação do processo".[473]

Contudo, frise-se que o fato de o órgão julgador não ter apreciado as preliminares ao tempo certo não o impede de conhecer e dar provimento à defesa indireta. Mesmo porque as defesas indiretas usualmente envolvem direitos indisponíveis, matéria de ordem pública que pode a qualquer tempo ser apreciada. Por exemplo, se o órgão recursal constatar *ex officio* a incompetência absoluta da autoridade que proferiu a decisão, merece examinar a extinção do processo – não se submetendo a qualquer preclusão *pro judicato*.[474] Sem dúvida, essa procrastinação indevida agredirá o princípio da eficiência e o da duração razoável do processo – mas fato é que vícios inconvalidáveis e nulidades absolutas não podem ser prestigiados em razão do decurso do tempo. A Lei nº 9.784/1999 não é explícita a respeito das defesas indiretas. Porém, é perfeita sua aplicação ao processo administrativo. A uma, por razões lógico-jurídicas. O processo é uma realidade autônoma, com dignidade jurídica toda própria. Caso haja questões jurídico-processuais que digam respeito à existência e ao desenvolvimento regular do próprio processo, é evidente que necessitam ser apreciadas. A duas, por interpretação extensiva de dispositivos da própria Lei nº 9.784. Há previsões que configuram questões prévias, apesar de não existir referência expressa a respeito. A três, mas não menos importante, devido à aplicação supletiva e subsidiária do Código de Processo Civil/2015.

Afinal de contas, é inerente ao direito constitucional da ampla defesa o princípio da eventualidade: a possibilidade de articular defesas ocasionalmente contraditórias entre si – para que a segunda seja conhecida na hipótese de a primeira ser rejeitada, e assim por diante. Como esclarece Marinoni: "Esse princípio tem relação com a necessidade de todas as defesas – processual e de mérito, de mérito direta e de mérito indireta – serem apresentadas em um único instante, ou seja, na contestação".[475] O mesmo se diga quanto ao processo administrativo: na medida em que o interessado tem uma única oportunidade de deduzir todos os argumentos que lhe sejam favoráveis, em face dele é instalado o ônus processual de deduzir o mais amplo número de defesas que a boa-fé processual permita.

A seguir analisaremos as razões que justificam a defesa indireta no processo administrativo.

102. Em brevíssimo exame, e com as devidas ponderações em face do processo administrativo, podemos arrolar as seguintes defesas indiretas: (i) a legitimidade das

---

[473] STJ, MS 7.181-DF, rel. Min. Félix Fischer, *DJU* 9.4.2001, p. 329.

[474] Igual compreensão deve orientar casos em que a nulidade processual seja detectada no curso do processo. Por exemplo: num processo de licitação sob a modalidade "concorrência" a autoridade competente constata falha insanável no ato processual de habilitação do vencedor (que não havia sido impugnada ao tempo e modo adequados pelos demais licitantes). Ela deverá, mesmo *ex officio*, decretar a nulidade do resultado do certame (cf. Egon Bockmann Moreira, "Licitações, questões de ordem pública e preclusão", *Revista Colunistas Direito do Estado*, disponível em: http://www.direitodoestado.com.br/colunistas/egon-bockmann-moreira/licitacoes-questoes-de-ordem-publica-e-preclusao, acesso em: 11 ago. 2016).

[475] Marinoni, *Teoria Geral do Processo*, cit., p. 324.

partes; (ii) o interesse de agir;[476] (iii) a intimação inicial; (iv) a existência, competência e imparcialidade do órgão julgador; (v) a capacidade (de agir, de ser parte e postulatória); (vi) a existência e a aptidão do pedido inicial ou ato de instauração; (vii) a "litispendência"; (viii) a "coisa julgada"; e (ix) a convenção de arbitragem.[477-478]

Ao final também serão analisadas as questões prejudiciais (especialmente a prejudicialidade externa).[479]

102.1 Inicialmente, e mesmo antes de analisar o rol consignado, tratemos daquela clássica "condição da ação" que foi suprimida do Código de Processo Civil/2015: a *possibilidade jurídica do pedido*.[480] Frente ao Direito Processual Civil pretérito a impossibilidade jurídica do pedido obstava a instauração e condução de pleitos proibidos em lei. Na dicção de Donaldo Armelin, escrita à luz do Código de Processo Civil/1973, ela ocorre "quando o pedido é vedado pelo sistema jurídico e quando a *causa de pedir* envolve ilicitude, e, como tal, é proscrita pelo ordenamento jurídico".[481]

Assim, dizia respeito à não viabilidade de ser dado provimento ao pleito porque ilícito seu fundamento ou o objetivo visado. O termo "impossibilidade" não havia de ser lido como "inexistência de previsão legal", mas "existência de proibição legal". Lembre-se que no Direito Processual Civil vigem o princípio *iura novit curia* (o dever do magistrado de conhecer e aplicar a norma legal, ainda que não alegada pelas partes) e a vedação ao *non liquet* (a proibição de que o juiz deixe de decidir o caso concreto). Os pedidos que versassem a propósito de temas proibidos por lei à luz do Código de

---

[476] Estas defesas – legitimidade e interesse – são conhecidas no direito processual civil como "condições da ação", requisitos necessários à própria instauração do processo. Destaque-se que parte da doutrina adotava entendimento excludente do "interesse de agir" (por todos: Donaldo Armelin, *Legitimidade para Agir no Direito Processual Civil Brasileiro*, p. 40). Anteriormente, e como será visto a seguir, a possibilidade jurídica do pedido também era considerada uma das "condições da ação" – qualificação tacitamente excluída pelo Código de Processo Civil/2015.

[477] Esta segunda série de possíveis defesas processuais é denominada pela doutrina de "pressupostos processuais", requisitos para que o processo seja gerado e desenvolvido de forma válida. Entendemos que a "perempção" não se aplica ao Direito Processual Administrativo, visto tratar-se de modo de extinção vedado pelo dever da Administração de instalar e conduzir *ex officio* o processo, em combinação com o art. 40 da Lei nº 9.784/1999 – a sanção pelo descumprimento de intimações que determinam a juntada de documentos em favor do próprio interessado é o "arquivamento" do processo, não sua extinção. Não será demais enunciar que no Direito Processual Civil perempção é a extinção do processo, sem julgamento de mérito, devido ao fato de o autor não promover as diligências que lhe cabiam e abandonar a causa por prazo superior a 30 dias (CPC/2015, art. 337, V). No Direito Processual Penal perempção é forma extintiva da punibilidade em ações penais privadas quando o querelante não dá andamento ao processo durante 30 dias seguidos; quando, falecendo ou tornando-se incapaz o querelante, as pessoas com titularidade para dar prosseguimento ao processo não comparecem em juízo; quando, injustificadamente, o querelante deixa de praticar atos processuais essenciais ao processo (comparecer a atos processuais ou deixar de pedir a condenação nas alegações finais); e quando o querelante-pessoa jurídica é extinto sem deixar sucessor (CPP, art. 60).

[478] A enumeração acima deriva de aplicação supletiva e subsidiária de disposições do Código de Processo Civil/2015 (arts. 485, 330, 332 e 337) e da Lei nº 9.784/1999 (arts. 2º, parágrafo único, X, 3º, II, 6º, 9º e 11-18). A enumeração não se pretende exaustiva.

[479] A localização da matéria nesse tópico dá-se por mera organização prática, sem pretender subordinar o conceito de "questão prejudicial" ao de "defesa indireta" (conforme exposto no §98).

[480] O art. 17 do CPC/2015 é taxativo ao consignar: "Para postular em juízo é necessário ter interesse e legitimidade". Mais adiante, o art. 330 também é expresso ao definir que: "A petição inicial será indeferida quando: (...); II – a parte for manifestamente ilegítima; III – o autor carecer de interesse processual; (...)". Igual a previsão do art. 485, que veda o exame de mérito quando: "VI – verificar ausência de legitimidade ou de interesse processual". Hoje a *possibilidade jurídica do pedido é questão de mérito* (e não defesa indireta, de admissibilidade do pedido). Por amor à sistematização original deste livro e para permitir a compreensão sistemática do tema, nesta edição a impossibilidade jurídica será mantida neste capítulo.

[481] Donaldo Armelin, Legitimidade para Agir no Direito Processual Civil Brasileiro, cit., p. 51. No mesmo sentido: E. D. Moniz de Aragão, Comentários ao Código de Processo Civil, vol. II, p. 560.

Processo Civil/1973 nem sequer poderiam ser examinados, pois o autor careceria do direito de acionar o Poder Judiciário. Contudo, o atual Código de Processo Civil/2015 consagrou o entendimento de que a (im)possibilidade pode dar fundamento à decisão de *mérito*, não de inadmissibilidade processual. Logo, não é mais uma condição da ação. No Direito Processual Civil o pedido será conhecido e indeferido porque expressamente vedado pelo ordenamento jurídico.

Demais disso, no processo administrativo o tema deve ser encarado com especial atenção. Tal como frisa Teresa Arruda Alvim Wambier, "será um pouco arriscado afirmar-se que está implicitamente admitido o que não está expressamente vedado, pois esse princípio só pode nos nortear diante de um conjunto de normas de direito privado". Afinal de contas, "em direito público deve-se atentar para princípio inverso: só é permitido o que o for de forma expressa, sendo vedado aquilo que a lei não toca".[482]

Ora, o princípio da legalidade veda condutas contrárias à lei ou praticadas sem qualquer fundamento – constitucional, legal ou regulamentar – específico (tácito ou explícito). A Administração deve recusar conhecimento e provimento a pedido que não possua antecedente normativo: não é possível inovar o ordenamento, criando prescrições *ab ovo* ou deferindo pleitos sem fundamento (implícito ou explícito) em norma legal. Ainda mais grave são pleitos *contra legem*: estes são marcadamente impossíveis de ser conhecidos.

Por certo, e em especial no processo administrativo, cogitações em torno da (im) possibilidade jurídica excluem o conhecimento relativo a proibições positivas contidas no ordenamento (material e processual). Caso se dê vedação expressa ao pleito, não há alternativa. O pedido administrativo *contra legem* deve ser conhecido e improvido, em decisão que declare a ilegalidade pretendida. Porém, a questão é complexa no que diz respeito à ausência de previsão legal expressa (caso faltante a "letra da lei").

Como se sabe, e como visto anteriormente, a Lei nº 9.784/1999 expressa o princípio da legalidade e estabelece o critério de "atuação conforme a lei e o Direito", a ser observado na atuação administrativa do Estado (art. 2º, *caput* e parágrafo único, I). Tal previsão explicita o princípio da juridicidade, que transcende a restrita interpretação literal dos textos legais (v. capítulo III, item 2.3.1). O princípio da legalidade não retrata singela concepção de universo de normas fechadas, que se encerram em sua própria leitura. Não se circunscreve ao texto da lei. Não secciona a subjetividade da interpretação/ aplicação do Direito: como se só o legislador pudesse criá-lo e aos administradores e juízes coubesse apenas sua automática aplicação.

Ao contrário: o princípio exige a compreensão do todo do ordenamento jurídico e a inserção da regra cogitada, de forma harmônica, nesse universo normativo (Constituição, leis, regulamentos, resoluções, regulamentos, contratos etc.). A perfeita compreensão do texto legal somente é possível em razão do contexto normativo e factual onde está inserido.

Além disso – e tal como várias vezes já mencionado –, reputamos obrigatória a aplicação supletiva e subsidiária de preceitos legais, especialmente aqueles de caráter processual. Por exemplo, antes mesmo da regra cogente do art. 15 do CPC/2015 o STJ já

---

[482] Teresa Arruda Alvim Wambier, *Nulidades da Sentença*, 2. ed., p. 29.

havia decidido pela incidência de dispositivo legal visando a suprimir o gravame que o particular sofreria em virtude da ausência de previsão explícita. Consta da ementa: "É lícita a extensão, por analogia, dos benefícios assegurados pelo Decreto-lei n. 1.044/1969 a estudante que deixou de frequentar aulas por se encontrar sob prisão preventiva, em razão de processo que resultou em absolvição".[483]

Porém – e apesar de acolhermos a necessidade de os pleitos dos particulares serem encarados de forma generosa –, reputamos que a Administração não estará apta a processar e dar provimento a pedidos que não contenham qualquer previsão normativa (Constituição, leis, regulamentos, contratos etc.) pretérita – seja implícita, seja explícita, no ordenamento jurídico. Aqui a decisão será de mérito, quanto à legalidade do pedido: ele será conhecido e improvido. O mesmo se diga, como maior intensidade, quanto a pedidos que contrariem proibições normativas.

Todavia, em face do ato de instauração do processo por parte da Administração a impossibilidade deve ser encarada de forma mais radical. Como se sabe, a Administração deve estreita obediência ao princípio da legalidade. Seu dever-poder consiste em, com lastro em título competencial certo, dar concreção às normas jurídicas preestabelecidas pelo Direito vigente. Assim, não nos parece possível conferir à possibilidade jurídica do ato de instauração *ex officio* aquela mesma dimensão antes descrita. Não é cabível a instauração administrativa espontânea sem a existência de norma que a autorize. Mas também aqui o tema dirá respeito ao mérito da decisão.

Em conclusão: no processo administrativo a impossibilidade jurídica do pedido tem desdobramentos outros que não aqueles célebres no Direito Processual Civil. Porém, não pode ser compreendida como restrição absoluta, excluindo previsões implícitas da ordem jurídica (especialmente através da analogia, do costume administrativo *praeter legem* e dos princípios gerais de Direito). Dependerá de avaliação fundamentada da questão concreta.

102.2 Conforme já mencionado, o Código de Processo Civil/2015 circunscreve as "condições da ação" à legitimidade e ao interesse. A legitimidade de parte decorre da titularidade do interesse posto em discussão e suas consequências processuais. Na clássica lição de Donaldo Armelin, "é uma qualidade jurídica, que se agrega à parte, habilitando-a a ver resolvida no mérito a lide *sub judice*".[484]

Em Direito Processual Civil o termo "partes" designa os sujeitos que integram os polos ativo e passivo do processo (não é imediatamente vinculado à relação de direito material – que agrega o qualificativo *legítima* ao termo "parte"). De usual refere-se àquelas pessoas que têm interesses processualmente contrapostos, tal como deduzidos frente ao Poder Judiciário (e assim integram o processo: quem demanda e quem é demandado). Daí a antiga definição do art. 2º do CPC/1973 (excluída do Código de Processo Civil/2015), que fixava o chamado "princípio dispositivo": "Nenhum juiz prestará a tutela jurisdicional senão quando a parte ou o interessado a requerer".

---

[483] STJ, REsp 45.522-SP, rel. Min. Humberto Gomes de Barros, *DJU* 17.10.1994, p. 27.865. A legislação aplicada analogicamente estabeleceu "tratamento excepcional para alunos de qualquer nível de ensino portadores de afecções congênitas ou adquiridas, infecções, traumatismo ou outras condições mórbidas, determinando distúrbios agudos ou agudizados" (Decreto-lei nº 1.044/1969, art. 1º).

[484] Armelin, Legitimidade para Agir no Direito Processual Civil Brasileiro, cit., p. 80.

O Judiciário não pode agir *ex officio*: não pode propor demandas e dar origem a ações judiciais (a não ser em exceções como o *habeas corpus*).

Assim, o conceito tradicional de "parte" identifica-se com as noções de "autor" e "réu" e se reporta à defesa "parcial" de um direito subjetivo ou de pretensões excludentes em conflito. Corresponde a modelo concebido para a defesa de direitos individuais (normalmente oriundos de relações obrigacionais bilaterais).

Ocorre que esse conceito de "partes contrapostas" desgastou-se com o tempo – mesmo frente ao Direito Processual Civil, especialmente depois da valorização das demandas coletivas.[485] Apesar de perfeitamente apto a definir uma relação processual interindividual, o conceito de "parte" não se presta a designar com perfeição, *v.g.*, os envolvidos numa ação popular ou numa ação civil pública (em que muitas vezes não existem direitos subjetivos individuais resistidos em contraposição, mas a integração do interesse do "autor-cidadão" com o do "réu-Estado"). Tanto isso é verdade que há processos coletivos nos quais se defende o direito subjetivo das futuras gerações – sujeitos de direito que ainda não nasceram (pense-se nas demandas ambientais).

O mesmo se diga em relação ao processo administrativo, que não existe só e tão somente em razão de interesses em conflito que envolvam rivalidade e exclusão. Ao contrário, e como também é revelado pelo estudo de suas três dimensões (v. capítulo II, item 4), um dos participantes do processo administrativo – a Administração Pública – sempre está pautado pelo interesse público.

Assim, por um lado, o processo administrativo presta-se a instrumentalizar a participação popular na formação da vontade da Administração, ele exige a inclusão das pessoas privadas no controle e no aperfeiçoamento da máquina administrativa. Participação popular que pode se dar para a formação de futuras decisões que digam respeito a direitos subjetivos, a interesses coletivos e difusos (tanto no plano concreto como no geral e abstrato das normas regulamentares).

Por outro, é dever da Administração dar cumprimento ao interesse público primário e ao princípio da dignidade da pessoa humana. A Administração não se encontra em permanente litígio com os cidadãos, mas em situação de constante prestígio e respeito aos direitos e interesses detidos por tais pessoas. O pedido formulado num processo administrativo não deve ser compreendido unicamente como expressão de um conflito de interesses; ao contrário, há de ser visto, processado e decidido em razão da aplicabilidade de direitos fundamentais.

Por fim, muitas vezes há uma confluência, uma integração, entre o pleito particular e o interesse público. A pessoa privada pode instaurar o processo visando a objetivo que transcende seu interesse individual e que nem sequer se identificaria com um conceito ortodoxo de direito subjetivo.

Como exemplo-síntese das três hipóteses tratadas imagine-se um processo administrativo instaurado frente ao CADE em decorrência de ato de concentração de empresas. Aqui as empresas que visam à sua respectiva união não se encontram em

---

[485] A esse respeito, v.: Egon Bockmann Moreira e Marcella Ferraro, "Pluralidade de interesse e participação de terceiros no processo (da assistência simples à coletivização, passando pelo *amicus*: notas a partir e para além do novo Código de Processo Civil)", *RePro* 251/43-74. Sobre as controvérsias a propósito do conceito de "parte", v.: Luiz Guilherme Marinoni, Sérgio Cruz Arenhart e Daniel Mitidiero, *Novo Curso de Processo Civil*, cit., 2. ed., vol. 2, p. 84-86.

conflito (ao contrário), nem mesmo em relação à Administração Pública – que, no caso concreto, pretende só e tão somente proteger objetivamente a livre concorrência. As eventuais terceiras empresas que experimentarão os efeitos reflexos da concentração (perda de mercado diante do concorrente mais poderoso) não titularizam exatamente um direito subjetivo a ser protegido, mas o interesse jurídico de que a livre concorrência seja prestigiada (com reflexos na respectiva atividade econômica). Mais ainda: as eventuais consequências do pedido de aprovação da concentração não têm a natureza jurídica de sanções administrativas (quer premiais, quer punitivas). Podem implicar o indeferimento do pedido, seu deferimento pleno ou o deferimento com limitações administrativas ao exercício da livre empresa (com eventual sacrifício de direitos). Logo, está-se diante de situação muito mais complexa do que simples conflito de interesses entre dois sujeitos de direito.

Rigorosamente – e a não ser naqueles casos que efetivamente reflitam um conflito de interesses (real ou potencial) –, não há "partes" em sentido estrito num processo administrativo. Há participantes interessados, que integram a relação processual e exercitam seus direitos, ônus e deveres processuais. Não é indispensável a contraposição de interesses parciais e antagônicos para o caracterizar. Talvez justamente por esse motivo que a Lei nº 9.784/1999 tenha se utilizado da palavra "parte" no sentido de pessoa integrante da relação processual em apenas dois dispositivos (arts. 31 e 51, I). Nas demais previsões a lei utiliza o termo "interessado". Afasta-se, com isso, a dependência da litigância: o processo administrativo não é adicto a conflitos.

Recordemos que o Código de Processo Civil/2015 trata de "partes" e de "interessados" (especialmente nos arts. 88, 89 e 119). Tal terminologia refere-se a processos em que não haja litígios (na chamada "jurisdição administrativa"), bem como a "terceiros" ao processo (art. 119 e ss.). Para o Direito Processual Civil na hipótese da jurisdição não contenciosa não há partes em sentido estrito, mas meramente "interessados" (por exemplo, nos termos do art. 725 do CPC/2015: emancipação, sub-rogação, alvará judicial, homologação de autocomposição extrajudicial etc.).

Contudo, a Lei nº 9.784/1999 não pretendeu conferir apenas esse significado específico ao termo. A lei vale-se muitas vezes da palavra "interessado": logo no art. 5º estabelece que "o processo administrativo pode iniciar-se de ofício ou a pedido do interessado". E o tema assume especial importância no capítulo V (arts. 9º e 10), que trata justamente dos "interessados".

Note-se que os arts. 5º, 9º e 10 tratam do início do processo, colocando o princípio da demanda num segundo plano, pois admitem sua instauração *ex officio*. Por outro lado, atenuam a ideia de "partes" e se reportam à de "interessados".

Ora, frente ao processo administrativo o conceito de "interessado" diz respeito basicamente a um controle objetivo. Envolve compreensão mais ampla, que não exclui as pretensões subjetivas (apesar de não depender de direitos pessoais e/ou conflitos para sua configuração). A Lei nº 9.784/1999 utiliza-se desse termo não com a intenção de suprimir o conceito ou a importância dos direitos subjetivos em face da Administração, mas visando a ampliar o exercício do direito de petição (CF, art. 5º, XXXIV).

Ressalte-se que não se está a defender um "direito" irresponsável e ilimitado quanto ao exercício do direito de petição, mas sua compreensão ponderada e contextualizada.

O que se pretende é refutar a submissão do processo administrativo a prévio conflito de interesses. Ao excluir o conceito de "parte" e valer-se do termo "interessado", a Lei nº 9.784/1999 descarta também o conceito de "litígio" para a caracterização do processo administrativo.

Para que o processo administrativo se instaure, não é necessário o conflito de interesses entre duas pessoas. Nem mesmo é imprescindível a ofensa a direito subjetivo detido por aquele que instaura o processo. Basta que a pessoa descreva o "legítimo interesse" que detém para dar início ao processo administrativo – e, assim, instalar a relação jurídico-processual. Por exemplo: um indivíduo tem interesse em que seja observada determinada postura pública da Lei de Zoneamento (distância entre a construção da casa do vizinho e a esquina, *v.g.*), ou interesse na apuração de irregularidades ou ilegalidades da Administração Federal junto ao TCU (Lei nº 8.443, de 16.7.1992, arts. 53 e ss.), ou de que se deva instaurar o processo em vista dos atos descritos na Lei de Defesa da Concorrência (Lei nº 12.529/2011, art. 66), ou mesmo a apuração de atos de corrupção (Lei nº 12.846/2013, art. 8º). Em todos esses casos não é necessário o conflito de interesses ou afronta a direito subjetivo privado, nem mesmo um interesse resistido.

Esse conceito amplo é clarificado tornado mais nítido pelo art. 9º da Lei nº 9.784, cujos incisos reportam-se a pessoas e organizações titulares de "direitos ou interesses".

O inciso I trata basicamente da legitimação de pessoas físicas e jurídicas para dar início ao processo. São os titulares de direitos subjetivos ou interesses individuais: não apenas aqueles que detêm uma pretensão subjetiva específica e limitada à sua esfera jurídica pessoal. No mesmo plano está o exercício do direito de representação (CC/2002, arts. 115 e ss.).[486]

Já o inciso II discorre acerca da legitimação dos que podem aderir ao processo. Sem definir o perfil do requerente (pessoas físicas ou jurídicas, organizações e associações), o dispositivo legitima todos aqueles detentores de direitos ou interesses que, em tese, possam dizer respeito ou ser atingidos pela futura decisão do processo. São aquelas pessoas que José dos Santos Carvalho Filho classifica de "interessados supervenientes": "aqueles que se caracterizam pela possibilidade de ingressar no processo *supervenientemente*, isto é, depois que o processo já foi formalmente instaurado".[487] À evidência, o inciso não se reporta apenas ao polo passivo do processo administrativo: o interessado pode optar por ingressar no polo ativo da relação processual. Porém, não basta a mera autoimputação de "direitos ou interesses que possam ser afetados" para legitimar a entrada de terceiros na relação processual. O ônus da prova incumbe à pessoa que pleiteia o ingresso.

Os incisos III e IV abrem o leque de alternativas subjetivas, outorgando a legitimação processual a "organizações e associações representativas" para os direitos e interesses *coletivos* (relativos àquele grupo específico – *v.g.*, associações de servidores públicos) e a "pessoas e associações legalmente constituídas" para os direitos e interesses *difusos* (gerais e abstratos, sem número certo e determinado de interessados – *v.g.*, direito

---

[486] A respeito da representação e sua natureza jurídica é indispensável a consulta à obra de Mairan Gonçalves Maia Jr., *A Representação no Negócio Jurídico*, 2. ed.

[487] José dos Santos Carvalho Filho, *Processo Administrativo Federal*, 4. ed., p. 114.

administrativo do ambiente). Como lecionam Sérgio Ferraz e Adilson Abreu Dallari, trata-se do fenômeno da substituição processual: "aqueles que em nome próprio podem atuar em defesa de direito ou interesse de outrem".[488]

102.3 Igualmente, cabe examinar o interesse de agir, o qual "compõe-se de dois aspectos, ligados entre si, que se podem traduzir no binômio *necessidade-utilidade*, embora haja setores da doutrina que prefiram traduzir esse binômio por *necessidade-adequação* ou, mesmo, aludir ao trinômio *necessidade-utilidade-adequação*".[489]

Detêm interesse de agir as pessoas privadas e públicas, organizações ou associações que podem obter resultado favorável, que somente pode ser alcançado através do processo (ou, quando menos, é o meio mais prático ao seu desiderato). O mesmo se põe em face da Administração, vedando-se-lhe a instauração de processos desnecessários e/ou inúteis ao atingimento do interesse público.[490]

Assim, o processo administrativo deve ser imprescindível à transposição das peculiaridades do caso concreto e útil à finalidade visada. Escopo, esse, que não se subordina exclusivamente à esfera jurídica do requerente, mas pode se desdobrar num controle objetivo da legalidade, moralidade etc. – o que não é possível é um processo aleatório ou imprestável a objetivos práticos. O processo administrativo não é uma expedição para a descoberta de eventos e dados incertos, porventura instalada em vista do desconhecimento do fato.

O Direito brasileiro proíbe que o processo se consubstancie numa contínua *fishing expedition*: pedidos e atos de instauração genéricos, numa "pescaria" de fatos supostamente ilícitos e respectivas provas (em que se lança a isca sem se saber ao certo o que pode ser pescado), despida de quaisquer evidências ou indícios consistentes que autorizem a instauração do processo. O processo não é – e nem pode ser – uma aventura. Daí a importância da avaliação do binômio necessidade-utilidade, inclusive em face da própria Administração Pública.

O interesse de agir deve ser vislumbrado também à luz do princípio da eficiência: o processo administrativo não apenas precisa ser apto a atingir determinado objetivo, mas o agente público há de envidar esforços para que esse escopo seja efetivamente atingido. Especialmente no que diz respeito à Administração, o binômio *necessidade-utilidade* é qualificado, pois se prende ao interesse público que lhe cumpre buscar. Exige-se que a "vantagem jurídica", além de ser lícita, se funde em necessidade e utilidade públicas.

102.4 A nulidade ou inexistência do ato de ciência inicial do processo administrativo (notificação ou intimação) impede seu prosseguimento. O interessado que ocupa o polo passivo da relação processual (aquele que irá sofrer os efeitos da decisão administrativa final, direta ou indiretamente) tem assegurado o direito de perfeito e formal conhecimento da existência do processo e suas possíveis consequências fático-jurídicas.

---

[488] Sérgio Ferraz e Adilson Dallari, *Processo Administrativo*, cit., 3. ed., p. 161.
[489] Wambier e Talamini, *Curso Avançado de Processo Civil*, cit., 16. ed., vol. 1, p. 219.
[490] Ou até mais que isso: o *princípio da autotutela* proíbe que a Administração busque o Judiciário justamente porque dispõe de competência para dar cabo da controvérsia. O que exige a instauração do devido processo e subsequente decisão que aplique "a lei e o Direito" ao caso concreto. Como já decidiu o TRF-4ª Região: "Ressente-se de legitimidade para mover ação civil pública o DER/PR, objetivando a proteção dos direitos dos usuários das rodovias, na medida em que ele próprio tem o poder fiscalizatório de regular a prestação de tal serviço no Estado do Paraná" (3ª Turma, AC 2007.70.00.005416-9/PR, rela. Desa. federal Maria Lúcia Luz Leiria, *DJE* 9.2.2011).

A notificação inicial é *direito* do interessado consubstanciado no *dever* da Administração de comunicar a existência, o conteúdo, a compreensão e os efeitos de um específico processo administrativo (seja decorrente de pedido de terceiro, seja em razão de ato administrativo). Tal como se infere da definição de Pedro Gonçalves, a notificação é "um acto comunicativo dirigido à esfera de perceptibilidade de uma pessoa pelo qual (um serviço ou um funcionário dependente de) um órgão administrativo transmite uma representação (autêntica) de um acto administrativo ou o próprio acto na sua forma original".[491]

A notificação inicial não pode limitar-se a noticiar a existência de um processo administrativo, mas deve levar ao conhecimento do interessado o próprio objeto da notificação: o ato inaugural de um processo e seu conteúdo, bem como todos os dados necessários à sua compreensão, ao exercício da ampla defesa (a motivação, os motivos de fato e de direito), o prazo para manifestação nos autos e as consequências de eventual omissão (o ônus do interessado de se manifestar). O art. 26 da Lei nº 9.784/1999 é nítido quanto às exigências (formais e substanciais) dos atos de intimação processual.

Ainda segundo Pedro Gonçalves, a notificação insere-se dentre os efeitos jurídicos da mera prática de qualquer ato administrativo, quais sejam: (a) dever administrativo de notificar; (b) dever administrativo de respeitar o ato; (c) direito de acesso ao ato; (d) poder de exigir a realização dos efeitos típicos do ato, quando ela estiver dependente da Administração; (e) recorribilidade; (f) início do decurso do prazo para a formação do caso decidido; e (g) exclusão do ato silente.[492]

Não é possível que o processo administrativo se desenvolva sem que se tenha concretizado e notificado com perfeição o ato inaugural. Tal exigência põe-se nos processos da Administração em face dos particulares ("duais") assim como naqueles em que há litígio entre particulares frente à Administração ("trilaterais").

O STJ já firmou que: "No processo administrativo, a intimação para a defesa visa a três objetivos: fixar o início do prazo; delimitar a matéria a ser impugnada; e, finalmente, determinar o local em que se encontram os autos, para exame".[493] Daí por que, caso ausente ou deficiente a notificação, nulos são o processo administrativo e seus desdobramentos.[494]

Aliás, não será demais afirmar que sem a perfeita, válida e eficaz ciência inicial não há relação jurídico-processual, mas arremedo de processo. A única exceção de que se pode cogitar está no comparecimento espontâneo do interessado ao processo, sem quaisquer ressalvas e acompanhado de procurador que possa exercer defesa técnica – ou

---

[491] Pedro Gonçalves, "Notificação dos actos administrativos (notas sobre a génese, âmbito, sentido e consequências de uma imposição constitucional)", *in*: AA.VV., *Ab Uno ad Omnes – 75 Anos da Coimbra Editora*, p. 1.093. Ampliar em: Luíza Cristina Pinto e Netto, *Participação Administrativa Procedimental: Natureza Jurídica, Garantias, Riscos e Disciplina Adequada*, p. 100-107.

[492] Pedro Gonçalves, "Notificação dos actos administrativos (notas sobre a génese, âmbito, sentido e consequências de uma imposição constitucional)", cit., *in*: AA.VV., *Ab Uno ad Omnes – 75 Anos da Coimbra Editora*, p. 1.096-1.100.

[493] STJ, MS 6.045-DF, rel. Min. Demócrito Reinaldo, *DJU* 27.9.1999, p. 37. No mesmo sentido: STJ, HC 91.474/RJ, STJ, 5ª T., Rel. Min. Arnaldo Esteves Lima, *Dje* 2.8.2010; TRF-4ª Região, AC 9204203862-RS, rel. Juiz Fábio Rosa, *DJ* 20.4.1994, p. 17.542).

[494] "Comprovado nos autos que o devedor não foi notificado do lançamento do débito, nulo é o processo administrativo, como também a execução fiscal" (TRF-4ª Região, AC 9304113873-RS, rel. Juiz Jardim de Camargo, *DJ* 24.12.1997, p. 112.595).

mesmo no protocolo de defesa subscrita também por advogado. Nessas hipóteses o particular supre a necessidade da notificação prévia.[495] Aqui se dá a aplicação conjugada dos princípios da *razoável duração do processo* e da *primazia do mérito* (CPC/2015, arts. 4º e 282, §2º).

102.5 Ter sido o pleito formulado a um órgão administrativo é inerente à relação processual-administrativa, diz respeito à sua própria existência. Já a competência do órgão julgador é pressuposto de validade do processo, em obediência aos arts. 11 e ss. da Lei nº 9.784/1999.

Na lição de Caio Tácito: "A primeira condição de legalidade é a competência do agente. Não há, em direito administrativo, competência geral ou universal: a lei preceitua, em relação a cada função pública, a forma e o momento do exercício das atribuições do cargo. Não é competente quem quer, mas quem pode, segundo a norma de Direito. A competência é, sempre, um elemento vinculado, objetivamente fixado pelo legislador".[496] Em outras palavras: em direito público a competência não se presume, mas está vinculada a previsão normativa expressa.

O art. 11 da Lei nº 9.784/1999 é claro ao preceituar que: "A competência é irrenunciável e se exerce pelos órgãos administrativos a que foi atribuída como própria, salvo os casos de delegação e avocação legalmente admitidos". Isto é: o agente público não pode declinar do exercício da competência que lhe foi atribuída em lei (expressa ou tacitamente), e ela deve ser exercida através dos atos específicos da finalidade pretendida pela outorga. Mais: quem pode exercer a competência é justamente aquele agente público que a recebeu como "própria".

O art. 11 tem, portanto, *efeitos positivos* e *efeitos negativos*: se, por um lado, determina o exercício ativo dos atos legislativamente cometidos às autoridades, por outro, proíbe que elas pratiquem aqueles atos incontidos em sua própria competência.

Definido o que vem a ser competência, examinemos as hipóteses de sua modificação subjetiva discricionária: a delegação e a avocação.

A *delegação* é a forma de desconcentração administrativa através da qual um órgão superior na escala hierárquica transfere temporariamente a órgão inferior (subordinado ou não), de forma eminentemente precária, parcela certa e definida de sua competência. Vem prevista no parágrafo único do art. 84 da CF, nos arts. 11 e 12 do Decreto-lei nº 200/1967 e no Decreto nº 83.937/1979. A mais recente disciplina legal está nos arts. 11 a 14 da Lei nº 9.784/1999.

Em síntese, a Lei nº 9.784/1999 dispõe que: (a) a delegação é ato discricionário da Administração; (b) a delegação é possível mesmo a órgãos que não estejam subordinados ao delegante, mas desde que autorizada em lei e fundada em razões de ordem técnica, social, econômica, jurídica ou territorial; (c) não podem ser objeto de delegação os atos normativos, a decisão em recursos administrativos e as matérias de competência exclusiva; (d) a delegação é limitada a parcela específica da competência do delegante; (e) o ato de delegação deve obedecer ao princípio da publicidade, especificando seus

---

[495] Como já decidiu o STJ, "o comparecimento espontâneo supre a irregularidade da citação do processo administrativo, ainda mais quando, tendo sido oferecida defesa, esta foi apreciada pela decisão administrativa" (ROMS 15.999-BA, rel. Min. Francisco Falcão, *DJU* 5.4.2004, p. 203).

[496] Caio Tácito, *Direito Administrativo*, p. 26.

limites materiais e cronológicos, é revogável a qualquer tempo e as decisões tomadas com base nesse título devem explicitá-lo e serão consideradas editadas pelo delegado.[497]

Já a *avocação* pode ser compreendida como a possibilidade de o superior hierárquico trazer para si determinada matéria atribuída à competência de agente subordinado (Lei nº 9.784/1999, art. 15). Como anota Carvalho Filho (com lastro em Marcello Caetano), através da avocação "o chefe superior pode substituir-se ao subalterno, chamando a si (avocando) as questões afetas a este, salvo quando a lei só lhe permita intervir nelas após a decisão dada pelo subalterno".[498] Dão-se simultaneamente a supressão de parcela material da esfera de competência do subordinado (independentemente da vontade deste) e a ampliação da competência funcional do superior.

A avocação é algo absolutamente excepcional e temporário, sempre devidamente motivada (de fato e de direito). Ao contrário da delegação, suprime instâncias administrativas e implica diminuição no número de agentes públicos competentes para avaliar e decidir determinada questão.

Situação delicada envolve a avocação de competência no curso do processo, que deve receber tratamento ainda mais restritivo. Isso porque a preclusão processual e a ampla defesa impedem tanto a supressão de instâncias como a revisão espontânea de atos processuais de hierarquia inferior sem a participação do interessado. Como bem decidiu o STJ: "Estando a decisão administrativa finda, não podia o impetrado, sem antes ouvir a parte beneficiada, avocar os autos, proferindo decisão contrária: violação do *due process of law* – Anulação do ato, com devolução do prazo de defesa".[499]

Assim, é certo que dúvidas quanto à competência devem ser exaustivamente transpostas antes da prática de qualquer ato decisório. A não ser em hipóteses absolutamente excepcionais, que deverão ser objeto de convalidação posterior (providências urgentes), a competência é um *prius* de toda e qualquer decisão administrativa. Caso contrário poderá haver dano ao processo e às partes que dele participam (Administração e particulares).

Porém, as hipóteses de modificação de competência não se limitam à avocação e à delegação.

Note-se que a delegação e a avocação são opções discricionárias do agente, com lastro no princípio da eficiência administrativa. Já as hipóteses de impedimento e suspeição vinculam-se ao princípio constitucional da moralidade e à necessária imparcialidade da Administração (do órgão julgador, em especial). Desde que configuradas as hipóteses de incidência, trata-se de atos vinculados de modificação de competência.

O *impedimento* diz respeito a fatos objetivos (interesse direto/indireto na matéria, participação pessoal ou de parentes próximos no processo ou a existência de litígio com o interessado, cônjuge ou companheiro – Lei nº 9.784/1999, art. 18, I-III), e sua comunicação ao órgão competente é dever do agente administrativo, cujo descumprimento constitui falta grave (art. 19 e parágrafo único). Quando a lei diz "impedido", significa *objetivamente*

---

[497] Nesse sentido, o STF já decidiu que, "praticado o ato questionado mediante delegação de competência, é o delegado, não o delegante, a autoridade coatora" (AgR no MS 23.411-DF, rel. Min. Sepúlveda Pertence, *DJU* 9.2.2001, p. 18).

[498] Carvalho Filho, *Manual de Direito Administrativo*, 30. ed., p. 72.

[499] STJ, MS 5.716-DF, rel. Min. Adhemar Maciel, *DJU* 10.5.1999, p. 97. V. também: MS 124-DF, rel. Min. Carlos Velloso, *RDA* 179/163; e MS 6.634-DF, rel. Min. Milton Luiz Pereira, *DJU* 25.3.2002, p. 163.

proibido de funcionar no processo. Não se trata de alternativa subjetiva, nem possui margens discricionárias, pois a escolha normativa já foi feita pelo legislador.

Também se aplicam ao processo administrativo as hipóteses de impedimento previstas no Código de Processo Civil/2015, cujos motivos "dizem respeito à vida pessoal do magistrado (art. 144, I, II, V, VI, VII e IX, do CPC) ou ao fato de funcionarem no processo seu cônjuge, companheiro, companheira ou seus parentes (arts. 144, III, IV e VIII, e 147 do CPC)".[500][501]

A *suspeição* deriva de fatores subjetivos íntimos (amizade íntima ou inimizade notória – art. 20) e sua comunicação não configura dever positivo da autoridade pública (apesar de ser extremamente recomendável, em atendimento ao princípio da moralidade). Ao contrário do impedimento, a suspeição instala possibilidades de escolha, alternativas que merecem ser avaliadas e motivadamente acolhidas (ou não) pelo servidor público. Aqui imperam a boa-fé e a moralidade, protegidas pelo núcleo duro da discricionariedade. Porém, não se trata de ato de vontade absoluta do agente: caso constatada a efetiva suspeição, seu afastamento do processo é indeclinável, sob pena de nulidade dos atos processuais.

Claro que as hipóteses de suspeição, abertas que são, vão depender dos fatos concretos para gerar sua aplicação. Uma coisa é o servidor público ser efetivamente o amigo que compartilha da intimidade do interessado (convivência pessoal, com proximidade); outra, completamente diversa, é ser ligado a terceiros (ao lado de centenas de outros) por meio de redes sociais: a toda evidência, só ser "amigo" no *Facebook* – ou conectado no *Linkedin* ou participar de grupo de *WhatsApp* ou *Telegram* – não implica "amizade íntima". O mesmo se diga da prática de atos intersubjetivos pretéritos: transcorridos muitos anos da escrita de artigo científico em conjunto ou de calorosas disputas acadêmicas ou esportivas não importam automaticamente a suspeição. Isso dependerá da avaliação dos fatos e da predisposição do julgador.

---

[500] Luiz Guilherme Marinoni, Sérgio Cruz Arenhart e Daniel Mitidiero, *Novo Código de Processo Civil Comentado*, cit., 2. ed., p. 144.

[501] Eis o texto do CPC/2015:
"Art. 144. Há impedimento do juiz, sendo-lhe vedado exercer suas funções no processo: I – em que interveio como mandatário da parte, oficiou como perito, funcionou como membro do Ministério Público ou prestou depoimento como testemunha; II – de que conheceu em outro grau de jurisdição, tendo proferido decisão; III – quando nele estiver postulando, como defensor público, advogado ou membro do Ministério Público, seu cônjuge ou companheiro, ou qualquer parente, consanguíneo ou afim, em linha reta ou colateral, até o terceiro grau, inclusive; IV – quando for parte no processo ele próprio, seu cônjuge ou companheiro, ou parente, consanguíneo ou afim, em linha reta ou colateral, até o terceiro grau, inclusive; V – quando for sócio ou membro de direção ou de administração de pessoa jurídica parte no processo; VI – quando for herdeiro presuntivo, donatário ou empregador de qualquer das partes; VII – em que figure como parte instituição de ensino com a qual tenha relação de emprego ou decorrente de contrato de prestação de serviços; VIII – em que figure como parte cliente do escritório de Advocacia de seu cônjuge, companheiro ou parente, consanguíneo ou afim, em linha reta ou colateral, até o terceiro grau, inclusive, mesmo que patrocinado por advogado de outro escritório; IX – quando promover ação contra a parte ou seu advogado.
§1º. Na hipótese do inciso III, o impedimento só se verifica quando o defensor público, o advogado ou o membro do Ministério Público já integrava o processo antes do início da atividade judicante do juiz.
§2º. É vedada a criação de fato superveniente a fim de caracterizar impedimento do juiz.
§3º. O impedimento previsto no inciso III também se verifica no caso de mandato conferido a membro de escritório de Advocacia que tenha em seus quadros advogado que individualmente ostente a condição nele prevista, mesmo que não intervenha diretamente no processo."

O art. 145 do CPC/2015 arrola as causas de suspeição[502] de modo muito mais amplo que a Lei nº 9.784/1999. Tal como nas hipóteses de impedimento, assume relevante papel o relacionamento do julgador com os advogados que funcionam – direta ou indiretamente – no processo. Esse dado é extremamente relevante e precisa ser tomado com atenção pelos escritórios de advocacia (que têm o dever estatutário de agir eticamente e revelar tais liames intersubjetivos) e pelos servidores públicos (que têm o dever de trazer ao processo tais relações com os advogados do escritório que atua nos autos).

Mas frise-se que as previsões relativas ao impedimento e à suspeição não podem ser tidas por exaustivas. A Lei nº 9.784/1999 enumera exemplificativamente casos-limite e torna viável a aplicação subsidiária especialmente do Código de Processo Civil.[503] As regras processuais devem ser compreendidas à luz da máxima efetividade dos princípios constitucionais da imparcialidade e da impessoalidade (moralidade administrativa).

Por exemplo, se o agente administrativo antecipa publicamente o resultado do processo (antes de sua instauração ou durante seu desenvolvimento), nítida é a suspeição para a condução da causa e para o julgamento final. Isso porque não se pode esperar que um agente que antecipa sua opinião a propósito da futura decisão final tenha condições de se comportar com imparcialidade, como bem firmou o TJPR a propósito de suspeição de magistrado: "Após contundentes e inusitadas assertivas nos meios de comunicação no sentido de que não resta dúvida quanto aos crimes, em clara violação ao art. 36 da Lei nº Complementar n. 35/1979, não se pode esperar que a excepta tenha condições de estudar o caso com imparcialidade. Se proferir a sentença, tenderá a buscar provas que sejam desfavoráveis aos acusados, ou seja, não atuará com a indispensável isenção".[504]

O mesmo se diga quanto à participação pessoal de membro da comissão processante em atos e/ou fatos anteriores à instalação do processo. *V.g.*, através de depoimento em sindicância administrativa em que critique negativamente o acusado[505] ou participação ativa de sindicância pretérita, formando inevitável juízo parcial acerca dos fatos.[506] Porém, a "quebra do princípio da imparcialidade, com o consequente impedimento ou suspeição de servidor para atuar no bojo do processo administrativo disciplinar, em razão de ter prestado depoimento como testemunha em outro procedimento, pressupõe a comprovação de que o depoimento prestado tenha sido carregado de juízo de valor ou prejulgamento do indicado".[507]

---

[502] Eis o texto:
"Art. 145. Há suspeição do juiz: I – amigo íntimo ou inimigo de qualquer das partes ou de seus advogados; II – que receber presentes de pessoas que tiverem interesse na causa antes ou depois de iniciado o processo, que aconselhar alguma das partes acerca do objeto da causa ou que subministrar meios para atender às despesas do litígio; III – quando qualquer das partes for sua credora ou devedora, de seu cônjuge ou companheiro ou de parentes destes, em linha reta até o terceiro grau, inclusive; IV – interessado no julgamento do processo em favor de qualquer das partes.
§1º. Poderá o juiz declarar-se suspeito por motivo de foro íntimo, sem necessidade de declarar suas razões.
§2º. Será ilegítima a alegação de suspeição quando: I – houver sido provocada por quem a alega; II – a parte que a alega houver praticado ato que signifique manifesta aceitação do arguido."

[503] Idêntica é a compreensão de Sérgio Ferraz e Adilson Abreu Dallari (*Processo Administrativo*, 3. ed., p. 169-171).

[504] TJPR, ES 118.288-1, rel. Des. Carlos Hoffmann, *DJE* 18.11.2002, p. 34. No mesmo sentido já decidiu o TRF-3ª Região (ES 199961810035841-SP, rel. Juiz Oliveira Lima, *DJ* 27.6.2000, p. 535).

[505] TRF-4ª Região, AMS 71.317-PR, rel. Juiz Sérgio Renato Tejada Garcia, *DJ* 29.5.2002, p. 419.

[506] TRF-4ª Região, REO 12.072-PR, rel. Juiz Valdemar Capeletti, *DJ* 3.1.2001, p. 172.

[507] E mais adiante, no mesmo julgado: "Não está impedido de funcionar no processo administrativo o servidor que tenha participado, ou venha participar, de outro processo, na condição de testemunha, salvo quando o depoimento

Mais grave ainda será a participação de pessoa com vínculo pessoal com o objeto do processo, como já decidiu o STJ: "Envolvida pessoalmente na suposta infração a ser apurada, encontra-se a autoridade sindicante impedida de presidir e decidir a sindicância".[508]

102.6 No processo administrativo a capacidade (de agir, processual e postulatória) emerge dos arts. 3º, IV, e 10 da Lei nº 9.784/1999.

São capazes de exercer, por si sós, os direitos e obrigações processuais "os maiores de 18 (dezoito) anos, ressalvada previsão especial em ato normativo próprio" (art. 10). Têm aplicação os arts. 70 a 76 do CPC/2015. Aplicam-se os arts. 3º a 5º do CC/2002, que regem as hipóteses de exceções à capacidade (enfermidade ou deficiência mental, ébrios habituais e viciados em tóxicos etc.) e de cessação da incapacidade (emancipação, casamento, emprego público etc.).

A capacidade postulatória é detida pelos particulares independentemente de serem assistidos por profissional com habilitação específica – a não ser "quando obrigatória a representação, por força de lei" (Lei nº 9.784/1999, art. 3º, IV). O tema será mais bem explorado adiante, ao analisarmos a autodefesa e a defesa técnica.

102.7 A inépcia do pedido deriva de, sendo analisada a descrição fática, ser impossível atingir a conclusão jurídica contida na inicial.

Daí o art. 6º da Lei nº 9.784 exigir prévia definição da autoridade a que se dirige, a identificação do interessado e seu domicílio e "a formulação do pedido, com exposição dos fatos e de seus fundamentos" (inciso IV). Assim, o requerimento deve ter pedido e causa de pedir claros, nítidos e de fácil compreensão; ter pedido determinado (a não ser nas hipóteses legais em que se permita pedido genérico); expor narrativa fática da qual decorra logicamente a conclusão; e albergar pedidos compatíveis entre si (CPC/2015, art. 330, §1º, I-IV). Isto é: precisa ser legível e possuir consistência lógica.

Por óbvio – e com as devidas ponderações –, tal exigência aplica-se aos atos administrativos *ex officio* que dão início ao processo. Tais provimentos inaugurais devem conter, com clareza e nitidez, a motivação fática e jurídica e o fim a que se destinará o processo. Não será suficiente a narrativa de uma profusão de fatos unida a um rol de normas escolhidas a esmo: é imprescindível a descrição clara e precisa dos motivos de fato e de direito, bem como de sua relação lógico-jurídica e as consequências daí advindas.

Ora, a pessoa envolvida em um processo administrativo – sobretudo na condição passiva (representado, indiciado, investigado etc.) – tem o *direito subjetivo público* de participar do processo, exercer a ampla defesa e submeter os fatos e imputações ao contraditório. Já seu ônus processual é o de apresentar sua defesa de forma tempestiva e por meio dela contraditar todos os fatos e imputações de forma minuciosa (sob pena de instalar os efeitos da revelia e outras consequências endoprocessuais).

Mas, para que ambos – *direito público subjetivo* e ônus processual – possam ser exercidos de forma adequada, imprescindível se faz que o sujeito possa saber, em específico e concretamente, do que se defender (quais as condutas que teria praticado, que consequências a elas são imputadas e qual o respectivo impacto normativo). Isso

---

prestado carrega opinião ou prejulgamento sobre a conduta do indiciado, o que não ocorreu no caso concreto" (STJ, MS 20994/DF, STJ, Primeira Seção, Rel. Min. Mauro Campbell Marques, j. 25.05.2016, *Dje* 06.06.2016).

[508] STJ, ROMS 6.060-RS, rel. Min. Edson Vidigal, *DJU* 1.12.1997, p. 62.762.

deve ser revelado por meio de descrição minuciosa dos atos e fatos que supostamente deram margem às ilicitudes, sobretudo no que respeita às respectivas características contextuais, à subjetividade de sua configuração e ao respectivo nexo de causalidade com o resultado indevido.

Ou seja: em processos de apuração de ilícitos administrativos bem como nos processos que são oriundos de conflitos de interesses individuais é imprescindível a enunciação clara da conduta efetivamente atribuída ao indivíduo – para, depois, ser mencionado o tipo legal. Este surge num segundo momento, ao se estabelecer motivadamente a correlação lógico-jurídica que une a conduta descrita à hipótese normativa.[509] Não basta ao pedido inaugural – ou à decisão que instaura o processo administrativo – descrever um "apanhado de fatos" e imputá-los a um "apanhado de sujeitos", subsumindo-os a um "apanhado de tipos". Tal como nas petições e notificações iniciais do processo civil e do penal, também a decisão inaugural *há de ser apta a possibilitar a defesa* do notificado: deve existir de forma clara; não estar baseada em explanação confusa e/ou imprecisa dos fatos; ter nexo – lógico e fundamentado – com tais fatos; e ser juridicamente possível. Caso contrário o pedido e/ou ato inaugurais sofrerão de inépcia.

Nem se diga que do simples fato de o investigado/acusado ter apresentado defesa se presume que a notificação inicial foi perfeita, válida e eficaz. Há, no mínimo, três motivos que demonstram o sério equívoco oriundo de tal raciocínio.

Por um lado, essa falácia contraria a própria razão de ser do *devido processo legal* e da *ampla defesa*: a necessidade de o Estado comunicar à pessoa o que lhe é imputado e exatamente do que deve se defender. A ampla defesa não é um jogo de adivinhação, mas, sim, direito fundamental, que precisa de premissas claras para seu exercício.

Por outro lado, transfere ilegalmente o dever da imputação minuciosa (de fato e de direito), corrompendo o ônus do Estado e o direito do indivíduo – se este precisar se defender de tudo o que conseguir imaginar, aquele nem sequer precisa indicar um fato ou consequência – bastaria uma notificação "para defesa, sobre o que conseguir imaginar, em tantos dias".

Por fim, parte do pressuposto de que os notificados racionalmente arriscariam abdicar da própria defesa em casos nitidamente ilegais. Ora, se alguém recebe uma notificação defeituosa e bizarra, só pode esperar o pior: se a abertura se dá por meio de uma ilegalidade, o que dirá na instrução e no julgamento? Mais: na medida em que o princípio da eventualidade exige que todas as defesas sejam feitas de uma só vez, ele não permite que as preliminares sejam deixadas de fora porque se apresentou defesa de mérito. O exame apurado daquelas é condição de validade desta.

102.8 Também a "litispendência" e a "coisa julgada" configuram requisitos ao julgamento do mérito do processo.[510]

---

[509] Ampliar em: Pedro Dutra, "O acesso à Justiça e a ampla defesa no direito da concorrência", in: *Livre Concorrência e Regulação de Mercados*, p. 17; André Marques Gilberto, *O Processo Antitruste Sancionador*, p. 122-128 e 274-278; Fábio Medina Osório, *Direito Administrativo Sancionador*, cit., 2. ed., p. 465; e Egon Bockmann Moreira, "O Sistema Brasileiro de Defesa da Concorrência (SBDC) e o devido processo legal", *RDPE* 40/129-153.

[510] Os termos estão entre aspas porque são conceitos próprios da teoria geral do processo e somente se estendem ao processo administrativo com a devida compreensão das ideias neles contidas.

O primeiro termo significa a existência pretérita de processo com identidade de partes, causa de pedir e pedido, que se encontra ainda em curso. O "novo processo" nada inaugura, mas configura reprodução do anterior. É uma mesma relação processual, pois, "se são duas não podem ser idênticas, se são idênticas não podem ser duas, trata-se de uma só".[511]

Ou seja: não é possível ao particular ou à Administração multiplicar irresponsavelmente o número de relações processuais em que se discute o mesmo tema entre as mesmas partes. A existência de dois processos administrativos formulados pela mesma pessoa e que visem ao mesmo resultado deve ser controlada *ex officio* pela Administração ou pode ser objeto de exceção na defesa, preliminar ao conhecimento do mérito do "segundo processo".

O que tem sérias implicações nos processos disciplinares. A multiplicação dos processos sobre uma mesma série de fatos pode implicar o indevido aumento das penas. Afinal, se não for levada em consideração a continuidade, ocorrerá uma punição para cada fato. Processos iguais, a investigar uma mesma conduta diferida no tempo, a gerar várias sanções. O ilícito administrativo continuado é aquele que decorre de um mesmo fato, diferido no tempo, ante as mesmas circunstâncias. Como já reconheceu o STJ: "A jurisprudência desta Corte tem reconhecido a existência de infração continuada quando, no exercício do poder de polícia, a Administração Pública constata, em uma mesma oportunidade, em única autuação, a ocorrência de infrações múltiplas da mesma espécie".[512] Nestes casos deve-se unir os processos e aplicar, como já decidiu o STJ, o art. 71 do CP: "A punição administrativa guarda evidente afinidade, estrutural e teleológica, com a sanção penal. É correto, pois, observar-se em sua aplicação, o princípio consagrado no art. 71 do CP".[513]

O conceito de "coisa julgada" é previsto em foro constitucional (art. 5º, XXXVI) e estabelece impeditivo absoluto a eventual alteração na situação jurídica das partes em decorrência de decisão jurisdicional "transitada em julgado". No que diz respeito à incidência das decisões do Poder Judiciário frente à Administração, estas são absolutamente intangíveis.

Já "coisa julgada administrativa" é conceito usualmente refutado, devido à possibilidade de revogação e anulação dos atos administrativos.[514] Porém, não podem ser desprezados os efeitos preclusivos das decisões administrativas – no sentido de vincular a Administração e conferir segurança e estabilidade ao processo administrativo. Mais que isso, os efeitos da coisa julgada administrativa devem ser levados em conta também naqueles processos que geram obrigações para o particular envolvido (como, por exemplo, nos Termos de Ajustamento de Conduta).

---

[511] E. D. Moniz de Aragão, *Comentários ao Código de Processo Civil*, cit., vol. II, p. 254.

[512] STJ, REsp 643.634-PE, rel. Min. Castro Meira, *DJU* 17.5.2006.

[513] STJ, REsp 39.555-PE, rel. Min. Humberto Gomes de Barros, *DJU* 28.3.1994. Nos termos do art. 71 do CP: "Quando o agente, mediante mais de uma ação ou omissão, pratica 2 (dois) ou mais crimes da mesma espécie e, pelas condições de tempo, lugar, maneira de execução e outras semelhantes, devem os subsequentes ser havidos como continuação do primeiro, (...)".

[514] O tópico aqui desenvolvido tem como lastro e transcreve partes do estudo "A indispensável coisa julgada administrativa", de Egon Bockmann Moreira e Gabriel Jamur Gomes, *Revista de Direito Administrativo – RDA* 277/239-277.

O ponto de partida está no fato de que a ideia de coisa julgada é conatural à de processo jurídico. O ato final precisa de ser prestigiado, sob pena de o processo perder a razão de existir. Afinal, a estabilização das decisões finais de mérito e a necessidade de proteção da segurança jurídica são de extrema relevância para o processo administrativo. Existe um objetivo a ser atingido por meio do processo; escopo esse que não pode ser desfeito depois de alcançado. Por isso que, tanto para o Poder Público quanto para a coletividade, é relevante a atribuição de estabilidade à decisão final de mérito. É inviável a gestão da coisa pública se não existirem bases jurídicas sólidas em relação às situações analisadas pelos órgãos governamentais, em observância ao devido processo legal.

A existência de feito conduzido por autoridade administrativa, que observe a publicidade, o contraditório, a ampla defesa e o devido processo legal, é apta a gerar presunção de confiança legítima ao particular quanto aos atos praticados e às decisões de mérito que criem direitos. Ora, a decisão final é um constructo progressivamente edificado pelas partes, que aumenta o grau de vinculação da autoridade e reduz a amplitude do seu poder-dever de autotutela à medida que se avança no procedimento, culminando-se na decisão final de mérito que não comporte mais recurso. À medida que o processo segue, tal sequência de atos e fatos paulatinamente limita a discricionariedade administrativa – e assim será lavrada a decisão final, que não permite o retorno ao *status quo ante* e a reinauguração da discricionariedade plena.

Além disso, a decisão final de um processo administrativo não é ato isolado proferido por autoridade individual que favoreça o particular, mas o resultado da construção a partir do contraditório, por meio de conjunto sucessivo de atos em observância ao devido processo legal e à motivação dos atos administrativos.[515] Frise-se que não se está aqui a tratar da impossibilidade de praticar novamente atos processuais nos mesmos autos em razão da preclusão (lógica, consumativa ou temporal), mas da própria força e vinculação para o Poder Público do provimento final. Tal aspecto apenas se concretiza quando não há mais recursos cabíveis, embora não seja necessário o exaurimento das instâncias recursais – já que esta teria sido proferida pela própria autoridade "interessada" na interposição.

Nesse contexto, faz todo sentido denominar de coisa julgada administrativa as decisões finais proferidas pela Administração Pública, em processo administrativo sob o crivo do contraditório, ampla defesa e devido processo legal.

Tais princípios permitem a aproximação da coisa julgada judicial com a administrativa. Estas não se confundem, por certo, eis que possuem fundamentos jurídico-ontológicos distintos. Não obstante, o princípio da segurança jurídica enseja a constatação da zona de intersecção entre ambos os institutos, que permite observar o compartilhamento da mesma base axiológica (segurança e proteção da confiança) e teleológica (estabilidade). Após a concretização do devido processo legal, referida matriz insere no sistema a

---

[515] A Segunda Turma do STJ já teve a oportunidade de estabelecer que: "[...] sendo o procedimento administrativo formado por uma cadeia consecutiva de atos, assim como ocorre no processo civil, deve marchar para frente até que o resultado final ocorra. Não é possível que um ato isolado, que não representa o fim do processo, seja revestido dos rigores da imutabilidade. Tal interpretação levaria ao equívoco de obrigar o administrador público – cuja atuação deve respeito ao princípio da legalidade – a se curvar diante de irregularidades não descobertas *oportune tempore*, impedindo-o de exercer o direito de punir, conforme ditames legais, contratantes reincidentes em desvios contratuais" (RMS 44.510, rel. Min. Mauro Campbell Marques, Segunda Turma, j. 10.03.2015).

preponderância dos elementos de segurança e de estabilização das relações jurídicas sobre outros valores.

No âmbito das relações com a Administração, o interesse público perde sua usual abstração e se torna denso, orientando-se à preservação e concretização de tais valores em detrimento de quaisquer outros. Em outras palavras, o interesse público no caso concreto passa a ser a atribuição de segurança jurídica àquela decisão, ao invés de quaisquer outras acepções que as autoridades possam vir a ter posteriormente.

No que toca à estrutura do provimento administrativo, por fundamentos semelhantes aos da decisão judicial de mérito, a imutabilidade recai nuclearmente sobre o *conteúdo declaratório do ato decisório*, atingindo-se quaisquer outros efeitos (como os de cunho constitutivo, condenatório, etc.) que derivem deste. Na declaração proferida pelo órgão ou entidade pública ao término do processo administrativo está imbuído um juízo favorável, que enseja legítima expectativa ao particular e presunção de adequação perante a coletividade. Não se mostra cabível à Administração, ao declarar explícita ou implicitamente o conteúdo de determinado ato (esgotadas todas as instâncias recursais internas e findo o processo administrativo), atuar de modo contraditório, de forma a violar a segurança jurídica.

Assim, não pode a autoridade romper a confiança depositada pelo particular no processo e, após o *due process of law*, considerar ilegal o que até pouco antes declarou legal (exceto em situações muito excepcionais, *cum grano salis*). Nesse cenário, a aproximação com a coisa julgada judicial se dá acima de tudo em órgãos da Administração direta e autarquias que exercem função quase judicial, na forma de tribunais administrativos, tais como: Conselho Administrativo de Defesa Econômica (CADE); Tribunais de Contas; Conselhos de Contribuintes e Conselho Administrativo de Recursos Fiscais (CARF); Agências Reguladoras; Conselhos Municipais de Urbanismo, dentre outros.

Imagine-se um Tribunal de Contas que instale tomada de contas especial e as declare boas e valiosas. Pense-se no CADE, a declarar válida determinada operação societária. Reflita-se a propósito de agência reguladora que reconhece e assim declara a validade de específico equilíbrio econômico-financeiro contratual. Cogite-se em torno de decisões de ordem urbanística, nas quais o Conselho Municipal competente declara a validade de obra a ser executada por particulares. A toda evidência, tais decisões passam a integrar o patrimônio – material e moral – das pessoas envolvidas, impedindo que tais órgãos administrativos voltem atrás em suas decisões e corrompam a segurança jurídica e a confiança legítima em si e por si instaladas.

Mesmo porque em tais entidades a própria noção das diretrizes políticas e jurídicas é fluída e pode variar com o tempo, já que são usuais mudanças na interpretação normativa e evolução de sua "jurisprudência" – principalmente quando há alterações de sua composição.[516] Embora naturais e legítimas, estas alterações de entendimento não podem atingir os administrados beneficiados de processos findos.

---

[516] Para enfrentar a insegurança jurídica decorrente da mudança de interpretação na prática de atos administrativos, a Nova Lei de Introdução às Normas do Direito Brasileiro – LINDB (Lei nº 13.655/2018) estabelece de modo claro a impossibilidade de revisão do ato já protegido pela coisa julgada administrativa em decorrência de mudança jurisprudencial ou de orientação interpretativa. Nesse sentido dispõe que: "Art. 24. A revisão, nas esferas administrativa, controladora ou judicial, quanto à validade de ato, contrato, ajuste, processo ou norma administrativa cuja produção já se houver completado levará em conta as orientações gerais da época, sendo

Há também incidência do princípio do *nemo potest venire contra factum proprium* (proibição do comportamento contraditório), com o qual resta impedido o exercício de posição jurídica em contradição com outra conduta anteriormente praticada, especialmente quando viola confiança digna de tutela. Quanto à aplicabilidade do referido princípio à Administração Pública, o Supremo Tribunal Federal já teve a oportunidade de afirmar que há "incidência dessa cláusula ('*nemo potest venire contra factum proprium*') nas relações jurídicas, inclusive nas de direito público que se estabelecem entre os administrados e o poder público".[517] Sob tal perspectiva, constituiria abuso de direito da Administração a atuação contraditória, de forma a violar a legítima confiança criada no particular.

Definidas tais premissas, torna-se viável propor como conceito de coisa julgada administrativa a qualidade que torna imutável para a Administração Pública o efeito declaratório da decisão que amplia a esfera de direitos do administrado, proferida ao término de processo administrativo em relação ao qual não caibam mais recursos, que observe o devido processo legal, com fundamento nos princípios da segurança jurídica e da proteção da confiança.

Note-se, em reforço, que o art. 54 da Lei nº 9.784/1999 estabelece prazo de decadência de cinco anos para a anulação de "atos administrativos de que decorram efeitos favoráveis para os destinatários (...) salvo comprovada má-fé". Celebra um conceito de estabilidade dos atos administrativos: a não ser em casos de má-fé aferida e demonstrada, o prazo de cinco anos é intransponível.

A respeito da aplicação do prazo decadencial há decisão do STJ que merece citação: "Pode a Administração utilizar de seu poder de autotutela, que possibilita a esta anular ou revogar seus próprios atos, quando eivados de nulidades. Entretanto, deve-se preservar a estabilidade das relações jurídicas firmadas, respeitando-se o direito adquirido e incorporado ao patrimônio material e moral do particular. Na esteira de culta doutrina

---

vedado que, com base em mudança posterior de orientação geral, se declarem inválidas situações plenamente constituídas. Parágrafo único. Consideram-se orientações gerais as interpretações e especificações contidas em atos públicos de caráter geral ou em jurisprudência judicial ou administrativa majoritária, e ainda as adotadas por prática administrativa reiterada e de amplo conhecimento público".

[517] Esse vem sendo o posicionamento francamente majoritário do STF. Observa-se no inteiro teor do acórdão que a aplicabilidade do princípio às relações de direito público se dá mesmo para aquelas que não possuem caráter contratual: "[...] o ato questionado na presente causa introduziu, no âmbito das relações de direito administrativo entre o Poder Público e os candidatos inscritos no concurso, um fator de instabilidade e de incerteza, frustrando, de maneira indevida, legítimas aspirações do ora recorrido, especialmente se se considerar a cláusula geral do '*nemo potest venire contra factum proprium*', que, além de consagrar a proibição do comportamento contraditório, traduz consequência derivada dos princípios da confiança e da boa-fé objetiva, que visam obstar, nas relações jurídicas, práticas incoerentes por parte daqueles que incutem, em outrem, em razão de conduta por eles concretizada" (MS 31695 AgR, rel. Min. Celso de Mello, Segunda Turma, j. 03.02.2015). Referida posição foi adotada pelo Min. Celso de Mello também no voto de desempate do MS 33406, decidido pela 1ª Turma, do STF (MS 33406, rel. Min. Marco Aurélio, rel. p/ acórdão Min. Roberto Barroso, Primeira Turma, j. 02.02.2016).

O plenário da Suprema Corte já havia afirmado esse entendimento: "A fonte do princípio da proteção da confiança está, aí, na boa-fé do particular, como norma de conduta, e, em consequência, na *ratio iuris* da coibição do *venire contra factum proprium*, tudo o que implica vinculação jurídica da Administração Pública às suas próprias práticas, ainda quando ilegais na origem. O Estado de Direito é sobremodo Estado de confiança. E a boa-fé e a confiança dão novo alcance e significado ao princípio tradicional da segurança jurídica, em contexto que, faz muito, abrange, em especial, as posturas e os atos administrativos, como o adverte a doutrina, relevando a importância decisiva da ponderação dos valores da legalidade e da segurança, como critério epistemológico e hermenêutico destinado a realizar, historicamente, a ideia suprema da justiça" (ACO 79, rel. Min. Cezar Peluso, Tribunal Pleno, j. 15.03.2012).

e consoante o art. 54, §1º, da Lei nº 9.784/1999, o prazo decadencial para anulação dos atos administrativos é de cinco anos da percepção do primeiro pagamento".[518]

102.9 Por fim, merece significativo destaque o fato de que o Código de Processo Civil/2015 inovou e qualificou a *convenção de arbitragem* no rol das condições da ação – o que traz significativas repercussões no processo administrativo.[519] Afinal de contas, para além das previsões no próprio Código de Processo (art. 3º, §1º; art. 337, X; art. 359; art. 485, VII) e na Lei de Arbitragem (Lei nº 9.037/1996, art. 1º, §1º: "A Administração Pública direta e indireta poderá utilizar-se da arbitragem para dirimir conflitos relativos a direitos materiais disponíveis"), fato é que existem muitas leis que autorizam a aplicação de tal instituto em temas que poderiam dar margem à instalação de processos administrativos e/ou judiciais. Por exemplo: Lei nº 14.133/2021 (arts. 151 a 154); Lei nº 8.987/1995 (art. 23-A); Lei nº 9.472/1997 (arts. 93, XV, e 120, X); Lei nº 9.478/1997 (art. 20); Lei nº 10.233/2001 (arts. 35, XVI, e 39, XI); Lei nº 11.079/2004 (art. 11); Lei nº 13.140/2015 e Lei nº 13.867/2019.

Logo, a defesa/manifestação do particular no processo administrativo haverá de, previamente, apresentar a existência de convenção de arbitragem – que, sendo constatada como verdadeira, instalará o dever da Administração Pública de extinguir o processo administrativo sem resolução de mérito (a fim de, posteriormente, se submeter ao resultado da arbitragem). Não será válido o desenvolvimento do processo administrativo caso uma das partes levante essa questão, que implicará a supressão da competência da Administração para resolver o caso em sede de processo administrativo.

O legislador brasileiro consolidou a arbitragem como o meio legítimo para a composição de conflitos em questões administrativas – em especial nos contratos e demais negócios jurídico-administrativos. Pense-se, por exemplo, nas agências reguladoras e nas parcerias público-privadas. A arbitragem nos contratos administrativos, portanto, consubstancia legítimo e legal *institutional bypass*.

De igual modo, de se rejeitar as eventuais críticas decorrentes da ideia de que a arbitragem em contratos administrativos e em temas regulatórios seria proibida, porque incidente sobre bens e serviços *extra commercium*. Com o devido respeito, a tese prova demais: se são bens e serviços *extra commercium*, como podem ser objeto de contratos? Como podem ser regulados por agências independentes? Se são indisponíveis, como se pautar pela combinação do edital com a proposta vencedora? A bem da verdade, está-se diante de comercialidade diferenciada, pautada pelo Direito Administrativo Econômico e pela disponibilidade dos direitos postos em conflito. Uma coisa é a indisponibilidade da função administrativa; outra, completamente diversa, é a disponibilidade condicionada do próprio contrato (e da quantificação monetária do seu objeto). Assim, o que merece ressaltar é que esta comercialidade de Direito Público está submetida a diversos níveis,

---

[518] STJ, MS 7.090-DF, rel. Min. Jorge Scartezzini, *DJU* 13.8.2001, p. 47. Mas é de se destacar que a Corte Especial do STJ já consolidou o entendimento de que o prazo do art. 54 da Lei nº 9.784/1999 não tem efeitos *ex tunc*: "A vigência do dispositivo, dentro da lógica interpretativa, tem início a partir da publicação da lei, não sendo possível retroagir a norma para limitar a Administração em relação ao passado" (MS 9.112-DF, rela. Min. Eliana Calmon, *DJU* 14.11.2005).

[519] Sobre a arbitragem no Direito Público, v.: Leila Cuéllar; Egon Bockmann Moreira, Flávio Amaral Garcia e Elisa Schmidlin Cruz, *Direito Administrativo e Alternative Dispute Resolution*: arbitragem, *dispute board*, mediação e negociação, 2. ed., *passim*.

em vista da ampla heterogeneidade das coisas públicas: basta contrastar o mar territorial aos livros da biblioteca pública; a praça à estação de metrô; os aeroshoppings aos museus. Os diferentes graus de afetação da coisa implicam o correspondente plano de incidência de sua exploração econômica (em intensidade e extensão). Mas uma coisa é certa: a tese da extracomercialidade não é apta a inibir a incidência da arbitragem no Direito Administrativo.

Em conclusão: o que se espera é que cada vez mais o incentivo instalado pelo Código de Processo Civil/2015 e pela Lei de Arbitragem seja prestigiado pela Administração Pública brasileira. Uma vez que existem tais previsões legislativas, seria um equívoco os editais, contratos e regulamentos suprimirem essa possibilidade de composição de conflitos. Caso o processo administrativo seja instaurado, a convenção de arbitragem poderá ser levantada pelos interessados e conhecida previamente ao exame da causa, instalando-se o dever de extinção do processo administrativo caso perfeita, válida e eficaz a cláusula de arbitragem.

102.10 Cumpre também destacar as questões prejudiciais externas, que, apesar de não configurarem defesa processual em sentido estrito, merecem ser abordadas neste tópico.

A *prejudicialidade* significa a existência de uma questão externa a determinado processo (questão prejudicial ou subordinante), autônoma a ele, cuja solução prévia é logicamente necessária ao próprio conhecimento do que foi posto nesse determinado processo (questão prejudicada ou subordinada). Não se trata de um antecedente, mas de uma condição necessária e suficiente, sem o exame da qual o mérito da causa não pode ser adequadamente examinado. Existe condicionamento lógico-jurídico, segundo o qual a decisão num processo depende do prévio conhecimento e da solução de uma questão prejudicial.

As questões prejudiciais (subordinantes) podem dizer respeito a temas antecedentes ao mérito do processo ou a problemas puramente processuais. Não é isso que as qualifica, mas o vínculo de dependência que impõem ao processo subordinado: o julgamento da causa *pressupõe* o deslinde da questão preliminar.

Por exemplo: um pedido de promoção e aumento salarial de servidor público cujo ato de nomeação é questionado em processo administrativo prévio e autônomo. Não será eficiente e econômico conceder os benefícios ante a hipótese de a nomeação ser nula (*v.g.*, porque inexistente ou viciado o concurso público). Isso porque há dependência lógico-jurídica entre a validade da nomeação (questão subordinante) e a promoção (questão subordinada).[520]

A solução para os casos de relação de prejudicialidade externa é a suspensão do processo subordinado até a solução da questão subordinante. Porém, tal suspensão não pode ser *ad aeternum*. Caso contrário haveria uma subversão dos princípios da eficiência e da economia processual. Sustentamos a aplicação do art. 313, IV, "a" e "b", bem como os respectivos §§4º e 5º, do CPC/2105, que estabelecem o limite máximo de

---

[520] O TCU possui registro de vários casos que envolvem a prejudicialidade externa em processos administrativos. V. as seguintes decisões: Processo 019.788/1992-4 (rel. Min. Adylson Motta, *DOU* 9.9.2002); Processo 004.220/1998-6 (rel. Min. Humberto Guimarães Souto, *DOU* 5.3.1999); Processo 650.161/1996-3 (rel. Min. Guilherme Palmeira, *DOU* 15.9.1999); Processo 000.144/1999-1 (rel. Min. Valmir Campelo, *DOU* 25.4.2000).

um ano para a suspensão do processo submetido a uma questão prejudicial externa. Decorrido o prazo de um ano, o órgão julgador deverá, de ofício, intimar as partes e dar prosseguimento ao processo outrora suspenso ("o juiz *determinará* o prosseguimento do processo" – art. 313, §5º).

Por outro lado, decidida positivamente a questão prejudicial, não é permitido o reexame da questão prejudicada. Afinal de contas, esta está condicionada e é atingida pelos efeitos da preclusão (inclusive *pro judicato*). Como já decidiu o STJ: "Se o tribunal acata como procedente questão prejudicial, não lhe é permitido examinar o mérito".[521]

Esta rápida análise da chamada "defesa indireta" pretende tornar claro que o processo administrativo exige regularidade formal a fim de atingir o desiderato substancial deduzido pelos particulares e, mesmo, pela própria Administração.

4.3 Princípio da ampla defesa, processo administrativo e o direito a provas

103. De há muito a doutrina de Cunha Gonçalves firmou que "o direito à prova tem sido classificado como um dos direitos da personalidade e certamente está incluído no originário direito de defesa".[522]

O particular tem asseguradas a realização e a participação em todas as provas pertinentes ao processo. Na lição de Celso Antônio Bandeira de Mello, vige o princípio "da *ampla instrução probatória*, o qual significa, como muitas vezes observam os autores, não apenas o direito de oferecer e produzir provas, mas também o de, muitas vezes, fiscalizar a produção das provas da Administração, isto é, o de estar presente, se necessário, a fim de verificar se efetivamente se efetuaram com correção ou adequação técnica devidas".[523]

103.1 Por um lado, assegura-se-lhe a prerrogativa processual de propor e produzir provas, demonstrando o porquê de sua real necessidade para o caso concreto. Todos os fatos relevantes (principais e acessórios) em que se funda o ato administrativo ou pedido inicial, bem como a defesa, podem (devem) ser objeto da instrução processual.

Porém, destaque-se a advertência de Moniz de Aragão, para quem "nem todo fato pode ser objeto de prova; somente os relevantes, determinados e controversos em relação ao litígio". "Relevantes" são aqueles "cuja demonstração é indispensável para formar a convicção do julgador"; "determinados" são "fatos certos e por isso passíveis de demonstração em juízo"; e "controversos" são "os fatos a cujo respeito as partes estão em desacordo".[524]

---

[521] STJ, REsp 177.076-RS, rel. Min. Humberto Gomes de Barros, *DJU* 1.7.1999, p. 126. No mesmo sentido: ED no REsp 161.586-SP, rel. Min. Costa Leite, *DJU* 22.3.1999, p. 194. Sublinhe-se que, nos termos do art. 503, §1º, do CPC/2015, o julgamento da questão prejudicial "decidida expressa e incidentemente no processo" faz coisa julgada. O que importa dizer que a ação declaratória incidental não é mais necessária à formação da coisa julgada no julgamento da questão prejudicial: desde que apreciada, sob o regime do contraditório, ela integra o dispositivo, o *decisum*, da sentença. O mesmo se pode dizer quanto às decisões administrativas.

[522] *Apud* E. D. Moniz de Aragão, *Exegese do Código de Processo Civil*, cit., vol. IV, t. I, p. 50.

[523] Celso Antônio Bandeira de Mello, *Curso de Direito Administrativo*, cit., 33. ed., p. 519.

[524] Moniz de Aragão, *Exegese do Código de Processo Civil*, cit., vol. IV, t. I, p. 60. Nesse sentido, o STJ: "Não acarreta nulidade do PAD, por cerceamento de defesa, o indeferimento de produção de provas e diligências, quando estas forem desnecessárias ou protelatórias, desde que haja motivação idônea nesse sentido" (AgInt no RMS 48899/PB, STJ, 1ª T., Rel. Min. Regina Helena Costa, j. 28.11.2017, *Dje* 05.12.2017).

Assim, e desde que demonstrado ser a prova possível, idônea e necessária à solução da controvérsia, sua concretização é imperiosa. Em contrapartida, a autoridade administrativa tem o dever de rejeitar provas de impossível realização, imprestáveis ou impertinentes. Afinal, o processo administrativo não é uma história sem fim, e as partes devem respeito aos prazos e momentos da prática dos respectivos atos processuais.

Sob essa óptica, a Lei nº 9.784/1999 exige que as atividades de instrução sejam "destinadas a averiguar e comprovar os dados necessários à tomada de decisão" (art. 29) e exclui a realização de provas "ilícitas, impertinentes, desnecessárias ou protelatórias" (art. 38, §2º).

103.2 Por outro lado, o particular é titular do direito de participar da atividade probatória. Seu pedido tem que receber tratamento isonômico em relação aos demais constantes dos autos (sejam pleitos dos administrados ou decisões da Administração). Deve ser intimado anteriormente à sua produção, com direito de nela interagir e a respeito dela se manifestar. Não há prova sigilosa, parcial ou excludente. Caso adotadas tais condutas limitadoras, a "prova" porventura produzida será absolutamente nula.

De usual, no processo administrativo há duas ordens de sujeitos a produzir provas: a Administração e os particulares envolvidos. Porém, prova válida é aquela da qual participam todos os sujeitos da relação processual. Nem a Administração nem os particulares podem realizar unilateralmente as provas e pretender impô-las ao processo como perfeitas e válidas.

Note-se que a validade da prova não depende da disposição do interessado para participar da atividade instrutória. O que se preceitua é a possibilidade de tomar parte ativa na produção de provas, através da regular intimação e da disponibilidade dos instrumentos adequados a tanto. Mas a inércia do interessado não tem o condão de impedir, procrastinar ou macular a instrução processual.

Se o interessado sabe de sua viabilidade, mas se abstém de propor e participar das provas, não poderá alegar vícios formais na sua produção e cerceamento de sua defesa. O STJ já decidiu que a ampla defesa "significa oportunizar todas as possibilidades de produção de provas serviveis ao indiciado/réu ou qualquer pessoa que responda a processo administrativo ou judicial. Não serve, contudo, para postergar o rito ao alvitre da parte interessada".[525]

A prova deve ser realizada nos limites dos autos e sempre com a possibilidade de cooperação dos particulares envolvidos (*rectius*: dever de colaboração probatória). A pessoa privada tem garantidas a manifestação e a influência na condução da atividade instrutória, bem como o direito de exigir da Administração o auxílio na atividade probante.

Assim, e nos termos do Código de Processo Civil/2015, a prova consubstancia não só um direito, mas também um *dever*, correlacionado à lealdade, à boa-fé e colaboração processual, como lecionam Marinoni, Arenhart e Mitidiero: "para que o Estado possa desempenhar adequadamente a sua tarefa de decidir as controvérsias que lhe são submetidas, é essencial que as pessoas que tenham conhecimento dos fatos relevantes para a solução desse litígio efetivamente colaborem e tragam para o processo esses

---

[525] STJ, MS 7.188-DF, rel. Min. Gilson Dipp, *DJU* 7.10.2002, p. 168. V. também o acórdão proferido no MS 7.834-DF (rel. Min. Félix Fischer, *DJU* 8.4.2002, p. 127).

elementos em que se fundará o conhecimento do órgão jurisdicional".[526] Constatação que se torna ainda mais aguda no processo administrativo, no qual muitas vezes é a própria Administração Pública que imediatamente dispõe de informações, dados e documentos pertinentes à solução da controvérsia: a ela, assim como a todos os envolvidos subjetivamente na relação processual, cabe o dever de colaborar na eficiente produção das provas.

A Lei nº 9.784/1999 assegura o direito "de propor atuações probatórias" (art. 29), cabendo ao interessado "a prova dos fatos que tenha alegado" (art. 36); que pode, "na fase instrutória e antes da tomada de decisão, juntar documentos e pareceres, requerer diligências e perícias, bem como aduzir alegações referentes à matéria objeto do processo" (art. 38). Na atividade de produção das provas a Administração tem o dever de colaborar com o interessado (arts. 36, 37, 39 e 43) e o de intimá-lo, "com antecedência mínima de 3 (três) dias úteis, mencionando-se data, hora e local de realização" (art. 41). Por outro lado, o art. 378 do CPC/2015 é expresso ao consignar que "ninguém se exime do dever de colaborar com o Poder Judiciário *[leia-se Administração Pública]* para o descobrimento da verdade" – o que abrange, inclusive, terceiros e cuja negativa pode implicar ilícitos cíveis, processuais e até penais (CPC/2015, arts. 77, 80 e 81, 379 e 380; CP, arts. 347 e 356).

103.3 Anote-se que o direito à produção de provas há de ser exercido no tempo oportuno. Assertiva que traz dois desdobramentos.

O exercício das provas no momento certo tem como pressuposto a ciência da possibilidade de serem propostas. Somente se pode cogitar da tempestividade na hipótese de regular conhecimento prévio: o interessado precisa saber que pode produzir provas e qual o prazo para deduzi-las. Como o processo administrativo nem sempre exige a defesa técnica, o particular há de receber especial atenção no que diz respeito a ser cientificado da possibilidade de realizar provas.

Depois, o interessado deve ser intimado para especificar as provas que deseja ver produzidas e também as provas ordenadas pelo órgão julgador (Lei nº 9.784/1999 art. 41). Caso ocupe o polo passivo na relação processual, essa intimação deve ter início na notificação inaugural. Caso tenha instaurado o processo, deverá ser intimado a especificar provas previamente à definição administrativa que serão produzidas.

A ausência de intimação do interessado para participar da atividade instrutória do processo administrativo contamina de nulidade a prova porventura produzida.[527]

103.4 Por fim, o direito à prova opõe-se à supervaloração das presunções legais. Não podem ser elas impeditivas ou atenuantes do princípio da ampla defesa.

104. Fixadas estas premissas, cumpre avaliar três importantes aspectos da atividade probatória frente ao processo administrativo. São eles: a prova emprestada, a verdade sabida e a prova ilícita.

---

[526] Marinoni, Arenhart e Mitidiero, *Novo Curso de Processo Civil*, cit., 2. ed., vol. 2, p. 261.
[527] Cf. decisão do TJSE que decretou a nulidade da ouvida de testemunhas sem a prévia intimação do interessado: ACi 510/1999, rela. Desa. Marilza Maynard Salgado de Carvalho, *RT* 801/361.

4.3.1 Processo administrativo e a "prova emprestada"

105. A locução "prova emprestada" significa "transferir de um para outro processo, mediante certidão ou qualquer outro meio de reprodução, prova já colhida, para não ser necessário produzi-la novamente".[528]

Em atendimento ao princípio da economia processual, faculta-se o aproveitamento de prova já realizada (pericial, testemunhal, depoimentos etc.). Porém, para que tenha valor jurídico, a prova emprestada possui alguns requisitos de validade, subjetivos e objetivos. Tais requisitos aplicam-se ao processo administrativo com lastro nos princípios da ampla defesa, do contraditório e devido processo legal. Não seria a busca pela "verdade material", típica do processo administrativo, apta a atenuar o rigor de tais exigências formais.

Inclusive, o STJ editou a Súmula nº 591, que trata exatamente da prova emprestada nos processos administrativos: "É permitida a prova emprestada no processo administrativo disciplinar, desde que devidamente autorizada pelo juízo competente e respeitados o contraditório e a ampla defesa".

O tema faz parte de muitas espécies de processos administrativos – e de sua correlação com processos desenvolvidos por outras autoridades. Assim, o STF possui acórdão em que admitiu prova (interceptação telefônica) emprestada do inquérito policial para o processo administrativo: "Dados obtidos em interceptação de comunicações telefônicas e em escutas ambientais, judicialmente autorizadas para produção de prova em investigação criminal ou em instrução processual penal, podem ser usados em procedimento administrativo disciplinar, contra a mesma ou as mesmas pessoas em relação às quais foram colhidos, ou contra outros servidores cujos supostos ilícitos teriam despontado à colheita dessa prova".[529]

Exige-se: (a) a transcrição integral da prova anteriormente produzida, desde o ato que a autorizou até sua conclusão final, através de documentos legítimos; (b) que tenha sido validamente realizada (contraditório, ampla defesa, devido processo legal etc.); (c) que no processo anterior se tenha concretizado a participação das mesmas partes do atual (especialmente aquele contra quem será utilizada a prova); (d) a observância das normas que permitem a juntada de documentos no processo atual; e (e) a semelhança do fato que será objeto da prova.

Demais disso, e nos termos do art. 372 do CPC/2015, a prova emprestada há de ser submetida ao contraditório – e, ainda assim, sua aplicação ao caso que a recebeu dependerá do exame racional e da respectiva valoração da autoridade competente. Ela não é uma verdade absoluta e incontrastável, pois "as circunstâncias do segundo processo, as particularidades do empréstimo e mesmo a variação na efetivação do contraditório podem impor valoração diferente à prova, caso comparada com a força que lhe foi atribuída no primeiro processo".[530]

---

[528] Moniz de Aragão, *Exegese do Código de Processo Civil*, cit., vol. IV, t. I, p. 62.
[529] STF, Inq/QO-QO 2.424, rel. Min. Cézar Peluso, *RTJ* 205/656.
[530] Luiz Guilherme Marinoni, Sérgio Cruz Arenhart e Daniel Mitidiero, *Novo Curso de Processo Civil*, cit., 2. ed., vol. 2, p. 296.

Caso tais requisitos sejam desrespeitados, não se estará diante de uma prova emprestada, mas da juntada de documentos que deverão ser submetidos ao crivo da ampla defesa e do contraditório (quem quer que os traga aos autos). Como bem firmou o STF, "a garantia constitucional do contraditório – ao lado, quando for o caso, do princípio do juiz natural – é o obstáculo mais frequentemente oponível à admissão e à valoração da prova emprestada de outro processo".[531] Aliás, o STJ já admitiu a validade de prova emprestada sem que houvesse ocorrido a participação de todas as partes, eis que se tratava de prova *pro reo*. Consta da ementa: "É possível a utilização de prova produzida em ação de justificação criminal proposta por terceiros, e que não contou com a participação do paciente, se esta lhe é benéfica".[532]

Nem mesmo atos administrativos produzidos em outros processos (aos quais atribui-se presunção legal) têm o condão de suprimir o elenco de requisitos descrito. O Superior Tribunal de Justiça julgou caso interessante, em que o Fisco Federal pretendeu "emprestar" provas produzidas pelo Fisco Estadual – firmando o entendimento de que a autoridade federal não poderia valer-se de auto de infração lavrado pela Fazenda Estadual para condenar o contribuinte por omissão de receita, mas seria necessária específica atividade probatória para tal imputação.[533]

Confira-se também a seguinte decisão do TRF-1ª Região, que se reporta aos requisitos de admissibilidade da prova emprestada: "É admissível, no caso, a 'prova emprestada', porque realizada em outro processo instaurado entre as mesmas partes, decorrente da mesma autuação embargada, e consistente (dita prova) em perícia de que participou a apelada, formulando quesitos, não tendo, ademais, nas contrarrazões, se oposto ao seu aproveitamento neste processo".[534] Tais requisitos aplicam-se à larga no processo administrativo.

Por fim, é de se ressaltar que a utilização da prova emprestada tem recebido prestígio do STF inclusive nos casos em que a prova é produzida excepcionalmente (*v.g.*, escuta telefônica e ambiental), autorizando seu transpasse da esfera criminal para a administrativa. Parte da ementa dos acórdãos consigna que: "Dados obtidos em interceptação de comunicações telefônicas, judicialmente autorizadas para produção de prova em investigação criminal ou em instrução processual penal, bem como documentos colhidos na mesma investigação podem ser usados em procedimento administrativo disciplinar, contra a mesma ou as mesmas pessoas em relação às quais foram colhidos, ou contra outros servidores cujos supostos ilícitos teriam despontado à colheita dessas provas".[535] O pressuposto indeclinável, comum a todas as provas, está na licitude da prova a ser emprestada.

---

[531] STF, HC 78.749-MS, rel. Min. Sepúlveda Pertence, *DJU* 25.6.1999. Vide também: MS 30361/DF, STF, 1ª T., Rel. Min. Rosa Weber, j. 31.01.2018, *DJE* 01.02.2018; RMS 28774/DF, STF, 1ª T., Rel. Min. Roberto Barroso, j. 24.08.2016, *DJE* 25.08.2016; MS 31772/PR, STF, 1ª T., Rel. Min. Dias Toffoli, j. 09.12.2014, *DJE* 10.12.2014.

[532] HC 55.442-SC, rela. Min. Maria Thereza de Assis Moura, *DJe* 3.8.2009.

[533] STJ, REsp 310.210-MG, rela. Min. Eliana Calmon, *DJU* 4.11.2002, p. 179.

[534] TRF-1ª Região, AC 01000481794-MG, rel. Juiz Olindo Menezes, *DJ* 17.12.1999, p. 1.041. No mesmo sentido é a jurisprudência do STJ, inclusive no processo administrativo: RMS 20.066-GO, rel. Min. Félix Fischer, *DJU* 10.4.2006, p. 236; RMS 7.685-PR, rel. Min. Hamilton Carvalhido, *DJU* 4.8.2003, p. 421; e HC 53.160-MG, rel. Min. Félix Fischer, *DJU* 27.11.2003, p. 293.

[535] STF, Pet/QO 3.683, rel. Min. Cézar Peluso, *DJe* 20.2.2009. No mesmo sentido: Inq/QO-QO 2.424-RJ, rel. Min. Cézar Peluso, *DJe* 24.8.2007; e Inq/QO 2.424 -RJ, rel. Min. Cézar Peluso, *DJe* 24.8.2007.

4.3.2 Processo administrativo e a "verdade sabida"

106. A "verdade sabida" significa conhecimento, prévio e informal, de determinado fato devido à presença física no instante de sua prática concreta, notícias de jornal e televisão, fotos ou vídeo etc., em decorrência do qual a autoridade administrativa praticaria espontaneamente ato administrativo punitivo. Ato este que, de usual, exige prévio processo administrativo.

Hely Lopes Meirelles define a verdade sabida como "conhecimento pessoal da infração pela própria autoridade competente para punir o infrator".[536] Para Cármen Lúcia Antunes Rocha é "a ciência tida diretamente pela autoridade de fato que leva a punir servidor público sem para tanto ouvi-lo, nem permitir sua defesa, já que a circunstância que conduz à apenação passou-se em sua presença ou com seu conhecimento imediato".[537]

Entendemos inaplicável a "verdade sabida" frente ao processo administrativo. Não pode ser utilizada para provimentos acidentais ao processo, tampouco para a decisão principal, pois encerra juízo subjetivo e parcial acerca dos fatos.

Note-se que a "verdade sabida" não corresponde ao "fato notório" do art. 347, I, do CPC/2015. Este é de ciência geral, passível de conhecimento pacífico e percepção espontânea pelos "homens médios" daquele tempo e daquele espaço, de acordo com a cultura e os costumes. Não se trata da ciência a propósito de fato extraordinário, nem, muito menos, de boatos ou juízo de um só indivíduo a propósito de certo evento (que pode ter por fonte e/ou repercutir nas notícias da mídia). Por outro lado, também o fato notório precisa ser submetido ao contraditório – e o réu/acusado pode impugnar tanto a notoriedade quanto a própria existência do fato. Mas, de qualquer modo, nem mesmo os fatos notórios podem ser tidos como verdades sabidas.

Quando menos, a "verdade sabida" é nitidamente violadora dos princípios do Estado Democrático de Direito (a autoridade exerce seu "poder" unilateralmente, sem qualquer ciência prévia ou participação do cidadão), da legalidade (não há previsão legal que outorgue tais efeitos ao fato de a autoridade ter conhecimento subjetivo de determinada infração), do devido processo legal (importa agressão a bens e à liberdade da pessoa sem processo prévio), ampla defesa e contraditório (é imposta a punição sem o conhecimento prévio do apenado, direito à defesa e participação), impessoalidade (envolve uma concepção íntima da autoridade, inclusive no que diz respeito à "necessidade de punir") e moralidade (pode derivar de interpretação abusiva da autoridade administrativa).

Assim, o STF já decidiu que: "Nenhuma penalidade poderá ser imposta, mesmo no campo do direito administrativo, sem que se ofereça ao imputado a possibilidade de se defender previamente. A preterição do direito de defesa torna írrito e nulo o ato punitivo. *Nemo inauditus damnari debet*. O direito constitucional à ampla (e prévia) defesa,

---

[536] Hely Lopes Meirelles, *Direito Administrativo Brasileiro*, cit., 42. ed., p. 834. Hely Lopes Meirelles reputava viável a aplicação da verdade sabida para casos excepcionais (punições "cuja imposição não exija processo administrativo disciplinar"), "embora sem rigor formal, deve-se assegurar a possibilidade de defesa e contraditório" (p. 835).

[537] Cármen Lúcia Antunes Rocha, *Princípios Constitucionais dos Servidores Públicos*, cit., p. 484-485. A autora reputa que a verdade sabida "não pode ter qualquer aceitação no sistema jurídico vigente" (p. 485). Ampliar: em Diogenes Gasparini, *Direito Administrativo*, cit., 6. ed., p. 818; e Sérgio Ferraz e Adilson Abreu Dallari, *Processo Administrativo*, cit., 3. ed., p. 183-187) – que enriquecem os argumentos contrários a decisões tomadas com lastro numa "verdade sabida".

sob o domínio da Constituição de 1988 (art. 5º, LV), tem como precípuo destinatário o acusado, qualquer acusado, ainda que em sede meramente administrativa. O STF, ao proclamar a imprescindibilidade da observância desse postulado, essencial e inerente ao *due process of law*, tem advertido que o exercício do direito de defesa há de ser assegurado, previamente, em todos aqueles procedimentos – notadamente os de caráter administrativo-disciplinar – em que seja possível a imposição de medida de índole punitiva. Mesmo a imposição de sanções disciplinares pelo denominado critério da verdade sabida, ainda que concernentes a ilícitos funcionais desvestidos de maior gravidade, não dispensa a prévia audiência do servidor público interessado, sob pena de vulneração da cláusula constitucional garantidora do direito de defesa. (...). Revela-se incompatível com o sistema de garantias processuais instituído pela Constituição da República (CF, art. 5º, LV) o diploma normativo que, mediante inversão da fórmula ritual e com apoio no critério da verdade sabida, culmina por autorizar, fora do contexto das medidas meramente cautelares, a própria punição antecipada do servidor público, ainda que a este venha a ser assegurado, em momento ulterior, o exercício do direito de defesa".[538]

Ou seja, é pacífico que o STF já julgou banida a tese da verdade sabida: "A partir da Constituição Federal de 1988, não se admite mais a aplicação de penalidade com fundamento no princípio administrativo da 'verdade sabida', e cumpre ao Poder Judiciário dizer sobre a ocorrência ou não da 'prática de fato previsto em lei como crime doloso' e estabelecer as consequências da conduta delituosa, que podem ter reflexos na via administrativa como falta grave".[539]

Nesse sentido, de há muito o STJ também decidiu: "A notícia veiculada em jornal não importa conhecimento direto do fato, ante a notória possibilidade de distorções. Por isso, não se convoca o instituto da verdade sabida para fugir à imposição constitucional da ampla defesa".[540]

4.3.3 Processo administrativo e a "prova ilícita"

107. Os problemas que giram em torno da admissão da "prova ilícita" são tormentosos à doutrina.[541] Afinal, trata-se da possibilidade de o julgador valorar e admitir como fundamento decisório uma prova produzida em desconformidade com o sistema jurídico vigente. Em uma visão simplista, equivaleria a celebrar juridicamente

---

[538] STF, ADI 2.120, rel. Min. Celso de Mello, *DJe* 30.10.2014.
[539] ARE 655813/DF, STF, monocrática, Rel. Min. Ricardo Lewandowski, j. 26.09.2013, *DJe* 27.09.2013.
[540] STJ, ROMS 825-SP, rel. Min. Hélio Mosimann, *DJU* 28.6.1993, p. 12.870. Também merecem citação decisões do TCU (Plenário, Decisão 478/2000, rel. Min. Humberto Souto, Sala de Sessões, 7.7.2000); do TRF-1ª Região (REO 01170996-DF, rel. Juiz Aram Meguerian, *DJ* 15.4.1996, p. 23.954), do TJPR (MS 108.972-5, rel. Des. Luiz César de Oliveira, *DJE* 24.6.2000) e do TJRJ (AC 1995.001.06567, rel. Des. Wilson Marques, *DJE* 10.10.1997).
[541] V.g.: Moniz de Aragão, *Exegese do Código de Processo Civil*, cit., vol. IV, t. I, p. 78-83; José dos Santos Carvalho Filho, *Processo Administrativo Federal*, 5. ed., p. 184-186 e 200-202; Ovídio A. Baptista da Silva, *Curso de Processo Civil*, 4. ed., vol. I, p. 355-360; Ada Pellegrini Grinover, Antônio Scarance Fernandes e Antônio M. Gomes Filho, *As Nulidades no Processo Penal*, 5. ed., p. 122-127; Antônio Scarance Fernandes, *Processo Penal Constitucional*, p. 77-97; Luiz Francisco Torquato Avolio, *Provas Ilícitas. Interceptações Telefônicas e Gravações Clandestinas*, 2. ed., *passim*; e Nelson Nery Jr., *Princípios do Processo Civil na Constituição Federal*, cit., 4. ed., p. 146-161. Amplo e minucioso exame da prova ilícita à luz do Código de Processo Civil/2015 é empreendido por Marinoni, Arenhart e Mitidiero, *Novo Curso de Processo Civil*, cit., 2. ed., vol. 2, p. 320-337.

a ilicitude. Daí a conclusão de Moniz de Aragão no sentido de que "é sedutora, sem dúvida, a tese de não ser admissível em hipótese alguma a prova ilicitamente obtida".[542]

Porém, há dois sérios desdobramentos dessa opção. Por um lado, o julgador pode ter contato com a prova ilícita tendo ciência da razão ou desrazão de uma das partes (às vezes tangenciando a certeza) – o que implicaria seu impedimento e notória suspeita quanto aos fatos e provas por parte do julgador sucessor. Por outro, pelo princípio da proporcionalidade, quando a prova ilícita tenha efeitos desmedidamente inferiores à questão controvertida e/ou à razão da parte adversa, o julgador poderia "abrir mão" de uma prova real e tomar decisão que implicasse, por exemplo, sério prejuízo ao interesse público ou malefício processual ao acusado (prova ilícita *pro reo*).

Adotando o entendimento de Moniz de Aragão, é recomendável a admissão da "prova ilegalmente obtida se, ao ver do julgador, esse for o único meio possível e razoável de proteger valores mais urgentes e fundamentais – 'princípio da proporcionalidade' (...). O certo é que não faz sentido deixar o ser humano ou a própria sociedade inteiramente desprotegidos frente ao ato ilícito em casos para os quais será impossível a prova por meios ortodoxos".[543]

O Código de Processo Civil/2015 trouxe novos aportes ao tema da prova, em especial ao não a circunscrever a uma tipicidade fechada, mas também incorporar a possibilidade de serem produzidas provas por "todos os meios legais, bem como os moralmente legítimos, ainda que não especificados" (art. 369[544]).

Assim, a prova qualificada de ilícita merece enfrentamento mais detalhado, que pode se desdobrar quanto à sua *obtenção* (o acesso lícito a provas pré-constituídas de modo ilícito, em sede extraprocessual) ou quanto à sua *produção* (a ilicitude presente no processo de produção da prova, em sua formação endoprocessual). Isso especialmente frente à Administração Pública.

108. Nem sequer cogitamos de sustentar a possibilidade de a Administração estar apta à produção de provas ilícitas. Os princípios da legalidade e da moralidade vedam peremptoriamente essa alternativa. Ou seja: a realização ilegal de provas é vedada ao agente público.[545]

Porém, reputamos, de forma mui restrita e ponderada, possível a utilização de prova ilícita no processo administrativo, desde que *pro reo*, tal como explanaremos a seguir. São situações nas quais a prova não foi ilicitamente formada/efetivada no corpo do processo administrativo, mas, sim, nele ingressou de forma lícita (não obstante ter sido originariamente produzida de forma ilícita).

109. A Lei nº 9.784/1999 foi específica em relação à prova ilícita em dois dispositivos, inseridos em seu capítulo X, pertinente à instrução processual.

---

[542] Moniz de Aragão, *Exegese do Código de Processo Civil*, cit., vol. IV, t. I, p. 80.
[543] *Idem*, p. 82. Para Nelson Nery Jr.: "A jurisprudência de nossos tribunais tem enveredado corretamente para a tese intermediária, encontrando a medida ideal para a aplicação do princípio da proporcionalidade (...)" (*Princípios do Processo Civil na Constituição Federal*, cit., 4. ed., p. 150-151).
[544] Eis o texto normativo: "Art. 369. As partes têm o direito de empregar todos os meios legais, bem como os moralmente legítimos, ainda que não especificados neste Código, para provar a verdade dos fatos em que se funda o pedido ou a defesa e influir eficazmente na convicção do juiz".
[545] Nesse sentido: Vicenzo Vigoriti, *apud* Moniz de Aragão, *Exegese do Código de Processo Civil*, cit., vol. IV, t. I, p. 81.

109.1 O art. 30 dispõe que: "São inadmissíveis no processo administrativo as provas obtidas por meios ilícitos". E o §2º do art. 38 estabelece que: "Somente poderão ser recusadas, mediante decisão fundamentada, as provas propostas pelos interessados quando sejam ilícitas, impertinentes, desnecessárias ou protelatórias".

Numa breve análise, parece-nos que o art. 30 se refere a provas produzidas extra-autos ("obtidas por meios ilícitos"), enquanto o §2º do art. 38 diz respeito ao pleito de provas realizado pelo particular interessado, a serem futuramente produzidas intra-autos.

Quanto ao §2º do art. 38 não há dúvidas em relação à sua plena incidência. Não será possível à Administração deferir a produção de prova ilícita requerida pelo interessado. Tampouco ao agente público é possível produzir espontaneamente tais provas.

Ou seja: no corpo do processo administrativo não é admissível a atividade instrutória ilícita – compreendidas tanto aquelas provas cujos meios são ilícitos (gravação não autorizada, invasão de domicílio, tortura, coação etc.) quanto as que visam a resultado probatório ilícito (prova pericial que resulte em prejuízo ilegítimo a terceiro, superfaturamento de verbas, obtenção de bem não titularizado pelo interessado etc.).

109.2 No que diz respeito ao art. 30 a análise comporta divisão entre particulares e Administração.

Reforce-se que agentes administrativos jamais poderiam obter por meio ilícito qualquer prova. Quando menos, violariam os princípios do Estado Democrático de Direito, da legalidade e da moralidade – o que implicaria responsabilização do servidor (civil, criminal e administrativa).

Já frente ao particular valem as ponderações descritas. Uma vez existente a prova, e sendo juntada aos autos de processo, caberá ao órgão julgador avaliar – de forma fundamentada – se, frente às peculiaridades do caso concreto, ela merece ser aproveitada, de modo proporcional aos direitos e interesses postos em jogo.

Caso seja fruto de ilícito gravíssimo, deve ser descartada de plano e se presta unicamente à responsabilização do autor. Cogite-se do exemplo extremo de documentos obtidos mediante latrocínio praticado por pessoa privada interessada no processo. Ou depoimento escrito produzido sob coação irresistível (moral ou física). Ou mesmo a gravação ambiental clandestina. Em hipóteses como essas não pode o órgão julgador prestigiar a violência – e os danos a direitos fundamentais –, e a prova criminosa há de ser extraída dos autos.

Caso não o seja, e com base nos princípios da proporcionalidade, razoabilidade e finalidade, deverá o julgador decidir se a prova obtida por meio ilícito trará ao processo o excelente atendimento ao interesse público e aos direitos fundamentais postos em jogo (isso especialmente quando tais provas versarem sobre comportamentos administrativos, regidos pelos princípios da moralidade administrativa e da publicidade). O exemplo mais claro é o de gravações desautorizadas, telefônicas ou não, de autoridades públicas no exercício da função administrativa. Imagine-se que tais documentos cheguem, informal e anonimamente, às mãos de servidor prestes a receber sanção administrativa gravíssima e que resultem em sua absolvição. Pense-se em cópias não autorizadas de documentos públicos os quais revelem a desrazão da Administração Pública. Em casos como esses, e em tese, a prova obtida ilicitamente pode ser aproveitada, *cum grano salis*. Caso contrário a autoridade administrativa julgadora, a nosso ver, deve ordenar a extração da prova dos autos e, se for o caso, dar-se por impedida, com fundamento no art. 18, II, da Lei nº 9.784/1999 (que proíbe vínculo pessoal do julgador com a prova produzida nos autos).

Note-se que não se pretende atribuir graus à ilicitude. Tampouco se visa a estabelecer uma pauta de ilícitos processualmente admissíveis. Menos ainda um sistema de tentativas, erros e acertos. Porém, o que não se pode descartar é, caso a caso, a certeza oriunda de provas incontestáveis vinculadas ao exercício irregular da função administrativa. A moralidade pública e o princípio da legalidade não autorizam esse desprezo.

109.3 Porém – e à parte do já consignado –, é importante destacar que nossos tribunais desenvolveram uma concepção fechada acerca da prova ilícita, rejeitando-a firmemente.

O STF já reconheceu a repercussão geral em casos de busca e apreensão em residência sem mandado judicial, decorrente da proteção constitucional da inviolabilidade do domicílio.[546] De igual modo, firmou o entendimento de que são inaproveitáveis não só as provas obtidas ilicitamente, bem como aquelas oriundas das ilícitas (doutrina da vedação aos *fruits of the poisonous tree*).[547] Foi exatamente essa a tese fixada pelo STF no ARE 1316369: "São inadmissíveis, em processos administrativos de qualquer espécie, provas consideradas ilícitas pelo Poder Judiciário." Atente-se para o fato de que o tema de repercussão geral (nº 1238) era exatamente a "repercussão da nulidade das provas no processo penal na esfera administrativa".[548]

Contudo, a aplicabilidade das provas ilícitas "por derivação" depende do exame acurado do caso concreto, inclusive para se constatar se tal qualificação é (ou não) aplicável ao caso concreto, como já decidiu o STF: "A declaração de nulidade de interceptação eletrônica não gera a nulidade dos elementos probatórios colhidos nos mesmos autos que possam ser obtidos por fonte independente, por se tratar de provas autônomas, tal como se dá com autos de fiscalização conduzidos pelo impetrante como auditor da Receita Federal".[549] A preocupação haverá de ser do nexo de causalidade do ato ilícito para com a prova a ser examinada, bem como sua respectiva derivação: se existirem duas provas com produção autônoma e independente, sem relação de causa e efeito entre elas, poder-se-á prestigiar a validade de uma delas, mesmo sendo a outra absolutamente nula.

---

[546] STF, RE 603.616-Repercussão Geral, rel. Min. Gilmar Mendes, *DJe* 8.10.2010. O que é aplicado inclusive em casos de violação de estabelecimentos comerciais: "Inviolabilidade de domicílio (art. 5º, IX, da CF) – Busca e apreensão em estabelecimento empresarial. Estabelecimentos empresariais estão sujeitos à proteção contra o ingresso não consentido. (...) – Ordem concedida, para determinar a inutilização das provas" (HC 106.566, rel. Min. Gilmar Mendes, *DJe* 19.3.2015).

[547] Dentre tantas outras decisões, cf.: STF, HC 69.192-RS (rel. Min. Sepúlveda Pertence, *RTJ* 155/508) e ED no Inq 731-DF (rel. Min. Néri da Silveira, *DJU* 7.6.1996, p. 19.847). Mais recentemente há decisões que não prestigiam a prova ilícita, mas ponderam as provas produzidas também em face do caso concreto (*v.g.*: HC 87.341-3-PR, rel. Min. Eros Grau, *DJU* 3.3.2006).

[548] ARE 1316369, rel. Min. Gilmar Mendes, Tribunal Pleno, *DJe* 22.03.2023.

[549] STF, AgR no RMS 31.767, rel. Min. Dias Toffoli, *DJe* 21.10.2015.

No mesmo caminho, o STJ vem decidindo que: "Sendo a prova ilícita realizada sem a autorização da autoridade judiciária competente, é desprovida de qualquer eficácia, eivada de nulidade absoluta e insuscetível de ser sanada por força da preclusão".[550]

Note-se que o TRF-1ª Região já decidiu que a prova ilícita não comporta atenuantes (nem mesmo a "descoberta inevitável"). Conforme consta da ementa do julgado: "É nula a decisão proferida em processo administrativo perante o CADE que condena empresa por formação de cartel fundamentando-se em acervo probatório diretamente decorrente da produção de provas ilícitas e declarado nulo na atinente ação criminal. Não é possível mitigar a prova ilícita por derivação, com amparo na teoria da descoberta inevitável, pois não demonstrado que a existência de cartel seria fatalmente comprovada sem as informações decorrentes de tal conjunto probatório, nem considerar autônomas as provas. Tampouco se trata da aplicação irrestrita da teoria dos frutos da árvore envenenada (*fruits of the poisonous tree doctrine*), que conduz à contaminação das provas derivadas de evidências ilícitas (art. 157, §1º, do CPP), mas de prestigiar o inciso LVI do art. 5º da CF, que veda a admissão de provas obtidas por meios ilícitos, em qualquer processo judicial ou administrativo, promovendo, desse modo, a efetiva garantia instrumental do devido processo legal – Precedentes – Unânime".[551]

Os tribunais não admitem exceções, especialmente devido ao risco derivado de uma aplicação superlativa da prova ilícita. Fecha-se a porta, a fim de se preservar a integralidade do sistema processual de produção de provas.

4.4 Princípio da ampla defesa, processo administrativo e a defesa técnica

110. A defesa em processos administrativos sempre gerou preocupações doutrinárias quanto à sua eficácia. Dentre elas está o atendimento à defesa técnica. Isso porque no processo administrativo é usual o exercício da autodefesa, hipótese em que o particular a exercita por si, sem qualquer intervenção que o auxilie.

Ora, a defesa técnica é justamente o exercício formal do direito de defesa através de profissional habilitado para tanto. Abrange o direito do particular de ser representado por advogado e assistido por perito.

110.1 A Lei nº 9.784/1999 estabelece a facultatividade da defesa técnica por meio de advogado, "salvo quando obrigatória a representação por força de lei" (art. 3º, IV), e o direito de ser assistido por perito é decorrência lógica do art. 38, que prevê a possibilidade do requerimento de "diligências e perícias".

Porém, reputamo-la necessária sempre que a complexidade da causa impeça a pessoa privada de exercer sua ampla defesa. Em todos os casos em que a controvérsia dificulte o perfeito exercício da ampla defesa por parte do cidadão, torna-se imprescindível a garantia da defesa técnica. Ele, particular, deve ser expressamente advertido disso – em especial quando da notificação inaugural do processo.

---

[550] STJ, ROMS 8.327-MG, rel. Min. Vicente Leal, *DJU* 23.8.1999, p. 148. Reforçam tal entendimento o REsp 175.381-RJ (rel. Min. José Arnaldo da Fonseca, *DJU* 1.3.1999, p. 362) e o HC 7.618-RS (rel. Min. Gilson Dipp, *DJU* 17.2.1999, p. 152).

[551] TRF-1ª Região, 5ª Turma, ACi 0049539-03.2010.4.01.3400, rel. Des. federal Souza Prudente, j. 27.4.2016.

Em primeiro lugar, a exceção do art. 3º, IV, dirige-se especialmente aos processos instalados pelos particulares na defesa de seus interesses. Para formular pleitos frente à Administração, não se exige a capacidade postulatória detida pelos advogados. Assim, uma pessoa privada pode implicitamente declinar da defesa técnica ao formular seus requerimentos. A hipótese restaria abalada caso do pedido inicial aflorassem questões polêmicas, com intensa complexidade (técnica ou jurídica) – quando se faz razoável a advertência da Administração para a condução do processo.

Depois, também é dispensável a defesa técnica para a formulação de impugnações ou recursos administrativos. O que alberga duas variantes: ou o recurso é por demais singelo, e a pessoa pode exercê-lo por si só (inclusive com lastro em formulários – Lei nº 9.784/1999, art. 7º); ou da leitura do recurso infere-se que seu conteúdo foi elaborado por pessoa com capacidade técnica para tal (que apenas não o assinou). *Pas de nullité sans grief.*

Porém, exige-se firmemente a possibilidade de defesa técnica nos casos em que existe a imputação de algum ilícito ao particular (ilícito funcional, multa etc.). Nos casos em que a pessoa é acusada deverá assegurar-se o conhecimento técnico para evitar desvios e falhas no exercício da ampla defesa. Para tal, é necessária a advertência específica na notificação inicial – a parte deve ser expressamente avisada de que poderá se fazer acompanhar por advogado e poderá desenvolver as provas que reputar adequadas.

110.2 Esta classificação é de todo harmônica com a Súmula Vinculante nº 5 do STF ("A falta de defesa técnica no processo administrativo disciplinar não ofende a Constituição"), como se infere dos acórdãos que serviram de fundamento à sua edição.[552] Assim, o exercício da ampla defesa e do contraditório não exige, como condição de validade do processo, a presença de advogado desde sua instauração. A parte pode decidir promover sua defesa de forma autônoma, abdicando da presença do advogado, e essa escolha há de ser respeitada (com todos os ônus e bônus daí resultantes).

---

[552] Ementas parcialmente transcritas: STF, RE 434.059-DF, rel. Min. Gilmar Mendes, *DJe* 12.9.2008 – "(...). 2. Processo administrativo disciplinar. 3. Cerceamento de defesa – Princípios do contraditório e da ampla defesa – Ausência de defesa técnica por advogado. 4. A falta de defesa técnica por advogado no processo administrativo disciplinar não ofende a Constituição"; AI 207.197, rel. Min. Octávio Gallotti, *DJU* 24.3.1998 – "A extensão da garantia constitucional do contraditório (art. 5º, LV) aos procedimentos administrativos não tem o significado de subordinar a estes toda a normatividade referente aos feitos judiciais, onde é indispensável a atuação do advogado"; RE 244.027, rela. Min. Ellen Gracie, *DJU* 28.5.2002 – "(...) uma vez dada a oportunidade ao agravante de se defender, inclusive de oferecer pedido de reconsideração, descabe falar em ofensa aos princípios da ampla defesa e do contraditório no fato de se considerar dispensável, no processo administrativo, a presença de advogado, cuja atuação, no âmbito judicial, é obrigatória"; MS 24.961-DF, rel. Min. Carlos Velloso, *DJU* 4.3.2005 – "A Tomada de Contas Especial não constitui procedimento administrativo disciplinar. Ela tem por escopo a defesa da coisa pública. Busca a Corte de Contas, com tal medida, o ressarcimento pela lesão causada ao Erário. A Tomada de Contas é procedimento administrativo, certo que a extensão da garantia do contraditório (CF, art. 5º, LV) aos procedimentos administrativos não exige a adoção da normatividade própria do processo judicial, em que é indispensável a atuação do advogado". Do voto do Min. Gilmar Mendes no RE 434.059-DF consta ainda a jurisprudência do STF que prestigia a validade de atos praticados diretamente pela parte, sem advogado, em processos de *habeas corpus*, na Justiça Trabalhista e nos Juizados Especiais. A rigor, e como se infere dos debates no RE 434.059-DF, esta Súmula Vinculante teve também como móvel o fato de o art. 133 da CF brasileira não se referir ao processo administrativo (mas ao jurisdicional) combinado com a existência da Súmula 343 do STJ ("É obrigatória a presença de advogado em todas as fases do processo administrativo disciplinar"), que persistiria a gerar efeitos contrários à jurisprudência do STF. Hoje, e como não poderia deixar de ser, tem-se que a presença do advogado é permitida: não é obrigatória, mas jamais poderá ser proibida.

O importante está em se advertir formalmente o sujeito interessado – desde o primeiro momento processual – de que pode se fazer assistir/representar por advogado devidamente constituído.

110.3 Note-se que a defesa técnica não deriva unicamente da complexidade científica da questão, tampouco da qualificação intelectual do interessado, mas em especial do conjunto processual – gerando a necessidade de a parte estar habilitada a produzir provas e manifestações específicas, úteis e adequadas à defesa de seu direito.

Assim, mesmo um advogado tem assegurado o direito de ser acompanhado e representado por outro advogado de sua confiança. O mesmo se diga em relação a engenheiros e perícias de engenharia, contadores e perícias contábeis etc. Todos esses profissionais têm garantido o pleno exercício de sua ampla defesa, com a participação de terceiros qualificados tecnicamente (e isentos emocionalmente).

Por exemplo, para a garantia contra a autoincriminação o exercício da defesa técnica é essencial, pouco importa a qualificação do acusado ou quais são os interesses envolvidos.[553]

Conforme destacado, caberá à Administração sugerir e advertir a pessoa privada dos característicos da causa e da conveniência de a defesa ser exercida através de pessoa com competência técnica para tanto – derivação dos deveres de atuar "segundo padrões éticos de probidade, decoro e boa-fé" e tratar o cidadão com respeito, a fim de "facilitar o exercício de seus direitos e o cumprimento de suas obrigações" (Lei nº 9.784/1999, arts. 2º, parágrafo único, IV, e 3º, I).

4.5 Princípio da ampla defesa, processo administrativo e o princípio da motivação

111. Na medida em que a ampla defesa não pode ser compreendida como singela garantia formal ou abstrata, mas como um dos aspectos da participação efetiva do interessado no aclaramento e formação da decisão da Administração, faz-se necessário o pleno conhecimento das razões dos atos administrativos, pois somente assim poderá manifestar-se a respeito deles.

Ou seja: a atividade processual não consubstancia uma sequência de atos que exija esforços extraordinários do particular a fim de encontrar o real significado dos provimentos administrativos. Somente com plena ciência do porquê das decisões poderá o interessado concordar ou se opor a elas.

Em verdade, decisões imotivadas são vazias de conteúdo e efeitos jurídicos. Por tais razões, Celso Antônio Bandeira de Mello identifica o *princípio da motivação* como um daqueles essenciais e obrigatórios aos processos administrativos, definindo-o como "o da obrigatoriedade de que sejam explicitados tanto o fundamento normativo quanto o fundamento fático da decisão, enunciando-se, sempre que necessário, as razões técnicas,

---

[553] Trata-se de garantia inerente ao processo administrativo, como bem o demonstra Carlos Ari Sundfeld, citando ampla jurisprudência do STF, em "Lei da Concorrência e processo administrativo: o direito de defesa e o dever de colaborar com as investigações", cit., *Fórum Administrativo* 5/575-579.

lógicas e jurídicas que servem de calço ao ato conclusivo, de molde a poder-se avaliar sua procedência jurídica e racional perante o caso concreto".[554]

Constatação que fica ainda mais reforçada com a aplicação do art. 489 do CPC/2015, em especial seu §1º: "Não se considera fundamentada qualquer decisão judicial, seja ela interlocutória, sentença ou acórdão, que: I – se limitar à indicação, à reprodução ou à paráfrase de ato normativo, sem explicar sua relação com a causa ou a questão decidida; II – empregar conceitos jurídicos indeterminados, sem explicar o motivo concreto de sua incidência no caso; III – invocar motivos que se prestariam a justificar qualquer outra decisão; IV – não enfrentar todos os argumentos deduzidos no processo capazes de, em tese, infirmar a conclusão adotada pelo julgador; V – se limitar a invocar precedente ou enunciado de súmula, sem identificar seus fundamentos determinantes nem demonstrar que o caso sob julgamento se ajusta àqueles fundamentos; VI – deixar de seguir enunciado de súmula, jurisprudência ou precedente invocado pela parte, sem demonstrar a existência de distinção no caso em julgamento ou a superação do entendimento". Também as decisões no processo administrativo – interlocutórias ou finais – devem obediência a tal preceito.

112. Os motivos são as razões de fato e de direito que determinam a prática do ato. Já a motivação é a publicidade formal de tais fatos e normas, explicitando-se a correlação lógica que se põe entre ambos e que resulta na decisão proferida pela autoridade administrativa.

Ora, somente através do exame da motivação do ato poder-se-á cogitar do cumprimento da legalidade, moralidade, publicidade etc. O que igualmente revela seu caráter de garantia instrumental em relação a outros direitos e garantias constitucionais.

113. O art. 50 da Lei nº 9.784/1999 dispõe acerca de hipóteses de "motivação obrigatória" do ato administrativo. O rol ali trazido não é exaustivo, mas mera enumeração de casos em que é absolutamente necessária a exposição. A Administração não está livre para motivar ou não os demais atos que praticar, pois a ausência de motivação é exceção.[555]

Nos termos do §1º do art. 50, a motivação há de ser explícita, clara e congruente.

Explícita é a motivação enunciada de modo formal, sem reservas, e de pleno acesso aos interessados. Não seria possível celebrar o paradoxo de uma "motivação implícita" ou uma "motivação sigilosa".

A motivação deve ser clara, no sentido de plenamente compreensível, sem ambiguidades, e não albergar dúvidas ou incertezas quando de sua leitura. Significa a possibilidade de conhecimento por qualquer pessoa que tenha acesso à decisão, pouco importando sua cultura ou qualificação técnica. Na clássica lição de Gaston Jèze, os motivos devem ser expostos "de maneira clara e precisa, e não mediante fórmulas de estilo, 'fórmulas-gazua' ou frases sem significação exata".[556]

---

[554] Celso Antônio Bandeira de Mello, *Curso de Direito Administrativo*, cit., 33. ed., p. 519. V. também Bueno Filho, para quem duas são as principais utilidades da motivação: o "convencimento do próprio agente que assume a decisão; a outra, dos destinatários da mesma" (*O Direito à Defesa na Constituição*, cit., p. 65).

[555] Ampliar em: Rafael Munhoz de Mello, "Processo administrativo, devido processo legal e a Lei 9.784/1999", cit., *RDA* 227/97 e ss.

[556] Gaston Jèze, Principios Generales del Derecho Administrativo, vol. III, p. 235.

A motivação exige congruência interna ao texto da decisão e relativa ao conteúdo do processo, provas e pleitos dos interessados. Não basta um provimento congruente em si mesmo, mas alheio ao processo. Deve observar uma relação harmônica, lógica e razoável entre os fatos que deram origem ao processo, os requerimentos deduzidos pelos interessados (deferidos ou não), as provas produzidas e o fundamento jurídico da decisão. Esse requisito é reforçado pelo inciso VII do parágrafo único do art. 2º ("indicação dos pressupostos de fato e de direito que determinarem a decisão"), c/c o §1º do art. 38, da Lei nº 9.784/1999 ("Os elementos probatórios deverão ser considerados na motivação do relatório e da decisão").

114. A motivação deve ser contemporânea ou pretérita à prática do ato, a fim de assegurar sua legitimidade e impedir que a Administração pretenda inovar na motivação de seus atos ao sabor de eventual impugnação do particular afetado. Apenas no que diz respeito aos atos absolutamente vinculados, cujos motivos emanam da lei e podem ser objetivamente controlados, a ausência de motivação pode ser sanada *a posteriori*.

Lembre-se que a motivação assume especial relevância quanto aos atos discricionários. Nesses casos, em que o agente administrativo deve adotar a melhor solução para o caso concreto, nos limites da razoabilidade e da proporcionalidade, acentua-se a necessidade de motivação explícita.

Já não mais vigora o vetusto entendimento de que os atos vinculados deveriam, sim, ser objeto de motivação especial (demonstrando que a lei estaria sendo cumprida à risca), ao passo que o "poder" exercido nos atos discricionários autorizaria o desprezo à motivação (pois a decisão teria por lastro a outorga livre das "razões de Estado"). Essa compreensão autoritária do princípio da motivação não merece prestígio algum.

115. A jurisprudência de nossos tribunais tem sido firme em exigir a plena motivação dos atos administrativos.

Na década de 1960 do século passado o STF proferiu célebre julgamento envolvendo ausência de motivação. Trata-se de acórdão cuja precisão e cujo brilhantismo autorizam citação mais alongada.[557]

Nele o Min. Luiz Gallotti decretou, com clareza: "O Tribunal já tem o seu critério, assentado e pacífico, sobre decisões não motivadas. Decisões não motivadas anulam-se. Nunca vi, neste Tribunal, prevalecer outro critério que não este".

Já o Relator, Min. Victor Nunes Leal, consignou: "A motivação é o que nos permite distinguir entre o arbítrio e o julgamento. A lei não concedeu arbítrio; deu competência para julgar. Quem julga deve motivar suas decisões".

Com o passar dos anos tal concepção vem sendo adotada e reforçada pelo Judiciário.[558] O que, infelizmente, significa que parcela da Administração Pública insiste em não motivar seus atos, e ainda se impõe o controle judicial.

---

[557] Publicado na *RDA* 80/128-149 (STF, RMS 11.792 – o caso envolvia revisão de provas em concurso público, e o acórdão reporta-se a pareceres de Seabra Fagundes, Francisco Campos, Pontes de Miranda e Aliomar Baleeiro).
[558] Por exemplo, cf. decisões do STJ no MS 6.913-DF, rel. Min. Hamilton Carvalhido, *DJU* 18.2.2002, p. 228, e no ROMS 13.617-MG, rela. Min. Laurita Vaz, *DJU* 22.4.2002, p. 183; e do TRF-1ª Região no REO 1038000-BA, rel. Juiz José Henrique Guaracy Rebêlo, *DJ* 21.1.2002, p. 543.

4.6 Princípio da ampla defesa, processo administrativo e o direito a recursos

116. A garantia da ampla defesa traz consigo o direito à interposição de recursos contra as decisões gravosas aos interesses dos envolvidos no processo. Em verdade, trata-se de direito que instrumentaliza inúmeras garantias constitucionais, dentre elas o devido processo legal e o contraditório.

O interesse recursal surge nos casos de decisões interlocutórias ou definitivas em que a autoridade responsável pela condução do processo indefere pedido expresso ou adota conduta processual que pode gerar gravame ao interessado.

O recorrente deve ostentar legitimidade processual (requisito subjetivo) e ter sucumbido quanto a algum dos pedidos deduzidos no processo (requisito objetivo). Todo recurso tem como pressuposto lógico-jurídico a ofensa a interesse do recorrente: na medida em que sofreria os efeitos adversos da decisão, o recurso é o meio apto a afastar tal efeito injusto. Assim, quem é favorecido por determinada decisão (ou por ela não é afetado) não tem interesse jurídico em dela recorrer.

A sucumbência pode ser total ou parcial. Nesta última hipótese o interessado pode recorrer a fim de ampliar os benefícios oriundos da decisão. Porém, o requisito da indispensabilidade do prejuízo para a configuração do interesse recursal põe-se em face de qualquer processo.[559]

A questão é pacífica no STJ, cuja 4ª Turma de há muito decidiu que "qualquer instrumento recursal subordina-se, para sua admissibilidade, à presença do interesse, que só ocorre quando a decisão proferida implica sucumbência da parte, seja por colocá-la em situação jurídica pior do que a que tinha anteriormente, seja por lhe acarretar efeitos desfavoráveis, seja por não ter obtido no processo tudo o que pretendia".[560]

117. Os recursos devem ser singulares (apenas um recurso para cada decisão, gerando a preclusão consumativa), tempestivos (ajuizados no prazo previsto, pena de preclusão temporal) e adequados (o recurso deve ser apto a possibilitar o reexame da decisão contra a qual se volta).

118. A Lei nº 9.784/1999 regula os recursos administrativos em seus arts. 56 e ss.

Os §§ 1º e 2º do art. 56 disciplinam que o recurso deve ser submetido a controle prévio pela autoridade que proferiu a decisão (princípio do duplo exame), que poderá reconsiderá-la ou mantê-la e enviar os autos à autoridade superior (princípio do duplo grau). O recurso independe de caução, salvo exigência legal expressa.

A lei estabelece um limite máximo de três instâncias decisórias, "salvo disposição legal diversa" (art. 57). Por óbvio, tal disposição exceptuadora diz respeito à possibilidade de ampliação normativa do número máximo de instâncias. Não se refere a "limite máximo" inferior a três – o que implicaria nítida superfluidade da previsão, pois os recursos exigem o limite mínimo de duas instâncias.

Os recursos administrativos têm apenas efeito devolutivo, salvo nos casos em que haja "justo receio de prejuízo de difícil ou incerta reparação decorrente da execução".

---

[559] Ampliar em: Diogenes Gasparini, *Direito Administrativo*, cit., 6. ed., p. 510 e ss. e 748 e ss.; Mário Esteves de Oliveira, Pedro Gonçalves e J. Pacheco de Amorin, *Código do Procedimento Administrativo Comentado*, 2. ed., 3ª tir., p. 753 e ss.; Bartolomé A. Fiorini, *Procedimiento Administrativo y Recurso Jerárquico*, 2. ed., p. 116 e ss.; e Seabra Fagundes, *Dos Recursos Ordinários em Matéria Civil*, p. 31 e ss.

[560] STJ, REsp 49.580-MG, rel. Min. Sálvio de Figueiredo Teixeira, *DJU* 19.9.1994, p. 24.699.

A atribuição de efeito suspensivo é ato discricionário da autoridade recorrida ou daquela a quem se dirige o recurso, e não depende de pedido expresso do recorrente (art. 61 e parágrafo único).

A suspensividade decorre de ato expresso e fundamentado, a fim de afastar gravames imediatos e irreparáveis aos interessados. Exige a combinação da plausibilidade do pedido do recorrente (*fumus boni juris*) com o perigo na demora (*periculum in mora*). Deve ser definida caso a caso, comportando variação nas alternativas (discricionárias) da autoridade.

Todos os recursos submetem-se a um juízo prévio de admissibilidade (cognição), implícito ou não. Não podem nem sequer ser conhecidos: os recursos intempestivos; formulados perante órgão incompetente; formulados por pessoa ilegítima, ou caso exaurida a esfera administrativa (art. 63 e incisos). Caso se conheça do recurso, dar-se-á provimento ou não ao pleito do interessado.

O recurso pode resultar na confirmação, reforma (modificação ou revogação) ou anulação da decisão recorrida (art. 64). Ou seja: autoriza não apenas um juízo de legalidade, mas também o exame da oportunidade e conveniência da decisão recorrida. O parágrafo único do art. 64 faz considerações acerca da *reformatio in peius*, que exige exame mais apurado.

119. A *reformatio in peius* significa o agravamento da situação prática do recorrente, realizado de ofício pelo órgão recursal. Ao se conhecer do recurso, altera-se a decisão recorrida em detrimento do recorrente: seja confirmando a decisão (e acrescentando mais um gravame), seja modificando-a (e impondo outro gravame). A *reformatio in peius* pode advir da anulação ou da revogação da decisão recorrida.

Em suma: ao invés de beneficiar, o recurso acaba por implicar malefício ao recorrente. Porém, essa alternativa espontânea não é concebível no processo administrativo. O órgão recursal não pode inovar a decisão, acrescentando a ela prejuízo ou agravo dantes inexistentes.

A interposição de recurso administrativo não autoriza que se acresça novo gravame à decisão recorrida, causando ao recorrente um prejuízo até então inédito no processo. Na medida em que a peça recursal estabelece limites à cognição do órgão julgador, ele não pode ampliar *ex officio* a matéria a ser conhecida no recurso, incluindo parcela da decisão que não foi submetida à sua apreciação.[561]

A matéria exige o enfrentamento do texto da Lei Federal de Processo Administrativo.[562]

119.1 A Lei nº 9.784/1999 fixa que, se da confirmação, modificação, anulação ou revogação da decisão recorrida "puder decorrer gravame à situação do recorrente, este deverá ser cientificado para que formule suas alegações antes da decisão" (art. 64, parágrafo único).

Em primeiro lugar, a norma impede a reforma para pior sem prévio conhecimento e defesa do recorrido. Caso o órgão julgador cogite, mesmo em tese, de qualquer

---

[561] Cássio Scarpinella Bueno vê com reservas o efeito devolutivo na esfera administrativa (cf. "Os recursos nas Leis de Processo Administrativo Federal e Paulista: uma primeira aproximação", *in:* Carlos Ari Sundfeld e Guillermo Muñoz (coord.), *As Leis de Processo Administrativo*, 1. ed., 2ª tir., p. 211 e ss.).

[562] Cf. o entendimento de Sérgio Ferraz e Adilson Abreu Dallari, *Processo Administrativo*, cit., 3. ed., p. 252 e 300-304; Rafael Oliveira, *Curso de Direito Administrativo*, 4. ed., p. 347-348; e Diogenes Gasparini, *Direito Administrativo*, cit., 6. ed., p. 752.

agravamento da decisão recorrida ("puder decorrer gravame"), deverá previamente notificar o recorrente de maneira fundamentada, indicando qual o agravamento imaginado e suas consequências. Em decorrência, abre-se prazo para a manifestação do recorrente.

Ou seja: nenhum gravame inédito aos autos poderá ocorrer sem o conhecimento prévio e o exercício da ampla defesa e do contraditório por parte do recorrente. Inclusive, poderão ser realizadas diligências probatórias, e o órgão julgador deverá levar em conta a manifestação do recorrente na motivação da decisão.

Logo, não é permitida a reforma *ex officio* da decisão que importe malefício ao recorrente. Se o gravame surgir sem a prévia e perfeita intimação, nula será a decisão na parte que incidiu em *reformatio in peius*.

119.2 Já o art. 65 (*caput* e parágrafo único) estabelece que "processos administrativos de que resultem sanções" podem "ser revistos a qualquer tempo, a pedido ou de ofício, quando surgirem fatos novos ou circunstâncias relevantes suscetíveis de justificar a inadequação da sanção aplicada". Porém, "da revisão do processo não poderá resultar agravamento da sanção" – excluindo a possibilidade da *reformatio in peius*.

Não se trata propriamente de recurso em sentido estrito, mas de um novo exame à luz de informações recentes – concretas e relevantes ao ponto de demonstrar o erro ou o desvio ocorridos quando da prolação da sanção original.

A revisão dar-se-á *caso surjam* "fatos novos" ou "circunstâncias relevantes". Ou seja: é subordinada à existência concreta de fatos e pormenores inéditos ao processo e à decisão, absoluta e objetivamente desconhecidos dos interessados ou da Administração. Não é possível a revisão com lastro em fatos conhecidos, mas coincidentemente não alegados ou discutidos no processo.

Sanção inadequada é aquela imprópria aos fatos do processo, por motivos de legalidade ou mérito administrativo. Com lastro nos fatos novos e circunstâncias relevantes constata-se que o provimento aplicou mal a sanção, ou aplicou uma sanção errada.

De qualquer forma, a regra do parágrafo único do art. 65 é peremptória: ainda que seja aceita e processada a revisão, disso "não poderá resultar agravamento da sanção". Mesmo que dela se conclua que a decisão correta seria mais gravosa que a original, ela não poderá ser aplicada.

119.3 A repressão à *reformatio in peius* de há muito vem sendo celebrada pelo Judiciário e também pelo TCU.

Como bem firmou o STJ: "O 'poder disciplinar', próprio do Estado-Administração, não pode ser efetivamente confundido com o 'poder punitivo' penal, inerente ao Estado-sociedade. A punição do último se faz através do Poder Judiciário; já a do primeiro, por meio de órgãos da própria Administração. Ambos, porém, não admitem a *reformatio in pejus*, e muito menos a aplicação de pena não mais contemplada pela lei".[563]

Também o TRF-1ª Região já decidiu no mesmo sentido: "A revisão do processo disciplinar, prevista nos arts. 233 e seguintes da Lei nº 1.711/1952, só é admissível ante

---

[563] STJ, ROMS 3.252-RS, rel. Min. Adhemar Maciel, *RDA* 200/166 e *RT* 720/252.

o surgimento de elementos novos e em benefício do servidor, enquanto, na hipótese, deu-se, por extemporânea e ilídima iniciativa da Administração, a *reformatio in pejus*".[564]

Igualmente relevantes são as decisões do TCU em seus processos administrativos que excluem o agravamento da pena devido à vedação à *reformatio in peius*.[565]

120. Também no que respeita aos recursos administrativos é de suma importância a proibição do depósito prévio ou arrolamento de bens como condição para a apresentação do recurso. Conforme divulgado pelo TF, foi aprovada a proposta da Súmula Vinculante nº 21, cujo teor é o seguinte: "É inconstitucional a exigência de depósito ou arrolamento prévios de dinheiro ou bens para admissibilidade de recurso administrativo".[566]

Assim, não será mais necessário que o particular recolha aos cofres públicos o valor posto em discussão administrativa como condição de conhecimento do respectivo recurso.

---

[564] TRF-1ª Região, EI na ACi 01164676-DF, rel. Juiz Aldir Passarinho Jr., *DJ* 1.7.1991, p. 15.382 (no mesmo sentido: TRF-1ª Região, AMS 01457534-PI, rela. Juíza Assusete Magalhães, *DJ* 15.5.1997, p. 33.579; TJSP, MS 27.858-0/2, rel. Des. Dirceu de Mello, *RT* 728/211, e MS 64.138.0-8-SP, rel. Des. Denser de Sá, *Boletim AASP* 2.271/2.297).

[565] Por exemplo, cf. as seguintes decisões do TCU: Acórdão 429/2001 (2ª Câmara, rel. Min. Ubiratan Aguiar, *DOU* 13.8.2001); Acórdão 601/1996 (2ª Câmara, rel. Min. Fernando Gonçalves, *DOU* 11.9.1996); Decisão 291/1999 (1ª Câmara, rel. Min. José Antônio Barreto de Macedo, *DOU* 29.12.1999); e Decisão 589/1997 (Plenário, rel. Min. Adhemar Paladini Ghisi, *DOU* 7.10.1997).

[566] *Informativo STF* 565, 26-30.10.2009. Súmula que reflete a jurisprudência consolidada do STF – confira-se: "1. A exigência de depósito prévio de 30% do valor do débito, como condição de admissibilidade de recurso administrativo, caracteriza desrespeito aos princípios do contraditório e da ampla defesa e obsta ao exercício do direito de petição – Precedentes. 2. Liminar referendada" (AC/MC 1.887-SP, rela. Min. Cármen Lúcia, *DJe* 1.8.2008). No mesmo sentido: AgR nos ED no AI 351.042-RJ, rel. Min. Gilmar Mendes, *DJe* 18.4.2008; AgR no RE 370.927-RJ, rel. Min. Eros Grau, *DJe* 7.12.2007. Ampliar em: Sérgio Ferraz e Adilson Abreu Dallari, *Processo Administrativo*, cit., 3. ed., p. 274-275 e 277-281.

CAPÍTULO V

CONCLUSÕES

Já em 1962, depois de discorrer sobre as variações doutrinárias a respeito do instituto do processo, Enrico Tullio Liebman encampou pensamento de jurista tedesco, lançado no século XIX, no sentido de que por muito tempo a teoria do processo "havia vivido de crédito, recebendo o conceito de ação do direito privado e o de jurisdição do direito constitucional"[567] – para concluir da necessidade de se elaborar uma concepção do tema que fosse própria da disciplina, sem descuidar da unidade e da coerência do sistema.

Com a evolução da ciência do processo (Direito Processual Civil e Penal, bem como a Teoria Geral do Processo), impõem-se novas reflexões acerca do tema – especialmente frente ao Direito Administrativo. Isso porque até pouco tempo atrás a doutrina pátria não era unânime nem mesmo quanto à denominação da realidade jurídica "processo administrativo". O que, sem dúvida alguma, será objeto de novos debates, em vista da promulgação do atual Código de Processo Civil, em 2015, e dos preceitos de Direito Público na LINDB, em 2018. Do presente trabalho emergem meras reflexões primárias, visando a contribuir para a superação da controvérsia.

Pela ordem de exposição, chegamos às seguintes conclusões:

1. A compreensão do processo administrativo baseia-se na unidade sistemática do Direito e na natureza jurídica do processo como relação jurídica de Direito Público.

2. A atividade administrativa do Estado desenvolve-se em obediência ao conceito de *função administrativa*, que significa vínculo incindível a unir o poder outorgado ao agente público e o dever que lhe é imposto, dirigidos ao atingimento de determinado escopo preestabelecido em lei.

3. Quando a atividade administrativa estatal envolver vínculo intersubjetivo com sujeitos privados configurará relação administrativa.

4. A relação administrativa contém dois característicos especiais (deveres estatuídos a um dos sujeitos participantes e finalidade preestabelecida em lei), podendo ser estática ou dinâmica.

---

[567] "Torna così alla mente una nota frase del Degenkolb, il quale osservava che la teoria del processo aveva fino allora vissuto di credito, ricevendo in concetto dell'azione dal diritto civile e quello della giurisdizione dal diritto costituzionale (...). Molto è stato il camino che si è fatto da quel giorno ormai lontano e la dottrina del processo è giustamente proposta il compito di elaborare una sua propria concezione della giurisdizione e dell'azione; ma, non riuscendo forse a liberarsi sempre dall'orientamento con cui erano studiate precedentemente, essa ha spesso continuato a considerare queste due nozioni da punti di vista diversi, lasciando che ciascuna facesse la sua strada per suo conto; e così diventava difficile raggiungere la meta verso ciu si doveva tendere: l'unità e la coerenza del sistema" (LIEBMAN, Giurisdizione, azione, processo. *In: Problemi del Processo Civile*, p. 25).

5. A relação administrativa dinâmica desdobra-se no tempo, através da prática de sequência lógica de atos (autônomos e preestabelecidos em lei) e fatos (transcurso do tempo etc.), visando a provimento administrativo final.

6. O termo "processo" é instituto autônomo no mundo do Direito, pertencente ao Direito Público, que existe para regular determinada relação jurídica entre duas (ou mais) pessoas, desdobrada no tempo através da prática de sequência lógica de atos autônomos preestabelecidos em lei, visando à decisão final.

7. O termo "procedimento" significa o rito interno ao processo, não a relação jurídica entre as partes que dele participam.

8. A relação administrativa dinâmica subsome-se ao conceito jurídico de processo. O vínculo entre as pessoas que dele participam é de Direito Público.

9. No Direito Positivo brasileiro, especialmente na Constituição, na Lei nº 9.784/1999, e no Código de Processo Civil/2015 e na LINDB, há notável gama de normas que caracterizam e dão autonomia ao processo administrativo como relação jurídica de Direito Público. Não se trata de questão vinculada ao *nomen juris*, mas ao regime jurídico do fenômeno.

10. Existem várias dimensões de processos administrativos, correspondentes às respectivas dimensões dos direitos fundamentais, cada qual com racionalidade, premissas e finalidades próprias.

11. O Código de Processo Civil/2015 incide, supletiva e subsidiariamente, no processo administrativo, integrando a aplicação da Lei nº 9.784/1999, no que couber (guardadas as peculiaridades do processo administrativo). A LINDB configura premissa de validade e parâmetro de orientação às decisões nos processos administrativos.

12. O processo administrativo brasileiro configura expressão do princípio do Estado Democrático de Direito. Significa a garantia de os particulares participarem ativamente das decisões estatais que possam afetar seus interesses.

13. O processo administrativo é regido por normas de Direito Administrativo, especialmente os princípios da legalidade, isonomia, moralidade, publicidade, responsabilidade, eficiência. Além disso, deve obedecer aos princípios do devido processo legal, contraditório e ampla defesa.

14. Com a edição da Lei nº 9.784/1999 o princípio da legalidade assumiu novo tônus frente ao processo administrativo brasileiro. O diploma disciplina a relação jurídico-processual frente à Administração Pública.

15. Os princípios da proporcionalidade e da razoabilidade, essenciais à plena compreensão do princípio da legalidade, são ínsitos ao processo administrativo, tanto no que diz respeito a questões endoprocessuais quanto aos efeitos dos atos administrativos em face das partes envolvidas no processo.

16. O princípio da isonomia exige tratamento igualitário em relação aos particulares envolvidos na relação processual e entre a própria Administração e os particulares.

17. O princípio da moralidade administrativa é definido de forma aberta, o que implica sua potencialização e sua aplicação recíproca à Administração e aos particulares envolvidos no processo administrativo.

18. O princípio da moralidade administrativa contempla os princípios da boa-fé e da imparcialidade, exigências ativas em relação à conduta processual.

19. O princípio da publicidade incide irrestritamente desde a instalação do processo administrativo, compreendido como o dever de tornar público o processo e de intimação da parte interessada.

20. O princípio da responsabilidade objetiva é o dever ativo da Administração de reparar os prejuízos por ela causados a terceiro, gerados por condutas comissivas ou omissivas.

21. O princípio da eficiência deve ser compreendido na qualidade de máxima constitucional positivada em favor do particular, como instrumento democrático de controle da Administração Pública. Não outorga poderes ou prerrogativas à Administração, tampouco pode ser vislumbrado como "derrogador" de outras normas equivalentes.

22. No processo administrativo o princípio da eficiência pode ser vislumbrado nos conceitos processuais de celeridade, simplicidade, finalidade, economia e efetividade.

23. Os princípios processuais em sentido estrito devem ser compreendidos em seu vínculo com os demais cânones constitucionais, de forma integrativa.

24. O princípio do devido processo legal é princípio universal do processo administrativo, contemplando seus ângulos processual e substantivo.

25. Em todas as ocasiões em que, direta ou indiretamente, se restringem os bens e/ou a liberdade do particular, o princípio do devido processo legal assegura submissão da Administração a prévios e conhecidos ritos processuais e observância de limitações substanciais.

26. O princípio do contraditório não significa apenas o direito de ser intimado dos atos e fatos do processo, mas a garantia de plena reação a tais atos e fatos, com a consequente e motivada influência do particular na futura decisão.

27. O princípio da ampla defesa exige direito à plena e perfeita ciência do processo, com a possibilidade de opor defesas direta e indireta, produzir provas e ser assistido por profissionais com competência técnica.

28. É essencial à ampla defesa a motivação das decisões, de molde a que o particular possa com elas conformar-se ou delas recorrer.

Em suma – apesar de a Constituição brasileira ampliar as garantias processuais dos particulares no processo administrativo e também pela promulgação da Lei nº 9.784/1999 –, permanece vivo o apelo de Sérgio Ferraz no sentido de que: "Desbastar essa floresta virgem é uma das tarefas primordiais do jurista brasileiro. (...) é imperioso que, ao lado do processo corretivo, repressivo, da autoridade administrativa, de índole judicial, se consagre, por fim, um processo administrativo que, sobre poder ser também de saneamento dos erros, canalize a participação e a contribuição numa senda de criação. Para esta obra estão, é claro, convocados todos os administrativistas brasileiros (...)".[568]

Esse é o objetivo do presente estudo. Contribuir, humildemente, na tentativa do descobrimento científico da realidade jurídica autônoma "processo administrativo". Nesse sentido orientam-se as conclusões anteriormente arroladas.

---

[568] Sérgio Ferraz, "Processo administrativo e Constituição", *RTDP* 1/86.

REFERÊNCIAS

AA.VV. *Ab Uno ad Omnes* – 75 Anos da Coimbra Editora. Coimbra: Coimbra Editora, 1995.

AA.VV. *Dicionário Jurídico da Administração Pública*. 2. ed. vol. I. Lisboa: Narciso Correia, 1990.

ADAMS, Jonh Clarke. *El Derecho Administrativo Norteamericano*. Trad. de Dionisio Petriella. Buenos Aires: Editorial Universitaria de Buenos Aires, 1964.

AGRÒ, Antonio S.; LAVAGNA, Carlo; SCOCA, Franco G.; VITUCCI, Paolo. *La Costituzione Italiana Annotata con la Giurisprudenza della Corte Costituzionale*. 2. ed. Turim: UTET, 1979.

ALCALÁ-ZAMORA Y CASTILLO, Niceto. Proceso administrativo. *In: Estudios Procesales*, Madri: Tecnos, 1974.

ALCÂNTARA, Maria Emília Mendes. Responsabilidade do Estado na Constituição Federal/1988. *In:* BANDEIRA DE MELLO, Celso Antônio (coord.). *Direito Administrativo na Constituição de 1988*. São Paulo: RT, 1991.

ALEXY, Robert. *Teoria dos Direitos Fundamentais*. 2. ed., 4. tir., trad. de Virgílio Afonso da Silva. São Paulo: Malheiros Editores, 2015.

ÁLVAREZ RICO, Manuel. *Principios Constitucionales de Organización de las Administraciones Públicas*. 2. ed. Madrid: Dykinson, 1997.

ALVIM, Thereza. *Questões Prévias e os Limites Objetivos da Coisa Julgada*. São Paulo: RT, 1977.

AMAN JR., Alfred C.; MAYTON, William T. *Administrative Law*. Minnesota: West Publishing Co., 1993.

AMARAL, Diogo Freitas do. *Curso de Direito Administrativo*. 2. ed., 5. tir., vol. I. Coimbra: Livraria Almedina, 2001.

AMARAL, Diogo Freitas do; CAUPERS, João; CLARO, João Martins; RAPOSO, João; SILVA, V. Pereira da; VIEIRA, Pedro Siza. *Código do Procedimento Administrativo Anotado*. 2. ed. Coimbra: Livraria Almedina, 1995.

AMORIN, J. Pacheco de; GONÇALVES, Pedro; OLIVEIRA, Mário Esteves de. *Código do Procedimento Administrativo Comentado*. 2. ed., 3. tir. Coimbra: Livraria Almedina, 2001.

ANDREANI, Antonio. *Il Principio Costituzionale di Buon Andamento della Pubblica Amministrazione*. Pádua: CEDAM, 1979.

ARAGÃO, Alexandre Santos de. *Agências Reguladoras e a Evolução do Direito Administrativo Econômico*. Rio de Janeiro: Forense, 2002.

ARAGÃO, Alexandre Santos de. *Curso de Direito Administrativo*. Rio de Janeiro: Forense, 2012.

ARAGÃO, Alexandre Santos de. *Direito dos Serviços Públicos*. Rio de Janeiro: Forense, 2007.

ARAGÃO, Alexandre Santos de (coord.). *O Poder Normativo das Agências Reguladoras*. Rio de Janeiro: Forense, 2006.

ARAÚJO, Fernando; GAMA, João Taborda da; OTERO, Paulo (org.). *Estudos em Memória do Professor Doutor J. L. Saldanha Sanches*. vol. 1. Coimbra: Coimbra Editora, 2011.

ARMELIN, Donaldo. *Legitimidade para Agir no Direito Processual Civil Brasileiro*. São Paulo: RT, 1979.

ARRUDA, Samuel Miranda. Comentário ao art. 5º, inciso LXXVIII. *In:* CANOTILHO, J. J. Gomes; MENDES, Gilmar Ferreira; SARLET, Ingo Wolfgang; STRECK, Lenio Luiz (coord.). *Comentários à Constituição do Brasil*. 1. ed. 2. tir. São Paulo: Saraiva/Livraria Almedina, 2014.

ARRUDA ALVIM, Teresa Celina. Limites à chamada 'discricionariedade' judicial. *RDP* 96/157-166. São Paulo: RT, 1990.

ARRUDA ALVIM, Teresa Celina. *Nulidades da Sentença*. 2. ed. São Paulo: RT, 1990.

ARRUDA ALVIM, Teresa Celina; BANDEIRA DE MELLO, Luiz Eduardo; DANTAS, Bruno. Anotações sobre o Direito Intertemporal e processo. *In:* DANTAS, Bruno, DIDIER JR., Fredie; TALAMINI, Eduardo; WAMBIER, Teresa Arruda Alvim (coord.). *Breves Comentários ao Novo Código de Processo Civil.* São Paulo: RT, 2015. p. 2.415-2.422.

ARRUDA ALVIM, Teresa Celina; CONCEIÇÃO, Maria Lúcia Lins; MELLO, Rogério Licastro Torres de; RIBEIRO, Leonardo Ferres da Silva. *Primeiros Comentários ao Novo Código de Processo Civil.* São Paulo: RT, 2015.

ARRUDA ALVIM, Teresa Celina; DANTAS, Bruno; DIDIER JR., Fredie; TALAMINI, Eduardo (coord.). *Breves Comentários ao Novo Código de Processo Civil.* São Paulo: RT, 2015.

ARRUDA ALVIM NETTO, José Manoel de. *Manual de Direito Processual Civil.* 5. ed. vol. I. São Paulo: RT, 1996.

ARRUDA ALVIM NETTO, José Manoel de. *Tratado de Direito Processual Civil.* 2. ed., vol. I. São Paulo: RT, 1990.

ASCENSÃO, José de Oliveira. *O Direito* – Introdução e Teoria Geral. 4. ed. Lisboa: Verbo, 1987.

ATALIBA, Geraldo. Eficácia de ato administrativo: publicação. *RDP*, São Paulo, n. 99, p. 14-21, 1991.

ATALIBA, Geraldo. *O Decreto-lei na Constituição de 1967.* São Paulo: RT, 1967.

ATALIBA, Geraldo. *República e Constituição.* 3. ed. atual. por Rosoléa Miranda Folgosi. São Paulo: Malheiros Editores, 2011.

AUDIT, Bernard. L'américanisation du Droit – Introduction. *In:* AA.VV. *L'Américanisation du Droit*, Paris: Dalloz, 2001.

AULETE, Caldas. *Dicionário Contemporâneo da Língua Portuguesa.* 4. ed. vols. III, IV e V. Rio de Janeiro: Delta, 1958.

ÁVILA, Ana Paula Oliveira. *O Princípio da Impessoalidade da Administração Pública*: para uma Administração Imparcial. Rio de Janeiro: Renovar, 2004.

ÁVILA, Humberto. Moralidade, razoabilidade e eficiência na atividade administrativa. *RBDP*, Belo Horizonte, n. 1, p. 105-133, abr./jun. 2003.

ÁVILA, Humberto. *Teoria dos Princípios:* da Definição à Aplicação dos Princípios Jurídicos. 17. ed. São Paulo: Malheiros Editores, 2016.

AVOLIO, Luiz Francisco Torquato. *Provas Ilícitas.* Interceptações Telefônicas e Gravações Clandestinas. 2. ed. São Paulo: RT, 1999.

BACHOF, Otto; STROBER, Rolf; WOLFF, Hans J. *Direito Administrativo.* vol. 1, trad. de A. Francisco de Souza. Lisboa: Fundação Calouste Gulbenkian, 2006.

BANDEIRA DE MELLO, Celso Antônio. *Ato Administrativo e Direito dos Administrados.* São Paulo: RT, 1981.

BANDEIRA DE MELLO, Celso Antônio. *Curso de Direito Administrativo.* 33. ed. São Paulo: Malheiros Editores, 2016.

BANDEIRA DE MELLO, Celso Antônio. *Discricionariedade e Controle Jurisdicional.* 2. ed. 11. tir. São Paulo: Malheiros Editores, 2012.

BANDEIRA DE MELLO, Celso Antônio. Eficácia das normas constitucionais sobre justiça social. *RDP*, São Paulo, 57-58/233-256, 1968.

BANDEIRA DE MELLO, Celso Antônio. Estado y democracia: la integración supranacional. *In:* CLAVERO AREVALO, Manuel; GARCÍA DE ENTERRÍA, Eduardo (dir.). *El Derecho Público de Finales de Siglo.* Madri: Civitas, 1997.

BANDEIRA DE MELLO, Celso Antônio. Mandado de segurança contra denegação ou concessão de liminar. *RDP*, São Paulo, n. 92, p. 55-61, 1989.

BANDEIRA DE MELLO, Celso Antônio. *O Conteúdo Jurídico do Princípio da Igualdade.* 3. ed., 24. tir. São Paulo: Malheiros Editores, 2015.

BANDEIRA DE MELLO, Celso Antônio. O princípio do enriquecimento sem causa em direito administrativo. *RDA*, Rio de Janeiro, n. 210, p. 25-35, 1997.

BANDEIRA DE MELLO, Celso Antônio. Procedimento administrativo. *In:* BANDEIRA DE MELLO, Celso Antônio (coord.). *Direito Administrativo na Constituição de 1988.* São Paulo: RT, 1991.

BANDEIRA DE MELLO, Celso Antônio (coord.). *Direito Administrativo na Constituição de 1988*. São Paulo: RT, 1986 e 1991.

BANDEIRA DE MELLO, Celso Antônio (org.). *Estudos em Homenagem a Geraldo Ataliba*. vol. 2. São Paulo: Malheiros Editores, 1997.

BANDEIRA DE MELLO, Luiz Eduardo; DANTAS, Bruno; ARRUDA ALVIM, Teresa. Anotações sobre o Direito Intertemporal e processo. *In:* DANTAS, Bruno; DIDIER JR., Fredie; TALAMINI, Eduardo; ARRUDA ALVIM, Teresa (coord.). *Breves Comentários ao Novo Código de Processo Civil*. São Paulo: RT, 2015, p. 2.415-2.422.

BANDEIRA DE MELLO, Oswaldo Aranha. *A Teoria das Constituições Rígidas*. 2. ed. São Paulo: José Bushatsky Editor, 1980.

BANDEIRA DE MELLO, Oswaldo Aranha. *Princípios Gerais de Direito Administrativo*. 3. ed., 2. tir., vol. I. São Paulo: Malheiros Editores, 2010.

BAPTISTA, Patrícia. *Segurança Jurídica e Proteção da Confiança Legítima no Direito Administrativo*. Rio de Janeiro: s/ed., 2015.

BAPTISTA, Patrícia. *Transformações do Direito Administrativo*. Rio de Janeiro: Renovar, 2003.

BARAK, Aharon. *Proportionality:* Constitutional Rights and their Limitations. Cambridge: Cambridge University Press, 2012.

BARATA, José Fernando Nunes. Burocracia. *In:* AA.VV. *Dicionário Jurídico da Administração Pública*. 2. ed., vol. I. Lisboa, Narciso Correia, 1990.

BARBOSA MOREIRA, José Carlos. A garantia do contraditório na atividade de instrução. *Temas de Direito Processual*. 3. Série. São Paulo: Saraiva, 1984.

BARBOSA MOREIRA, José Carlos. Ações coletivas na Constituição Federal de 1988. *RePro*, São Paulo, n. 61, p. 187-200, 1991.

BARBOSA MOREIRA, José Carlos. La igualdad de las partes en el proceso civil. *Temas de Direito Processual*. 4. Série. São Paulo: Saraiva, 1989.

BARBOSA MOREIRA, José Carlos. Notas sobre o problema da 'efetividade' do processo. *Temas de Direito Processual*. 3. Série. São Paulo: Saraiva, 1984.

BARBOSA MOREIRA, José Carlos. Questões prejudiciais e questões preliminares. *Direito Processual Civil (Ensaios e Pareceres)*. Rio de Janeiro: Borsói, 1971.

BARBOSA MOREIRA, José Carlos. *Reformatio in peius* (processo civil). *Direito Processual Civil (Ensaios e Pareceres)*. Rio de Janeiro: Borsói, 1971.

BARBOSA MOREIRA, José Carlos. *Temas de Direito Processual*. 3. Série. São Paulo: Saraiva, 1984.

BARBOSA MOREIRA, José Carlos. *Temas de Direito Processual*. 4. Série. São Paulo: Saraiva, 1989.

BARBOZA, Heloísa Helena; MORAES, Maria Celina Bodin de; TEPEDINO, Gustavo. *Código Civil Interpretado Conforme a Constituição da República*. vol. I. Rio de Janeiro: Renovar, 2004.

BARNES VÁZQUEZ, Javier (ed.). *La Transformación del Procedimiento Administrativo*. Sevilha: Global Law Press, 2008.

BARNES VÁZQUEZ, Javier. La colaboración interadministrativa a través del procedimiento administrativo nacional. *In:* BARNES, Javier (ed.). *La Transformación del Procedimiento Administrativo*. Sevilha: Global Law Press, 2008.

BARNES VÁZQUEZ, Javier. Reforma e innovación del procedimiento administrativo. *In:* BARNES, Javier (ed.). *La Transformación del Procedimiento Administrativo*. Sevilha: Global Law Press, 2008.

BARNES VÁZQUEZ, Javier. Introducción a la doctrina alemana del 'derecho privado administrativo'. *In:* PÉREZ MORENO, A. (coord.). *Administración Instrumental*: Libro Homenaje a Manuel Francisco Clavero Arevalo. t. I. Madri: Civitas, 1994.

BARROS, Suzana de Toledo. *O princípio da proporcionalidade e o controle de constitucionalidade das leis restritivas de direitos fundamentais*. Brasília: Brasília Jurídica, 1996.

BARROS, Wellington Pacheco. *Curso de Processo Administrativo*. Porto Alegre: Livraria do Advogado, 2005.

BASSI, Franco. *Lezioni di Diritto Amministrativo*. 4. ed. Milão: Giuffrè Editore, 1995.

BEDAQUE, José Roberto dos Santos. *Tutela Cautelar e Tutela Antecipada*. 5. ed. São Paulo: Malheiros Editores, 2009.

BERTONCINI, Mateus Eduardo Siqueira Nunes. *Princípios de Direito Administrativo Brasileiro*. São Paulo: Malheiros Editores, 2002.

BEVILÁQUA, Clóvis. *Código Civil dos Estados Unidos do Brasil*. 7. tir., ed. histórica. Rio de Janeiro: Ed. Rio, 1984.

BEZNOS, Clóvis. *Ação Popular e Ação Civil Pública*. São Paulo: RT, 1989.

BEZNOS, Clóvis. O processo administrativo e a sua codificação. *Genesis – Revista de Direito Administrativo Aplicado* Curitiba, n. 6, p. 658-690.

BINENBOJM, Gustavo. "A constitucionalização do Direito Administrativo no Brasil: um inventário de avanços e retrocessos". *Revista Eletrônica sobre a Reforma do Estado*, Salvador, 13, p. 8, mar./maio 2008. Disponível em: http://www.direitodoestado.com.br/codrevista.asp?cod=262.

BINENBOJM, Gustavo. *Poder de Polícia, Ordenação, Regulação*. Belo Horizonte: Fórum, 2016.

BINENBOJM, Gustavo. *Uma Teoria do Direito Administrativo*: Direitos Fundamentais, Democracia e Constitucionalização. Rio de Janeiro: Renovar, 2006.

BITAR, Orlando. Fontes e essência da Constituição Britânica. *In: Obras Completas*. vol. II. Rio de Janeiro: Renovar, 1996.

BITENCOURT NETO, Eurico. *Devido Procedimento Equitativo e Vinculação de Serviços Públicos Delegados no Brasil*. Belo Horizonte: Fórum, 2009.

BLACK, Henry Campbell. *Black's Law Dictionary*. 5. ed. Minnesota: West Publishing Co., 1979.

BLACK, Hugo Lafayette. *A Crença na Constituição*. Trad. de Luiz Carlos F. de Paula Xavier. Rio de Janeiro: Forense, 1970.

BOBBIO, Norberto. Democracia. *In:* BOBBIO, Norberto; MATTEUCCI, Nicola; PASQUINO, Gianfranco (org.). *Dicionário de Política*. 3. ed., vol. I, trad. de Carmen C. Varrialle e outros. Brasília, Linha Gráfica Editora/UnB, 1991.

BOBBIO, Norberto. *O Futuro da Democracia*: uma Defesa das Regras do Jogo. 3. ed., trad. de Marco Aurélio Nogueira. Rio de Janeiro: Paz e Terra, 1987.

BOBBIO, Norberto; MATTEUCCI, Nicola; PASQUINO, Gianfranco. *Dicionário de Política*. 3. ed., vol. I, trad. de Carmen C. Varrialle e outros. Brasília: Linha Gráfica Editora/UnB, 1991.

BONAVIDES, Paulo. *Curso de Direito Constitucional*. 31. ed. São Paulo: Malheiros Editores, 2016.

BORGES, Alice Gonzalez. A implantação da Administração Pública Gerencial na Emenda Constitucional 19/1998. *Revista Jurídica – Administração Municipal*, Salvador, n. 2, p. 4-13, 1999.

BORGES, Alice Gonzalez. Responsabilidade civil de concessionárias de serviços públicos. *In:* LEÃO, Adroaldo; PAMPLONA FILHO, Rodolfo Mário Veiga (coord.). *Responsabilidade Civil*. Rio de Janeiro: Forense, 2001, p. 13-33.

BORRÈ, Giuseppe; CARETTI, Paolo; LONG, Giovanni; PINELLI, Cesare; POTOTSCHNIG, Umberto. *La Pubblica Amministrazione*: Artt. 97-98. Roma/Bolonha: Zanichelli//Il Foro Italiano, 1994.

BRADLEY, A. W.; EWING, K. D. *Constitutional and Administrative Law*. 11. ed. Essex: Longman, 1993.

BRESSER-PEREIRA, Luiz Carlos. *Reforma do Estado para a Cidadania*. Brasília: ENAP/Editora 34, 1998.

BUENO, Cássio Scarpinella. *Amicus Curiae no Processo Civil Brasileiro*: um terceiro enigmático. São Paulo: Saraiva, 2008.

BUENO, Cássio Scarpinella. Os recursos nas Leis de Processo Administrativo Federal e Paulista: uma primeira aproximação. *In:* SUNDFELD, Carlos Ari; MUÑOZ, Guillermo Andrés (coord.). *As Leis de Processo Administrativo*. 1. ed., 2. tir. São Paulo: Malheiros Editores, 2006.

BUENO, Vera Scarpinella. As leis de procedimento administrativo: uma leitura operacional do princípio constitucional da eficiência. *In:* MUÑOZ, Guillermo Andrés; SUNDFELD, Carlos Ari (coord.). *As Leis de Processo Administrativo*. 1. ed., 2. tir. São Paulo: Malheiros Editores, 2006.

BUENO, Vera Scarpinella. Devido processo legal e a Administração Pública no direito administrativo norte-americano. *In:* FIGUEIREDO, Lúcia Valle (coord.). *Devido Processo Legal na Administração Pública*. São Paulo: Max Limonad, 2001.

BUENO FILHO, Edgard Silveira. *O Direito à Defesa na Constituição*. São Paulo: Saraiva, 1994.

BUGARIN, Paulo Soares. O princípio constitucional da eficiência: um enfoque doutrinário multidisciplinar. *Fórum Administrativo*, Belo Horizonte, n. 3, p. 237-242, maio 2001.

BUITRÓN RAMÍREZ, Guadalupe; GARBERÍ LLOBREGAT, José. *El Procedimiento Administrativo Sancionador*. 4. ed., vol. I. Valência: Tirant lo Blanch, 2001.

BULOS, Uadi Lammêgo. Reforma Administrativa (primeiras impressões). *RDA*, Rio de Janeiro, n. 214, p. 69-98, 1998.

CABRAL, Antonio do Passo. *Convenções processuais*. Salvador: Juspodivm, 2016.

CABRAL, Antonio do Passo; CRAMER, Ronaldo (coord.). *Comentários ao Novo Código de Processo Civil*. Rio de Janeiro: Forense, 2015.

CABRAL, Antonio do Passo; MENDONÇA, José Vicente Santos de (coord.). *Decisão Administrativa Coordenada*. São Paulo: Juspodivm, 2022.

CAJARVILLE PELUFFO, Juan Pablo. O procedimento administrativo no Uruguai (trad. de André Fabian Edelstein). *In:* MUÑOZ, Guillermo Andrés; SUNDFELD, Carlos Ari (coord.). *As Leis de Processo Administrativo*. 1. ed., 2. tir. São Paulo: Malheiros Editores, 2006.

CALAMANDREI, Piero. *Instituciones de Derecho Procesal Civil*. Trad. de Santiago Sentís Melendo. Buenos Aires: Depalma, 1943.

CALCINI, Fábio Pallaretti. *Princípio da Legalidade:* Reserva Legal e Densidade Normativa. Rio de Janeiro: Lumen Juris, 2016.

CALMON DE PASSOS, José Joaquim. O devido processo legal e o duplo grau de jurisdição. *Revista da Procuradoria-Geral do Estado de São Paulo*, São Paulo, n. 17, p. 123-141, 1980.

CÂMARA, Jacintho Arruda. *Obrigações do Estado Derivadas de Contratos Inválidos*. São Paulo: Malheiros Editores, 1999.

CAMARÃO, Tatiana Martins da Costa; FORTINI, Cristiana; PEREIRA, Maria Fernanda Pires de Carvalho. *Processo Administrativo*: Comentários à Lei 9.784/ 1999. Belo Horizonte: Fórum, 2008.

CANOTILHO, J. J. Gomes. *Direito Constitucional e Teoria da Constituição*. 5. ed. Coimbra: Livraria Almedina, 2002.

CANOTILHO, J. J. Gomes; MOREIRA, Vital. *Constituição da República Portuguesa Anotada*. 3. ed. Coimbra: Coimbra Editora, 1993.

CANOTILHO, J. J. Gomes; MENDES, Gilmar Ferreira; SARLET, Ingo Wolfgang; STRECK, Lenio Luiz (coord.). *Comentários à Constituição do Brasil*. 1. ed., 2. tir. São Paulo: Saraiva/Livraria Almedina, 2014.

CAPITANT, David. *Les Effets Juridiques des Droits Fundamentaux en Allemagne*. Paris: LGDJ, 2001.

CARETTI, Paolo; BORRÈ, Giuseppe; LONG, Giovanni; PINELLI, Cesare; POTOTSCHNIG, Umberto. *La Pubblica Amministrazione*: artt. 97-98. Roma/Bolonha: Zanichelli/Il Foro Italiano, 1994.

CARNEIRO, Paulo Cézar Pinheiro. Comentários ao art. 8º. *In:* DANTAS, Bruno; DIDIER JR., Fredie; TALAMINI, Eduardo; ARRUDA ALVIM, Teresa. *Breves Comentários ao Novo Código de Processo Civil*. São Paulo: RT, 2015.

CARNEIRO, Paulo Cézar Pinheiro. Comentários ao art. 15. *In:* DANTAS, Bruno; DIDIER JR., Fredie; TALAMINI, Eduardo; ARRUDA ALVIM, Teresa (coord.). *Breves Comentários ao Novo Código de Processo Civil*. São Paulo: RT, 2015.

CARNEIRO, Paulo Cézar Pinheiro. Comentários ao art. 138. *In:* CABRAL, Antônio do Passo; CRAMER, Ronaldo (coord.). *Comentários ao Novo Código de Processo Civil*. Rio de Janeiro: Forense, 2015.

CARVALHO, Antonio Carlos Alencar. *Manual de Processo Administrativo e Sindicância*, 2 vols., 8. ed. Belo Horizonte: Fórum, 2024.

CARVALHO, Paulo de Barros. *Curso de Direito Tributário*. 4. ed. São Paulo: Saraiva, 1991.

CARVALHO FILHO, José dos Santos. *Manual de Direito Administrativo*. 30. ed. São Paulo: Atlas, 2016.

CARVALHO FILHO, José dos Santos. *Processo Administrativo Federal*. 4. ed. Rio de Janeiro: Lumen Juris, 2009; 5. ed. São Paulo: Atlas, 2013.

CAUPERS, João; AMARAL, Diogo Freitas do; CLARO, João Martins; RAPOSO, João; SILVA, V. Pereira da; VIEIRA, Pedro Siza. *Código do Procedimento Administrativo Anotado*. 2. ed. Coimbra: Livraria Almedina, 1995.

CHIOVENDA, Giuseppe. *Instituições de Direito Processual Civil*. vol. I, trad. de J. Guimarães Menegale, "Notas" de Enrico Tullio Liebman. São Paulo: Saraiva, 1965.

CHUEIRI, Vera Karam de; MOREIRA, Egon Bockmann; CÂMARA, Heloisa Fernandes; GODOY, Miguel Gualano de. *Fundamentos de Direito Constitucional*. 2. ed. São Paulo: Juspodivm, 2022.

CINTRA, Antônio Carlos de Araújo; DINAMARCO, Cândido Rangel; GRINOVER, Ada Pellegrini. *Teoria Geral do Processo*. 31. ed. São Paulo: Malheiros Editores, 2015.

CIRNE LIMA, Ruy. *A Relação Jurídica no Direito Administrativo*. Porto Alegre: 1952.

CIRNE LIMA, Ruy. *Princípios de Direito Administrativo*. 7. ed. São Paulo: Malheiros Editores, 2007.

CIRNE LIMA, Ruy. *Sistema de Direito Administrativo Brasileiro*. vol. I ("Introdução"). Porto Alegre: Santa Maria, 1953.

CLARO, João Martins; AMARAL, Diogo Freitas do; CAUPERS, João; RAPOSO, João; SILVA, V. Pereira da; VIEIRA, Pedro Siza. *Código do Procedimento Administrativo Anotado*. 2. ed. Coimbra: Livraria Almedina, 1995.

CLAVERO AREVALO, Manuel; GARCÍA DE ENTERRÍA, Eduardo (dir.). *El Derecho Público de Finales de Siglo*. Madri: Civitas, 1997.

COMOGLIO, Luigi Paolo. *La Garanzia Costituzionale dell'Azione ed il Processo Civile*. Pádua: CEDAM, 1970.

COMPARATO, Fábio Konder. *A Afirmação Histórica dos Direitos Humanos*. São Paulo: Saraiva, 1999.

COMPARATO, Fábio Konder. *A nova cidadania*. Direito Público – Estudos e Pareceres. São Paulo: Saraiva, 1996.

COMPARATO, Fábio Konder. A organização constitucional da função planejadora. *In: Desenvolvimento Econômico e Intervenção do Estado na Ordem Constitucional*: Estudos Jurídicos em Homenagem ao Professor Washington Peluso Albino de Souza. Porto Alegre: Sérgio Antônio Fabris Editor, 1995.

COMPARATO, Fábio Konder. *Comentários às Disposições Transitórias da Nova Lei de Sociedades por Ações*. Rio de Janeiro: Forense, 1978.

COMPARATO, Fábio Konder. *O Poder de Controle na Sociedade Anônima*. 3. ed. Rio de Janeiro: Forense, 1983.

COMPARATO, Fábio Konder. Um quadro institucional para o desenvolvimento democrático. *In*: JAGUARIBE, Hélio (coord.). *Brasil, Sociedade Democrática*. Rio de Janeiro: José Olympio Editor, 1985.

CONCEIÇÃO, Maria Lúcia Lins; MELLO, Rogério Licastro Torres de; RIBEIRO, Leonardo Ferres da Silva; ARRUDA ALVIM, Teresa. *Primeiros Comentários ao Novo Código de Processo Civil*. São Paulo: RT, 2015.

COOLEY, Thomas. *Princípios Gerais de Direito Constitucional dos Estados Unidos da América do Norte*. 2. ed., trad. de Alcides Cruz. São Paulo: RT, 1982.

CORSO, Guido. El procedimiento administrativo en Italia. *In: El Procedimiento Administrativo en el Derecho Comparado*. Trad. de Antonio Alfonso Pérez Andrés e Eduardo Gamero Casado. Madri: Civitas, 1993.

COSTA, Nelson Nery. *Processo Administrativo e suas Espécies*. Rio de Janeiro: Forense, 1997.

COSTA, Pietro. *Poucos, Muitos, Todos*: Lições de História da Democracia. Trad. de L. E. Fritoli. Curitiba, UFPR, 2012.

COSTA, Pietro; ZOLO, Danilo (org.). *O Estado de Direito*: História, Teoria, Crítica. Trad. de C. A. Dastoli. São Paulo: Martins Fontes, 2006.

COSTÓDIO FILHO, Ubirajara. A Emenda Constitucional 19/1998 e o princípio da eficiência na Administração Pública. *ILC (Informativo Licitações e Contratos)* 66/606-613, Curitiba, ago. 1999.

COTRIM NETO, A. B. Responsabilidade do Estado por atos de juiz (em face da Constituição de 1988). *RTDP*, São Paulo, 9/12-30, 1995.

COUTO E SILVA, Almiro do. A responsabilidade extracontratual do Estado no Direito Brasileiro. *RDA*, Rio de Janeiro, n. 202, p. 19-41, 1995.

COUTO E SILVA, Almiro do. O princípio da segurança jurídica (proteção à confiança) no direito público brasileiro e o direito da Administração Pública de anular seus próprios atos administrativos: o prazo decadencial do art. 54 da Lei do Processo Administrativo da União (Lei n. 9.784/1999). *RDA*, Rio de Janeiro, 237/271, 2004.

COUTO E SILVA, Almiro do. Prefácio. *In*: GIACOMUZZI, José Guilherme. *A Moralidade Administrativa e a Boa-Fé da Administração Pública*: o Conteúdo Dogmático da Moralidade Administrativa. São Paulo: Malheiros Editores, 2002.

COUTO E SILVA, Almiro do. Prescrição quinquenária da pretensão anulatória da Administração Pública com relação a seus atos administrativos. *RDA*, Rio de Janeiro, n. 204, p. 21-31, 1996.

COUTO E SILVA, Almiro do. Princípios da legalidade da Administração Pública e da segurança jurídica no Estado de Direito contemporâneo. *RDP*, São Paulo, n. 84, p. 46-63, 1987.

COUTO E SILVA, Almiro do. Privatização no Brasil e o novo exercício de funções públicas por particulares. Serviço público 'à brasileira'? *RDA*, Rio de Janeiro, n. 30, p. 45-74, out./dez. 2002.

COUTO E SILVA, Almiro do. Responsabilidade do Estado e problemas jurídicos resultantes do planejamento. *RDP*, São Paulo, n. 63, p. 28-36, 1982.

COUTO E SILVA, Clóvis do. *A Obrigação como Processo*. São Paulo: José Bushatsky Editor, 1976.

COUTO E SILVA, Clóvis do. O princípio da boa-fé no Direito Brasileiro e Português. *In: O Direito Privado Brasileiro na Visão de Clóvis do Couto e Silva*. Porto Alegre: Livraria do Advogado, 1998.

COUTURE, Eduardo J. *Vocabulario Jurídico*. Buenos Aires: Depalma, 1976.

CRAMER, Ronaldo; CABRAL, Antônio do Passo (coord.). *Comentários ao Novo Código de Processo Civil*. Rio de Janeiro: Forense, 2015.

CRUZ E TUCCI, José Rogério. *A Causa Petendi no Processo Civil*. São Paulo: RT, 1993.

CRUZ E TUCCI, José Rogério. Garantia da prestação jurisdicional sem dilações indevidas como corolário do devido processo legal. *In*: CRUZ E TUCCI, José Rogério; TUCCI, Rogério Lauria. *Devido Processo Legal e Tutela Jurisdicional*. São Paulo: RT, 1993.

CRUZ E TUCCI, José Rogério; TUCCI, Rogério Lauria. *Constituição de 1988 e Processo*. São Paulo: Saraiva, 1989.

CRUZ E TUCCI, José Rogério; TUCCI, Rogério Lauria. *Devido Processo Legal e Tutela Jurisdicional*. São Paulo: RT, 1993.

CUÉLLAR, Leila. *As Agências Reguladoras e seu Poder Normativo*. São Paulo: Dialética, 2001.

CUÉLLAR, Leila. *Introdução às Agências Reguladoras Brasileiras*. Belo Horizonte: Fórum, 2008.

CUÉLLAR, Leila; MOREIRA, Egon Bockmann. *Estudos de Direito Econômico*. Belo Horizonte: Fórum, 2004.

CUÉLLAR, Leila; MOREIRA, Egon Bockmann. Administração Pública e mediação: notas fundamentais. *Revista de Direito Público da Economia – RDPE*, Belo Horizonte, n. 61, p. 119-145, 2018.

CUÉLLAR, Leila; MOREIRA, Egon Bockmann; GARCIA, Flávio Amaral; CRUZ, Elisa Schmidlin. *Direito Administrativo e Alternative Dispute Resolution*. 2. ed. Belo Horizonte: Fórum, 2022.

CUSHMAN, Barry. *Rethinking the New Deal Court*: the Structure of a Constitutional Revolution. Nova York, Oxford University Press, 1998.

DALLARI, Adilson Abreu. *Regime Constitucional dos Servidores Públicos*. 2. ed. São Paulo: RT, 1990.

DALLARI, Adilson Abreu; FERRAZ, Sérgio. *Processo Administrativo*. 3. ed. São Paulo: Malheiros Editores, 2012.

DALLEDONE, Rodrigo Fernandes Lima. Reflexos do novo Código de Processo Civil sobre a atividade decisória da Administração Pública. *Revista da Escola da Magistratura do Paraná* 5/9-28, Curitiba, 2015.

DANTAS, Bruno, BANDEIRA DE MELLO, Luiz Eduardo; ARRUDA ALVIM, Teresa. Anotações sobre o Direito Intertemporal e processo. *In*: DANTAS, Bruno; DIDIER JR., Fredie; TALAMINI, Eduardo; WAMBIER, Teresa Arruda Alvim (coord.). *Breves Comentários ao Novo Código de Processo Civil*. São Paulo: RT, 2015, p. 2.415-2.422.

DAVID, René. *O Direito Inglês*. Trad. de Eduardo Brandão. São Paulo: Martins Fontes, 1997.

DAVID, René. *Os Grandes Sistemas do Direito Contemporâneo*. 3. ed., trad. de Hermínio A. Carvalho. São Paulo: Martins Fontes, 1996.

DELGADO, José Augusto. A demora na entrega da prestação jurisdicional – Responsabilidade do Estado – Indenização. *RTDP* 14/248-266, São Paulo, 1996.

DELGADO, José Augusto. A supremacia dos princípios nas garantias processuais do cidadão. *In*: FIGUEIREDO TEIXEIRA, Sálvio de (coord.). *As Garantias do Cidadão na Justiça*. São Paulo: Saraiva, 1993.

DELLIS, Georges. *Droit Pénal et Droit Administratif*. Paris: LGDJ, 1997.

DELVOLVÉ, Pierre; VEDEL, Georges. *Droit Administratif*. 12. ed., ts. I e II. Paris: Thémis/PUF, 1992.

DI PIETRO, Maria Sylvia Zanella. *Direito Administrativo*. 25. ed. São Paulo: Atlas, 2012.

DI PIETRO, Maria Sylvia Zanella. *Discricionariedade Administrativa na Constituição de 1988*. São Paulo: Atlas, 1991.

DI PIETRO, Maria Sylvia Zanella. *Do Direito Privado na Administração Pública*. São Paulo: Atlas, 1989.

DIDIER JR., Fredie. Comentários ao art. 8º. *In*: CABRAL, Antônio do Passo; CRAMER, Ronaldo (coord.). *Comentários ao Novo Código de Processo Civil*. Rio de Janeiro: Forense, 2015.

DIDIER JR., Fredie. Comentários ao art. 10. *In*: CABRAL, Antônio do Passo; CRAMER, Ronaldo (coord.). *Comentários ao Novo Código de Processo Civil*. Rio de Janeiro: Forense, 2015.

DÍEZ SÁNCHEZ, Juan José. *El Procedimiento Administrativo Común y la Doctrina Constitucional*. Madri: Civitas, 1992.

DINAMARCO, Cândido Rangel. *A Instrumentalidade do Processo*. 15. ed. São Paulo: Malheiros Editores, 2013.

DINAMARCO, Cândido Rangel. *Execução Civil*. 8. ed. São Paulo: Malheiros Editores, 2002 e 2003.

DINAMARCO, Cândido Rangel. *Fundamentos do Processo Civil Moderno*. 6. ed., vol. I. São Paulo: Malheiros Editores, 2010.

DINAMARCO, Cândido Rangel. O princípio do contraditório e sua dupla destinação. *In: Fundamentos do Processo Civil Moderno*. 6. ed., vol. I. São Paulo: Malheiros Editores, 2010.

DINAMARCO, Cândido Rangel. Princípio do contraditório. *In: Fundamentos do Processo Civil Moderno*. 2. ed. São Paulo: RT, 1987.

DINAMARCO, Cândido Rangel, CINTRA, Antônio Carlos de Araújo; GRINOVER, Ada Pellegrini. *Teoria Geral do Processo*. 31. ed. São Paulo: Malheiros Editores, 2015.

DINIZ, Maria Helena. *Código Civil Anotado*. São Paulo: Saraiva, 1995.

DINIZ, Maria Helena. *Compêndio de Introdução à Ciência do Direito*. São Paulo: Saraiva, 1988.

DINIZ, Maria Helena. *Dicionário Jurídico*. vol. 3. São Paulo: Saraiva, 1998.

DINIZ, Maria Helena. *Lei de Introdução ao Código Civil Brasileiro Interpretada*. São Paulo: Saraiva, 1994.

DUTRA, Pedro. O acesso à Justiça e a ampla defesa no direito da concorrência. *In: Livre Concorrência e Regulação de Mercados*. Rio de Janeiro: Renovar, 2003.

ESPÍNOLA, Eduardo. *Constituição dos Estados Unidos do Brasil (18 de Setembro de 1946)*. vol. II. Rio de Janeiro: Freitas Bastos, 1952.

EWING, K. D.; BRADLEY, A. W. *Constitutional and Administrative Law*. 11. ed. Essex: Longman, 1993.

FAZZALARI, Elio. *Istituzioni di Diritto Processuale*. 7. ed. Pádua: CEDAM, 1994.

FERNANDES, Antônio Scarance. *Prejudicialidade*. São Paulo: RT, 1988.

FERNANDES, Antônio Scarance. *Processo Penal Constitucional*. São Paulo: RT, 1999.

FERNANDES, Antônio Scarance; GOMES FILHO, Antônio Magalhães; GRINOVER, Ada Pellegrini. *As Nulidades no Processo Penal*. 5. ed. São Paulo: Malheiros Editores, 1996.

FERNÁNDEZ, Tomás-Ramón; GARCÍA DE ENTERRÍA, Eduardo. *Curso de Derecho Administrativo*. 8. ed., vol. I, e 4. ed., vol. II. Madri: Civitas, 1997.

FERNÁNDEZ PASTRANA, José María; GARRIDO FALLA, Fernando. *Régimen Jurídico y Procedimiento de las Administraciones Públicas*. 2. ed. Madri: Civitas, 1995.

FERRARO, Marcella. *Do Processo Bipolar a um Processo Coletivo-Estrutural*. Disponível em: https://acervodigital.ufpr.br/handle/1884/39322.

FERRARO, Marcella; MOREIRA, Egon Bockmann. Pluralidade de interesse e participação de terceiros no processo (da assistência simples à coletivização, passando pelo *amicus*: notas a partir e para além do novo Código de Processo Civil). *RePro*, São Paulo, n. 251, p. 43-74, jan. 2016.

FERRAZ, Sérgio. Instrumentos de defesa dos administrados. *In:* BANDEIRA DE MELLO, Celso Antônio (coord.). *Direito Administrativo na Constituição de 1988*. São Paulo: RT, 1986.

FERRAZ, Sérgio. Processo administrativo, democracia, justiça social. *In:* WALD, Arnoldo (coord.). *O Direito na Década de 80:* Estudos Jurídicos em Homenagem a Hely Lopes Meirelles. São Paulo: RT, 1985.

FERRAZ, Sérgio. Processo administrativo e Constituição. *RTDP*, São Paulo, 1/84-87, 1993.

FERRAZ JR., Tercio Sampaio. *Introdução ao Estudo do Direito*. São Paulo: Atlas, 1988.

FERREIRA FILHO, Manoel Caetano. *A Preclusão no Direito Processual Civil*. Curitiba: Juruá, 1991.

FERREIRA FILHO, Manoel Gonçalves. *Comentários à Constituição Brasileira*. 6. ed. São Paulo: Saraiva, 1986.

FERREIRA FILHO, Manoel Gonçalves. Inovações na Constituição inglesa: o *Human Rights Act*, 1998. *Revista Brasileira de Direito Constitucional*, n. 4, p. 49-55, jul./dez. 2004.

FIGUEIREDO, Lúcia Valle. *Curso de Direito Administrativo*. 9. ed. São Paulo: Malheiros Editores, 2008.

FIGUEIREDO, Lúcia Valle. Devido processo legal e fundamentação das decisões. *RDTributário*, São Paulo, n. 63, p. 211-216, 1993.

FIGUEIREDO, Lúcia Valle. Estado de Direito e devido processo legal. *RTDP*, São Paulo, n. 15, p. 35-44, 1996.

FIGUEIREDO, Lúcia Valle. O devido processo legal. *RDTributário*, São Paulo, n. 58, p. 109-113, 1991.

FIGUEIREDO, Lúcia Valle. O devido processo legal e a responsabilidade do Estado por dano decorrente do planejamento. *RTDP*, São Paulo, n. 11, p. 5-20, 1995.

FIGUEIREDO, Lúcia Valle. Princípios constitucionais do processo. *RTDP*, São Paulo, 1/118-126, 1993.

FIGUEIREDO, Lúcia Valle. Procedimento administrativo. *Revista da AASP (Associação dos Advogados de São Paulo)*, São Paulo, n. 34, p. 62-68, jul. 1991.

FIGUEIREDO, Lúcia Valle (coord.). *Comentários à Lei Federal de Processo Administrativo*. 1. ed., 2. tir. Belo Horizonte: Fórum, 2004.

FIGUEIREDO, Lúcia Valle (coord.). *Devido Processo Legal na Administração Pública*. São Paulo: Max Limonad, 2001.

FIGUEIREDO, Marcelo. *O Controle da Moralidade na Constituição*. 1. ed., 2. tir. São Paulo: Malheiros Editores, 2003.

FIGUEIREDO TEIXEIRA, Sálvio de (coord.). *As Garantias do Cidadão na Justiça*. São Paulo: Saraiva, 1993.

FIORINI, Bartolomé A. *Procedimiento Administrativo y Recurso Jerárquico*. 2. ed. Buenos Aires: Abeledo-Perrot, 1971.

FORSYTH, C. F.; WADE, H. W. R. *Administrative Law*. 7. ed. Oxford, Clarendon Press, 1994.

FORTINI, Cristiana; CAMARÃO, Tatiana Martins da Costa; PEREIRA, Maria Fernanda Pires de Carvalho. *Processo Administrativo:* Comentários à Lei 9.784/1999. Belo Horizonte: Fórum, 2008.

FRAGA, Gabino. *Derecho Administrativo*. 14. ed. México: Editorial Porrúa, 1971.

FRAGOSO, Heleno Cláudio. *Lições de Direito Penal* – A Nova Parte Geral. 7. ed. Rio de Janeiro: Forense, 1985.

FRANCO, Alberto Silva *et al*. *Código Penal e sua Interpretação Jurisprudencial*. 5. ed. São Paulo: RT, 1995.

FRANCO SOBRINHO, Manoel de Oliveira. *Introdução do Direito Processual Administrativo*. São Paulo: RT, 1971.

FRANCO SOBRINHO, Manoel de Oliveira. *O Princípio Constitucional da Moralidade Administrativa*. 2. ed. Curitiba, Genesis, 1993.

FREIRE, Laudelino. *Grande e Novíssimo Dicionário da Língua Portuguesa*. 2. ed., vols. IV e V. Rio de Janeiro: José Olympio Editor, 1954.

FREITAS, Juarez. *A Interpretação Sistemática do Direito*. 5. ed. São Paulo: Malheiros Editores, 2010.

FREITAS, Juarez. Do princípio da probidade administrativa e de sua máxima efetivação. *RDA*, Rio de Janeiro, 204/65-84, 1996.

FREITAS, Juarez. *O Controle dos Atos Administrativos e os Princípios Fundamentais*. 4. ed. São Paulo: Malheiros Editores, 2009; 5. ed. São Paulo: Malheiros Editores, 2013.

FREITAS, Juarez. Repensando a natureza da relação jurídico-administrativa e os limites principiológicos à anulação dos atos administrativos. *In: Estudos de Direito Administrativo*. 2. ed. São Paulo: Malheiros Editores, 1997.

GALGANO, Francesco (coord.). *Atlante di Diritto Privato Comparato*. 2. ed. Bolonha: Zanichelli, 1993.

GAMA, João Taborda da; ARAÚJO, Fernando; OTERO, Paulo (org.). *Estudos em Memória do Professor Doutor J. L. Saldanha Sanches*. vol. 1. Coimbra: Coimbra Editora, 2011.

GARBERÍ LLOBREGAT, José; BUITRÓN RAMÍREZ, Guadalupe. *El Procedimiento Administrativo Sancionador*. 4. ed., vol. I. Valencia: Tirant lo Blanch, 2001.

GARCÍA DE ENTERRÍA, Eduardo. Los ciudadanos y la Administración: nuevas tendencias en Derecho Español. *Hacia una Nueva Justicia Administrativa*. Madri: Civitas, 1989.

GARCÍA DE ENTERRÍA, Eduardo; CLAVERO AREVALO, Manuel (dir.). *El Derecho Público de Finales de Siglo*. Madri: Civitas, 1997.

GARCÍA DE ENTERRÍA, Eduardo; FERNÁNDEZ, Tomás-Ramón. *Curso de Derecho Administrativo*. 8. ed., vol. I, e 4. ed., vol. II. Madri: Civitas, 1997.

GARCIA FILHO, José Carlos Cal. *O Conteúdo Jurídico do Devido Processo Legal*: Interpretação dos Direitos e Garantias Fundamentais. Dissertação de Mestrado. Curitiba, Programa de Pós-Graduação em Direito da UFPR, 2007. Disponível em: https://acervodigital.ufpr.br/handle/1884/11565

GARRIDO FALLA, Fernando; FERNÁNDEZ PASTRANA, José María. *Régimen Jurídico y Procedimiento de las Administraciones Públicas*. 2. ed. Madri: Civitas, 1995.

GASPARINI, Diogenes. *Direito Administrativo*. 6. ed. São Paulo: Saraiva, 2001.

GIACOMUZZI, José Guilherme. *A Moralidade Administrativa e a Boa-Fé da Administração Pública* – O Conteúdo Dogmático da Moralidade Administrativa. 2. ed. São Paulo: Malheiros Editores, 2013.

GILBERTO, André Marques. *O Processo Antitruste Sancionador*. São Paulo: Lex, 2010.

GILISSEN, John. *Introdução Histórica ao Direito*. Trad. de A. M. Hespanha e L. M. Macaísta Malheiros. Lisboa: Fundação Calouste Gulbenkian, 1988.

GOLDSHMIDT, James. Contributo alla sistematica delle teorie generali del reato (a proposito di un recente libro di F. Carnelutti). Trad. de G. Nencioni. *Rivista Italiana di Diritto Penale* 1934 (p. 293-310, 437-455 e 581-591).

GOMES, Orlando. *Introdução ao Direito Civil*. 8. ed. Rio de Janeiro: Forense, 1986.

GOMES FILHO, Antônio Magalhães; FERNANDES, Antônio Scarance; GRINOVER, Ada Pellegrini. *As Nulidades no Processo Penal*. 5. ed. São Paulo: Malheiros Editores, 1996.

GÓMEZ PUENTE, Marcos. *La Inactividad de la Administración*. Pamplona: Aranzadi, 1997.

GONÇALVES, Pedro Costa. *Entidades Privadas com Poderes Públicos*. Coimbra: Livraria Almedina, 2005.

GONÇALVES, Pedro Costa. *Manual de Direito Administrativo*, vol. I. Coimbra: Almedina, 2019.

GONÇALVES, Pedro Costa. Notificação dos actos administrativos (notas sobre a génese, âmbito, sentido e consequências de uma imposição constitucional). *In: AA.VV. Ab Uno ad Omnes – 75 Anos da Coimbra Editora*. Coimbra: Coimbra Editora, 1995.

GONÇALVES, Pedro Costa; AMORIN, J. Pacheco de; OLIVEIRA, Mário Esteves de. *Código do Procedimento Administrativo Comentado*. 2. ed., 3. tir. Coimbra: Livraria Almedina, 2001.

GONZÁLEZ PÉREZ, Jesús. *Administración Pública y Moral*. Madri: Civitas, 1995.

GONZÁLEZ PÉREZ, Jesús. *El Derecho a la Tutela Jurisdiccional*. 2. ed. Madri: Civitas, 1989.

GONZÁLEZ PÉREZ, Jesús. *El Principio General de la Buena Fe en el Derecho Administrativo*. 4. ed. Madri: Civitas, 2004.

GONZÁLEZ PÉREZ, Jesús. *Manual de Derecho Procesal Administrativo*. 2. ed. Madri: Civitas, 1992.

GONZÁLEZ PÉREZ, Jesús. *Manual de Procedimiento Administrativo*. 2. ed. Madri: Civitas, 2002.

GONZÁLEZ PÉREZ, Jesús; GONZÁLEZ SALINAS, Pedro. *Procedimiento Administrativo Local*. t. I. Madri: Publicaciones Abella, 1988.

GONZÁLEZ-VARAS IBÁÑEZ, Santiago. *El Derecho Administrativo Privado*. Madri: Montecorvo, 1996.

GORDILLO, Agustín. A metodologia da ciência e do direito público. In: *Princípios Gerais de Direito Público*. Trad. de Marco Aurélio Greco. São Paulo: RT, 1977.

GORDILLO, Agustín. *El Acto Administrativo*. Buenos Aires: Abeledo-Perrot, 1976.

GORDILLO, Agustín. *Princípios Gerais de Direito Público*. Trad. de Marco Aurélio Greco. São Paulo: RT, 1977.

GRAU, Eros Roberto. *A Ordem Econômica na Constituição de 1988 (Interpretação e Crítica)*. 17. ed. São Paulo: Malheiros Editores, 2015.

GRAU, Eros Roberto. *Por que Tenho Medo dos Juízes*. 7. ed. São Paulo: Malheiros Editores, 2016.

GRECO FILHO, Vicente. *Manual de Processo Penal*. 3. ed. São Paulo: Saraiva, 1995.

GRINOVER, Ada Pellegrini. *As Garantias Constitucionais do Direito de Ação*. São Paulo: RT, 1973.

GRINOVER, Ada Pellegrini. O conteúdo da garantia do contraditório. In: *Novas Tendências do Direito Processual*. Rio de Janeiro: Forense Universitária, 1990.

GRINOVER, Ada Pellegrini. *O Processo Constitucional em Marcha*. São Paulo: Max Limonad, 1985.

GRINOVER, Ada Pellegrini. *Os Princípios Constitucionais e o Código de Processo Civil*. São Paulo: José Bushatsky Editor, 1975.

GRINOVER, Ada Pellegrini; FERNANDES, Antônio Scarance; GOMES FILHO, Antônio Magalhães. *As Nulidades no Processo Penal*. 5. ed. São Paulo: Malheiros Editores, 1996.

GRINOVER, Ada Pellegrini; FERNANDES, Antônio Scarance; GOMES FILHO, Antônio Magalhães. *Recursos no Processo Penal*. São Paulo: RT, 1996.

GUEDES, Demian. *Processo Administrativo e Democracia*: uma Reavaliação da Presunção de Veracidade. Belo Horizonte: Fórum, 2007.

GUERRA, Sérgio. *Discricionariedade, Regulação e Reflexividade*: uma Nova Teoria sobre as Escolhas Administrativas. 3. ed. Belo Horizonte: Fórum, 2015.

GUERRA, Sérgio; PALMA, Juliana Bonacorsi de. Art. 26 da LINDB – Novo regime jurídico de negociação com a Administração Pública. *Revista de Direito Administrativo* – Edição Especial, Rio de Janeiro, p. 135-169, nov. 2018. Disponível em: http://bibliotecadigital.fgv.br/ojs/index.php/rda/article/view/77653. Acesso em: 22 jul. 2019.

GUERRA, Sérgio (coord.). *Temas de Direito Regulatório*. Rio de Janeiro: Freitas Bastos, 2005.

GUGLIELMI, Guilles J. *Open Data* y servicio público. Los datos públicos abiertos son un servicio público. Trad. de M. V. Di Battista. *Revista Española de Derecho Administrativo*, Madri, n. 174, p. 387-400, out./dez. 2015.

GUIMARÃES, Bernardo Strobel. Âmbito de validade da Lei de Processo Administrativo (Lei 9.784/1999) – Para além da Administração Federal. *RDA* 235/233-255, Rio de Janeiro, jan./mar. 2004.

HÄBERLE, Peter. *Hermenêutica Constitucional*. Trad. de Gilmar Ferreira Mendes. Porto Alegre: Sérgio Antônio Fabris Editor, 1997.

HARGER, Marcelo. *Princípios Constitucionais do Processo Administrativo*. Rio de Janeiro: Forense, 2001.

HARGER, Marcelo. Reflexões iniciais sobre o princípio da eficiência. *BDA (Boletim de Direito Administrativo)*, São Paulo, 802/802-809, dez. 1999.

HARRISON, Ross. *Democracy*. Londres: Routledge, 1995.

HART, H. L. A. *Direito, Liberdade, Moralidade*. Trad. de Gerson Pereira dos Santos. Porto Alegre: Sérgio Antônio Fabris Editor, 1987.

HAYEK, Friedrich A. *The Constitution of Liberty*. Chicago, The University of Chicago Press, 1960.

HESSE, Konrad. *Elementos de Direito Constitucional da República Federal da Alemanha*. Trad. de Luís Afonso Heck. Porto Alegre: Sérgio Antônio Fabris Editor, 1998.

HOLT, J. C. *Magna Carta*. 2. ed. Cambridge: Cambridge University Press, 1994.

JÈZE, Gaston. *Principios Generales del Derecho Administrativo*. vol. III, trad. de Júlio N. San Millán Almagro. Buenos Aires: Depalma, 1949.

JORDÃO, Eduardo. Art. 22 da LINDB – Acabou o romance: reforço do pragmatismo no direito público brasileiro. *Revista de Direito Administrativo – RDA Especial*, Rio de Janeiro, p. 63-92, nov. 2018. Disponível em: http://bibliotecadigital.fgv.br/ojs/index.php/rda/article/view/77650.

JORDÃO, Eduardo. *Controle Judicial de uma Administração Pública Complexa*. São Paulo: Malheiros Editores, 2016.

JUSTEN FILHO, Marçal. *Administração Pública e Arbitragem*: o Vínculo com a Câmara de Arbitragem e os Árbitros. Disponível em: http://www.justen.com.br/pdfs/IE110/IE%20110%20-%20MJF%20-%20Escolha%20de%20 Institui%C3%A7%C3%B5es%20e%20%C3%81rbitros%20e%20a%20Lei%20de%20Licita%C3%A7%C3%B5es.pdf.

JUSTEN FILHO, Marçal. Ampla defesa e conhecimento de arguições de inconstitucionalidade e ilegalidade no processo administrativo. *Revista Dialética de Direito Tributário*, São Paulo, n. 25, p. 68-79, 1997.

JUSTEN FILHO, Marçal. Art. 20 da LINDB – Dever de transparência, concretude e proporcionalidade nas decisões públicas. *Revista de Direito Administrativo – Edição Especial*, p. 30, nov. 2018. Disponível em: http://bibliotecadigital.fgv.br/ojs/index.php/rda/article/view/77648/74311.

JUSTEN FILHO, Marçal. *Comentários à Lei de Licitações e Contratos Administrativos*. 16. ed. São Paulo: RT, 2014.

JUSTEN FILHO, Marçal. *Concessões de Serviços Públicos*. São Paulo: Dialética, 1997.

JUSTEN FILHO, Marçal. Considerações sobre o 'processo administrativo fiscal'. *Revista Dialética de Direito Tributário*, São Paulo, n. 33, p. 108-132, 1998.

JUSTEN FILHO, Marçal. *Curso de Direito Administrativo*. 15. ed. Rio de Janeiro: Forense, 2024.

JUSTEN FILHO, Marçal. *O Direito das Agências Reguladoras Independentes*. São Paulo: Dialética, 2002.

JUSTEN FILHO, Marçal. O princípio da moralidade pública e o direito tributário. *RTDP*, São Paulo, n. 11, p. 44-58, 1995.

JUSTEN FILHO, Marçal. *Sujeição Passiva Tributária*. Belém: CEJUP, 1986.

KELSEN, Hans. *A Democracia*. Trad. de Ivone Castilho Benedetti, Jefferson Luiz Camargo, Marcelo Brandão Cipolla e Vera Barkow. São Paulo: Martins Fontes, 1993.

KEYNES, Edward. *Liberty, Property, and Privacy*: toward a Jurisprudence of Substantive Due Process. Pennsylvania: The Pennsylvania State University Press, 1996.

KIRAT, Thierry. *Économie du Droit*. Paris: La Découverte, 1999.

LA TORRE, Massimo. *La Lucha contra el Derecho Subjetivo*: Karl Larenz y la Teoría Nacionalsocialista del Derecho. Trad. C. García Pascual. Madri: Dykinson, 2008.

LACERDA, Galeno. *O Novo Direito Processual Civil e os Feitos Pendentes*. Rio de Janeiro: Forense, 1974.

LARENZ, Karl. *Derecho Justo*: Fundamentos de Ética Jurídica. Trad. de Luis Díez-Picazo. Madri: Civitas, 1985.

LARENZ, Karl. *Metodologia da Ciência do Direito*. 2. ed., trad. de José Lamego. Lisboa: Fundação Calouste Gulbenkian, 1989.

LAUBADÈRE, André de. *Traité Élémentaire de Droit Administratif*. 4. ed., vol. I. Paris: LGDJ, 1967.

LAVAGNA, Carlo; AGRÒ, Antonio S.; SCOCA, Franco G.; VITUCCI, Paolo. *La Costituzione Italiana Annotata con la Giurisprudenza della Corte Costituzionale*. 2. ed. Turim: UTET, 1979.

LEÃO, Adroaldo; PAMPLONA FILHO, Rodolfo Mário Veiga (coord.). *Responsabilidade Civil*. Rio de Janeiro: Forense, 2001.

LEMES, Selma. *Arbitragem na Administração Pública*. São Paulo: Quartier Latin, 2007.

LIEBMAN, Enrico Tullio. Giurisdizione, azione, processo. *Problemi del Processo Civile*. Nápoles: Morano, 1962.

LIEBMAN, Enrico Tullio. *Manual de Direito Processual Civil*. 3. ed., vol. I, trad. de Cândido Rangel Dinamarco. São Paulo: Malheiros Editores, 2005.

LIMA, Arnaldo Esteves. *O Processo Administrativo*. Rio de Janeiro: Forense Universitária, 2005.

LINARES, Juan Francisco. *Razonabilidad de las Leyes*. 2. ed. Buenos Aires: Astrea, 1989.

LONG, Giovanni; CARETTI, Paolo; BORRÈ, Giuseppe; PINELLI, Cesare; POTOTSCHNIG, Umberto. *La Pubblica Amministrazione: Artt. 97-98*. Roma/Bolonha: Zanichelli/Il Foro Italiano, 1994.

LOUREIRO, João Carlos Simões Gonçalves. *O Procedimento Administrativo entre a Eficiência e a Garantia dos Particulares*. Coimbra: Coimbra Editora, 1995.

LUHMANN, Niklas. *Legitimação pelo Procedimento*. Trad. de Maria da Conceição Côrte-Real. Brasília: UnB, 1980.

LUISI, Luiz. *O Tipo Penal, a Teoria Finalista e a Nova Legislação Penal*. Porto Alegre: Sérgio Antônio Fabris Editor, 1987.

MACIEL, Adhemar Ferreira. *Due process of law*. In: *Perspectivas do Direito Público*. Belo Horizonte: Del Rey, 1995.

MAIA JR., Mairan Gonçalves. *A Representação no Negócio Jurídico*. 2. ed. São Paulo: RT, 2004.

MALARET I GARCÍA, Elisenda. Los principios del procedimiento administrativo y el responsable del procedimiento. In: *Administración Pública y Procedimiento Administrativo*. Barcelona: Bosch, 1994.

MANCUSO, Rodolfo de Camargo. *Ação Popular*. São Paulo: RT, 1994.

MANGANARO, Francesco. *Principio di Buona Fede e Attività delle Amministrazioni Pubbliche*. Nápoles: Edizioni Scientifiche Italiane, 1995.

MARINONI, Luiz Guilherme. *Da Teoria da Relação Jurídica Processual ao Processo Civil do Estado Constitucional*. Disponível em: https://portaldeperiodicos.unibrasil.com.br/index.php/cadernosdireito/article/view/2545.

MARINONI, Luiz Guilherme. *Novas Linhas do Processo Civil*. 4. ed. São Paulo: Malheiros Editores, 2000.

MARINONI, Luiz Guilherme. *Precedentes Obrigatórios*. 4. ed. São Paulo: RT, 2015.

MARINONI, Luiz Guilherme. *Técnica Processual e Tutela dos Direitos*. 3. ed. São Paulo: RT, 2010.

MARINONI, Luiz Guilherme. *Teoria Geral do Processo*. São Paulo: RT, 2006.

MARINONI, Luiz Guilherme; ARENHART, Sérgio Cruz; MITIDIERO, Daniel. *Novo Código de Processo Civil Comentado*. 2. ed. Thomsom Reuter/RT, 2016.

MARINONI, Luiz Guilherme; ARENHART, Sérgio Cruz; MITIDIERO, Daniel. *Curso de Processo Civil*. vol. 1. 8. ed. São Paulo: RT, 2024.

MARINONI, Luiz Guilherme; MITIDIERO, Daniel. Direitos fundamentais processuais. *In:* MARINONI, Luiz Guilherme; MITIDIERO, Daniel; SARLET, Ingo Wolfgang. *Curso de Direito Constitucional*. São Paulo: RT, 2012.

MARINONI, Luiz Guilherme; MITIDIERO, Daniel; SARLET, Ingo Wolfgang. *Curso de Direito Constitucional*. São Paulo: RT, 2012.

MARQUES, José Frederico. A garantia do *due process of law* no direito tributário. *RDP*, São Paulo, n. 5, p. 28-33, 1968.

MARQUES, José Frederico. *Elementos de Direito Processual Penal*. vol. I. Rio de Janeiro: Forense, 1965.

MARQUES, José Frederico. *Ensaio sobre a Jurisdição Voluntária*. 2. ed. São Paulo: Saraiva, 1959.

MARQUES, José Frederico. *Instituições de Direito Processual Civil*. 3. ed., vols. I e II. Rio de Janeiro: Forense, 1966.

MARQUES NETO, Floriano de Azevedo; FREITAS, Rafael Véras de. *Comentários à Lei nº 13.655/2018 (Lei da Segurança para a Inovação Pública)*. Belo Horizonte: Fórum, 2019.

MARTINES, Temistocle. *Diritto Costituzionale*. 9. ed. atualizada por Gaetano Silvestri. Milão: Giuffrè Editore, 1997.

MARTINS, Licínio Lopes. *As Instituições Particulares de Solidariedade Social*. Coimbra: Livraria Almedina, 2009.

MATTEUCCI, Nicola; BOBBIO, Norberto; PASQUINO, Gianfranco. *Dicionário de Política*. 3. ed., vol. I, trad. de Carmen C. Varrialle e outros. Brasília: Linha Gráfica Editora/UnB, 1991.

MAURER, Harmut. *Direito Administrativo Geral*. Trad. de Luís Afonso Heck. Barueri/SP: Manole, 2006.

MAURER, Harmut. *Droit Administratif Allemand*. Trad. de M. Fromont. Paris: LGDJ, 1992.

MAURER, Harmut. *Elementos de Direito Administrativo Alemão*. Trad. de Luís Afonso Heck. Porto Alegre: Sérgio Antônio Fabris Editor, 2001.

MAXIMILIANO, Carlos. *Comentários à Constituição Brasileira (de 1946)*. 5. ed., vols. I e III. Rio de Janeiro: Freitas Bastos, 1954.

MAXIMILIANO, Carlos. *Commentarios à Constituição Brasileira*. 2. ed. Rio de Janeiro: Jacintho Ribeiro dos Santos Editor, 1923.

MAXIMILIANO, Carlos. *Hermenêutica e Aplicação do Direito*. 9. ed. Rio de Janeiro: Forense, 1984.

MAYTON, William T.; AMAN JR., Alfred C. *Administrative Law*. Minnesota: West Publishing Co., 1993.

MEDAUAR, Odete. *A Processualidade no Direito Administrativo*. São Paulo: RT, 1993.

MEDAUAR, Odete. *Direito Administrativo Moderno*. 19. ed. São Paulo: RT, 2015.

MEIRELLES, Hely Lopes. *Direito Administrativo Brasileiro*. 42. ed. atualizada por José Emmanuel Burle Filho e Carla Rosado Burle. São Paulo: Malheiros Editores, 2016.

MELLO, Rafael Munhoz de. *Princípios Constitucionais de Direito Administrativo Sancionador*. São Paulo: Malheiros Editores, 2007.

MELLO, Rafael Munhoz de. Processo administrativo, devido processo legal e a Lei 9.784/1999. *RDA* 227/83, Rio de Janeiro, jan./mar. 2002.

MELLO, Rogério Licastro Torres de; CONCEIÇÃO, Maria Lúcia Lins; RIBEIRO, Leonardo Ferres da Silva; WAMBIER, Teresa Arruda Alvim. *Primeiros Comentários ao Novo Código de Processo Civil*. São Paulo: RT, 2015.

MELLO FILHO, José Celso de. A tutela judicial da liberdade. *RT*, São Paulo, n. 526, p. 291-302, 1979.

MELLO FILHO, José Celso de. *Constituição Federal Anotada*. São Paulo: Saraiva, 1984.

MENDONÇA, José Vicente Santos de. Art. 21 da LINDB – Indicando consequências e regularizando atos e negócios. *Revista de Direito Administrativo – Edição Especial*, Rio de Janeiro, p. 43-61, nov. 2018. Disponível em: http://bibliotecadigital.fgv.br/ojs/index.php/rda/article/view/77649/74312.

MENEGAT, Fernando. *Direito Administrativo e Processo Estrutural*. Rio de Janeiro: Lumen Juris, 2022.

MENEZES CORDEIRO, António Manuel da Rocha e. *Da Boa-Fé no Direito Civil*. 2. ed. Coimbra: Livraria Almedina, 1997.

MIRANDA COUTINHO, Jacinto Nelson de. Introdução aos princípios gerais do processo penal brasileiro. *Revista do Instituto dos Advogados do Paraná*, Curitiba, n. 28, p. 109-138, 1999.

MITIDIERO, Daniel. Comentários ao art. 294. *In*: DANTAS, Bruno; DIDIER JR., Fredie; TALAMINI, Eduardo; ARRUDA ALVIM, Teresa (coord.). *Breves Comentários ao Novo Código de Processo Civil*. São Paulo: RT, 2015.

MODERNE, Franck. *Sanctions Administratives et Justice Constitutionelle*: Contribution à l'Étude du Jus Puniendi de l'État dans les Démocraties Contemporaines. Paris: Economica, 1993.

MODESTO, Paulo. Notas para um debate sobre o princípio da eficiência. *RTDP*, São Paulo, n. 31, p. 47-55, 2000.

MODESTO, Paulo. Responsabilidade do Estado pela demora na prestação jurisdicional. *In*: LEÃO, Adroaldo; PAMPLONA FILHO, Rodolfo Mário Veiga (coord.). *Responsabilidade Civil*. Rio de Janeiro: Forense, 2001.

MONIZ DE ARAGÃO, Egas Dirceu. *Comentários ao Código de Processo Civil*. vol. II. Rio de Janeiro: Forense, 1989.

MONIZ DE ARAGÃO, Egas Dirceu. *Embargos de Nulidade e Infringentes do Julgado*. São Paulo: Saraiva, 1965.

MONIZ DE ARAGÃO, Egas Dirceu. *Exegese do Código de Processo Civil*. vol. IV, t. I. Rio de Janeiro: AIDE, s/d.

MONIZ DE ARAGÃO, Egas Dirceu. *Sentença e Coisa Julgada*. Rio de Janeiro: AIDE, 1992.

MONTEIRO, Vera. Art. 29 da LINDB – Regime jurídico da consulta pública. *Revista de Direito Administrativo – RDA Especial*, Rio de Janeiro, p. 225-242, nov. 2018. Disponível em: http://bibliotecadigital.fgv.br/ojs/index.php/rda/article/view/77656.

MONTESQUIEU (Charles de Secondat). *O Espírito das Leis*. 2. ed., trad. de Cristina Murachco. São Paulo: Martins Fontes, 1996.

MORAES, Maria Celina Bodin de; BARBOZA, Heloísa Helena; TEPEDINO, Gustavo. *Código Civil Interpretado Conforme a Constituição da República*. vol. I. Rio de Janeiro: Renovar, 2004.

MORAES SILVA, António de. *Novo Dicionário Compacto da Língua Portuguesa*. vol. II. Lisboa: Editorial Confluência, 1961.

MOREIRA, Egon Bockmann. Agências administrativas, contratos de serviços públicos e mutabilidade regulatória. *RDPE*, Belo Horizonte, n. 25, p. 101-117, jan./mar. 2008.

MOREIRA, Egon Bockmann. Agências administrativas, poder regulamentar e o Sistema Financeiro Nacional. *RDA*, Rio de Janeiro, n. 218, p. 95, out./dez. 1999.

MOREIRA, Egon Bockmann. Agências reguladoras independentes, déficit democrático e a 'elaboração processual de normas'. *In:* CUÉLLAR, Leila; MOREIRA, Egon Bockmann. *Estudos de Direito Econômico*. Belo Horizonte: Fórum, 2004.

MOREIRA, Egon Bockmann. Agências reguladoras independentes, poder econômico e sanções administrativas. *In:* GUERRA, Sérgio (coord.). *Temas de Direito Regulatório*. Rio de Janeiro: Freitas Bastos, 2005.

MOREIRA, Egon Bockmann. Arbitragem e PPPs. *Revista Colunistas Direito do Estado* 49. Disponível em: http://www.direitodoestado.com.br/colunistas/egon-bockmann-moreira/arbitragem-e-ppps.

MOREIRA, Egon Bockmann. As agências executivas brasileiras e os 'contratos de gestão'. *RDA*, Rio de Janeiro, n. 229, p. 135, jul./set. 2002.

MOREIRA, Egon Bockmann. As várias dimensões do processo administrativo brasileiro. *RePro*, São Paulo, n. 228, p. 37-49, 2014.

MOREIRA, Egon Bockmann. Como convivem Direito Administrativo e Constituição? *In:* SUNDFELD, Carlos Ari *et al*. *Curso de Direito Administrativo em Ação*. São Paulo: Malheiros/Juspodivm, 2024.

MOREIRA, Egon Bockmann. *Direito das Concessões de Serviço Público*. 2. ed. Belo Horizonte: Fórum, 2022.

MOREIRA, Egon Bockmann. Licitações, questões de ordem pública e preclusão. *Revista Colunistas Direito do Estado*. Disponível em: http://www.direitodoestado.com.br/colunistas/egon-bockmann-moreira/licitacoes-questoes-de-ordem-publica-e-preclusao.

MOREIRA, Egon Bockmann. O contrato administrativo como instrumento de governo. *In:* GONÇALVES, Pedro (org.). *Estudos de Contratação Pública – IV*. 1. ed. Coimbra: CEDIPRE/Coimbra Editora, 2013.

MOREIRA, Egon Bockmann. O edital e os 'esclarecimentos relativos à licitação' (Lei 8.666/1993, art. 40, VIII). *RTDP*, São Paulo, 32/101, 2000; *ILC*, 90/632-637.

MOREIRA, Egon Bockmann. O processo de licitação, a Lei 9.784/1999 e o princípio da legalidade. *Revista Interesse Público*, Porto Alegre, 13/105, jan./mar. 2002.

MOREIRA, Egon Bockmann. O Sistema Brasileiro de Defesa da Concorrência (SBDC) e o devido processo legal. *RDPE*, Belo Horizonte, n. 40, p. 129-153, 2013.

MOREIRA, Egon Bockmann. Qual é o futuro do direito da regulação no Brasil? *In:* ROSILHO, André; SUNDFELD, Carlos Ari (org.). *Direito da Regulação e Políticas Públicas*. São Paulo: Malheiros Editores/sbdp, 2014.

MOREIRA, Egon Bockmann. Regulação sucessiva: quem tem a última palavra? Caso *pílula do câncer*: ADI nº 5.501, STF. *In* MARQUES NETO, Floriano de Azevedo; MOREIRA, Egon Bockmann; GUERRA, Sérgio. *Dinâmica da Regulação*. 3. ed. Belo Horizonte: Fórum, 2023.

MOREIRA, Egon Bockmann; BAGATIN, Andreia Cristina; ARENHART, Sérgio Cruz e FERRARO, Marcella Pereira. *Comentários à Lei de Ação Civil Pública*. 3. ed. São Paulo: RT, 2024.

MOREIRA, Egon Bockmann; CUÉLLAR, Leila. *Estudos de Direito Econômico*. Belo Horizonte: Fórum, 2004.

MOREIRA, Egon Bockmann; FERRARO, Marcella. Pluralidade de interesse e participação de terceiros no processo (da assistência simples à coletivização, passando pelo *amicus*: notas a partir e para além do novo Código de Processo Civil). *RePro*, São Paulo, n. 251, p. 43-74, jan. 2016.

MOREIRA, Egon Bockmann; FERRARO, Marcella. Processo administrativo e negócios processuais atípicos. *RePro*, São Paulo, n. 282, p. 475-510, ago. 2018.

MOREIRA, Egon Bockmann; GUIMARÃES, Fernando Vernalha. *Licitação Pública*: a Lei Geral de Licitação – LGL e o Regime Diferenciado de Contratação – RDC. 2. ed. São Paulo: Malheiros Editores, 2015.

MOREIRA, Egon Bockmann; KANAYAMA, Rodrigo. A solvência absoluta do Estado *versus* a reserva do possível. *In*: ARAÚJO, Fernando, GAMA, João Taborda da; OTERO, Paulo (org.). *Estudos em Memória do Professor Dr. J. L. Saldanha Sanches*. vol. 1. Coimbra: Coimbra Editora, 2011, p. 139-160.

MOREIRA, Egon Bockmann; PEREIRA, Paula Pessoa. Art. 30 da LINDB – O dever público de incrementar a segurança jurídica. *Revista de Direito Administrativo – RDA Especial*, Rio de Janeiro, p. 243-274, nov. 2018. Disponível em: http://bibliotecadigital.fgv.br/ojs/index.php/rda/article/view/77657/74320.

MOREIRA, Egon Bockmann; GOMES, Gariel Jamur. A indispensável coisa julgada administrativa. *Revista de Direito Administrativo* 277/239-277, Rio de Janeiro, maio/ago. 2018.

MOREIRA, Vital. *Organização Administrativa*. Coimbra: Coimbra Editora, 2001.

MOREIRA, Vital; CANOTILHO, J. J. Gomes. *Constituição da República Portuguesa Anotada*. 3. ed. Coimbra: Coimbra Editora, 1993.

MOREIRA NETO, Diogo de Figueiredo. Administração Pública no Estado contemporâneo – Eficiência e controle. *Revista de Informação Legislativa*, Brasília, n. 117, p. 23-56, 1993.

MOREIRA NETO, Diogo de Figueiredo. *Curso de Direito Administrativo*. 16. ed. Rio de Janeiro: Forense, 2014.

MORELLO, Augusto M. *El Proceso Justo*. Buenos Aires: Platense/Abeledo-Perrot, 1994.

MOTT, Rodney L. *Due Process of Law*. 2. ed. Nova York: Da Capo Press, 1973.

MOTTA, Carlos Pinto Coelho. Textos vetoriais sobre a Reforma Administrativa (Emenda Constitucional 19, de 4.6.1998). *RTDP* 20/184-206, São Paulo, 1997.

MUNIZ, Francisco José Ferreira. O princípio geral da boa-fé como regra de comportamento contratual. *Textos de Direito Civil*. Curitiba: Juruá, 1998.

MUÑOZ, Guillermo Andrés. O procedimento administrativo na Argentina (trad. de Vera Scarpinella Bueno). *In*: SUNDFELD, Carlos Ari; MUÑOZ, Guillermo Andrés (coord.). *As Leis de Processo Administrativo*. 1. ed., 2. tir. São Paulo: Malheiros Editores, 2006.

NERY JR., Nelson. *Princípios do Processo Civil na Constituição Federal*. 4. ed. São Paulo: RT, 1997.

NERY JR., Nelson. Responsabilidade civil da Administração Pública. *Revista de Direito Privado*, São Paulo, n. 1, p. 29-42, jan./mar. 2000.

NIETO, Alejandro. *Derecho Administrativo Sancionador*. 3. ed. Madri: Tecnos, 2002.

NINO, Santiago. *Ética y Derechos Humanos*. 2. ed. Buenos Aires: Astrea, 1989.

NOBRE JR., Edilson Pereira. Administração Pública e o princípio constitucional da eficiência. *RTDP*, São Paulo, n. 44, p. 67-92, 2003.

NOGUEIRA, Pedro Henrique. Comentários ao art. 190. *In*: DANTAS, Bruno; DIDIER JR., Fredie, TALAMINI, Eduardo; WAMBIER, Teresa Arruda Alvim (coord.). *Breves Comentários ao Novo Código de Processo Civil*. São Paulo: RT, 2015.

NOWAK, John E.; ROTUNDA, Ronald D. *Constitutional Law*. 5. ed. Minnesota: West Publishing Co., 1995.

OLIVEIRA, Carlos Alberto Alvaro de. A garantia do contraditório. *Genesis – Revista de Direito Processual Civil*, Curitiba, n. 10, p. 667-680, 1998.

OLIVEIRA, José Roberto Pimenta. *Os Princípios da Razoabilidade e da Proporcionalidade no Direito Administrativo Brasileiro*. São Paulo: Malheiros Editores, 2006.

OLIVEIRA, Mário Esteves de; AMORIN, J. Pacheco de; GONÇALVES, Pedro. *Código do Procedimento Administrativo Comentado*. 2. ed., 3. tir. Coimbra: Livraria Almedina, 2001.

OLIVEIRA, P.; LEAL, G. P. (org.). *Diálogos Jurídicos Luso-Brasileiros*. Salvador: Faculdade Baiana de Direito, 2015.

OLIVEIRA, Rafael de. *Curso de Direito Administrativo*. 4. ed. Rio de Janeiro: Método, 2016.

OLIVEIRA, Rafael de. *Precedentes no Direito Administrativo*. Rio de Janeiro: Forense, 2018.

OSÓRIO, Fábio Medina. *Direito Administrativo Sancionador*. 2. ed., São Paulo: RT, 2005.

OTERO, Paulo. *Legalidade e Administração Pública*: o Sentido da Vinculação Administrativa à Juridicidade. Coimbra: Livraria Almedina, 2003.

OTERO, Paulo; ARAÚJO, Fernando; GAMA, João Taborda da (org.). *Estudos em Memória do Professor Dr. J. L. Saldanha Sanches*. vol. 1. Coimbra: Coimbra Editora, 2011.

PALMA, Juliana Bonacorsi de. *Atividade Normativa da Administração Pública*: Estudo do Processo Administrativo Normativo. Tese. Faculdade de Direito da USP. Disponível em: https://www.academia.edu/16741806/Atividade_Normativa_da_Administração_Pública_-_estudo_do_processo_administrativo_normativo.

PALOMAR OLMEDA, Alberto. *La Organización Administrativa*: Tendencias y Situación Actual. Granada: Comares, 1998.

PAMPLONA FILHO, Rodolfo Mário Veiga; LEÃO, Adroaldo (coord.). *Responsabilidade Civil*. Rio de Janeiro: Forense, 2001.

PAREJO ALFONSO, Luciano. La eficacia, principio de la actuación de la Administración. *In: Eficacia y Administración*: Tres Estudios. Madri: Ministerio para las Administraciones Públicas, 1995.

PASQUINO, Gianfranco. Governabilidade. *In*: BOBBIO, Norberto; MATTEUCCI, Nicola; PASQUINO, Gianfranco. *Dicionário de Política*. 3. ed., vol. I, trad. de Carmen C. Varrialle e outros. Brasília: Linha Gráfica Editora/UnB, 1991.

PASQUINO, Gianfranco; BOBBIO, Norberto; MATTEUCCI, Nicola. *Dicionário de Política*. 3. ed., vol. I, trad. de Carmen C. Varrialle e outros. Brasília: Linha Gráfica Editora/UnB, 1991.

PENDAS GARCÍA, Benigno (coord.). *Administraciones Públicas y Ciudadanos*. Barcelona: Praxis, 1993.

PEREIRA, César A. Guimarães; TALAMINI, Eduardo (coord.). *Arbitragem e Poder Público*. São Paulo: Saraiva, 2010.

PEREIRA, Cláudia Fernanda de Oliveira. *Reforma Administrativa*. 2. ed. Brasília: Brasília Jurídica, 1998.

PEREIRA, Maria Fernanda Pires de Carvalho; CAMARÃO, Tatiana Martins da Costa; FORTINI, Cristiana. *Processo Administrativo: Comentários à Lei 9.784/ 1999*. Belo Horizonte: Fórum, 2008.

PEREIRA, Paula Pessoa. *Legitimidade dos Precedentes*. São Paulo: RT, 2014.

PEREIRA JR., Jessé Torres. *Da Reforma Administrativa Constitucional*. Rio de Janeiro: Renovar, 1999.

PÉREZ MORENO, A. (coord.). *Administración Instrumental*: Libro Homenaje a Manuel Francisco Clavero Arevalo. t. I. Madri: Civitas, 1994.

PETRUCCI, Vera; SCHWARZ, Letícia (org.). *Administração Pública Gerencial*: a Reforma de 1995. Brasília: UnB/ENAP, 1999.

PIERSON, Marcelo. *Manual de Procedimientos Administrativos*. 3. ed. Buenos Aires: Abeledo-Perrot, 1990.

PINELLI, Cesare; BORRÈ, Giuseppe; CARETTI, Paolo; LONG, Giovanni; POTOTSCHNIG, Umberto. *La Pubblica Amministrazione*: Artt. 97-98. Roma/Bolonha: Zanichelli/Il Foro Italiano, 1994.

PINTO E NETTO, Luísa Cristina. *Participação Administrativa Procedimental*: Natureza Jurídica, Garantias, Riscos e Disciplina Adequada. Belo Horizonte: Fórum, 2009.

PONTES DE MIRANDA, Francisco Cavalcanti. *Comentários à Constituição de 1967 com a Emenda n. 1 de 1969*. 3. ed., t. V. Rio de Janeiro: Forense, 1987.

PONTES DE MIRANDA, Francisco Cavalcanti. *Comentários ao Código de Processo Civil*. 3. ed., atualizada por Sérgio Bermudes, t. IV. Rio de Janeiro: Forense, 1996.

POSNER, Richard A. *El Análisis Económico del Derecho*. Trad. de Eduardo L. Suárez. México: Fondo de Cultura Económica, 2000.

POTOTSCHNIG, Umberto; BORRÈ, Giuseppe; CARETTI, Paolo; LONG, Giovanni; PINELLI, Cesare. *La Pubblica Amministrazione:* Artt. 97-98. Roma/Bolonha: Zanichelli/Il Foro Italiano, 1994.

QUEIRÓ, Afonso Rodrigues. Legalidade – Direito. *VERBO – Enciclopédia Luso-Brasileira de Cultura*. vol. 11. Sintra: Verbo, 1983, p. 1.637-1.640.

QUIRÓS LOBO, José María. *Principios de Derecho Sancionador*. Granada: Comares, 1996.

RÁO, Vicente. *Ato Jurídico*. São Paulo: Max Limonad, 1961.

RAMOS, João Gualberto Garcez. *Curso de Processo Penal Norte-Americano*. São Paulo: RT, 2006.

RAPOSO, João; AMARAL, Diogo Freitas do; CAUPERS, João; CLARO, João Martins; SILVA, V. Pereira da; VIEIRA, Pedro Siza. *Código do Procedimento Administrativo Anotado*. 2. ed. Coimbra: Livraria Almedina, 1995.

REALE, Miguel. A ordem econômica na Constituição de 1988. *In: Aplicações da Constituição de 1988*. Rio de Janeiro: Forense, 1990.

REALE, Miguel. *Filosofia do Direito*. 10. ed. São Paulo: Saraiva, 1983.

REALE, Miguel. *Lições Preliminares de Direito*. 9. ed. São Paulo: Saraiva, 1981.

RIBEIRO, Leonardo Ferres da Silva, CONCEIÇÃO, Maria Lúcia Lins, MELLO, Rogério Licastro Torres de; WAMBIER, Teresa Arruda Alvim. *Primeiros Comentários ao Novo Código de Processo Civil*. São Paulo: RT, 2015.

RIPERT, Georges. *O Regimen Democrático e o Direito Civil Moderno*. Trad. de J. Cortezão. São Paulo: Saraiva, 1937.

RIVERO, Jean. *Direito Administrativo*. Trad. de Rogério Ehrhardt Soares. Coimbra: Livraria Almedina, 1981.

RIVERO, Jean. *Les Libertés Publiques*. 7. ed., t. I. Paris: Thémis/PUF, 1995.

ROCHA, Cármen Lúcia Antunes. *Princípios Constitucionais da Administração Pública*. Belo Horizonte: Del Rey, 1994.

ROCHA, Cármen Lúcia Antunes. Princípios constitucionais do processo administrativo no Direito Brasileiro. *Revista de Informação Legislativa*, n. 136, out./dez.1997.

ROCHA, Cármen Lúcia Antunes. *Princípios Constitucionais dos Servidores Públicos*. São Paulo: Saraiva, 1999.

RODRIGUES, Lêda Boechat. *A Corte Suprema e o Direito Constitucional Americano*. Rio de Janeiro: Revista Forense, 1958.

ROMANO, Santi. Poderes. Potestades. *In: Fragmentos de un Diccionario Jurídico*. Trad. de Santiago Sentís Melendo e Marino Ayerra Redín. Buenos Aires: EJEA, 1964.

ROSILHO, André; SUNDFELD, Carlos Ari (org.). *Direito da Regulação e Políticas Públicas*. São Paulo: Malheiros Editores/sbdp, 2014.

ROSS, Alf. *Por que Democracia?* Trad. de Roberto J. Vernengo. Madri: Centro de Estudios Constitucionales, 1989.

ROTUNDA, Ronald D.; NOWAK, John E. *Constitutional Law*. 5. ed. Minnesota: West Publishing Co., 1995.

ROUBIER, Paul. *Le Droit Transitoire*. 2. ed. Paris: Dalloz, 1960 (reed. 2008).

SÁINZ MORENO, Fernando. Principios y ámbito de aplicación de la LAP. *In:* PENDAS GARCÍA, Benigno (coord.). *Administraciones Públicas y Ciudadanos*. Barcelona: Praxis, 1993.

SAMPAIO DÓRIA, Antônio Roberto. *Direito Constitucional Tributário e Due Process of Law*. 2. ed. Rio de Janeiro: Forense, 1986.

SAN TIAGO DANTAS, F. C. de. Igualdade perante a lei e *due process of law*. *In: Problemas de Direito Positivo*. Rio de Janeiro: Revista Forense, 1953.

SANDULLI, Aldo M. *Manuale di Diritto Amministrativo*. 15. ed., vol. I. Nápoles: Eugenio Jovene, 1989.

SARLET, Ingo Wolfgang; MARINONI, Luiz Guilherme; MITIDIERO, Daniel. *Curso de Direito Constitucional*. São Paulo: RT, 2012.

SCAFF, Fernando Facury. *Da Igualdade à Liberdade: considerações sobre o princípio jurídico da igualdade*. São Paulo: D'Plácido, 2022.

SCHMIDT-ASSMANN, E. El procedimiento administrativo entre el principio del Estado de Derecho e el principio democrático – Sobre el objeto del procedimiento administrativo en la dogmática administrativa alemana. *In: El Procedimiento Administrativo en el Derecho Comparado*. Trad. de Javier Barnés. Madri: Civitas, 1993.

SCHMIDT-ASSMANN, E. *La Dogmática del Derecho Administrativo*. Trad. J. Barnes *et al*. Sevilla: Global Law Press.

SCHMIDT-ASSMANN, E. *La Teoría General del Derecho Administrativo como Sistema*. Trad. de Mariano Bacigalupo *et al*. Madri: Marcial Pons, 2003.

SCHMITT, Carl. *La Defensa de la Constitución*. Trad. de Manuel Sánchez Sarto. Madri: Technos, 1983.

SCHOUERI, Luís Eduardo; SOUZA, Gustavo Emílio Contrucci A. de. Verdade material no 'processo' administrativo tributário. *In:* ROCHA, Valdir de Oliveira (coord.). *Processo Administrativo Fiscal*. vol. 3. São Paulo: Dialética, 1998.

SCHWARZ, Letícia; PETRUCCI, Vera (org.). *Administração Pública Gerencial*: a Reforma de 1995. Brasília: UnB/ENAP, 1999.

SCOCA, Franco G.; AGRÒ, Antonio S.; LAVAGNA, Carlo; VITUCCI, Paolo. *La Costituzione Italiana Annotata con la Giurisprudenza della Corte Costituzionale*. 2. ed. Turim: UTET, 1979.

SEABRA FAGUNDES, Miguel. *Dos Recursos Ordinários em Matéria Civil*. Rio de Janeiro: Forense, 1946.

SEABRA FAGUNDES, Miguel. *O Controle dos Atos Administrativos pelo Poder Judiciário*. 4. ed. Rio de Janeiro: Forense, 1967.

SEABRA FAGUNDES, Miguel. Responsabilidade do Estado: indenização por retardada decisão administrativa. *RDP*, São Paulo, 57-58/7-17, 1981.

SENDRA, Vicente Gimeno. Los principios del proceso. *In: Derecho Procesal Administrativo*. Valencia: Tirant lo Blanch, 1993.

SERPA LOPES, Miguel Maria de. *Curso de Direito Civil*. 4. ed., vol. III. Rio de Janeiro: Freitas Bastos, 1991.

SHUENQUENER DE ARAÚJO, Valter. *O Princípio da Proteção da Confiança*: uma Nova Forma de Tutela do Cidadão Diante do Estado. Rio de Janeiro: Impetus, 2009.

SILVA, Fernando Quadros da. *Agências Reguladoras*: a sua Independência e o Princípio do Estado Democrático de Direito. Curitiba: Juruá, 2002.

SILVA, José Afonso da. *Curso de Direito Constitucional Positivo*. 39. ed. São Paulo: Malheiros Editores, 2016.

SILVA, José Afonso da. *Teoria do Conhecimento Constitucional*. São Paulo: Malheiros Editores, 2014.

SILVA, Ovídio A. Baptista da. *Curso de Processo Civil*. 4. ed., vol. I. São Paulo: RT, 1998.

SILVA, Suzana Tavares da. O princípio da transparência: da revolução à necessidade de regulação. *In:* LEAL, G. P.; OLIVEIRA, P. (org.). *Diálogos Jurídicos Luso-Brasileiros*. Salvador: Faculdade Baiana de Direito, 2015.

SILVA, Vasco Pereira da. *Em Busca do Acto Administrativo Perdido*. Coimbra: Livraria Almedina, 1998.

SILVA, Vasco Pereira da; AMARAL, Diogo Freitas do; CAUPERS, João; CLARO, João Martins; RAPOSO, João; VIEIRA, Pedro Siza. *Código do Procedimento Administrativo Anotado*. 2. ed. Coimbra: Livraria Almedina, 1995.

SILVA, Virgílio Afonso da. *A Constitucionalização do Direito*: os Direitos Fundamentais nas Relações entre Particulares. 1. ed., 4. tir. São Paulo: Malheiros Editores, 2014.

SILVA, Virgílio Afonso da. Interpretação conforme a Constituição: entre a trivialidade e a centralização judicial. *Revista Direito GV* 3/191-210, jan./jun. 2006. Disponível em: http://bibliotecadigital.fgv.br/ojs/index.php/revdireitogv/article/view/35221/34021.

SIMÕES, Mônica Martins Toscano. *O Processo Administrativo e a Invalidação dos Atos Viciados*. São Paulo: Malheiros Editores, 2004.

SIQUEIRA CASTRO, Carlos Roberto de. *O Devido Processo Legal e a Razoabilidade das Leis na Nova Constituição do Brasil*. Rio de Janeiro: Forense, 1989.

SOARES, Luceia Martins. Os vícios do ato administrativo e sua invalidação nas leis de procedimento administrativo. *In:* SUNDFELD, Carlos Ari; MUÑOZ, Guillermo Andrés (coord.). *As Leis de Processo Administrativo*. 1. ed., 2. tir. São Paulo: Malheiros Editores, 2006.

SOARES, Rogério Ehrhardt. *Interesse Público, Legalidade e Mérito*. Coimbra: Coimbra Editora, 1955.

SOUTO, Marcos Juruena Villela. *Direito Administrativo Regulatório*. Rio de Janeiro: Lumen Juris, 2002.

SOUVIRÓN MORENILLA, José María. *La Actividad de la Administración y el Servicio Público*. Granada: Comares, 1998.

SOUZA, Gustavo Emílio Contrucci A. de; SCHOUERI, Luís Eduardo. Verdade material no 'processo' administrativo tributário. *In:* ROCHA, Valdir de Oliveira (coord.). *Processo Administrativo Fiscal*. vol. 3. São Paulo: Dialética, 1998.

STROBER, Rolf; BACHOF, Otto; WOLFF, Hans J. *Direito Administrativo*. vol. 1, trad. de A. Francisco de Souza. Lisboa: Fundação Calouste Gulbenkian, 2006.

STUMM, Raquel Denize. *Princípio da Proporcionalidade no Direito Constitucional Brasileiro*. Porto Alegre: Livraria do Advogado, 1995.

SUNDFELD, Carlos Ari. A função administrativa no controle dos atos de concentração. *RDPE*, Belo Horizonte, n. 2, p. 145-162, abr./jun. 2003.

SUNDFELD, Carlos Ari. A importância do procedimento administrativo. *RDP*, São Paulo, n. 84, p. 64-74, 1987.

SUNDFELD, Carlos Ari. *Ato Administrativo Inválido*. São Paulo: RT, 1990.

SUNDFELD, Carlos Ari. Crítica à doutrina dos princípios do direito administrativo. *In: Direito Administrativo para Céticos*. 2. ed. São Paulo: Malheiros Editores, 2014, p. 179-203.

SUNDFELD, Carlos Ari. *Direito Administrativo para Céticos*. 2. ed. São Paulo: Malheiros Editores, 2014.

SUNDFELD, Carlos Ari. *Fundamentos de Direito Público*. 5. ed., 6. tir. São Paulo: Malheiros Editores, 2015.

SUNDFELD, Carlos Ari. Lei da Concorrência e processo administrativo: o direito de defesa e o dever de colaborar com as investigações. *Fórum Administrativo*, Belo Horizonte, n. 5, p. 575-579, jul. 2001.

SUNDFELD, Carlos Ari. Princípio da publicidade administrativa. *RDP* 82/53-64, São Paulo, 1987.

SUNDFELD, Carlos Ari. Princípio é preguiça? *In: Direito Administrativo para Céticos*. 2. ed. São Paulo: Malheiros Editores, 2014, p. 205-229.

SUNDFELD, Carlos Ari. Processo e procedimento administrativo no Brasil. *In:* SUNDFELD, Carlos Ari; MUÑOZ, Guillermo Andrés (coord.). *As Leis de Processo Administrativo*. 1. ed., 2. tir. São Paulo: Malheiros Editores, 2006, p. 17-36.

SUNDFELD, Carlos Ari (coord.). *Direito Administrativo Econômico*. 1. ed., 3. tir. São Paulo: Malheiros Editores, 2006.

SUNDFELD, Carlos Ari; ROSILHO, André (org.). *Direito da Regulação e Políticas Públicas*. São Paulo: Malheiros Editores/sbdp, 2014.

SWISHER, Carl Brent. *Decisões Históricas da Corte Suprema*. Rio de Janeiro: Forense, 1964.

TÁCITO, Caio. *Direito Administrativo*. São Paulo: Saraiva, 1975.

TÁCITO, Caio. Responsabilidade do Estado por dano moral. *RDA*, Rio de Janeiro, n. 197, p. 22-29, 1994.

TALAMINI, Daniele Coutinho. *Revogação do Ato Administrativo*. São Paulo: Malheiros Editores, 2002.

TALAMINI, Eduardo. Dignidade humana, soberania popular e pena de morte. *RTDP*, São Paulo, n. 11, p. 178-195, 1995.

TALAMINI, Eduardo; WAMBIER, Luiz Rodrigues. *Curso Avançado de Processo Civil*. 16. ed., vol. I. São Paulo: RT, 2016.

TAVARES, Juarez. *Direito Penal da Negligência* – Uma Contribuição à Teoria do Crime Culposo. São Paulo: RT, 1985.

TEPEDINO, Gustavo. Notas sobre o nexo de causalidade. *Revista Jurídica*, Porto Alegre, n. 296, p. 7-18, jun. 2002.

TEPEDINO, Gustavo; BARBOZA, Heloísa Helena; MORAES, Maria Celina Bodin de. *Código Civil Interpretado Conforme a Constituição da República*. vol. I. Rio de Janeiro: Renovar, 2004.

TERRÉ, François (dir.). *L'Américanisation du Droit*. Paris: Dalloz, 2001.

TUCCI, Rogério Lauria. Devido processo penal e alguns de seus mais importantes corolários. *In*: CRUZ E TUCCI, José Rogério; TUCCI, Rogério Lauria. *Devido Processo Legal e Tutela Jurisdicional*. São Paulo: RT, 1993.

TUCCI, Rogério Lauria; CRUZ E TUCCI, José Rogério. *Constituição de 1988 e Processo*. São Paulo: Saraiva, 1989.

TUCCI, Rogério Lauria; CRUZ E TUCCI, José Rogério. *Devido Processo Legal e Tutela Jurisdicional*. São Paulo: RT, 1993.

VEDEL, Georges; DELVOLVÉ, Pierre. *Droit Administratif*. 12. ed., ts. I e II. Paris: Thémis/PUF, 1992.

VELLOSO, Carlos Mário da Silva. Princípios constitucionais de processo. *In: Temas de Direito Público*. Belo Horizonte: Del Rey, 1994.

VIEIRA, Oscar Vilhena. *Direitos Fundamentais*: uma Leitura da Jurisprudência do STF. São Paulo: Malheiros Editores, 2006.

VIEIRA, Pedro Siza; AMARAL, Diogo Freitas do; CAUPERS, João; CLARO, João Martins; RAPOSO, João; SILVA, V. Pereira da. *Código do Procedimento Administrativo Anotado*. 2. ed. Coimbra: Livraria Almedina, 1995.

VIRGA, Pietro. *Il Provvedimento Amministrativo*. 4. ed. Milão: Giuffrè Editore, 1972.

VITUCCI, Paolo; AGRÒ, Antonio S.; LAVAGNA, Carlo; SCOCA, Franco G. *La Costituzione Italiana Annotata con la Giurisprudenza della Corte Costituzionale*. 2. ed. Turim: UTET, 1979.

WACH, Adolf. *Manual de Derecho Procesal Civil*. vol. I, trad. de Tomás A. Banzhaf. Buenos Aires: EJEA, 1977.

WADE, H. W. R.; FORSYTH, C. F. *Administrative Law*. 7. ed. Oxford: Clarendon Press, 1994.

WALD, Arnoldo (coord.). *O Direito na Década de 80*: Estudos Jurídicos em Homenagem a Hely Lopes Meirelles. São Paulo: RT, 1985.

WARREN, Kenneth F. *Administrative Law in the Political System*. Nova Jersey: Prentice-Hall, 1996.

WEBER, Albrecht. El procedimiento administrativo en el Derecho Comunitario. *In: El Procedimiento Administrativo en el Derecho Comparado*. Trad. de Javier Barnés. Madri: Civitas, 1993.

WEIL, Prosper. *O Direito Administrativo*. Trad. de Maria da Glória Ferreira Pinto. Coimbra: Livraria Almedina, 1977.

WESSELS, Johannes. *Direito Penal* – Parte Geral. Trad. de Juarez Tavares. Porto Alegre: Sérgio Antônio Fabris Editor, 1976.

WIEACKER, Franz. *El Principio General de la Buena Fe*. 2. ed., trad. de José Luiz Carro. Madri: Civitas, 1982.

WOLFF, Hans J.; BACHOF, Otto; STROBER, Rolf. *Direito Administrativo*. vol. 1, trad. de A. Francisco de Souza. Lisboa, Fundação Calouste Gulbenkian, 2006.

XAVIER, Alberto. *Do Procedimento Administrativo*. São Paulo: José Bushatsky Editor, 1976.

ZANCANER, Weida. *Da Convalidação e da Invalidação dos Atos Administrativos*. 3. ed. São Paulo: Malheiros Editores, 2008.

ZANCANER, Weida. *Da Responsabilidade Extracontratual da Administração Pública*. São Paulo: RT, 1981.

ZANCANER, Weida. Razoabilidade e moralidade: princípios concretizadores do perfil constitucional do Estado Social e Democrático de Direito. *In*: BANDEIRA DE MELLO, Celso Antônio (org.). *Estudos em Homenagem a Geraldo Ataliba*. vol. 2. São Paulo: Malheiros Editores, 1997.

ZANCANER, Weida. Razoabilidade e moralidade na Constituição de 1988. *RTDP*, São Paulo, n. 2, p. 205-210, 1998.

ZANETTI JR., Hermes. Comentários ao art. 926. *In:* CABRAL, Antônio do Passo; CRAMER, Ronaldo (coord.). *Comentários ao Novo Código de Processo Civil.* Rio de Janeiro: Forense, 2015.

ZANOBINI, Guido. *Corso di Diritto Amministrativo.* 4. ed. vol. I. Milão: Giuffrè Editore, 1945.

ZOLO, Danilo; COSTA, Pietro (org.). *O Estado de Direito:* História, Teoria, Critica. Trad. de C. A. Dastoli. São Paulo: Martins Fontes, 2006.

ANEXO

LEI Nº 9.784, DE 29 DE JANEIRO DE 1999[1]

Regula o processo administrativo no âmbito da Administração Pública Federal.

O PRESIDENTE DA REPÚBLICA Faço saber que o Congresso Nacional decreta e eu sanciono a seguinte Lei:

CAPÍTULO I
DAS DISPOSIÇÕES GERAIS

Art. 1º Esta Lei estabelece normas básicas sobre o processo administrativo no âmbito da Administração Federal direta e indireta, visando, em especial, à proteção dos direitos dos administrados e ao melhor cumprimento dos fins da Administração.

§1º Os preceitos desta Lei também se aplicam aos órgãos dos Poderes Legislativo e Judiciário da União, quando no desempenho de função administrativa.

§2º Para os fins desta Lei, consideram-se:

I - órgão - a unidade de atuação integrante da estrutura da Administração direta e da estrutura da Administração indireta;

II - entidade - a unidade de atuação dotada de personalidade jurídica;

III - autoridade - o servidor ou agente público dotado de poder de decisão.

Art. 2º A Administração Pública obedecerá, dentre outros, aos princípios da legalidade, finalidade, motivação, razoabilidade, proporcionalidade, moralidade, ampla defesa, contraditório, segurança jurídica, interesse público e eficiência.

Parágrafo único. Nos processos administrativos serão observados, entre outros, os critérios de:

I - atuação conforme a lei e o Direito;

II - atendimento a fins de interesse geral, vedada a renúncia total ou parcial de poderes ou competências, salvo autorização em lei;

---

[1] A Comissão de Elaboração do Anteprojeto da Lei 9.784 tinha como membros os ilustres professores Adilson Abreu Dallari; Almiro do Couto e Silva; Caio Tácito (Presidente); Cármen Lúcia Antunes Rocha; Diogo de Figueiredo Moreira Neto; Inocêncio Mártires Coelho; José Carlos Barbosa Moreira; J. J. Calmon de Passos; Maria Sylvia Zanella Di Pietro; Odete Medauar; e Paulo Modesto.

III - objetividade no atendimento do interesse público, vedada a promoção pessoal de agentes ou autoridades;

IV - atuação segundo padrões éticos de probidade, decoro e boa-fé;

V - divulgação oficial dos atos administrativos, ressalvadas as hipóteses de sigilo previstas na Constituição;

VI - adequação entre meios e fins, vedada a imposição de obrigações, restrições e sanções em medida superior àquelas estritamente necessárias ao atendimento do interesse público;

VII - indicação dos pressupostos de fato e de direito que determinarem a decisão;

VIII - observância das formalidades essenciais à garantia dos direitos dos administrados;

IX - adoção de formas simples, suficientes para propiciar adequado grau de certeza, segurança e respeito aos direitos dos administrados;

X - garantia dos direitos à comunicação, à apresentação de alegações finais, à produção de provas e à interposição de recursos, nos processos de que possam resultar sanções e nas situações de litígio;

XI - proibição de cobrança de despesas processuais, ressalvadas as previstas em lei;

XII - impulsão, de ofício, do processo administrativo, sem prejuízo da atuação dos interessados;

XIII - interpretação da norma administrativa da forma que melhor garanta o atendimento do fim público a que se dirige, vedada aplicação retroativa de nova interpretação.

CAPÍTULO II
DOS DIREITOS DOS ADMINISTRADOS

Art. 3º O administrado tem os seguintes direitos perante a Administração, sem prejuízo de outros que lhe sejam assegurados:

I - ser tratado com respeito pelas autoridades e servidores, que deverão facilitar o exercício de seus direitos e o cumprimento de suas obrigações;

II - ter ciência da tramitação dos processos administrativos em que tenha a condição de interessado, ter vista dos autos, obter cópias de documentos neles contidos e conhecer as decisões proferidas;

III - formular alegações e apresentar documentos antes da decisão, os quais serão objeto de consideração pelo órgão competente;

IV - fazer-se assistir, facultativamente, por advogado, salvo quando obrigatória a representação, por força de lei.

CAPÍTULO III
DOS DEVERES DO ADMINISTRADO

Art. 4º São deveres do administrado perante a Administração, sem prejuízo de outros previstos em ato normativo:

I - expor os fatos conforme a verdade;

II - proceder com lealdade, urbanidade e boa-fé;

III - não agir de modo temerário;

IV - prestar as informações que lhe forem solicitadas e colaborar para o esclarecimento dos fatos.

CAPÍTULO IV
DO INÍCIO DO PROCESSO

Art. 5º O processo administrativo pode iniciar-se de ofício ou a pedido de interessado.

Art. 6º O requerimento inicial do interessado, salvo casos em que for admitida solicitação oral, deve ser formulado por escrito e conter os seguintes dados:

I - órgão ou autoridade administrativa a que se dirige;

II - identificação do interessado ou de quem o represente;

III - domicílio do requerente ou local para recebimento de comunicações;

IV - formulação do pedido, com exposição dos fatos e de seus fundamentos;

V - data e assinatura do requerente ou de seu representante.

Parágrafo único. É vedada à Administração a recusa imotivada de recebimento de documentos, devendo o servidor orientar o interessado quanto ao suprimento de eventuais falhas.

Art. 7º Os órgãos e entidades administrativas deverão elaborar modelos ou formulários padronizados para assuntos que importem pretensões equivalentes.

Art. 8º Quando os pedidos de uma pluralidade de interessados tiverem conteúdo e fundamentos idênticos, poderão ser formulados em um único requerimento, salvo preceito legal em contrário.

CAPÍTULO V
DOS INTERESSADOS

Art. 9º São legitimados como interessados no processo administrativo:

I - pessoas físicas ou jurídicas que o iniciem como titulares de direitos ou interesses individuais ou no exercício do direito de representação;

II - aqueles que, sem terem iniciado o processo, têm direitos ou interesses que possam ser afetados pela decisão a ser adotada;

III - as organizações e associações representativas, no tocante a direitos e interesses coletivos;

IV - as pessoas ou as associações legalmente constituídas quanto a direitos ou interesses difusos.

Art. 10. São capazes, para fins de processo administrativo, os maiores de dezoito anos, ressalvada previsão especial em ato normativo próprio.

CAPÍTULO VI
DA COMPETÊNCIA

Art. 11. A competência é irrenunciável e se exerce pelos órgãos administrativos a que foi atribuída como própria, salvo os casos de delegação e avocação legalmente admitidos.

Art. 12. Um órgão administrativo e seu titular poderão, se não houver impedimento legal, delegar parte da sua competência a outros órgãos ou titulares, ainda que estes não lhe sejam hierarquicamente subordinados, quando for conveniente, em razão de circunstâncias de índole técnica, social, econômica, jurídica ou territorial.

Parágrafo único. O disposto no *caput* deste artigo aplica-se à delegação de competência dos órgãos colegiados aos respectivos presidentes.

Art. 13. Não podem ser objeto de delegação:

I - a edição de atos de caráter normativo;

II - a decisão de recursos administrativos;

III - as matérias de competência exclusiva do órgão ou autoridade.

Art. 14. O ato de delegação e sua revogação deverão ser publicados no meio oficial.

§1º O ato de delegação especificará as matérias e poderes transferidos, os limites da atuação do delegado, a duração e os objetivos da delegação e o recurso cabível, podendo conter ressalva de exercício da atribuição delegada.

§2º O ato de delegação é revogável a qualquer tempo pela autoridade delegante.

§3º As decisões adotadas por delegação devem mencionar explicitamente esta qualidade e considerar-se-ão editadas pelo delegado.

Art. 15. Será permitida, em caráter excepcional e por motivos relevantes devidamente justificados, a avocação temporária de competência atribuída a órgão hierarquicamente inferior.

Art. 16. Os órgãos e entidades administrativas divulgarão publicamente os locais das respectivas sedes e, quando conveniente, a unidade fundacional competente em matéria de interesse especial.

Art. 17. Inexistindo competência legal específica, o processo administrativo deverá ser iniciado perante a autoridade de menor grau hierárquico para decidir.

CAPÍTULO VII
DOS IMPEDIMENTOS E DA SUSPEIÇÃO

Art. 18. É impedido de atuar em processo administrativo o servidor ou autoridade que:

I - tenha interesse direto ou indireto na matéria;

II - tenha participado ou venha a participar como perito, testemunha ou representante, ou se tais situações ocorrem quanto ao cônjuge, companheiro ou parente e afins até o terceiro grau;

III - esteja litigando judicial ou administrativamente com o interessado ou respectivo cônjuge ou companheiro.

Art. 19. A autoridade ou servidor que incorrer em impedimento deve comunicar o fato à autoridade competente, abstendo-se de atuar.

Parágrafo único. A omissão do dever de comunicar o impedimento constitui falta grave, para efeitos disciplinares.

Art. 20. Pode ser arguida a suspeição de autoridade ou servidor que tenha amizade íntima ou inimizade notória com algum dos interessados ou com os respectivos cônjuges, companheiros, parentes e afins até o terceiro grau.

Art. 21. O indeferimento de alegação de suspeição poderá ser objeto de recurso, sem efeito suspensivo.

CAPÍTULO VIII
DA FORMA, TEMPO E LUGAR DOS ATOS DO PROCESSO

Art. 22. Os atos do processo administrativo não dependem de forma determinada senão quando a lei expressamente a exigir.

§1º Os atos do processo devem ser produzidos por escrito, em vernáculo, com a data e o local de sua realização e a assinatura da autoridade responsável.

§2º Salvo imposição legal, o reconhecimento de firma somente será exigido quando houver dúvida de autenticidade.

§3º A autenticação de documentos exigidos em cópia poderá ser feita pelo órgão administrativo.

§4º O processo deverá ter suas páginas numeradas sequencialmente e rubricadas.

Art. 23. Os atos do processo devem realizar-se em dias úteis, no horário normal de funcionamento da repartição na qual tramitar o processo.

Parágrafo único. Serão concluídos depois do horário normal os atos já iniciados, cujo adiamento prejudique o curso regular do procedimento ou cause dano ao interessado ou à Administração.

Art. 24. Inexistindo disposição específica, os atos do órgão ou autoridade responsável pelo processo e dos administrados que dele participem devem ser praticados no prazo de cinco dias, salvo motivo de força maior.

Parágrafo único. O prazo previsto neste artigo pode ser dilatado até o dobro, mediante comprovada justificação.

Art. 25. Os atos do processo devem realizar-se preferencialmente na sede do órgão, cientificando-se o interessado se outro for o local de realização.

CAPÍTULO IX
DA COMUNICAÇÃO DOS ATOS

Art. 26. O órgão competente perante o qual tramita o processo administrativo determinará a intimação do interessado para ciência de decisão ou a efetivação de diligências.

§1º A intimação deverá conter:

I - identificação do intimado e nome do órgão ou entidade administrativa;

II - finalidade da intimação;

III - data, hora e local em que deve comparecer;

IV - se o intimado deve comparecer pessoalmente, ou fazer-se representar;

V - informação da continuidade do processo independentemente do seu comparecimento;

VI - indicação dos fatos e fundamentos legais pertinentes.

§2º A intimação observará a antecedência mínima de três dias úteis quanto à data de comparecimento.

§3º A intimação pode ser efetuada por ciência no processo, por via postal com aviso de recebimento, por telegrama ou outro meio que assegure a certeza da ciência do interessado.

§4º No caso de interessados indeterminados, desconhecidos ou com domicílio indefinido, a intimação deve ser efetuada por meio de publicação oficial.

§5º As intimações serão nulas quando feitas sem observância das prescrições legais, mas o comparecimento do administrado supre sua falta ou irregularidade.

Art. 27. O desatendimento da intimação não importa o reconhecimento da verdade dos fatos, nem a renúncia a direito pelo administrado.

Parágrafo único. No prosseguimento do processo, será garantido direito de ampla defesa ao interessado.

Art. 28. Devem ser objeto de intimação os atos do processo que resultem para o interessado em imposição de deveres, ônus, sanções ou restrição ao exercício de direitos e atividades e os atos de outra natureza, de seu interesse.

CAPÍTULO X
DA INSTRUÇÃO

Art. 29. As atividades de instrução destinadas a averiguar e comprovar os dados necessários à tomada de decisão realizam-se de ofício ou mediante impulsão do órgão responsável pelo processo, sem prejuízo do direito dos interessados de propor atuações probatórias.

§1º O órgão competente para a instrução fará constar dos autos os dados necessários à decisão do processo.

§2º Os atos de instrução que exijam a atuação dos interessados devem realizar-se do modo menos oneroso para estes.

Art. 30. São inadmissíveis no processo administrativo as provas obtidas por meios ilícitos.

Art. 31. Quando a matéria do processo envolver assunto de interesse geral, o órgão competente poderá, mediante despacho motivado, abrir período de consulta pública para manifestação de terceiros, antes da decisão do pedido, se não houver prejuízo para a parte interessada.

§1º A abertura da consulta pública será objeto de divulgação pelos meios oficiais, a fim de que pessoas físicas ou jurídicas possam examinar os autos, fixando-se prazo para oferecimento de alegações escritas.

§2º O comparecimento à consulta pública não confere, por si, a condição de interessado do processo, mas confere o direito de obter da Administração resposta fundamentada, que poderá ser comum a todas as alegações substancialmente iguais.

Art. 32. Antes da tomada de decisão, a juízo da autoridade, diante da relevância da questão, poderá ser realizada audiência pública para debates sobre a matéria do processo.

Art. 33. Os órgãos e entidades administrativas, em matéria relevante, poderão estabelecer outros meios de participação de administrados, diretamente ou por meio de organizações e associações legalmente reconhecidas.

Art. 34. Os resultados da consulta e audiência pública e de outros meios de participação de administrados deverão ser apresentados com a indicação do procedimento adotado.

Art. 35. Quando necessária à instrução do processo, a audiência de outros órgãos ou entidades administrativas poderá ser realizada em reunião conjunta, com a participação de titulares ou representantes dos órgãos competentes, lavrando-se a respectiva ata, a ser juntada aos autos.

Art. 36. Cabe ao interessado a prova dos fatos que tenha alegado, sem prejuízo do dever atribuído ao órgão competente para a instrução e do disposto no art. 37 desta Lei.

Art. 37. Quando o interessado declarar que fatos e dados estão registrados em documentos existentes na própria Administração responsável pelo processo ou em outro órgão administrativo, o órgão competente para a instrução proverá, de ofício, à obtenção dos documentos ou das respectivas cópias.

Art. 38. O interessado poderá, na fase instrutória e antes da tomada da decisão, juntar documentos e pareceres, requerer diligências e perícias, bem como aduzir alegações referentes à matéria objeto do processo.

§1º Os elementos probatórios deverão ser considerados na motivação do relatório e da decisão.

§2º Somente poderão ser recusadas, mediante decisão fundamentada, as provas propostas pelos interessados quando sejam ilícitas, impertinentes, desnecessárias ou protelatórias.

Art. 39. Quando for necessária a prestação de informações ou a apresentação de provas pelos interessados ou terceiros, serão expedidas intimações para esse fim, mencionando-se data, prazo, forma e condições de atendimento.

Parágrafo único. Não sendo atendida a intimação, poderá o órgão competente, se entender relevante a matéria, suprir de ofício a omissão, não se eximindo de proferir a decisão.

Art. 40. Quando dados, atuações ou documentos solicitados ao interessado forem necessários à apreciação de pedido formulado, o não atendimento no prazo fixado pela Administração para a respectiva apresentação implicará arquivamento do processo.

Art. 41. Os interessados serão intimados de prova ou diligência ordenada, com antecedência mínima de três dias úteis, mencionando-se data, hora e local de realização.

Art. 42. Quando deva ser obrigatoriamente ouvido um órgão consultivo, o parecer deverá ser emitido no prazo máximo de quinze dias, salvo norma especial ou comprovada necessidade de maior prazo.

§1º Se um parecer obrigatório e vinculante deixar de ser emitido no prazo fixado, o processo não terá seguimento até a respectiva apresentação, responsabilizando-se quem der causa ao atraso.

§2º Se um parecer obrigatório e não vinculante deixar de ser emitido no prazo fixado, o processo poderá ter prosseguimento e ser decidido com sua dispensa, sem prejuízo da responsabilidade de quem se omitiu no atendimento.

Art. 43. Quando por disposição de ato normativo devam ser previamente obtidos laudos técnicos de órgãos administrativos e estes não cumprirem o encargo no prazo assinalado, o órgão responsável pela instrução deverá solicitar laudo técnico de outro órgão dotado de qualificação e capacidade técnica equivalentes.

Art. 44. Encerrada a instrução, o interessado terá o direito de manifestar-se no prazo máximo de dez dias, salvo se outro prazo for legalmente fixado.

Art. 45. Em caso de risco iminente, a Administração Pública poderá motivadamente adotar providências acauteladoras sem a prévia manifestação do interessado.

Art. 46. Os interessados têm direito à vista do processo e a obter certidões ou cópias reprográficas dos dados e documentos que o integram, ressalvados os dados e documentos de terceiros protegidos por sigilo ou pelo direito à privacidade, à honra e à imagem.

Art. 47. O órgão de instrução que não for competente para emitir a decisão final elaborará relatório indicando o pedido inicial, o conteúdo das fases do procedimento e formulará proposta de decisão, objetivamente justificada, encaminhando o processo à autoridade competente.

CAPÍTULO XI
DO DEVER DE DECIDIR

Art. 48. A Administração tem o dever de explicitamente emitir decisão nos processos administrativos e sobre solicitações ou reclamações, em matéria de sua competência.

Art. 49. Concluída a instrução de processo administrativo, a Administração tem o prazo de até trinta dias para decidir, salvo prorrogação por igual período expressamente motivada.

CAPÍTULO XI-A
DA DECISÃO COORDENADA

(Incluído pela Lei nº 14.210, de 2021)

Art. 49-A. No âmbito da Administração Pública federal, as decisões administrativas que exijam a participação de 3 (três) ou mais setores, órgãos ou entidades poderão ser tomadas mediante decisão coordenada, sempre que: (Incluído pela Lei nº 14.210, de 2021)

I - for justificável pela relevância da matéria; e (Incluído pela Lei nº 14.210, de 2021)

II - houver discordância que prejudique a celeridade do processo administrativo decisório. (Incluído pela Lei nº 14.210, de 2021)

§1º Para os fins desta Lei, considera-se decisão coordenada a instância de natureza interinstitucional ou intersetorial que atua de forma compartilhada com a finalidade de simplificar o processo administrativo mediante participação concomitante de todas as autoridades e agentes decisórios e dos responsáveis pela instrução técnico-jurídica, observada a natureza do objeto e a compatibilidade do procedimento e de sua formalização com a legislação pertinente. (Incluído pela Lei nº 14.210, de 2021)

§2º (VETADO). (Incluído pela Lei nº 14.210, de 2021)

§3º (VETADO). (Incluído pela Lei nº 14.210, de 2021)

§4º A decisão coordenada não exclui a responsabilidade originária de cada órgão ou autoridade envolvida. (Incluído pela Lei nº 14.210, de 2021)

§5º A decisão coordenada obedecerá aos princípios da legalidade, da eficiência e da transparência, com utilização, sempre que necessário, da simplificação do procedimento e da concentração das instâncias decisórias. (Incluído pela Lei nº 14.210, de 2021)

§6º Não se aplica a decisão coordenada aos processos administrativos: (Incluído pela Lei nº 14.210, de 2021)

I - de licitação; (Incluído pela Lei nº 14.210, de 2021)

II - relacionados ao poder sancionador; ou (Incluído pela Lei nº 14.210, de 2021)

III - em que estejam envolvidas autoridades de Poderes distintos. (Incluído pela Lei nº 14.210, de 2021)

Art. 49-B. Poderão habilitar-se a participar da decisão coordenada, na qualidade de ouvintes, os interessados de que trata o art. 9º desta Lei. (Incluído pela Lei nº 14.210, de 2021)

Parágrafo único. A participação na reunião, que poderá incluir direito a voz, será deferida por decisão irrecorrível da autoridade responsável pela convocação da decisão coordenada. (Incluído pela Lei nº 14.210, de 2021)

Art. 49-C. (VETADO). (Incluído pela Lei nº 14.210, de 2021)

Art. 49-D. Os participantes da decisão coordenada deverão ser intimados na forma do art. 26 desta Lei. (Incluído pela Lei nº 14.210, de 2021)

Art. 49-E. Cada órgão ou entidade participante é responsável pela elaboração de documento específico sobre o tema atinente à respectiva competência, a fim de subsidiar os trabalhos e integrar o processo da decisão coordenada. (Incluído pela Lei nº 14.210, de 2021)

Parágrafo único. O documento previsto no **caput** deste artigo abordará a questão objeto da decisão coordenada e eventuais precedentes. (Incluído pela Lei nº 14.210, de 2021)

Art. 49-F. Eventual dissenso na solução do objeto da decisão coordenada deverá ser manifestado durante as reuniões, de forma fundamentada, acompanhado das propostas de solução e de alteração necessárias para a resolução da questão. (Incluído pela Lei nº 14.210, de 2021)

Parágrafo único. Não poderá ser arguida matéria estranha ao objeto da convocação. (Incluído pela Lei nº 14.210, de 2021)

Art. 49-G. A conclusão dos trabalhos da decisão coordenada será consolidada em ata, que conterá as seguintes informações: (Incluído pela Lei nº 14.210, de 2021)

I - relato sobre os itens da pauta; (Incluído pela Lei nº 14.210, de 2021)

II - síntese dos fundamentos aduzidos; (Incluído pela Lei nº 14.210, de 2021)

III - síntese das teses pertinentes ao objeto da convocação; (Incluído pela Lei nº 14.210, de 2021)

IV - registro das orientações, das diretrizes, das soluções ou das propostas de atos governamentais relativos ao objeto da convocação; (Incluído pela Lei nº 14.210, de 2021)

V - posicionamento dos participantes para subsidiar futura atuação governamental em matéria idêntica ou similar; e (Incluído pela Lei nº 14.210, de 2021)

VI - decisão de cada órgão ou entidade relativa à matéria sujeita à sua competência. (Incluído pela Lei nº 14.210, de 2021)

§1º Até a assinatura da ata, poderá ser complementada a fundamentação da decisão da autoridade ou do agente a respeito de matéria de competência do órgão ou da entidade representada. (Incluído pela Lei nº 14.210, de 2021)

§2º (VETADO). (Incluído pela Lei nº 14.210, de 2021)

§3º A ata será publicada por extrato no Diário Oficial da União, do qual deverão constar, além do registro referido no inciso IV do *caput* deste artigo, os dados identificadores da decisão coordenada e o órgão e o local em que se encontra a ata em seu inteiro teor, para conhecimento dos interessados. (Incluído pela Lei nº 14.210, de 2021)

CAPÍTULO XII
DA MOTIVAÇÃO

Art. 50. Os atos administrativos deverão ser motivados, com indicação dos fatos e dos fundamentos jurídicos, quando:

I - neguem, limitem ou afetem direitos ou interesses;

II - imponham ou agravem deveres, encargos ou sanções;

III - decidam processos administrativos de concurso ou seleção pública;

IV - dispensem ou declarem a inexigibilidade de processo licitatório;

V - decidam recursos administrativos;

VI - decorram de reexame de ofício;

VII - deixem de aplicar jurisprudência firmada sobre a questão ou discrepem de pareceres, laudos, propostas e relatórios oficiais;

VIII - importem anulação, revogação, suspensão ou convalidação de ato administrativo.

§1º A motivação deve ser explícita, clara e congruente, podendo consistir em declaração de concordância com fundamentos de anteriores pareceres, informações, decisões ou propostas, que, neste caso, serão parte integrante do ato.

§2º Na solução de vários assuntos da mesma natureza, pode ser utilizado meio mecânico que reproduza os fundamentos das decisões, desde que não prejudique direito ou garantia dos interessados.

§3º A motivação das decisões de órgãos colegiados e comissões ou de decisões orais constará da respectiva ata ou de termo escrito.

CAPÍTULO XIII
DA DESISTÊNCIA E OUTROS CASOS DE EXTINÇÃO DO PROCESSO

Art. 51. O interessado poderá, mediante manifestação escrita, desistir total ou parcialmente do pedido formulado ou, ainda, renunciar a direitos disponíveis.

§1º Havendo vários interessados, a desistência ou renúncia atinge somente quem a tenha formulado.

§2º A desistência ou renúncia do interessado, conforme o caso, não prejudica o prosseguimento do processo, se a Administração considerar que o interesse público assim o exige.

Art. 52. O órgão competente poderá declarar extinto o processo quando exaurida sua finalidade ou o objeto da decisão se tornar impossível, inútil ou prejudicado por fato superveniente.

CAPÍTULO XIV
DA ANULAÇÃO, REVOGAÇÃO E CONVALIDAÇÃO

Art. 53. A Administração deve anular seus próprios atos, quando eivados de vício de legalidade, e pode revogá-los por motivo de conveniência ou oportunidade, respeitados os direitos adquiridos.

Art. 54. O direito da Administração de anular os atos administrativos de que decorram efeitos favoráveis para os destinatários decai em cinco anos, contados da data em que foram praticados, salvo comprovada má-fé.

§1º No caso de efeitos patrimoniais contínuos, o prazo de decadência contar-se-á da percepção do primeiro pagamento.

§2º Considera-se exercício do direito de anular qualquer medida de autoridade administrativa que importe impugnação à validade do ato.

Art. 55. Em decisão na qual se evidencie não acarretarem lesão ao interesse público nem prejuízo a terceiros, os atos que apresentarem defeitos sanáveis poderão ser convalidados pela própria Administração.

CAPÍTULO XV
DO RECURSO ADMINISTRATIVO E DA REVISÃO

Art. 56. Das decisões administrativas cabe recurso, em face de razões de legalidade e de mérito.

§1º O recurso será dirigido à autoridade que proferiu a decisão, a qual, se não a reconsiderar no prazo de cinco dias, o encaminhará à autoridade superior.

§2º Salvo exigência legal, a interposição de recurso administrativo independe de caução.

§3º Se o recorrente alegar que a decisão administrativa contraria enunciado da súmula vinculante, caberá à autoridade prolatora da decisão impugnada, se não a reconsiderar, explicitar, antes de encaminhar o recurso à autoridade superior, as razões da aplicabilidade ou inaplicabilidade da súmula, conforme o caso. (Incluído pela Lei nº 11.417, de 2006). Vigência

Art. 57. O recurso administrativo tramitará no máximo por três instâncias administrativas, salvo disposição legal diversa.

Art. 58. Têm legitimidade para interpor recurso administrativo:

I - os titulares de direitos e interesses que forem parte no processo;

II - aqueles cujos direitos ou interesses forem indiretamente afetados pela decisão recorrida;

III - as organizações e associações representativas, no tocante a direitos e interesses coletivos;

IV - os cidadãos ou associações, quanto a direitos ou interesses difusos.

Art. 59. Salvo disposição legal específica, é de dez dias o prazo para interposição de recurso administrativo, contado a partir da ciência ou divulgação oficial da decisão recorrida.

§1º Quando a lei não fixar prazo diferente, o recurso administrativo deverá ser decidido no prazo máximo de trinta dias, a partir do recebimento dos autos pelo órgão competente.

§2º O prazo mencionado no parágrafo anterior poderá ser prorrogado por igual período, ante justificativa explícita.

Art. 60. O recurso interpõe-se por meio de requerimento no qual o recorrente deverá expor os fundamentos do pedido de reexame, podendo juntar os documentos que julgar convenientes.

Art. 61. Salvo disposição legal em contrário, o recurso não tem efeito suspensivo.

Parágrafo único. Havendo justo receio de prejuízo de difícil ou incerta reparação decorrente da execução, a autoridade recorrida ou a imediatamente superior poderá, de ofício ou a pedido, dar efeito suspensivo ao recurso.

Art. 62. Interposto o recurso, o órgão competente para dele conhecer deverá intimar os demais interessados para que, no prazo de cinco dias úteis, apresentem alegações.

Art. 63. O recurso não será conhecido quando interposto:

I - fora do prazo;

II - perante órgão incompetente;

III - por quem não seja legitimado;

IV - após exaurida a esfera administrativa.

§1º Na hipótese do inciso II, será indicada ao recorrente a autoridade competente, sendo-lhe devolvido o prazo para recurso.

§2º O não conhecimento do recurso não impede a Administração de rever de ofício o ato ilegal, desde que não ocorrida preclusão administrativa.

Art. 64. O órgão competente para decidir o recurso poderá confirmar, modificar, anular ou revogar, total ou parcialmente, a decisão recorrida, se a matéria for de sua competência.

Parágrafo único. Se da aplicação do disposto neste artigo puder decorrer gravame à situação do recorrente, este deverá ser cientificado para que formule suas alegações antes da decisão.

Art. 64-A. Se o recorrente alegar violação de enunciado da súmula vinculante, o órgão competente para decidir o recurso explicitará as razões da aplicabilidade ou inaplicabilidade da súmula, conforme o caso. (Incluído pela Lei nº 11.417, de 2006). Vigência

Art. 64-B. Acolhida pelo Supremo Tribunal Federal a reclamação fundada em violação de enunciado da súmula vinculante, dar-se-á ciência à autoridade prolatora e ao órgão competente para o julgamento do recurso, que deverão adequar as futuras decisões administrativas em casos semelhantes, sob pena de responsabilização pessoal nas esferas cível, administrativa e penal. (Incluído pela Lei nº 11.417, de 2006). Vigência

Art. 65. Os processos administrativos de que resultem sanções poderão ser revistos, a qualquer tempo, a pedido ou de ofício, quando surgirem fatos novos ou circunstâncias relevantes suscetíveis de justificar a inadequação da sanção aplicada.

Parágrafo único. Da revisão do processo não poderá resultar agravamento da sanção.

CAPÍTULO XVI
DOS PRAZOS

Art. 66. Os prazos começam a correr a partir da data da cientificação oficial, excluindo-se da contagem o dia do começo e incluindo-se o do vencimento.

§1º Considera-se prorrogado o prazo até o primeiro dia útil seguinte se o vencimento cair em dia em que não houver expediente ou este for encerrado antes da hora normal.

§2º Os prazos expressos em dias contam-se de modo contínuo.

§3º Os prazos fixados em meses ou anos contam-se de data a data. Se no mês do vencimento não houver o dia equivalente àquele do início do prazo, tem-se como termo o último dia do mês.

Art. 67. Salvo motivo de força maior devidamente comprovado, os prazos processuais não se suspendem.

CAPÍTULO XVII
DAS SANÇÕES

Art. 68. As sanções, a serem aplicadas por autoridade competente, terão natureza pecuniária ou consistirão em obrigação de fazer ou de não fazer, assegurado sempre o direito de defesa.

CAPÍTULO XVIII
DAS DISPOSIÇÕES FINAIS

Art. 69. Os processos administrativos específicos continuarão a reger-se por lei própria, aplicando-se-lhes apenas subsidiariamente os preceitos desta Lei.

Art. 69-A. Terão prioridade na tramitação, em qualquer órgão ou instância, os procedimentos administrativos em que figure como parte ou interessado: (Incluído pela Lei nº 12.008, de 2009).

I - pessoa com idade igual ou superior a 60 (sessenta) anos; (Incluído pela Lei nº 12.008, de 2009).

II - pessoa portadora de deficiência, física ou mental; (Incluído pela Lei nº 12.008, de 2009).

III – (VETADO) (Incluído pela Lei nº 12.008, de 2009).

IV - pessoa portadora de tuberculose ativa, esclerose múltipla, neoplasia maligna, hanseníase, paralisia irreversível e incapacitante, cardiopatia grave, doença de Parkinson, espondiloartrose anquilosante, nefropatia grave, hepatopatia grave, estados avançados da doença de Paget (osteíte deformante), contaminação por radiação, síndrome de imunodeficiência adquirida, ou outra doença grave, com base em conclusão da medicina especializada, mesmo que a doença tenha sido contraída após o início do processo. (Incluído pela Lei nº 12.008, de 2009).

§1º A pessoa interessada na obtenção do benefício, juntando prova de sua condição, deverá requerê-lo à autoridade administrativa competente, que determinará as providências a serem cumpridas. (Incluído pela Lei nº 12.008, de 2009).

§2º Deferida a prioridade, os autos receberão identificação própria que evidencie o regime de tramitação prioritária. (Incluído pela Lei nº 12.008, de 2009).

§3º (VETADO) (Incluído pela Lei nº 12.008, de 2009).
§4º (VETADO) (Incluído pela Lei nº 12.008, de 2009).
Art. 70. Esta Lei entra em vigor na data de sua publicação.
Brasília 29 de janeiro de 1999; 178º da Independência e 111º da República.

FERNANDO HENRIQUE CARDOSO
Renan Calheiros
Paulo Paiva

Este texto não substitui o publicado no DOU de 1.2.1999 e retificado em 11.3.1999.

*

ÍNDICE ALFABÉTICO-REMISSIVO

(O primeiro número refere-se ao Capítulo, o segundo ao Título)

A

Abuso de direito, III/2.5.3; III/2.5.5
Ação popular – e princípio da moralidade, III/2.5.3
Accountability, III/2.2
– e Tribunais de Contas, III/2.6.2
Advogado – v.: Defesa técnica
Agências reguladoras – e "legitimação pelo procedimento", III/2.2
Agente público, III/1.3
Amicus curiae, II/5; IV/3.3
Ampla defesa – v.: Princípio da ampla defesa
Analogia, III/2.3.1; IV/2.4.7; IV/4.2
Antecipação de tutela, IV/3.6
Anulação,
– de atos e processo administrativo, IV/3.5
– prazo decadencial, IV/4.2
Aplicação subsidiária da Lei nº 9.784/1999, IV/2.4.9
Arbitragem, IV/4.2
- e *Kompetenz-Kompetenz*, II/5
Arquivamento, III/2.8.7
Assistência Judiciária, Lei da – aplicação ao processo administrativo, IV/3.5
Ato administrativo
– anulação, III/2.5.2
– atributos, IV/2.4.4
– conceito, II/2.2.4.1
– convalidação, III/2.5.2
– eficácia, III/2.8.6
– motivação – v.: Princípio da motivação
– presunção de legitimidade, III/2.6.3
– revogação, III/2.5.2
Ato administrativo coletivo, II/2.3
Ato administrativo complexo, II/2.3
Atos urgentes, IV/2.4.4; IV/3.6
Atos vinculados, III/2.3.2
Audiência pública, IV/2.6.2
Autoincriminação, IV/4.5
Autos do processo – e direito de acesso, III/2.4.1
Avocação de competência, IV/4.2

B

Banco Central do Brasil – e aplicação subsidiária da Lei nº 9.784/1999, IV/2.4.9
Boa-fé – v.: Princípio da boa-fé

C

CADE – e aplicação subsidiária da Lei nº 9.784/1999, IV/2.4.9
CADIN, III/2.7.5
Capacidade, IV/4.2
– postulatória, IV/4.2
Cautelar, IV/3.6
Celeridade processual, III/2.8.6; III/2.8.7
– v. também: Princípio da eficiência
Certidões, III/2.6.2
– e custas, III/2.6.2
– e informações sigilosas, III/2.6.2
– e prazo, III/2.7.5
Código de Trânsito Brasileiro, III/2.7/5
Coisa julgada administrativa, IV/4.2
Common law, IV/2
Competência, IV/4.2
– avocação e delegação, IV/4.2
– impedimento e suspeição, IV/4.2
– irrenunciável, IV/4.2
Comunicação dos atos processuais, III/2.6.2
Concessionárias de serviço público, II/1.3; III/2.5.1
– e devido processo legal, IV/2.4.4
– e intervenção do Poder concedente, IV/2.4.4
– e princípio da moralidade, III/2.5.1
– e princípio da publicidade, III/2.6.2
– e responsabilidade objetiva, III/2.7.3
Condições da ação, IV/4.2
Consulta pública, III/2.6.2; III/2.6.4
Contraditório – v.: Princípio do contraditório
Convalidação, III/2.5.2; III/2.5.5; III/2.8.7
Convenção Americana sobre Direitos Humanos, IV/2.3.8
Custas processuais, IV/3.5

D

Dano moral, III/2.5.3
Decadência, IV/4.2
Decisão coordenada, 2.8.8

Decisão *ultra* ou *infra petita*, III/2.8.7
Defesa – v.: Princípio da ampla defesa
Defesa indireta
– dever de apreciação, IV/4.2
– v. também: Princípio da ampla defesa
Defesa técnica, IV/4.4
– e vista dos autos, III/2.6.2
– v. também: Princípio da ampla defesa
Delegação de competência, IV/4.2
Desapropriação – e aplicação subsidiária da Lei nº 9.784/1999, IV/2.4.9
Desvio de finalidade, II/1.1
Dever de instauração do processo, III/2.7.6; IV/2.4.4
Devido processo legal – v.: Princípio do devido processo legal
Dignidade da pessoa humana – v.: Princípio da dignidade da pessoa humana
Direito à decisão, III/2.8.7; IV/3.1; IV/3.2
Direito adquirido, IV/2.4.7
Direito de petição, IV/2.4.4; IV/4.2
Discricionariedade administrativa, III/2.3.1
– e direito à informação, III/2.6.2
– e motivação, IV/4.5
Discricionariedade técnica, III/2.2
Documento – e prazo para exame, III/2.3.3
Documento público, III/2.6.2
Due process of law – v.: Princípio do devido processo legal
Duplo grau, IV/3.5; IV/4.6

E
Edital – e intimação, III/2.6.2
Efeito suspensivo – e recursos, IV/4.6
Eficiência – v.: Princípio da eficiência
Emenda Constitucional nº 19/1998, III/2.8.1
Emergência – v.: Providências acauteladoras
Entidade, III/2.6.2
Equidade, IV/2.1.4

F
Finalidade processual, III/2.5.3
Fishing expedition, IV/4.2
Formalismo moderado – v.: Princípio do informalismo
Formulários, III/2.8.7
Função administrativa, II/1.3
– e Estado Democrático de Direito, III/2.2
– e finalidade legal, II/1.1
Fundamentação – v.: Princípio da motivação

G
Gratuidade, IV/1

H
Habeas corpus, II/2.2.4.3; III/2.8.7
Habeas data, III/2.6.2

I
Imparcialidade – v.: Princípio da imparcialidade
Impedimentos, III/2.5.6
Impessoalidade – v.: Princípio da imparcialidade
Impossibilidade jurídica do pedido, IV/4.2
Impulsão de ofício, III/2.8.7
Incapacidade, IV/4.2
Inépcia do pedido, IV/4.2
Inércia do interessado, III/2.8.7
Informação sigilosa, III/2.6.2
Informalismo – v.: Princípio do informalismo
Instância decisória – e recurso administrativo,
Instauração do processo, III/2.5.3; III/2.8.7; IV/2.4.4
– e dever de praticar atos de condução processual, III/2.8.7; IV/2.4.4
– e motivação do ato, IV/4.5
Instrução do processo, II/2.1.1; II/2.3.2; III/2.8.7
– v. também: Princípio da ampla defesa
Instrumentalidade das formas, III/2.8.7
Interessado, IV/4.2
– e "direito de representação", IV/4.2
– e "legitimidade", III/2.6.2
– e "parte" no processo, II/2.1.1; IV/4.2
– e publicidade, III/2.6.4
Interesse coletivo, III/2.6.1; IV/4.2
– e publicidade, III/2.6.4
Interesse de agir, IV/4.2
Interesse difuso, IV/4.2
Interesse geral, III/2.6.2; IV/4.2
– e publicidade, III/2.6.2
Interesse privado, III/2.6.2
Interesse público primário, II/1.4; III/2.3.1; III/2.5.3
Interesse recursal, IV/4.6
Interesse secundário da Administração, III/2.5.3
Interpretação conforme a Constituição, III/2.3.3
Interpretação extensiva, IV/2.4.6
Interpretação jurídica
– e interpretação democrática, III/2.8.3
– e "letra da lei", IV/2.4.1
– e "máxima eficácia dos direitos sociais", IV/2.4.1
– e "princípio do legislador racional", III/2.8.3
Intimações, III/2.6.2; III/2.6.4; III/2.8.7; IV/4.2
– e procuradores, III/2.6.2
Isonomia – v.: Princípio da igualdade
Iura novit curia – v.: Princípio do contraditório

J
Juiz natural – v.: Princípio do juiz natural

Julgamento – v.: Princípio da motivação, Princípio do contraditório

L
Legalidade – v.: Princípio da legalidade
"Legitimação pelo procedimento", III/2.2
Legitimidade processual, IV/4.2
Lei Anticorrupção, III/2.5.2
Lei de Acesso à Informação, II/5; III/2.6.2; III/2.7.4
Lei de Introdução às Normas do Direito Brasileiro, v. LINDB
Leis de processo administrativo
– abrangência, IV/2.4.8
– Lei paulista, III/2.8.7
Liberdade de iniciativa, IV/2.4.7
Licitação, III/2.5.1; IV/2.4.9
LINDB, II/3; II/4; II/5; II/6; III/1; IV/1; IV/2.4.4
- e "coisa julgada administrativa", IV/4.2
- e nulidade, III/2.5.2; IV/2.4.4
- e motivação, III/2.5.2
- e proporcionalidade, III/2.3.2
- e "providências acauteladoras", IV/3.6
Litispendência, IV/4.2

M
Magna Carta, III/2.1.1
Mandado de segurança
– coletivo, III/2.6.1
– e ato complexo, II/2.3.1
– e delegação de competência, IV/4.2
Medida cautelar administrativa, IV/2.4.4; IV/3.6
Moralidade – v.: Princípio da moralidade
Motivação – v.: Princípio da motivação
Motivos determinantes, III/2.5.5; IV/3.5

N
Negociação processual, II/80; III/2.8.8
Nexo causal, III/2.7.5
Normas fundamentais do processo civil, II/5
Notificação, IV/3.5; IV/4.2
Nova Lei de Introdução às Normas do Direito Brasileiro, v. LINDB

O
Ônus da prova, IV/3.5; IV/4.2
Ônus processual, IV/3.6; IV/4.2
Ordem cronológica, II/5
Órgão, III/2.6.2; III/2.7.1; IV/2.4.9; IV/3.5

P
Parte
– conceito, II/2.1.1
– v. também: Interessado

Pas de nullité sans grief, IV/4.3.2
Pedido inicial, II/2.8.7; IV/3.5
Pena de morte – e devido processo legal, IV/2.4.7
Perempção, IV/4.2
Portaria inaugural, IV/4.2
Prazo, IV/4.2; IV/4.6
– e isonomia, III/2.4.1
– razoável e proporcional, III/2.3.3; III/2.8.7
Precedentes, II/5; III/2.8.7; IV/4.5
Preclusão, III/2.8.7; IV/4.2
Preclusão *pro judicato*, III/2.8.7; IV/4.2
Prejudicialidade, IV/4.2
Prejulgamento, III/2.5.6
Preliminares, IV/4.2
Pressupostos processuais, IV/4.2
Presunção de legitimidade, IV/2.4.4
Presunções legais – e direito à prova, IV/4.3
Princípio, III/1
Princípio da ampla defesa, IV/4.
– e defesa indireta, IV/4.2
– e defesa técnica, IV/4.4
– e direito a provas, IV/4.3
– e Estado Democrático de Direito, IV/4.1
– e motivação, IV/4.5
– e provas ilícitas, IV/4.3.3
– e recursos, IV/4.6
– e "verdade sabida", IV/4.3.2
Princípio da boa-fé, III/2.5.5
Princípio da confiança, III/2.5.2
– v. também: Princípio da segurança jurídica
Princípio da dignidade da pessoa humana, III/2.3.1; III/2.6.2; IV/4.1
– e eficiência, III/2.8.6
– e publicidade, III/2.6.2
Princípio da economia processual, III/2.6.2; III/2.8.7
Princípio da eficiência
– celeridade processual, III/2.8.3
– conceito econômico, III/2.8.2
– conceito jurídico, III/2.8.3
– e decisão coordenada, III/2.8.8
– e economia processual, III/2.8.7
– e efetividade processual, III/2.8.7
– e finalidade processual, III/2.8.7
– e instrumentalidade das formas, III/2.8.7
– e interesse de agir, IV/4.2
– e preclusão, III/2.8.7
– e simplicidade processual, III/2.8.7
– histórico, III/2.8.1
– v. também: Emenda Constitucional nº 19/1998
Princípio da imparcialidade, II/2.2.4.3; III/2.5.6
– e impedimentos, III/2.5.6
– e instrução processual, III/2.5.3; IV/4.2

– e motivação, III/2.5.3
– e suspeição, III/2.5.3; IV/4.2
Princípio da inafastabilidade, I
Princípio da instrumentalidade das formas, III/2.8.7
Princípio da isonomia, III/2.4
– e igualdade processual, III/2.4.1
– e tratamento diferenciado, III/2.4.1
Princípio da legalidade, III/2.3.1
– e "atuação conforme a lei e o Direito", III/2.2; III/2.3.1
– e processo administrativo, III/2.3.3
Princípio da moralidade, III/2.5
– e controle objetivo, III/2.5.2
– e democracia, III/2.5
– e dever de anulação, III/2.5.2
– e "legalidade substancial", III/2.5
– e "objeção de consciência", III/2.5
– e processo administrativo, III/2.5.4
Princípio da motivação
– e ampla defesa, IV/4.5
– e anulação/convalidação dos atos administrativos, III/2.5.3
– e sigilo, III/2.6.2
– e tempestividade, IV/4.3
– e "votos secretos", III/2.6.2
Princípio da proporcionalidade, III/2.3.1
– e processo administrativo, III/2.3.3
Princípio da publicidade, III/2.6
– e certidões, III/2.6.2
– e contraditório, IV/3.1
– e dever de prestar informações, III/2.6.2
– e edital, III/2.6.2
– e legitimidade para pedir informações, III/2.6.2
– e processo administrativo, III/2.6.4
– e vista dos autos, III/2.6.4
Princípio da razoabilidade, III/2.3.2
Princípio da razoável duração do processo, III/2.7.6; III/2.8.7
Princípio da responsabilidade do Estado
– atos lícitos e ilícitos, III/2.7.4
– e concessionários de serviço público, III/2.7.3
– e limites, III/2.7.1
– e nexo causal, III/2.7.5
– e processo administrativo, III/2.7.6
– e responsabilidade do servidor, III/2.7.2
– objetiva, III/2.7
– por omissão, III/2.7.5
Princípio da segurança jurídica, III/2.5.2
Princípio dispositivo, IV/4.2
Princípio do contraditório, IV/3
– e dever de motivação, IV/2.5.6
– e Estado Democrático de Direito, IV/3.1

– e finalidade processual, IV/3.5
– e igualdade processual, IV/3.2
– e imparcialidade, IV/2.5.6
– e instrução processual, IV/3.5
– e *iura novit curia*, IV/3.3; IV/3.4
– e juntada de documentos, IV/3.2; IV/3.5
– e "situações de litígio", IV/3.5
– evolução e compreensão atual, IV/3.3
Princípio do devido processo legal, IV/1
– autonomia do conceito, IV/2.4.1
– bens protegidos, IV/2.4.7
– e Lei nº 9.784/1999, IV/2.4.9
– e liberdade, IV/2.4.7
– e liberdade empresarial, IV/2.4.7
– e "processo adequado", IV/2.4.4
– e "processo devido", IV/2.4.5
– e "processo legal", IV/2.4.6
– e proteção à vida, IV/2.4.8
– histórico na Inglaterra e nos Estados Unidos, IV/2.1
– processual e substancial, IV/2.4.3
Princípio do Estado Democrático de Direito, III/2.2
– e as agências administrativas reguladoras, III/2.2
– e o processo administrativo, III/2.2
Princípio do informalismo, III/2.8.7
– e formalismo moderado, III/2.8.7
Princípio do juiz natural, IV/3.5
Procedimento administrativo, II/2.2.2
Processo administrativo
– arquivamento, IV/3.5
– coletivo, II/4
– conceito, II/2.2
– condução, IV/3.5
– dimensões, II/4
– e direito processual penal, IV/3.4
– e garantia dos direitos individuais, II/3
– e instalação, IV/3.5
– e procedimento, II/2.1.2
– espécies, II/4
– evolução, II/6
– individual, II/6
– litigioso, IV/1; IV/3.6
– suspensão, IV/4.2
Processo administrativo e cidadania, II/4
Proporcionalidade – v.: Princípio da proporcionalidade
Prova
– emprestada, IV/4.3.1
– ilícita, IV/4.3.3
– impertinente, irrelevante e procrastinatória, IV/4.3
– iniciativa, IV/3.5

– intimação, IV/4.3
– produzida *ex officio*, IV/4.2
– tempestividade, IV/4.3
– validade, IV/4.3
– v. também: Princípio da ampla defesa
Prova documental – e contraditório, IV/3.2
Prova pericial, IV/4.4
"Providências acauteladoras", IV/3.6
Publicidade – v.: Princípio da publicidade

Q
Questão prejudicial – v.: Prejudicialidade
Questões prévias, IV/4.2

R
Razoabilidade – v.: Princípio da razoabilidade
Recurso administrativo, IV/3.5; IV/4.6
– e efeito suspensivo, IV/4.6
– não conhecimento e preclusão, III/2.8.7
– v. também: Interesse recursal
Reforma administrativa – v.: Emenda Constitucional nº 19/1998
Reformatio in peius, IV/4.6
Regulamento administrativo, III/2.2; IV/2.4.6
Relação administrativa, II/1.1
Relação de direito privado, II/1.1
Relação processual, II/2.1.1; II/2.2.5
Representação, IV/4.2
– direito de, IV/4.2
Revogação, III/2.5.3

S
Sanção administrativa, III/2.3.3; IV/3.5
– e contraditório, IV/3.5
– e proporcionalidade, III/2.3.2
– e revisão, IV/4.6
Sigilo processual, III/2.6.2
Simplicidade do processo, III/2.8.7
Sinalização de trânsito – e responsabilidade por omissão, III/2.7.5
Subsidiariedade – e a Lei nº 9.784/1999, IV/2.4.9
Substituição processual, IV/4.2
Súmula vinculante, III/2.8.7
Súmulas de jurisprudência
– do STF (346 e 473), III/2.5.2
– do STJ (227), III/2.5.3
Suspeição, III/2.5.6; IV/4.2

T
Teoria da causalidade necessária, III/2.7.5
Teoria dos motivos determinantes, III/2.5.5; IV/3.5
Tribunal de Contas, III/2.6.2; IV/2.4.9; IV/4.2; IV/4.6
Tutela de evidência, IV/2.4.4; III/3.6
Tutela de remoção de ilícito, IV/3.6

V
Venire contra factum proprium, III/2.5.5
"Verdade material", IV/4.3.1
Verdade sabida – v.: Princípio da ampla defesa
Vistas dos autos – direito de, III/2.4.1; III/2.6.2

Esta obra foi composta em fonte Palatino Linotype, corpo 10
e impressa em papel Pólen Bold 70g (miolo) e Supremo 250g (capa)
pela Gráfica Star7.